WARTBURG-JAHRBUCH 2008

WARTBURG-JAHRBUCH 2008

Herausgegeben von der
Wartburg-Stiftung
in Zusammenarbeit mit dem
Wissenschaftlichen Beirat

SCHNELL UND STEINER

Regensburg 2010

Herausgeber:

Wartburg-Stiftung Eisenach,
Burghauptmann Günter Schuchardt

Wissenschaftlicher Beirat:
Prof. Dr. G. Ulrich Großmann (Nürnberg), Vorsitzender
Prof. Dr. Enno Bünz (Leipzig)
Prof. Dr. Jens Haustein (Jena)
Prof. Dr. Volker Leppin (Jena)
Prof. Dr. Gunther Mai (Erfurt)
Prof. Dr. Eike Wolgast (Heidelberg)

Bilbliografische Information der Deutschen Bibliothek
Die Deutsche Bibliothek verzeichnet diese Publikation in der Deutschen
Nationalbibliografie; detaillierte bibliografische Daten sind im Internet
über http://dnb.ddb.de abrufbar

© Wartburg-Stiftung Eisenach
ISBN 978-3-7954-2428-2

INHALT

REZENSIONEN UND BIBLIOGRAPHIE

JAHRESÜBERBLICK 2008

Vorwort

Im Frühjahr 1907 legte der in Berlin ansässige Historische Verlag Baumgärtel ein Buch über die Wartburg vor. Mit eben dieser Intention hatte der Weimarer Großherzog Carl Alexander eine Materialsammlung, vorwiegend über die etwa 50 Jahre andauernde Burgerneuerung, anlegen lassen und selbst einen Aufsatz verfasst. Gestalt nahm die Idee des Besitzers jedoch erst mit dem dafür interessierten Verleger Max Baumgärtel an, der das Wartburgwerk ab etwa 1897 zu seinem Hauptanliegen machte und während des folgenden Jahrzehnts weder Kosten noch Mühe scheute, um es vorstellungsgemäß zu verwirklichen. Auch nach einhundert Jahren besticht das bibliophile Monumentalwerk durch Umfang und Ausstattung; für die wissenschaftliche Bewertung der enthaltenen Monografien schien das Jubiläum 2007, dem im Folgejahr eine Sonderausstellung gewidmet war, der passende Anlass zu sein, der vorliegende Themenband des Wartburg-Jahrbuchs der geeignete Rahmen.

Der kritische Dialog mit den einzelnen Kapiteln weitet sich zugleich zum wissenschaftshistorischen Abriss, der teilweise bis zu aktuellen Literaturberichten führt, und kommt öfter zu dem überraschenden Ergebnis, dass die im Wartburgwerk veröffentlichten Beiträge namhafter Autoren in der Fachwelt kaum zur Kenntnis genommen worden sind. Verantwortlich dafür war sicher weniger das unhandliche Folioformat des Bandes, sondern vielmehr seine aufgrund des Kaufpreises geringe Verbreitung, die dem Verleger schließlich auch zum Verhängnis wurde. Insofern gestaltet sich die Darstellung der Werkgeschichte und des Verlegers Baumgärtel ebenfalls zu einer Art Zeitbild um die Wende vom 19. zum 20. Jahrhundert und erlaubt sowohl Einblicke in die damalige Verlagstätigkeit als auch in die Arbeit der einschlägigen Subunternehmen sowie der beteiligten Künstler. Erstmals wurden zu diesem Zweck die im Wartburg-Archiv bewahrten Unterlagen aufgearbeitet und so der Öffentlichkeit erschlossen.

AUFSÄTZE

Das 1907 erschienene Wartburg-Werk des Berliner Herausgebers Max Baumgärtel

I.
Die Entstehung des Wartburg-Werks vor allem nach dem Bericht des Herausgebers Max Baumgärtel vom 27. Mai 1907

Max Baumgärtel (1852–1925), der Verleger des großen Wartburgbuches von 1907[1], das er stets das «Wartburg-Werk» nennt, berichtet in einem umfangreichen Schreiben vom 27. Mai 1907 an den regierenden Großherzog Wilhelm Ernst von Sachsen-Weimar-Eisenach ausführlich über den Werdegang des Vorhabens[2]. Auf 79 Seiten verbreitet er sich in gestochener Sütterlinschrift, wahrscheinlich von einer kalligraphischen Hand aus dem eigenen Verlag, und fragt am Schluss, wo er das erste Exemplar des druckfrischen Werkes übergeben soll. Auf den letzten Seiten berichtet er über die eigenen finanziellen Aufwendungen und Verluste, wobei er die Hoffnung auf einigen Rücklauf durch den Staat offenbar noch nicht völlig aufgegeben hat. Ansonsten wirkt der mitunter recht langatmige Bericht über weite Passagen wie eine Rechtfertigung für die lange Dauer des Unternehmens.

Der Bericht erlaubt in mehrfacher Hinsicht interessante Aufschlüsse über Entstehung und Fortgang des Wartburg-Werkes. Zunächst bietet er eine Chronologie des Vorhabens, sodann gestattet er interessante Einblicke in die Gedankenwelt Baumgärtels und seiner Zeit und Umgebung. Schließlich schildert er die Eigenarten, Stärken und Schwächen der beteiligten Personen – natürlich durch seine subjektive Brille betrachtet.

Der Herausgeber bemerkt über sein Wartburg-Werk: «wie die Burg, so ist auch ihr Werk ein Bau»[3] oder an anderer Stelle mit einem Spruch des altrömischen Bühnendichters Terenz «Habent sua fata libelli»[4]– die Bücher haben

---

1 Max Baumgärtel (Hrsg.): Die Wartburg. Ein Denkmal deutscher Geschichte und Kunst. Berlin 1907.

2 Wartburg-Stiftung Eisenach, Archiv, Akte: Die Wartburg. Ein Denkmal deutscher Geschichte u. Kunst, Bd. 7, Akten-Nr. 346, darin: Schreiben von Max Baumgärtel an den Großherzog Wilhelm Ernst von Sachsen-Weimar-Eisenach, Berlin 27. 5. 1907.

3 Baumgärtel, Schreiben vom 27. 5. 1907 (wie Anm. 2) S. 15.

4 Baumgärtel, Schreiben vom 27. 5. 1907 (wie Anm. 2) S. 77.

ihre Schicksale. Neben den persönlichen Animositäten begleiteten etliche konzeptionelle Änderungen das Werden des Werkes, in dessen Verlauf immer neue geschichtliche Sachgebiete und Teile des Burgareals ins Blickfeld gerieten. Mitunter tauchten bisher unbeachtete Schriftbelege auf. Stoff und Seitenzahl wuchsen immer mehr an.

Der Berliner Herausgeber war nicht von Anfang an einbezogen, so dass am Beginn eine «Vor-Baumgärtel-Phase» stand. Nach dessen Bericht hatte der Großherzog den Anfangspunkt gesetzt, als er im Mai des Jahres 1894 zu den Goethetagen in Weimar[5] mit dem Gießner Universitätsprofessor Wilhelm Oncken (1838–1905) zusammentraf und seine Wünsche vortrug[6]. Oncken hatte unlängst die erste Ausgabe seiner 1878 begonnenen 45-bändigen «Allgemeinen Geschichte in Einzeldarstellungen» vollendet, eine seinerzeit viel beachtete Weltgeschichte. Die einzelnen Bände waren ganz überwiegend von anderen Autoren verfasst, aber von ihm herausgegeben worden. Er sagte dem Großherzog seine Unterstützung zu und suchte zuerst in Weimar nach einem geeigneten Verleger. Da er in der thüringischen Klassikerstadt nicht fündig wurde, wandte er sich an jenen Berliner Verleger Max Baumgärtel, der bald das Vorhaben zu seinem Hauptunternehmen machen sollte.

In seinem Bericht sah sich Baumgärtel durch die von ihm verlegte «Geschichte der deutschen Kunst»[7] und die «Allgemeine Geschichte in Einzeldarstellungen» empfohlen[8]. Letztere bezeichnete er als «mein Lebenswerk»[9]. Bei ihrer Herausgabe hatte Oncken mit ihm bereits aus gemeinsamer Arbeit Bekanntschaft geschlossen[10].

Seinen Einstieg ins Wartburg-Werk machte Baumgärtel an einer Depesche aus Weimar vom 2. Januar 1896 fest, die von Oncken und dem Wartburg-Hauptmann von Cranach unterzeichnet war, nachdem beide vom Großherzog

5 Am 16. Mai 1894, dem Mittwoch nach Pfingsten, hielt der Vorstand der Goethe-Gesellschaft seine Jahressitzung ab, der am 17. Mai die IX. Generalversammlung im großen Saal der «Erholung» zu Weimar folgte; vgl. Zehnter Jahresbericht der Goethe-Gesellschaft, S. 3 f. Beilage zum Goethe-Jahrbuch. 16(1895). Wilhelm Oncken aus Gießen ist als Mitglied ausgewiesen, ebenda S. 34; vgl. Wartburg-Stiftung Eisenach, Archiv (WSTA), Akte: Die Wartburg. Ein Denkmal deutscher Geschichte u. Kunst, Bd. 1, 1895/1927, Akten-Nr. 340, Bl. 183–187 vom 24. 6. 1898: die Erinnerungen Onckens an die Einladung bei Carl Alexander am 18. 5. 1894 auf Bl. 183.
6 Vgl. BAUMGÄRTEL, Wartburg 1907 (wie Anm. 1) S. V.
7 Geschichte der deutschen Kunst. 5 Bde. Berlin 1885–1891. Die von fünf verschiedenen Autoren verfassten Bände erschienen im Verlag von Max Baumgärtel.
8 BAUMGÄRTEL, Schreiben vom 27. 5. 1907 (wie Anm. 2) S. 4.
9 BAUMGÄRTEL, Schreiben vom 27. 5. 1907 (wie Anm. 2) S. 3; desgleichen im BAUMGÄRTEL, Wartburg 1907 (wie Anm. 1) S. V.
10 Die Bände von Onckens «Allgemeinen Geschichte in Einzeldarstellungen» erschienen seit 1878 zuerst in der Grote'schen Verlagsbuchhandlung zu Berlin, dann ab 1882 auch im Verlag Max Baumgärtel, bei dem mit einer zweiten Auflage begonnen wurde.

die Zustimmung erhalten hatten. Eingeweiht war er in die Planung durch Oncken aber offenbar bereits im Oktober 1894[11] und plante einen Besuch der Wartburg für den Juni 1895[12]. Baumgärtel übernahm die Bearbeitung des bildlichen Teils und ließ nach seinen Vorgaben bereits im Sommer 1896 durch die Königlich Preußische Messbildanstalt die etwa 150 fotografischen Hauptaufnahmen anfertigen[13]. Die Messbilder stellen inzwischen eine wertvolle kunstgeschichtliche Dokumentation dar und befinden sich im Fotoarchiv der Wartburg-Stiftung[14]. Bis 1900 sollte nach Baumgärtel der Abbildungsteil grob bewältigt worden sein, wonach sich Ergänzungen bis weit in das Jahr 1906 hinzogen und sich die Gesamtanzahl auf 706 Stück ausdehnen sollte.

Oncken hatte einen ersten konzeptionellen Entwurf mit neun «Monographien» (gemeint sind Abschnitte) und für 55 Textseiten aufgestellt[15]. In seiner fachlichen Laufbahn hatte er sich nach Studien zum griechischen Altertum seit der Reichseinigung von 1871 in Gießen in der neueren deutschen Geschichte ab Mitte des 18. Jahrhunderts profiliert. Die für die Wartburg wichtigen Gebiete der Mittelalter-, Kunst- und Literaturgeschichte waren ihm wenig vertraut, was ihm aber durch das von seiner «Allgemeinen Geschichte in Einzeldarstellungen» geläufigem Prinzip der Arbeitsteilung keine unüberwindliche Hürde zu sein schien.

Der Verleger Baumgärtel als der Willens- und Einsatzstärkere übernahm offenbar bald die Regie und formte die Konzeption und den Mitarbeiterkreis um, teilweise in Unterredungen mit dem Großherzog, teilweise auf Anregung von Mitautoren und teilweise nach eigenem Gusto. Aus Onckens erstem Entwurf blieb die «Geschichtliche Einleitung» von Carl Alexander. Einen von Oncken beabsichtigten Teil hielt Baumgärtel für «unmotiviert» und strich ihn[16]. Offenbar handelte es sich um die Wartburg-Baugeschichte, für die Oncken den Titel «Das Werk des Baumeisters» (Nr. I,2) vorgesehen hatte, der

---

11 WSTA, Akten-Nr. 340 (wie Anm. 5) Bl. 167 vom 17. 10. 1894: Oncken schreibt an den seit dem 4. 4. 1894 amtierenden Burghauptmann Hans Lucas von Cranach, der «Herr Baumgärtel» sei «Feuer und Flamme für den Plan».

12 WSTA, Akten-Nr. 340 (wie Anm. 5) Bl. 169 vom 25. 5. 1895: Oncken an von Cranach, man habe davon auszugehen, dass Baumgärtel «in der ersten Juniwoche» auf die Wartburg kommt; vgl. zur Einbeziehung Bäumgärtels Bl. 168 vom 14. 5. 1895 und Bl. 170 vom 20. 8. 1895.

13 Vgl. BAUMGÄRTEL, Wartburg 1907 (wie Anm. 1) S. VII.

14 Die Messbilder wurden in den 1990er Jahren vom Brandenburgischen Landesamt für Denkmalpflege, Messbildarchiv, Wünsdorf erworben, das aber weiter die Veröffentlichungsrechte besitzt. Eine Auswahl ist abgedruckt in JUTTA KRAUSS (Hrsg.): Carl Alexander. «So wäre ich angekommen, wieder, wo ich ausging, an der Wartburg». Eisenach 2001, S. 39, 54–92, 97, 99.

15 BAUMGÄRTEL, Schreiben vom 27. 5. 1907 (wie Anm. 2) S. 13; eine Abschrift von Onckens Plan ist erhalten: Wartburg-Stiftung Eisenach, Archiv (WSTA), Akte: Die Wartburg. Ein Denkmal deutscher Geschichte u. Kunst, Bd. 2, 1906/1910, Akten-Nr. 341, Bl. 10, vom 9. 1. 1896.

16 BAUMGÄRTEL, Schreiben vom 27. 5. 1907 (wie Anm. 2) S. 14.

in der Tat unzutreffend war und durch die Baugeschichtsbeiträge von Paul Weber und Baumgärtel/Ritgen zurecht abgelöst wurde. Der Beitrag des sog. Wartburg-Bibliothekars Richard Voß (1851–1918) über den gegenwärtigen Zustand der Wartburg kam auf Wunsch des Großherzogs hinzu.

Unterschiede und Gemeinsamkeiten zwischen dem ursprünglichen Plan Onckens und der verwirklichten Gliederung im Wartburg-Werk von 1907 sind aus der folgenden Aufstellung ersichtlich:

Plan des Wartburg-Werkes von Wilhelm Oncken [17]

    Vorwort
I. der Neubau der Wartburg
1) das Werk des Bauherrn: Carl Alexander
2) das Werk des Baumeisters: Otto von Ritgen
3) die Kommandanten der Wartburg
    a. die älteste Zeit u. Rüstsaal: Hans Lucas von Cranach
    b. die Gebrüder Arnswald: August Trinius
4) Ein Gang durch die heutige Wartburg: Richard Voß

II. die Wartburg in Sage, Geschichte und Dichtung
    des deutschen Volkes
1) die älteste Zeit: Wilhelm Oncken
2) der Minnesang in Thüringen und der Sängerstreit auf der Wartburg: Ernst Martin
3) Martin Luther auf der Wartburg: Wilhelm Oncken
4) die Burschenschaft und ihr Wartburgfest: Wilhelm Oncken
5) die Wartburg in der deutschen Dichtung: August Trinius

Verwirklichte Gliederung des Wartburg-Werkes von 1907

1. Zur Geschichte der Wiederherstellung der Wartburg: Carl Alexander
2. Ein Gang durch die heutige Wartburg. Stimmungsbild: Richard Voß
3. Älteste Geschichte der Wartburg von den Anfängen bis auf die Zeiten Hermanns I.: Karl Wenck
4. Baugeschichte der Wartburg: Paul Weber
5. Der Minnesang in Thüringen und der Sängerkrieg auf Wartburg: Ernst Martin
6. Die heilige Elisabeth: Karl Wenck
7. Geschichte der Landgrafen und der Wartburg als fürstlicher Residenz vom 13. bis 15. Jahrhundert: Karl Wenck

---

17 Siehe Anm. 15.

8. Martin Luther auf der Wartburg: Wilhelm Oncken
9. Die Burschenschaft und ihr Wartburgfest: Wilhelm Oncken
10. Vorgeschichte der Wiederherstellung der Wartburg: Max Baumgärtel
11. Die Wiederherstellung der Wartburg. Ein Beitrag zur deutschen
     Kultur- und Kunstgeschichte: Max Baumgärtel und Otto von Ritgen
12. Alte und neue Kunstwerke auf der Wartburg: Paul Weber
13. Die Wartburg in Sage und Dichtung: August Trinius
14. Neues Wartburg-Leben: August Trinius

Dem heutigen Betrachter fällt insbesondere die Aufnahme des Burschenschaftsfestes von 1817 in eine geschlossene Wartburggeschichte auf. Bei der
Wiederherstellung und der Neueinrichtung unter national-dynastischer Intention war dieses Thema ausgeklammert geblieben[18]. Der Eingang ins Wartburg-
Werk kann unmöglich ohne die Akzeptanz durch Großherzog Carl Alexander
erfolgt sein.

Wie er auch im Bericht aufzählte[19], fügte Baumgärtel folgende Abschnitte
zur Gesamtgliederung hinzu: Landgrafen und Residenz im Mittelalter von
Wenck (Nr. 3.), die ältere Baugeschichte von Weber (Nr. 4.), die Vorschichte
der Wiederherstellung von Baumgärtel (Nr. 10.), die Kunstwerke von Weber
(Nr. 12.) und das neue Wartburgleben von Trinius (Nr. 14.).

Fünf Manuskripte bzw. Abschnitte lagen für die Drucklegung bald vor.
Baumgärtel gibt in seinem Bericht keine genauen Daten an, doch müssen nach
dem Zusammenhang 1897, spätestens 1898 fertig gestellt worden sein: die
Einleitung von Carl Alexander (Nr. 1.), die beiden Beiträge von Oncken zu
Luther auf der Wartburg (Nr. 8) und zum Wartburgfest von 1817 (Nr. 9.), die
Abhandlung des Germanisten Ernst Martin (1841–1910) über Minnesang und
Sängerkrieg (Nr. 5) und schließlich die Beschreibung eines Wartburgrundgangs
von Richard Voß (Nr. 2).

Komplikationen schufen die beiden Texte von Oncken, weil sie für
Baumgärtel in Abschweifungen zu weit von der Wartburg wegführten. Das
mutet für den Nachbetrachter angesichts der später von demselben nachgeschobenen Erweiterungen gerade zum Lutherteil seltsam an. Der Gießener
Professor lenkte aber gegenüber dem offenbar das Zepter übernommenen
Berliner Herausgeber ein, der zusammenfassend konstatiert, es mit den ersten
fünf Abschnitten «leicht gehabt» zu haben[20], nicht ohne auf seine alleinige
redaktionelle Begleitung hinzuweisen. Die von Oncken angestrebte Fertig-

---

18 Zur Ausklammerung von 1817 in der zweiten Hälfte des 19. Jahrhundert s. Etienne François:
    Die Wartburg. In: Etienne François und Hagen Schulze (Hrsg.): Deutsche Erinnerungsorte. I.
    München 2001, S. 154–170, hierzu S. 165.
19 Baumgärtel, Schreiben vom 27. 5. 1907 (wie Anm. 2) S. 14 f.
20 Baumgärtel, Schreiben vom 27. 5. 1907 (wie Anm. 2) S. 17.

stellung des Wartburgwerks zum 80. Geburtstag des Großherzogs[21], dieser war am 24. Juni 1818 geboren, konnte nicht verwirklicht werden.

Nach den ersten fünf leicht erlangten Abschnitten stöhnte Baumgärtel noch im Nachhinein über die übrigen schwer zu erstellenden und viele Mühen bereitenden Beiträge. Der «Hauptmitarbeiter» für die mittelalterlichen Teile wurde der Marburger Professor Karl Wenck (1854–1926), der von dem Berliner Mediävisten und seit 1888 Chef der Monumenta Germaniae Historica Ernst Dümmler (1830–1902)[22] für die Zuarbeit zur hl. Elisabeth empfohlen worden war. Dümmler hatte es an der Universität in Halle/Saale zum Professor gebracht und kannte aus seiner Zeit von 1854 bis 1888 sicherlich Wenck persönlich, der sich in derselben Stadt habilitiert und bis zur Übersiedlung nach Marburg von 1882 bis 1889 dort als Privatdozent gewirkt hatte. Der Vorgeschlagene, ein ausgewiesener Spezialist für thüringisch-hessische Geschichte des Mittelalters, erhielt im November 1897 den Auftrag zum Elisabethabschnitt (Nr. 6), dann auch zum Abschnitt zur ältesten Wartburggeschichte (Nr. 3) und auf eigene Anregung zur Landgrafen- und Residenzgeschichte (Nr. 7). An seinen drei Abschnitten arbeitete er ungefähr drei Jahre lang[23], so dass mit der eigentlichen Drucklegung erst im Sommer 1901 begonnen werden konnte. Bis März 1902 waren dann Wencks Mittelalterteile wie auch Onckens Luther-Kapitel fertig gesetzt[24].

*Abb. 1:
Der Historiker
Ernst Dümmler,
1881*

---

21 WSTA, Akten-Nr. 340 (wie Anm. 5) Bl. 181 vom 22. 6. 1898: ONCKEN an VON CRANACH, ihm bereite es «Seelenschmerz», dass «unser Wartburgwerk zum 24. Juni», dieses «schönste Geburtstagsgeschenk», nicht vollendet werden kann; Bl. 209 vom 23. 6. 1898: OTTO VON RITGEN bedauert beim Großherzog persönlich: «So sehr es die Absicht des Professors Onken [sic], des Verlegers Max Baumgärtel und aller Mitarbeiter gewesen wäre, die «Geschichte der Wartburg» als fertiges Werk zum Feste des hohen Burgherrn zu vollenden, so hat sich dies doch als unausführbar erwiesen, weil einzelne Theile noch nicht genügend weit gefördert waren.»

22 Zu ERNST DÜMMLER vgl. ROBERT HOLTZMANN in: Mitteldeutsche Lebensbilder. 5. Bd. Lebensbilder des 18. und 19. Jahrhunderts. Magdeburg 1930, S. 415–459; Neue deutsche Biographie. Bd. 4. Berlin 1959, S. 161.

23 Vgl. KARL WENCK: Elisabeth von Thüringen (1306–1367), die Gemahlin Landgraf Heinrichs II. von Hessen, und die Beziehungen zwischen Thüringen und Hessen in den Jahren 1318–1335. In: Zeitschrift des Vereins für hessische Geschichte und Landeskunde. 35 NF.25(1901), S. 163–191, hierzu S. 165 Anm. 2 der Verweis auf seine «Darstellung der Landgrafengeschichte in dem demnächst erscheinenden ‹Wartburgwerk›» sowie S. 166 f. die textlichen Übereinstimmungen mit BAUMGÄRTEL, Wartburg 1907 (wie Anm. 1) S. 238.

24 Wartburg-Stiftung Eisenach, Archiv [WSTA], Akte: Die Wartburg. Ein Denkmal deutscher Geschichte u. Kunst, Bd. 3, 1900/1902, Akten-Nr. 342, Bl. 146 vom 15. 3. 1902 – BAUMGÄRTEL an VON CRANACH: «Der Satz ist jetzt auf Seite 275. Wenck's Landgrafengeschichte ist fertig. Auch Onckens Luther ist gesetzt.» – S. 275 gehört zum 9. Kapitel über die Burschenschaft und ihr Warburgfest von Oncken.

Für die Wiederherstellung der Wartburg (Nr. 11) schienen die Voraussetzungen sehr günstig zu sein, was sich aber nicht bewahrheitete. Zunächst war Oncken mit dem Wartburgarchitekten Hugo von Ritgen in Gießen nicht nur bekannt, sondern sogar befreundet. Ein Sohn des 1889 verstorbenen Architekten, Otto von Ritgen (1848–1924), war selbst Architekt geworden, verfügte im Familienarchiv über Aufzeichnungen des Vaters und lebte wie Baumgärtel in Berlin. Onckens Vorschlag zum Auftrag an den jüngeren Ritgen wurde folgerichtig bejaht. Nach nicht langer Zeit traf ein entsprechendes Manuskript ein[25] und wäre unter Oncken wohl so durchgegangen. Doch inzwischen bestimmte Baumgärtel das Niveau, der im Januar 1899 das Elaborat erhielt[26] und als einen Auszug aus dem väterlichen Wartburgführer[27] ohne Originalität und Verarbeitung weiterer Quellen identifizierte. Großherzog Carl Alexander wünschte jedoch ausdrücklich Ritgens Mitarbeit, was Baumgärtel zu seinem später ständig steigenden Verdruss versprach, «aber nie war es schwerer, ein gegebenes Versprechen zu halten»[28]. Das vorgelegte Manuskript fand vor Baumgärtel trotz eigenen Zuarbeitens nicht die Gnade des Abdrucks im Wartburg-Werk.

Angesichts des Fortgangs der Arbeit und des Eindringens in die Materie empfand er nun völlig zutreffend die Notwendigkeit einer Darstellung der Baugeschichte der Wartburg von der Gründung bis zum Beginn der Restauration des 19. Jahrhunderts. Den Bearbeiter dieser Thematik suchte er zuerst im Juli 1899 an der Universität Jena in Thüringen. Als Spezialist für romanischen Profanbau wollte er dann den Jenaer Privatdozenten Paul Weber (1868–1930) gewinnen, der wegen dringender anderer Aufgaben jedoch zunächst absagte[29].

Da er in Thüringen selbst nicht fündig wurde, wandte sich Baumgärtel nun an den in seiner Heimatstadt Berlin wohnenden Paul Lehfeldt (1848–1900)[30], der immerhin die Inventare der thüringischen Baudenkmale zu beachtlichen Teilen aufgenommen und publiziert hatte[31]. Dieser nahm den Auftrag umge-

25 WSTA, Akten-Nr. 340 (wie Anm. 5) Bl. 209v vom 23. 6. 1898: Ritgen an den Großherzog, dass er sein Manuskript vor «Jahresfrist» abgeschlossen hat.

26 WSTA, Akten-Nr. 340 (wie Anm. 5) Bl. 211–213 vom 29. 8. 1899: Ritgen berichtet dem Großherzog von der Absendung des umgearbeiteten Manuskripts im Dezember 1898, dem Nach-und Nach-Eintreffen der Änderungswünsche Baumgärtels erst ab Juni 1899 und weiteren klagenswerten Wünschen desselben.

27 Hugo von Ritgen: Der Führer auf der Wartburg. Ein Wegweiser für Fremde und ein Beitrag zur Kunde der Vorzeit. Leipzig 1860. Zweite Auflage, Leipzig 1868.

28 Baumgärtel, Schreiben vom 27. 5. 1907 (wie Anm. 2) S. 26.

29 WSTA, Akten-Nr. 342 (wie Anm. 24) Bl. 34 vom 7. 1. 1901: Weber lehnte den «ersten Antrag vom 24. Juli 2899» ab, die Baugeschichte der Wartburg zu schreiben, weshalb diese Aufgabe an Lehfeldt «ersatzweise übertragen» wird.

30 Zu Paul Lehfeldt s. Anton Bettelheim (Hrsg.): Biographisches Jahrbuch und deutscher Nekrolog. 5. Bd. Berlin 1903, S. 204 f.

hend an, ging ihm mit Eifer nach und lieferte bis Anfang April 1900 ein entsprechendes Manuskript ab, gegen dessen Inhalt Baumgärtel schwere Bedenken hegte[32]. Vor Ende Mai gab er diese erste Fassung zurück[33] und erhielt ein paar Tage vor dem Tod Lehfeldts eine zweite, immer noch ungenügende Version[34]. Um die Verantwortung abzuwälzen, ersuchte er Professor Wenck um ein Urteil, der ihn seinerseits an jenen Paul Weber[35] in Jena verwies. Die durch Weber bestätigte Ablehnung des Manuskripts blieb Baumgärtel erspart, da Lehfeldt am 2. Juli 1900 starb. Seine Zuarbeit fand keine Aufnahme ins Wartburg-Werk und verschwand in der Bibliothek des Herausgebers.

Baumgärtel sah nun keine andere Möglichkeit, als sich nochmals im August 1900 an den Jenaer Kunsthistoriker Paul Weber zu wenden, der diesmal nicht nur zustimmte, sondern sich auf die Aufgabe voll konzentrierte und sie in nur sechs Wochen bewältigen wollte. Natürlich überzog er und brauchte fünf Mal so lange, doch die sieben Monate bis zum Abschluss verlangen eigentlich Respekt. Baumgärtel rückte trotzdem die Fertigstellung des Manuskripts im April 1901 in ein ungünstiges Licht. Die Anlage hielt er für recht brauchbar, die Einzelheiten aber in vielen Fällen für zweifelhaft und den Darstellungsstil im Allgemeinen für nicht geglückt[36].

Auf Baumgärtels Vorhaltungen zeigte sich Weber einsichtig, bat allerdings um die Zulieferung der konkreten, einzelnen Änderungs- und Verbesserungsvorschläge. Damit hatte er sehr clever den Ball zurückgespielt, und Baumgärtel, der nicht auch noch diese Vorlage fallen lassen konnte, musste wohl oder übel

---

31 WSTA, Akten-Nr. 341 (wie Anm. 15) Bl. 68 vom 16. 6. 1999: BAUMGÄRTEL bedauert, dass LEHFELDT «für seine Bau- und Kunstdocumentation Thüringens die Wartburg nicht schon früher bearbeitet hat», Bl. 121 vom 12. 9. 1899: BAUMGÄRTEL an Großherzog Carl Alexander - «Für die Abfassung dieser überwiegend stilkritischen Untersuchung habe ich Herrn Professor Dr. Paul Lehfeldt, den Conservator der Kunstdenkmäler Thüringens gewonnen ... er hat kürzlich die Wartburg studiert».

32 WSTA, Akten-Nr. 341 (wie Anm. 15) Bl. 173 vom 7. 4. 1900: BAUMGÄRTEL - «Herrn Professor Lehfeldt's Manuscript habe ich auch in den Händen.», Bl. 191 vom 10. 5. 1900: BAUMGÄRTEL - «Alle diese Fragen sind entstanden - und noch viel mehr - durch Abschweifungen Lehfeldt's von seinem Thema.», Bl. 204 vom 28. 5. 1900: BAUMGÄRTEL - «... mit Lehfeldt bin ich verunglückt. Er hat sich nicht an das gehalten ...»

33 WSTA, Akten-Nr. 341 (wie Anm. 15) Bl. 205 vom 28. 5. 1900: BAUMGÄRTEL - «Vor einigen Tagen habe ich ihm [Lehfeldt] das Manuscript zurückgegeben und er fängt von vorne an.»; Bl. 235 vom 12. 8. 1900: Baumgärtel an von Cranach - «Sie wissen wohl, daß ich Lehfeldts erstes Manuskript als gänzlich unglücklich zurückgegeben habe.»

34 WSTA, Akten-Nr. 341 (wie Anm. 15) Bl. 221 vom 4. 7. 1900: «Professor Lehfeldt ist vorgestern in Kissingen gestorben», Bl. 224 vom 6.7.1900: BAUMGÄRTEL - «Lehfeldt's neues Manuscript habe ich ein paar Tage vor seinem Todte erhalten und noch nicht gelesen.»

35 WSTA, Akten-Nr. 341 (wie Anm. 15) Bl. 233 vom 31. 7. 1900: BAUMGÄRTEL - «Was Lehfeldt's Beitrag anlangt, ... stehe ich bereits mit Paul Weber in Verhandlungen.»

36 BAUMGÄRTEL, Schreiben vom 27. 5. 1907 (wie Anm. 2) S. 30 f.

in den sauren Apfel beißen und den geforderten Ansprüchen selbst genügen. Von Frühjahr 1901 bis Ende Januar 1902 hatte er schwer daran zu tun, womit er etwa drei Monate länger brauchte als Weber für die Vorlage. Andererseits dürften die redaktionellen und textlichen Zuarbeiten derart umfangreich gewesen sein, dass man in Baumgärtel einen Koautoren von Webers Baugeschichts-Abschnitt sehen kann.

In jener Zeit, sicherlich bei der Sichtung des schriftlichen Nachlasses des am 5. Januar 1901 verstorbenen Großherzogs, stieß man auf eine vielblättrige Sammlung von Schriftstücken[37], die Carl Alexander zur Dokumentation des Wartburgumbaus gesammelt hatte und die 1838 einsetzten[38]. Wahrscheinlich handelte es sich hauptsächlich, zumindest seit 1855, um die kontinuierlichen Rapporte der Wartburg-Kommandanten Bernhard und Hermann von Arnswald[39] (beide zusammen von 1840 bis 1894 auf der Burg tätig). Dieses Material war nun in die Wiederherstellungsgeschichte des Wartburg-Werkes einzuarbeiten. Da er Otto von Ritgen für ungeeignet hielt, glaubte Baumgärtel dieser Aufgabe nur selbst gerecht werden zu können. Das bisher vom jüngeren Ritgen gelieferte Schrifttum stufte er bis auf kleine Bestandteile als unverwendbar ein. Wegen des Versprechens an Carl Alexander zur Einbeziehung des Architekten und wegen des Zugangs zum Familienarchiv kündigte er die Zusammenarbeit dennoch nicht auf, sondern einigte sich im Sommer 1902 mit Otto von Ritgen, dass jener aus dem Familienarchiv zuarbeite, Baumgärtel das Aktenmaterial auswerte und die Mitarbeiterschaft eines dritten ausgeschlossen sei. Die Übereinkunft ermöglichte den Fortgang der Arbeit am Wartburg-Werk, die sich aber noch fünf Jahre von 1902 bis 1906 hinziehen sollte.

Die Zulieferungen aus dem Ritgenschen Archiv waren nicht sehr üppig, erbrachten aber ein sehr bedeutendes und seither vielzitiertes Dokument: Hugo von Ritgens Handschrift «Gedanken über die Wiederherstellung der Wartburg» vom Januar 1847[40]. Ansonsten beklagte sich Baumgärtel immer wieder und immer mehr über die geringe Zuleistung seines Partners und denunzierte geradezu dessen Ruhebedürfnis, indem er das aus der Sage vom Taufritt nach Tenneberg entliehene Spruchmotiv in Ritgens Version auf Papier

---

37 Die Angabe von über 17.000 Seiten im Schreiben vom 27. 5. 1907 (wie Anm. 2) S. 32 stimmt mit der Angabe von 8.540 Blättern im BAUMGÄRTEL, Wartburg 1907 (wie Anm. 1) S. VI überein.

38 Die Schriftstücke datierten laut BAUMGÄRTEL, Wartburg 1907 (wie Anm. 1) S. VI von 1839–1893, begannen aber laut Schreiben vom 27. 5. 1907 (wie Anm. 2) S. 32 im Jahre 1838.

39 Die Arnswald-Rapporte befinden sich heute bei der Wartburg-Stiftung Eisenach, Archiv, Tageblätter von BERNHARD VON ARNSWALD 1855–1874, Hs 305-1209, Tageblätter von HERMANN VON ARNSWALD 1888–1893, Hs 1210-2443, Tageblätter von HERMANN VON ARNSWALD 1878–1887, Hs 2721-3220.

40 BAUMGÄRTEL, Schreiben vom 27. 5. 1907 (wie Anm. 2) S. 36; Wartburg-Stiftung Eisenach, Archiv, HUGO VON RITGEN: Gedanken über Restauration der Wartburg, 1847, Hs. 3494 und Hs 3499.

verewigte: Sein Kopf bedürfe der Ruhe, und wenn es das ganze Thüringer Land koste. Für den Abschnitt «Die Wiederherstellung der Wartburg» mit den beiden Koautoren Max Baumgärtel und Otto von Ritgen trifft sicherlich zu, dass ersterer den weit größeren Textanteil sowie den gesamten Anmerkungsteil beigetragen hat.

In dieser Phase reifte auch hinsichtlich der Gliederung die Erkenntnis, dass die Wiederherstellung nicht mit dem Eintritt Hugos von Ritgen 1847 beginnt, sondern eine Vorgeschichte mindestens ab 1838 und noch weiter zurück beim großherzoglichen Haus bis ins 18. Jahrhundert hatte. Baumgärtel trennte deshalb dieses Thema ab und schob den selbst verfassten Abschnitt «Vorgeschichte der Wiederherstellung der Wartburg» ein, wodurch sich die Vollendung des Werkes weiter verzögerte.

Eine andere wichtige konzeptionelle Zutat betraf die Luther- und Reformationszeit. Baumgärtel gewann den Eindruck, die Wiederhersteller mit dem Großherzog Carl Alexander an der Spitze hätten in den Burgteilen in jener Epoche den «geistigen Höhepunkt ihres Erneuerungswerkes» gesehen[41]. Lassen wir einmal das neudeutsch ausgedrückte «Ranking» weg, stimmt sicherlich die Erkenntnis, dass die bildliche Darstellung von Luthers Leben in den Reformationszimmern als Parallelwerk zum Elisabethleben in den Schwindfresken des romanischen Wartburgpalas anzusehen ist. Die im bisherigen Werdegang unbeachtete Lutherdarstellung bezeichnete er als eine 1902 aufgedeckte Lücke im Wartburg-Werk, ohne die es ein «Stückwerk»[42] geblieben wäre.

Nun bemühte sich Baumgärtel aber nicht um die chronologisch sinnvolle Ausweitung von Onckens Abschnitt zu Luther auf der Wartburg, sondern um die Behandlung des Luther-Themas bei den Reformationszimmern im Abschnitt zur Wartburg-Wiederherstellung. Vielleicht wollte er den abgesegneten Oncken-Text nicht nochmals in Frage stellen, vielleicht stand dafür aber bereits der Drucksatz, dessen Aufhebung die schon beachtlichen finanziellen Belastungen Baumgärtels weiter erhöht hätte. Vielleicht scheute er die zwar anstehenden, aber nicht unlösbaren konzeptionellen Probleme, Luthers Biographie von der Entstehung der Reformationszimmer zu trennen.

Jedenfalls zog es Baumgärtel vor, sich mit Ritgen verständigen zu müssen. Die Einbeziehung einer Lutherbiographie in den Wiederherstellungsabschnitt kollidierte mit der Vereinbarung vom Sommer 1902, keinen weiteren Mitarbeiter zuzulassen. Weder Baumgärtel und schon gar nicht der Katholik Ritgen besaßen die fachliche Kompetenz für eine eigenständige Biographie des Reformators auf dem Niveau der bisherigen Beiträge. Baumgärtel verhehlt hier nicht die Freude über sich selbst, in einer «gut gelungenen diplomatischen

---

41 BAUMGÄRTEL, Schreiben vom 27. 5. 1907 (wie Anm. 2) S. 42.
42 BAUMGÄRTEL, Schreiben vom 27. 5. 1907 (wie Anm. 2) S. 43.

Wendung»[43] Ritgens Verzicht auf die Mitwirkung am Luther-Leben erreicht zu haben.

Tatsächlich existiert im Wiederherstellungsabschnitt ein Einschub von 60 Seiten mit einer Luther-Biographie unter der Verfasserangabe «M. Wartburger»[44]. Eine Namensnennung sei hier notwendig gewesen, um nicht den Katholiken Otto von Ritgen irrtümlich als Mitautoren vermuten zu lassen. Es handelt sich um ein Pseudonym für die beiden Förderer und fachlichen Berater, unter deren Einsichtnahme Baumgärtel selbst die Lebensbeschreibung formuliert hat. Im Wartburg-Werk sind sie lediglich anonym in einer Anmerkung erwähnt[45]. Im Schreiben an den Großherzog enthüllt Baumgärtel ihre Klarnamen: die Professoren Gustav Kawerau (1847–1918) und Christian Fürchtegott Muff (1841–1911), fürwahr zwei Sachkenner[46]. Besonders Kawerau besaß einen Namen als Mitarbeiter an der maßgeblichen Weimarer Ausgabe von Luthers Schriften, als Fortsetzer von Köstlins als Standardwerk geltender Lutherbiographie und als Verfasser zahlreicher Schriften über Luther und die Reformation, darunter einer über Luthers Rückkehr von der Wartburg nach Wittenberg[47]. Von 1894 bis 1907, also während der Entstehung des Wartburg-Werks, wirkte er als Konsistorialrat und Professor für praktische Theologie an der Universität Breslau. Muff hatte sich im Schulwesen profiliert, war seit 1899 Rektor der Landesschule in (Schul-)Pforta und seit 1904 Honorarprofessor für Alte Philologie an der Universität Halle.

Der Text der Lutherbiographie war 1904 fertig, als Baumgärtel an das baldige Erscheinen des Wartburg-Werkes glaubte und der «Jesuit»[48] (richtig: Dominikaner) Heinrich Denifle (1844–1904)[49] eine viel beachtete Schmähschrift gegen den Reformator veröffentlicht hatte[50]. Als Gegenschrift gab Baumgärtel unter dem Verfasser-Pseudonym «M. Wartburger» seine Fassung als Monographie heraus[51]. Die beigegebenen 24 Abbildungen, als «Luther-Gallerie» bezeichnet, entsprechen nicht etwa den Lutherbildern aus den Reformationszimmern der Wartburg, sondern zeigen Gemälde des Berliner Malers Wilhelm Weimar (1859–1914) nach Auftrag und Vorgaben Baum-

---

43 BAUMGÄRTEL, Schreiben vom 27. 5. 1907 (wie Anm. 2) S. 45.

44 BAUMGÄRTEL, Wartburg 1907 (wie Anm. 1) S. 509–568.

45 BAUMGÄRTEL, Wartburg 1907 (wie Anm. 1) S. 719 Anm. zu S. 509.

46 BAUMGÄRTEL, Schreiben vom 27. 5. 1907 (wie Anm. 2) S. 44: KAWERAU habe «kritische» und Muff mit «stilistischer» Beihilfe Unterstützung geleistet.

47 GUSTAV KAWERAU: Luthers Rückkehr von der Wartburg nach Wittenberg. Halle (Saale) 1902.

48 BAUMGÄRTEL, Schreiben vom 27. 5. 1907 (wie Anm. 2) S. 47.

49 Zu SUSO HEINRICH DENIFLE vgl. JOACHIM KÖHLER bei GERHARD MÜLLER (Hrsg.): Theologische Realenzyklopädie. Bd. 8. Berlin/New York 1981, S. 490–493; Neue deutsche Biographie. Bd. 3. Berlin 1957, S. 595–597.

50 HEINRICH DENIFLE: Luther und Luthertum in der ersten Entwickelung. Quellenmäßig dargestellt. Bd. 1. Mainz 1904.

gärtels. Im biographischen Luther-Abschnitt des Wartburg-Werkes, der auffallend wenig illustriert ist, fanden die Bilder Weimars keinen Eingang und wären zur sonstigen seriösen Darstellung auch ein Stilbruch gewesen. Die Bildinhalte sind schwülstig gestaltet und unzulässig modernisiert; so sitzt Junker Jörg vor dem Wartburgpalas von um 1900.

Nach der Besprechung der Reformationszimmer dachte Baumgärtel, den Abschluss zur «Geschichte der Wiederherstellung» schnell zu bewältigen, doch täuschte er sich erneut. Nur mit schweren Mühen konnte der letzte, der südwestliche Teil des Hofareals um den heutigen Gadem abgehandelt werden. Der Herausgeber musste sich nach dem Lesen der Originalien umfangreiche Abschriften aus den Akten des 16. Jahrhunderts anfertigen lassen. Nach langwierigen und kritischen Erörterungen mit Ritgen konnte dieser Abschnitt erst gegen Frühjahresende 1906 abgeschlossen werden[52]. Für die Dauer der 1906 endlich beendeten Arbeit am Abschnitt zur Wartburg-Wiederherstellung machte Baumgärtel dann nochmals Otto von Ritgen verantwortlich. Sie wäre wesentlich schneller bewältigt worden, wenn statt seiner ein «Wartburgkundiger unbefangener Mitarbeiter»[53] vorhanden gewesen wäre.

Der Wiederherstellungsgeschichte ließ Baumgärtel den Abschnitt «Alte und neue Kunstwerke auf der Wartburg» folgen. Paul Weber gab für diesen Beitrag die Anregung und erklärte seine Bereitschaft zur Ausführung. Ursprünglich wollte der Herausgeber bei der Behandlung der einzelnen Räume die Abbildungen der darin befindlichen Kunstwerke ausführlich kommentieren. Doch Webers Angebot nahm er gern an, da er die Bedeutung der Wartburg als Kunststätte damit nachdrücklich gewürdigt sah. Zu seinem Bedauern verweigerte Weber die nachträgliche Besprechung des 1906 fertig gestellten Mosaiks in der Elisabeth-Kemenate. Den entsprechenden Text musste Baumgärtel selbst erarbeiten. Demnach stammt der im Abschnitt «Neues Wartburgleben» platzierte Teil zum «Mosaikschmuck»[54] nicht von dem aufgeführten Hauptautor August Trinius. Im selben Abschnitt verfasste Baumgärtel auch die Absätze zu Carl Alexander[55], mit denen er eine Skizze zu dessen Leben abschloss. Sie verteilt sich über das Wartburg-Werk, beginnt im Abschnitt «Vorgeschichte der Wiederherstellung der Wartburg»[56] und ist im Abschnitt «Wiederherstellung der Wartburg» an mehreren Stellen eingeflochten.

---

51 M. Wartburger: Martin Luther. Lebensgeschichte des Reformators. Mit den 24 Bildern der Luther-Galerie, gemalt von Wilhelm Weimar. Berlin: Baumgärtel, 1905.

52 Baumgärtel, Schreiben vom 27.5.1907 (wie Anm. 2) S. 50.

53 Baumgärtel, Schreiben vom 27.5.1907 (wie Anm. 2) S. 52.

54 Baumgärtel, Wartburg 1907 (wie Anm. 1) S. 675–680.

55 Baumgärtel, Wartburg 1907 (wie Anm. 1) S. 663–672, vielleicht bis S. 674.

56 Baumgärtel, Wartburg 1907 (wie Anm. 1) S. 313–318.

Das Kapitel «Die Wartburg in Sage und Dichtung» will Baumgärtel zur Hälfte in die Hände des «bekannten Thüringer Poeten» August Trinius (1851–1919) gelegt haben[57], doch enthält diese «Hälfte» – nämlich die Dichtung – bereits der Plan Onckens von 1896. Baumgärtel musste wegen der «leichten feuilletonistischen Feder»[58] von Trinius noch sehr viel redigieren und ergänzen. Die andere Hälfte – hier soll nicht über unterschiedlich große Hälften gerätselt werden – betraf die Wartburg-Sagen, die wörtlich vom Thüringer Sagensammler Ludwig Bechstein (1801–1860) übernommen und jeweils in An- und Ausführungszeichen gesetzt worden sind[59]. Der als Autor ausgewiesene Trinius schrieb also nur etwa die Hälfte des Abschnitts.

Ganz ähnlich verhält es sich mit dem folgenden und letzten Abschnitt zum «Neuen Wartburgleben», der im ersten Teil nicht von Trinius stammt. Wie erwähnt, beinhalten die anfänglichen Passagen die Biographie des Großherzogs und das Elisabeth-Mosaik. Er habe zum biographischen Teil völlig versagt und dessen Inangriffnahme rundweg abgelehnt. Einschließlich der Mosaikbeschreibung stammt der abschließende Abschnitt also zu mehr als der Hälfte von Baumgärtel. Wann die beiden Trinius zugeschriebenen, letzten Abschnitte entstanden, teilt er allerdings nicht mit. Den geschilderten Zusammenhängen nach sollten sie parallel zum Wiederherstellungsabschnitt von Baumgärtel und Ritgen 1902 bis 1906 ausformuliert worden sein.

Die Frage einer Werksausgabe in englischer Sprache war bereits kurz nach Beginn des Vorhabens zuerst durch den «Schlosshauptmann von Cranach»[60] aufgeworfen worden. Baumgärtel lobt ihn an dieser Stelle einmal wegen «dessen liebenswürdiger, stets bereiter Hülfe»[61]. Beide scheinen sich gut verstanden zu haben und führten einen regen Briefwechsel[62]. Trotzdem erwähnte Baumgärtel den Wartburghauptmann im Bericht kaum und entfernte ihn aus dem von Oncken vorgesehenen Kreis der Mitarbeiter am Wartburg-Werk.

Abb. 2:
Burghauptmann
Hans Lucas von
Cranach

---

57 BAUMGÄRTEL, Schreiben vom 27. 5. 1907 (wie Anm. 2) S. 57.

58 BAUMGÄRTEL, Schreiben vom 27. 5. 1907 (wie Anm. 2) S. 58; vgl. WSTA, Akten-Nr. 341 (wie Anm. 15) Bl. 173 vom 7. 4. 1900 - Baumgärtel an von Cranach: «Um die Trinius'sche Arbeit bin ich nun doch in Sorge. In seinen letzten Briefen an mich hat er sich doch gar zu sehr als bloßer Feuiletonist gezeigt.»

59 Vgl. BAUMGÄRTEL, Wartburg 1907 (wie Anm. 1) S. 641–652. Die Passagen von Ludwig dem Bärtigen (S. 641) bis zu Luthers Tintenfasswurf (S. 652) sind entnommen aus: LUDWIG BECHSTEIN: Thüringer Sagenbuch. Bd. 1. Wien/Leipzig 1858, S. 141–213.

60 Zu CRANACH vgl. ROSEMARIE DOMAGALA: Der Oberburghauptmann Hans Lukas von Cranach. 7. 1. 1855 bis 18. 10. 1929. In: Wartburg-Jahrbuch 1995. 4(1996), S. 137–148.

61 BAUMGÄRTEL, Schreiben vom 27. 5. 1907 (wie Anm. 2) S. 60.

Eine englischsprachige Ausgabe gefiel dem Berliner Herausgeber vor allem wegen der verwandtschaftlichen Beziehungen zwischen dem englischen Königshaus und dem großherzoglich-sächsischen Haus. Dabei waren die Verwandtschaftsbande gar nicht so sehr eng und verliefen noch am ehesten über das deutsche Kaiserhaus der Hohenzollern (Tafel 1). Im Dezember 1902 erhielt die englische Ausgabe das Protektorat des Königs Eduard VII. von Großbritannien und Irland, was die Großherzogin Pauline von Sachsen-Weimar-Eisenach, Schwiegertochter Carl Alexanders[63], vermittelt hatte.

Baumgärtel lobt ausdrücklich den Übersetzer G. A. Greene, Mitglied der Königlichen Historischen Gesellschaft in London[64]. Dieser beherrschte beide Sprachen «feinfühlig» und schnitt den Text auf die Länge des deutschen zu, so dass die englische Ausgabe in Seitenzuordnung und Abbildungsplatzierung identisch ist. Für die mühevolle Arbeit benötigte Greene «sechs Jahre»[65], dem Titelblatt nach von 1901 bis 1907[66].

Tafel 1: Die Verwandtschaft der Großherzöge von
Sachsen-Weimar-Eisenach mit dem englischen Königshaus um 1900:

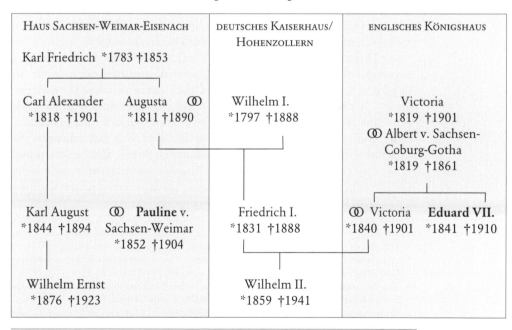

HAUS SACHSEN-WEIMAR-EISENACH		DEUTSCHES KAISERHAUS/ HOHENZOLLERN	ENGLISCHES KÖNIGSHAUS
Karl Friedrich *1783 †1853			
Carl Alexander *1818 †1901	Augusta ⚭ *1811 †1890	Wilhelm I. *1797 †1888	Victoria *1819 †1901 ⚭ Albert v. Sachsen-Coburg-Gotha *1819 †1861
Karl August *1844 †1894	⚭ **Pauline** v. Sachsen-Weimar *1852 †1904	Friedrich I. *1831 †1888	⚭ Victoria *1840 †1901 **Eduard VII.** *1841 †1910
Wilhelm Ernst *1876 †1923		Wilhelm II. *1859 †1941	

---

62 Folgende Wartburgakten enthalten fast ausschließlich die Schreiben BAUMGÄRTELS an den Wartburghauptmann VON CRANACH von 1895 bis 1910: Wartburg-Stiftung Eisenach, Archiv, Akten: Die Wartburg. Ein Denkmal deutscher Geschichte u. Kunst, Bd. 2–6, Akten-Nr. 341-345; in Bd. 7, Akten-Nr. 346 weitere Schreiben bis 1915.

Zuletzt blieb noch die Buchbinderei, die sich erneut als schwieriger als erwartet erwies. Das technisch anspruchsvolle Verfahren wurde bei J. R. Herzog in Leipzig bewältigt. Die Größe, Stärke und Schwere stellte die Buchbinder, die besonders geschult werden mussten, vor ungewohnte Probleme. Deshalb dauerte es von Dezember 1906 bis zum Datum von Baumgärtels Bericht (27. 5. 1907) nochmals fünf Monate, bis einwandfrei gebundene Exemplare geliefert werden konnten. Das Wartburg-Werk hatte nach 13 Jahren seine Vollendung gefunden.

Beim geschilderten Werdegang des Wartburg-Werkes ist bereits einiges zu den beteiligten Hauptpersonen wiedergegeben worden. Anderes aus den Charakterisierungen durch Baumgärtel ist um des besseren Erzählflusses weggelassen worden, was im Folgenden teilweise nachgeholt worden soll.

Die negative Beurteilung Ottos von Ritgen klang bereits mehrfach an, soll aber durch einige weitere Bemerkungen vertieft werden. Der Berichterstatter will bald erkannt haben, dass es jenem an «für unsere Aufgabe ausreichender Kenntnis der Wartburg und ihrer Wiederherstellungsgeschichte mangle»[67]. Dessen ungenügende persönliche Voraussetzungen zählt er an einer Stelle auf: «Unsicherheit dem Stoffe gegenüber», «Mangel an Zeit», «Nervosität und Ruhebedürfnis» und die «stets rege Befürchtung, dass sein Vater, der Wartburg-Baumeister, gekränkt oder ungerecht beurteilt werden könnte»[68].

Der Historiker und konzeptionelle Vorgänger Wilhelm Oncken kommt wesentlich besser weg. Eine Reihe von Eigenschaften prädestinierte ihn für die Aufgabe, u. a. «gründliches Wissen», «die Gabe klarer, glänzender Darstellung», «große ... Arbeitskraft», die Gabe der Zeiteinteilung und nicht zuletzt der «praktische Sinn für das ‹Fertigwerden›»[69]. Allerdings häufen sich trotz fortdauernder Freundschaft im Laufe des Berichts die kritischen Bemerkungen. So beschwert sich Baumgärtel, bei der redaktionellen Arbeit allein gelassen wor-

---

63 Vgl. EDUARD VII. und PAULINE fett hervorgehoben in Tafel 1.

64 BAUMGÄRTEL, Schreiben vom 27. 5. 1907 (wie Anm. 2) S. 62.

65 BAUMGÄRTEL, Schreiben vom 27. 5. 1907 (wie Anm. 2) S. 63; vgl. WSTA, Akten-Nr. 342 (wie Anm. 24) Bl. 98 vom 16. 9. 1901 – BAUMGÄRTEL an VON CRANACH: «Der gewünschte Abzug vom Satz des ersten Artikels in englischer Sprache anbei. Ob er mit dem in Ihren Händen befindlichen, der von Herrn Greene, dem Uebersetzer in London bereits corrigiert ist, ganz übereinstimmt, kann ich nicht feststellen.»

66 MAX BAUMGÄRTEL (Ed.), G. A. Greene (Transl.): The Wartburg. A monument of German history and art. Berlin: Baumgärtel, 1907. Im Titelblatt: «printed in the years 1901–1907»; sein «druckfertig» für die englische Ausgabe gibt Baumgärtel am 7. 4. 1907 – Wartburg-Stiftung Eisenach, Archiv [WSTA], Akte: Die Wartburg. Ein Denkmal deutscher Geschichte u. Kunst, Bd. 6, 1906/1910, Akten-Nr. 345, Bl. 93.

67 BAUMGÄRTEL, Schreiben vom 27. 5. 1907 (wie Anm. 2) S. 24.

68 BAUMGÄRTEL, Schreiben vom 27. 5. 1907 (wie Anm. 2) S. 39.

69 BAUMGÄRTEL, Schreiben vom 27. 5. 1907 (wie Anm. 2) S. 6 f.

den zu sein. Onckens Standpunkt, dass jeder Mitarbeiter für seinen Beitrag selbst verantwortlich sei, begegnet Baumgärtel mit der Auffassung, das Wartburg-Werk vor «Verfehltem und Unzulänglichkeiten» zu bewahren, also in die Texte ändernd einzugreifen. Für die notwendigen Auseinandersetzungen sei Oncken nicht die «Kampfnatur»[70]. Außerdem fehlten ihm die fachlichen Voraussetzungen für ganz spezielle Wartburgprobleme, die er zudem nicht gewillt war sich anzueignen. Immer wieder ist die Rede von der unzulänglichen ersten Konzeption Onckens.

Damit ist der Herausgeber längst bei sich selbst. Für den Zeitpunkt seines Einstiegs räumt er das Fehlen eines «tiefgehenden historischen Einblickes» ein[71]. Doch im Laufe der fotografischen Aufnahmen habe er bis spätestens um 1900 die Burg bis ins Kleinste hinein genau kennen gelernt[72]. Ab 1898 glaubte er durch seine «fortgesetzten und vertieften Wartburg-Studien ... einen genügend kritischen Boden»[73] zu haben, um über Wert und Unwert angebotener Beiträge, wie zuerst den von Otto von Ritgen, entscheiden zu können. Spätestens nach dem Tod des Großherzogs 1901 hielt er sich offenbar für den kompetentesten Kenner der Wartburg, wie sein Verhalten gegenüber Paul Weber und die Durchsetzung seiner Konzeption zum gesamten Wartburg-Werk zeigen. Beim Auffinden des Wartburg-Schrifttums Carl Alexanders 1901 sieht er in sich selbst den einzigen denkbaren Bearbeiter[74].

Übrigens will Baumgärtel zwei bauarchäologische Funde gemacht haben. Zum einen habe er den «Mauerrest vom alten Bergfried Ludwigs des Springers» entdeckt[75]. Wie im Wartburg-Werk nachlesbar, identifizierte er damit die Spuren des im 18. Jahrhundert abgerissenen Hauptturms an der höchsten Stelle des Burggeländes[76]. Seine zweite Entdeckung habe er im Wartburg-Werk nicht erwähnt, nämlich den «geheimen Raum, den Schutzbehälter der Wartburg»[77]. Er habe den Schlosshauptmann von Cranach informiert, der die Burgleute zum Heben des «schweren Decksteins» geholt und zur «Wahrung des Geheimnisses» verpflichtet habe. Worum es sich handelte, ist m. W. gegenwärtig unbekannt.

Großherzog Carl Alexander wird von Baumgärtel durchgehend lobend erwähnt, wahrscheinlich nicht zuletzt, weil der Bericht an den Enkel und Nachfolger gerichtet war. Außerdem war Baumgärtel Großherzoglich Säch-

---

70 Baumgärtel, Schreiben vom 27. 5. 1907 (wie Anm. 2) S. 18.
71 Baumgärtel, Schreiben vom 27. 5. 1907 (wie Anm. 2) S. 8.
72 Baumgärtel, Schreiben vom 27. 5. 1907 (wie Anm. 2) S. 11.
73 Baumgärtel, Schreiben vom 27. 5. 1907 (wie Anm. 2) S. 24.
74 Baumgärtel, Schreiben vom 27. 5. 1907 (wie Anm. 2) S. 34.
75 Baumgärtel, Schreiben vom 27. 5. 1907 (wie Anm. 2) S. 11.
76 Wartburg-Werke 1907 (wie Anm. 1) S. 53, S. 713 Anm. zu S. 347.
77 Baumgärtel, Schreiben vom 27. 5. 1907 (wie Anm. 2) S. 53.

sischer Hofrat[78]. Er würdigt ihn nicht nur als Initiator des Projekts Wartburg-Werk, das er dem Großherzog schließlich widmen möchte[79]. Selbst das kritik-würdige Zurückhalten des Aktenmaterials, das erst nach Carl Alexanders Tod 1901 aufgefunden wurde, veranlasste nicht zu offenem Tadel. Für den Großherzog sei die «Liebe» die Voraussetzung für das Gelingen des Wartburg-Werkes gewesen[80]. Unausgesprochen bleibt dabei, dass offenbar die finanzielle Absicherung des Unternehmens für Seine Königliche Hoheit nicht zu den not-wendigen Voraussetzungen gehörte. Zu diesem Thema leitet der Herausgeber jedoch im Folgenden über. Zwar traut er sich keine offenen Geldforderungen für seine privaten Ausgaben zu, doch die Bemerkungen, die Finanzierung des Werkes sollte «nicht von einem Privatmann, sondern auf Kosten des Staates» erfolgen und wäre ein «würdiges Unternehmen für den Staat Sachsen-Weimar-Eisenach» gewesen[81], zielen natürlich darauf ab.

Zuvor macht er noch auf seine Korrespondenz aufmerksam, die in einer Zeit ohne Telefon, Telefax und E-Mail die alleinige Kommunikationsart neben dem persönlichen Gespräch war. Briefe technischen Inhalts umfassten «714 Oktavseiten» (Oktav: 18 cm breit, 23,5 cm hoch). Die eigenhändig verfassten Briefe an die Mitautoren schätzt er sogar auf «etwa 18.000 Oktavseiten»[82]. Vom Zeitaufwand her waren die mündlichen Verhandlungen vergleichsweise gering zu veranschlagen, weit größer jedoch die Arbeit an den verschiedenen Abbil-dungsarten. Beim Einstieg in das Unternehmen Wartburg-Werk glaubte er noch an die parallele Weiterführung von «zwei anderen großen Werken»[83], einer Allgemeinen Kunstgeschichte[84] und der neuen Auflage der Allgemeinen Weltgeschichte[85]. Die Entwicklung nahm jedoch ganz andere Bahnen und drängte die beiden Vorhaben zugunsten des Wartburg-Werkes immer weiter

---

78 Vom Nachfolger CARL ALEXANDERS erhielt BAUMGÄRTEL 1907 nach dem Erscheinen des Wartburgwerkers den Titel «Geheimer Hofrat», vgl. WSTA, Akten-Nr. 345 (wie Anm. 66), Bl. 144 vom 26. 9. 1907, Bl. 165 vom 29. 12. 1907.

79 BAUMGÄRTEL, Schreiben vom 27. 5. 1907 (wie Anm. 2) S. 78.

80 BAUMGÄRTEL, Schreiben vom 27. 5. 1907 (wie Anm. 2) S. 67; vgl. Wartburg-Werk, Kosten, 16. 2. 1908 (wie Anm. 95) S. 3.

81 BAUMGÄRTEL, Schreiben vom 27. 5. 1907 (wie Anm. 2) S. 75.

82 BAUMGÄRTEL, Schreiben vom 27. 5. 1907 (wie Anm. 2) S. 66.

83 BAUMGÄRTEL, Schreiben vom 27. 5. 1907 (wie Anm. 2) S. 70.

84 Allgemeine Geschichte der bildenden Künste. In 4 Teilen. Berlin: BAUMGÄRTEL, 1895, davon erschienen:
    Teil 1. Die Kunst des alten Orients. Die Architektur und Plastik Griechenlands/Von ALWIN SCHULTZ und ED. BAUMANN. Bearb.: MAX BAUMGÄRTEL. Berlin: BAUMGÄRTEL, (1903);
    Teil 1, Hälfte 2. Die dekorative Bildnerei der Griechen/Von ED. BAUMANN. Bearb.: MAX BAUMGÄRTEL. Berlin: BAUMGÄRTEL, (1903);
    Teil 3. Die Kunst der Renaissance bis zum Ende des 17. Jahrhunderts/Von ALWIN SCHULTZ. Bearb.: MAX BAUMGÄRTEL. Berlin: BAUMGÄRTEL, 1896.

85 Vgl. Anm. 10.

zurück, bis sie «zur Beschädigung meines Vermögens, die hunderttausende betragen mag»[86] gänzlich liegen gelassen wurden. Statt der eingangs veranschlagten Kosten von ca. 60.000 Mark habe Baumgärtel am Ende über viereinhalb Mal soviel[87], mehr als eine Viertel Million Mark[88], beisteuern müssen[89].

Für Kosten solchen Umfangs fehlten dem Herausgeber die finanziellen Reserven. Um das Wartburg-Werk trotzdem vorantreiben und abschließen zu können, musste er privates Gut verkaufen und die eingenommenen Gelder einsetzen. In der Reihenfolge der Veräußerungen zählt er auf:

– den «Anteil an einem litterarischen Institut in Mailand»,
– den «einträglichen Mitbesitz an einem der größten Buchdruckerei-
   Etablissements von Leipzig»[90],
– das «Jagdhaus in der Gölsdorfer Heide» und
– das «Besitztum am Harz, die Erholungs- und Pflegestätte der Kinder,
   Schwachen und Alten meiner Familie»[91].

Der Verkauf des letzten Postens hatte sich allerdings noch nicht realisiert, weshalb die abschließende Zahlung von ca. 25.000 Mark Anfang Mai 1907 durch eine Anleihe, also Verschuldung, aufgebracht werden musste[92]. Baumgärtel versicherte sogleich, dies sei bisher die einzige gewesen. Nach seiner Darstellung hatte er sich für das Wartburg-Werk nicht in den finanziellen Bankrott begeben. Ob und über welches einsetzbares Vermögen er noch verfügte, lässt sich aus dem Bericht nicht beurteilen. Sein materieller Verlust dürfte aber sehr spürbar gewesen sein. Tatsächlich scheint der Idealismus den Geschäftssinn klar bezwungen zu haben.

Das Wartburg-Werk lag schließlich in zwei Ausgaben vor: einer «Haupt-Ausgabe» für die Öffentlichkeit und einer «Fürsten-Ausgabe»[93] für den exklusiven Kreis des deutschen Hochadels. Die Fürstenausgabe besitzt größeres Format, einen luxuriöseren Einband und ein paar kleine Ausstattungsvorzüge. Der Inhalt beider Ausgaben stimmt völlig überein. Das Werk umfasst 22 Seiten Titel, Widmung, Inhalts- und Abbildungsverzeichnisse, 694 Seiten Text, 50 Seiten Anhang mit Anmerkungen, Quellen, Belegen, Glossar und Register, insgesamt 706 Abbildungen, darunter 54 Tafeln. Es ist im Folioformat gehalten[94].

---

86 Baumgärtel, Schreiben vom 27. 5. 1907 (wie Anm. 2) S. 73.
87 Baumgärtel, Schreiben vom 27. 5. 1907 (wie Anm. 2) S. 69 und 73.
88 Baumgärtel, Schreiben vom 27. 5. 1907 (wie Anm. 2) S. 77.
89 In einer detaillierten Kostenaufrechnung von 1908 weist Baumgärtel ca. 300.000 Mark auf, also sogar das Fünffache, vgl. Wartburg-Werk, Kosten, 16. 2. 1908 (wie Anm. 95) S. 33.
90 Damit war Baumgärtels beachtlicher Anteil an der Buchdruckerei Fischer & Wittig gemeint, den er 1890 erwarb und 1904 wieder verkaufte. Vgl. WSTA, Akten-Nr. 345 (wie Anm. 66) Bl. 190v.
91 Baumgärtel, Schreiben vom 27. 5. 1907 (wie Anm. 2) S. 77.
92 Baumgärtel, Schreiben vom 27. 5. 1907 (wie Anm. 2) S. 77.
93 Baumgärtel, Schreiben vom 27. 5. 1907 (wie Anm. 2) S. 76.

Fertigstellung und Auslieferung erfolgten offenbar nach und nach, wobei der am 27. Mai 1907 angefragte Großherzog von Sachsen-Weimar-Eisenach sicherlich an der Spitze stand.

EPILOG: DER KOSTENBERICHT MAX BAUMGÄRTELS
VOM FEBRUAR 1908 AN DAS REICHSAMT DES INNERN

Der Verleger Max Baumgärtel reichte im Februar 1908 beim Reichsamt des Innern Material ein, wovon eine Teilabschrift unter dem Datum des 16. Februar 1908 in den Akten der Wartburg-Stiftung liegt[95]. Dieses Material erscheint wie ein Epilog zum finanziellen Resultat des Wartburg-Werkes und zum Bericht an den Großherzog vom 27. Mai 1907. In der Abschrift wiederholt er einige Passagen zu seiner Finanzlage aus dem Bericht von 1907 und nennt dabei nochmals die verkauften Güter mit dem Anteil an einem Mailänder Literaturinstitut beginnend[96].

Während er dort aber noch die Anleihe von 25.000 Mark als seine einzige Verbindlichkeit angibt, nennt er nun eine weitere Summe von ca. 41.500 Mark, die er bis Mitte Mai 1908 an die Buchbinderei, die Druckerei und andere Beteiligte zu entrichten habe[97]. Zur Deckung der Zahlungen besaß Baumgärtel «Geldmittel nicht mehr» und konnte sie weder durch weitere Anleihen noch dem Verkauf seines Landbesitzes im Harz aufbringen[98]. Er war demnach Anfang 1908 zahlungsunfähig. Entsprechend dringend sind die Hinweise auf die Übernahme der Kosten durch den Staat, nur dass als Adressat nicht mehr das Großherzogtum Sachsen-Weimar-Eisenach, sondern das «deutsche Reich» wegen der «allumfassenden nationalen Bedeutung der Wartburg» angesprochen ist[99].

In dem Material von 1908 schildert Baumgärtel lang und breit die beiden Ursachen für seine Zahlungsunfähigkeit bzw. die Fehlkalkulation für das Wartburg-Werk: erstens die anfangs nicht erkennbare Ausweitung von Seitenzahl und Kosten und zweitens die mangelhafte Absetzbarkeit der fertig gestellten Exemplare. Noch bei der ersten Drucklegung sei der spätere Verlauf der Ausgestaltung des Werkes nicht abschätzbar gewesen[100]. Der auf das Mehrfache anwachsende Umfang habe sich von «innen heraus» entfaltet. Die

---

94 BAUMGÄRTEL, Schreiben vom 27. 5. 1907 (wie Anm. 2) S. 76.
95 Wartburg-Werk. Die Kosten der Ausführung. Die geschäftliche Lage. Berlin, den 16.2.1908. Einlage in Wartburg-Stiftung Eisenach, Archiv [WSTA], Akte: Die Wartburg. Ein Denkmal deutscher Geschichte u. Kunst, Bd. 6, 1906/1910, Akten-Nr. 345.
96 Wartburg-Werk, Kosten, 16. 2. 1908 (wie Anm. 95) S. 8 f.
97 Wartburg-Werk, Kosten, 16. 2. 1908 (wie Anm. 95) S. 9.
98 Wartburg-Werk, Kosten, 16. 2. 1908 (wie Anm. 95) S. 9.
99 Wartburg-Werk, Kosten, 16. 2. 1908 (wie Anm. 95) S. 8.

Überforderung seiner Finanzen stellt Baumgärtel als einen schicksalhaften, unvermeidbaren Vorgang dar. Das stete Anschwellen auf die letztlich erreichte Größe rechtfertigt er als inhaltlich «durchaus richtig»[101]. Anfangs kalkulierte er mit ca. 60.000 Mark Aufwand, bei der Hauptausgabe mit einem Ladenpreis von 60 Mark und mit ca. 1.000 verkauften Exemplaren im Sortiments- und 1.500 Exemplaren im Reisebuchhandel und kam bei Abzug des Rabatts auf 85.000 Mark Einnahmen[102]. Überdies hoffte er von der Fürstenausgabe bei einem Preis von 100 Mark ca. 300 Exemplare per Subskription abzusetzen und dabei 30.000 Mark zu erhalten. Die Einnahmen von den insgesamt 2.800 Exemplaren hätten 115.000 Mark brutto und abzüglich der 60.000 Mark Anfertigungskosten ca. 55.000 Mark netto betragen[103].

Tafel 2: Die Ausgangskalkulation Baumgärtels

PREIS	AUFLAGENHÖHE	EINNAHMEN INSGESAMT	PROVISION		EINNAHMEN NACH PROVISION
			%	SUMME	
HAUPTAUSGABE					
60 Mark	1.000 Sortimentshandel	60.000 Mark	33 1/3	20.000 Mark	40.000 Mark
	1.500 Reisebuchhandel	90.000 Mark	50	45.000 Mark	45.000 Mark
FÜRSTENAUSGABE					
100 Mark	300	30.000 Mark	–	–	30.000 Mark
Einnahmen		180.000 Mark		65.000 Mark	115.000 Mark
Kosten					60.000 Mark
Gewinn					55.000 Mark

Im Zuge der Ausweitung des Wartburg-Werkes schwante irgendwann dem Herausgeber, dass ein inzwischen notwendiger Preis von 260 Mark pro Exem-

100 Wartburg-Werk, Kosten, 16. 2. 1908 (wie Anm. 95) S. 5.
101 Wartburg-Werk, Kosten, 16. 2. 1908 (wie Anm. 95) S. 7.
102 Wartburg-Werk, Kosten, 16. 2. 1908 (wie Anm. 95) S. 3.
103 Wartburg-Werk, Kosten, 16. 2. 1908 (wie Anm. 95) S. 4.

plar über dem Bedarf liegt und schwer realisierbar ist. Zu dem 260-Mark-Preis habe er sich aber dann doch auf Befragen der erfahrensten Leipziger Buchhändler entschlossen[104]. Bei einer Auflagensenkung auf 1.000 Exemplare hätte ein kostendeckender Preis zwischen 500 und 600 Mark betragen. Die bis 31. Dezember 1907 aufgelaufenen Kosten von 301.521 Mark 21 Pfg. statt der anfangs kalkulierten ca. 60.000 Mark hatte er mit den genannten Veräußerungen sukzessive bis auf den ausstehenden Restbetrag abzahlen können.

Der Absatz des Wartburg-Werkes bewegte sich ein Dreivierteljahr nach dem Erscheinen der ersten Exemplare auf derart bescheidenem Niveau, dass Baumgärtel offensichtlich die Hoffnung auf einen nennenswerten Rückfluss für seine Auslagen aufgegeben hatte. Von den beiden deutschsprachigen Ausgaben hatten sich ganze 99 Stück verkauft und von der englischsprachigen ein Einziges – an das Britische Museum in London. 41 Exemplare hatte er zur Stimulierung weiterer Nachfrage an Freunde des Werkes verschenkt.

Von den 99 verkauften Büchern hatte Baumgärtel über seine Verlagsbuchhandlung ganze 53 vertrieben. Die anderen 46 hatten zumeist Angehörige regierender Häuser nach Vorbestellung (Subskription) erworben, wozu noch ein Teil von Verlegern übernommen worden war. Auf die Subskribenten hatte Baumgärtel vertraut und auf den Rückhalt vor finanziellen Schwierigkeiten gehofft. In dieser Hoffnung hatte er 550 Exemplare der Fürstenausgabe für einen Verkaufspreis von 350 Mark gedruckt. Doch angesichts des mageren Ergebnisses musste er auch hier einen «Irrthum» bekennen: «unsere Standesherren und hohe Aristokratie etc. haben gründlich versagt»[105].

Dabei hatte Baumgärtel nicht weniger als 6.444 Einladungsbriefe zur Subskription auf die Fürstenausgabe versandt. Auch sonst hatte er nicht am «Marketing» gespart. Rundschreiben waren an 3.003 Buchhandlungen, Prospekte an 1.600 Bibliotheken, 8.484 illustrierte Probebögen zur weiteren Verbreitung an bessere Buchhandlungen und 10.967 Prospekte an Interessenten und durch Zeitungen gegangen. Um die Subskription für die englische Ausgabe warben 1.975 Einladungen in England und 1.477 in den USA[106].

Letztlich schätzt Baumgärtel ein, dass unter den «gegenwärtigen Lebens- und Geldverhältnissen» und der «Richtung der Kultur unserer Zeit» das Wartburg-Werk nie auf «eigenen Füße» stehen wird[107]. Doch das finanzielle Fiasko des Herausgebers hatte eine einmalige Publikation zu Geschichte, Architektur und Kunstbestand der Wartburg erbracht, die noch nach einem Jahrhundert ein unentbehrliches Auskunftsmittel ist.

---

104 Wartburg-Werk, Kosten, 16. 2. 1908 (wie Anm. 95) S. 6, 12.
105 Wartburg-Werk, Kosten, 16. 2. 1908 (wie Anm. 95) S. 10.
106 Wartburg-Werk, Kosten, 16. 2. 1908 (wie Anm. 95) S. 12.
107 Wartburg-Werk, Kosten, 16. 2. 1908 (wie Anm. 95) S. 13.

DER VERKAUF DER ABBILDUNGSVORLAGEN 1935

Einen Abschluss oder weiteren Epilog zum Wartburg-Werk von 1907 bildete im Jahre 1935 der Verkauf des größten Teils der Abbildungsvorlagen an die Wartburg-Stiftung. Der Inhaber des Historischen Verlags Baumgärtel, Berlin W. 30 Luitpoldstraße 10 oder Berlin Wilmersdorf Uhlandstraße 78, Hubert Baumgärtel – der dritte Sohn des Herausgebers Max Baumgärtel – bot im Juni 1935 die Vorlagen der Stiftung zum Kauf an, da sie von seinem Unternehmen nicht mehr gebraucht würden[108]. Es handele sich um «ungefähr 600 oder mehr Bilder in künstlerischer Gouache-Ausführung (Schwarz-weiß)». Die Künstler hätten einst zur Ausführung mehr als 30.000 Mark erhalten, während der Verleger nun einen Preis von jeweils etwa 1,50 Mark vorschlägt[109], also insgesamt etwa 900 Mark. Im Juni 1935 schickte er die in fünf handlichen, flachen Kisten verpackten Bilder an die Stiftung[110] und erhielt im August vom Burghauptmann Hans von der Gabelentz erstmals ein Angebot von insgesamt 300 Reichsmark[111].

Die Entscheidung über derartige Geldbeträge lag inzwischen beim Reichsstatthalter Sauckel in Weimar in seiner Eigenschaft als Vorsitzender des Rates der Wartburg-Stiftung[112], an den sich Baumgärtel Mitte Dezember direkt mit der Bitte um Erledigung noch vor Weihnachten wandte[113]. Er habe insgesamt mehr als 1.000 Mark vorgeschlagen, doch nur 300 Mark angeboten bekommen, was noch nicht einmal einem Prozent der einst aufgewandten Kosten entspreche, und bat um eine Erhöhung auf mindestens 450 Mark. Bereits am nächsten Tag teilte der Eisenacher Oberbürgermeister und stellvertretende Vorsitzende des Wartburg-Stiftungsrates Friedrich Janson (1885–1946) dem Verleger in Berlin die Genehmigung der 450 Mark mit[114]. Die Abbildungsvorlagen bilden nunmehr einen geschlossenen Bestand innerhalb der Sammlungen der Wartburg-Stiftung und wurden 2008/2009 erstmals in einer repräsentativen Auswahl im Sammlungsraum 6 der Öffentlichkeit zugänglich gemacht[115].

---

108 Wartburg-Stiftung Eisenach, Archiv [WSTA], Akte «Abb.-Vorlagen für Wartburg-Werk/ Baumgärtel», blaue Mappe, Bl. 42 vom 19. 6. 1935.

109 WSTA Abb.-Vorlagen (wie Anm. 108) Bl. 47 vom 25. 6. 1935.

110 WSTA Abb.-Vorlagen (wie Anm. 108) Bl. 59 vom 8. 8. 1935, Bl. 6r vom 15. 12. 1935, Bl. 6v vom 16. 12. 1935.

111 WSTA Abb.-Vorlagen (wie Anm. 108) Bl. 1 vom 15. 8. 1935.

112 GÜNTER SCHUCHARDT: Zur Geschichte der Wartburg-Stiftung Eisenach. Teil I: 1922–1960. In: Wartburg-Jahrbuch 1993. 2(1994), S. 153–180, hierzu S. 164 f.

113 WSTA Abb.-Vorlagen (wie Anm. 108) Bl. 6r vom 15. 12. 1935.

114 WSTA Abb.-Vorlagen (wie Anm. 108) Bl. 6v vom 16. 12. 1935.

115 Vgl. im vorliegenden Wartburg-Jahrbuch bei JUTTA KRAUSS: Die Neugestaltung des Wartburgmuseums von 2008.

II. Über einzelne Kapitel des Wartburg-Werks von 1907

Landesherrschaft – Adliges Selbstverständnis – Höfische Kultur. Die Ludowinger in der Forschung

Stefan Tebruck

Zu den bedeutendsten hochadligen Dynastien im Reich des 12. und 13. Jahrhunderts gehörten neben den Welfen, Wettinern, Wittelsbachern, Babenbergern, Zähringern und Andechs-Meraniern zweifellos auch die Ludowinger. Ihr rascher, innerhalb von drei Generationen vollzogener Aufstieg zur Gruppe der ranghöchsten Reichsfürsten, verwandtschaftliche und politische Nähe zum staufischen Kaiserhaus, ein außerordentlich weitgespannter, vom Rhein bis an die Saale reichender Herrschaftsbereich in der Mitte des Reiches und die wirtschaftlich-finanziellen Ressourcen, die eine blühende und bereits von den Zeitgenossen gerühmte Hofkultur ermöglichten, zeichneten die Ludowinger aus. Die historische Forschung hat seit jeher der Geschichte dieses Geschlechts große Aufmerksamkeit geschenkt, wenn auch das frühe Erlöschen der Familie um die Mitte des 13. Jahrhunderts dazu beigetragen hat, dass ihre Erforschung stets im Schatten der benachbarten, bis weit in die Neuzeit hinein bedeutenden Dynastien der Wettiner, Welfen und Wittelsbacher stand. Eine dynastisch orientierte, einem regierenden Fürstenhaus gewidmete Geschichtsschreibung, wie sie im 18. und 19. Jahrhundert vielfach gepflegt wurde, konnte sich bei den Ludowingern daher nicht entfalten, auch wenn ihre Nachfolger in Hessen, die auf Sophia von Brabant, Tochter der hl. Elisabeth und Nichte des letzten ludowingischen Landgrafen Heinrich Raspe IV., zurückgehenden hessischen Landgrafen, sich gern als ihre Erben darstellen ließen. Nachdem sowohl in Hessen als auch in Thüringen im Laufe des Spätmittelalters und der Neuzeit eine Vielzahl von mittleren und kleineren Staaten entstanden war, wurden die hochmittelalterlichen Ludowinger – ganz anders als etwa die für die Entwicklung Sachsens so bedeutenden Wettiner albertinischer Linie – nur noch als ein fernes, die Frühgeschichte prägendes Fürstenhaus wahrgenommen. Allerdings waren für das allgemeine Geschichtsbild gerade im Thüringen des 19. Jahrhunderts die vielfältigen Sagen und Legenden von hoher Bedeutung, die seit dem Spätmittelalter in der thüringischen Historiographie tradiert wurden und die die Ludowingerzeit gleichsam als «Goldenes Zeitalter» Thüringens erscheinen ließen. Sie haben etwa in den Sagen- und Märchensammlungen Ludwig Bechsteins (1801–1860) und nicht zuletzt auch in den berühmten Wandbildern Moritz von Schwinds (1804–1871) auf der Wartburg ihren Niederschlag gefunden.[1]

Die Anfänge der historisch-kritischen Erforschung der Ludowinger reichen indes bis in die Mitte des 19. Jahrhunderts zurück. Entscheidende Impulse erhielt sie durch die im späten 19. und frühen 20. Jahrhundert erschienenen quellenkritischen Untersuchungen der einschlägigen urkundlichen und histo-riographischen Überlieferung. In der daran anknüpfenden Ludowingerfor-schung des 20. Jahrhunderts spiegeln sich die jeweils aktuellen Tendenzen, Erkenntnisinteressen und Fragestellungen der deutschsprachigen Mediävistik wider. Ausgangspunkt des folgenden knappen Überblicks über Geschichte, Stand und Perspektiven der Ludowingerforschung ist der Beitrag von Karl Wenck in dem vor gut einhundert Jahren erschienenen monumentalen Text- und Bildband über «Die Wartburg. Ein Denkmal deutscher Geschichte und Kunst.»[2] Nach dem Versuch, Wencks Darstellung der Geschichte der landgräf-lichen Dynastie in die Forschung seiner Zeit einzuordnen, wird der zweite Teil dieses Essays dem weiteren Gang der Forschung bis 1989/90 gelten. Der dritte Abschnitt widmet sich den seit 1989/90 erschienenen Arbeiten zu den Ludowingern, um dann abschließend ein Resümee zu ziehen und in einem knappen Ausblick künftige Aufgaben und Perspektiven der Ludowinger-forschung anzusprechen.[3]

---

1 Zu den Anfängen der Traditions- und Legendenbildung um die ludowingischen Landgrafen in der thüringischen Historiographie des Spätmittelalters siehe MATTHIAS WERNER: Die Anfänge eines Landesbewußtseins in Thüringen. In: MICHAEL GOCKEL (Hrsg.): Aspekte thüringisch-hessi-scher Geschichte. Marburg/L. 1992, S. 81–137; MATTHIAS WERNER: «Ich bin ein Durenc». Vom Umgang mit der eigenen Geschichte im mittelalterlichen Thüringen. In: MATTHIAS WERNER (Hrsg.): Identität und Geschichte (Jenaer Beiträge zur Geschichte. 1). Weimar 1997, S. 79–104; JEAN-MARIE MOEGLIN: Sentiment d'identité régionale et historiographie en Thuringe à la fin du Moyen âge. In: RAINER BABEL und JEAN-MARIE MOEGLIN (Hrsg.): Identité nationale et conscience régionale en France et en Allemagne du Moyen âge à l'époque moderne (Beihefte der Francia. 39). Sigmaringen 1996, S. 325–363. – Zu Ludwig Bechstein HEINRICH WEIGEL: Der «Wartburg-Poet» Ludwig Bechstein (1801–1860). In: Wartburg-Jahrbuch 2001. 10 (2002), S. 119–142. Zu Moritz von Schwind zuletzt STEFAN SCHWEIZER: Der katholische Maler und sein protestanti-scher Auftraggeber. Moritz von Schwinds Elisabeth-Fresken auf der Wartburg. In: DIETER BLUME und MATTHIAS WERNER (Hrsg.): Elisabeth von Thüringen – eine europäische Heilige. Im Namen der Wartburg-Stiftung Eisenach und der Friedrich-Schiller-Universität Jena unter Mitarbeit von UWE JOHN und HELGE WITTMANN. 2 Bde. Petersberg 2007, Aufsatzband S. 547–563.

2 KARL WENCK: Älteste Geschichte der Wartburg von den Anfängen bis auf die Zeiten Hermanns I. In: MAX BAUMGÄRTEL (Hrsg.): Die Wartburg. Ein Denkmal deutscher Geschichte und Kunst. Berlin 1907, S. 27–46, und KARL WENCK: Geschichte der Landgrafen und der Wartburg als fürst-licher Residenz vom 13. bis zum 15. Jahrhundert. In: ebd., S. 211–262.

3 In diesem Beitrag werden die Forschungen zu Leben, Wirken und Verehrung der hl. Elisabeth von Thüringen (1207–1231, kanonisiert 1235), der Gemahlin Landgraf Ludwigs IV. von Thü-ringen, nicht berücksichtigt, da ihnen der Beitrag von MATTHIAS WERNER in diesem Band gewid-met ist. Den wettinischen Nachfolgern der Ludowinger in Thüringen gilt der Beitrag von MATHIAS KÄLBLE in diesem Band. Für die Bau- und Kunstgeschichte, insbesondere die Geschich-te der Wartburg in ludowingischer Zeit, sei auf den entsprechenden Beitrag von ELMAR ALT-WASSER und ULRICH KLEIN in diesem Band verwiesen.

I.

Als vor etwas mehr als einhundert Jahren der Marburger Mediävist Karl Wenck (1854–1927) die Aufgabe übernahm, in dem noch heute beeindruckenden und kostbar ausgestatteten Wartburg-Werk von 1907 die Geschichte der Wartburg und der Landgrafen von Thüringen darzustellen, war er zwar nicht der erste Historiker, der den Ludowingern eine moderne, historisch-kritische Gesamtdarstellung widmete. Vor ihm war es der aus Meiningen stammende Theodor Knochenhauer (1842–1869), wie Karl Wenck ein Schüler des in Göttingen lehrenden Georg Waitz (1813–1886), der eine monographische, den Ansprüchen einer quellenkritischen Mittelalterforschung verpflichtete Darstellung der Geschichte der thüringischen Landgrafen vorgelegt hatte.[4] Doch konnte Karl Wenck bereits auf neuere Quelleneditionen und Forschungsergebnisse zurückgreifen, die in den über drei Jahrzehnten seit dem Erscheinen von Knochenhauers Arbeit veröffentlicht worden waren.[5] Die modernste Quelledition, die ihm für das Thema damals zur Verfügung stand, war die Edition der «Urkunden der Markgrafen von Meißen und Landgrafen von Thüringen», die der Dresdner Staatsarchivar Otto Posse im Rahmen des «Codex diplomaticus

---

4 THEODOR KNOCHENHAUER: Geschichte Thüringens zur Zeit des ersten Landgrafenhauses (1039–1247). Mit Anmerkungen hrsg. von KARL MENZEL. Mit Vorwort und einer Lebensskizze des Verfassers von RUDOLF USINGER. Gotha 1871 (Nachdruck Aalen 1969). Wenige Jahre zuvor war bereits die kleine Darstellung von CARL POLACK: Die Landgrafen von Thüringen zur Geschichte der Wartburg. Gotha 1865, erschienen.

5 Vgl. hierzu insgesamt JOHANNES MÖTSCH: Thüringen als Gegenstand landesgeschichtlicher Grundlagenforschung im Kaiserreich (1871–1918). In: MATTHIAS WERNER (Hrsg.): Im Spannungsfeld von Wissenschaft und Politik. 150 Jahre Landesgeschichtsforschung in Thüringen (Veröffentlichungen der Historischen Kommission für Thüringen. Kleine Reihe 13). Köln/Weimar/Wien 2005, S. 23–43. – Zu den frühesten, noch vor 1871 erschienenen Quelleneditionen, die den Ansprüchen einer kritischen Edition verpflichtet und auch für die frühe Ludowingerforschung von zentraler Bedeutung waren, gehörte die erste, allerdings nur auf einer Handschrift basierende Edition der Chronik aus dem ludowingischen Hauskloster Reinhardsbrunn: FRANZ X. WEGELE (Hrsg.): Annales Reinhardsbrunnenses (Thüringische Geschichtsquellen. 1). Jena 1854. In derselben Reihe, den «Thüringischen Geschichtsquellen», erschienen wenige Jahre später auch die Editionen der in das 15. Jahrhundert datierenden Thüringen-Chroniken des Eisenacher Geschichtsschreibers Johannes Rothe und des Erfurter Benediktiners Nikolaus von Siegen, die in ihren Darstellungen bis in das thüringische Früh- und Hochmittelalter zurückgriffen: FRANZ X. WEGELE (Hrsg.): Nikolaus von Siegen. Chronicon Ecclesiasticum (Thüringische Geschichtsquellen. 2). Jena 1855; ROCHUS V. LILIENCRON (Hrsg.): Düringische Chronik des Johann Rothe (Thüringische Geschichtsquellen. 3). Jena 1859. – Unter den ältesten Editionen historiographischer Quellen mit unmittelbarem Bezug zur Geschichte der Ludowinger ist schließlich auch die kritische Edition der in den 1320er Jahren in der Abtei Reinhardsbrunn angefertigten deutschen Fassung der «Vita Ludovici» zu nennen, einer Anfang des 14. Jahrhunderts in Reinhardsbrunn entstandenen hagiographischen Lebensbeschreibung des Gemahls der hl. Elisabeth, Landgraf Ludwigs IV. von Thüringen: HEINRICH RÜCKERT (Hrsg.): Leben des Heiligen Ludwig, Landgrafen in Thüringen, Gemahls der Heiligen Elisabeth. Nach der lateini-

Saxoniae» in drei Bänden bis 1896 herausgegeben hatte und die den Zeitraum vom 10. Jahrhundert bis zum Jahr 1234 betrafen.[6] Die bedeutendsten chronistischen Zeugnisse für die Geschichte Thüringens und der Ludowinger, die Erfurter Geschichtswerke des 11. bis 14. Jahrhunderts und die vor der Mitte des 14. Jahrhunderts im Hauskloster der thüringischen Landgrafen entstandene Reinhardsbrunner Chronik, lagen seit 1896 bzw. 1899 ebenfalls in modernen, kritischen Editionen vor, die der bei den Monumenta Germaniae Historica in Berlin tätige Oswald Holder-Egger (1851–1911) herausgegeben hatte.[7] Holder-Egger war es auch, der in sechs umfangreichen Studien die im späten 19. Jahrhundert zum Teil heftig geführte Debatte über die Entstehung der Reinhardsbrunner Chronik und ihr Verhältnis zu den zeitgleichen Erfurter Geschichtswerken zu einem ersten Abschluss brachte und damit die Grundlage für die Auswertung der in Reinhardsbrunn überlieferten Nachrichten zu den Ludowingern legte.[8] Große Teile der urkundlichen Überlieferung Thüringens waren darüber hinaus durch das von dem Jenaer Gymnasialprofessor Otto Dobenecker (1859–1938) erarbeitete Regestenwerk erschlossen worden, dessen

---

schen Urschrift übersetzt von Friedrich Ködiz von Salfeld. Leipzig 1851. – Zu den «Thüringischen Geschichtsquellen» und ihren Herausgebern vgl. Matthias Werner: Thüringen im Mittelalter. Ergebnisse – Aufgaben – Perspektiven. In: Werner, Spannungsfeld 2005 (wie oben in dieser Anm.) S. 275–341, hier S. 276–279.

6 Otto Posse (Hrsg.): Urkunden der Markgrafen von Meißen und Landgrafen von Thüringen 948–1099 (Codex diplomaticus Saxoniae regiae. Hauptteil I. Abteilung A. Band I). Leipzig 1882; Otto Posse (Hrsg.): Urkunden der Markgrafen von Meißen und Landgrafen von Thüringen 1100–1195 (Codex diplomaticus Saxoniae regiae. Hauptteil I. Abteilung A. Band II). Leipzig 1889; Otto Posse (Hrsg.): Urkunden der Markgrafen von Meißen und Landgrafen von Thüringen 1196–1234 (Codex diplomaticus Saxoniae regiae. Hauptteil I. Abteilung A. Band III). Leipzig 1898. – Zu dem 1860 unter dem Patronat der Sächsischen Staatsregierung begründeten, bis 1918 außerordentlich ertragreichen Editionsprojekt des Codex diplomaticus Saxoniae siehe Matthias Werner: «Zur Ehre Sachsens». Geschichte, Stand und Perspektiven des Codex diplomaticus Saxoniae. In: Tom Graber (Hrsg.): Diplomatische Forschungen in Mitteldeutschland (Schriften zur Sächsischen Geschichte und Volkskunde. 12). Leipzig 2005, S. 261–301. – Neben Posses Urkundeneditionen im Codex diplomaticus Saxoniae sind in dieser Zeit weitere moderne, bis heute maßgebliche, die Geschichte der Ludowinger betreffende kritische Editionen diplomatischer Quellen erschienen. Die für die Ludowinger bedeutendsten unter diesen Publikationen sind: Ernst Anemüller (Hrsg.): Urkundenbuch des Klosters Paulinzelle. Bd. 1: 1068–1314 (Thüringische Geschichtsquellen. 7. Neue Folge 4). Jena 1889; Paul Boehme (Hrsg.): Urkundenbuch des Klosters Pforte. Bd. I/1: 1132–1300 (Geschichtsquellen der Provinz Sachsen und angrenzender Gebiete. 33). Halle 1893; Carl Beyer (Hrsg.): Urkundenbuch der Stadt Erfurt. Bd. 1 (Geschichtsquellen der Provinz Sachsen und angrenzender Gebiete. 23). Halle 1889.

7 Oswald Holder-Egger (Hrsg.): Cronica Reinhardsbrunnensis. In: Monumenta Germaniae Historica. Scriptores 30/1. Hannover 1896 (Nachdruck Stuttgart 1976), S. 490–656. – Oswald Holder-Egger (Hrsg.): Monumenta Erphesfurtensia saec. XII., XIII., XIV. (Monumenta Germaniae Historica. Scriptores rerum Germanicarum in usum scholarum separatim editi. 42). Hannover/Leipzig 1899.

erste Teilbände Karl Wenck bereits vorlagen.[9] Schließlich hatte der in Berlin promovierte und seit 1893 in Marburg lehrende Albert Naudé (1858–1896) in seiner Untersuchung der ältesten Reinhardsbrunner Urkunden nachweisen können, dass einige der für die frühen Ludowinger und das von ihnen errichtete Hauskloster Reinhardsbrunn zentralen Diplome als Fälschungen zu betrachten sind, die er in das frühe 13. Jahrhundert datierte.[10]

Auf der Grundlage dieser Erkenntnisfortschritte konnte Karl Wenck sein Thema bereits ganz anders angehen, als dies vor ihm Theodor Knochenhauer möglich war. Doch ist bei allen Unterschieden in einzelnen Bewertungen den beiden Arbeiten die Deutungsperspektive gemeinsam, in der sie die Ludo-

---

8 Siehe OSWALD HOLDER-EGGER: Studien zu thüringischen Geschichtsquellen I–VI. In: Neues Archiv der Gesellschaft für ältere deutsche Geschichtskunde. 20 (1895), S. 373–421 (Teil I), S. 569–637 (Teil II), Neues Archiv der Gesellschaft für ältere deutsche Geschichtskunde. 21(1896), S. 235–297 (Teil III), S. 441–546 (Teil IV), S. 685–735 (Teil V), Neues Archiv der Gesellschaft für ältere deutsche Geschichtskunde. 25 (1900), S. 83–127 (Teil VI); OSWALD HOLDER-EGGER: Einleitung zur Edition der Cronica Reinhardsbrunnensis. In: Monumenta Germaniae Historica. Scriptores 30/1. Hannover 1896, S. 496–514. – Die wichtigsten Beiträge, die vorausgegangen waren, stammten vor allem von KARL WENCK und OTTO POSSE: Die Reinhardsbrunner Geschichtsbücher, eine verlorene Quellenschrift. Leipzig 1872; OTTO POSSE: Thüringische Sagen. Zur Kritik der späteren thüringischen Geschichtsschreibung bis auf ROTHE. In: Historische Zeitschrift. 31(1874), S. 33–72. – A. WERNEBURG: Über den Werth der Reinhardsbrunner Geschichtsbücher als Quellenschrift für die thüringische Geschichte. In: Mitteilungen des Vereins für die Geschichte und Altertumskunde Erfurts. 8 (1877), S. 1–68. – KARL WENCK: Die Entstehung der Reinhardsbrunner Geschichtsbücher. Halle 1878; KARL WENCK: Zur Kritik der Reinhardsbrunner Historiographie. In: Zeitschrift des Vereins für Thüringische Geschichte und Altertumskunde. 10 NF. 2 (1880), S. 221–229; KARL WENCK: Zur Entstehungsgeschichte der Reinhardsbrunner Historien und der Erfurter Peterschronik. In: Neues Archiv der Gesellschaft für ältere deutsche Geschichtskunde. 10 (1885), S. 95–138. – Neben der Frage nach den quellenkritischen Abhängigkeiten zwischen den Erfurter und Reinhardsbrunner Überlieferungen wurden in der älteren reichsgeschichtlichen Forschung auch die Nachrichten der Reinhardsbrunner Chronik über die Regierung Kaiser Heinrichs VI. diskutiert: THEODOR TOECHE: Kaiser Heinrich VI. (Jahrbücher der deutschen Geschichte. 18). Leipzig 1867 (Nachdruck Darmstadt 1965); RICHARD MARTENS: Die Annales Reinhardsbrunnenses als Quelle für die Geschichte Kaiser Heinrichs VI. (Diss. Leipzig). Danzig 1868; ISIDOR CARO: Zu einer Stelle der Annales Reinhardsbrunnenses. In: Forschungen zur deutschen Geschichte. 23 (1883), S. 329–335. Siehe hierzu auch die unten in Anm. 21 genannte Arbeit von ERNST PERELS über den sogenannten Erbreichsplan Kaiser Heinrichs VI. von 1196.

9 OTTO DOBENECKER (Hrsg.): Regesta diplomatica necnon epistolaria historiae Thuringiae 500–1288. Bd. 1: c. 500–1152. Jena 1896, Bd. 2: 1152–1227. Jena 1900, Bd. 3: 1228–1266. Jena 1925, Bd. 4: 1267–1288. Jena 1939. – Von zentraler Bedeutung für Thüringen sind auch die von JOHANN FRIEDRICH BÖHMER begonnenen, von CORNELIUS WILL zum Abschluss gebrachten Mainzer Regesten für die Zeit bis 1288: JOHANN FRIEDRICH BÖHMER und CORNELIUS WILL (Hrsg.): Regesta archiepiscoporum Maguntinensium. Regesten zur Geschichte der Mainzer Erzbischöfe von Bonifatius bis Heinrich II. (742–1288). 2 Bde. Innsbruck 1877–1886 (Nachdruck Aalen 1966).

10 ALBERT NAUDÉ: Die Fälschung der ältesten Reinhardsbrunner Urkunden. Berlin 1883.

winger sahen, eine Perspektive, die ganz im Mittelalter-Bild des 19. Jahrhunderts wurzelte. Als positiv gestaltende politische Kraft galt ihnen das staufische Königtum, das mit Kaiser Friedrich I. Barbarossa (1152–1190) einen glanzvollen Höhepunkt erreicht zu haben schien. Die Stauferherrschaft wurde als Inbegriff legitimen, die staatliche Integration Deutschlands im Rahmen des Sacrum Imperium vorantreibenden Königtums verstanden, denen die Fürsten mit ihren dynastischen Eigeninteressen und territorialpolitischen Egoismen als die zentrifugalen Partikularkräfte gegenübergestellt wurden. Die Auseinandersetzungen zwischen Papsttum und Kaisertum, die die Regierungszeit Friedrichs I. und erneut – mit veränderten Konstellationen – die Zeit seines Enkels Friedrichs II. (1215–1250) erfassten und die sich unmittelbar auf das Kräfteverhältnis zwischen Königtum und Reichsfürsten auswirkten, wurden als epochaler Kampf der Universalgewalten interpretiert, in dem das deutsche Königtum unterlag und die Chance auf Verwirklichung einer das gesamte Reich integrierenden königlichen Zentralgewalt der Staufer verlorenging. Der protestantisch geprägten Geschichtsschreibung des 19. Jahrhunderts galt dabei das erstarkende Papsttum des hohen Mittelalters nahezu als natürlicher Antipode des deutschen Königtums. Der konfessionelle Gegensatz und der im protestantischen Preußen geführte «Kulturkampf» gegen die katholische Kirche und den «Ultramontanismus» haben vielfach dazu beigetragen, dass zeitbedingte Wertungen von Kirche und Religion in anachronistischer Weise in das Hochmittelalter zurückprojiziert wurden.[11]

Karl Wenck mag in vielerlei Hinsicht als charakteristischer Zeuge für diesen zeitbedingten Deutungshorizont gelten, der auch seine Darstellung der Ludowinger prägte. In diesem Sinne bezeichnend ist bereits Wencks Würdigung der Anfänge des Geschlechts. Nachdem der in Mainfranken begüterte Graf Ludwig mit dem Barte († vor 1080/85), der erste in den Schriftquellen bezeugte Ludowinger, vor der Mitte des 11. Jahrhunderts am Nordwestrand des Thüringer Waldes einen zweiten Herrschaftsmittelpunkt aufgebaut hatte, erweiterte sein Sohn und Nachfolger, Graf Ludwig der Springer (†1123), die

---

11 Vgl. zum Stauferbild des 19. Jahrhunderts Arno Borst: Die Staufer in der Geschichtsschreibung. In: Die Zeit der Staufer. Geschichte – Kunst – Kultur. Katalog der Ausstellung Stuttgart 1977. Bd. 3: Aufsätze. Stuttgart 1977, S. 263–274; Arno Borst: Barbarossas Erwachen – Zur Geschichte der deutschen Identität. In: Odo Marquard und Karlheinz Stierle (Hrsg.): Identität (Poetik und Hermeneutik. 8). München 1979, S. 17–60; Klaus Schreiner: Friedrich Barbarossa – Herr der Welt, Zeuge der Wahrheit, die Verkörperung nationaler Macht und Herrlichkeit. In: Die Zeit der Staufer (wie oben in dieser Anm.), Bd. 5: Supplement. Stuttgart 1979, S. 521–579. Zuletzt mit Blick auf den «staufisch-welfischen Gegensatz» Werner Hechberger: Bewundert – instrumentalisiert – angefeindet. Staufer und Welfen im Urteil der Nachwelt. In: Werner Hechberger und Florian Schuller (Hrsg.): Staufer und Welfen. Zwei rivalisierende Dynastien im Hochmittelalter. Regensburg 2009, S. 216–238.

ludowingischen Einflusszonen am Südwestrand Thüringens und im Saale-Unstrut-Raum, verband sich mit der sächsisch-thüringischen Adelsopposition gegen die salischen Könige Heinrich IV. (1056–1106) und Heinrich V. (1106–1125) und unterstützte durch die Gründung eines benediktinisch-hirsauischen Reformklosters in Reinhardsbrunn bei Friedrichroda im Jahre 1085 die kirchliche Reformbewegung seiner Zeit. Damit fügt sich das Wirken Ludwigs des Springers ganz in das Profil adligen Handelns im ausgehenden 11. und frühen 12. Jahrhundert ein, das vielfach durch eine enge Verbindung von Reformspiritualität und neuem politischen Selbstbewusstsein – auch in Konfrontation mit dem Königtum – geprägt war.[12] Karl Wenck bringt in seiner Deutung dieser Vorgänge die für die ältere Forschung charakteristische Sichtweise zum Ausdruck, wenn er dem zweiten Ludowinger in Thüringen attestiert, seinen raschen Aufstieg königsfeindlichen Kräften zu verdanken: «Eins ist bei der Würdigung der Erfolge Ludwigs im Auge zu behalten: Er wurde emporgetragen von Klerikalismus und Partikularismus, den beiden großen Bewegungen, die damals, übermächtig durch ihren Bund, dem Königtum und Kaisertum den Boden unter den Füßen hinwegschwemmten und kleine Gewalthaber emporhoben. Die Hinneigung Ludwigs zur strengkirchlichen Partei ist viel stärker, als man bisher gewußt hat. Auch in dieser Beziehung ist er für manchen seiner Nachfolger in den vier Generationen bis auf den letzten, den Pfaffenkönig Heinrich Raspe, vorbildlich geworden.»[13] Die den politischen Maßstäben seiner Zeit verpflichtete, wertende Darstellung Wencks verkennt die für das 11. und 12. Jahrhundert charakteristischen Orientierungen in Kirche und Reich, die in der neueren Forschung sehr viel deutlicher herausgearbeitet werden konnten, und setzt kirchenreformerische Gesinnung beim Adel mit «Klerikalismus» gleich, während sie den im 11. Jahrhundert unter dem Zeichen des Investiturstreits aufbrechenden Antagonismus zwischen Adel und Königtum als «Partikularismus» abwertet.

Mit diesen beiden – anachronistisch auf das Mittelalter bezogenenen – Begriffen operiert Wenck auch mit Blick auf die Nachfolger des zweiten Ludowingers. So deutet er die Hinwendung des thüringischen Adelshauses zu den Staufern, die Landgraf Ludwig II. (1140–1172) durch seine Ehe mit Jutta, einer Halbschwester Friedrichs I. Barbarossa (1152–1190), eingeleitet und die Ludwig III. (1172–1190) in den Kämpfen zwischen dem Stauferkaiser und seinem welfischen Rivalen im Reich, dem sächsisch-bayerischen Doppelherzog

---

12 Siehe hierzu bes. die Untersuchung von Lutz Fenske: Adelsopposition und kirchliche Reformbewegung im östlichen Sachsen. Entstehung und Wirkung des sächsischen Widerstandes gegen das salische Königtum während des Investiturstreits (Veröffentlichungen des Max-Planck-Instituts für Geschichte. 47). Göttingen 1977. Vgl. hierzu unten bei Anm. 38.

13 Wenck, Älteste Geschichte 1907 (wie Anm. 2) S. 35.

Heinrich dem Löwen (†1195), in den Jahren 1178–1181 engagiert fortgesetzt hat, ausschließlich unter dem Aspekt adligen Eigennutzes: «Aber die Treue der Ludowinger gegen das staufische Haus hatte ohne Zweifel zum großen Teile auf der Erkenntnis beruht, daß ihr Vorteil sie zum Anschluß an die Gegner derjenigen drängte, die, im Besitz Bayerns und Sachsens, Thüringen, das Land der Mitte, zu erdrücken drohten. Durch die Teilung des Herzogtums Sachsen wurde den Nachbarn der Welfen in Sachsen und Thüringen, die vorher Halt und Stütze bei dem staufischen Königtum hatten suchen müssen, die Bahn frei zu rücksichtsloser Entwickelung ihrer landesfürstlichen Stellung auch im Gegensatz zur Krone.»[14] In dieser Interpretation, mit der Wenck durchaus als ein zeittypischer Vertreter einer durch ein positives Stauferbild und das Ideal des Nationalstaats geprägten Geschichtsschreibung angesprochen werden darf, kommt der zentrale, erst in der neueren Forschung thematisierte Aspekt nicht in den Blick, dass die Ludowinger seit ihrer Erhebung zu thüringischen Landgrafen durch König Lothar III. (1125–1137) um 1130/31 und ihrer Annäherung an die Staufer Mitte des 12. Jahrhunderts ihr Selbstbewusstsein und ihren Herrschaftsanspruch ganz wesentlich auf ihre Königsnähe, ihre fürstliche Teilhabe am Reich und ihre Verwandtschaft mit dem Kaiserhaus begründeten.[15]

Insbesondere die Landgrafen Hermann I. (1190–1217) und Heinrich Raspe IV. (1227–1247) trifft bei Wenck ein vernichtendes Urteil, das sich konsequent aus den bereits in der Darstellung des Wirkens Ludwigs des Springers und seiner Nachfolger Ludwig II. und Ludwig III. begegnenden Deutungsmaßstäben ergibt. Hermann I., der sich 1190 des Versuches Kaiser Heinrichs VI. (1190–1197) zu erwehren hatte, die Landgrafschaft Thüringen nach dem söhnelosen Tod Landgraf Ludwigs III. als erledigtes Reichslehen einzuziehen, und der – wohl nicht zuletzt aufgrund dieser existentiellen Krise seiner Dynastie – dem Kaiser gegenüber ausgesprochen taktisch zu handeln wusste, um dann in dem nach dem frühen Tod Kaiser Heinrichs VI. 1197/98 ausbrechenden staufisch-welfischen Thronstreit mehrfach die Fronten zu wechseln und seine Herrschaft damit durch eine zweite Krise hindurch zu retten, bescheinigt Wenck «in gleichgultiger Kalte» dem staufischen Kaiser gegenübergestanden zu haben, «chamäleonartige Wandlungsfähigkeit» und «dynastische Selbstsucht» an den Tag gelegt zu haben.[16]

---

14 Wenck, Älteste Geschichte 1907 (wie Anm. 2) S. 38.

15 Siehe hierzu bes. die Arbeiten von Hans Patze: Die Entstehung der Landesherrschaft in Thüringen (Mitteldeutsche Forschungen. 22). Köln/Graz 1962, hier S. 219f., und von Jürgen Petersohn: «De ortu principum Thuringie». Eine Schrift über die Fürstenwürde der Landgrafen von Thüringen aus dem 12. Jahrhundert. In: Deutsches Archiv für Erforschung des Mittelalters. 48 (1992), S. 585–608, und Jürgen Petersohn: Die Ludowinger. Selbstverständnis und Memoria eines hochmittelalterlichen Reichsfürstengeschlechts. In: Blätter für deutsche Landesgeschichte. 129 (1993), S. 1–39. Vgl. hierzu unten bei Anm. 51–53.

Noch härter fällt Wencks Beurteilung des letzten Ludowingers auf dem thüringischen Landgrafenthron aus, der sich in den langjährigen, in den 1240er Jahren auf ihren Höhepunkt zusteuernden Auseinandersetzungen zwischen Kaiser Friedrich II. (1212–1250) und Papst Innocenz IV. (1243–1254) der Opposition gegen den Herrscher anschloss, nach dessen Absetzung und Exkommunikation dem Werben der Kurie nachgab, sich 1246 zum Gegenkönig erheben ließ und mit Hilfe vor allem päpstlicher Gelder den Kampf gegen den abgesetzten Stauferkaiser aufnahm. Der frühe Tod Heinrich Raspes IV. im Februar 1247 verhinderte jeden nachhaltigen Erfolg des Landgrafen und Gegenkönigs, das ludowingische Haus erlosch, der weitgespannte thüringisch-hessische Herrschaftsbereich der Landgrafen stürzte in das Chaos eines langjährigen Erbfolgekrieges. Vor diesem Hintergrund resümiert Karl Wenck: «Über Heinrich Raspe, den letzten seines Geschlechts, liegt der fahle Schein der untergehenden Sonne.» Des Landgrafen «Verrat am Kaiser», sein «unwürdiges Gegenkönigtum von Papstes Gnaden», sein «Ehrgeiz, höher zu steigen als alle seine Vorfahren, die Begierde, als der letzte seines Geschlechts die Königskrone zu gewinnen», habe ihn zum «Pfaffenkönig», zur «Scheingröße» und «Theaterfigur» werden lassen, der «sein Königtum ... auf des Papstes Machtwort und auf das Gold und Silber der Kirche» aufgebaut habe.[17] Wenck steht mit diesem Bild durchaus nicht allein, seine überaus negative Charakterisierung des letzten ludowingischen Landgrafen ist vielmehr auch unabhängig von seiner Darstellung im Wartburg-Werk bis in die neuere Forschung hinein wiederholt und vertieft worden.[18] Erst die jüngsten Arbeiten zu Heinrich Raspe IV. lassen deutlicher erkennen, in welchen Kontext sein Wirken als Landesfürst und als Gegenkönig einzuordnen ist, welche Erfolge er in seinem thüringisch-hessischen Herrschaftsbereich erzielte, wie differenziert sein Verhältnis zu Kirche und Reich einzuschätzen ist und welche – durchaus nicht geringen, aber aufgrund seines frühen Todes nicht genutzten – Erfolgschancen sein kurzes Auftreten als Gegenkönig hatte.[19]

Karl Wencks Darstellung der Geschichte der Ludowinger im Wartburg-Werk ist erstaunlicherweise wenig rezipiert worden. Mit seinen am Stauferbild

16 WENCK, Älteste Geschichte 1907 (wie Anm. 2) S. 38.
17 WENCK, Geschichte der Landgrafen 1907 (wie Anm. 2), die Zitate S. 215 und S. 219.
18 Eine Übersicht über die in der älteren Forschung formulierten negativen Urteile über Heinrich Raspe IV. geben RUDOLF MALSCH: Heinrich Raspe. Landgraf von Thüringen und deutscher König (†1247). Versuch einer historisch-politischen Würdigung (Forschungen zur thüringisch-sächsischen Geschichte. 1). Halle (Saale) 1911, S. 7f.; ERICH CAEMMERER: Zur Charakteristik Heinrich Raspes, Landgrafen von Thüringen und Deutschen Königs. In: Blätter für deutsche Landesgeschichte. 89 (1952), S. 56–83, hier S. 56f., und MATTHIAS WERNER: Reichsfürst zwischen Mainz und Meißen. Heinrich Raspe als Landgraf von Thüringen und Herr von Hessen. In: MATTHIAS WERNER (Hrsg.): Heinrich Raspe – Landgraf von Thüringen und römischer König

der Zeit orientierten, den Nationalstaat als positives Ziel der historischen Entwicklung Deutschlands voraussetzenden und die mittelalterliche Kirche allzuoft durch die Brille einer protestantischen Geschichtsschreibung missverstehenden Deutungen und Wertungen steht Karl Wenck durchaus stellvertretend für das in weiten Kreisen der wilhelminischen Gesellschaft gepflegte Geschichtsbild. Kennzeichnend für die historische Forschung dieser Zeit war das außerordentlich große Interesse an den prominenten Protagonisten politischen Handelns, an Herrscher- und Fürstenpersönlichkeiten, an der politischen Ereignisgeschichte. Staat und Kirche galten als die maßgebenden Kräfte historischer Entwicklung.

In diesem Kontext sind auch die Arbeiten zu sehen, die wenige Jahre nach dem Erscheinen des Wartburg-Werks an der thüringischen Landesuniversität Jena im Umfeld des seit 1902 dort lehrenden Mediävisten Alexander Cartellieri (1867–1955) entstanden. Die in dichter Folge in den Jahren zwischen 1908 und 1914 erschienenen, von Cartellieri betreuten Dissertationen galten mit Ludwig dem Springer, den Landgrafen Ludwig III., Hermann I., Ludwig IV., Konrad (†1240) und Heinrich Raspe IV. den prominentesten regierenden Ludowingern, unter denen in dieser Reihe nur die ersten beiden Landgrafen Ludwig I. (1123/30–1140) und Ludwig II. fehlten.[20] Im Stil der seit 1863 von der Historischen Kommission bei der Bayerischen Akademie der Wissenschaften herausgegebenen, die politische Geschichte des Reiches von den Karolingern bis

---

(1227–1247). Fürsten, König und Reich in spätstaufischer Zeit (Jenaer Beiträge zur Geschichte. 3). Frankfurt/M. 2003, S. 125–271, hier S. 125–127.

19 Siehe den in der vorangehenden Anm. genannten, von Matthias Werner herausgegebenen Aufsatzband: Heinrich Raspe – Landgraf von Thüringen und römischer König (1227–1247). Fürsten, König und Reich in spätstaufischer Zeit. Vgl. hierzu auch unten mit Anm. 89–92.

20 Es handelt sich um folgende Arbeiten (in der Reihenfolge ihres Erscheinens): Max Frommann: Landgraf Ludwig III. der Fromme von Thüringen (1152–1190). In: Zeitschrift des Vereins für Thüringische Geschichte und Altertumskunde. 26 NF. 18 (1908), S. 175–248; Richard Wagner: Die äußere Politik Ludwigs IV., Landgrafen von Thüringen. In: Zeitschrift des Vereins für Thüringische Geschichte und Altertumskunde. 27 NF. 19 (1909), S. 23–82; Rudolf Malsch: Heinrich Raspe. Landgraf von Thüringen und deutscher König (†1247). Versuch einer historisch-politischen Würdigung (Forschungen zur thüringisch-sächsischen Geschichte. 1). Halle (Saale) 1911; Ernst Kirmse: Die Reichspolitik Hermanns I. Landgrafen von Thüringen und Pfalzgrafen von Sachsen (1190–1217). Diss. phil. Jena 1909. In: Zeitschrift des Vereins für Thüringische Geschichte und Altertumskunde. 27 NF. 19 (1909), S. 317–348 (Teil I), Zeitschrift des Vereins für Thüringische Geschichte und Altertumskunde. 28 NF. 20 (1911), S. 1–42 (Teil II); Erich Caemmerer: Konrad, Landgraf von Thüringen, Hochmeister des Deutschen Ordens (†1240). In: Zeitschrift des Vereins für Thüringische Geschichte und Altertumskunde. 27 NF. 19 (1909), S. 349–394 (Teil I), Zeitschrift des Vereins für Thüringische Geschichte und Altertumskunde. 28 NF. 20 (1911), S. 43–80 (Teil II); Wilhelm Kaestner: Ludwig II., der Springer, Graf von Thüringen. Diss. Jena 1914. – Cartellieri selbst hat sich mit den Ludowingern nur einmal im Zusammenhang mit seinem Interesse am dritten Kreuzzug beschäftigt: Alexander Cartel-

zu den Staufern in über zwanzig, den jeweiligen Herrschern gewidmeten und nach Jahren gegliederten Bänden monographisch abhandelnden «Jahrbücher der deutschen Geschichte» waren diese Dissertationsschriften ganz aus den einschlägigen historiographischen und urkundlichen Quellen gearbeitet und an der Untersuchung des herrscherlichen Handelns der einzelnen Fürsten orientiert. Bis heute können einige von ihnen als verdienstvolle und hilfreiche Arbeiten zur raschen Erschließung der Chronologie der Ereignisse und der maßgeblichen Quellenzeugnisse herangezogen werden, doch muss ihr Erkenntnisinteresse als einseitig, ihr Interpretationshorizont als überholt gelten.

Der erste Weltkrieg stellte auch für die thüringische Landesgeschichtsforschung eine tiefe Zäsur dar. Zur Geschichte der Ludowinger erschienen nun in den folgenden drei Jahrzehnten keine größeren Untersuchungen mehr,[21]

LIERI: Landgraf Ludwig III. von Thüringen und der dritte Kreuzzug. In: Zeitschrift des Vereins für Thüringische Geschichte und Altertumskunde. 42. NF. 34 (1940), S. 42–64. – Zu dem Jenaer Mediävisten Cartellieri jetzt grundlegend MATTHIAS STEINBACH: Des Königs Biograph. Alexander Cartellieri (1867–1955). Historiker zwischen Frankreich und Deutschland (Jenaer Beiträge zur Geschichte. 2). Frankfurt/M. 2001.

21 Zu nennen sind für diesen Zeitraum Untersuchungen, die die Ludowinger bzw. ihr unmittelbares politisches Umfeld betreffen: ERNST PERELS: Der Erbreichsplan Heinrichs VI. Berlin 1927, untersuchte die erzählenden Quellen zu dem am Widerstand der Fürsten gescheiterten Versuch, eine staufische Erbmonarchie im Reich zu etablieren und stellte dabei erstmals die zentrale Bedeutung der zeitgenössischen, ludowingernahen Berichte in der Reinhardsbrunner Chronik heraus. – WILHELM LEVISON: Miracula Lodowici Lantgravii. In: Neues Archiv der Gesellschaft für ältere deutsche Geschichtskunde. 47 (1928), S. 551–558, befasste sich mit den 1233 in Reinhardsbrunn aufgezeichneten Wundern am Grab Landgraf Ludwigs IV., die den Versuch bezeugen, in Anlehnung an die bereits nach dem Tod der Gemahlin Ludwigs IV., Elisabeth (†1231), einsetzende Heiligenverehrung auch eine Ludwigsverehrung in Gang zu setzen. – ERICH HEINZE: Die Entwicklung der Pfalzgrafschaft Sachsen bis ins 14. Jahrhundert. In: Sachsen und Anhalt. 1 (1925), S. 20–63, widmete sich der sächsischen Pfalzgrafschaft, die 1180/81–1247 in ludowingischer Hand war. – FERDINAND GÜTERBOCK: Die Neubildung des Reichsfürstenstandes und der Prozeß Heinrichs des Löwen. In: Historische Aufsätze. Festschrift KARL ZEUMER zum 60. Geburtstag. Weimar 1910, S. 579–609, und FERDINAND GÜTERBOCK: Die Gelnhäuser Urkunde und der Prozeß Heinrichs des Löwen. Neue diplomatische und quellenkritische Forschungen zur Rechtsgeschichte und politischen Geschichte der Stauferzeit (Quellen und Darstellungen zur Geschichte Niedersachsens. 32). Hildesheim/Leipzig 1920, untersuchte die auch für die Ludowinger entscheidende Entmachtung Herzog Heinrichs des Löwen 1180 und die Aufteilung des alten Herzogtums Sachsen, von dem Landgraf Ludwig III. unmittelbar profitierte. – HEINRICH HESS: Untersuchungen über den ältesten thüringischen Güterbesitz Graf Ludwigs mit dem Barte und über den Zweck der Fälschung der ältesten Reinhardsbrunner Urkunden. In: Mitteilungen des Vereins für Gothaische Geschichte und Altertumsforschung. 12 (1913/14), S. 34–85, und HEINRICH HESS: Die Reinhardsbrunner Fälschungen. In: Mitteilungen des Vereins für Gothaische Geschichte und Altertumsforschung. 21 (1926/27), S. 7–14, knüpfte an die älteren Untersuchungen ALBERT NAUDÉS an und schlug unterschiedliche Lösungen für die Frage nach den Motiven der Fälscher vor. – HANS EBERHARDT: Die Anfänge des Territorialfürstentums in Nordthüringen. Nebst Beiträgen zur Geschichte des

allerdings wurden in den zwanziger und dreißiger Jahren eine Reihe von Quelleneditionen herausgebracht, die auch für die spätere Ludowingerforschung von erheblicher Bedeutung waren. Neben den Editionen der Urkunden der Erfurter Stifter und Klöster (bis 1330) und der Urkunden des Hochstifts Naumburg (bis 1207) in der sehr erfolgreichen Editionsreihe der «Geschichtsquellen der Provinz Sachsen»[22] sowie der Urkunden der Mainzer Erzbischöfe bis 1137 mit zahlreichen Betreffen für thüringische Empfänger[23] ist vor allem auf das von Hans Naumann in den Monumenta Germaniae Historica herausgegebene, umfangreiche Versepos über die «Kreuzfahrt Landgraf Ludwigs des Frommen» zu verweisen, dessen historische Bedeutung erst in der jüngsten Forschung stärker ins Blickfeld geraten ist.[24]

II.

Nach dem Ende des Zweiten Weltkrieges und der Teilung Deutschlands wurde die Erforschung der Ludowinger vor allem in der Bundesrepublik vorangetrieben. Nach dem 1953 – unter maßgeblicher Beteiligung des zwei Jahre zuvor vom sächsischen Glauchau ins hessische Marburg übergesiedelten Leipziger Mediävisten Walter Schlesinger (1908–1984) – gegründeten «Mitteldeutschen Arbeitskreis» entwickelte sich die 1960 von Schlesinger am Hessischen Landesamt für geschichtliche Landeskunde in Marburg gegründete «Forschungsstelle für geschichtliche Landeskunde Mitteldeutschlands» zur bedeutendsten Institution für die historische Erforschung der mittel- und ostdeutschen Länder.[25] In ihrem Umfeld entstand die in vielerlei Hinsicht bis heute grundlegende, wenn auch in zentralen Aspekten durch die neuere Forschungsdiskussion überholte Untersuchung von Hans Patze (1919–1995) über «Die Entstehung der Landesherrschaft in Thüringen».[26] Patze hatte, angeregt durch

nordthüringischen Reichsgutes (Beiträge zur mittelalterlichen und neueren Geschichte. 2). Jena 1932, lenkte u. a. den Blick auf das seit dem späten 12. Jahrhundert gesteigerte Interesse der Ludowinger am nordthüringischen Raum.

22 Alfred Overmann (Hrsg.): Urkundenbuch der Erfurter Stifter und Klöster. Bd. I: 706-1330 (Geschichtsquellen der Provinz Sachsen und des Freistaates Anhalt. Neue Reihe. 5). Magdeburg 1926; Felix Rosenfeld (Hrsg.): Urkundenbuch des Hochstifts Naumburg. Bd. I: 967-1207 (Geschichtsquellen der Provinz Sachsen und des Freistaates Anhalt. Neue Reihe. 1). Magdeburg 1925.

23 Manfred Stimming (Hrsg.): Mainzer Urkundenbuch. Bd. 1: Die Urkunden bis zum Tode Erzbischof Adalberts I. (1137). Darmstadt 1932 (Nachdruck Darmstadt 1972).

24 Hans Naumann (Hrsg.): Die Kreuzfahrt des Landgrafen Ludwigs des Frommen von Thüringen (Monumenta Germaniae Historica. Deutsche Chroniken. 4/2). Berlin 1923. Vgl. hierzu unten bei Anm. 93f. unter dem Aspekt «Die Ludowinger und die Kreuzzüge».

25 Vgl. hierzu MICHAEL GOCKEL: Die Anfänge des «Mitteldeutschen Arbeitskreises» und der «Forschungsstelle für geschichtliche Landeskunde Mitteldeutschlands». In: Neues Archiv für sächsische Geschichte. 64(1993), S. 223–232; MICHAEL GOCKEL: Die Übersiedlung Walter

die Arbeiten Theodor Mayers und anderer über den hochmittelalterlichen Fürstenstaat,[27] die Geschichte der Ludowinger im Kontext der Frage nach den Anfängen, den Triebkräften und den Stufen der Entwicklung politischer Herrschaft von den mittelalterlichen, vorstaatlichen Formen («Personenverbandsstaat») zu moderner Staatlichkeit («institutionalisierter Flächenstaat») im Rahmen des interdisziplinären landesgeschichtlichen Ansatzes der Leipziger Schule von Rudolf Kötzschke und Walter Schlesinger untersuchen wollen.[28] Dabei galt es als charakteristisch für Deutschland, dass sich hier – im Gegensatz zur Entwicklung in den westeuropäischen Monarchien – Vorformen von Staatlichkeit nicht auf der Ebene des Königtums und des Reiches, sondern im Bereich der adligen und kirchlichen Territorialherrschaften in den unterschiedlichen Räumen und Regionen des Reiches entfalteten. Die Ludowinger galten Patze dabei als die bedeutendsten Träger dieser politischen Verfassungsentwicklung zur «Landesherrschaft» in ihrem thüringisch-hessischen Einflussbereich in der Mitte des Reiches. Patze schuf in seiner Darstellung damit gleichsam die bis heute nachwirkende historiographische «Meistererzählung» der Geschichte der Ludowinger: Mit dem aus Mainfranken nach Thüringen eingewanderten mainzischen Lehnsmann Ludwig dem Bärtigen, der sich aus kleinsten Anfängen emporgearbeitet und mit der Rodung von Wald, der Gründung von Dörfern und der Errichtung der Schauenburg bei Friedrichroda auf allo-

Schlesingers nach Marburg im Jahre 1951. In: Neues Archiv für sächsische Geschichte. 72(2001), S. 215–253; WERNER, Thüringen im Mittelalter 2005 (wie Anm. 5) S. 291–294.

26 PATZE, Entstehung 1962 (wie Anm. 15). – Zu Leben und Werk von HANS PATZE siehe KLAUS NEITMANN: Landesgeschichtsforschung im Zeichen der Teilung Deutschlands: Walter Schlesinger und Hans Patze. I. Teil: HANS PATZE: Thüringischer Landesarchivar – Gesamtdeutscher Landeshistoriker – Erforscher der mittelalterlichen deutschen Landesherrschaften. In: Jahrbuch für die Geschichte Mittel- und Ostdeutschlands. 47 (2001), S. 193–300, und den jüngst erschienenen Sammelband mit ausgewählten Beiträgen von Hans Patze: PETER JOHANEK, ERNST SCHUBERT und MATTHIAS WERNER (Hrsg.): Ausgewählte Aufsätze von Hans Patze (Vorträge und Forschungen. 50). Stuttgart 2002.

27 THEODOR MAYER: Der Staat der Herzöge von Zähringen (Freiburger Universitätsreden. 20). Freiburg 1935; THEODOR MAYER: Die Ausbildung der Grundlagen des modernen deutschen Staates im hohen Mittelalter. In: Historische Zeitschrift. 159 (1939), S. 457–487; THEODOR MAYER: Fürsten und Staat. Studien zur Verfassungsgeschichte des deutschen Mittelalters. Weimar 1950; vgl. auch RUTH HILDEBRAND: Der sächsische «Staat» Heinrichs des Löwen (Historische Studien. 302). Berlin 1937.

28 Zur interdisziplinär angelegten landesgeschichtlichen Forschung der Leipziger Schule siehe MATTHIAS WERNER: Zwischen politischer Begrenzung und methodischer Offenheit. Wege und Stationen deutscher Landesgeschichtsforschung im 20. Jahrhundert. In: PETER MORAW und RUDOLF SCHIEFFER (Hrsg.): Die deutschsprachige Mediävistik im 20. Jahrhundert. (Vorträge und Forschungen. 62). Ostfildern 2005, S. 251–364, hier S. 260–271, und MATTHIAS WERNER: Die deutsche Landesgeschichtsforschung im 20. Jahrhundert. Aufbrüche, Umbrüche, Perspektiven. In: MANFRED GROTEN und ANDREAS RUTZ (Hrsg.): Rheinische Landesgeschichte an der Universität Bonn. Traditionen – Entwicklungen – Perspektiven. Bonn 2007, S. 157–178, hier S. 161–165.

dialer und lehnsrechtlicher Grundlage das Fundament ludowingischer Herrschaft in Thüringen gelegt habe, und seinem Sohn Ludwig dem Springer, der
durch die Errichtung der Wartburg im Westen und der Neuenburg (nördlich
von Naumburg/Saale) im Osten, die Gründung eines reformbenediktinischen
Hausklosters der Hirsauer Richtung in Reinhardsbrunn bei Friedrichroda sowie eine zielbewusste dynastische Heiratspolitik für sich und seine Söhne
Ludwig (I.) und Heinrich Raspe (I.) den Einflussbereich seines Geschlechts weit
über den ersten Herrschaftsbereich am Nordrand des Thüringer Waldes hinaus
nach Osten bis an Saale und Unstrut, nach Westen bis an die Lahn ausgedehnt
habe, seien die Ludowinger bereits innerhalb der ersten drei Generationen zu
den mächtigsten Dynasten in Thüringen aufgestiegen. In Anerkennung ihrer
damit im ersten Drittel des 12. Jahrhunderts erreichten politischen Machtstellung habe daher König Lothar III. den ältesten Sohn und Nachfolger Graf
Ludwig des Springers, Ludwig (I.), um 1130/31 zum ersten Landgrafen von
Thüringen erhoben.

Die vom Königtum geschaffene und den Ludowingern verliehene thüringische Landgrafschaft, so Patze, bildete in den folgenden knapp 120 Jahren den
räumlichen Rahmen, innerhalb dessen die Ludowinger mit Hilfe der damals
modernsten Herrschaftsinstrumente ihren noch vielfältig differenzierten und
von zahlreichen fremden Rechten und Gütern durchsetzten Einflussbereich
herrschaftlich zu durchdringen und in einem «Landesstaat» zusammenzu-
führen bestrebt waren. Die wichtigsten Mittel zur Beförderung dieses «Territo-
rialisierungsprozesses» waren demnach neben dem Erwerb weiterer Allodial-
und Lehnsbesitzes der Bau von Burgen, die Gründung von Städten, die
Erlangung und Sicherung von Vogteirechten an geistlichen Institutionen, die
Wahrnehmung von Gerichtsrechten an den Dingstätten des Landes, deren
bedeutendste das landgräfliche Gericht in Mittelhausen (nördlich von Erfurt)
gewesen sei, die Errichtung von landesherrlichen Münzprägestellen, der Aufbau einer loyalen und effektiv arbeitenden Ministerialität sowie einer Kanzlei,
mit deren Hilfe die Landgrafen Siegelurkunden ausstellen konnten. Patze
billigte dabei der Ministerialität, die die Landgrafen für die Verwaltung ihrer
Burgen, Städte und Münzen sowie der fürstlichen Grundherrschaften aufgebaut und an deren Spitze sie nach dem Vorbild des Königs und der führenden
Fürstenhöfe die vier Hofämter eingerichtet haben (Marschall, Kämmerer,
Truchsess, Mundschenk), eine entscheidende Bedeutung für die entstehende
ludowingische «Landesherrschaft» zu. Der Aufbau von lehnsrechtlichen Beziehungen zum Adel Thüringens und die damit einhergehende Schaffung
einer landgräflichen Vasallität habe demgegenüber eine untergeordnete Rolle
gespielt. Die politische Entwicklung der landgräflichen Dynastie im 12. und
13. Jahrhundert ist nach Patze durch ein höchst wechselvolles Verhältnis zum
Königtum geprägt: von der Annäherung über das enge Bündnis bis zur

Distanzierung. War bereits Ludwig I. mit seiner Erhebung zum thüringischen Landgrafen durch Lothar III. ein langfristig wirkendes Bündnis mit dem Königtum eingegangen, so verstärkte sich die neue politische Allianz zwischen den Ludowingern und dem Reichsoberhaupt noch seit der Vermählung Landgraf Ludwigs II. mit Jutta, einer Nichte Konrads III. und Halbschwester Friedrichs I. Barbarossa, den beiden ersten Staufern auf dem deutschen Thron. Staufertreue und reichsfürstliches Selbstbewusstsein zeichneten die Ludowinger fortan aus, bis erstmals an der Wende vom 12. zum 13. Jahrhundert unter Landgraf Hermann I., deutlicher und dramatischer aber in den 1240er Jahren unter Landgraf Heinrich Raspe IV. das ludowingisch-staufische Bündnis wieder zerbrach.

Das große Verdienst der Studie von Hans Patze liegt zweifellos darin, dass er erstmals Struktur und Praxis ludowingischer Herrschaftsbildung einer systematischen Untersuchung unterzogen und dabei eine außerordentlich große Fülle an urkundlichen und historiographischen Zeugnissen ausgewertet hat. Bis heute stellt die «Entstehung der Landesherrschaft in Thüringen» von Hans Patze deshalb nicht nur ein unentbehrliches Standardwerk für die Ludowinger- forschung dar, sondern wirkt auch in der Kritik an ihren Ergebnissen noch auf die moderne Diskussion über Anfänge, Formen und Ziele adliger Herrschafts- bildung bei den Ludowingern nach. Dies gilt auch für die eng mit der Frage nach der Entstehung der Landesherrschaft verbundenen Untersuchungen Patzes zur Bedeutung der Geschichtsschreibung im Umfeld aufsteigender Adelsfamilien und der von ihnen gegründeten Hausklöster. Parallel zu den Arbeiten Karl Schmids zu Form und Bedeutung adliger Memoria und dynasti- schen Selbstverständnisses,[29] setzte er sich mit den Chroniken und Annalen aus adligen Klostergründungen auseinander.[30] Die Reinhardsbrunner Überlie-

---

29 Siehe KARL SCHMID: Zur Problematik von Familie, Sippe und Geschlecht, Haus und Dynastie beim mittelalterlichen Adel. Vorfragen zum Thema «Adel und Herrschaft im Mittelalter». In: Zeitschrift für die Geschichte des Oberrheins. 105 NF. 66 (1957), S. 1–62 (wieder abgedruckt in: KARL SCHMID: Gebetsgedenken und adliges Selbstverständnis im Mittelalter. Ausgewählte Beiträge. Festgabe zu seinem 60. Geburtstag. Sigmaringen 1983, S. 183–244); KARL SCHMID: Welfisches Selbstverständnis. In: JOSEF FLECKENSTEIN und KARL SCHMID (Hrsg.): Adel und Kirche. Gerd Tellenbach zum 65. Geburtstag. Freiburg/Basel/Wien 1968, S. 389–416 (wieder abgedruckt in: KARL SCHMID: Gebetsgedenken und adliges Selbstverständnis im Mittelalter [wie oben], S. 424–453); KARL SCHMID: Heirat, Familienfolge, Geschlechterbewußtsein. In: Il matri- monio nella società altomedievale (Settimane di studio del Centro italiano di studi sull'alto medioevo. 24). Spoleto 1977, S. 103–137 (wieder abgedruckt in: KARL SCHMID: Gebetsgeden- ken und adliges Selbstverständnis im Mittelalter [wie oben], S. 388–423). – Vgl. die aus dem Nachlass von Karl Schmid herausgegebenen Arbeiten des Autors in: DIETER MERTENS und THOMAS ZOTZ (Hrsg.): Geblüt – Herrschaft – Geschlechterbewusstsein. Grundfragen zum Ver- ständnis des Adels im Mittelalter (Vorträge und Forschungen. 44). Sigmaringen 1998.
30 HANS PATZE: Adel und Stifterchronik. Frühformen territorialer Geschichtsschreibung im hoch-

ferung lieferte ihm dafür ein scheinbar mustergültiges Fallbeispiel. Auf der Grundlage der quellenkritischen Forschungsergebnisse Oswald Holder-Eggers zur Entstehung der Reinhardsbrunner Chronik, einer um 1340/49 abgeschlossenen Kompilation, die die ältesten historiographischen Überlieferungen des ludowingischen Hausklosters aus dem 12. und frühen 13. Jahrhundert enthält,[31] versuchte Patze die ludowingerzeitlichen, erzählenden Quellen aus Reinhardsbrunn als wichtiges Element im Aufbau der Landesherrschaft zu interpretieren. Sein Augenmerk galt dabei insbesondere der sogenannten «Historia brevis principum Thuringiae», die laut Holder-Egger zwischen 1198 und 1212 in Reinhardsbrunn als gekürzter Auszug aus einer ausführlicheren, nur noch innerhalb der Chronik überlieferten Darstellung angefertigt wurde und die von der karolingischen Abkunft der Ludowinger, ihrer Verwandtschaft mit dem salischen Kaiserhaus, ihren verwandtschaftlichen Beziehungen zum Adel Thüringens, Sachsens und Hessens, dem Aufbau ihrer Herrschaft in Thüringen, der Klostergründung in Reinhardsbrunn und der Erhebung Ludwigs I. zum Landgrafen berichtet.[32] Die vornehme Abkunft, der hohe Rang und der politische Aufstieg der Dynastie verbinden sich in dieser Darstellung mit dem Gründungsbericht des aus Hirsau kommenden Benediktinerkonvents in Reinhardsbrunn. Patze sah in dieser Darstellung einen Typus von historiographischer Traditionsbildung verwirklicht, den er auch in zahlreichen anderen Geschichtswerken des 11.–13. Jahrhunderts erkannte und mit dem Begriff «Stifterchronik» umschrieb. Er versuchte damit zum Ausdruck zu bringen, dass die Annalisten in adligen Hausklöstern vielfach die Geschichte ihres Klosters in enger Verknüpfung mit der Geschichte der Stifterfamilie aufzeichneten und damit eine Form von Überlieferung schufen, die die Grundlage für die Ausformung und Weitergabe des Familien- und Selbstverständnisses der Stifterfamilie war. Damit trugen die «Stifterchroniken» zur Festigung adliger Familientradition bei, die wiederum ein wichtiges Element der adligen Herrschaftsausübung war. Die auf die Stifterfamilie bezogene Geschichtsschreibung in den adligen Hausklöstern, so Patze, stand damit im Dienst des Aufbaus von Landesherrschaft. Reinhardsbrunn und die Ludowinger schienen ihm hierfür besonders aussagekräftige und idealtypische Beispiele zu sein.

---

mittelalterlichen Reich. In: Blätter für deutsche Landesgeschichte. 100 (1964), S. 8–81 (Teil I), und Blätter für deutsche Landesgeschichte. 101 (1965), S. 67–128 (Teil II); HANS PATZE: Landesgeschichtsschreibung in Thüringen. In: Jahrbuch für die Geschichte Mittel- und Ostdeutschlands. 16/17 (1968), S. 95–168; HANS PATZE: Klostergründung und Klosterchronik. In: Blätter für deutsche Landesgeschichte. 113 (1977), S. 89–121.

31 Siehe hierzu die oben in Anm. 7f. genannten Arbeiten von OSWALD HOLDER-EGGER.

32 GEORG WAITZ (Hrsg.): Historia brevis principum Thuringiae. In: Monumenta Germaniae Historica. Scriptores 24. Hannover 1879 (Nachdruck Stuttgart 1975), S. 819–822. Vgl. hierzu auch unten bei Anm. 54–57.

Während die Entfaltung der ludowingischen Herrschaftsbildung in Thüringen durch Hans Patze erstmals systematisch bearbeitet worden war, blieben vergleichbare Forschungserfolge für das so bedeutende Hauskloster der Dynastie allerdings aus. Da es weder im 19. noch im 20. Jahrhundert gelang, nach dem Vorbild anderer Urkundenbücher eine historisch-kritische Edition der im Thüringischen Staatsarchiv Gotha überlieferten Urkunden der Abtei zu erarbeiten, blieb die klösterliche Geschichte Reinhardsbrunns weitgehend unerforscht. Dies ist auch mit Blick auf die Ludowinger als Stifterfamilie ein empfindliches Desiderat. Aus der Zeit vor Hans Patze liegen nur einige wenige Arbeiten zu Einzelaspekten vor.[33] Auch in den 1960er bis 1980er Jahren widmeten sich nur wenige Beiträge der Reinhardsbrunner Klostergeschichte.[34]

Dabei sind allerdings drei Untersuchungen hervorzuheben, die bis heute nachwirken. Zum einen ist auf die 1952 in den Monumenta Germaniae Historica

---

33 Zu nennen sind folgende Arbeiten: JOHANN HEINRICH MÖLLER: Urkundliche Geschichte des Klosters Reinhardsbrunn. Reinhardsbrunn als Amt und Lustschloß. Gotha 1843 (Nachdruck Bad Langensalza 2002), der in einem knappen Überblick über die Urkunden der Abtei deren Geschichte skizziert; die zum Teil in regestenähnlicher Form wiedergegebenen Urkunden sind sämtlich von Otto Dobenecker in seinem thüringischen Regestenwerk (siehe oben Anm. 9) aufgenommen worden. – L. F. HESSE: Der Probst Sifridus. Aus der zu Reinhardsbrunn verfaßten Thüringischen Chronik nach der Handschrift der Königl. Bibliothek in Hannover. In: Neue Mitteilungen aus dem Gebiet historisch-antiquarischer Forschungen. 9 (1862), S. 38–48, druckte den Teil der Reinhardsbrunner Chronik mit knappem Kommentar ab, der die Vita des zunächst im Reinhardsbrunner Konvent, dann als Eremit in der Nähe des Klosters lebenden Siegfried enthält, der nach seinem Tod 1215 heiligmäßige Verehrung erfuhr (vgl. hierzu auch unten mit Anm. 60). – KARL WENCK: Ein Handschriftenkatalog des Klosters Reinhardsbrunn vom Jahre 1514. In: Zeitschrift des Vereins für Thüringische Geschichte und Altertumskunde. 12. NF. 4 (1884), S. 279–287, und R. EHWALD: Reste der Reinhardsbrunner Bibliothek. In: Mitteilungen des Vereins für Gothaische Geschichte und Altertumsforschung. 6 (1906/07), S. 63–73, legten die beiden einzigen Untersuchungen zum Bücherbestand des Konvents vor. – H. WIBEL: Zur Chronologie der ersten Äbte von Reinhardsbrunn. In: Neues Archiv der Gesellschaft für ältere deutsche Geschichtskunde. 36 (1911), S. 728–739, stellte auf der Grundlage der Nachrichten in der Chronik und in den Urkunden des Klosters eine erste Äbteliste für das 11.–13. Jahrhundert zusammen. – HANS HIRSCH: Reinhardsbrunn und Hirsau. In: Mitteilungen des Instituts für Österreichische Geschichtsforschung. 54 (1942), S. 33–58, untersuchte das auch für Reinhardsbrunn verwendete sog. «Hirsauer Formular». – WALTER SCHMIDT-EWALD: Der Gütererwerb westthüringischer Klöster im Mittelalter. In: Forschungen zur thüringischen Landesgeschichte. Friedrich Schneider zum 70. Geburtstag (Veröffentlichungen des Thüringischen Landeshauptarchivs Weimar. 1). Weimar 1958, S. 115–149, befasste sich u. a. auch mit der frühen Besitzgeschichte des ludowingischen Hausklosters.

34 Zur Interpretation einiger Briefe der Collectio Reinhardsbrunnensis trug WERNER E. GERABEK: Consolida maior, Consolida minor und eine Kräuterfrau. Medizinhistorische Beobachtungen zur Reinhardsbrunner Briefsammlung. In: Sudhoffs Archiv. 67 (1983), S. 80–93, bei. – HELMUT ROOB: Kloster Reinhardsbrunn (1085–1525). In: Jahrbuch für Regionalgeschichte. 13 (1986), S. 288–297, bot auf der Grundlage der bis dahin erreichten Forschungsergebnisse einen knappen Überblick über die Geschichte der Abtei. – Erstmals nach den älteren Beschreibungen der land-

erschienene historisch-kritische Edition der Briefsammlung des Klosters zu verweisen, eine etwa einhundert Stücke umfassende, in einer Handschrift des 12. Jahrhunderts überlieferte Kollektion, die von ihrem Herausgeber Friedel Peeck dem Klosterbibliothekar Sindold zugeschrieben und auf die Jahre nach der Mitte des 12. Jahrhunderts datiert wurde.[35] Die Bedeutung der in ihr enthaltenen Briefe für die Geschichte des Konvents und der Ludowinger – neben Stilübungen handelt es sich auch um eine Reihe von authentischen Schreiben, die von den weitgespannten Kontakten des Konvents mit anderen geistlichen Gemeinschaften zeugen – ist allerdings bis heute nicht systematisch untersucht worden.

Neben der Edition der Briefsammlung ist die Untersuchung der Reinhardsbrunner Fälschungen zu nennen, die Walter Heinemeyer 1967 vorlegte und die erstmals nach Albert Naudés Arbeit von 1883 wieder den Versuch unternahm, den Fälschungskomplex aus dem landgräflichen Hauskloster diplomatisch-paläographisch umfassend zu untersuchen und in seinen Kontext einzuordnen.[36] Heinemeyer gelang es dabei nicht nur, in Erweiterung der Ergebnisse von Naudé insgesamt 15 Urkunden des Reinhardsbrunner Fonds als Fälschungen zu erkennen, die er aufgrund des paläographischen Befundes – anders als Naudé – bereits in die zweite Hälfte des 12. Jahrhunderts datierte. Auf dieser neuen Grundlage diskutierte er vielmehr auch die Motive und Ziele der Fälscher noch einmal neu. Ihm zufolge entstanden die Stücke um 1165/68 und

---

gräflichen Grabplatten aus Reinhardsbrunn in PAUL LEHFELDT (Bearb.): Bau- und Kunst-Denkmäler Thüringens, Heft XI: Herzogthum Sachsen-Coburg und Gotha, Landrathsamt Waltershausen. Amtsgerichtsbezirke Tenneberg, Thal und Wangenheim. Jena 1891, S. 16–26, widmete sich der Hallenser Kunsthistoriker Ernst Schubert den Monumenten, die seit 1952 in der Eisenacher Georgenkirche aufgestellt sind; siehe Ernst Schubert: Drei Grabmäler des Thüringer Landgrafenhauses aus dem Kloster Reinhardsbrunn. In: FRIEDRICH MÖBIUS und ERNST SCHUBERT (Hrsg.): Skulptur des Mittelalters. Funktion und Gestalt. Weimar 1987, S. 212–242 (wieder abgedruckt in: HANS-JOACHIM KRAUSE [Hrsg.]: Dies diem docet. Ausgewählte Aufsätze von Ernst Schubert zur mittelalterlichen Kunst und Geschichte in Mitteldeutschland. Festgabe zum 75. Geburtstag [Quellen und Forschungen zur Geschichte Sachsen-Anhalts. 3]. Köln/Weimar/Wien 2003, S. 266–289). Schubert differenzierte die insgesamt acht Kunstwerke in eine jüngere, vor der Mitte des 14. Jahrhunderts, und eine ältere, kurz nach 1300 entstandene Gruppe und befasste sich mit letzterer, die er in Zusammenhang mit dem Wiederaufbau der 1292 durch Brand schwer beschädigten Abtei und dem Bemühen des Reinhardsbrunner Abtes Hermann von Zimmern (1301–1329) um eine Wiederbelebung der Gründungs- und Stiftertradition sah. Eine erneute, auch die sog. jüngere Gruppe der landgräflichen Grabsteine und ihren Bezug zur Klostergeschichte einbeziehende Untersuchung ist indes dringend erforderlich.

35 FRIEDEL PEECK (Hrsg.): Die Reinhardsbrunner Briefsammlung (Monumenta Germaniae Historica. Epistolae selectae. Bd. 5). Weimar 1952. – Vor ihm hatte sich bereits HERMANN KRABBO: Der Reinhardsbrunner Briefsteller aus dem 12. Jahrhundert. In: Neues Archiv der Gesellschaft für ältere deutsche Geschichtkunde. 32 (1907), S. 51–81, mit der Sammlung befasst, ohne indes eine vollständige kritische Edition vorzulegen.

36 WALTER HEINEMEYER: Die Reinhardsbrunner Fälschungen. In: Archiv für Diplomatik. 13 (1967), S. 133–224.

dienten dem Ziel, die Rechte des Klosters gegenüber dem eigenen Vogt, dem thüringischen Landgrafen, abzusichern. Damit lenkte er erstmals den Blick auf die zeitweiligen Spannungen zwischen Reinhardsbrunn und den Ludowingern, fand aber in seiner Deutung der Fälschungsmotive Widerspruch durch Hans Patze, der bereits in seiner Studie von 1962 und erneut in dem von ihm verfassten Kapitel zur Geschichte des Hochmittelalters im zweiten Band der «Geschichte Thüringens» die Fälschungen mit den langjährigen Auseinandersetzungen zwischen Reinhardsbrunn und dem benachbarten, vor 1143 gegründeten Zisterzienserkloster Georgenthal in Verbindung brachte und damit eine Deutung aufgriff, die bereits Naudé mit Blick auf die Streitigkeiten zwischen Reinhardsbrunn und den Georgenthaler Zisterziensern im frühen 13. Jahrhundert vorgeschlagen hatte.[37]

Keine der beiden Interpretationen kann heute undifferenziert übernommen werden. Heinemeyers Untersuchung stützt sich nur auf den paläographischen Befund in rheinischen Originaldiplomen, den er auf der Grundlage der in Marburg zur Verfügung stehenden Abbildungen der Reinhardsbrunner und anderer mitteldeutscher Diplome auf Thüringen zu übertragen suchte. Die Einsicht in die im Staatsarchiv Gotha aufbewahrten Originale aus Reinhardsbrunn wurde ihm damals verwehrt. Eine erneute Untersuchung des Fälschungskomplexes stellt deshalb immer noch ein dringendes Desiderat dar. Sie müsste nicht nur auf eine umfassendere diplomatisch-paläographische Analyse gestützt sein, sondern auch die frühe Besitzgeschichte der Abtei miteinbeziehen. Für die Geschichte der Ludowinger ist die nochmalige Analyse des Fälschungskomplexes nicht zuletzt auch deshalb von zentraler Bedeutung, da die auf die Namen der beiden ersten Salierherrscher, Konrad II. (1024–1039) und Heinrich III. (1039–1056), gefälschten Urkunden für Graf Ludwig den Bärtigen von angeblich 1039 und 1044 zugleich die ältesten Zeugnisse für die angebliche Verwandtschaft des ludowingischen Stammvaters mit Kaiserin Gisela und für seine politische Nähe zu Kaiser Konrad II. sind. Der später entstandene, in der Reinhardsbrunner Chronik überlieferte Bericht von den Anfängen der Ludowinger hat diese Nachrichten übernommen und sie mit der Behauptung verknüpft, Ludwig der Bärtige sei ein Abkömmling Kaiser Karls des Großen und Ludwigs des Frommen gewesen. Ludowingisches Herkunftsbewusstsein scheint vor diesem Hintergrund auch für die Anfertigung der Fälschungen in Reinhardsbrunn Bedeutung gehabt zu haben.

Die dritte maßgebliche Studie, die hier anzusprechen ist, ist die 1977 erschienene Arbeit von Lutz Fenske über die thüringische-sächsische Adels-

---

37 Patze, Entstehung 1962 (wie Anm. 15) S. 147ff., und Hans Patze: Politische Geschichte. In: Hans Patze und Walter Schlesinger (Hrsg.): Geschichte Thüringens. Bd. 2. 1. Teil: Hohes und spätes Mittelalter (Mitteldeutsche Forschungen. 48/II,1). Köln/Wien 1974, S. 386f.

opposition des späten 11. und frühen 12. Jahrhunderts.[38] Fenske widmete sich in einem umfangreichen Kapitel seiner Arbeit auch den Ludowingern und ihrer Klostergründung in Reinhardsbrunn. Erstmals wurde hierbei deutlich, dass Graf Ludwig der Springer und sein Bruder Beringer (†1110) als die beiden ersten Adligen im thüringisch-sächsischen Raum bezeugt sind, die Kontakt zu Hirsau aufnahmen und damit die von Fenske überzeugend herausgearbeitete Verknüpfung von hirsauischer Reformgesinnung und adliger Opposition gegen das Königtum zeigten.[39] Der von Ludwig dem Springer bei den Vorbereitungen zu seiner Klostergründung in Reinhardsbrunn hinzugezogene Kreis von Reformern – neben Abt Herrand von Ilsenburg, der 1090–1102 als Bischof Stephan von Halberstadt amtierte, und Abt Giselbert von Hasungen (†1101), der als erster Abt von Reinhardsbrunn zeitgleich auch die Reform des Erfurter Petersklosters übernahm, ist der erste Prior, der aus Hirsau kommende Ernst, zu nennen – wurden von Fenske in den kirchlich-politischen Kontext des Investiturstreits eingeordnet. Die Offenheit der Ludowinger für das Anliegen der kirchlichen Reformbewegung und der benediktinischen Erneuerung zeigte sich bereits wenige Jahre vor der Reinhardsbrunner Klostergründung, als Graf Ludwig der Springer und sein Bruder Beringer in den frühen 1080er Jahren ihren Besitz in Schönrain am Main (bei Lohr) an Abt Wilhelm von Hirsau schenkten mit der Auflage, dort ein Priorat der benediktinischen Reformabtei Hirsau zu errichten.[40] Mit Blick auf die Formierung der gegen König Heinrich IV. gerichteten Adelsopposition und der Verbreitung der Hirsauer Reform im thüringisch-sächsischen Raum seit den 1080er Jahren darf damit den Ludowingern eine kaum zu überschätzende Bedeutung beigemessen werden.

Dass mit der Schenkung des Besitzes der beiden ludowingischen Brüder in Schönrain am Main an das Kloster Hirsau vor 1085 nicht nur ein Zeugnis für die frühen Verbindungen zwischen den Ludowingern und der von Cluny und Hirsau ausgehenden monastischen Reformbewegung des 11. Jahrhunderts überliefert ist, sondern darüber hinaus ein zentraler Hinweis auf die Herkunft des Geschlechts gegeben ist, hat unabhängig von Hans Patze bereits Claus Cramer in seiner bis heute nicht überholten, 1957 erschienenen Studie über die Anfänge der Dynastie nachgewiesen.[41] Die Reinhardsbrunner Nachrichten über die engen Beziehungen Ludwigs mit dem Barte, der im Mainzer Kloster St. Alban beigesetzt wurde, zum Mainzer Erzstift wurden von Cramer bestätigt. Die Ludowinger kamen offenbar aus demselben mainfränkischen Ver-

---

38 Fenske, Adelsopposition 1977 (wie Anm. 12) S. 241–255 zu den Ludowingern und ihrer Klostergründung in Reinhardsbrunn.

39 Fenske, Adelsopposition 1977 (wie Anm. 12) S. 247.

40 Vgl. hierzu Waldemar Weigand: Das Hirsauer Priorat Schönrain am Main. 1. Teil (Schriftenreihe zur Geschichte der Stadt Lohr, des Spessarts und des angrenzenden Frankenlandes. 2). Lohr/M. 1951.

wandtschaftskreis, dem auch die späteren Grafen von Rieneck entstammten, die als Inhaber des Mainzer Burggrafenamtes ebenfalls eng mit dem Erzstift verbunden waren.[42] Hans Patze konnte die hierfür entscheidenden Untersuchungen von Cramer in der Drucklegung seiner Habilitationsschrift über die Entstehung der Landesherrschaft in Thüringen bereits berücksichtigen und ausdrücklich bestätigen.[43]

In den folgenden Jahren nach dem Erscheinen der «Entstehung der Landesherrschaft» erarbeiteten Hans Patze und Walter Schlesinger das Konzept zu einem interdisziplinär angelegten, die Politik-, Kirchen- und Verfassungsgeschiche ebenso wie die Wirtschafts- und Sozialgeschichte, die Sprach- und Literaturgeschichte und die Siedlungs- und Stadtgeschichte berücksichtigenden Handbuch zur Geschichte Thüringens von den Anfängen bis zur Gegenwart, deren Mittelalter-Bände in den Jahren 1968–1974 in der Schriftenreihe der Forschungsstelle für geschichtliche Landeskunde Mitteldeutschlands erschienen.[44] Auch wenn Patze in den beiden dem Hochmittelalter gewidmeten Teilbänden die Geschichte der Ludowinger in die der anderen thüringischen Adelsgeschlechter einzubetten versuchte, bleibt seine Darstellung hinter dem in der jüngsten Forschung in den Blick genommenen Anspruch, die Anfänge und den Aufstieg der Ludowinger in Thüringen stärker zu kontextualisieren, noch weit zurück. Wie umfassend, anregend und weiterführend Patzes Untersuchungen dennoch waren, zeigt die Tatsache, dass ihre Ergebnisse auch für die in den 1980er Jahren erschienenen Beiträge über die Geschichte Thüringens und seiner Landgrafen die maßgebliche Grundlage darstellten.[45]

---

41 CLAUS CRAMER: Die Anfänge der Ludowinger. In: Zeitschrift des Vereins für hessische Geschichte. 68 (1957), S. 64–94. – Erstmals hatte sich ARTHUR GROSS: Die Anfänge des ersten thüringischen Landgrafenhauses. Diss. phil. Göttingen 1880, mit der Frage nach der Herkunft der späteren Landgrafen befasst. Seine Untersuchung wurde bereits durch die 1883 erschienene Arbeit von Albert Naudé über die für die Frage nach der Herkunft der Ludowinger herangezogenen Reinhardsbrunner Fälschungen (vgl. Anm. 10) und durch die seit 1895 erschienenen Studien Oswald Holder-Eggers über die Reinhardsbrunner Chronistik (vgl. Anm. 8) überholt.

42 Vgl. THEODOR RUF: Die Grafen von Rieneck. Genealogie und Territorienbildung (Mainfränkische Studien. 32). Würzburg 1984. Zu den genealogischen Verbindungen zwischen Rieneckern und Ludowingern siehe hier bes. S. 23f.

43 PATZE, Entstehung 1962 (wie Anm. 15) S. 143.

44 HANS PATZE und WALTER SCHLESINGER (Hrsg.): Geschichte Thüringens. Bd. 1: Grundlagen und Frühes Mittelalter (Mitteldeutsche Forschungen 48/I). Köln/Graz 1968; HANS PATZE und WALTER SCHLESINGER (Hrsg.): Geschichte Thüringens. Bd. 2. 1. Teil: Hohes und spätes Mittelalter (Mitteldeutsche Forschungen. 48/II,1). Köln/Wien 1974; HANS PATZE und WALTER SCHLESINGER (Hrsg.): Geschichte Thüringens. Bd. 2. 2. Teil: Hohes und spätes Mittelalter (Mitteldeutsche Forschungen. 48/II,2). Köln/Wien 1973. – Zur Genese und Bedeutung dieses Handbuchs siehe KLAUS NEITMANN: Landesgeschichtsforschung im Exil. Die «Geschichte Thüringens» von HANS PATZE und WALTER SCHLESINGER. In: WERNER, Spannungsfeld 2005 (wie Anm. 5) S. 235–272.

III.

Die Erforschung der Geschichte der Ludowinger hat nach 1989 entscheidend von der Wiederbegründung des Historischen Instituts an der Friedrich-Schiller-Universität Jena und der Einrichtung des Lehrstuhls für Thüringische Landesgeschichte und Mittelalterliche Geschichte profitiert. In enger Verbindung mit den neu entfalteten Forschungsaktivitäten an der thüringischen Landesuniversität standen die Wiederbegründung der Historischen Kommission für Thüringen und des Vereins für Thüringische Geschichte.[46] Die Impulse, die von Matthias Werner, der den Jenaer landesgeschichtlichen Lehrstuhl von 1993 bis zu seiner Emeritierung 2007 innehatte, für die Landesgeschichte im allgemeinen und die Ludowingerforschung im besonderen ausgingen, schlugen sich in einer Reihe von Beiträgen und von ihm betreuten Dissertationen zum politischen, kirchlichen und kulturellen Umfeld der Landgrafen nieder.[47] In einigen übergreifenden Beiträgen zur Geschichte Thüringens im Mittelalter und zur Geschichte der Ludowinger resümierte und bündelte er den jeweiligen Forschungsstand.[48] Im Folgenden sollen die Ergebnisse

---

45 Zu nennen sind hier vor allem die Beiträge zur Geschichte der Ludowinger, ihrer Herrschaft und ihres Hofes in dem 1981 anlässlich der Marburger Ausstellung zum 750. Todesjahr der hl. Elisabeth von Thüringen erschienenen Aufsatz- und Katalogband: Sankt Elisabeth. Fürstin – Dienerin – Heilige. Aufsätze, Dokumentation, Katalog. Hrsg. von der Philipps-Universität Marburg in Verbindung mit dem Hessischen Landesamt für geschichtliche Landeskunde. Sigmaringen 1981. Besonders hervorzuheben ist in diesem Band der die Forschung außerordentlich gut bündelnde und eigene Akzente setzende Aufsatz von Fred Schwind: Die Landgrafschaft Thüringen und der landgräfliche Hof zur Zeit der Heiligen Elisabeth. In: ebd. S. 29–44 (wieder abgedruckt in: Ursula Braasch-Schwersmann [Hrsg.]: Burg, Dorf, Kloster, Stadt. Beiträge zur Hessischen Landesgeschichte und zur mittelalterlichen Verfassungsgeschichte. Ausgewählte Aufsätze von Fred Schwind. Festgabe zu seinem 70. Geburtstag [Untersuchungen und Materialien zur Verfassungs- und Landesgeschichte. 17]. Marburg 1999, S. 103–128). – In die 1980er Jahre fällt auch die bis heute maßgebliche diplomatische Untersuchung der Urkunden Landgraf Heinrich Raspes IV., die Dieter Hägermann in Vorbereitung seiner Edition der Königsurkunden Raspes vorlegte: Dieter Hägermann: Studien zum Urkundenwesen König Heinrich Raspes (1242/47). In: Deutsches Archiv für Erforschung des Mittelalters. 36 (1980), S. 486–548. Edition der Königsurkunden Heinrich Raspes IV. in: Dieter Hägermann und Jaap G. Kruisheer (Hrsg.): Die Urkunden Heinrich Raspes und Wilhelms von Holland/ unter Mitwirkung von Alfred Gawlik (Monumenta Germaniae Historica. Abteilung Diplomata. Die Urkunde der deutschen Könige und Kaiser. 18). Hannover 1989.

46 Zur Wiederbegründung des Historischen Instituts an der Friedrich-Schiller-Universität Jena und der Einrichtung des landesgeschichtlichen Lehrstuhls sowie zur Wiederbegründung der Historischen Kommission für Thüringen und des Vereins für Thüringische Geschichte siehe Matthias Werner: Stationen Jenaer Geschichtswissenschaft. In: Matthias Werner (Hrsg.): Identität und Geschichte (Jenaer Beiträge zur Geschichte. 1). Weimar 1997, S. 9–26, und Werner, Thüringen im Mittelalter 2005 (wie Anm. 5) S. 302ff.

47 Vgl. hierzu die in den Anm. 54, 70, 82, 110 und 112 genannten Arbeiten.

der Forschung der zurückliegenden zwei Jahrzehnte unter thematischen Gesichtspunkten vorgestellt werden, um abschließend Perspektiven für die künftige Forschung anzusprechen.

Zu Beginn der 1990er Jahre erschienen gleich drei hier zu nennende Publikationen, die nicht zuletzt aufgrund des Falls der innerdeutschen Grenze, der Wiederbelebung der Nachbarschaftsbeziehungen zwischen Thüringen und Hessen und der dadurch ausgelösten Rückbesinnung auf die gemeinsame hessisch-thüringische Geschichte in ludowingischer Zeit entstanden. Sichtbarster und publikumswirksamster Ausdruck dieser wiederentdeckten Nachbarschaft war die vom Land Hessen ausgerichtete, zunächst auf dem Landgrafenschloss in Marburg, dann auf der Wartburg in Eisenach 1992 gezeigte Landesausstellung «Hessen und Thüringen. Von den Anfängen bis zur Reformation». Der Katalogband spannte mit seinen Beiträgen einen weiten Bogen vom Frühmittelalter bis ins 16. Jahrhundert und widmete sich dabei mit einer Reihe von Artikeln und Abbildungen auch der Zeit der ludowingischen Landgrafen.[49] Systematisch vergleichend nahm sich Fred Schwind dieser Thematik in zwei, ebenfalls 1992 erschienenen Untersuchungen an.[50] Mit ihren von Saale und Unstrut bis an den Mittelrhein, die Lahn und Nordhessen reichenden Besit-

---

48 An erster Stelle ist hier auf den Überblick zur Geschichte der Ludowinger in dem 2003 erschienenen Residenzenhandbuch zu verweisen: Matthias Werner: Ludowinger. In: Werner Paravicini (Hrsg.): Höfe und Residenzen im spätmittelalterlichen Reich. Ein dynastisch-topographisches Handbuch. 2 Bde./ bearb. von Jan Hirschbiegel und Jörg Wettlaufer (Residenzenforschung. 15/I). Ostfildern 2003, Bd. I, S. 149–154. – Forschungen in und über Thüringen mit wichtigen Hinweisen zur jüngeren Ludowingerforschung stellt Werner, Thüringen im Mittelalter 2005 (wie Anm. 5) hier bes. S. 315–320 vor. – Einführende und resümierende Beiträge, die der thüringischen Geschichte im Mittelalter gewidmet sind und dabei auch die Ludowinger in ihren größeren Kontext einbetten, erschienen 1997 im Lexikon des Mittelalters und in zwei Aufsatzbänden 1999 bzw. 2004: Matthias Werner: Thüringen, Abschnitt B.: Geschichte. In: Lexikon des Mittelalters. Bd. 8. München 1997, Sp. 749– 757; Matthias Werner: Thüringen und die Thüringer zwischen Völkerwanderungszeit und Reformation. Die mittelalterlichen Grundlagen von Vielfalt und Einheit in der thüringischen Geschichte. In: Vom Königreich der Thüringer zum Freistaat Thüringen. Texte einer Vortragsreihe zu den Grundzügen thüringischer Geschichte/hrsg. vom Thüringer Landtag und der Historischen Kommission für Thüringen. Erfurt 1999, S. 11–42; Matthias Werner: Perspektiven einer thüringischen Landesgeschichte im Europa der Regionen. In: Konrad Scheurmann und Jördis Frank (Hrsg.): Thüringen – Land der Residenzen. 2. Thüringer Landesausstellung. Essays. Mainz 2004, S. 13–33. – Den Forschungsstand referierend die Beiträge von Werner Mägdefrau, der von 1974 bis zu seiner Emeritierung 1991 die Professur für Mittelalterliche Geschichte an der Friedrich-Schiller-Universität Jena innehatte: Werner Mägdefrau: Die Landgrafschaft Thüringen 1130–1247 (Landeszentrale für politische Bildung Thüringen). Erfurt 1996; Werner Mägdefrau: Thüringen im Mittelalter. Strukturen und Entwicklungen zwischen 1130 und 1310 (Thüringen gestern & heute. 7, Landeszentrale für politische Bildung Thüringen). Erfurt 1999; Werner Mägdefrau: Glanzpunkt des Mittelalters. Zur Kulturgeschichte der Landgrafschaft Thüringen 1130–1247. In: Mitteldeutsches Jahrbuch. 2 (1995), S. 65–86.

zungen und Herrschaftsrechten stellten die Ludowinger neben den beiden osthessischen Reichsklöstern Fulda und Hersfeld, die seit karolingischer Zeit über reichen Güterbesitz in Thüringen verfügten, und den Mainzer Erzbischöfen, deren Diözese bis an die Saale reichte und die darüber hinaus bedeutende Herrschaftsrechte und Güter in beiden Landschaften besaßen, die wichtigste Klammer zwischen Hessen und Thüringen im 12. und der ersten Hälfte des 13. Jahrhunderts dar.

Ebenfalls in den 1990er Jahren entstanden eine Reihe von wichtigen Arbeiten, die nach dem Selbstverständnis und der Memoria der Ludowinger sowie nach der Geschichtsschreibung im Umfeld der Landgrafen fragten. Einen wichtigen neuen Akzent im Hinblick auf die Frage nach dem ludowingischen Herkunfts- und Selbstverständnis setzten die Beiträge von Jürgen Petersohn, die 1992 und 1993 erschienen. Petersohn widmete sich zunächst jener Schrift, die Georg Waitz unter der Überschrift «Historia brevis principum Thuringiae» ediert und die Oswald Holder-Egger als einen zwischen 1198 und 1212 entstandenen, gekürzten Auszug aus den den Ludowingern gewidmeten ausführlichen Abschnitten im ersten Teil der Reinhardsbrunner Chronik gedeutet hatte.[51] Der nur durch Abschriften des 18. Jahrhunderts überlieferte Text beginnt mit den Worten «De ortu principum Thuringie» und schildert die Anfänge und den Aufstieg der Ludowinger, deren karolingische Abkunft und Verwandtschaft mit dem salischen Kaiserhaus hervorgehoben wird. Die Darstellung berichtet von den Besitzerwerbungen und Heiratsverbindungen der jeweils regierenden Ludowinger und ihrer Geschwister, und sie schildert die Gründung des Klosters Reinhardsbrunn (1085) und die Erhebung des Sohnes Ludwigs des Springers zum Landgrafen von Thüringen durch König Lothar III. (1130/31). Die Schrift schließt mit knappen Nachrichten zu den Ludowingern bis zum Tod Heinrich Raspes IV. (1247), die von Oswald Holder-Egger als spätere Ergänzungen gedeutet wurden. Jürgen Petersohn knüpfte an diesen Forschungsstand an, suchte jedoch weitere Textpartien als spätere Ergänzungen abzugrenzen, die Schrift als selbständiges Werk zu deuten und den ursprünglichen Textbestand auf eine Überlieferung aus der Zeit um 1180 zurückzuführen. Anlass für die Anfertigung dieser Schrift sei die Entmachtung des sächsisch-bayerischen Welfenherzogs Heinrich des Löwen (1180/81) gewesen, an dessen Bekämpfung Landgraf Ludwig III. und sein Bruder Hermann I. an der

---

49 Hessen und Thüringen. Von den Anfängen bis zur Reformation. Eine Ausstellung des Landes Hessen. Marburg/Wiesbaden 1992.

50 FRED SCHWIND: Thüringen und Hessen im Mittelalter. Gemeinsamkeiten – Divergenzen. In: GOCKEL, Aspekte 1992 (wie Anm. 1) S. 1–28; FRED SCHWIND: Thüringen und Hessen um 1200. In: FELIX HEINZER (Hrsg.): Der Landgrafenpsalter. Kommentarband. Bielefeld 1992, S. 185–215 (wieder abgedruckt in: BRAASCH-SCHWERSMANN, Burg 1999 [wie Anm. 45] S. 129–160).

51 PETERSOHN, De ortu 1992 (wie Anm. 15).

Seite Kaiser Friedrichs I. Barbarossa wesentlichen Anteil hatten. Um in diesem Kontext, in dem es auch um die Frage nach der Verteilung der Herrschaftsrechte des besiegten Herzogs ging, ihre Zugehörigkeit zu der sich formierenden ranghöchsten und vornehmsten Gruppe der weltlichen Reichsfürsten zu manifestieren, habe Landgraf Ludwig III. die Schrift «De ortu principum Thuringie» anfertigen lassen. Sie stellt damit nach Petersohn ein Schlüsseldokument für das Selbstverständnis und den Herrschaftsanspruch der Ludowinger im späten 12. Jahrhundert dar.

Anknüpfend an diese Untersuchung erweiterte Petersohn in einem weiteren Beitrag den Blick auf das ludowingische Selbstverständnis um den Aspekt der Memoria.[52] Er untersuchte dabei alle urkundlichen und historiographischen Nachrichten, die Auskunft über das Gebetsgedenken und die damit in Zusammenhang stehenden Stiftungen und Schenkungen des Geschlechts geben. Neben Reinhardsbrunn, das als Hauskloster und Grablege der Familie im Mittelpunkt ludowingischen Totengedenkens stand, treten aber auch andere geistliche Institutionen in den Blick, neben St. Alban und St. Stephan in Mainz vor allem die Domkirche, das Georgskloster und das Moritzstift in Naumburg. Deutlicher als zuvor konnten nun aber auch die Wandlungen und Brüche in der ludowingischen Memorialpraxis nachgewiesen werden. Reinhardsbrunn wurde erst dann zum zentralen Ort des Gebetsgedenkens des Geschlechts, nachdem die ältere Klostergründung Ludwigs des Springers und seines Bruders Beringer in Schönrain am Main im Zuge der Schwerpunktverlagerung ludowingischer Herrschaftsinteressen von Mainfranken nach Thüringen zurücktrat, und nachdem die Kirchengründung Beringers im nordthüringischen Sangerhausen (St. Ulrich) anlässlich seiner Beisetzung im Jahr 1110 an das Kloster Graf Ludwigs des Springers in Reinhardsbrunn übertragen wurde. Fortan verfügten die Reinhardsbrunner Benediktiner in St. Ulrich in Sangerhausen über ein abhängiges Priorat, die zentrale Grablege des landgräflichen Hauses wurde Reinhardsbrunn.

Einen entscheidenden Bruch in der weiteren Entwicklung stellte indes die Bevorzugung der Zisterzienser durch Landgraf Hermann I. dar, dessen Beziehungen zum Hauskloster seiner Familie zeitweise außerordentlich gespannt waren. Vor 1208 gründete der Fürst das Katharinenkloster in Eisenach, das zisterziensischer Observanz folgte, und bestimmte es zu seiner Grablege. Auch der massive Protest des Abtes von Reinhardsbrunn konnte nichts daran ändern, dass Hermann I. im April 1217 in seiner Klostergründung in Eisenach beigesetzt wurde. Die bis dahin ungebrochene Tradition Reinhardsbrunns als landgräfliche Grablege war damit beendet. Zwar wurden die Landgrafen Ludwig IV. (1228) und Hermann II. (1241) wieder in Reinhardsbrunn bestattet,

---

52 PETERSOHN, Ludowinger 1993 (wie Anm. 15).

doch wählten ihre Nachfolger erneut andere Grablegen: Konrad, der 1239 zum Hochmeister des Deutschen Ordens gewählt wurde und bereits ein Jahr später starb, fand seine letzte Ruhe in der über dem Grab seiner Schwägerin Elisabeth, der 1235 kanonisierten Gemahlin Landgraf Ludwigs IV., errichteten Deutschordenskirche in Marburg, während sein regierender Bruder, Landgraf Heinrich Raspe IV., 1247 im Eisenacher Kathrinenkloster bestattet wurde. Deutlich verwies Petersohn darauf, dass die Ludowinger gewissermaßen neue Chancen zur Steigerung ihrer Memoria und ihrer Repräsentation im 13. Jahrhundert nicht zu nutzen vermochten: weder die Heiligsprechung Elisabeths noch die kurze Königzeit des letzten ludowingischen Landgrafen fand einen Niederschlag in der ludowingischen Memoria.[53]

Mit den Studien von Jürgen Petersohn wurden zwei zentrale Themen moderner Mediävistik an die Ludowingerforschung herangetragen: zum einen die Frage nach dem adligen Selbstverständnis und seinen Ausdrucksformen, zum anderen die Frage nach Bedeutung und Form des Totengedenkens im Adel. An beide Fragestellungen knüpfte eine Untersuchung der Reinhardsbrunner Geschichtsschreibung im späten 12. und frühen 13. Jahrhundert an, die 2001 als erste einer Reihe von Jenaer Dissertationen zum hochmittelalterlichen Thüringen erschien.[54] Sie unterzog die älteren quellenkritischen Untersuchungen Oswald Holder-Eggers zur Entstehung der Reinhardsbrunner Chronik einer erneuten Untersuchung, diskutierte die Interpretation Jürgen Petersohns von «De ortu principum Thuringie» und legte erstmals eine umfassende historiographische Analyse der «Reinhardsbrunner Historien» vor, jenes Teils der Reinhardsbrunner Chronik, der während der Regierungszeit der Landgrafen Ludwig III. und Hermann I. entstand und als zeitgenössische

---

53 Dass gleichwohl ludowingisches Selbstverständnis und familiäre Memoria bei den Nachfahren des letzten ludowingischen Landgrafen lebendig blieben und auch ihren schriftlichen Niederschlag fanden, konnte JÜRGEN PETERSOHN: Das Aschaffenburger Psalterium der Gertrud von Altenberg und sein Ludowinger-Nekrolog. In: alma mater philippina/ hrsg. vom Marburger Universitätsbund e. V. Wintersemester 1992/93. Marburg 1992, S. 15–18, aufzeigen, der den Ludowinger-Nekrolog im Psalter Gertruds von Altenberg, der jüngsten Tochter Landgraf Ludwigs IV. und der hl. Elisabeth, die 1248–1297 als Meisterin des Prämonstratenserinnenklosters Altenberg bei Wetzlar amtierte, untersucht hat. Zu Gertrud vgl. THOMAS DOEPNER: Das Prämonstratenserinnenkloster Altenberg im Hoch- und Spätmittelalter. Sozial- und frömmigkeitsgeschichtliche Untersuchungen (Untersuchungen und Materialien zur Verfassungs- und Landesgeschichte. 16; zugl. Diss. phil. Univ. Köln 1995). Marburg 1999, S. 56ff., und CHRISTIAN SCHUFFELS: «Beata Gertrudis, filia sancte Elyzabet». Gertrud, die Tochter der heiligen Elisabeth, und das Prämonstratenserinnenstift Altenberg an der Lahn. In: BLUME/ WERNER, Elisabeth Aufsatzband 2007 (wie Anm. 1) S. 229–244.
54 STEFAN TEBRUCK: Die Reinhardsbrunner Geschichtsschreibung im Hochmittelalter. Klösterliche Traditionsbildung zwischen Fürstenhof, Kirche und Reich (Jenaer Beiträge zur Geschichte. 4; zugl. Diss. phil. Univ. Jena 1997). Frankfurt/M. 2001.

Berichterstattung für die etwa drei Jahrzehnte vom dritten Kreuzzug (1188/89–1192) bis zum Regierungsantritt Landgraf Ludwigs IV. (1217) von zentraler Bedeutung für die Reichsgeschichte der Zeit Kaiser Heinrichs VI. und des staufisch-welfischen Thronstreits ist. Dabei ergab die erneute quellenkritische Untersuchung der Reinhardsbrunner Überlieferungen, dass «De ortu principum Thuringie» – wie bereits Oswald Holder-Egger angenommen hatte – als knapper Auszug einer umfassenderen Schrift zu deuten ist, deren Textbestand weitgehend vollständig im ersten Teil der Reinhardsbrunner Chronik – vermischt mit Auszügen aus anderen, vor allem Erfurter Quellen – erhalten ist. Dieses Werk muss in den Jahren um 1190/98 entstanden sein und ist als «Historia fundationis» des Reinhardsbrunner Konvents anzusprechen. Sie geht offenkundig auf denselben Verfasser zurück, der auch die Berichte zur Geschichte des Reiches und der Landgrafen bis 1217 fortführte. Die von ihm angefertigte «Gründungsgeschichte» des Klosters steht in engem Zusammenhang mit dem Versuch der Abtei, sich in einer Zeit fortdauernder Konflikte mit dem benachbarten Zisterzienserkloster Georgenthal und angesichts einer zunehmenden Entfremdung Landgraf Hermanns I. von der bis dahin in Reinhardsbrunn verankerten Memorialtradition seiner Familie auf die eigene klösterliche Herkunft, die Gründungstradition und die zentrale Bedeutung der Abtei als vornehmste geistliche Institution im ludowingischen Herrschaftsbereich zu besinnen.[55]

Klösterliche Traditionsbildung und Selbstbehauptung eines lebendigen, aber nicht unangefochtenen Benediktinerkonvents dürften demnach die entscheidenden Leitmotive für die Anfertigung der «Reinhardsbrunner Gründungsgeschichte» im späten 12. Jahrhundert gewesen sein. Sie steht damit dem literarischen Genre der von Jörg Kastner erstmals systematisch untersuchten «Historiae fundationum monasteriorum» näher als einer adligen Stifterchronik im Dienst landesfürstlicher Herrschaftsbildung im Sinne Hans Patzes.[56] Auch für die Interpretation von «De ortu principum Thuringie» ergaben sich somit neue Impulse. Diese später entstandene, die ausführliche «Reinhardsbrunner Gründungsgeschichte» von 1190/98 knapp zusammenfassende Darstellung dürfte erst in der Zeit Landgraf Heinrich Raspes IV. – nach dem Eintritt seines Bruders Konrad in den Deutschen Orden im November 1234 und noch vor der Heiligsprechung ihrer beider Schwägerin Elisabeth im Mai 1235 – entstanden und nach Raspes Tod 1247 um eine den Schluss des Textes bildende Nachricht über das Erlöschen des ludowingischen Hauses ergänzt worden

---

55 TEBRUCK, Geschichtsschreibung 2001 (wie Anm. 54) S. 51ff. und S. 121ff.

56 JÖRG KASTNER: Historiae fundationum monasteriorum. Frühformen monastischer Institutionsgeschichtsschreibung im Mittelalter (Münchener Beiträge zur Mediävistik und Renaissance-Forschung. 18). München 1974.

sein.[57] Die auf das Erfurter Predigerkloster verweisende Text- und Überliefe-
rungsgeschichte spricht für die Annahme, dass die Schrift zunächst um
1234/35 im Umfeld der in den späten 1220er Jahren nach Thüringen gekom-
menen Dominikaner entstand, die um Kontakt zur landgräflichen Familie und
um Unterstützung für ihre Niederlassungen im ludowingischen Einflussbereich bemüht waren, und nach dem Tod Heinrich Raspes durch die bereits
genannte Entlehnung aus den Annalen des Erfurter Predigerklosters ergänzt
wurde. Wenn diese Einordnung zutrifft, wäre «De ortu principum Thuringie»
als ein von thüringischen Dominikanern angefertigter Überblick über die
Herkunft und die Geschichte der ludowingischen Landgrafen zu betrachten.[58]

Vor dem Hintergrund dieser Ergebnisse konnte die Diskussion über die
Reinhardsbrunner Geschichtsschreibung und «De ortu principum Thuringie»
um den Aspekt der klösterlichen Traditionsbildung vertieft und die Frage nach
dem ludowingischen Selbstverständnis stärker als zuvor kontextualisiert werden. Ludowingisches Herkunftsbewusstsein und fürstliches Selbstverständnis
spiegeln sich in der «Reinhardsbrunner Gründungsgeschichte» von 1190/98
und in der späteren, um 1234/35 als knapper Auszug aus ihr angefertigten
Schrift «De ortu principum Thuringie» zweifellos wider, doch sind die Inten-
tionen und Funktionen dieser beiden Texte zunächst in ihrem jeweiligen, oben
angesprochenen klösterlichen Entstehungszusammenhang zu verorten. Nur
mittelbar lassen sie sich auch nach ihrer Bedeutung für ludowingisches
Selbstverständnis und fürstliche Hausüberlieferung befragen.

Auch im Hinblick auf die von demselben anonymen Reinhardsbrunner
Autor verfassten Berichte über die Reichsgeschichte und die Landgrafen Ludwig III. und Hermann I., die von Oswald Holder-Egger als «Reinhardsbrunner
Historien» bezeichnet wurden, ergaben sich neue Interpretationsansätze. Zwar
weisen die «Historien» – wie in der älteren Forschung mehrfach einseitig betont
– Züge einer hofnahen, die Ludowinger mitunter auch glorifizierend in Szene
setzenden Annalistik auf. Doch zeigt sich der Autor punktuell durchaus auch
kritisch und distanziert gegenüber dem Hof Hermanns I. Über die massiven
Auseinandersetzungen zwischen dem Fürsten und seinem Kloster 1209
schweigt sich der Annalist aus, doch offenbart er in der Schilderung des Streits

---

57 Der letzte Satz von «De ortu» lautet: «… dictusque Heinricus post hec in regem electus subito
    vita decessit, in quo nobilis illa principalis Thuringorum prosapia terminata est» und greift
    damit eine gleichlautende Nachricht der Erfurter Predigerannalen auf. Siehe die Neuedition
    von «De ortu» in: Tebruck, Geschichtsschreibung 2001 (wie Anm. 54) S. 393–408, hier S. 408;
    vgl. Oswald Holder-Egger (Hrsg.): Annales fratrum Praedicatorum. In: Monumenta Erphes-
    furtensia, 1896/1976 (wie Anm. 7) S. 101.
58 Tebruck, Geschichtsschreibung 2001 (wie Anm. 54) S. 193–199. Zu den engen Beziehungen
    zwischen Landgraf Heinrich Raspe IV. und den Dominikanern vgl. zuletzt Werner, Reichsfürst
    2003 (wie Anm. 18) S. 196f. mit Anm. 294.

zwischen Hermanns Witwe Sophia und dem Abt von Reinhardsbrunn über den Ort der Beisetzung des Landgrafen im April 1217 seinen klösterlichen Standpunkt unüberhörbar.[59] Jenseits der Frage nach Nähe und Distanz der Reinhardsbrunner Berichterstattung zum landgräflichen Hof wurde indes deutlich, dass die «Historien» weit über eine auf den Hof konzentrierte politische Annalistik hinausgehen und auch klösterlich-spirituelle Interessen erkennen lassen. Dies spiegelt sich vor allem in den ausführlichen Berichten des Reinhardsbrunner Autors über das Blutwunder von Bechstedt im Jahr 1191 und über den Asketen Siegfried wider, der zunächst in Reinhardsbrunn lebte und schließlich nach mehrjähriger strengster Askese als Eremit 1215 im Ruf der Heiligkeit starb. Die «Historien» sind damit zu einem erheblichen Teil als eine historiographische Leistung im und für den Konvent der Reinhardsbrunner Benediktiner zu würdigen, die das Geschichtsbild und die Erinnerungskultur der Abtei auch in frömmigkeitsgeschichtlicher Hinsicht geprägt hat.[60]

Die weiteren Themen, die in den zurückliegenden zwei Jahrzehnten im Zusammenhang mit der Geschichte der Ludowinger Interesse gefunden haben, sind breit gestreut und lassen deutlich erkennen, wieviel Bewegung nach 1989 in die mediävistische Forschung in und über Thüringen gekommen ist. Die politische Wirksamkeit einzelner Landgrafen, ihre dynastische Heiratspolitik, Burgen und Städte im Kontext des landgräflichen Herrschaftsaufbaus, die Beziehungen der Landgrafen zum thüringischen Adel, die Bedeutung der Landgrafenwürde für Thüringen, der Anteil der Ludowinger an der Kreuzzugsbewegung sowie höfische Kultur und literarisches Leben im Umfeld der Landgrafen wurden in diesen beiden Jahrzehnten intensiv erforscht. Ohne die Vielzahl der Beiträge hier im einzelnen würdigen zu können, seien thematische Aspekte herausgegriffen, die für die hochmittelalterliche Geschichte Thüringens von zentraler Bedeutung sind.

Zunächst ist auf die bereits in der älteren Forschung diskutierte Frage nach der Entstehung der Landgrafschaft und ihrer Bedeutung für Thüringen und für die Ludowinger zurückzukommen. Die ältere verfassungsgeschichtliche Forschung kritisch aufgreifend hatte Hans Patze die Stellung des Vorgängers Landgraf Ludwigs I., Graf Hermanns II. von Winzenburg, erneut untersucht, der erstmals 1129 als «lantgravius» bezeugt ist und nach seiner Absetzung durch König Lothar III. im folgenden Jahr durch Graf Ludwig I., den ältesten Sohn und Nachfolger Graf Ludwigs des Springers, ersetzt wurde.[61] Patze hatte die

59 TEBRUCK, Geschichtsschreibung 2001 (wie Anm. 54) S. 338–355.
60 TEBRUCK, Geschichtsschreibung 2001 (wie Anm. 54) S. 356–379.
61 Vgl. hierzu GEORG WAITZ: Wann wurde Hermann von Winzenburg Landgraf von Thüringen? In: Forschungen zur deutschen Geschichte. 14 (1874), S. 29–31; WILHEM BERNHARDI: Lothar von Supplinburg (Jahrbücher der deutschen Geschichte. 8). Leipzig 1879, S. 257ff.; OTTO DOBENECKER: Über Ursprung und Bedeutung der thüringischen Landgrafschaft. In: Zeitschrift des Vereins für thüringische Geschichte und Altertumskunde. 15. NF. 7 (1891), S. 299–334.

urkundlichen und historiographischen Zeugnisse, die den landgräflichen Titel des Winzenburgers ohne nähere geographische Eingrenzung verwenden, dahingehend interpretiert, dass der Graf von Winzenburg in seinem südniedersächsischen und angrenzenden nordwestthüringischen Einflussbereich eine übergräfliche Stellung innegehabt habe und sein Landgrafentitel nicht auf Thüringen, sondern auf den Leinegau und die benachbarten Einflussbereiche des Winzenburgers zu beziehen sei. Erst sein ludowingischer Nachfolger, der sich auf eine breite Macht- und Güterbasis in Thüringen selbst stützen konnte, sei durch Lothar III. mit einer übergräflichen Würde ausgestattet worden, die sich eindeutig auf Thüringen bezogen habe. Der erstmals 1131 als «comes Turingie» bezeugte Ludwig I. sei damit der erste thüringische Landgraf im eigentlichen Sinne gewesen. Seine Erhebung stelle nicht zuletzt auch eine Anerkennung des ludowingischen Aufstiegs in diesem Raum durch das Königtum dar.[62]

Patzes Interpretation der Stellung Hermanns von Winzenburg blieb indes nicht unwidersprochen[63] und konnte zuletzt vor dem Hintergrund der Untersuchungen über die Reinhardsbrunner Geschichtschreibung nachhaltig korrigiert werden.[64] Die frühesten erzählenden Nachrichten über die Absetzung Hermanns von Winzenburg und die Erhebung Ludwigs I. durch den König lassen keinen Zweifel daran, dass es sich in der Wahrnehmung der zeitgenössischen Quellen bei den Vorgängen von 1130/31 um die Absetzung des vom König eingesetzten Landgrafen Hermann und die Neuverleihung dieses Amtes an den ludowingischen Grafen Ludwig handelte. Die landgräfliche Stellung ging demnach vom Winzenburger auf den Ludowinger über; beide waren vom König offenkundig mit der Wahrnehmung übergräflicher, herzogsähnlicher Rechte in derselben «provincia» – nämlich Thüringen – beauftragt worden.

Vor dem Hintergrund dieses Befundes stellte sich die Frage nach der politischen Bedeutung dieses Titels noch einmal ganz neu. In seiner Untersuchung des thüringischen Hofes und der Landgrafschaft hat jüngst Mathias Kälble darauf aufmerksam gemacht, dass die Ludowinger zum Zeitpunkt der Verleihung der Landgrafschaft noch keineswegs über jene breite Herrschaftsgrundlage in der «Thuringia» – dem Raum zwischen Werra, Thüringer Wald, Harz und Saale – verfügten, die man in der älteren und neueren Forschung zu erkennen

---

62 Patze, Entstehung 1962 (wie Anm. 15) S. 582–601.
63 Karl Heinemeyer: König und Reichsfürsten in der späten Salier- und frühen Stauferzeit. In: Blätter für deutsche Landesgeschichte. 122 (1986), S. 1–39, hier S. 28f., und Wolfgang Petke: Die Regesten des Kaiserreiches unter Lothar III. und Konrad III. Erster Teil: Lothar III. 1125 (1075) – 1137 (Johann Friedrich Böhmer, Regesta Imperii IV/1). Köln/Weimar/Wien 1994, Nr. 257, S. 158. Vgl. auch Wolfgang Petke: Kanzlei, Kapelle und königliche Kurie unter Lothar III. (1125–1137) (Forschungen zur Kaiser- und Papstgeschichte des Mittelalters. Beihefte zu J. F. Böhmer, Regesta Imperii 5). Köln/Wien 1985, hier S. 216–218 zu Landgraf Ludwig I.
64 Tebruck, Geschichtsschreibung 2001 (wie Anm. 54) S. 178–186.

glaubte.[65] Nicht nur das Königtum selbst mit seinen auf karolingisch-ottonische Pfalzen zurückgehenden Herrschafts- und Besitzrechten, die beiden Reichsabteien Fulda und Hersfeld sowie das Erzstift Mainz, das mit der Stadtherrschaft über Erfurt eine zentrale Position in der Mitte Thüringens einnahm und mit den lehnsabhängigen Grafen von Tonna-Gleichen ein bedeutendes, rasch aufsteigendes Adelsgeschlecht dauerhaft an sich binden konnte, standen den Ludowingern in diesem Raum als bedeutendere Herrschaftsträger gegenüber. Vielmehr waren die ersten Vertreter des mainfränkischen Geschlechts bei ihrem Versuch, in Thüringen Fuß zu fassen, auf die sehr viel älteren, dort verwurzelten Adelsfamilien gestoßen, die weite Teile des Raumes beherrschten, allen voran die Grafen von Schwarzburg-Käfernburg und die Grafen von Weimar.[66]

Es ist bezeichnend, dass die Ludowinger es nicht vermochten, in diese älteren Dynastien einzuheiraten. Mit der Wahl ihrer Gemahlinnen verbanden sich die Grafen Ludwig der Bärtige, Ludwig der Springer und Ludwig I. mit dem sächsischen und dem hessischen Adel, nicht aber mit den führenden Familien des alteingesessenen Adels in Thüringen.[67] Diesem Befund entspricht, dass

---

65 MATHIAS KÄLBLE: Reichsfürstin und Landesherrin. Die heilige Elisabeth und die Landgrafschaft Thüringen. In: BLUME/WERNER, Elisabeth Aufsatzband 2007 (wie Anm. 1) S. 77–92, hier S. 79f. Zu den Grenzen der «Thuringia» im Hochmittelalter vgl. jüngst den Kommentar zur Karte der Landgrafschaft Thüringen von MATHIAS KÄLBLE und STEFAN TEBRUCK in: BLUME/WERNER, Elisabeth Katalogband (wie Anm. 1) S. 62–66.

66 Zu den Grafen von Schwarzburg-Käfernburg, deren Wurzeln sich bis in das 8. Jahrhundert zurückverfolgen lassen, HELGE WITTMANN: Zur Frühgeschichte der Grafen von Käfernburg-Schwarzburg. In: Zeitschrift des Vereins für Thüringische Geschichte. 51 (1997), S. 9–59; HELGE WITTMANN: Der Adel Thüringens und die Landgrafschaft im 12. und 13. Jahrhundert: Das Beispiel der Grafen von Schwarzburg-Käfernburg. In: HOLGER KUNDE, STEFAN TEBRUCK und HELGE WITTMANN: Der Weißenfelser Vertrag von 1249. Die Landgrafschaft Thüringen am Beginn des Spätmittelalters (Thüringen gestern & heute, hrsg. von der Landeszentrale für politische Bildung Thüringen. 8). Erfurt 2000, S. 63–93; HELGE WITTMANN: Die Grafen von Schwarzburg-Käfernburg. In: MATTHIAS PUHLE (Hrsg.): Aufbruch in die Gotik. Der Magdeburger Dom und die späte Stauferzeit. Landesausstellung Sachsen-Anhalt aus Anlass des 800. Domjubiläums. 2 Bde. Mainz 2009. Bd. 1: Essays, S. 370-383. – Zu den Grafen von Weimar vgl. jüngst INGRID WÜRTH: Die Grafen von Weimar-Orlamünde als Markgrafen von Krain und Istrien. In: Zeitschrift des Vereins für Thüringische Geschichte. 56 (2002), S. 91–132.

67 Eine Ausnahme stellt die allerdings wieder aufgelöste Ehe zwischen Adelheid, einer Schwester Landgraf Ludwigs I., und Graf Ulrich II. von Weimar-Orlamünde (†1112) dar. Mit der Verheiratung Hildegards, einer Schwester Graf Ludwigs des Springers, mit Graf Poppo I. von Henneberg in erster und Thiemo von Nordeck in zweiter Ehe knüpften die Ludowinger Heiratsverbindungen auch zum fränkischen Adel an. Vgl. hierzu insgesamt jetzt TOBIAS WELLER: Die Heiratspolitik des deutschen Hochadels im 12. Jahrhundert (Rheinisches Archiv. 149). Köln 2004, S. 576–626, der die Heiratspolitik der Ludowinger einer eingehenden Untersuchung unterzieht und die Wandlungen ihrer dynastischen Heiratspolitik im 12. Jahrhundert überzeugend mit der politischen Entwicklung des Geschlechts in Beziehung setzt. Anders als

sich die Besitz- und Herrschaftsrechte der Ludowinger bis in das frühe 12. Jahrhundert vor allem auf die Ränder der «Thuringia» konzentrierten: am Nordwestrand des Thüringer Waldes die Schauenburg, die Wartburg, Friedrichroda, Eisenach und das Hauskloster Reinhardsbrunn, nördlich an das Thüringer Becken angrenzend und bereits zur «Saxonia» gehörend Sangerhausen, auf der Grenze zwischen Sachsen und Thüringen im Saale-Unstrut-Raum die Neuenburg, westlich von ihr am Pass über den Höhenzug der Finne die Eckartsburg, und schließlich im Westen Thüringens die durch Heirat und Erbschaft erlangten hessischen Grafenrechte und Besitzungen in und um Marburg und im Raum Kassel.

Als die Ludowinger 1130/31 den Titel eines Landgrafen erhielten, hatten sie demnach keinesfalls eine übergräfliche Machtstellung in Thüringen selbst, wohl aber bedeutende Positionen an den Rändern dieses Raumes erlangt. Damit weist die politische Ausgangslage, in der Ludwig I. vom König mit der Wahrnehmung landgräflicher Rechte in Thüringen beauftragt wurde, große Ähnlichkeit mit der Stellung Graf Hermanns von Winzenburg auf, der ebenfalls nicht im Zentrum, wohl aber am Rande der «Thuringia» mächtig war. Warum wählte Lothar III. mit dem Winzenburger und dem Ludowinger jeweils Adlige für das Landgrafenamt aus, die eher an den Rändern Thüringens, nicht aber in dessen Zentren verwurzelt waren? Mathias Kälble hat darauf verwiesen, dass die Maßnahmen Lothars III. von 1130/31 mit seiner Politik in anderen Räumen, in dener er gleichsam ordnungspolitisch eingriff, zu vergleichen sei. In der sächsischen Nordmark setzte Lothar III. den Askanier Albrecht von Ballenstedt ein (1123/1134), in der Mark Meißen den wettinischen Grafen Konrad (1123/1134), im Rektorat Burgund den Herzog Konrad von Zähringen (1127). Es fällt auf, dass in allen drei Fällen Hochadlige mit übergräflichen Herrschaftsrechten ausgestattet wurden, die nicht zu den alteingesessenen Adelsfamilien des jeweiligen Raumes gehörten, deren Besitz- und Herrschaftsschwerpunkte nicht in den Zentren ihrer vom König verliehenen Amtssprengel lagen und die gerade deshalb geeignet erschienen, in Vertretung für das Königtum die Friedenswahrung in diesen Landschaften zu übernehmen.[68]

Trifft diese Deutung zu, lässt sich die Erhebung Hermanns von Winzenburg und seines Nachfolgers Ludwig I. zu Landgrafen von Thüringen durch König Lothar III. sehr viel überzeugender in den größeren Kontext der königlichen Politik einordnen. Die Ludowinger wurden nicht Landgrafen, weil sie um 1130 eine überragende Machtstellung in Thüringen eingenommen hätten, die das

---

WELLER weist allerdings KÄLBLE, Reichsfürstin 2007 (wie Anm. 65) S. 79 mit Anm. 32, überzeugend darauf hin, dass thüringisches Konnubium in den ersten drei Generationen der Ludowinger so gut wie keine Rolle spielte.

68 KÄLBLE, Reichsfürstin 2007 (wie Anm. 65) S. 79f. mit Anm. 35.

Königtum ihnen zugestehen und mit der Verleihung der landgräflichen Würde reichsrechtlich bestätigen musste. Vielmehr wurden sie – wie zuvor der Winzenburger Graf – von Lothar III. für eine auch in Sachsen, der Mark Meißen und Burgund verfolgte königliche Ordnungs- und Friedenspolitik in Dienst genommen, von der beide Seiten profitieren konnten. Unbestritten ist, dass das Jahr 1130/31 für die Ludowinger eine tiefgreifende Zäsur darstellte, nicht, weil sie mit dem landgräflichen Amt weiteren Besitz und neue materielle Herrschaftsgrundlagen erhalten hätten, sondern weil sie durch Lothar III. erstmals nachhaltig an das Königtum gebunden wurden. In der Retrospektive deutete man in der «Reinhardsbrunner Gründungsgeschichte» diese politische Wende denn auch als Eintritt der Ludowinger in den weltlichen Reichsfürstenstand – eine anachronistische Deutung der Vorgänge von 1130/31 aus der Sicht des späten 12. Jahrhunderts. Offenkundig spiegelt sich in dieser Reinhardsbrunner Darstellung, die die Königsnähe und die Zugehörigkeit der Ludowinger zum Kreis der ranghöchsten und vornehmsten Fürsten des Reiches betont, auch das Selbstverständnis und der Herrschaftsanspruch der Dynastie selbst.[69]

Für die Frage nach der Bedeutung der Landgrafschaft für die politische Entwicklung in Thüringen während des 12. und 13. Jahrhunderts ist die Untersuchung des Verhältnisses der Ludowinger zum Adel im Land entscheidend. Einen zentralen Beitrag hierzu leistete die 2003 abgeschlossene Jenaer Dissertation von Helge Wittmann.[70] Sie widmet sich drei prominenten Adelsfamilien im hochmittelalterlichen Thüringen – den Grafen von Buch, den Grafen von Wartburg-Brandenburg und den Herren von Heldrungen –, die ihren politischen Aufstieg in enger Anlehnung an die Ludowinger vollzogen haben. Die Lehnsbindung dieser Familien an die Landgrafen, die enge politische Kooperation mit den Ludowingern und ihre Präsenz im Umfeld des Hofes lassen deutlich erkennen, dass es ein ausgeprägtes, beiderseitiges Interesse an engen politischen Beziehungen gab. Neben die Verleihung von Besitz- und Herrschaftsrechten – im Fall der Grafen von Wartburg-Brandenburg war es die Belehnung mit der Burggrafschaft auf der Wartburg – an den Adel lassen sich als weitere Instrumente zur Herstellung von langfristig wirkenden politischen Bindungen die Einsetzung von Adligen als Untervögte im Rahmen landgräflicher Klostervogteien, die Weiterverlehnung kirchlicher Lehen und die Gewährung von Rechtsschutz durch die Beurkundung von Gütertransaktionen beobachten. Schließlich entwickelte auch das landgräfliche Gericht, das in

69 Tebruck, Geschichtsschreibung 2001 (wie Anm. 54) S. 186–192.

70 Helge Wittmann: Im Schatten der Landgrafen. Studien zur adeligen Herrschaftsbildung im hochmittelalterlichen Thüringen (Veröffentlichungen der Historischen Kommission für Thüringen. Kleine Reihe. 17; zugl. Diss. phil. Univ. Jena 2003), Köln/Weimar/Wien 2008.

Mittelhausen nördlich von Erfurt gehalten wurde, sowie die vom Landgrafenhof ausgehenden repräsentativen Akte eine den Adel des Landes integrierende Funktion.

Insbesondere unter den Landgrafen Ludwig IV. und Heinrich Raspe IV. lässt sich der Erfolg ludowingischer Integrationsbemühungen im Adel des Landes verfolgen.[71] Die Ergebnisse dieser Untersuchung passen kaum mehr in das von Hans Patze gezeichnete und bis in die neuere Forschung nachwirkende Bild von der nachrangigen Bedeutung adliger Lehnsleute für den Herrschaftsaufbau der ludowingischen Landgrafen. Während Patze der Ministerialität die entscheidende Rolle bei dem Aufbau des ludowingischen «Landesstaates» zusprach und im thüringischen Adel eine mit den Landgrafen konkurrierende Formation sah, die es herrschaftlich niederzuringen galt,[72] konnte Helge Wittmann nachdrücklich zeigen, dass der Adel eine entscheidende Bedeutung für die spätestens in der ersten Hälfte des 13. Jahrhunderts deutlicher erkennbare politische Integrationskraft der Landgrafschaft hatte. Dies lässt sich nicht nur mit Blick auf nichtgräfliche Familien wie die Herren von Heldrungen, sondern auch die Grafenhäuser konstatieren, unter denen etwa die im 12. Jahrhundert noch mehrfach im Konflikt mit den Landgrafen stehenden Schwarzburg-Käfernburger seit der Regierungszeit Landgraf Ludwig IV. verstärkt im Umfeld der Ludowinger begegnen.[73]

Mit den auf der Grundlage einer eingehenden Analyse der Herrschaftsbildung der Grafen von Buch, der Grafen von Wartburg-Brandenburg und der Herren von Heldrungen gewonnenen Befunden und ihrer Interpretation im Kontext landgräflicher Herrschaftspraxis ist ein entscheidender Schritt gelungen, um ein differenzierteres Bild vom Beziehungsgeflecht zwischen Adel und Fürst in einer der dichtesten und dynamischsten Adelslandschaften des hochmittelalterlichen Reiches zu gewinnen. Dass der thüringische Adel einen erheblichen Anteil an der nachhaltigen Stabilisierung der Landgrafschaft als einer übergreifenden Instanz zur Friedenswahrung hatte, zeigt sich unübersehbar in den Ereignissen nach dem Tod des letzten ludowingischen Landgrafen 1247. Dessen wettinischer Erbe und Nachfolger in Thüringen, Markgraf Heinrich der Erlauchte von Meißen (1221–1288), hatte zwar zunächst im

---

71 WITTMANN, Schatten 2003 (wie Anm. 70) zusammenfassend S. 473–477. Zum politischen Zusammenspiel der Landgrafen mit dem Adel vgl. auch die Einzelstudie von HELGE WITTMANN: Landgraf Hermann I. von Thüringen (1190–1217) und die Gründung der Grangie Vehra an der Unstrut. Zur Praxis fürstlich-ludowingischer Herrschaft im frühen 13. Jahrhundert. In: JÖRG ROGGE und UWE SCHIRMER (Hrsg.): Hochadlige Herrschaft im mitteldeutschen Raum (1200–1600). Formen – Legitimation – Repräsentation (Quellen und Forschungen zur sächsischen Geschichte. 23). Leipzig/Stuttgart 2003, S. 179–194.

72 PATZE, Entstehung 1962 (wie Anm. 15) resümierend S. 380.

73 WITTMANN, Adel 2000 (wie Anm. 66) S. 83–86.

Konflikt mit Teilen des thüringischen Adels und der ludowingischen Ministerialität seine Erbansprüche in Thüringen gewaltsam durchzusetzen, konnte aber schließlich auf der Grundlage der zusammen mit den Grafen und Herren des Landes im Landgericht Mittelhausen verkündeten Landfrieden von 1250 und 1252 an das gewachsene integrative Potential des ludowingischen Landgrafenamtes anknüpfen.[74]

Die Errichtung von Burgen und die Gründung bzw. der Ausbau von Städten bildeten neben dem Aufbau einer Ministerialität und der Gewinnung adliger Vasallen zwei weitere wichtige Instrumente fürstlicher Herrschaft. Auch auf diesem Feld hat die Forschung zum hochmittelalterlichen Thüringen in den letzten Jahren bedeutende Fortschritte gemacht. Zahlreiche Beiträge, unter denen die Marburger Dissertation von Gerd Strickhausen über die ludowingischen Burgen in Hessen und Thüringen[75] sowie die Arbeiten von Reinhard Schmitt über die Burgen im Saale-Unstrut-Raum hervorzuheben sind,[76] widmeten sich den ludowingischen Wohn- und Befestigungsanlagen und ihrer Funktion im Herrschaftsaufbau der Landgrafen. Der Wartburg,[77] der Neuenburg,[78] der Eckartsburg[79] und der Burg Weißensee[80] galt dabei besonderes Interesse. Die Bedeutung einzelner Landgrafen als Bauherren konnte sehr viel schärfer und differenzierter herausgearbeitet werden als bislang. Zu den wichtigsten Ergebnissen der neueren Burgenforschung dürfte dabei gehören, dass die Wartburg zwar bereits in der Zeit Landgraf Ludwigs II. mit der Errichtung des romanischen Palas ein herausragendes Bauwerk erhielt, mit dem die Ludowinger einen nahezu königsgleichen Repräsentationsanspruch erkennen lassen. Doch erst in der Regierungszeit Heinrich Raspes IV. entwickelte sich die

---

74 Vgl. hierzu ausführlich den Beitrag von Mathias Kälble in diesem Band.

75 Gerd Strickhausen: Burgen der Ludowinger in Thüringen, Hessen und dem Rheinland. Studien zu Architektur und Landesherrschaft im Hochmittelalter (Quellen und Forschungen zur hessischen Geschichte. 109). Darmstadt/Marburg 1998.

76 Reinhard Schmitt: Burgen des hohen Mittelalters an der unteren Unstrut und um Naumburg. Zum Stand der Forschung. In: Burgen und Schlösser in Sachsen-Anhalt. Sonderheft 1996. Halle (Saale) 1996, S. 6–48; Reinhard Schmitt: Zum Stand der Burgenforschung im Saale-Unstrut-Raum. In: Saale-Unstrut-Jahrbuch. 7 (2002), S. 29–42. Zu den grundlegenden Arbeiten von Reinhard Schmitt über die beiden prominenten ludowingischen Wohn- und Befestigungsanlagen Eckartsburg und Neuenburg siehe unter Anm. 78 und Anm. 79.

77 Gerd Strickhausen: Die zentrale Bedeutung der Wartburg unter den Ludowingern (ca. 1073 bis 1247). In: Barbara Schock-Werner (Hrsg.): Zentrale Funktionen der Burg. Wissenschaftliches Kolloquium des Wissenschaftlichen Beirats der Deutschen Burgenvereinigung Wartburg/Eisenach 1996 (Veröffentlichungen der Deutschen Burgenvereinigung e.V. Reihe B: Schriften 6). Braubach 2001, S. 87–98; Gerd Strickhausen: Die Baupolitik Landgraf Ludwigs II. von Thüringen und die Bedeutung des Palas der Wartburg. In: Burgen und frühe Schlösser in Thüringen und seinen Nachbarländern (Forschungen zu Burgen und Schlössern. 5). München/Berlin 2000, S. 71–90; Hilmar Schwarz: Die Wartburg im Itinerar der thüringischen Landgrafen des Mittelalters. In: Wartburg-Jahrbuch 1992. 1 (1993), S. 90–102; Hilmar Schwarz:

Wartburg zum bevorzugten Aufenthaltsort des Hofes und erhielt residenzähnliche Funktionen. Für das 12. Jahrhundert bis in die Zeit Landgraf Ludwigs IV. dürften dagegen der Neuenburg, der Eckartsburg, der Burg Weißensee und der Creuzburg an der Werra ein sehr viel stärkeres Gewicht als Aufenthaltsorte und strategisch wichtige Befestigungsanlagen zugekommen sein als bisher angenommen. Insbesondere die Bauforschungsergebnisse auf der Neuenburg lassen darauf schließen, dass dieser Anlage im Osten des ludowingischen Einflussbereiches bereits im frühen 12. Jahrhundert herausragende Bedeutung als moderne Befestigung und als Aufenthaltsort der Fürsten beizumessen ist.[81] Mit diesem Befund stellt sich für künftige historische Forschungen nicht zuletzt auch die Frage nach der politischen Wirksamkeit des sonst vergleichsweise wenig in den Blick geratenen ersten ludowingischen Landgrafen.

In enger Verbindung mit der Burgenforschung steht die Frage nach den Stadtgründungen bzw. den städtischen Ausbaumaßnahmen im ludowingischen

Fünf Burgen der Ludowinger im Vergleich. Geschichte, Topographie und Architektur. In: Wartburg-Jahrbuch 1993. 2 (1994), S. 70–89; HILMAR SCHWARZ: Die Wartburg in den schriftlichen Quellen des 11. bis 13. Jahrhunderts. In: GÜNTER SCHUCHARDT (Hrsg.): Der romanische Palas der Wartburg. Bd. 1. Bauforschung an einer Welterbestätte. Regensburg 2001, S. 15–22. – Zu den kunst- und bauhistorischen Arbeiten über die Wartburg vgl. den Beitrag über die Bau- und Kunstgeschichte der Wartburg in diesem Band.

78 Die zahlreichen Untersuchungen zur Geschichte und Baugeschichte der Neuenburg von Reinhard Schmitt, der ein durchgreifend neues Bild von der Entwicklung dieser größten und zeitweise auch bedeutendsten Befestigungs- und Wohnanlage der Landgrafen zeichnen konnte, zusammenfassend: REINHARD SCHMITT: Zur Baugeschichte der Neuenburg. In: Burg und Herrschaft. Die Neuenburg und die Landgrafschaft Thüringen im hohen Mittelalter. Beiträge zur Ausstellung, hrsg. vom Museum Schloß Neuenburg und dem Verein zur Rettung und Erhaltung der Neuenburg e.V. Freyburg/Unstrut 2004. Teil I, S. 30–89, Teil II, S. 122–146, und REINHARD SCHMITT: Schloß Neuenburg bei Freyburg (Unstrut). Zur Baugeschichte vom späten 11. bis zum mittleren 13. Jahrhundert nach den Untersuchungen der Jahre 1986 bis 2007. In: Burgen und Schlösser in Sachsen-Anhalt. 16 (2007), S. 6–138.

79 REINHARD SCHMITT: Baugeschichte und Denkmalpflege. In: BOJE SCHMUHL und KONRAD BREITENBORN (Hrsg.): Die Eckartsburg (Schriftenreihe der Stiftung Schlösser, Burgen und Gärten des Landes Sachsen-Anhalt. 1). Halle 1998, S. 15–54; REINHARD SCHMITT und WILFRIED WEISE: Forschungen zur Baugeschichte der Neuenburg und der Eckartsburg in romanischer Zeit (novum castrum. Schriftenreihe des Vereins zur Rettung und Erhaltung der Neuenburg e.V. 5). Freyburg (Unstrut) 1997. – STEFAN TEBRUCK: Die Eckartsburg und die Ludowinger. In: SCHMUHL/BREITENBORN, Eckartsburg 1997 (wie oben in dieser Anm.) S. 69–107; STEFAN TEBRUCK: Die Eckartsburg im Hochmittelalter. In: Zeitschrift des Vereins für Thüringische Geschichte. 52 (1998), S. 11–63.

80 castrum wiscense. Festschrift zur 825-Jahr-Feier der Runneburg in Weißensee (Schriftenreihe des Vereins zur Rettung und Erhaltung der Runneburg in Weißensee/Thür. e.V. Heft 2). Weimar 1993; Die Runneburg in Weißensee. Baugeschichtliche Aufarbeitung der bisherigen Forschungsergebnisse, hrsg. vom Thüringischen Landesamt für Denkmalpflege (Arbeitshefte des Thüringischen Landesamtes für Denkmalpflege. 15). Bad Homburg/Leipzig 1998.

81 Vgl. hierzu die in Anm. 78 genannte Literatur.

Herrschaftsbereich, da Burgen und Städte in vielen Fällen miteinander verbunden waren. Neben den größeren Vororten in Thüringen – Eisenach und Gotha – widmete sich die Jenaer Dissertation von Christine Müller vor allem den kleineren ludowingischen Städten in Schmalkalden, Creuzburg, Langensalza, Thamsbrück, Weißensee, Sangerhausen und Freyburg und verglich sie mit den hessischen Städten der Ludowinger.[82] Die Arbeit konnte sehr viel stärker als bisher das allzu einfache Bild von der ludowingischen Stadt differenzieren und herausarbeiten, wie unterschiedlich Motive, Rahmenbedingungen und Funktionen der untersuchten Stadtgründungen bzw. Stadterhebungen sein konnten. Nur Creuzburg an der Werra, Thamsbrück bei Langensalza und Freyburg an der Unstrut können demnach als Neugründungen durch die Landgrafen angesprochen werden, während alle anderen Orte auf Marktsiedlungen zurückgehen, die von den Ludowingern ausgebaut und mit städtischen Funktionen ausgestattet wurden. Deutlich erkennbar ist dabei, dass Ministerialität und Stadt eng miteinander verknüpft sind, in vielen Fällen auch Burg und Stadt. Im Rahmen der ludowingischen Herrschaftsbildung kam den Städten und Märkten ohne Zweifel eine außerordentlich hohe Bedeutung zu.

Neben die Untersuchung ludowingischer Memoria, adligen Selbstverständnisses, historiographischer Traditionsbildung und landgräflichen Herrschaftsausbaus traten auch Arbeiten zur politischen Wirksamkeit einzelner Ludowinger und Ludowingerinnen. Dem Interesse der modernen mediävistischen Forschung an den Handlungsspielräumen und der politischen Bedeutung hochadliger Frauen trugen die Arbeiten von Bettina Elpers Rechnung, die sich mit dem politischen Agieren prominenter Ludowingerinnen wie etwa der Landgräfin Jutta (†1190), der staufischen Gemahlin Landgraf Ludwigs II., der meißnischen Markgräfin Jutta (†1235), Schwester Landgraf Ludwigs IV. und Mutter des zunächst unter Vormundschaft stehenden wettinischen Markgrafen Heinrich des Erlauchten, der Landgräfin Elisabeth (†1231), Gemahlin Landgraf Ludwigs IV., sowie ihrer Tochter Sophia von Brabant (†1284), die nach 1247 das ludowingische Erbe in Hessen für ihren Sohn zu sichern bemüht war, auseinandersetzte,[83] während Sybille Schröder, gestützt auf die vergleichsweise reiche Überlieferung um die 1235 kanonisierte Landgräfin

---

82 Christine Müller: Landgräfliche Städte in Thüringen. Die Städtepolitik der Ludowinger im 12. und 13. Jahrhundert (Veröffentlichungen der Historischen Kommission für Thüringen. Kleine Reihe. 7; zugl. Diss. phil. Univ. Jena 1999/2000). Köln/Weimar/Wien 2003; Christine Müller: Ludowingische Städtepolitik in Thüringen und Hessen – ein Vergleich. In: Hessisches Jahrbuch für Landesgeschichte. 53 (2003), S. 51–70. Die wichtigste übergreifende Arbeit über die hessischen Städte der Ludowinger stellt immer noch Wolfgang Hess: Hessische Städtegründungen der Landgrafen von Thüringen (Beiträge zur hessischen Geschichte. 4). Marburg/Witzenhausen 1966, dar.

83 Bettina Elpers: «Sola sedens domina gentium, principissa provinciarum». Die Beteiligung der

Elisabeth, das höfische Umfeld und den politischen Handlungsspielraum dieser Fürstin in den Blick nahm.[84] Unter den Landgrafen zogen neben Ludwig II., Ludwig III.[85] und Ludwig IV.[86] vor allem Hermann I. und Heinrich Raspe IV. das Interesse der Forschung auf sich. Das Bild, das mit den Untersuchungen von Peter Wiegand zur Politik Landgraf Hermanns I. im späten 12. und frühen 13. Jahrhundert gewonnen werden konnte, markiert eine deutliche Abkehr von jenem in der gesamten älteren und neueren Forschung formulierten Urteil, demzufolge der vierte ludowingische Landgraf eine politisch unzuverlässige «Windfahne» war, der zur Gewinnung kurzfristiger territorialpolitischer Vorteile im sogenannten «staufisch-welfischen Thronstreit» skupellos die Fronten zu wechseln bereit war.[87] Wiegand konnte überzeugend herausarbeiten, dass in den langjährigen Auseinandersetzungen um die deutsche Königskrone «Papstnähe» für Hermann I. wie für viele andere Reichsfürsten eine entscheidende Rolle gespielt hat. In dem außerordentlich komplexen Beziehungsgefüge zwischen päpstlicher Kurie, deutschem Königtum und Reichsfürsten habe der Ludowinger sich zum einen an der kurialen Position zur Frage der Königs- und Kaiserwahl orientiert, zum anderen aber große politische Selbständigkeit bewiesen, um das reichsfürstliche Königswahlrecht zur Geltung zu bringen.[88]

Ludowingerinnen an der Landesherrschaft. In: Hessisches Jahrbuch für Landesgeschichte. 46 (1996), S. 79–113; BETTINA ELPERS: Regieren, Erziehen, Bewahren: Mütterliche Regentschaften im Hochmittelalter (Studien zur europäischen Rechtsgeschichte. Veröffentlichungen des Max-Planck-Instituts für europäische Rechtsgeschichte Frankfurt am Main. 166). Frankfurt/M. 2003.

84 SYBILLE SCHRÖDER: Höfisches Leben und Alltag am Landgrafenhof von Thüringen zur Zeit der heiligen Elisabeth. In: Zeitschrift des Vereins für Thüringische Geschichte. 57 (2003), S. 9–42; SYBILLE SCHRÖDER: Frauen im europäischen Hochadel des ausgehenden 12. und beginnenden 13. Jahrhunderts. Normen und Handlungsspielräume. In: BLUME/WERNER, Elisabeth Aufsatzband 2007 (wie Anm. 1) S. 27–34; vgl. KÄLBLE, Reichsfürstin 2007 (wie Anm. 65)

85 Zur Bedeutung der thüringischen Landgrafen Ludwig II. und Ludwig III. am Hof Kaiser Friedrichs I. (1152–1190) ALHEYDIS PLASSMANN: Die Struktur des Hofes unter Friedrich I. Barbarossa nach den deutschen Zeugen seiner Urkunden (Monumenta Germaniae Historica. Studien und Texte. 20). Hannover 1998, S. 54–65, deren Feststellung, dass das Engagement der Ludowinger in Reichssachen ausweislich ihrer Nennungen in den Zeugenlisten staufischer Diplome im Laufe der Regierungszeit Kaiser Friedrichs I. abgenommen habe, durch die Einbeziehung historiographischer Nachrichten relativiert werden muss. – WOLFRAM ZIEGLER: König Konrad III. (1138–1152). Hof, Urkunden und Politik (Forschungen zur Kaiser- und Papstgeschichte des Mittelalters. Beihefte zu JOHANN FRIEDRICH BÖHMER, Regesta Imperii. 26), Wien/Köln/Weimar 2008, S. 489–493, widmet sich Landgraf Ludwig II. und den Ludowingern im Umfeld des ersten Stauferkönigs, ohne indes die einschlägige neuere Literatur zu den Landgrafen vollständig heranzuziehen.

86 Zur Politik Landgraf Ludwigs IV. zuletzt eingehend KÄLBLE, Reichsfürstin 2007 (wie Anm. 65) S. 83–87, und WERNER, Reichsfürst 2003 (wie Anm. 18) S. 128–139. – Den älteren Forschungsstand referiert KARL HEINEMEYER: Landgraf Ludwig IV. von Thüringen, der Gemahl der hl. Elisabeth. In: Wartburg-Jahrbuch 2000. 9 (2002), S. 17–47.

87 Repräsentativ für die ältere Forschung etwa PATZE, Entstehung 1962 (wie Anm. 15) S. 249–262.

In engem Zusammenhang mit der Frage nach der Rolle der Ludowinger für die Entwicklung des fürstlichen Königswahlrechts und des Verhältnisses zwischen Papsttum, Kaisertum und Reichsfürsten im 13. Jahrhundert stehen die Studien zu dem letzten ludowingischen Landgrafen und «Gegenkönig» Heinrich Raspe IV. Ihm war im September 1997 in Erinnerung an seinen 750. Todestag eine internationale Tagung auf der Wartburg gewidmet, aus der ein umfangreicher Aufsatzband hervorging. Die insgesamt zehn Beiträge dieses Bandes gelten nahezu allen Facetten der 30-jährigen Regierungszeit dieses Fürsten und lassen erstmals ein differenziertes und tiefenscharfes Bild dieses viel geschmähten und durchweg negativ beurteilten Ludowingers erkennen.[89] Sehr deutlich wurde dabei zum einen, dass Heinrich Raspe nachhaltige Erfolge in der Verdichtung und Erweiterung ludowingischer Positionen in Hessen und Thüringen und in der Steigerung der integrativen Wirkung des landgräflichen Amtes erzielen konnte. Für Hessen schuf er in Abkehr von der Politik seines Vaters Hermann I. und seines Bruders Ludwig IV. die Grundlage für die Entwicklung einer selbständigen, in Hessen verankerten ludowingischen Nebenlinie – zunächst mit seinem Bruder Konrad (1231–1234), dann mit seinem Neffen Hermann II. (1238–1241). Damit dürfte die nach Raspes Tod einsetzende Abtrennung Hessens von der thüringischen Landgrafschaft und der schließlich erfolgreiche Versuch, dort eine lebensfähige neue Landgrafschaft zu errichten, zu einem wesentlichen Teil auf die diesen Weg vorzeichnende hessische Politik Raspes zurückzuführen sein.[90]

Zum anderen wurden erstmals nach den älteren Arbeiten von Rudolf Malsch (1911), Erich Caemmerer (1952) und Hans Patze (1962) sowie den diplomatischen Untersuchungen von Dieter Hägermann (1980/1989) die Rahmenbedingungen, Motive, Ziele und Erfolgsaussichten des ludowingischen Gegenkönigtums von 1246/47 analysiert. Dabei wurde nicht nur deutlich, dass

---

88 Peter Wiegand: Der milte lantgrâve als «Windfahne»? Zum politischen Standort Hermanns I. von Thüringen (1190–1217) zwischen Erbreichsplan und welfisch-staufischem Thronstreit. In: Hessisches Jahrbuch für Landesgeschichte. 48 (1998), S. 1–53; Peter Wiegand: Die Ludowinger und die deutsche Königswahl im 13. Jahrhundert. Wahlverfahren im Lichte von «Papstnähe» und kanonischem Recht. In: Armin Wolf (Hrsg.): Königliche Tochterstämme, Königswähler und Kurfürsten (Studien zur europäischen Rechtsgeschichte. 152). Frankfurt/M. 2002, S. 359–418.

89 Siehe den oben genannten Band von Werner, Heinrich Raspe 2003 (wie Anm. 18). Zur Tagung vgl. den Bericht von Enno Bünz und Stefan Tebruck: Heinrich Raspe – Landgraf von Thüringen und Römischer König (†1247) – Fürsten und Reich in spätstaufischer Zeit. Bericht über die Internationale Wissenschaftliche Tagung auf der Wartburg vom 24. bis 26. September 1997. In: Wartburg-Jahrbuch 1997. 6 (1998), S. 196–207. Zu den negativen Urteilen über Heinrich Raspe vgl. oben mit Anm. 18.

90 Zur Politik Heinrich Raspes als Landesherr jetzt grundlegend die umfangreiche Studie von Werner, Reichsfürst 2003 (wie Anm. 18).

Raspe in seiner politischen Grundhaltung im Spannungsfeld zwischen Kaiser, Papst und Reich ein in vielerlei Hinsicht zeittypischer Vertreter eines spätstaufischen Fürsten darstellte, der in seiner Orientierung an der päpstlichen Kurie politische Dispositionen seines Vaters Hermann I. fortschrieb und in seiner Bereitschaft, selbst die Krone anzunehmen, noch steigerte. Vielmehr müssen seinem Königtum doch sehr viel größere Erfolgschancen eingeräumt werden, als dies die bisherige Forschung zu tun bereit war, die aus Raspes frühem Tod vorschnell die Zukunftslosigkeit des ludowingischen Gegenkönigtums gegen Kaiser Friedrich II. ableitete.[91]

In seiner nach der Königswahl im Mai 1246 verwendeten Goldbulle, deren Bildprogramm eine originelle Verbindung von kaiserlicher Siegeltradition und päpstlicher Ikonographie aufweist, zeigte Heinrich Raspe nicht, wie Jürgen Petersohn in kritischer Auseinandersetzung mit älteren Interpretationen nachwies, seine Unterwerfung unter päpstliche Oberherrschaftsansprüche. Vielmehr findet in diesem Siegelbild das Bestreben der päpstlichen Kurie seinen Niederschlag, den kaiserlich-staufischen Anspruch auf die Stadtherrschaft in Rom abzuwehren und das ludowingische Königtum nicht in diese Staufertradition eintreten zu lassen.[92] Dieser wichtige Befund und seine Deutung bestätigen das neu gewonnene Bild von dem keineswegs aussichtslosen und unselbständigen Königtum Heinrich Raspes IV.

Im Zusammenhang mit der neueren Forschung zur Geschichte der Kreuzzugsbewegung im hochmittelalterlichen Europa entstanden mit Blick auf die Rolle der Ludowinger in den Kreuzzügen einige wichtige Arbeiten, die deutlich werden lassen, dass der thüringische Adel und die Landgrafen einen wesentlichen Anteil an den Fahrten ins Heilige Land hatten. Das in der älteren Forschung anzutreffende Urteil, dass die nord-, ost- und mitteldeutschen Fürsten bereits im 12. Jahrhundert dem Kampf gegen die benachbarten, noch nicht christianisierten Slawen dem Zug nach Jerusalem den Vorzug gaben, muss revidiert werden. Im Hinblick auf die Fragen nach den politischen und religiösen Motiven, den sozialen, politischen und wirtschaftlichen Rahmen-

---

91 Hierzu die Ergebnisse seiner Untersuchung bündelnd und resümierend WERNER, Reichsfürst 2003 (wie Anm. 18) S. 261–270.

92 JÜRGEN PETERSOHN: Heinrich Raspe und die Apostelhäupter. Oder: Die Kosten der Rompolitik Kaiser Friedrichs II. In: Sitzungsberichte der wissenschaftlichen Gesellschaft an der Johann Wolfgang Goethe-Universität Frankfurt am Main. Band XL. Nr. 3. Stuttgart 2002, S. 61–93. – Zur Goldbulle Raspes zuletzt mit Abb. und Kommentar in: BLUME/WERNER, Elisabeth Katalogband 2007 (wie Anm. 1) S. 175f. Nr. 110. – Zur Königswahl Heinrich Raspes 1246 vgl. neben dem grundlegenden Beitrag von ULRICH REULING: Von Lyon nach Veitshöchheim. Die Wahl Heinrich Raspes zum «rex Romanorum» im Jahre 1246. In: WERNER, Heinrich Raspe 2003 (wie Anm. 18) S. 273–306, auch CHRISTIAN HILLEN: Rex Clericorum – Wahl und Wähler Heinrich Raspes 1246. In: Zeitschrift des Vereins für Thüringische Geschichte. 55 (2001), S. 57–76.

bedingungen einer Kreuznahme sowic nach ihren Wirkungen im Land und in den jeweiligen Familien ergaben sich eine Fülle neuer Beobachtungen und Deutungen, die es in künftigen, vergleichenden Arbeiten über andere Herkunftslandschaften von Kreuzfahrern weiter zu kontextualisieren gilt.[93] Die Untersuchung der Geschichtsschreibung und der durch die Kreuzzüge ausgelösten Traditionsbildung in adligen Familien Thüringens und Sachsens hat darüber hinaus erkennen lassen, welche überragende Bedeutung die Erinnerung an die Heiliglandfahrten für das adlige Selbstverständnis einnehmen konnte.[94]

Seit jeher haben höfische Kultur und literarisches Leben am Thüringer Landgrafenhof die Aufmerksamkeit der germanistischen und historischen Forschung ausgelöst, gilt doch der Hof Landgraf Hermanns I. um 1200 als ein überragendes Zentrum literarischen Schaffens und Rezipierens im hochmittelalterlichen Reich. Die Fülle der Arbeiten zu diesem weiten Feld kann hier nicht annähernd aufgeführt und gewürdigt werden. Nach den wegweisenden Beiträgen von Ursula Peters[95] und Dieter Bumke[96] sind zahlreiche literaturwissenschaftliche Beiträge zu den mittelhochdeutschen Werken erschienen, die

---

93 Vgl. hierzu STEFAN TEBRUCK: Militia Christi – Imitatio Christi. Kreuzzugsidee und Armutsideal am thüringischen Landgrafenhof zur Zeit der heiligen Elisabeth. In: BLUME/WERNER, Elisabeth Aufsatzband 2007 (wie Anm. 1) S. 137–152; STEFAN TEBRUCK: Aufbruch und Heimkehr. Jerusalempilger und Kreuzfahrer aus dem Raum zwischen Harz und Elbe (1100–1300). Habilitationsschrift Univ. Jena 2007 (für den Druck in Vorbereitung). Siehe auch STEFAN TEBRUCK: Thüringen und die Kreuzzüge (Blätter zur Landeskunde, hrsg. von der Landeszentrale für politische Bildung Thüringen). Erfurt 1996, 2. überarb. u. erg. Aufl. Erfurt 2000; STEFAN TEBRUCK: «ad sacrum iter Iherosolimitanum signatus» – Kreuzzugsfrömmigkeit und Kreuzzugskritik im Spiegel mitteldeutscher Quellen des 12. und 13. Jahrhunderts. In: MLADA MIKULICOVÁ und PETR KUBÍN (Hrsg.): In omnibus caritas. Sborník Katolické teologické fakulty, Univerzity Karlovy; sv. 4; k poct devadesátých narozenin prof. ThDr. Jaroslava Kadlece. Praha 2002, S. 560–584; REINHARD SCHMITT und STEFAN TEBRUCK: Jenseits von Jerusalem. Spuren der Kreuzfahrer zwischen Harz und Elbe (Begleitheft zur Sonderausstellung «Saladin und die Kreuzfahrer» im Landesmuseum für Vorgeschichte Halle). Halle (Saale) 2005; JEAN-CLAUDE VOISIN: Les échanges Orient-Occident au Moyen Âge: les Thuringiens en Terre sainte. In: ANNE-MARIE EDDÉ und EMMA GANNAGÉ (Hrsg.): Regards croisés sur le Moyen Âge arabe. Mélanges à la mémoire de Louis Pouzet s.j. (1928–2002). Mélanges de l'Université Saint-Joseph Beyrouth. 58(2005). Beirut 2005, S. 239–268.

94 Vgl. hierzu die oben Anm. 24 genannte Edition des mittelhochdeutschen Versepos «Die Kreuzfahrt Landgraf Ludwigs des Frommen von Thüringen», das zu Beginn des 14. Jahrhunderts am schlesischen Herzogshof in Schweidnitz-Jauer entstand und Berichte über den dritten Kreuzzug (1189–1192) und den Kreuzzug Kaiser Friedrichs II. (1227/28) aus dem Umfeld der beteiligten thüringischen und meißnischen Adligen miteinander vermischt; die Gewährsleute des Dichters waren Nachfahren thüringischer und meißnischer Kreuzzugsteilnehmer, die sich im böhmisch-schlesischen Neusiedelland niedergelassen hatten und deren an den Kreuzfahrten ihrer Vorfahren orientierte Erinnerungskultur von identitätsstiftender Bedeutung war. Vgl. hierzu WERNER, Landesbewusstsein 1992 (wie Anm. 1) S. 112–115;

mit Thüringen bzw. dem Landgrafenhof in Verbindung stehen.[97] In diesem Kontext wurde der Versuch unternommen, auch aus historischer Sicht den Hof in den Blick zu nehmen und dabei die neuere Forschung zum Fürstenhof als einem sozialen, politischen, rechtlichen und kulturellen Gefüge, das stets dynamischem Wandel unterlag, mit den thüringischen Befunden zu vermitteln. Große Bedeutung kam dabei der dichten Überlieferung um die hl. Elisabeth von Thüringen zu, aus deren Umfeld zahlreiche Nachrichten zum Alltagsleben am Fürstenhof überliefert sind.[98]

TEBRUCK, Geschichtsschreibung 2001 (wie Anm. 54) S. 236–248. – Aus sprach- und literaturwissenschaftlicher Sicht: PASCALE DELORME: La croisade du landgrave Louis III le Pieux de Thuringe. In: DANIELLE BUSCHINGER (Hrsg.): Histoire et littérature au moyen âge. Actes du Colloque du Centre d'Etudes Médiévales de l'Université de Picardie (Amiens 20–24 mars 1985) (Göppinger Arbeiten zur Germanistik. 546). Göppingen 1991, S. 85–94; PASCALE DELORME: La croisade du landgrave Louis III le Pieux de Thuringe. Histoire et littérature de cour au XIVᵉ siècle dans l'Est allemand (Diss. Strasbourg 1999). Villeneuve d'Ascq 2001. – Vgl. hierzu künftig: TEBRUCK, Aufbruch 2007 (wie Anm. 93).

95 URSULA PETERS: Fürstenhof und höfische Dichtung. Der Hof Hermanns von Thüringen als literarisches Zentrum (Konstanzer Universitätsreden. 113). Konstanz 1981.

96 DIETER BUMKE: Mäzene im Mittelalter. Die Gönner und Auftraggeber der höfischen Literatur in Deutschland 1150–1300. München 1979, S. 159–168; DIETER BUMKE: Höfische Kultur. Literatur und Gesellschaft im hohen Mittelalter. München ⁹1999, S. 655–663.

97 Zum literarischen Leben am thüringischen Hof zuletzt die Beiträge in: BLUME/WERNER, Elisabeth Katalogband 2007 (wie Anm. 1) S. 60f. (Einführung von JENS HAUSTEIN), S. 83–85 (REINHARD HAHN: Heinrich von Veldeke, Eneit), S. 86 (CHRISTOPH FASBENDER: Herbort von Fritzlar, Liet von Troye), S. 87f. (CORDULA KROPIK: Wolfram von Eschenbach, Willehalm), S. 89f. (CHRISTOPH WINTERER: Markus Annaeus Lucanus, Bellum civile sive Pharsalia), S. 90f. (WOLFGANG BECK: Fragment einer Pergamenthandschrift mit Strophen Walthers von der Vogelweide). – Verwiesen sei auch auf die jüngere Diskussion um die Entstehung der «Eneit», die am Hof Hermanns I. vollendet wurde: BERND BASTERT: «Dô si der lantgrâve nam». Zur «Klever Hochzeit» und der Genese des Eneas-Romans. In: Zeitschrift für deutsches Altertum und deutsche Literatur. 123 (1994), S. 253–273; REINHARD HAHN: «unz her quam ze Doringen in daz lant». Zum Epilog von Veldekes Eneasroman und den Anfängen der höfischen Dichtung am Thüringer Landgrafenhof. In: Archiv für das Studium der neueren Sprachen und Literaturen. 237 (2000), S. 241–266; TINA SABINE WEICKER: Dô wart daz Bûch ze Cleve verstolen. Neue Überlegungen zur Entstehung von Veldekes «Eneas». In: Zeitschrift für deutsches Altertum und deutsche Literatur. 130 (2001), S. 1–18. – Grundlegend und weiterführend BURGHART WACHINGER: Der Sängerstreit auf der Wartburg. Von der Manesseschen Handschrift bis zu Moritz von Schwind. Berlin/New York 2004, und KATHARINA MERTENS-FLEURY: Leiden lesen. Bedeutungen von *compassio* um 1200 und die Poetik des Mit-Leidens im «Parzival» Wolframs von Eschenbach (Scrinium Friburgense. 21). Berlin/New York 2006.

98 Zum Landgrafenhof insgesamt WERNER, Ludowinger 2003 (wie Anm. 48) S. 149–154. – Zum Umfeld der hl. Elisabeth siehe SCHRÖDER, Höfisches Leben 2003 (wie Anm. 84). – Zahlreiche Einzelbeiträge und Abb. zum thüringischen Hof jetzt in: BLUME/WERNER, Elisabeth Katalogband 2007 (wie Anm. 1) S. 58–100. – Von zentraler Bedeutung für die Frage nach dem religiösen Leben am Hof Hermanns I. sind die Arbeiten von HARALD WOLTER-VON DEM KNESEBECK: Der Elisabethpsalter in Cividale del Friuli. Buchmalerei für den Thüringer Landgrafenhof zu

Herkunft und Anfängen der Ludowinger[99] und ihrer frühen Herrschaftsbildung im 11. und 12. Jahrhundert[100] sind ebenso wie dem am Beginn des
Aufstiegs stehenden Hauskloster Reinhardsbrunn[101] einige neuere Arbeiten
gewidmet, denen aber weitere Untersuchungen insbesondere zur Reinhardsbrunner Urkundenüberlieferung und den darin enthaltenen Fälschungen folgen müssen.

Beginn des 13. Jahrhunderts (Denkmäler deutscher Kunst; zugl. Diss. phil. Göttingen 1998).
Berlin 2001; HARALD WOLTER-VON DEM KNESEBECK: Der Einband des Elisabethpsalters in Civi-
dale del Friuli. Rheinische «Kleinkunst» am Hof der Ludowinger. In: Zeitschrift des Deutschen
Vereins für Kunstwissenschaft. 54/55 (2000/01), S. 62–103; HARALD WOLTER-VON DEM KNESE-
BECK: Die Landgrafenpsalterien und der Zackenstil – Buchproduktion in Thüringen zwischen
Hirsauer Reform und «Hofkultur». In: 700 Jahre Erfurter Peterskloster. Geschichte und Kunst
auf dem Erfurter Petersberg 1103–1803 (Jahrbuch der Stiftung Thüringer Schlösser und Gärten
2003). Regensburg 2004, S. 105–118. – Auf der Grundlage der Arbeit von Hans Patze referiert
REINHARDT BUTZ: Herrschaft und Macht – Grundkomponenten eines Hofmodells? Überlegun-
gen zur Funktion und zur Wirkungsweise früher Fürstenhöfe am Beispiel der Landgrafen von
Thüringen aus dem ludowingischen Haus. In: ERNST HELLGARDT, STEPHAN MÜLLER und PETER
STROHSCHNEIDER (Hrsg.): Literatur und Macht im mittelalterlichen Thüringen. Köln/Weimar/
Wien 2002, S. 45–84, den Forschungsstand.

99 Nicht überzeugend der Versuch von JOSEF HEINZELMANN: Ludwig von Arnstein und seine
Verwandtschaft. Fragen und Fragmente zur mitteleuropäischen Adelsgeschichte um 1100. In:
Genealogisches Jahrbuch. 33/34 (1993/94), S. 261–301, und JOSEF HEINZELMANN: Nachträge zu
Ludwig von Arnstein und seine Verwandtschaft. Zugleich ein Beitrag: Die frühen Ludowinger
(Grafen in Thüringen). In: Genealogisches Jahrbuch. 36 (1996), S. 67–73, im Rahmen genealo-
gischer Überlegungen und Annahmen eine weitere Generation zwischen Ludwig dem Bärtigen
und Ludwig dem Springer einzuführen. – Problematisch stellt sich auch der Ansatz von ARMIN
WOLF: Waren die Landgrafen von Thüringen ursprünglich «Franzosen»? In: Genealogisches
Jahrbuch. 41 (2001), S. 5–28; wieder abgedruckt in: JEAN MORICHON (Hrsg.): Généalogie &
Héraldique. Actes du 24ᵉ congrès international des sciences généalogique & héraldique.
Besançon – France, 2.–7. mai 2000 (La vie généalogique n 28). Paris 2002, S. 387–408, dar, der
die frühen Ludowinger aus der oberlothringischen Verwandtschaft der Kaiserin Gisela, Gemahlin Kaiser Konrads II., abzuleiten sucht und in den Grafen von Mousson die Herkunfts-
familie Graf Ludwigs des Bärtigen sieht. Der auf genealogischen Kombinationen beruhenden
Argumentation fehlt eine Einbindung in die notwendigen besitzgeschichtlichen Untersuchungen. Weder Besitz noch politische Verbindungen der Ludowinger verweisen bislang auf
den oberlothringischen Raum und die Grafen von Mousson.

100 In seinen Arbeiten über die Ludowinger suchte Helmut Assing zum einen nachzuweisen, dass
die Landgrafen die Wartburg, die sie nach der Gefangennahme Graf Ludwig des Springers
durch Kaiser Heinrich V. (1113/14) an den Kaiser abtreten mussten, erst im späten 12. Jahrhundert zurückgewonnen hätten; zum anderen, dass das staufische Königtum und das Erzstift
Mainz für die Ludowinger in dieser Zeit ein ständiges latentes Bedrohungspotential dargestellt
hätten, so dass man u. a. mit Hilfe der Reinhardsbrunner Fälschungen die ältesten Besitz- und
Herrschaftsrechte der Ludowinger gegen die Staufer und gegen Mainz abzusichern suchte.
Siehe HELMUT ASSING: Die Herrschaftsbildung der späteren Thüringer Landgrafen und die
Reinhardsbrunner Fälschungen. Zusammenhänge zwischen Textanalyse und Erkenntnis der
Fälschungsmotive. In: Jahrbuch für Geschichte des Feudalismus. 13 (1989), S. 35–65 (wieder

IV.

Mit wenigen skizzenhaften Bemerkungen sollen abschließend die Themenfelder angesprochen werden, in denen sich künftig weiterer Forschungsbedarf
ergeben wird. Neben der längst überfälligen Untersuchung der Besitzgeschichte,
der urkundlichen Überlieferung und der inneren, monastischen Entwicklung

---

abgedruckt in: HELMUT ASSING: Brandenburg, Anhalt und Thüringen im Mittelalter. Askanier
und Ludowinger beim Aufbau fürstlicher Territorialherrschaften. Zum 65. Geburtstag des
Autors hrsg. von TILO KÖLM, LUTZ PARTENHEIMER und UWE ZIETMANN. Köln/Weimar/Wien
1997, S. 211–240); HELMUT ASSING: Der Aufstieg der Ludowinger in Thüringen. In: Heimatblätter '92 des Eisenacher Landes. Sonderteil der Heimatblätter zur Geschichte, Kultur und
Natur des Eisenacher Landes. Eisenach 1993, S. 8–51 (wieder abgedruckt in: ASSING, Brandenburg 1997 [wie oben in dieser Anm.] S. 241–294); HELMUT ASSING: War Graf Wigger von
Wartburg ein Vasall des Thüringer Landgrafengeschlechts der Ludowinger? In: Burgen und
Schlösser in Thüringen 1998, S. 34–49 (wieder abgedruckt in: ASSING, Brandenburg 1997 [wie
oben in dieser Anm.] S. 295–309). – Assings inhaltlich und methodisch nicht überzeugende
Thesen wurden zuletzt eingehend von WITTMANN, Schatten 2003 (wie Anm. 70) S. 426 ff., kri-
tisch überprüft und überzeugend verworfen. Vgl. auch HILMAR SCHWARZ: Zur Wartburg-
Geschichte im 12. Jahrhundert. Eine Antwort auf Helmut Assing. In: Wartburg-Jahrbuch
1998. 7 (2000), S. 103–126. – Zu den frühen Verbindungen zwischen Mainfranken und den
Ludowingern bietet WILHELM STÖRMER (Bearb.): Franken von der Völkerwanderungszeit bis
1268 (Dokumente zur Geschichte von Staat und Gesellschaft in Bayern, hrsg. von der
Kommission für bayerische Landesgeschichte. Abt. II. Bd. 1). München 1999, die einschlägigen Quellen mit eingehender und sehr instruktiver Kommentierung. – Den Forschungsstand
zum Aufstieg und zur Herrschaft der Ludowinger referiert REINHARD ZÖLLNER: Die Ludowinger
und die Takeda. Feudale Herrschaft in Thüringen und Kai no kuni. Bonn 1995, um die thüringischen Befunde im Rahmen eines Beitrags zur internationalen vergleichenden Feudalismus-
forschung mit den japanischen Takeda zu vergleichen.

101 Den Forschungsstand referiert HANS-JÖRG RUGE: Historischer Abriß von Friedrichroda und
Reinhardsbrunn. Heft 1: Ur- und Frühgeschichte und Mittelalter. Friedrichroda 1995; HANS-
JÖRG RUGE: Das ehemalige Benediktinerkloster Reinhardsbrunn – Quellenüberlieferung und
Forschungsstand. In: CHRISTOF RÖMER, DIETER PÖTSCHKE und OLIVER H. SCHMIDT (Hrsg.):
Benediktiner, Zisterzienser (Studien zur Geschichte, Kunst und Kultur der Zisterzienser 7).
Berlin 1999, S. 72–79, und ERNST KOCH: Die Bedeutung des Klosters Reinhardsbrunn für das
hochmittelalterliche Thüringen. In: Wartburg-Jahrbuch 1995. 4 (1996), S. 11–27. – STEFAN
TEBRUCK: Die Gründung des Klosters Zscheiplitz. Zur Entstehung des Reinhardsbrunner
Frauenpriorates an der Unstrut und seiner Bedeutung für die Ludowinger um 1200. In:
Sachsen und Anhalt. 20 (1997), S. 331–358, und STEFAN TEBRUCK: Die Gründungsgeschichte
des Klosters Zscheiplitz. In: Zscheiplitz. Pfalzgrafenhof, Kirche, Kloster und Gut (Burgen und
Schlösser in Sachsen-Anhalt. Sonderheft 1999). Halle (Saale) 1999, S. 6–35, konnte zeigen,
dass der Benediktinerinnenkonvent Zscheiplitz bei Freyburg an der Unstrut als eines von ins-
gesamt sieben von Reinhardsbrunn abhängigen Prioraten (Bonnrode und Dietenborn bei
Sondershausen, Sangerhausen, Oberellen bei Eisenach, Lissen bei Naumburg und Zella S.
Blasii im heutigen Zella-Mehlis) um 1200 gegründet wurde; die Reinhardsbrunner Benediktiner folgten damit einer in vielen Hirsauer Klöstern des 12. Jahrhunderts nachgewiesenen
Praxis, die in Nachbarschaft zu den jeweiligen Männerkonventen lebenden Schwestern auszu-
siedeln und in abhängigen Prioraten neu zu organisieren.

des Benediktinerkonvents und Hausklosters der Ludowinger in Reinhardsbrunn bedarf es dringend einer Bearbeitung der gesamten urkundlichen Überlieferung der Landgrafen, um ein Bild von der bislang noch kaum untersuchten
Kanzleigeschichte der Landgrafen zu gewinnen.[102] Welche Desiderate sich
beim Blick auf die Edition mittelalterlicher Urkunden in Thüringen insgesamt
zeigen, hat jüngst Enno Bünz deutlich gemacht.[103] Darüber hinaus gilt es im
Kontext der Frage nach der Herrschaftspraxis und dem Hof die ludowingische
Ministerialität in kritischer Auseinandersetzung mit Patzes Interpretationen
einer erneuten umfassenden Untersuchung zu unterziehen.[104] Mit Blick auf
das Beziehungsgeflecht zwischen dem Adel und den Landgrafen steht ein
Vergleich der thüringischen mit den hessischen Verhältnissen noch aus.[105] Für
die Frage nach der fürstlichen Repräsentation der Ludowinger wäre eine
Untersuchung der bislang nur sporadisch besprochenen ludowingischen Siegel
und Münzen von zentraler Bedeutung.[106] Künftige Arbeiten werden sich bei
dem Versuch, die Geschichte der Ludowinger in größere Kontexte einzubet-

---

102 Vgl. hierzu das entsprechende Kapitel in Patze, Entstehung 1962 (wie Anm. 15) S. 527–533,
mit der älteren Literatur.

103 Enno Bünz: Die mittelalterlichen Urkunden Thüringens. Überlieferung – Editionsstand –
Aufgaben. In: Graber, Diplomatische Forschungen 2005 (wie Anm. 6) S. 317–370. – Neuere,
für die Ludowingerforschung einschlägige Urkundenbücher wurden mit dem zweibändigen
zweiten Teil des Mainzer Urkundenbuch bereits 1968/71 vorgelegt: Peter Acht (Hrsg.):
Mainzer Urkundenbuch. Bd. 2: Die Urkunden seit dem Tode Erzbischof Adalberts (1137) bis
zum Tode Erzbischof Konrads (1200). 2 Bde. Darmstadt 1968–1971. Nach 2000 folgten die
wichtigen Editionen der Naumburger und der Walkenrieder Urkunden: Hans K. Schulze
(Hrsg.): Urkundenbuch des Hochstifts Naumburg. Teil 2 (1207–1304). Auf der Grundlage der
Vorarbeiten von Felix Rosenfeld und Walter Möllenberg bearb. von Hans Patze und Josef
Dolle (Quellen und Forschungen zur Geschichte Sachsen-Anhalts. 2). Köln/Weimar/Wien
2000; Urkundenbuch des Klosters Walkenried. Bd. 1. Von den Anfängen bis 1300, bearb. von
Josef Dolle nach Vorarbeiten von Walter Baumann (Veröffentlichungen der Historischen
Kommission für Niedersachsen und Bremen. 210; Quellen und Forschungen zur Braunschweigischen Landesgeschichte. 38). Hannover 2002. – Von zentraler Bedeutung für Thüringen und
die Ludowinger ist auch die jüngst abgeschlossene Edition des Mitte des 12. Jahrhunderts angefertigten Fuldaer Urkundencodex: Heinrich Meyer zu Ermgassen (Hrsg.): Der Codex Eber-
hardi des Klosters Fulda, 3 Bde. (Veröffentlichungen der Historischen Kommission für Hessen.
58). Marburg 1995, 1996, 2007. – In Fortsetzung des Dresdner Editions- und Forschungsprojekts «Codex diplomaticus Saxoniae» ist jüngst der Registerband zur Edition der ludowingischen und wettinischen Urkunden von 1196–1234 erschienen: Urkunden der Markgrafen von
Meißen und Landgrafen von Thüringen 1196–1234 – Register (Codex diplomaticus Saxoniae
regiae. Erster Hauptteil Abteilung A. Bd. 3. Register). Auf der Grundlage der Vorarbeiten von
Elisabeth Boer (†) bearb. von Susanne Baudisch und Markus Cottin. Hannover 2009. Der
die Urkunden der Landgrafen von Thüringen und Markgrafen von Meißen der Jahre
1234–1247 umfassende Band des «Codex diplomaticus Saxoniae» ist in Bearbeitung. Zum
Stand und den Perspektiven des 2008 als Projekt der Sächsischen Akademie der Wissenschaften
zu Leipzig erneuerten Hauptteil I des «Codex diplomaticus Saxoniae» siehe demnächst den
Bericht von Mathias Kälble in der Zeitschrift für Thüringische Geschichte. 64 (2010).

ten, zunehmend der Aufgabe stellen, die vielfältigen Entwicklungsprozesse im hochmittelalterlichen Thüringen aus der Perspektive der anderen Herrschaftsträger im Land zu betrachten. Erste Schritte in diese Richtung sind bereits mit den Studien über die Grafen von Schwarzburg-Käfernburg,[107] die Grafen von Weimar-Orlamünde[108] und die Vögte von Weida gelungen.[109] Mit den Untersuchungen über Erfurt im 13. Jahrhundert,[110] über die Königspfalzen in Thüringen[111] sowie über die auch für die Ludowinger bedeutenden geistlichen Institutionen an der Saale – das Zisterzienserkloster Pforte bei Naumburg[112] und das Hochstift Naumburg[113] – liegen ebenfalls außerordentlich ertragreiche und weiterführende Arbeiten zum Umfeld der Ludowinger in Thüringen vor. Für die Mainzer Erzbischöfe, für weitere thüringische Grafengeschlechter und für das hessische Umfeld der Landgrafen stehen entsprechende Arbeiten noch aus, die außerordentlich vielversprechend und lohnend sein dürften.[114]

---

104 Vgl. PATZE, Entstehung 1962 (wie Anm. 15) S. 326–370.

105 Wichtige Hinweise hierzu bei WERNER, Reichsfürst 2003 (wie Anm. 18) S. 156ff. und S. 195ff.

106 Als Tafelwerk steht hierfür die ältere Arbeit zur Verfügung von OTTO POSSE: Die Siegel der Wettiner bis 1324 und der Landgrafen von Thüringen bis 1247. Leipzig 1888. Vgl. auch das entsprechende Kapitel bei PATZE, Entstehung 1962 (wie Anm. 15) S. 534–546. Zu den Münzen zuletzt TORSTEN FRIED: Die Münzprägung in Thüringen. Vom Beginn der Stauferzeit bis zum Tode König Rudolfs von Habsburg 1138–1291 (Beihefte der Zeitschrift des Vereins für Thüringische Geschichte. 31; Schriftenreihe der Numismatischen Gesellschaft Speyer. 41). Jena/Speyer 2000. – Ludowingische Siegel und Münzen wurden zuletzt in BLUME/WERNER, Elisabeth Katalogband (wie Anm. 1) S. 76ff., S. 169ff., gezeigt und jeweils knapp kommentiert.

107 Zu den Schwarzburg-Käfernburger Grafen vgl. die oben in Anm. 66 genannten Studien von HELGE WITTMANN.

108 Zu den Grafen von Weimar-Orlamünde siehe jüngst die oben in Anm. 66 genannte Untersuchung von INGRID WÜRTH.

109 MATTHIAS WERNER: «pars nemoris prope Graitz». Die Ersterwähnung von Greiz im Jahre 1209. Die Anfänge von Greiz und die älteste Geschichte der Vögte von Weida (Hg. von der Sparkassen-Kulturstiftung Hessen-Thüringen in Verbindung mit der Sparkasse Gera-Greiz). Greiz 2009; MATTHIAS WERNER: Die Anfänge der Vögte von Weida. In: Das Obere Schloß von Greiz. Ein romanischer Backsteinbau in Ostthüringen und sein historisches Umfeld (Arbeitshefte des Thüringischen Landesamtes für Denkmalpflege und Archäologie. Neue Folge. 30). Altenburg 2008, S. 11–55.

110 STEPHANIE WOLF: Erfurt im 13. Jahrhundert. Städtische Gesellschaft zwischen Mainzer Erzbischof, Adel und Reich (Städteforschungen. Veröffentlichungen des Instituts für vergleichende Städtegeschichte in Münster. Reihe A/67; zugl. Diss. phil. Jena 2003). Köln/Weimar 2005.

111 MICHAEL GOCKEL: Die deutschen Königspfalzen. Bd. 2: Thüringen (Die deutschen Königspfalzen. Repertorium der Pfalzen, Königshöfe und übrigen Aufenthaltsorte der Könige im deutschen Reich des Mittelalters. 2). Göttingen 2000.

112 HOLGER KUNDE: Das Zisterzienserkloster Pforte. Die Urkundenfälschungen und die frühe Geschichte bis 1236 (Quellen und Forschungen zur Geschichte Sachsen-Anhalts. 4; zugl. Diss. phil. Univ. Jena 2000). Köln/Weimar/Wien 2003.

113 HEINZ WIESSNER: Das Bistum Naumburg. Die Diözese. 2 Bde. (Germania Sacra. Neue Folge. 35). Berlin/New York 1997–1998.

Standen die Anfänge der historisch-kritischen Beschäftigung mit den Ludowingern im 19. und frühen 20. Jahrhundert noch ganz unter dem Einfluss des am Staat, an der Kirche und an den handelnden Persönlichkeiten orientierten Geschichtsverständnisses jener Zeit, so wurden in der zweiten Hälfte des 20. Jahrhunderts die jeweils neueren Ansätze mediävistischer Forschung erprobt. Die Fragen nach der Ausbildung fürstlicher Landesherrschaft, adligem Selbstverständnis, familiärer Memoria, fürstlicher Hausüberlieferung, historiographischer Traditionsbildung, religiösem Leben und höfischer Kultur wurden an die thüringischen Befunde herangetragen und ließen ein neues, doch bei weitem nicht abgeschlossenes und kohärentes Bild von dieser Dynastie und ihrem Umfeld entstehen. Der bisher erreichte Forschungsstand lädt dazu ein, die oben angesprochenen zentralen offenen Fragen aufzugreifen und weiterzuführen. Wenn mit künftigen Arbeiten zu den ludowingischen Landgrafen in Thüringen und Hessen zwei der dynamischsten Landschaften in der Mitte des hochmittelalterlichen Reiches in den Blick genommen werden, sind weit über die Ludowinger und ihr näheres Umfeld hinaus stets auch neue, weitreichende Einsichten in die vielfältigen politischen, kirchlichen, sozialen, wirtschaftlichen und kulturellen Entwicklungsprozesse in der hochmittelalterlichen Gesellschaft insgesamt zu erwarten.

---

114 Zu den Mainzer Erzbischöfen vgl. vor allem die auch den thüringischen Teil der Erzdiözese behandelnden Arbeiten von Georg May: Die Organisation von Gerichtsbarkeit und Verwaltung in der Erzdiözese Mainz vom hohen Mittelalter bis zum Ende der Reichskirche. 2 Bde. (Quellen und Abhandlungen zur mittelrheinischen Kirchengeschichte. 111). Mainz 2004, und von Günter Christ und Georg May: Erzstift und Erzbistum Mainz. Territoriale und kirchliche Strukturen (Handbuch der Mainzer Kirchengeschichte. 2; Beiträge zur Mainzer Kirchengeschichte. 6/2). Würzburg 1997, S. 395–417, 527–537. – Vgl. auch Ulman Weiss: «Sedis Moguntinae filia fidelis»? Zur Herrschaft und Residenz des Mainzer Erzbischofs in Erfurt. In: Volker Press (Hrsg.): Südwestdeutsche Bischofsresidenzen außerhalb der Kathedralstädte (Veröffentlichungen der Kommission für geschichtliche Landeskunde in Baden-Württemberg. Reihe B. 116). Stuttgart 1992, S. 99–131.

«Wer könnte ohne innerliche Ergriffenheit die Summe dieses Lebens ziehen!» Karl Wencks Lebensbild der hl. Elisabeth im Wartburg-Werk und die Elisabeth-Forschung des 19./20. Jahrhunderts

Matthias Werner

In dem Prachtband «Die Wartburg. Ein Denkmal deutscher Geschichte und Kunst», den Großherzog Carl Alexander von Sachsen-Weimar-Eisenach (1818–1901) «dem deutschen Volke» anlässlich der Vollendung des Wiederaufbaus der Wartburg widmete[1], war nach der ersten Konzeption von 1894 ein Beitrag über die hl. Elisabeth nicht vorgesehen[2]. Wohl aber plante der zunächst mit der wissenschaftlichen Leitung beauftragte Herausgeber, der Giessener Ordinarius für Geschichte und national-liberale Protestant Wilhelm Oncken (1838–1905), ein eigenes Kapitel zum Thema «Martin Luther auf der Wartburg»[3]. Diesen Abschnitt beabsichtigte Oncken, dessen Forschungsschwerpunkte in der jüngeren und jüngsten preußisch-deutschen Geschichte lagen[4], ebenso selbst zu verfassen wie die beiden anderen von ihm vorgesehenen historischen Beiträge über «Die älteste Zeit» und «Die Burschenschaft und ihr Wartburgfest»[5]. Die mit der Wartburg gleichfalls engstens verbundene Gestalt der hl. Elisabeth fand Eingang in das Wartburg-Werk erst bei der

---

1 Max Baumgärtel (Hrsg.): Die Wartburg. Ein Denkmal deutscher Geschichte und Kunst. Dem deutschen Volke gewidmet von Grossherzog Carl Alexander von Sachsen. Dargestellt in Monographien von Carl Alexander Grossherzog von Sachsen-Weimar-Eisenach, Richard Voß, Karl Wenck, Paul Weber, Ernst Martin, Wilhelm Oncken, Max Baumgärtel, Otto von Ritgen, August Trinius. Berlin 1907.

2 Vgl. hierzu wie zur gesamten Entstehungsgeschichte des Wartburg-Werkes den Beitrag: Die Entstehung des Wartburg-Werks vor allem nach dem Bericht des Herausgebers Max Baumgärtel vom 27. Mai 1907, – in diesem Bande S. 8–29, hier S. 11 zum ursprünglichen Plan Onckens.

3 Wie vorige Anm.

4 Helmut Berding: Wilhelm Oncken (1838–1905)/Historiker. In: Hans Georg Gundel, Peter Moraw, Volker Press (Hrsg.): Giessener Gelehrte in der ersten Hälfte des 20. Jahrhunderts. 2. Teil (Veröffentlichungen der Historischen Kommission für Hessen. 35,2). Marburg 1982, S. 696–703, hier S. 698ff.

5 Zu ihnen vgl. die Beiträge von Volker Leppin: Der Held der protestantischen Nation: Die Lutherpartien in Baumgärtels «Wartburg» und Eike Wolgast: Wilhelm Onckens Beitrag über Burschenschaft und Wartburgfest, – in diesem Bande S. 208–219 und S. 220–225.

Abänderung der ursprünglichen Konzeption, als nach dem Übergang der Herausgeberschaft an den Berliner Verleger Max Baumgärtel auch für sie ein eigenes Kapitel eingeplant wurde[6].

Zählte die hl. Elisabeth vom Beginn der Wiederherstellung der Wartburg in den 1830er Jahren an zum «festen Repertoire des Wartburgmythos» (Stefan Schweizer), so hatte Großherzog Carl Alexander bei seinen Restaurierungsplänen ihrem Gedenken bereits als Erbprinz 1844 hohen Rang beigemessen[7]. Vor allem auf sie bezog er sich, als er bei der offiziellen Grundsteinlegung des Bergfrieds 1854 neben der Vergegenwärtigung der historischen, politischen und geistesgeschichtlich-künstlerischen Bedeutung der Wartburg und ihrer Rolle «für die Reformation» als Ziel der Wiederherstellung auch die Erinnerung an die «katholisch-religiöse Bedeutung» der Wartburg nannte[8]. Dem Ausbau zum Erinnerungsort auch der hl. Elisabeth entsprach es, dass der Großherzog mit den Elisabethfresken Moritz von Schwinds von 1855 in der Elisabeth-Galerie der Wartburg ein einzigartiges Denkmal zum Leben und Wirken der berühmten Heiligen schaffen ließ[9] und dass er seit den frühen 1860er Jahren eine völlige Neugestaltung der sog. Elisabethkemenate im Erdgeschoss des Wartburg-Palas vornahm[10]. Unter diesen Rahmenbedingungen mochte es durchaus als eine weitere protestantische «Aneignung» der hl. Elisabeth erscheinen, dass 1852 in der Kapelle auf der Wartburg beim Eröffnungsgottesdienst der deutschen evangelischen Kirchenkonferenz in Eisenach Elisabeth und Luther als die «zwei kirchlichen Heroen der Liebe und des Glaubens» gewürdigt wurden, die «einst an derselben Stätte gelitten, gebetet, gesiegt, gearbeitet und gesegnet hatten»[11]. Noch deutlicher hob die hier anklingende überkonfessionelle Bedeutung der Wartburg 1867 der Präsident der deutschen evangelischen Kirchenkonferenz Dr. von Grüneisen in seiner Festpredigt bei

---

6 Entstehung des Wartburg-Werks (wie Anm. 2) S. 11 und 13.

7 STEFAN SCHWEIZER: Der katholische Maler und sein protestantischer Auftraggeber. Moritz von Schwinds Elisabeth-Fresken auf der Wartburg. In: DIETER BLUME und MATTHIAS WERNER (Hrsg.): Elisabeth von Thüringen – Eine europäische Heilige. Aufsätze. Petersberg 2007, S. 547–563, hier S. 547f., Zitat S. 548. Zur Tradition und Gestaltung der Wartburg als Erinnerungsort der hl. Elisabeth unter Großherzog Carl Alexander vgl. auch VOLKER LEPPIN: Dreifaches Gedächtnis. Elisabeth, Luther, Burschenschaften – die Wartburg als deutscher Erinnerungsort. In: Theologische Zeitschrift. 63 (2007), S. 310–330, hier S. 325ff.

8 JUTTA KRAUSS: Carl Alexanders Wartburg – «Denkmal des Altertums», Geschenk an die Nation, Welterbe der Menschheit. In: Carl Alexander. «So wäre ich angekommen, wieder, wo ich ausging, an der Wartburg». Zum 100. Todestag des Grossherzogs von Sachsen-Weimar-Eisenach, hrsg. von der Wartburg-Stiftung Eisenach. Eisenach 2001, S. 13–18, hier S. 16 das Zitat aus der Urkunde zur Grundsteinlegung.

9 SCHWEIZER, Elisabeth-Fresken 2007 (wie Anm. 7) S. 548ff.

10 GRIT JACOBS: Kaiserkunst auf der Wartburg. Das Glasmosaik in der Elisabethkemenate. In: BLUME/WERNER, Aufsätze 2007 (wie Anm. 7) S. 565–582, hier S. 565f.

den Feierlichkeiten 1867 anlässlich des 800-jährigen Gründungsjubiläums der
Wartburg hervor – bei denen auch Franz Liszt's «Legende der Heiligen Elisa-
beth» aufgeführt wurde – , als er betonte, daß Elisabeth und Martin Luther
«sich einander gleichwohl beide zur wundersamen Ergänzung in unsern
Augen» dienten, und in beider Namen zur Überwindung der konfessionellen
Gegensätze aufrief[12].

Ein eigenes Kapitel über die hl. Elisabeth im Wartburg-Werk war, gemessen
an der Bedeutung, die Carl Alexander der hl. Elisabeth bei der Wiederherstellung der Wartburg als nationalem Erinnerungsort zugedacht hatte und
die das Elisabeth-Gedenken in der konkreten Umsetzung seiner Pläne spielte,
somit mehr als gerechtfertigt. Um so bemerkenswerter aber spiegelt die
Tatsache, dass der erste Herausgeber Wilhelm Oncken einen derartigen Beitrag
nicht einplante, die Ambivalenz wider, die das Thema Elisabeth in dem ausschließlich protestantisch geprägten Umfeld des Wartburg-Werkes besaß[13].
Neben der «geliebten Gestalt seines gewaltigen Reformators», der, wie der
Bibliothekar der Wartburg Richard Voß in seinem Stimmungsbild zu Beginn
des Wartburg-Werkes rühmte, auf der Wartburg als «der größte und deutscheste aller Deutschen einstmals sein ‹Pathmos› fand», war für die «so holdselige
und zugleich so ergreifende Gestalt» der – letztlich eben doch katholischen –
hl. Elisabeth und für die «Tragödie dieses Frauenlebens» nur schwer ein gleichfalls würdigender Platz zu finden[14].

---

11 August Friedrich Christian Vilmar: Andacht, gehalten zur Eröffnung der Conferenz der
   Abgeordneten der evangelischen Kirchenregierungen Deutschlands zu Eisenach am 3. Juni
   1852, zitiert nach Hermelink, Elisabethforschung 1932 (wie Anm. 187) S. 24.

12 Jubelgottesdienst auf der Wartburg am 28. August 1867. Eisenach 1867, S. 12f.; vgl. hierzu
   Marko Kreutzmann: Die heilige Elisabeth in der thüringischen Erinnerungskultur des 19.
   Jahrhunderts. In: Blume/Werner, Aufsätze 2007 (wie Anm. 7) S. 511–519, hier S. 513f.; sowie
   zu dem Jubiläumsfest 1867 auf der Wartburg Joachim Bauer und Jutta Krauss: «Wartburg-
   Mythos» und Nation in der ersten Hälfte des 19. Jahrhunderts. In: Hans-Werner Hahn und
   Werner Greiling (Hrsg.): Die Revolution von 1848/49 in Thüringen. Aktionsräume, Hand-
   lungsebenen, Wirkungen. Rudolstadt 1998, S. 513–533, hier S. 527f.

13 Zu dem Spannungsfeld zwischen der «Suche nach einer überkonfessionell zuträglichen Form
   der Elisabetherinnerung» und «konfessionsbewusster Akzentuierung» im protestantischen
   Sinne bei der Gestaltung der Wartburg als Erinnerungsort Elisabeths vgl. Leppin, Dreifaches
   Gedächtnis 2007 (wie Anm. 7) S. 325ff. (Zitate S. 327f.).

14 Richard Voss: Ein Gang durch die heutige Wartburg. In: Baumgärtel, Wartburg 1907 (wie
   Anm. 1) S. 17–26, Zitate S. 22, 25, 23.

I. Die Elisabeth-Forschung vor Wenck

Die Einbeziehung der hl. Elisabeth warf jedoch nicht nur angesichts der national-protestantischen Ausrichtung des Wartburg-Werkes Schwierigkeiten auf. Wollte man dem hohen wissenschaftlichen Anspruch des Prachtbandes und dem Wunsch nach Mitwirkung möglichst namhafter Gelehrter gerecht werden, so war mit Blick auf die bisherige wissenschaftliche Beschäftigung mit der Elisabeth-Thematik und auf den Kreis der in Frage kommenden Bearbeiter – anders als bei Luther – die Auswahl nicht allzu groß.

Das 19. Jahrhundert hatte eine Fülle populärer Elisabeth-Darstellungen hervorgebracht, die zum Großteil von konfessioneller Akzentuierung geprägt waren[15]. An ihrer Spitze standen, zeitlich wie in ihrer Breitenwirkung, von protestantischer Seite die dem Geist der Aufklärung verpflichtete, in zwei Auflagen von 1797 und 1835 erschienene Elisabeth-Biographie des Marburger Philosophie- und Theologieprofessors Wilhelm Justi (1767–1846)[16] und von katholischer Seite die große, von der Romantik geprägte «Histoire de Sainte Élisabeth» des französischen Grafen Charles Forbes René de Montalembert (1810–1870)[17]. Letztere erschien erstmals 1836 und erfuhr in der Folgezeit – auch in ihrer deutschen Übersetzung von 1837[18] – zahlreiche Neuauflagen[19]. Beide

---

15 Aus der Vielzahl der Literatur- und Forschungsberichte zur Person und Geschichte der hl. Elisabeth sei neben der noch immer grundlegenden Arbeit von Wilfried Mühlensiepen: Die Auffassung von der Gestalt der heiligen Elisabeth in der Darstellung seit 1795. Diss. phil. Marburg 1949 (masch.), hier lediglich verwiesen auf András Korányi: Leben und Biographie: Die heilige Elisabeth von Thüringen und Ungarn im Spiegel der wissenschaftlichen Forschung des 20. Jahrhunderts. Diss. Evangélikus Hittudomanyi Egyetem Egyháztörténeti Tanszék, Budapest 2004, der S. 21–28 auch das 19. Jahrhundert behandelt, sowie auf die jüngsten für das 19. Jahrhundert wichtigen Aufsätze von Stefan Gerber: «Die Heilige der Katholiken und Protestanten». Die heilige Elisabeth in konfessioneller Wahrnehmung während des «langen» 19. Jahrhunderts. In: Blume/Werner, Aufsätze 2007 (wie Anm. 7) S. 499–519, und Jochen-Christoph Kaiser: Die Funktionalisierung einer Heiligen. Zum Wandel des Elisabethbildes in den gesellschaftlichen und konfessionellen Modernisierungsprozessen des 19. und frühen 20. Jahrhunderts. In: Zeitschrift für Kirchengeschichte. 118 (2007) 3, S. 367–388. Wichtige Hinweise für die Sicht Elisabeths im 19. Jahrhundert enthält jüngst auch die Studie von Traute Endemann: Konrad von Marburg in der Wahrnehmung des 19. Jahrhunderts. Facetten der Rezeption. In: Hessisches Jahrbuch für Landesgeschichte. 58 (2008), S. 133–163.

16 Karl Wilhelm Justi: Elisabeth die Heilige, Landgräfin von Thüringen und Hessen. Nach ihren Schicksalen und ihrem Charakter dargestellt. Neue sehr vermehrte und verbesserte Auflage. Marburg 1835. Vgl. dazu zuletzt Thomas Fuchs: Das Bild der heiligen Elisabeth im frühneuzeitlichen Protestantismus. Formung des protestantischen Elisabethbildes in der Reformation. In: Blume/Werner, Aufsätze 2007 (wie Anm. 7) S. 459–468, hier S. 465ff.; Kaiser, Funktionalisierung 2007 (wie Anm. 15) S. 373–376, und Endemann, Konrad von Marburg 2008 (wie Anm. 15) S. 141–144.

17 [Charles Forbes René] Le Comte de Montalembert: Histoire de Sainte Élisabeth de Hongrie, Duchesse de Thuringe. Paris/Louvain 1836.

Werke, vor allem die Darstellung Montalemberts, bildeten in ihrer Ausrichtung und Materialbasis die Grundlage eines breiten Elisabeth-Schrifttums, innerhalb dessen im katholischen Bereich das seit 1865 in zahlreichen Auflagen erschienene Elisabeth-Buch des Freiburger Pastoraltheologen Alban Stolz (1808–1883)[20] und im evangelischen Umfeld die erstmals 1842 publizierte Lebensbeschreibung der hl. Elisabeth aus der Feder des Marburger Theologen und Pädagogen August Friedrich Christian Vilmar (1800–1868)[21] die größte Breitenwirkung entfalteten. Gemeinsam war diesen Werken und den von ihnen beeinflussten weiteren Elisabeth-Darstellungen bei aller Unterschiedlichkeit ihrer Wertungen und Einzelgewichtungen der letztlich unkritische Umgang mit der Quellengrundlage, d. h. die Vermengung älterer und jüngerer Elemente der Elisabethhistoriographie und -hagiographie, das – mit Ausnahme des Buches von Justi[22] – eher erbaulich-erzählerische Anliegen und die deutliche konfessionelle Ausrichtung[23]. Überwog bei den katholischen Autoren eine von kirchlicher Heiligenverehrung getragene hagiographische Grundtendenz, bei der sich

---

18 [Charles Forbes René] GRAF VON MONTALEMBERT: Geschichte der Heiligen Elisabeth von Ungarn, Landgräfin von Thüringen und Hessen (1207–1231). Ein Erbauungsbuch für katholische Christen. Aus dem Französischen des Grafen Montalembert, Pairs von Frankreich, übersetzt und mit Anmerkungen vermehrt von JEAN PHILIPPE STÄDTLER. Leipzig 1837.

19 Hierzu zuletzt GERBER, Konfessionelle Wahrnehmung 2007 (wie Anm. 15) S. 500f.; KAISER, Funktionalisierung 2007 (wie Anm. 15) S. 376–379, und ENDEMANN, Konrad von Marburg 2008 (wie Anm. 15) S. 144–146.

20 ALBAN STOLZ: Die heilige Elisabeth. Ein Buch für Christen. Freiburg 1865. Dazu zuletzt KLAUS-BERNWARD SPRINGER: Alban Stolz, Die heilige Elisabeth. In: DIETER BLUME und MATTHIAS WERNER (Hrsg.): Elisabeth von Thüringen – Eine europäische Heilige. Katalog. Petersberg 2007, Nr. 396 S. 556f.

21 AUGUST FRIEDRICH CHRISTIAN VILMAR: Die heilige Elisabeth. Skizze aus dem christlichen Leben des 13. Jahrhunderts. Gütersloh 1895; erstmals veröffentlicht 1842 in Hengstenbergs «Evangelischer Kirchenzeitung». Vgl. zu Vilmar als Vertreter des Neuluthertums und zu seinem Elisabeth-Bild zuletzt GERBER, Konfessionelle Wahrnehmung 2007 (wie Anm. 15) S. 504f.; KAISER, Funktionalisierung 2007 (wie Anm. 15) S. 381f.; ENDEMANN, Konrad von Marburg 2008 (wie Anm. 15) S. 148ff.

22 JUSTI, Elisabeth 1835 (wie Anm. 16) S. XVI betonte ausdrücklich als sein Anliegen: «Meine Absicht war es nicht, ein idealisiertes Charaktergemälde dieser Fürstin zu entwerfen, sondern ihr Bild so darzustellen, wie es, entlastet von den Zügen, welche Wahn und religiöse Schwärmerei ihm liehen, der unbefangenen Beobachtung erscheinen muß» (so bereits im Vorwort der Erstauflage von 1797).

23 Zur Rolle des Elisabeth-Bildes in den einzelnen Phasen eines zunächst «konfessionsharmonischen Bemühens» um die hl. Elisabeth und einer seit den 1830/40er Jahren «immer stärker auf konfessionelle Abgrenzung bedachten historisch-kirchlich eingebundenen Historiographie», der sich zunehmend auch die «Profanhistoriker» anschlossen, sowie auch bei den jeweiligen innerkonfessionellen Gegensätzen innerhalb des Katholizismus und Protestantismus vgl. die wichtigen Beobachtungen von GERBER, Konfessionelle Wahrnehmung 2007 (wie Anm. 15) passim, und KAISER, Funktionalisierung 2007 (wie Anm. 15) S. 371ff., Zitate S. 379.

Kritik allenfalls gegen Elisabeths Beichtvater Konrad von Marburg richtete[24], so gelangten die protestantischen Verfasser meist auch bei der Gestalt der hl. Elisabeth selbst zu einem eher zwiespältigen Urteil.

Es dauerte bis zum Jahre 1861, bis mit dem Aufsatz des Würzburger Ordinarius für Geschichte Franz Xaver Wegele (1823–1897) über die «Die hl. Elisabeth von Thüringen» in der renommierten «Historischen Zeitschrift» erstmals eine Publikation zur hl. Elisabeth erschien, die den Methoden der neu entstandenen kritischen Geschichtswissenschaft verpflichtet war[25]. Ihr Autor, der liberale Katholik Wegele, der von 1848 bis 1857 Geschichte in Jena gelehrt hatte[26], war über seine quellenkritischen Forschungen zur thüringischen Geschichtsschreibung des 13./14. Jahrhunderts auf die Elisabeth-Thematik gestoßen[27]. Gegenüber der bisherigen Elisabeth-Literatur betonte er, dass eine Klärung der Hauptfragen «nur dann möglich sei[n], wenn man mit Kritik und sorgfältiger Pietät zugleich und ohne alle Vorurtheile an die Betrachtung dieses Phänomens geht und den Muth hat, das Leben und den Charakter der Landgräfin, wie sie in der Wirklichkeit geworden und gewesen sind, wiederherzustellen.»[28] Derart den Maximen der Geschichtswissenschaft seiner Zeit verpflichtet und im Bewusstsein, erstmals einen von Legenden und jüngeren Traditionen unverstellten Blick auf die hl. Elisabeth zu richten, glaubte Wegele in der «inneren Entwicklung» Elisabeths zwei Phasen nachweisen zu können, die durch den Eintritt Konrads von Marburg in das Leben Elisabeths 1226 und endgültig durch den Tod ihres Gemahls Landgraf Ludwigs IV. 1227 deutlich

---

24 Hierzu vor allem ENDEMANN, Konrad von Marburg 2008 (wie Anm. 15) S. 141ff.

25 FRANZ XAVER WEGELE: Die hl. Elisabeth von Thüringen. In: Historische Zeitschrift. 5 (1861), S. 351–397.

26 Zu Wegele vgl. ALFRED WENDEHORST: Franz Xaver von Wegele. In: Fränkische Lebensbilder. 7. Neustadt/Aisch 1977, S. 222–240, sowie JÜRGEN PETERSOHN: Franz Xaver Wegele und die Gründung des Würzburger Historischen Seminars (1857). Mit Quellenbeilagen. In: PETER BAUMGART (Hrsg.): Vierhundert Jahre Universität Würzburg. Eine Festschrift. München 1982, S. 483–537, hier besonders S. 506ff.; in einer offiziellen Einschätzung Wegeles von 1855 wurde vermerkt, dass «derselbe, obwohl als Katholik getauft, doch in der Tat kaum als solcher anzusehen sei», ebd. S. 502f. Entsprechend hielt HELLMUTH MIELKE: Die Heilige Elisabeth, Landgräfin von Thüringen. (Sammlung gemeinverständlicher wissenschaftlicher Vorträge, herausgegeben von Rudolf Virchow und Wilhelm Wattenbach. Neue Folge. 6. Serie. Heft 125) Hamburg 1891, S. 37 Wegele für einen «protestantischen Geschichtsforscher».

27 Insbesondere mit seiner erstmaligen kritischen Edition der Reinhardsbrunner Chronik war er tief in die um das Kloster Reinhardsbrunn und die Elisabeth-Vita des Dietrich von Apolda gruppierten, verwickelten Überlieferungszusammenhänge eingedrungen, in denen die hl. Elisabeth und ihr Gemahl Landgraf Ludwig IV. von Thüringen eine zentrale Rolle spielten, FRANZ XAVER WEGELE (Hrsg.): Annales Reinhardsbrunnenses (Thüringische Geschichtsquellen. 1). Jena 1854.

28 WEGELE, Elisabeth 1861 (wie Anm. 25) S. 353.

von einander geschieden seien[29]. Sah er in dieser bislang nicht erkannten «Unterscheidung» ein wichtiges neues Ergebnis seiner Forschungen, so folgte er bei der Beurteilung dieser Phasen und damit bei der Frage nach der historischen Bedeutung Elisabeths unausgesprochen den Deutungsmustern, die spätestens seit Justi die protestantische Sichtweise prägten[30]. Danach komme überzeitliche, bis heute gültige Bedeutung allein der ersten Phase zu: «das ist die Elisabeth der Wartburg, die bei der aufopferndsten Nächstenliebe ... doch nicht aufhörte, liebende Gemahlin und Mutter zu sein», und die mit «dieser intensiven und seltenen Verbindung der edelsten menschlichen und höchsten christlichen Tugenden» größtes Ansehen erlangte. Weit weniger Gewicht hingegen für die Gegenwart besäße die von «asketische(r) Anspannung» geprägte zweite Phase, d. h. vor allem Elisabeths Wirken in Marburg unter dem Einfluss Konrads von Marburg, da sie im Wesentlichen «einer bestimmten Zeit und höchst einseitigen Stimmung» angehört habe[31].

Wegeles Aufsatz blieb, obgleich die Geschichtswissenschaft in Deutschland seit der Mitte des 19. Jahrhunderts einen einzigartigen Aufschwung nahm, bis in die späten 1880er Jahre der einzige namhaftere Beitrag der neuen historischen Disziplin[32]. Wie nahezu die gesamte, konfessionell kontrovers gewertete Geschichte der mittelalterlichen Heiligenverehrung lag auch die Elisabeth-Thematik – in einem eigentümlichen Gegensatz zu der gleichzeitigen vielfältigen Popularisierung des Elisabeth-Stoffes – außerhalb des damaligen geschichtswissenschaftlichen Interesses[33]. Bezeichnenderweise waren es deshalb nicht neue inhaltliche Fragestellungen, sondern neue quellenkritische Forschungen, die zu erneuter wissenschaftlicher Beschäftigung mit der hl. Elisabeth führten – zunächst allerdings ausschließlich durch protestantische Historiker.

Ausgehend von der Revision der Ergebnisse Wegeles zur Reinhardsbrunner Geschichtsschreibung durch den Hallenser Historiker Karl Wenck im Jahre

---

29 WEGELE , Elisabeth 1861 (wie Anm. 25) S. 368ff. und S. 376ff.; hier auch die aufschlussreiche Bemerkung: «Wir können nicht umhin, es auszusprechen, M. Konrad hat einen Zwiespalt in ihr Inneres geworfen und die schöne Harmonie ihrer Seele gestört» (S. 376). Vgl. dazu auch ENDEMANN, Konrad von Marburg 2008 (wie Anm. 15) S. 154ff.

30 Vgl. etwa JUSTI, Elisabeth 1835 (wie Anm. 16) S. 215: «Mit einer seltenen natürlichen Seelengüte verband sie eine unbegränzte Mildthätigkeit ...; es bedurfte einer besseren Stimmung des ganzen Zeitalters, und Elisabeth würde einen Charakter dargestellt haben, wobei die späteste Nachwelt mit Wonne weilen würde.»

31 WEGELE, Elisabeth 1861 (wie Anm. 25) S. 397.

32 Weitgehend auf Wegele beruhte der Artikel von ERNST RANKE: Elisabeth (Landgräfin von Thüringen). In: Allgemeine deutsche Biographie. 6. Leipzig 1877, S. 40–45.

33 Zu einer ähnlichen Einschätzung gelangt auch KAISER, Funktionalisierung 2007 (wie Anm. 15) S. 385ff., der S. 387 auf die «vergleichsweise geringe[n] Aufmerksamkeit, die ihr die konfessionelle wie allgemeine Geschichtsschreibung im 19. Jahrhundert zuwandte», verweist.

1878[34] unternahm es 1888 Wencks Schüler Gustav Boerner, unter Hinweis darauf, dass «eine genauere Untersuchung der Quellen ... der Erzählung der Lebensgeschichte der Landgräfin durchaus vorangehen» müsse, die schriftliche Überlieferung zur hl. Elisabeth bis ins Spätmittelalter erstmals in ihrer Gesamtheit einer kritischen Analyse zu unterziehen[35]. Gleichfalls die quellenkritischen Befunde Wencks nahm im selben Jahr 1888 der Mittelalterhistoriker Hellmuth Mielke in seiner Rostocker Dissertation «Zur Biographie der heiligen Elisabeth» zum Ausgangspunkt, um «die merkwürdige Frauengestalt aus ihrer Zeit und ihren Lebensumständen nach den hauptsächlichsten Eigenarten ihres Wesens zu deuten» und das «Wahre von dem Falschen zu scheiden»[36]. Blieb er hierbei in der Einschätzung von Elisabeths Marburger Zeit, der er «kaum noch historisches und weit mehr pathologisches Interesse» einräumte[37], voll der abwertenden älteren Sichtweise Wegeles verhaftet, so gelang ihm mit der erstmaligen Einbeziehung der Chronik des Franziskaners Jordan von Giano ein bedeutender Erkenntnisfortschritt[38]. Jordans Nachrichten über die ursprüngliche franziskanische Beeinflussung Elisabeths ließen Mielke zu dem in dieser Deutlichkeit neuen, die weitere Sichtweise Elisabeths maßgeblich prägenden Urteil gelangen, dass das «Franziskanerthum ... der rote Faden» gewesen sei, «der sich durch Elisabeths gesamte religiöse Entwicklung hindurchzieht»[39].

---

34 Vgl. dazu unten S. 86 mit Anm. 45.

35 Gustav Boerner: Zur Kritik der Quellen für die Geschichte der heiligen Elisabeth, Landgräfin von Thüringen. In: Neues Archiv der Gesellschaft für ältere deutsche Geschichtskunde. 13(1888), S. 432–515, Zitat S. 433.

36 Hellmuth Mielke: Zur Biographie der heiligen Elisabeth, Landgräfin von Thüringen. Diss. phil. Rostock. Rostock 1888, S. 7, 44. Vorangestellt hatte er die Feststellung: «unser Urtheil schwankt, ob wir mehr Gewicht auf die Milde ihres guten Herzens oder die Ueberspanntheit ihres Geistes legen sollen», S. 7.

37 Mielke, Zur Biographie 1888 (wie Anm. 36) S. 73. Er fährt fort: «Es liegt in dieser Wendung der Dinge eine erschütternde Tragik, der sich menschliche Theilnahme nicht versagen dürfte, ob man nun mit protestantischem oder katholischem Auge darauf schaut, und die in dem Zusammenbruch einer schwachen, menschlichen Natur unter der Macht eines ihre Fähigkeiten übersteigenden Ideals besteht».

38 Mielke, Zur Biographie 1888 (wie Anm. 36) S. 51ff.

39 Mielke, Zur Biographie 1888 (wie Anm. 36) S. 62: als Folge dieser Feststellung hielt er gegenüber der gesamten bisherigen Forschung, die von einem dominierenden Einfluss Konrads von Marburg auf Elisabeth ausgegangen war, fest, «dass Konrads Einfluss auf Elisabeth, verglichen mit dem des Franziskanerthums, verschwindend klein zu nennen ist.» Verstand Mielke seine Dissertation nicht als Biographie Elisabeths, sondern nur als einen «Beitrag zu einer solchen», S. 5, so ließ er 1891 einen monographischen Abriss ihres Lebens folgen, der wesentlich stärker als seine Dissertation von Wertungen aus aufgeklärt-protestantischer Sicht geprägt war. Vgl. etwa Mielke, Elisabeth 1891 (wie Anm. 26) S. 37: «jetzt [d. h. nach dem Tode ihres Gemahls; Vf.] drang der religiöse Geist, der sie erfüllte, in ihrer Seele übermächtig empor und führte jene Katastrophe herbei, welche die Fürstin in die schwärmerische, hysterische Franziskanerin, in die Heilige der katholischen Kirche verwandelte.» S. 45: «Es traten in ihr Züge hervor, durch

II. Karl Wenck als Elisabeth-Forscher

An dieser Stelle der noch immer in den Anfängen stehenden Elisabeth-Forschung griff mit dem bereits erwähnten Hallenser Mittelalter- und Landeshistoriker Karl Wenck (1854–1927) erstmals seit Wegele wieder ein prominenterer Vertreter der universitären Geschichtswissenschaften in die Diskussion ein[40]. Wenck, der die Elisabeth-Forschung bis dahin durch seine quellenkritischen Untersuchungen zur Reinhardsbrunner Geschichtsschreibung lediglich angeregt hatte[41], begann sich seit 1891/92 auch selbst der Gestalt der hl. Elisabeth zuzuwenden. Seine mehrfachen Publikationen zu diesem Thema aus den Jahren 1892 bis 1909 brachten ihm bereits zu Lebzeiten die Anerkennung der Fachwelt als «Elisabethforscher»[42] ein und ließen in wissenschaftlichen Würdigungen seinen Namen «für immer mit der Geschichte der hl. Elisabeth verbunden» bleiben[43]. Eine derart intensive Beschäftigung mit einem Forschungsgegenstand wie der als Heilige verehrten frommen thüringischen Landgräfin war für einen «profanen» Mediävisten dieser Zeit, der einen der nicht allzu vielen Geschichtslehrstühle im deutschen Kaiserreich anstrebte, eher ungewöhnlich. Sie entsprang bei Wenck, so scheint es, zunächst weniger einem unmittelbaren Forschungsinteresse am religiösen Geschehen des Hochmittelalters, sondern nahm vielmehr ihren Ausgang offenbar vor allem von Wencks damaliger konkreter biographischer Situation.

Der in Leipzig geborene Wenck, der väterlicherseits einer alten hessischen Pfarrers- und Gelehrtenfamilie und mütterlicherseits einer Familie aus dem Vogtland entstammte, hatte 1876 mit einer Dissertation zur wettinischen und vogtländischen Geschichte im 14. Jahrhundert in Leipzig promoviert[44]. Die

die sie sich unseren protestantischen Empfindungen wunderbar nähert und auf die auch der große Reformator, der drei Jahrhunderte nach ihr auf der Wartburg saß, mit Freude in seinen Tischreden hinwies.»; S. 46: «Immerdar werden wir in Elisabeth zuerst die treue Gattin ihres Fürsten und die mildthätige Mutter ihres Volkes sehen, die mit rascher Hand Noth und Elend in ihrem Lande zu stillen suchte, ...; was die katholische Kirche als ihr Martyrium bewundert, ist uns nur tiefen Mitleids würdig».

40 Zu Wenck vgl. zuletzt Hans-Jürgen Scholz: Elisabethforscher von Justi bis Busse-Wilson. In: Uwe Bredehorn, Herwig Gödeke u. a. (Bearb.): 700 Jahre Elisabethkirche in Marburg 1283–1983. Katalog 7: St. Elisabeth – Kult, Kirche, Konfessionen. Marburg 1983, S. 145–156, S. 149f., sowie den Beitrag: Die an Baumgärtels Wartburg-Werk von 1907 beteiligten Autoren, – in diesem Bande S. 295–328, hier S. 320–325.

41 Dies gilt insbesondere für seinen Hallenser Schüler Gustav Boerner, dessen Quellenforschungen zur hl. Elisabeth Wenck nach eigenen Angaben 1883/84 tatkräftig unterstützt hatte, vgl. Wenck, Quellenuntersuchungen 1909 (wie Anm. 168) S. 439 Anm. 1.

42 Vgl. dazu unten bei Anm. 165.

43 So der Nachruf von Friedrich Schneider: Karl Wenck. In: Zeitschrift des Vereins für Thüringische Geschichte und Altertumskunde. 36 N. F. 28 (1929), S. 1–5, hier S. 5.

hierbei begonnene Beschäftigung mit der thüringischen Chronistik des 13./14. Jahrhunderts bot ihm den Anstoß zu seiner bereits zwei Jahre später folgenden Arbeit über «Die Entstehung der Reinhardsbrunner Geschichtsbücher», in deren Rahmen er sich erstmals auch mit der thüringischen Überlieferung zur hl. Elisabeth auseinandersetzte[45]. Nach seiner Habilitation 1881 in Halle mit einer Untersuchung zur Geschichte des Papsttums im frühen 14. Jahrhundert[46] veröffentlichte er in den Jahren 1881 bis 1888 als Hallenser Privatdozent neben mehreren größeren Beiträgen zur spätmittelalterlichen deutschen Geschichte und Papstgeschichte eine Reihe von Studien zur thüringischen Geschichtsschreibung sowie zu den Markgrafen von Meißen und Landgrafen von Thüringen, die ihn zusammen mit seinen älteren Arbeiten zum damals wohl besten Kenner der thüringischen und sächsischen Geschichte des Hoch- und Spätmittelalters machten[47]. Seine Hoffnungen auf eine universitäre Karriere zerschlugen sich zunächst allerdings, da ihn 1888 eine schwere Erkrankung zur Beurlaubung in Halle zwang, in deren Folge er aus gesundheitlichen Gründen als Privatmann nach Marburg übersiedelte[48]. Hier eröffneten sich ihm jedoch unverhofft schon bald durch seinen ehemaligen Leipziger Lehrer und nunmehrigen Marburger Ordinarius für Mittlere Geschichte Goswin Freiherr von

---

44 Wilhelm Dersch: Karl Wenck (1854–1927), Professor der Geschichte. In: Ingeborg Schnack (Hrsg.): Lebensbilder aus Kurhessen und Waldeck 1830–1930. 1. (Veröffentlichungen der Historischen Kommission für Hessen und Waldeck. 20). Marburg 1939, S. 292–299, hier S. 292. Seine Dissertation erschien unter dem Titel: Carl Wenck: Die Wettiner im XIV. Jahrhundert insbesondere Markgraf Wilhelm und König Wenzel. Nebst einem Excurs: Der Vogtländische Krieg. Leipzig 1877.

45 Carl Wenck: Die Entstehung der Reinhardsbrunner Geschichtsbücher. Halle 1878. Im Mittelpunkt des ersten Drittels der Arbeit stand die 1289 abgefasste Vita der hl. Elisabeth des Erfurter Dominikaners Dietrich von Apolda in ihren quellenkritischen Beziehungen zur Geschichtsschreibung am thüringischen Landgrafenhof im frühen 13. Jahrhundert einerseits und der Reinhardsbrunner Geschichtsschreibung aus dem ersten Viertel des 14. Jahrhunderts andererseits, wobei Wenck zu völlig anderen Ergebnissen zu den ältesten thüringischen Zeugnissen zur hl. Elisabeth gelangte als Wegele, Annales Reinhardsbrunnenses 1854 (vgl. Anm. 27).

46 Erschienen unter dem Titel: Karl Wenck: Clemens V. und Heinrich VII. Die Anfänge des französischen Papsttums. Ein Beitrag zur Geschichte des 14. Jahrhunderts. Halle (Saale) 1882.

47 Sie galten dem Meißnischen Erbfolgekrieg Ende des 12. Jahrhunderts, den Reinhardsbrunner Historien und der Erfurter Peterschronik, sowie dem Liber Cronicorum Erfurdensis; zudem verfasste Wenck die Artikel über sämtliche Ludowinger von Ludwig dem Bärtigen bis Landgraf Ludwig IV. von Thüringen in der «Allgemeinen Deutschen Biographie». Ebenso wie für das Elisabeth-Kapitel war Wenck damit auch für die Kapitel über die älteste Geschichte der Wartburg unter den Ludowingern und für die Zeit des 13. bis frühen 15. Jahrhunderts – hier freilich neben dem damaligen Dresdener Staatsarchivar Otto Posse (1847–1921) – in dem kleinen Kreis der thüringisch-sächsischen Landeshistoriker der am besten ausgewiesene Bearbeiter, vgl. hierzu die Beiträge von Stefan Tebruck und Mathias Kälble in diesem Bande S. 30–76 und S. 130–167.

der Ropp (1850–1919) erneute Aussichten[49]. Unter Zusicherung eines künftigen Marburger Ordinariats, das offenbar vorwiegend der Landesgeschichte bzw. der hessischen Geschichte gelten sollte, bewog ihn von der Ropp dazu, sich in Marburg nochmals zu habilitieren und hier nochmals als Privatdozent tätig zu werden[50]. Wenck brachte sein Marburger Habilitationsverfahren im Juli 1891 mit einer Antrittsvorlesung zum Abschluss, in deren Mittelpunkt er die Gestalt und die Biographie der heiligen Elisabeth stellte[51]. Das Thema, bei dem er sich auf seine älteren quellenkritischen Forschungen stützen konnte, war zweifellos mit Blick auf das erhoffte landesgeschichtliche Ordinariat gewählt und sollte zugleich auch Wencks Verbundenheit mit seiner neuen Wohn- und Wirkungsstätte Marburg zum Ausdruck bringen. Der Vortrag wurde 1892 in erweiterter Form unter dem Titel «Die heilige Elisabeth» in der hoch angesehenen, im Fache führenden «Historischen Zeitschrift» publiziert[52].

Wencks Antrittsvorlesung bildete den ersten Versuch einer übergreifenden Biographie und Würdigung Elisabeths auf dem damals erreichten Stand der quellenkritischen Forschung[53]. Unter scharfer Kritik an – dem in Würzburg noch tätigen – Wegele[54] und in Relativierung der Ergebnisse von Boerner und Mielke verwies Wenck darauf, mit seinen Untersuchungen zur Reinhardsbrunner Geschichtsschreibung bereits selbst «vor Jahren schon die Möglichkeit geschaffen zu haben, Elisabeth's Bild von vielfacher Übermalung zu befrei-

---

48 Zu diesem Schritt schrieb er in seinem handschriftlichen Lebenslauf, den er im Juli 1891 bei seiner Umhabilitierung an die Universität Marburg einreichte: «Damals faßte ich den Entschluß, Halle, dessen schlechte und mit Industriedüften versetzte Luft meinen Nerven sichtlich schlecht bekam, zu verlassen, und verlegte im September 1889 meinen Wohnsitz nach dem schöneren und gesünderen Marburg.» Berlin, Geheimes Staatsarchiv Preußischer Kulturbesitz, I HA Rep 76 Va Sekt. 12 Tit. IV Nr. 3 Bd. 1, Blatt 176.

49 Von der Ropp, dem Wenck sein Buch «Die Entstehung der Reinhardsbrunner Geschichtsbücher» (wie Anm. 4) widmete (S. III), hatte von 1875 bis 1878, zunächst als Privatdozent, dann als a. o. Professor in Leipzig gelehrt und wurde nach Stationen in Dresden, Gießen und Breslau zum 1. 4. 1891 als o. Professor der Mittleren und Neueren Geschichte nach Marburg berufen, Inge Auerbach: Catalogus professorum academiae Marburgensis. 2: Von 1911 bis 1971. (Veröffentlichungen der Historischen Kommission für Hessen. 15). Marburg 1979, S. 595f.

50 Ingrid Kräling: Marburger Neuhistoriker 1845–1930. Ein Beitrag zu Historiographie und Studium an der Philippina. (Academia Marburgensis. 5). Marburg 1985, S. 271f. mit Anm. 153.

51 Vgl. Karl Wenck: Die heilige Elisabeth. In: Historische Zeitschrift. 69 (1892), S. 209–244, hier S. 210 Anm. 2; vgl. Mühlensiepen, Auffassung 1949 (wie Anm. 15) S. 84–87.

52 Wie Anm. 51.

53 Unabhängig davon und im selben Jahr wie Wencks Antrittsvorlesung erschien die gleichfalls vor allem darstellende, aber im Wesentlichen auf seiner Rostocker Dissertation von 1888 (wie Anm. 36) beruhende wissenschaftlich fundierte kleine Elisabeth-Biographie von Mielke, Elisabeth 1891 (wie Anm. 26); vgl. auch Anm. 39.

54 Vgl. dazu Anm. 62.

en»[55]. In der Gewissheit, dank dieses Erkenntnisfortschritts die «historische Gestalt der hl. Elisabeth ... erfassen» zu können, stellte er den Lebensweg Elisabeths als die Biographie einer religiös veranlagten jungen Fürstin dar, die «theils durch persönliche Erlebnisse, theils durch fremde Einflüsse» in ihren religiösen Neigungen verstärkt, noch zu Lebzeiten ihres Mannes Ludwig IV. «ihr ganzes Herz» zunächst dem neuen Orden der Franziskaner und dessen Idealen schenkte, sich dann aber unter Mitwirkung ihres Gemahls, zumal dieser damals häufig wegen Reichsangelegenheiten abwesend war, als «autoritätsbedürftige Frau» an die «starke, in sich gefestigte Persönlichkeit» Konrads von Marburg als ihrem Beichtvater und Seelenführer anschloss[56]. Nach dem Tode ihres Mannes 1227 habe Elisabeth in dem Streben nach freiwilliger Armut den landgräflichen Hof auf der Wartburg von sich aus verlassen und sei in dem «Bedürfnis nach einer leitenden Autorität» Konrad von Marburg gegen dessen Willen nach Marburg gefolgt und hier als Tertiarin in den Dritten Orden des hl. Franziskus eingetreten[57]. In Verwirklichung ihrer gesteigerten religiösen Neigungen habe sie in dem für sie gegründeten Hospital in Marburg in strengster Askese und Armut, von Konrad zu ihrem eigenen Überleben immer wieder in Schranken gewiesen, bis zu ihrem Tode 1231 eine aufopfernde «Liebesthätigkeit» im Dienste der Kranken und Schwachen ausgeübt[58].

Auch wenn Wenck für seine Darstellung den Anspruch «kritischer Forschung» erhob, so verfolgte er doch vor allem das Ziel, erstmals «in freierer Form auf der veränderten Grundlage das Bild der Elisabeth zu zeichnen»[59]. Hierbei bemühte er sich – durchaus im historiographischen Stile der Zeit, aber sehr viel stärker noch als seine Vorgänger[60] – vor allem um psychologisierende Erklärungen für Elisabeths religiöse Entwicklung[61], suchte das von den Zeitgenossen berichtete außergewöhnliche Verhalten Elisabeths immer wieder

---

55 WENCK, Elisabeth 1892 (wie Anm. 51) S. 210, hier Anm. 1 und 2 auch die Kritik an BOERNER und MIELKE. WENCK, Entstehung 1878 (wie Anm. 45) S. 3–19 hatte erstmals die Hauptmasse der noch von Wegele dem Kaplan Landgraf Ludwigs IV. Berthold zugeschriebenen und damit als zeitgenössisch angesehenen Nachrichten über die Kindheit, Jugend- und Ehezeit Elisabeths am thüringischen Landgrafenhof der seit dem Ende des 13. Jahrhunderts einsetzenden jüngeren Traditionsbildung zugewiesen, was er in seiner Antrittsvorlesung als «kritische Ausscheidung eines bis dahin viel gebrauchten Quellenstoffs» bezeichnete, WENCK, Elisabeth 1892 (wie Anm. 51) S. 210.

56 WENCK, Elisabeth 1892 (wie Anm. 51) Zitate S. 218, 222, 226, 228.

57 WENCK, Elisabeth 1892 (wie Anm. 51) S. 236ff.

58 WENCK, Elisabeth 1892 (wie Anm. 51) S. 239ff.

59 WENCK, Elisabeth 1892 (wie Anm. 51) Zitate S. 211, 210.

60 Vgl. etwa JUSTI, Elisabeth 1835 (wie Anm. 16) S. 23, 25, 28 u. ö.; WEGELE, Elisabeth 1861 (wie Anm. 25) S. 364, 384, 388 u. ö.; MIELKE, Zur Biographie 1888 (wie Anm. 36) S. 55, 61 und besonders S. 70f.

61 ENDEMANN, Konrad 2008 (wie Anm. 15) S. 157 hebt diesen psychologischen Ansatz als «einen

auch mit ihren körperlichen Befindlichkeiten zu deuten[62] und legte seiner Beurteilung der frommen Landgräfin Maßstäbe an, bei denen er seine bürgerlichen Wertvorstellungen und sein traditionelles Frauenbild[63] mit einem dezidiert protestantischen Standpunkt verband.

Für Wenck besaß Elisabeth einen «vorzugsweise nach der Seite des Gefühls und Gemüths veranlagten Charakter», wobei sie «nirgends ... als eine geistig bedeutende oder gar mit Regententalenten ausgestattete Persönlichkeit» erscheine[64]. In diesen Anlagen wiederum, in der Empfindlichkeit ihres «zarten Gemüths» sowie in der «Schwäche und Erregbarkeit ihres zarten, jugendlichen Körpers», sah Wenck die hauptsächlichen Ursachen für die früh ausgeprägte Religiosität Elisabeths, für ihre Hinwendung zu den Franziskanern und für ihren Wandel von der «frommen Diakonisse» und «liebenden Gattin» der Eisenacher Zeit hin zur «maßlosen Hingabe an die asketischen Triebe ihres Herzens» vor allem in Marburg[65]. Diesen Wandel im religiösen Verhalten Elisabeths versah er mit klaren Wertungen. Schon vor dem Tode Ludwigs IV., als «noch die Stimme der Vernunft und der Natur übermächtig» waren, habe sich bei Elisabeth «Gesundes und Krankhaftes in ihrem Wesen gepaart»[66]. Nach dem Tode ihres Gemahls sei Elisabeth «in der Weltverachtung und Selbstpeinigung auf abgleitender Bahn immer tiefer» gelangt, sie habe «auf das krankhafteste ... in dem Gedanken der Selbstertötung» geschwelgt und sich in maßlosen Formen «ihrem unnatürlichen Entäußerungstriebe» und «einem krankhaften Streben nach einer alles Menschliche auflösenden Heiligkeit» hingegeben[67].

---

neuen Zugriff» Wencks bei der Betrachtung Elisabeths hervor. Ein kennzeichnendes Beispiel ist Wencks Erklärung für Elisabeths Wunsch nach Bettelarmut nach dem Tod Ludwigs IV.: «Nehmen wir hinzu, daß Elisabeth sich ... unter dem Einfluß tiefgehender gemütlicher Erregungen befand, hervorgerufen durch den Tod ihres Mannes, den sie herzlich geliebt hatte, und durch ihre dritte Entbindung, so wird es sehr begreiflich, daß sie es unternahm, den Gedanken freiwilliger Armuth zu verwirklichen», WENCK, Elisabeth 1892 (wie Anm. 51) S. 234.

62 So machte WENCK, Elisabeth 1892 (wie Anm. 51) S. 209 Wegele zum Vorwurf, «die körperlichen Bedingungen der krankhaften Ausschreitungen von Elisabeth's Frömmigkeit in keiner Weise in Rücksicht gezogen zu haben». Kennzeichnend für diese bei ihm sehr häufige Betrachtungsweise ist etwa seine Erklärung von Elisabeths Christusvision im Frühjahr 1228: «und bald darauf hören wir auch, daß sie, schlecht genährt und schwach wie sie war, eines Tages in der Fastenzeit in Ohnmacht fällt, dann stundenlang in hysterisches Lachen und Weinen geräth und endlich eine Vision hat. Gewiß in seltener Weise gestattet uns dieser eingehende Bericht einen Einblick in das Pathologische solcher Erscheinungen.», S. 235.

63 Vgl. etwa WENCK, Elisabeth 1892 (wie Anm. 51) S. 227 Anm. 2: «Meiner Anschauung nach ist der Gegensatz zwischen Konrad und Elisabeth wesentlich nur der frauenhafter völliger Hingebung an die Regungen und Gefühle des Augenblicks und männlicher in die Zukunft blickender Maßhaltung, also ein Unterschied des Takts, nicht der Grundsätze».

64 WENCK, Elisabeth 1892 (wie Anm. 51) S. 224.

65 WENCK, Elisabeth 1892 (wie Anm. 51) Zitate S. 243, 211, 240.

Wie bereits vor ihm Justi, Wegele und Mielke, aber noch wesentlich deutlicher akzentuiert, sah Wenck diese «unnatürlichen» und «krankhaften» Züge vor allem der Marburger Jahre bedingt durch «jene Zeit, welche die Verantwortung für das Übermaß trägt»[68], d. h., er machte für die von ihm als negativ empfundenen Seiten Elisabeths das Mittelalter und damit auch die mittelalterliche, römische Kirche verantwortlich[69]. Wohl bemerkte er einschränkend: «wir [sind] vom evangelischen Standpunkte aus nur zu sehr der Gefahr ausgesetzt, Elisabeth ungerecht zu behandeln», doch betonte er dann sofort um so nachdrücklicher: «Sie hat mit den Mitteln, die ihr die Kirche bot, treulich um ihr Heil gerungen, es entsprach ihrer Art nicht, an den Lehren der Kirche zu rütteln»[70]. Während er seine eigene höhere Wertschätzung Hildegards von Bingen und der hl. Hedwig von Schlesien nicht verbarg[71], stellte er heraus, dass sich den Zeitgenossen und nachfolgenden Generationen vor allem Elisabeths «hingebungsvolle Liebe zu dem Nächsten, die keusche, reine Liebe zu ihrem Gatten» eingeprägt hätten[72]. Als prominente Zeugen hierfür nannte er Mechthild von Magdeburg und insbesondere Martin Luther: «In demselben Sinne als Vorbild selbstverleugnender Liebe bei den Kranken wird Elisabeth von ihrem großen Landsmann Luther, der ihrer in Predigten und Tischreden manchmal gedenkt, gepriesen»[73]. Eine Vorbildfunktion Elisabeths für die Gegenwart sah er hingegen nicht gegeben – jedenfalls sprach er sie nicht an.

Wencks Aufsatz bot so gut wie keine neuen eigenen Forschungsergebnisse und gelangte kaum zu neuen Sichtweisen und Deutungsversuchen. Vielmehr verband Wenck seine und Boerners quellenkritische Befunde mit Boerners

---

66 WENCK, Elisabeth 1892 (wie Anm. 51) S. 230f.

67 WENCK, Elisabeth 1892 (wie Anm. 51) Zitate S. 231, 235f., 240f.

68 WENCK, Elisabeth 1892 (wie Anm. 51) S. 243.

69 So betonte er, Elisabeths «Asketik» und der Fanatismus Konrads von Marburg seien «nur verschiedene Ausstrahlungen eines und desselben Grundgedankens, nämlich der bedingungslosen Unterordnung jeder individuellen Existenz unter die Gebote der Kirche, die ihren Mitgliedern nicht so sehr Menschenliebe als Selbstertödtung und nicht so sehr Glaubensinbrunst als Rechtgläubigkeit als sichersten Weg zur Seligkeit anpries und in unzähligen Beispielen vor Augen stellte», WENCK, Elisabeth 1892 (wie Anm. 51) S. 227.

70 WENCK, Elisabeth 1892 (wie Anm. 51) S. 241 fährt fort: «Elisabeth gehörte in einer Epoche, wo Zweifel an dem überlieferten Glauben allenthalben rege wurden, wo die Wissenschaft ihr Haupt zu erheben begann, zu den solchen Zeiten eigenthümlichen Menschen, in denen Gefühl und Einbildungskraft das klare Denken überragt, zu den Seelen von mehr Wärme als Helle, die sich immer rückwärts zum Alten kehren».

71 WENCK, Elisabeth 1892 (wie Anm. 51) S. 241 würdigte bei Letzterer, dass ihr «Name nicht bloß in den Akten der Heiligen, sondern auch in denen der Germanisation Schlesiens eine bedeutsame Rolle einnimmt.»

72 WENCK, Elisabeth 1892 (wie Anm. 51) S. 242.

73 WENCK, Elisabeth 1892 (wie Anm. 51) S. 242f. Dieselben Gedanken finden sich auch bei MIELKE, Elisabeth 1891 (wie Anm. 26), vgl. die Zitate oben Anm. 39.

und Mielkes biographischen Erkenntnissen[74], schloss sich der vergleichsweise positiven Einschätzung Konrads von Marburg durch Eduard Winkelmann[75] an und fügte diese neuen Ergebnisse erstmals «in freierer Form» zu einem Gesamtbild der Biographie Elisabeths zusammen. Bei diesem Bild räumte er den psychischen und physischen Faktoren größeres Gewicht als seine Vorgänger ein und ließ wie diese große Distanz gegenüber der Andersartigkeit mittelalterlicher Religiosität erkennen. Insgesamt übernahm und verfestigte er mit seiner zwiespältigen Beurteilung Elisabeths das bei Justi im Ansatz vorbereitete und von Charles Kingsley (1819–1875) in den 1840er Jahren «in polemischer Absicht» eingeführte «Grundmuster liberal- und nationalprotestantischer Rezeption der heiligen Landgräfin von Thüringen», das Stefan Gerber jüngst mit den Worten charakterisierte: «Das Pathologische an Elisabeth war das Katholische; das was als vorbildlich erschien, das unbewusst Protestantische.»[76]

Als erste größere Synthese nach dreißig Jahren, dazu von einem ausgewiesenen Forscher an renommierter Stelle veröffentlicht, stellte der aus seiner Marburger Antrittsvorlesung hervorgegangene Elisabeth-Aufsatz Wencks von 1892 den gewichtigsten und breitenwirksamsten Beitrag in der Reihe der kurz nach einander publizierten Arbeiten dar, mit denen Boerner, Mielke und Wenck seit den späten 1880er Jahren die Elisabeth-Forschung wieder neu in Gang gebracht hatten. Mit ihnen rückte – nicht zuletzt auch durch ihr gleichzeitiges Erscheinen – die hl. Elisabeth erstmals umfassend in das Blickfeld einer «profanen» kritischen historischen Forschung, die sich prononciert als protestantisch begriff. Das von ihr vertretene Elisabeth-Bild nahm, noch unter dem unmittelbaren Eindruck des Kulturkampfes, Abstand von den Ansätzen konfessioneller Verständigung, die dem Aufsatz Wegeles oder dem Wartburgjubiläum 1867 zugrunde lagen[77], und war in diesen Jahren, in denen die hl. Elisa-

---

74 Dies galt insbesondere für die von Boerner, Kritik 1888 (wie Anm. 35) S. 458ff. und Mielke, Zur Biographie 1888 (wie Anm. 36) S. 62ff. gegenüber den bisherigen Darstellungen ausführlich begründete These, dass Elisabeth nach dem Tode ihres Gemahls nicht von ihren Schwägern von der Wartburg vertrieben worden sei, sondern den Hof freiwillig verlassen habe.

75 Eduard Winkelmann: Deutschlands erster Inquisitor. In: Julius Rodenberg (Hrsg.): Deutsche Rundschau. 28(1881), S. 220–234, dessen Urteil S. 223, «daß Konrad immerhin ein gewisses Maß hielt, wenn er Elisabeth zur Heiligen erzog, und daß er eher bemüht gewesen ist, ihre Askese einzudämmen als sie anzuregen und zu steigern. Nicht er hat, wie die gewöhnliche Auffassung ist, das arme freudlose Weib gepeinigt und noch freudloser gemacht, sondern umgekehrt, sie wurde seine Last, ein Bürde seines Lebens, an der er gewiß um so schwerer trug, je mehr ihn größere und wichtigere Geschäfte als die Seelsorge einer einzelnen Frau in Anspruch nahmen.» übernahm Wenck, Elisabeth 1892 (wie Anm. 51) S. 227f. und fügte unter Hinweis auf Konrads geduldige Wahrnehmung «der Bürde dieses Pflegeramtes» hinzu: «so können wir ihm nicht ganz unsere Sympathien versagen»; vgl. dazu auch Kaiser, Funktionalisierung 2007 (wie Anm. 15) S. 380ff. und Endemann, Konrad 2008 (wie Anm. 15) S. 157f.

76 Gerber, Konfessionelle Wahrnehmung 2007 (wie Anm. 15) S. 504.

beth bei manchen evangelischen Pfarrerskreisen in Thüringen als «fast widerlich» galt[78], von deutlicher Polarisierung geprägt. Damit aber wurde die wissenschaftliche Diskussion über Elisabeth als eine der populärsten Heiligengestalten der katholischen Kirche in Deutschland fast schlagartig auf eine neue Ebene gestellt. Es überrascht deshalb nicht, dass schon kurz darauf, mit einem Aufsatz des Jesuiten und Innsbrucker Kirchenhistorikers Emil Michael (1852–1917) in der «Zeitschrift für katholische Theologie» von 1898, die wissenschaftliche Beschäftigung mit der Geschichte der hl. Elisabeth auch auf dezidiert katholischer Seite eingeleitet wurde[79]. Hierbei bezeichnete Michael mit Blick auf die Forschungen von Boerner, Mielke und Wenck die «neueste[n] Versuche, welche die heilige Elisabeth und ihr Leben zum Gegenstand haben», als einen «Rückschritt zur Willkür, die ebenso unkritisch ist, wie die Leichtgläubigkeit»[80].

III. Wencks Elisabeth-Beitrag im Wartburg-Werk

Diesem Stand der Elisabeth-Forschung sahen sich die Herausgeber des Wartburg-Werkes gegenüber, als es 1897 darum ging, einen Verfasser für den nachträglich in die Planung aufgenommenen Beitrag über die hl. Elisabeth zu gewinnen[81]. Von den wenigen Wissenschaftlern, die sich damals mit dieser Thematik beschäftigten, kam keiner auch nur annähernd als so geeignet in Betracht wie Wenck. Zum einen war er aufgrund seiner bisherigen Publikationen, insbesondere seines Elisabeth-Aufsatzes in der «Historischen Zeitschrift», der fachlich am besten ausgewiesene und aufgrund seiner akademischen Stellung als Professor in Marburg zugleich auch der namhafteste unter den in Frage kommenden Forschern. Zum anderen entsprach er mit seiner entschieden protestantischen Sichtweise, die sich für die positiven Seiten Elisabeths auf Martin Luther berief, gänzlich jenen Leitvorstellungen, die am Ende des 19. Jahrhunderts bei der Elisabeth-Rezeption auf der Wartburg

---

77 Vgl. oben S. 79 mit Anm. 12. Welche geringe Bedeutung konfessionelle Gesichtspunkte für den Katholiken Wegele besaßen, zeigt seine zeitgenössische Einschätzung als «protestantischer Geschichtsforscher», vgl. Anm. 26.

78 Vgl. Kreutzmann, Erinnerungskultur 2007 (wie Anm. 12) S. 513.

79 Emil Michael S. J.: Zur Geschichte der heiligen Elisabeth. In: Zeitschrift für katholische Theologie. 22 (1898), S. 565–583. Im Mittelpunkt von Michaels Kritik stand die Vertreibungsfrage, vgl. Anm. 73.

80 Michael, Zur Geschichte 1898 (wie Anm. 79) S. 583. Vgl. auch die deutlichen Unterschiede gegenüber Mielke und Wenck in der Darstellung Elisabeths, die Emil Michael: Culturzustände des deutschen Volkes während des dreizehnten Jahrhunderts. 2. Freiburg 1899, S. 205–224, seinem Kapitel «Glauben und Lieben» einfügte.

81 Vgl. hierzu Entstehung des Wartburg-Werks (wie Anm. 2) S. 13.

bestimmend waren[82], und fügte sich voll in die nationale und protestantische Ausrichtung des Wartburg-Werkes ein.

Um so kennzeichnender erscheint es für die geringe Wahrnehmung der noch immer sehr rudimentären, in den Anfängen stehenden Elisabeth-Forschung – aber auch für den letztlich bescheidenen Status eines Nicht-Ordinarius (Wencks Hoffnungen auf ein Marburger Ordinariat waren 1894 gescheitert)[83] –, dass die Suche nach einem geeigneten Autor offenbar erhebliche Schwierigkeiten bereitete und nicht sofort auf Wenck fiel. Es bedurfte erst der Rückfrage bei dem damaligen Präsidenten der Monumenta Germaniae Historica in Berlin, Ernst Dümmler (1830–1902), der den besten Überblick über das Fach besaß, um auf Wenck aufmerksam zu werden. Auf Dümmlers Empfehlung hin, der sein ehemaliger Lehrer in Halle gewesen war, wurde Wenck im November 1897 mit dem Kapitel über die hl. Elisabeth betraut[84].

Wenck verfasste den Beitrag im Winter 1898/99 und legte ihn – dem monumentalen Charakter des Wartburg-Werks entsprechend – erheblich breiter an als die Antrittsvorlesung von 1891[85]. In drei Kapiteln «Die Kindheitszeit», «Die Jahre der Ehe» und «Elisabeth als Witwe. Ihre Gestalt im Urteil der Zeitgenossen und der Nachwelt» entwarf er ein farbiges Gemälde der Zeitumstände und der Personen der engsten Umgebung Elisabeths, in das er den Lebensweg Elisabeths einbettete, und ließ auf den biographischen Hauptteil noch einen kurzen Überblick über die Heiligenverehrung und das Nachwirken Elisabeths bis zum Beginn der Reformation folgen. Diese weit gefächerte Darstellung versah er mit zahlreichen Zitaten und Paraphrasierungen aus den ältesten

---

82 Vgl. hierzu die Beobachtungen von LEPPIN, Dreifaches Gedächtnis 2007 (wie Anm. 7) S. 327f.

83 KRÄLING, Marburger Neuhistoriker 1985 (wie Anm. 50) S. 272f. Wenck blieb bis zu seinem Eintritt in den Ruhestand 1922 Privatdozent an der Universität Marburg, erhielt jedoch 1893 den Professorentitel und wurde 1905 zum o. Honorarprofessor ernannt, vgl. AUERBACH, Catalogus 1979 (wie Anm. 49) S. 634, und Hessisches Staatsarchiv Marburg, UniA Marburg 310 Nr. 3713 Blatt 24. Wie gering sein Status war, wird etwa daraus ersichtlich, dass in der großen Marburger Universitätsgeschichte von 1927 von HEINRICH HERMELINK und SIEGFRIED A. KAEHLER: Die Philipps-Universität zu Marburg 1527–1927. Marburg 1927, in dem Kapitel über die Geschichte des Historischen Seminars S. 735ff. Wenck nicht einmal namentlich erwähnt wurde.

84 Vgl. hierzu Entstehung des Wartburg-Werks (wie Anm. 2) S. 13. Zu Dümmlers Wirken in Halle von 1854 bis zu seiner Berufung zum Vorsitzenden der Zentraldirektion der Monumenta Germaniae Historica in Berlin 1888 vgl. ANDREAS RANFT: Mediävistik in Halle um 1900: Die Historiker Ernst Dümmler und Theodor Lindner. In: WERNER FREITAG (Hrsg.): Halle und die deutsche Geschichtswissenschaft um 1900. Beiträge des Kolloquiums «125 Jahre Historisches Seminar an der Universität Halle» am 4./5. November 2000. (Studien zur Landesgeschichte. 5). Halle (Saale) 2002, S. 158–171, hier S. 163ff.

85 KARL WENCK: Die heilige Elisabeth. In: BAUMGÄRTEL, Wartburg 1907 (wie Anm. 1) S. 181–210, S. 699–701, hier S. 699 seine Bemerkungen zur Niederschrift und Drucklegung des Kapitels. Ausführliche Inhaltswiedergabe bei MÜHLENSIEPEN, Auffassung 1949 (wie Anm. 15) S. 116–127.

Elisabeth-Texten und schmückte sie mit den bekanntesten Episoden aus der jüngeren Elisabeth-Hagiographie aus. Insgesamt bot sein zusätzlich reich bebildertes Elisabeth-Kapitel die bislang umfangreichste Biographie der Heiligen aus wissenschaftlicher Feder und suchte in bis dahin unerreichter Weise, den Anspruch «strenger Forschung»[86] mit dem einer gehobenen literarischen Gestaltung zu verbinden[87].

Der Beitrag, mit dem sich Wenck erstmals nach über sieben Jahren wieder der Elisabeth-Thematik zuwandte, beruhte nach seinen eigenen Aussagen «auf durchaus neuer Durchforschung des gesamten Quellenmaterials»[88]. Faktisch jedoch stützte er sich im Wesentlichen auf den Aufsatz von 1892, den Wenck an zahlreichen Stellen wörtlich ausschrieb, und unterschied sich von diesem hauptsächlich durch seine größere Breite und die Einbeziehung der Verehrungsgeschichte.

Nur in einem Punkte allerdings wich das Elisabeth-Kapitel auch inhaltlich deutlich ab. Hatte Wenck 1892 versucht, «in freierer Form auf der veränderten Grundlage das Bild Elisabeths zu zeichnen»[90], so ging es ihm nun unter Hinweis darauf, dass die Persönlichkeit Elisabeths «moderner Anschauung ... schwer begreiflich» sei, vor allem um die Frage, «unter welchen Umständen die hohe Fürstin ... sich zu einer Liebesthätigkeit entschloß, die vor den Zeiten Elisabeths nie geübt worden war»[91]. Die Antwort erhoffte er sich von dem Bemühen, Elisabeths «seelische Eigenart ... in ihrer Entwicklung, in ihrer Entfaltung begreifen zu lernen». Dies sei dem Forscher trotz der geringen Aussagekraft der Quellen möglich, «indem er die Eindrücke nachempfindet, welche auf jene reli-

---

86 So Wencks Selbstcharakterisierung seines Beitrags als «eine aus strenger Forschung hervorgegangene Darstellung», WENCK, Elisabeth 1907 (wie Anm. 85) S. 210.

87 Als Beispiel für sein Bestreben, seinem Beitrag auch sprachlichen Glanz im Sinne einer literarisch ambitionierten Geschichtsschreibung zu verleihen, sei nur auf sein Stimmungsbild des Hofes Landgraf Hermanns I. verwiesen: «der betäubende Lärm, mit dem das überschäumende Treiben der Sänger den Hof Hermanns I. umgab ... nach den Tagen und Nächten, in denen er mit ritterlichen Haudegen bei Kampfspiel und festem Trunke sein Gut vergeudet hatte», dem er unter Hinweis auf den gleichzeitigen Reinhardsbrunner Eremiten Sifrid den Vermerk gegenüberstellte: «Nicht alle im Lande also hingen an den verführerischen Tönen der Fahrenden.», WENCK Elisabeth 1907 (wie Anm. 85) S. 184f.

88 WENCK, Elisabeth 1907 (wie Anm. 85) S. 700 Anm. zu S. 189ff.

89 Eines von zahlreichen Beispielen ist das von SCHWEIZER, Elisabeth-Fresken 2007 (wie Anm. 7) S. 547 und unten S. 98 bei Anm. 114 wiedergegebene Zitat, das sich wörtlich bereits in dem Aufsatz von 1892 findet, vgl. oben Anm. 70.

90 Vgl. oben S. 88 mit Anm. 59.

91 WENCK, Elisabeth 1907 (wie Anm. 85) S. 183. Im Anhang zu seinem Vortrag WENCK, Elisabeth 1908 (wie Anm. 123) S. 46 kennzeichnete er das Ziel seines Elisabeth-Kapitels mit den Worten: «Aus Material, das von der Legende abseits lag, suchte ich dort die Frage zu beantworten, durch welche Lebenserfahrungen wurde die Fürstin Elisabeth zur Aufnahme der franziskanischen Lehre befähigt?»

giös-sittlichen Persönlichkeiten formend und gestaltend gewirkt haben»[92]. Noch viel stärker als 1892 rückte Wenck somit die Frage nach der Rolle psychischer und physischer Faktoren in den Vordergrund. Entsprechend stellte er in seinem Beitrag im Wartburg-Werk den Lebensweg Elisabeths von der ungarischen Königstochter bis zur Marburger Hospitalschwester im Wesentlichen als den Weg ihrer seelischen Entwicklung dar und suchte mit großer Empathie die Eindrücke und Erfahrungen zu bestimmen, die darauf Einfluss nahmen.

So glaubte er bei der Frage, «unter welchen Eindrücken eine angeborene asketisch-religiöse Gesinnung in ihr zu schnellerer Entfaltung gelangte»[93], für die besonders prägende Phase der «Kindheitszeit» Elisabeths am Thüringer Landgrafenhof in aufwändiger Argumentation zeigen zu können, dass vor allem die Landgräfin Sophie – entgegen ihrer negativen Darstellung in der mittelalterlichen Tradition – in «enger Herzensgemeinschaft» maßgeblichen Einfluss «auf die eigenartige Entwickelung ihrer heranwachsenden Schwiegertochter» genommen habe. Elisabeth habe «durch sie Anregung und Vorbild zu der Liebesthätigkeit empfangen, die sie in der Wartburgzeit übte»[94]. Dieses – durchweg auf indirekten, oft hypothetischen Beobachtungen beruhende – Ergebnis schien Wenck derart bedeutsam, dass er eigens vermerkte: «Auf die Frage, welche positiven Einflüsse auf Elisabeths Entwickelung in ihrer Kindheit gewirkt haben, ist hier zuerst eine Antwort gegeben»[95].

Ähnlich suchte er das Problem «Wie hat sich der Drang zur werkthätigen Liebe, zur Liebesthätigkeit für die Armen und Kranken, das eigentliche Lebenselement Elisabeths, entfaltet?» für die Zeit der Ehe Elisabeths zu klären: Zunächst mit dem Hinweis, dass durch ihre drei Schwangerschaften in sechs Jahren «die Voraussetzungen gegeben (waren), ihre körperliche Widerstandskraft so zu schwächen, daß sie gegenüber mächtigen seelischen Eindrücken das Gleichgewicht ihrer Seele nicht zu erhalten vermochte»[96]. Als zweiten Faktor nannte er die Reise mit ihrem Gemahl 1222 nach Ungarn, wo sie «erst jetzt ... die Einzelheiten der grausamen That [sc. die Ermordung ihrer Mutter 1213] gehört haben» dürfte[97]. Große Bedeutung maß er weiterhin dem Auftreten der Franziskaner 1223/1225 in Mitteldeutschland bei, von deren Armutsforderung Elisabeth «im Innersten ergriffen worden» sei, was «nach den Lebenserfahrungen, die über Elisabeth gekommen waren» nicht befremden könne[98]. «Epochemachend» für die «volle Ausprägung ihrer Eigenart» sei schließlich das

---

92 So WENCK, Heilige Elisabeth 1907 (wie Anm. 126) S. 130, wo er das Anliegen seines Beitrags im Wartburg-Werk erläuterte.
93 WENCK, Elisabeth 1907 (wie Anm. 85) S. 184.
94 WENCK, Elisabeth 1907 (wie Anm. 85) S. 190.
95 WENCK, Elisabeth 1907 (wie Anm. 85) S. 699 Anm. zu S. 184–190.
96 WENCK, Elisabeth 1907 (wie Anm. 85) S. 191.
97 WENCK, Elisabeth 1907 (wie Anm. 85) S. 192.

Jahr 1226 mit Elisabeths Wirken als «fürstliche Diakonissin» während der Hungersnot gewesen, nachdem Landgraf Ludwig Elisabeths franziskanischen Beichtvater Rodeger durch Konrad von Marburg ersetzt habe, «der bei allem Mitgefühl für die fromme Askese Elisabeths doch die Einhaltung gewisser durch die Verhältnisse gebotener Grenzen seitens der Landgräfin zu verbürgen schien»[99].

Dieselben Erklärungsmodelle legte Wenck auch dem von ihm angenommenen freiwilligen Verlassen der Wartburg durch Elisabeth nach dem Tod Ludwigs IV. 1227, ihrer Übersiedlung 1228 nach Marburg und ihrem dortigen Wirken als Franziskanertertiarin und «Leiterin eines Hospitals» zugrunde[100]. Für diese letzte Lebensphase, ihre Zeit als Witwe, suchte er zu zeigen, wie nun allerdings die psychische und physische Situation Elisabeths dazu führte, dass Elisabeth «mit Leidenschaft die Wünsche asketischen Übereifers, die bisher in ihr erregt, aber nicht erfüllt worden waren, zu verwirklichen getrachtet» habe[101]. Erst von jetzt an trug Elisabeths Leben jene Züge, «gegen welche moderne Empfindung sich auflehnt» und die – anders als die Biographen des 13. Jahrhunderts – «wir als krankhafte Ausschreitung ansehen»[102]. Allerdings seien «neben den Maßlosigkeiten, die der Heiligen gut anstehen mochten, uns aber leicht als Versuchung Gottes erscheinen ... auch Äußerungen gesunder und tiefer Empfindung von Elisabeth aus dieser Zeit überliefert»[103]. Seine Kritik von 1892 fortführend grenzte er sich aus «evangelischer Anschauung» nachdrücklich von der mittelalterlichen Verdienstfrömmigkeit Elisabeths ab[104], betonte aber auch, dass «nur wenige Frauen unserer Tage dieselbe menschlich ergreifende Hinwendung eines liebewarmen Herzens haben, welche, so dürfen wir getrost sagen, trotz der kirchlichen Verbildung ihres naiven Wesens Elisabeth eigen war»[105].

Dank seines «nachempfindenden» Ansatzes, mit dem er die Biographie der frommen Landgräfin derart umfassend analysiert hatte, war sich Wenck am Ende seines Beitrags gewiss, anders als die Zeitgenossen und nachfolgende Generationen, die «nicht nach den Wurzeln von Elisabeths Armutsverlangen und ihrer Liebesthätigkeit gefragt» hatten, «Elisabeths Entwickelung» sicher

---

98 WENCK, Elisabeth 1907 (wie Anm. 85) S. 193.
99 WENCK, Elisabeth 1907 (wie Anm. 85) S. 194f.
100 WENCK, Elisabeth 1907 (wie Anm. 85) S. 201, 203, 206.
101 WENCK, Elisabeth 1907 (wie Anm. 85) S. 200.
102 WENCK, Elisabeth 1907 (wie Anm. 85) S. 204f.
103 WENCK, Elisabeth 1907 (wie Anm. 85) S. 204.
104 WENCK, Elisabeth 1907 (wie Anm. 85) S. 205: «Moderne Heldinnen opferwilliger Liebe sollten nach evangelischer Anschauung von dem Gedanken an den himmlischen Lohn ihres Thuns frei sein, und viele sind es wohl auch».
105 WENCK, Elisabeth 1907 (wie Anm. 85) S. 205.

erklären zu können und damit auch eine Grundlage für eine Würdigung gewonnen zu haben[106]. Diese fiel wie bereits 1892 zwiespältig aus. Einerseits gestand er der Heiligen mit den Worten «Wer könnte ohne innerliche Ergriffenheit die Summe dieses Lebens ziehen!» seine große emotionale Anteilnahme als moderner Betrachter zu. Andererseits aber betonte er als «der unbefangene Beurteiler» um so deutlicher, «daß so hell die Wärme ihres Herzens, die Zartheit ihres Gewissens aus ihren Schicksalen uns entgegenleuchtet, ebenso klar ihre geistige Unselbstständigkeit gegenüber den Lehrern und Leitern, die an sie herantraten, sich bezeugt»[107].

Bei der abschließenden Frage nach dem Bild Elisabeths in der mittelalterlichen Tradition und Verehrung unterstrich Wenck wie schon 1892 als den einen Grundzug ihre «Liebesthätigkeit», zu der er vermerkte: «Es war geradezu ein sittlich-religiöses, es war ein soziales Ereignis von hoher Bedeutung, daß eine Frau an weithin sichtbarer Stelle im Ringen um das Gottesreich sich nicht mehr mit Bußübungen begnügte, sondern allen voranleuchten wollte in der Nachfolge, in der Nachahmung Christi, in Liebeswerken bei den Armen und Kranken»[108]. Zum anderen nannte er «ihre reine keusche Gattenliebe», derer die Zeitgenossen und nachfolgenden Generationen «gern gedacht» hätten[109]. Von diesen beiden Vorbildfunktionen ausgehend spannte er nach einem kurzen Überblick über die hoch- und spätmittelalterliche Verehrungsgeschichte Elisabeths den Bogen bis zur «Umkehr der religiösen und sittlichen Anschauungen, welche die Reformation mit sich brachte», und betonte, nachdem das Bild Elisabeths durch die Reformation seinen mittelalterlichen Glanz verloren hätte, habe «doch eben Dr. Martin Luther den zu allen Zeiten gleich ergreifenden Zügen von Elisabeths menschlich schönem Wirken und Wollen immer wieder Worte herzenswarmer Verehrung gewidmet, und in seinem Geiste haben wir Evangelischen die gleiche Freude gefunden an all dem Schönen und Herrlichen, was die Künste ... zu Ehren Elisabeths gestaltet haben»[110]. Mit diesem Hinweis leitete er unmittelbar über zu einer einfühlsamen Erläuterung der Schwindschen Elisabeth-Fresken auf der Wartburg, die seinem Elisabeth-Kapitel als Abbildungen beigegeben waren[111], und schloss ohne jegliche positive Würdigung Elisabeths für die Gegenwart mit der Erinnerung an die «andere Elisabeth» Herzogin Helene Luise Elisabeth von Orleans (1814–1858), was indirekt fast einer Kritik an der mittelalterlichen Heiligen gleichkam[112].

---

106 Wᴇɴᴄᴋ, Elisabeth 1907 (wie Anm. 85) S. 205f.
107 Wᴇɴᴄᴋ, Elisabeth 1907 (wie Anm. 85) S. 206.
108 Wᴇɴᴄᴋ, Elisabeth 1907 (wie Anm. 85) S. 206.
109 Wᴇɴᴄᴋ, Elisabeth 1907 (wie Anm. 85) S. 206.
110 Wᴇɴᴄᴋ, Elisabeth 1907 (wie Anm. 85) S. 209f.
111 Diese Schlusspassage war insofern sensibel, als die Elisabeth-Fresken Schwinds, die «einen eindeutig katholischen Bildvorstellungen entsprechenden Zyklus» darstellten, Sᴄʜᴡᴇɪᴢᴇʀ,

Das ambivalente, in vieler Hinsicht distanzierte Elisabeth-Bild, das Wenck über das monumentale Wartburg-Werk «dem deutschen Volke» zu vermitteln suchte, glich in seinen Kernaussagen und Grundtendenzen weitestgehend dem seiner Marburger Antrittsvorlesung von 1891. Erneut hob Wenck als positiv – wenngleich an keiner Stelle seines Beitrags explizit als vorbildlich für die Gegenwart – Elisabeths Rolle als «fürstliche Diakonisse» und «liebende Gattin» hervor, wofür er sich wiederum ausdrücklich auf Martin Luther berief, und kritisierte, wenn auch gegenüber 1891 gelegentlich etwas abgemildert[113], alle übrigen von den Zeitgenossen und nachfolgenden Hagiographen gerühmten Äußerungen von Elisabeths Religiosität als «krankhaft», «unnatürlich», «maßlos» oder «exzentrisch». Wie 1891 führte er diese positiven und negativen Seiten Elisabeths einerseits darauf zurück, dass Elisabeth zu jenen Menschen gehört habe, «in denen Gefühl und Einbildungskraft das klare Denken überragt, zu den Seelen von mehr Wärme als Helle»[114]. Andererseits erklärte er sie nachdrücklicher noch als 1891 mit den psychischen und physischen Faktoren, die Elisabeths Entwicklung prägten. Bildete der Hinweis auf Elisabeths mangelnde «Helle» letztlich eine Herabwürdigung der «katholischen» Merkmale ihrer Frömmigkeit[115], so bedeutete der psychologisierende Ansatz, den Wenck im Wartburg-Werk so entschieden verfolgte, mit seiner profanen, quasi naturwissenschaftlichen Erklärung religiöser Phänomene eine weitestgehende Aus-

---

Elisabeth-Fresken 2007 (wie Anm. 7) S. 562, mit der konkreten Umsetzung von Motiven aus der Elisabeth-Biographie Montalemberts, vgl. Anm. 17, ein Werk zugrunde legten, gegen dessen unkritischen Quellenumgang sich Wenck deutlich ausgesprochen hatte, und mit dem Rosenwunder und der Vertreibungsszene Episoden abbildeten, deren Historizität in Wencks Wartburg-Beitrag in Frage gestellt wurde. Entsprechend vermerkte Wenck auch, es sei gewiss nicht im Sinne Schwinds, daß seine Bilder in dem vorliegenden Beitrag «neben eine aus strenger Forschung hervorgegangene Darstellung gestellt sind, und mancher möchte es wohl vermieden sehen», WENCK, Elisabeth 1907 (wie Anm. 85) S. 210.

112 WENCK, Elisabeth 1907 (wie Anm. 85) S. 210. Herzogin Helene hatte als eine Cousine Großherzog Carl Alexanders 1848 bis 1857 in ihrem Eisenacher Exil als Wohltäterin für die Armen gewirkt und wurde von Wenck in seinem Aufsatz von 1892 der hl. Elisabeth bei aller Gemeinsamkeit in Lebensgeschick und Sinnesart als positives Beispiel gegenüber gestellt: «so viel menschlicher erscheint doch die Fürstin unseres Jahrhunderts, welche die Erziehung ihrer Kinder als einen heiligen Beruf erkannt hatte, die sich nicht zu Magddiensten erniedrigte», WENCK, Elisabeth 1892 (wie Anm. 51) S. 244.

113 Hatte er etwa in seinem Aufsatz, WENCK, Elisabeth 1892 (wie Anm. 51) S. 230, das Küssen von Aussätzigen durch Elisabeth als «krankhaftes Streben nach Heiligkeit» bezeichnet, so sprach er nun, WENCK, Elisabeth 1907 (wie Anm. 85) S. 196f., davon, dass «solches Übermaß nichts zu thun [hatte] mit dem Mitgefühl für die Leiden der Kranken, sondern es ging hervor aus der Sorge für das eigene Seelenheil, aus asketischer Himmelsstürmerei, die bei der Armen- und Krankenpflege des Mittelalters eine so große Rolle spielt». Weitere Beispiele, von denen ein aufschlussreiches auch HUYSKENS, Quellenstudien 1907 (wie Anm. 143) S. 53 Anm. 1, nennt, ließen sich anführen.

114 WENCK, Elisabeth 1907 (wie Anm. 85) S. 205; vgl. Anm. 70 und 87.

blendung und Relativierung mittelalterlicher Spiritualität und trug damit gleichfalls deutlich antikatholische Züge.

Insgesamt stellte Wencks umfangreiches Elisabeth-Kapitel inhaltlich die bislang breiteste Zusammenfassung der bis dahin zur Elisabeth-Thematik gewonnenen quellenkritischen, landes-, orts-, frömmigkeits- und kunstgeschichtlichen Forschungsergebnisse dar. Seine mit der Fokussierung auf «Elisabeths Entwickelung» verbundene Blickverengung auf die Einzelbiographie Elisabeths war in vieler Hinsicht ebenso typisch für die biographische Geschichtsschreibung der Zeit wie sein fast zum Gipfel getriebenes unhinterfragtes Bemühen um psychologisierende Erklärungen, die entgegen aller Betonung «strenger Forschung» häufig genug auf Spekulation und anachronistischen Rückschlüssen beruhten[116]. In dieser Form verfestigte und transportierte der Aufsatz auf einer so breiten Grundlage wie kein anderer wissenschaftlicher Beitrag zuvor das protestantische Elisabeth-Bild, wie es sich seit Justi und nach zeitweise unterschiedlicher Akzentuierung schließlich während und unmittelbar nach dem Kulturkampf als vorherrschend herausgeformt hatte[117].

Mit alledem verkörperte das Elisabeth-Kapitel im Wartburg-Werk den bisherigen Höhepunkt wissenschaftlicher, protestantischer Geschichtsschreibung zur hl. Elisabeth. Am Ausgang des 19. Jahrhunderts verfasst, bündelte es an prominenter Stelle den Ertrag der Elisabeth-Forschung dieses Jahrhunderts und stand als gewichtigster Beitrag am Ende jener rasch nacheinander publizierten Arbeiten von Boerner, Mielke und Wenck, mit denen seit den späten 1880er Jahren die hl. Elisabeth erstmals umfassend in das Blickfeld protestantisch orientierter geschichtswissenschaftlicher Forschung gerückt worden war. Sein Autor war nach dieser exponierten und hochrangigen «Elisabethbiogra-

---

115 SCHWEIZER, Elisabeth-Fresken 2007 (wie Anm. 7) S. 548 sieht in diesem Passus Elisabeths Selbstlosigkeit geradezu «unter der Perspektive des modernen Protestantismus verunglimpft» und wertet ihn als Indiz für die Nachwirkungen des Kulturkampfs und «die Schwierigkeiten protestantischer Historiker, die vorreformatorische Kirchengeschichte emotionslos darzustellen».

116 Als Beispiel seien lediglich einige Passagen aus dem Abschnitt über die Reise Landgraf Ludwigs IV. und Elisabeths 1222 nach Ungarn zitiert: «Der liebende Gatte wollte sie ihren nächsten Verwandten zuführen, ihr die Stätte ihrer ersten Kinderjahre zeigen. Aber wie wenig frohe Eindrücke mochte sie heimbringen. Die Ermordung ihrer Mutter Gertrud im Jahre 1215 war an dem sechsjährigen fernen Kinde einst vorübergegangen, jetzt erst wird sie die Einzelheiten der grausigen That gehört haben ... Sie hatte die weiche, abhängige Art des Königs Andreas, den sie bei jenem Besuch in Ungarn wieder in dieselbe Misswirtschaft verstrickt fand wie früher.», WENCK, Elisabeth 1907 (wie Anm. 85) S. 192. Nichts von alledem steht in den Quellen!

117 WENCKs Elisabeth-Kapitel entsprach damit in vieler Hinsicht dem von GERBER, Konfessionelle Wahrnehmung 2007 (wie Anm. 15) S. 507 herausgestellten Versuch des liberalen Protestantismus dieser Jahre, in seiner Darstellung Elisabeths deren «Devianzen vom aufgeklärt-bürgerlichen, liberal- und nationalprotestantischen Wert- und Verhaltenskodex auf dem

phie», wie er den Aufsatz selbst bezeichnete[118], jedoch nicht nur zum führenden Repräsentanten der protestantischen historischen Forschung zur hl. Elisabeth geworden[119], sondern er durfte darüber hinaus insgesamt als der renommierteste Elisabethforscher seiner Zeit gelten.

IV. Das Elisabeth-Jubiläum 1907 und die Kontroverse zwischen Karl Wenck und Albert Huyskens

Das Erscheinen des Wartburg-Werkes verzögerte sich bis in den November 1907[120]. Wencks Elisabeth-Kapitel wurde hierdurch unbeabsichtigt auch zu einem Beitrag zum Elisabeth-Jahr 1907. Anders als in den früheren Gedenkjahren bildete der 700. Geburtstag Elisabeths 1907 erstmals den Anlass für ein feierlich begangenes Jubiläum und gab den Anstoß zu zahlreichen Veranstaltungen und Publikationen. Letzterer Umstand trug mit dazu bei, dass die große «Elisabethbiographie» von Wenck im Wartburg-Werk, als sie schließlich der Öffentlichkeit vorlag, auf eine Forschungssituation traf, die sich von der bei ihrer Niederschrift erheblich unterschied.

Dies galt zunächst für die Elisabeth-Forschungen von Wenck selbst. Wenck hatte – möglicherweise angestoßen durch seine Beschäftigung mit der hl. Elisabeth – 1907 einen umfangreichen Aufsatz über Franz von Assisi und die Anfänge des Franziskanerordens verfasst, der weit in die Geschichte der religiösen Armutsbewegungen seit Petrus Waldes ausgriff, das religiöse Wirken des Franziskus mit großem Verständnis für die Epoche darstellte, sich im Unterschied zu seinem Elisabeth-Beitrag im Wartburg-Werk jeder Kritik vom modernen bzw. protestantischen Standpunkt aus enthielt und mit Sympathie auf den Vorbildcharakter des Franziskus für die Gegenwart verwies[121]. Diese Beschäftigung mit dem hl. Franziskus, die Wenck erstmals auch außerhalb seiner Elisabeth-Studien in das Gebiet der Frömmigkeits- und Ordensgeschichte führte, wirkte, wie Wenck selbst vermerkte[122], auf seine Sichtweise der hl. Elisabeth zurück und hatte zur Folge, dass er sein Elisabeth-Bild in seinen

Wege einer Definition als spezifisch ‹katholische› bzw. ‹römische› Züge zum konfessionellen Kampfinstrument umzugestalten».

118 Wenck, Heilige Elisabeth 1907 (wie Anm. 126) S. 130.

119 So würdigte ihn 1932 der Marburger evangelische Kirchenhistoriker Hermelink, Elisabethforschung 1932 (wie Anm. 187) S. 33.

120 Vgl. Wenck, Elisabeth 1908 (wie Anm. 123) S. 46.

121 Karl Wenck: Franz von Assisi. In: Bernhard Bess (Hrsg.): Unsere religiösen Erzieher. Eine Geschichte des Christentums in Lebensbildern. Bd. 1. Von Moses bis Huß. Leipzig 1908, S. 197–227, hier S. 226: «Unter allen Mahnungen, welche das Vorbild des Franziskus auch noch der Gegenwart vorhält, ist wohl die wichtigste die zu tatkräftiger Liebe». Freilich stützte sich Wenk im Wesentlichen auf die Arbeiten evangelischer Forscher, insbesondere Paul Sabatiers.

122 Dass er seiner Veröffentlichung des Briefes Papst Gregors IX. an Elisabeth 1907 eine kurze

Beiträgen zum Elisabeth-Jubiläum 1907 deutlich veränderte. So gab er in seinem Festvortrag über die hl. Elisabeth vom Dezember 1907 in Marburg zwar im Wesentlichen eine Kurzfassung seines Beitrags im Wartburg-Werk mit dessen hauptsächlichen Ergebnissen wieder und nahm eine deutliche Scheidung dessen vor, «was in Elisabeths Bild vergänglich, nur aus den Strömungen und Anschauungen ihrer Zeit erklärlich erscheint und dann wiederum dessen, was in alle Zukunft vorbildlich wirken mag»[123]. Aber er vermied weitestgehend die in seinen bisherigen Elisabeth-Arbeiten so häufigen kritischen, konfessionell geprägten Wertungen, suchte – gerade unter Hinweis auf die franziskanischen Einflüsse – Elisabeths religiöse Vorstellungen sehr viel stärker aus ihrer Zeit heraus darzustellen und würdigte den «bedeutsamen Umschwung in der Askese», den Elisabeth mit dem «Übergang von der Nachfolge im Leiden zur Nachfolge in den Werken Christi» verkörpert habe[124]. Eng verbunden mit dieser Wendung zu einer überwiegend positiven Sicht hob Wenck erstmals ausdrücklich die Bedeutung Elisabeths als Vorbild auch für die Gegenwart hervor: «Ewig bleibt das Vorbild der Liebe, die sie übte gegen alle, die ihr nahe kamen, ohne Unterschied des Standes. Wie sie, die hohe fürstliche Frau, den Bedürftigen zu dienen und zu helfen bereit war, die bewundernde Erinnerung daran möge uns alle ... begleiten, dann werden wir uns versucht fühlen ihrem Vorbild nachzueifern, wenn unsere Wege und Bahnen auch den ihrigen ganz unähnlich sein werden»[125].

Darstellung der Biographie Elisabeths beigab, begründete WENCK, Heilige Elisabeth 1907 (wie Anm. 126) S. 130 damit, sie würde auch für die Leser seines Beitrags im Wartburg-Werk ihren Wert haben, «weil ich für ihre Gestaltung eine vertiefte Kenntnis des Lebenswerkes von Franz von Assisi mitbrachte».

123 KARL WENCK: Die heilige Elisabeth (Sammlung gemeinverständlicher Vorträge und Schriften aus dem Gebiet der Theologie und Religionsgeschichte. 52). Tübingen 1908, Zitat S. 28. Wenck, der selbst betonte, dass seine bisherigen Veröffentlichungen über die hl. Elisabeth «in Zeitschriften bzw. in einem sehr teueren Prachtwerke erschienen und daher für viele nicht leicht erreichbar» seien (S. III), sah in der Publikation seines Vortrags die beste Möglichkeit, die Ergebnisse seiner Elisabeth-Forschungen und damit sein Elisabeth-Bild einer breiteren Öffentlichkeit zu vermitteln. In der Tat wurde diese Sonderveröffentlichung die meist wahrgenommene und damit maßgebliche Schrift Wencks zur hl. Elisabeth, wohingegen seine Darstellung im Wartburg-Werk kaum rezipiert wurde, vgl. dazu unten S. 126. Zu dem Festvortrag siehe auch KORÁNYI, Leben und Biographie 2004 (wie Anm. 14) S. 68–74.

124 WENCK, Elisabeth 1908 (wie Anm. 123) S. 33.

125 WENCK, Elisabeth 1908 (wie Anm. 123) S. 34. Er schloss noch den Satz an: «Tuen wir das, so werden die schweren Schäden, die mit der Anhäufung grosser Vermögen, mit der Steigerung des Gegensatzes von Arm und Reich sich aufgetan haben, viel von ihren Gefahren verlieren. Dazu helfe ein jeder an seinem Teil!». Unter Hinweis auf die Liebe hatte er bereits auch den Vorbild-Charakter des Franziskus betont, vgl. das Zitat Anm. 121, was weiter erkennen lässt, welche nachhaltigen Anstöße von seiner Beschäftigung mit Franziskus von Assisi für den Wandel seines Elisabeth-Bildes ausgingen.

Noch deutlicher von seiner bisherigen Kritik an Elisabeth und an den kirchlichen Verhältnissen des Mittelalters wich Wenck in einem Aufsatz ab, den er kurz zuvor in der katholischen Zeitschrift «Hochland» veröffentlicht hatte. Sehr detailliert und eindringlich betonte er die franziskanischen Elemente in Elisabeths «Liebestätigkeit» und stellte an zahlreichen Stellen die Bedeutung des Franziskus als Vorbild Elisabeths heraus[126]. Mit großem Verständnis bemühte er sich, auch solche religiöse Entscheidungen Elisabeths nachzuvollziehen, die er früher hart kritisiert hatte[127]. Wie in seinem Festvortrag mündete seine Darstellung Elisabeths wiederum in eine Würdigung für die Gegenwart ein: «Heute erkennen wir in dem Andenken Elisabeths einen Schatz für alle Deutsche, denen es eine seelische Erquickung ist, emporzuschauen zu einer Seele, die von allen standesmäßigen Überlegungen frei nichts will als helfen und dienen»[128]. Die in diesen Worten anklingende nationale Inanspruchnahme Elisabeths begegnet bei Wenck gleichfalls 1907 zum ersten Mal, ist hier aber im Vergleich zu anderen seiner Äußerungen im Jubiläumsjahr eher zurückhaltend formuliert[129]. Vielmehr unterstrich er in seinem Hochland-Aufsatz vor allem die mit der nationalen Sicht unmittelbar verbundene konfessionsübergreifende Komponente[130]. Unter Hinweis darauf, dass er als «ein Protestant, der in der Stadt Elisabeths, in Marburg seine zweite Heimat gefunden» habe, in einer katholischen Zeitschrift ein Lebensbild Elisabeths gestalten durfte, schloss er

---

126 KARL WENCK: Die heilige Elisabeth und Papst Gregor IX. In: Hochland. 5 (1907), S. 129–147, hier S. 138ff.

127 So vermerkte er etwa – besonders kennzeichnend für seine gewandelte Sichtweise – zur Weggabe ihrer Kinder durch Elisabeth nach ihrem Karfreitagsgelübde 1228: «Es wäre ungerecht, von ihr zu fordern, daß sie über diese Anschauung ihrer Zeit erhaben gewesen sein sollte», WENCK, Heilige Elisabeth 1907 (wie Anm. 126) S. 146.

128 Wenck, Heilige Elisabeth 1907 (wie Anm. 126) S. 147.

129 KARL WENCK: Dem Andenken der heiligen Elisabeth (geb. 1207, † 17. Nov. 1231). In: Mitteilungen an die Mitglieder des Vereins für hessische Geschichte und Landeskunde. Jahrgang 1906/07. (1907), S. I–III, hier S. I: Nachdem er die Heilige zunächst mit den Worten «Wir Hessen haben mehr als einen Anspruch darauf, Elisabeth die unsere zu nennen.» für Hessen beansprucht hatte, fuhr er fort: «Gehörte sie durch ihre Geburt dem Ungarland an, so floß doch in ihren Adern deutsches Blut, ihre Mutter war eine Deutsche, und damit sie selbst ganz als Deutsche aufwachse, um dereinst an der Seite eines deutschen Fürsten zu stehen, wurde sie schon in ihrem vierten Lebensjahr an den thüringischen Hof gebracht». Dem Text, der «alle Volksklassen in und außerhalb Hessens» zur Nachfolge Elisabeths als eines Vorbilds der Nächstenliebe aufrief, S. III, fehlte jeder konfessionelle Bezug.

130 Vgl. hierzu GERBER, Konfessionelle Wahrnehmung 2007 (wie Anm. 15) S. 506, der aufzeigt, dass mit dem Zurücktreten der konfessionellen Frontstellungen nach dem Ende des Kulturkampfes Elisabeth zunehmend zu einer gemeinsamen, konfessionsübergreifenden nationalen Gestalt stilisiert wurde und dass diese Stilisierung ihren Höhepunkt während des Ersten Weltkriegs erreichte.

131 WENCK, Heilige Elisabeth 1907 (wie Anm. 126) S. 147; dazu GERBER, Konfessionelle Wahrnehmung 2007 (wie Anm. 15) S. 506.

mit dem bemerkenswerten Bekenntnis: «In dem Zeichen Elisabeths können sich Katholiken und Protestanten die Hand reichen»[131].

Sehr deutlich also war Wenck im Jubiläumsjahr 1907, angeregt durch seine Franziskus-Studie und unter dem Eindruck nachlassender konfessioneller Spannungen sowie einer beginnenden Nationalisierung des Elisabeth-Bildes, zu einer veränderten Sicht Elisabeths gelangt. Sie führte dazu, dass an die Stelle seiner früheren antikatholischen Distanzierung zunehmend eine protestantische Aneignung Elisabeths im Sinne einer konfessionellen Annäherung trat[132]. Mit dieser gewandelten Sichtweise hatte er sich von den Positionen, die noch seinem gleichzeitig erschienenen Elisabeth-Kapitel im Wartburg-Werk zugrunde lagen, merklich entfernt.

Um so schwerer musste es ihn treffen, dass seine gesamten bisherigen Elisabeth-Forschungen im selben Jahre 1907 durch zwei Publikationen erschüttert wurden, mit denen der junge Marburger Staatsarchivar Albert Huyskens (1879–1956) anlässlich des 700. Geburtstags der hl. Elisabeth an die wissenschaftliche Öffentlichkeit trat. Huyskens, der aus dem katholischen Rheinland stammte und nach seiner Münchener Promotion über ein papstgeschichtliches Thema des frühen 14. Jahrhunderts 1901 nach Marburg übergesiedelt war, wo er bis 1911 am Staatsarchiv wirkte[133], hatte sich durch seinen neuen Wohnort Marburg zur Beschäftigung mit der hl. Elisabeth anregen lassen[134]. Mit seinen

---

132 Wie wenig dies allerdings auch noch beim Elisabeth-Gedenken im Jubiläums-Jahr 1907 selbstverständlich war, zeigt etwa die Gegenüberstellung des Vortrags von ELSBETH KRUKENBERG: Die heilige Elisabeth auf der Wartburg und in Hessen und das Ideal der deutsch-evangelischen Frau. Vortrag gehalten auf der 20. Generalversammlung des Evangelischen Bundes in Worms am 30. September 1907. Leipzig 1907, und des kritischen Literaturberichts von katholischer Seite von FRIEDRICH ZURBONSEN: Die hl. Elisabeth von Thüringen in der neueren Forschung. Zum siebenten Centenarium ihrer Geburt 1907. Frankfurter Zeitgemässe Broschüren. 26 (1907)10, S. 287–310.

133 Zu Huyskens vgl. neben SCHOLZ, Elisabethforscher 1983 (wie Anm. 40) S. 151 und der dort angegebenen Literatur jüngst auch STEFAN KREBS und WERNER TSCHACHER: «Sippenforschung und Rassepolitik» – Albert Huyskens und der Aachener Mythos vom katholischen Widerstand. In: Zeitschrift des Aachener Geschichtsvereins. 109 (2007), S. 215–238.

134 Betonte er, sein Interesse an der hl. Elisabeth sei «wach geworden mit dem ersten Tage, an dem ich hinaufblickte zu ihrer in klassischer Einfachheit und doch wieder in königlicher Majestät zum blauen Himmel emporstrebenden Grabeskirche», so führten ihn nach eigenen Angaben die Beschäftigung mit der Geschichte der Deutschordensballei Marburg unter Landgraf Philipp dem Großmütigen und der von diesem 1539 vorgenommenen Entfernung der Elisabeth-Reliquien aus der Sakristei der Elisabethkirche sowie seine anschließenden Untersuchungen über die Geschichte der Elisabeth-Reliquien und die von Kaiser Friedrich II. 1236 für das Haupt der hl. Elisabeth geschenkte Krone schließlich dazu, dass er anlässlich des Elisabethjubiläums 1907 seine «Aufmerksamkeit dann den Quellen ihrer Geschichte» zuwandte, HUYSKENS, Quellenstudien 1908 (wie Anm. 143) S. IIIf.; vgl. auch KORÁNYI, Leben und Biographie 2004 (Anm. 15) S. 29f.

scharfsinnigen und weit ausgreifenden Studien zu den Quellen und zur Biographie der hl. Elisabeth, die er «in einem grandiosen Überschwang von Arbeitsfreudigkeit» (Wilhelm Maurer)[135] zwischen 1907 und 1911 publizierte, stieg er binnen Kürze zum wichtigsten Elisabeth-Forscher neben Wenck auf und wurde – am gemeinsamen Wohnort Marburg – rasch zu dessen heftigstem wissenschaftlichen Gegner.

Huyskens setzte dort ein, wo die bisherige, von Boerner, Mielke und Wenck repräsentierte Forschung ihre größte Schwachstelle aufwies: bei der text- und quellenkritischen Analyse der ältesten Elisabeth-Texte[136]. Seit Wegele hatte sich die kritische Elisabethforschung in ihren Bemühungen, die spätere legen-den- und sagenhafte Tradition zur hl. Elisabeth von der zeitgenössischen Über-lieferung zu scheiden und auf diese Weise eine sichere Grundlage für die Elisabeth-Biographie zu schaffen, im Wesentlichen auf die thüringische Geschichtsschreibung im Umkreis des Landgrafenhofes und des Klosters Rein-hardsbrunn konzentriert und vor allem hier ihre großen Erkenntnisfortschritte gesehen[137]. Hingegen galt – nicht zuletzt vielleicht auch bedingt durch eine konfessionell geprägte, positivistische Zurückhaltung gegenüber Texten dieser Art – den auf das Zeugenverhör im Kanonisationsverfahren Elisabeths von 1235 zurückgehenden Berichten, die die weitaus detailliertesten und zeitlich nächsten Nachrichten über das Leben Elisabeths enthielten, nur vergleichsweise geringe Aufmerksamkeit[138]. Für sie begnügte man sich mit dem eher unkriti-schen Rückgriff auf einen frühneuzeitlichen Druck, der auf einer einzigen Handschrift des 14. Jahrhunderts beruhte und dessen mangelnde Qualität bereits 1888 Mielke beklagt hatte[139]. In dem Text selbst erblickte man trotz sei-ner großen Überlieferungs- und Gattungsprobleme weitgehend unhinterfragt eine zeitgenössische Überarbeitung des Protokolls der Zeugenaussagen von

---

135 MAURER, Elisabeth von Marburg 1958 (wie Anm. 208) S. 23.

136 Zum Gegenstand und dem Verlauf der Wenck-Huyskens-Kontroverse vgl. zuletzt WÜRTH, Aussagen 2006 (wie Anm. 226) S. 8f.

137 Vgl. oben S. 87f. mit Anm. 55; auch in seinen jüngsten Publikationen verwies Wenck jeweils ausdrücklich auf den von ihm 1878 erbrachten «Nachweis dieses Quellenzusammenhangs und entsprechend die Ausscheidung grosser Massen legendarischen Stoffes aus dem Kreis der unmittelbar gleichzeitigen Quellen für die Geschichte Elisabeths», WENCK, Elisabeth 1908 (wie Anm. 123) S. 44f. und DERS., Heilige Elisabeth 1907 (wie Anm. 126) S. 134.

138 Während BOERNER, Kritik 1888 (wie Anm. 35) S. 443–466 und MIELKE, Zur Biographie 1888 (wie Anm. 36) S. 24–30 mit unterschiedlich ausführlichen quellenkritischen Erörterungen auf sie eingingen, ohne jedoch die Überlieferungsprobleme näher zu thematisieren, brachte Wenck jeweils nur sehr knappe, allgemeinere Bemerkungen, die auch im Fortgang seiner Elisabeth-Forschungen kaum über seine ersten kurzen Hinweise WENCK, Elisabeth 1892 (wie Anm. 51) S. 215 hinausgingen.

139 MIELKE, Zur Biographie 1888 (wie Anm. 36) S. 24 Anm. 2: «Der Abdruck ist herzlich schlecht; es wimmelt in ihm von Wortfehlern und Incorrectheiten».

1235, die man als solche der kritischen Erforschung der Biographie Elisabeths und der Beurteilung ihrer Persönlichkeit zugrunde legte[140].

Hatte schon Michael in seiner Kritik von 1898 auf diese Überlieferungs- und Quellenproblematik hingewiesen[141], so griff Huyskens die Einwände des Innsbrucker Jesuiten auf und machte sich die text- und quellenkritische Analyse sämtlicher ältester Quellen zur hl. Elisabeth sowie der Texte zu ihrem Kanonisationsprozess zur Aufgabe[142]. In seiner 1907 vorgelegten Publikation «Zum 700. Geburtstage der hl. Elisabeth von Thüringen. Studien über die Quellen ihrer Geschichte» gelang es ihm in erstmaliger Auswertung des gesamten damals bekannten handschriftlichen Materials, den Verlauf des Heiligsprechungsverfahrens Elisabeths in den Jahren 1232 bis 1235 präzise zu rekonstruieren und zu dokumentieren, die einzelnen in diesem Zusammenhang entstandenen Texte deutlicher als zuvor voneinander zu scheiden und sie in ihrer Überlieferung und weiterer literarischen Verwendung genauer zu verfolgen[143]. Aus der Fülle seiner Ergebnisse war das zweifellos Wichtigste der Nachweis, dass von dem bislang unkritisch benutzten Text mit den Zeugenaussagen von 1235 über das Leben der Landgräfin Elisabeth zwei Fassungen existierten, deren kürzere bereits 1236 vorlag und deren längere vor 1244 entstand. Nach Huyskens enthielt die kürzere Fassung den Wortlaut jenes amtlichen Schriftstücks mit den protokollierten Zeugenaussagen vom Januar 1235, das der Kurie im Frühjahr 1235 für die Kanonisation Elisabeths übermittelt wurde[144]. In der längeren Fassung sah er hingegen eine wenig später entstandene Überarbeitung dieses Protokolls, in die zahlreiche in Marburg kursierende Traditionen eingefügt worden seien[145].

Damit war eine neue Quellensituation geschaffen und waren nach Huyskens viele Passagen, die bislang als ursprüngliche Bestandteile des Prozess-

---

140 Boerner, Kritik 1888 (wie Anm. 35) S. 449; Mielke, Zur Biographie 1888 (wie Anm. 36) S. 24f.; Wenck, Elisabeth 1892 (wie Anm. 51) S. 215; Ders., Elisabeth 1907 (wie Anm. 85) S. 190.

141 Michael, Zur Geschichte 1898 (wie Anm. 79) S. 566.

142 Huyskens, Quellenstudien 1908 (wie Anm. 143) S. IV: «Einmal gegen die herrschende Auffassung misstrauisch geworden, habe ich dann alles erreichbare ältere handschriftliche Material bis auf Dietrich von Apolda – meist zum ersten Male – durchforscht».

143 Nachdem er die beiden ersten Teile seiner Studien 1907 als Zeitschriftenaufsätze publiziert hatte, Albert Huyskens: Zum 700. Geburtstage der hl. Elisabeth von Thüringen. Studien über die Quellen ihrer Geschichte. In: Historisches Jahrbuch. 28 (1907), S. 499–528, 729–848, brachte er sie 1908, um einen dritten Teil und um die umfangreiche Edition der 1233 und 1235 aufgezeichneten Wunderprotokolle erweitert, als eigene Monographie heraus: Albert Huyskens: Quellenstudien zur Geschichte der hl. Elisabeth Landgräfin von Thüringen. Marburg 1908.

144 Huyskens, Quellenstudien 1908 (wie Anm. 143) S. 47.

145 Huyskens, Quellenstudien 1908 (wie Anm. 143) S. 68 und S. 108.

berichts von 1235 galten, auszuscheiden. Welche weitreichenden Konsequenzen sich hieraus für das Lebensbild der hl. Elisabeth ergaben, suchte Huyskens in seiner gleichzeitig erschienenen biographischen Studie «Elisabeth, die heilige Landgräfin von Thüringen» zu erweisen[146]. Ähnlich selbstbewusst wie seinerzeit Wegele und Wenck gegenüber der jeweils vorangehenden Forschung[147] betonte er zu Beginn, die von Börner, Mielke und Wenck[148] unternommenen «Versuche einer kritischeren Erfassung der Elisabethlegende» seien nach seiner «Durchforschung der gesamten älteren Elisabethquellen ... als schlecht begründete Hyperkritik zu bezeichnen, deren Ergebnisse heute zum größten Teile von uns überwunden sind»[149]. Dennoch könne das «Verlangen unserer Zeit nach der historischen Elisabeth» erfüllt werden[150]. Die von ihm anschließend skizzenhaft entworfene Biographie der hl. Elisabeth bot zwar kein grundstürzend neues Bild, wich aber in zahlreichen wichtigen Punkten von Mielke und vor allem von Wenck ab. Dies galt etwa der Gewichtung des franziskanischen Einflusses auf Elisabeth, der Rolle Landgraf Ludwigs beim Wechsel von Elisabeths Beichtvätern, der Einschätzung Konrads von Marburg und insbesondere der Frage nach der Vertreibung oder dem freiwilligen Weggang Elisabeths von der Wartburg nach Landgraf Ludwigs IV. Tod 1227[151]. Vor allem aber unterblieben nahezu völlig die bei Wenck – insbesondere in dessen Huyskens allein vorliegenden Aufsatz von 1892 – so häufigen anachronistischen Wertungen und subjektiver Persönlichkeits-Charakterisierungen sowie das psychologisierende Nachempfinden von Elisabeths religiöser Entwicklung. Deutungsansätze dieser Art lehnte Huyskens als quellenmäßig nicht begründbar ab[152] und bemühte sich statt dessen um eine quellennahe,

---

146 ALBERT HUYSKENS: Elisabeth, die heilige Landgräfin von Thüringen. In: Historisch-politische Blätter für das katholische Deutschland. 140 (1907), S. 725–745, 809–822; vgl. dazu auch KORÁNYI, Leben und Biographie 2004 (wie Anm. 15) S. 31–34.

147 Vgl. oben S. 82 mit Anm. 28 und S. 87f. mit Anm. 54 und 55.

148 Hierbei richtete sich Huyskens vor allem gegen Wencks Elisabeth-Aufsatz von 1892 (wie Anm. 51), da das Wartburg-Werk und auch Wencks Hochland-Aufsatz (wie Anm. 126) damals noch nicht erschienen waren.

149 HUYSKENS, Elisabeth 1907 (wie Anm. 146) S. 727.

150 Wie vorige Anm.

151 Vgl. HUYSKENS, Elisabeth 1907 (wie Anm. 146) S. 736ff., S. 740 sowie S. 809-814; zu letzterer Frage entwickelte Huyskens gegen die These von Boerner, Mielke und Wenck, Elisabeth habe die Wartburg freiwillig verlassen, vgl. dazu oben Anm. 74, die Hypothese, Elisabeth sei nicht von der Wartburg, sondern von Marburg als ihrem Wittum vertrieben worden, sie sei deshalb wieder nach Eisenach bzw. zur Wartburg zurückgekehrt und von dort aus in einer nochmaligen Übersiedlung Konrad von Marburg in dessen Heimatstadt gefolgt; so auch schon HUYSKENS, Quellenstudien 1908 (wie Anm. 143) S. 53–67. Die Diskussion über diese unhaltbare Hypothese, die durchweg abgelehnt wurde, nahm in den Auseinandersetzungen um die Elisabeth-Forschungen von Huyskens breiten Raum ein und warf auf die Ergebnisse von Huyskens insgesamt ein ungünstiges Licht.

mehr narrative als analysierende Darstellung, bei der er gegenüber Wenck immer wieder seine sehr viel engere Vertrautheit mit der religiösen Praxis des Mittelalters erkennen ließ[153].

Anders als Wenck vermied Huyskens zwar jeden direkten Hinweis auf seinen konfessionellen Standpunkt, gab diesen aber indirekt um so deutlicher zu erkennen. So rühmte er von den älteren Arbeiten besonders das Buch Montalemberts[154], übernahm von der bisherigen Forschung vor allem die Kritik Michaels an Boerner, Mielke und Wenck[155] und versagte sich jedes negative Urteil über die Ideale und Formen mittelalterlicher, katholischer Religiosität, denen er vielmehr – mit wenigen Ausnahmen[156] – mit viel Verständnis und Selbstverständlichkeit begegnete. Nach außen hin am sichtbarsten brachte er seine Stellung als katholischer Forscher zum Ausdruck, indem er seine Elisabeth-Aufsätze von 1907 im «Historischen Jahrbuch der Görresgesellschaft» und in den «Historisch-politischen Blättern für das katholische Deutschland» als zwei eindeutig katholisch orientierten wissenschaftlichen Zeitschriften publizierte. Doch ebenso wie Wenck als überzeugter Protestant[157] betonte auch Huyskens als bekennender Katholik nachdrücklich das konfessionsverbindende Anliegen seiner Forschungen und äußerte die Hoffnung, dass durch sie «einer gemeinsamen Auffassung der Heiligen, die ja bei allen Konfessionen in verdientem Ansehen steht, die Wege geebnet würden»[158].

---

152 Huyskens, Elisabeth 1907 (wie Anm. 146) S. 734 unter deutlicher Anspielung auf die oben S. 88f. mit Anm. 61, 62 und 65 zitierten Erklärungsversuche von Wenck: «Man hat auch viel von ihrer großen Zartheit gesprochen und im Zusammenhang mit ihrer frühen Verheiratung und den sich folgenden Geburten ihr späteres religiöses Leben als hysterische Zustände erklären wollen, allein was man von ihrem zarten Körper sagt, beruht lediglich auf einem Missverstehen der Quellen». Wesentlich polemischer noch bezeichnete Huyskens, Quellenstudien 1908 (wie Anm. 143) S. 2 Anm. 3 Wencks Aufsatz von 1892 als den Versuch einer «Charakteristik der Heiligen ..., die natürlich in ihrem Werte erheblich von der Dauerhaftigkeit ihrer Grundlagen abhängt, die indessen auch selbständig gewisse Fragen medizinischer Natur aufwarf, die voraussichtlich alsbald von sachkundiger Seite eine gründliche Erörterung erfahren werden.»

153 So etwa bei seinen Bemerkungen Huyskens, Elisabeth 1907 (wie Anm. 146) S. 737 über Elisabeths Wunsch der Ehelosigkeit oder S. 740 über Elisabeths Gehorsamsgelübde gegenüber Konrad von Marburg.

154 Huyskens, Elisabeth 1907 (wie Anm. 146) S. 727; vgl. dazu auch Kaiser, Funktionalisierung (wie Anm. 15) S. 377.

155 Huyskens, Elisabeth 1907 (wie Anm. 146) S. 727 mit Anm. 2.

156 So Huyskens, Elisabeth 1907 (wie Anm. 146) S. 818 mit Blick auf die Weggabe ihrer Kinder.

157 Vgl. oben S. 102f. mit Anm. 131.

158 Huyskens, Quellenstudien 1908 (wie Anm. 143) S. IV. Damit verband er die Hoffnung, dass «die seit Montalembert übliche Scheidung der Verfasser in katholische und protestantische wenigstens für die wissenschaftliche Literatur verschwinden könne.»

Die Kontroverse zwischen Wenck und Huyskens – wohl die heftigste, die jemals innerhalb der Elisabeth-Forschung geführt wurde – ist im Rückblick mehrfach in den Kontext der konfessionellen Auseinandersetzungen um das Elisabeth-Bild eingeordnet worden[159]. In ihrem Zentrum standen allerdings nicht konfessionell geprägte unterschiedliche Deutungen und Wertungen, sondern quellenkritische Probleme und Fragen der Textinterpretation. Huyskens' Einwände galten – ebenso wie seinerzeit die Kritik von Boerner, Mielke und Wenck an ihren Vorgängern – zuallererst der Quellengrundlage und folgten hierbei lediglich den anerkannten methodischen Grundsätzen des Faches. Ebenso bewegten sich seine eigenen text- und quellenkritischen Forschungen und seine biographische Skizze Elisabeths – z.T. wesentlich strenger als bei Wenck – in den üblichen wissenschaftlichen Bahnen, wobei er jedoch auch seinerseits durch Fehl- und Überinterpretationen heftig in die Kritik geriet[160]. Wie wenig hierbei aber konfessionelle Gegensätze eine Rolle spielten, macht nichts deutlicher als die Tatsache, dass sich zahlreiche prominente katholische Forscher wie Emil Michael, Franz Xaver Seppelt, Diodorus Henniges oder der Bollandist Albert Poncelet zunächst deutlich gegen Huyskens wandten und sich auf die Seite von Wenck stellten[161].

Wird man deshalb zögern, die Auseinandersetzung vorwiegend vor dem Hintergrund der z. T. noch andauernden protestantisch-katholischen Divergenzen zur hl. Elisabeth zu Beginn des 20. Jahrhunderts[162] zu sehen, so liegt es dennoch nahe, dass das wissenschaftliche Unbehagen von Huyskens an den Forschungen von Boerner, Mielke und vor allem Wenck und deren dezidiert protestantischer Sichtweise[163], das ihn zu seiner massiven Kritik veranlasste, auch in seiner deutlichen katholischen Prägung wurzelte und dass die unterschiedlichen konfessionellen Standpunkte beider Forscher, die auf dem sensiblen Feld der Elisabeth-Forschung besonders leicht zum Tragen kamen, erheb-

---

159 So etwa HERMELINK, Elisabethforschung 1932 (wie Anm. 187) S. 32f.; MÜHLENSIEPEN, Auffassung 1949 (wie Anm. 15) S. 83ff. und MAURER, Elisabeth von Marburg 1958 (wie Anm. 208) S. 23f.

160 Vgl. Anm. 151.

161 EMIL MICHAEL: Ist die heilige Elisabeth von der Marburg vertrieben worden? In: Zeitschrift für katholische Theologie. 33 (1909), S. 41–49; FRANZ XAVER SEPPELT: Rezension von Huyskens, Quellenstudien 1908 (wie Anm. 143) und Wenck, Elisabeth 1908 (wie Anm. 123). In: Deutsche Literaturzeitung. 30 (1909), Sp. 2285–2288, der Sp. 2288 nach deutlicher Kritik an Huyskens den Vortrag Wencks als «wohl vorläufig das Beste, was über Elisabeth geschrieben wurde», bezeichnete; DIODORUS HENNIGES, O. F. M.: Prologus et epilogus in Dicta IV ancillarum S. Elisabeth Thuringiae lantgraviae. In: Archivum Franciscanum Historicum. 3 (1910), S. 464–490, hier S. 464f.; ALBERT PONCELET: Rezension von Huyskens, Quellenstudien. In: Analecta Bollandiana. 28 (1909), S. 334–339.

162 Vgl. etwa die in Anm. 132 aufgeführten Beispiele.

163 Vgl. oben S. 106 mit Anm. 149.

lich zur Verschärfung ihrer Kontroverse beitrugen. Die außergewöhnliche Erbitterung jedoch, mit der diese Auseinandersetzung geführt wurde, dürfte vorwiegend andere Gründe gehabt haben.

Durch die Ergebnisse von Huyskens war das Bild der hl. Elisabeth, das Wenck in fast zwei Jahrzehnten entworfen, in die monumentale Form seines Beitrags im Wartburg-Werk gebracht und im Jubiläumsjahr 1907 nochmals entscheidend modifiziert hatte, in seiner Quellengrundlage erschüttert und in zentralen Zügen fraglich worden. Der in Marburg beheimatete, damals über 50-jährige Wenck, dem auch nach dem Urteil katholischer Gelehrter «als Elisabethforscher der erste Platz gebührt[e], was Zahl und Wert seiner Publikationen auf diesem ihm fast drei Dezennien vertrauten Gebiet betrifft»[164], musste sich von dem jungen rheinischen Archivar, der als Neuling auf dem von Wenck beanspruchten Feld der Elisabethforschung fundamentale Kritik und umstürzende Ergebnisse vortrug, auf das tiefste angegriffen und in seiner Kompetenz herabgewürdigt fühlen[165]. Noch nie zuvor in seinem langen Forscherleben war er – noch dazu in einem seiner ureigensten Arbeitsbereiche – derart in Frage gestellt worden. Vor allem dies wohl erklärt die äußerste Schärfe, mit der Wenck die Arbeiten von Huyskens zunächst sofort nach ihrem Erscheinen in ersten kurzen Stellungnahmen zurückwies[166] und dann die Auseinandersetzung auf breiter Ebene aufnahm.

Unterstützung gegen die Angriffe von Huyskens fand er nicht nur, wie schon erwähnt, bei zahlreichen katholischen Gelehrten[167], sondern vor allem bei der Direktion der «Monumenta Germaniae Historica». Sie stellte ihm ihre hoch renommierte Zeitschrift «Neues Archiv» für eine ausführliche Widerlegung zur Verfügung, die bereits zwei Jahre später 1909 in Form eines über 70-seitigen Aufsatzes mit dem Titel «Quellenuntersuchungen und Texte zur Geschichte der heiligen Elisabeth» erschien[168]. In ihm setzte sich Wenck in breiter Polemik mit sämtlichen Ergebnissen und Thesen von Huyskens auseinander, die er in kaum einem Punkte anerkannte, und suchte ebenso ausführlich seine eigenen bisherigen Auffassungen zu untermauern und z. T. auch neu zu begründen. In der zentralen Kontroversfrage der Priorität und der quellenkriti-

---

164 Seppelt, Rezension (wie Anm. 161) Sp. 2286.

165 Vgl. dazu mit etwas anderer Akzentuierung auch Maurer, Elisabeth von Marburg 1958 (wie Anm. 207) S. 23.

166 Wenck, Elisabeth 1908 (wie Anm. 123) S. 46f., S. 52f. Anm. 26, Ders.: Rezension von Huyskens, Quellenstudien 1908 (wie Anm. 143). In: Zeitschrift des Vereins für hessische Geschichte und Landeskunde. 41. N.F. 31 (1908), S. 316–318, S. 320.

167 Wie Anm. 161.

168 Karl Wenck: Quellenuntersuchungen und Texte zur Geschichte der heiligen Elisabeth. I. Über die Dicta quatuor ancillarum sanctae Elisabeth. In: Neues Archiv der Gesellschaft für ältere deutsche Geschichtskunde. 34 (1909), S. 427–502.

schen Einschätzung der beiden Fassungen gestand er Huyskens zwar den Nachweis der kürzeren Fassung zu[169], doch ging er noch dezidierter als in seinen älteren Arbeiten davon aus, dass die längere Fassung «die ursprüngliche Niederschrift des von den drei rechtskundigen Männern aufgenommenen Verhörs» von 1235 enthalte[170]. Demgegenüber beurteilte er – in diametralem Gegensatz zu Huyskens – die kürzere Fassung als eine zeitgenössische Überarbeitung, deren Quellenwert «durch teils willkürliche, teil unabsichtliche Kürzung des Textes um wichtige Stücke» erheblich beeinträchtigt worden sei[171]. Mit diesen Ergebnissen glaubte Wenck auch den neuen Ansichten von Huyskens zur Biographie Elisabeths, insbesondere zur umstrittenen Vertreibungsfrage 1227/28[172], die Quellengrundlage entzogen zu haben und sah zugleich die Basis seines eigenen Elisabeth-Bildes weiter gesichert.

Mit seinem langen Aufsatz von 1909 kehrte Wenck dorthin zurück, wo er über dreißig Jahre zuvor der Elisabeth-Thematik erstmals begegnet war, zur Quellenkritik, und er setzte sich nun, bemerkenswert genug, fast zwei Jahrzehnte nach seiner ersten biographischen Studie über die hl. Elisabeth von 1891 erstmals auch selbst intensiv und mit hohem Arbeitsaufwand quellenkritisch mit den ältesten Elisabeth-Texten auseinander. Seine Hoffnung, dass «diese Untersuchung doch nicht ohne dauernden Ertrag für die Würdigung und richtige Einordnung der ältesten Quellen zur Geschichte Elisabeths geblieben» sei[173], war allerdings trügerisch. Bereits zwei Jahre später, 1911, antwortete Huyskens mit einer erneuten monographischen Publikation, die eine allen editorischen Ansprüchen genügende kritische Paralleledition der kürzeren und der längeren Fassung des Textes mit den Zeugenaussagen enthielt[174]. Ihr war eine über 70-seitige «Einführung» vorangestellt, in der Huyskens die wesentlichen Ergebnisse von Wencks «Quellenuntersuchungen» in detaillierter, polemischer Widerlegung zurückwies und seine 1907/08 vertretenen Positionen über das Verhältnis und den Quellenwert beider Fassungen nochmals erhärtete[175].

---

169 WENCK, Quellenuntersuchungen 1909 (wie Anm. 168) S. 438ff.

170 WENCK, Quellenuntersuchungen 1909 (wie Anm. 168) S. 438; allerdings kehrte er S. 458f. mit seiner Bemerkung, dass beide Rezensionen «Zeichen genug ihrer direkten Ableitung aus der ältesten Ueberlieferung der Dicta» besäßen, auch hinsichtlich der längeren Fassung wieder zu seiner bereits 1892 geäußerten Auffassung zurück, vgl. S. 104f. mit Anm. 140.

171 WENCK, Quellenuntersuchungen 1909 (wie Anm. 168) S. 458f.

172 WENCK, Quellenuntersuchungen 1909 (wie Anm. 168) S. 483–500; vgl. oben Anm. 151.

173 WENCK, Quellenuntersuchungen 1909 (wie Anm. 168) S. 500.

174 ALBERT HUYSKENS: Der sog. Libellus de dictis quatuor ancillarum s. Elisabeth confectus. Mit Benutzung aller bekannten Handschriften zum ersten Male vollständig und mit kritischer Einführung herausgegeben und erläutert. Kempten/München 1911.

175 HUYSKENS, Libellus 1911 (wie Anm. 174), S. XVI–LXXIV, vgl. insbesondere S. LXIIIff.

Wenck hat, abgesehen von einer sofortigen knappen Zurückweisung dieser «kritischen Erörterungen, die sich ja vorwiegend gegen mich wenden»[176], Huyskens nicht mehr geantwortet. Sein Aufsatz von 1909 war, von vereinzelten Kurzrezensionen abgesehen, seine letzte Veröffentlichung über die hl. Elisabeth. Obgleich er noch weitere Publikationen angekündigt hatte[177], zog er sich nach dem Erscheinen von Huyskens' Edition von 1911 völlig aus der Elisabeth-Forschung zurück. Huyskens hingegen, der noch im selben Jahre 1911 Marburg verließ, um die Leitung des Stadtarchivs Aachen zu übernehmen, griff erst nach dem Tode Wencks (1927) seine Elisabeth-Studien mit einem Vortrag in Marburg 1929[178] und mit einer Quellenedition von 1937[179] wieder auf, ohne sich hierbei allerdings dem Thema noch einmal auch nur annähernd so intensiv zu widmen wie in seinen frühen Marburger Jahren.

Das Jubiläumsjahr 1907, so wird man im Rückblick sagen dürfen, brachte für Wencks Elisabethforschungen in einer fast schicksalhaft anmutenden Verknüpfung Höhepunkt, Wandel und Bruch. Das Erscheinen seines großen Beitrags im Wartburg-Werk stellte nicht nur äußerlich den Höhepunkt seines Wirkens als damals namhaftester Elisabethforscher dar, sondern es dokumentierte gleichsam die Summe seiner bisherigen Beschäftigung mit der hl. Elisabeth. Doch als dieser Beitrag endlich erschien, war er selbst aus der Perspektive von Wenck bereits in vieler Hinsicht überholt – befand sich Wencks protestantisch geprägtes Elisabeth-Bild doch zu eben diesem Zeitpunkt im Wandel und begann sich Wenck in Abkehr von seiner bisherigen konfessionellen Polarisierung für ein tieferes Verständnis der mittelalterlichen Religiosität und für einen ökumenischen Zugang zur hl. Elisabeth zu öffnen. Sollte er damals an eine Neuakzentuierung seiner Elisabethforschungen in dieser Richtung gedacht haben, so wurden derartige Überlegungen durch die 1907 publizierten Ergebnisse von Huyskens jäh unterbrochen und sah er sich veranlasst, seine gesamte Forschungstätigkeit zur Elisabeth-Thematik auf die Auseinandersetzung mit Huyskens zu konzentrieren. Dieser Auseinandersetzung war er allerdings trotz seiner langen Erwiderung von 1909 so wenig gewachsen, dass er nach der erneuten Replik von Huyskens das Feld der Elisabeth-Forschung für immer verließ. In vieler Hinsicht bedeutete somit bereits das Elisabeth-Jahr 1907 für Wencks Elisabeth-Forschungen auch den entscheidenden Bruch.

---

176 Karl WENCK: Rezension von Huyskens, Libellus 1911 (wie Anm. 174). In: Zeitschrift des Vereins für hessische Geschichte und Landeskunde. 46. N.F. 36 (1912), S. 375f.

177 WENCK, Quellenuntersuchungen 1909 (wie Anm. 168) S. 500f.

178 Siehe dazu unten S. 116 mit Anm. 202.

179 ALBERT HUYSKENS (Bearb.): Die Schriften über die heilige Elisabeth von Thüringen. In: ALFONS HILKA (Hrsg.): Die Wundergeschichten des Caesarius von Heisterbach. 3 (Publikationen der Gesellschaft für Rheinische Geschichtskunde. 43,3). Bonn 1937, S. 329–390.

Mit Huyskens' Editionen und mit seinem und Wencks Rückzug 1911 aus der Elisabeth-Forschung endete die erste große Phase wissenschaftlicher Beschäftigung mit der hl. Elisabeth. Diese Phase, die in einem weiten Bogen von Wegele bis Wenck und Huyskens reichte, war geprägt von kritischer Erforschung der ältesten Quellen und einem eng damit verbundenen Bemühen, auf der Grundlage kritischer Quelleninterpretation ein von sagen- und legendenhafter Überlagerung befreites Bild der «historischen Gestalt» der hl. Elisabeth zu gewinnen. Wurden diese Bemühungen zunächst vor allem von protestantischen Historikern getragen, so führte das Eingreifen katholischer Gelehrter seit dem Ende des 19. Jahrhunderts insbesondere durch die For-schungen von Huyskens zu einer spannungsreichen, allerdings weniger konfes-sionell als durch die Sache selbst begründeten Verschiebung der Gewichte[180].

Der wichtigste Ertrag war zweifellos, dass mit der maßgeblichen Edition der im Zusammenhang mit dem Heiligsprechungsprozess entstandenen Doku-mente durch Huyskens die Erschließung der zentralen Quellen abgeschlossen war und dass damit die quellenkritische Diskussion über die ältesten Texte zur Geschichte der hl. Elisabeth für fast ein Jahrhundert ihr Ende fand[181]. Hin-gegen war das auf diesen Quellen beruhende und seit Wegele stets deutlicher profilierte Bild der «historischen» Elisabeth fraglich geworden. Wohl schien es in Wencks Elisabeth-Beitrag im Wartburg-Werk abschließende Gültigkeit erlangt zu haben, doch wurde es bereits in demselben Jahr, in dem es der Öffentlichkeit vorgelegt wurde, durch die gewandelte Sichtweise von Wenck selbst und vor allem durch die Kritik von Huyskens in seinen wesentlichen Grundzügen erschüttert.

Damit war eine Situation eingetreten, in der sich auf erstmals gesicherter Quellengrundlage Perspektiven eines Neubeginns für die Erforschung der Biographie und der Person der hl. Elisabeth ergeben konnten. Die Möglichkeit hierfür schien sich um so mehr zu eröffnen, als sich mit Wenck und Huyskens jene Gelehrten gleichzeitig zurückzogen, die bis dahin die Elisabeth-Forschung beherrscht hatten.

---

180 Vgl. hierzu auch den Rückblick von HERMELINK, Elisabethforschung 1932 (wie Anm. 187) S. 32; zu der besonderen Rolle von Wegele vgl. oben Anm. 26.

181 Siehe WÜRTH, Aussagen 2006 (wie Anm. 226) S. 9 sowie zur Wiederaufnahme umfassender quellenkritischer Forschungen zu den Aussagen von 1235 durch die Verf. unten S. 122 mit Anm. 226. Die Fragen um die thüringische Geschichtsschreibung des 12./14. Jahrhunderts im Umkreis des Landgrafenhofes und des Klosters Reinhardsbrunn, denen das weit größere Interesse von Wenck gegolten hatte, wurden unter z. T. erheblicher Revision der Ergebnisse Wencks durch OSWALD HOLDER-EGGER: Studien zu Thüringischen Geschichtsquellen. II. Über die Composition der Chronik von Reinhardsbrunn und ihre verlorenen Quellen. In: Neues Archiv der Gesellschaft für ältere deutsche Geschichtskunde. 20(1895), S. 427–502, und durch dessen Neuedition der Reinhardsbrunner Chronik in den «Monumenta Germaniae Historica» 1896 in einer bis heute weitgehend gültigen Weise geklärt.

V. Nachwirkungen auf die Elisabeth-Forschung des 20. und frühen 21. Jahrhunderts

Doch kam infolge des Ersten Weltkriegs, und vielleicht auch mit bedingt durch die in ihrer Polemik erschöpfende Wenck-Huyskens-Kontroverse, die wissenschaftliche Beschäftigung mit der hl. Elisabeth zunächst für zwei Jahrzehnte nahezu völlig zum Erliegen[182]. Erst das Jubiläum anlässlich des 700. Todestages der hl. Elisabeth im Jahre 1931 brachte neben einer Fülle populär-erbaulicher Literatur auch wieder eine Reihe wissenschaftlicher Publikationen hervor[183]. Sie unterschieden sich von denen des Jubiläumsjahres 1907 grundlegend. Zum einen hatte sich der Kreis der beteiligten Forscher und Disziplinen erheblich erweitert, wobei insbesondere auch von franziskanischer Seite das wissenschaftliche Interesse an der hl. Elisabeth zunahm[184]. Zum anderen traten an die Stelle von Synthesen, wie zuletzt der großen Darstellung Wencks im Wartburg-Werk, und Quelleneditionen, wie denen von Huyskens, nunmehr vor allem Forschungen zu Einzelfragen[185], kleinere Sammelschriften unterschiedlicher kirchlicher und konfessioneller Trägergruppen[186] und Forschungsrückblicke[187]. Hinzu kamen einige theologische und kirchengeschichtliche

---

182 Eine gewisse Sonderstellung nahm lediglich die zwischen den Positionen von Wenck und Huyskens schwankende, eher populärwissenschaftliche Elisabeth-Biographie der katholischen Publizistin MARIA MARESCH ein, die zunächst unter dem Titel: Elisabeth Landgräfin von Thüringen. Ein altes deutsches Heiligenleben im Lichte der neuern geschichtlichen Forschung. Mönchengladbach 1918, und zum Jubiläumsjahr 1931 in einer stark erweiterten Neuauflage unter dem Titel: Elisabeth von Thüringen. Schutzfrau des deutschen Volkes. Bonn 1931, erschien; dazu HERMELINK, Elisabethforschung 1932 (wie Anm. 187) S. 33 und MÜHLENSIEPEN, Auffassung 1949 (wie Anm. 15) S. 145ff.

183 Bester Überblick bei HANS-JÜRGEN SCHOLZ: 1931–1981: Fünfzig Jahre Elisabethforschung. In: UDO ARNOLD und HEINZ LIEBING (Hrsg.): Elisabeth, der Deutsche Orden und ihre Kirche. Festschrift zur 700jährigen Wiederkehr der Weihe der Elisabethkirche Marburg 1983 (Quellen und Studien zur Geschichte des Deutschen Ordens. 18). Marburg 1983, S. 146–162, sowie in jüngster Zusammenfassung bei KAISER, Funktionalisierung 2007 (wie Anm. 15) S. 372f. mit Anm. 16.

184 Kennzeichnend hierfür ist etwa der fast ganz der Elisabeth-Thematik gewidmete Band 18 (1931) der «Franziskanischen Studien», vgl. auch folgende Anm.

185 Exemplarisch sei hier nur die zentrale Studie von MICHAEL BIHL O. F. M.: Die heilige Elisabeth von Thüringen als Terziarin. In: Franziskanische Studien. 18 (1931), S. 259–293, genannt, die in dieser Form vor 1914 schwer vorstellbar gewesen wäre und die zugleich für den wachsenden Anteil auch aus Ordenskreisen, insbesondere der Franziskaner, an der Elisabeth-Forschung steht; vgl. zu ihr auch KORÁNYI, Leben und Biographie 2004 (wie Anm. 15) S. 74–81.

186 Z. B. FRIEDRICH HEILER (Hrsg.): Die heilige Elisabeth. Sondernummer der «Hochkirche» zum 700. Gedächtnistage ihres Todes 17. November 1231/1931. In: Hochkirche. 13 (1931), S. 321–368; ALEX EMMERICH (Hrsg.): St. Elisabeth. Festschrift zum 700. Todestage. Paderborn 1931.

Festvorträge, die jedoch eher Deutungen und Standortbestimmungen als tiefergehende Analysen enthielten und von denen allein der Vortrag des Marburger protestantischen Kirchenhistorikers Heinrich Hermelink (1877–1958) in eine neue Richtung für die Elisabeth-Forschung wies[188]. Nahezu allen diesen Veröffentlichungen war gemeinsam, dass die Forschungen der Vorkriegszeit, insbesondere die Arbeiten von Wenck, als offenbar veraltet kaum mehr als Grundlage dienten und wie viele andere historiographische Texte des späten 19. Jahrhunderts vorwiegend in historisierender Distanz gesehen wurden[189].

Die schärfste Ablehnung erfuhr die ältere Elisabeth-Forschung jedoch durch die einzige große wissenschaftliche Monographie, die zum Jubiläumsjahr 1931 erschien, die Elisabeth-Biographie der Kunsthistorikerin, Historikerin und Pädagogin Elisabeth Busse-Wilson (1890–1974)[190]. Seine Verfasserin suchte für die Gestalt der hl. Elisabeth mit einem neuen methodischen Zugriff auf die hagiographisch-legendarische Tradition und mit den Ansätzen der Psychoanalyse «die Seelengeschichte eines Menschen des hohen Mittelalters zu schreiben»[191]. Hierbei sollte das «Heiligentum» Elisabeths – nicht zuletzt durch eingehende Analyse ihres Verhältnisses zu Konrad von Marburg – als «absolute[r] Selbstentäußerungs-, ja Selbstvernichtungsdrang mit dem Ziele

187 So insbesondere Heinrich Hermelink: Ein Jahrhundert Elisabethforschung. In: Theologische Rundschau. N. F. 4 (1932), S. 21–38; Gisbert Menge O. F. M. : Zur Elisabethforschung. In: Franziskanische Studien. 19 (1931), S. 292–314.

188 Heinrich Frick: Was verbindet uns Protestanten mit der heiligen Elisabeth? (Sammlung gemeinverständlicher Vorträge und Schriften aus dem Gebiet der Theologie und Religionsgeschichte. 156). Tübingen 1931; Heinrich Hermelink: Die heilige Elisabeth im Licht der Frömmigkeit ihrer Zeit. Zum 700. Gedächtnis ihres Todestages am 17. November 1931. Marburg 1932, zu seinen Neuansätzen vgl. unten S. 116f.

189 In der wichtigsten der Forschungsbilanzen aus dem Jahre 1931 würdigte Hermelink, Elisabethforschung 1932 (wie 187) S. 26ff. die Veröffentlichungen Wencks als «sehr wichtige Beiträge zur weiteren Aufhellung des Lebens und der Frömmigkeitsentwicklung der merkwürdigen Frau», die «aus einer hingebenden Liebe und einer seltenen Kenntnis des 13. Jahrhunderts heraus» geschrieben worden seien. Er referierte Wencks wichtigste Ergebnisse und bemerkte lediglich, dass die «eigentliche Dämonie» des Verhältnisses zwischen Elisabeth und Konrad von Marburg und die Radikalität Elisabeths bei Wenck «durch allzu bürgerliche Maßstäbe verdeckt» seien. Größeres Gewicht für die aktuelle Forschung maß er den Arbeiten Wencks jenseits seiner freundlich-milden Worte allerdings nicht bei.

190 Elisabeth Busse-Wilson: Das Leben der heiligen Elisabeth von Thüringen. Das Abbild einer mittelalterlichen Seele. München 1931; zur Verf. vgl. Scholz, Elisabethforscher 1983 (wie Anm. 40) S. 152f.; aus der umfangreichen Literatur zu ihrem Buch sei hier nur verwiesen auf Mühlensiepen, Auffassung 1949 (wie Anm. 15) S. 158–190, sowie zuletzt auf Korányi, Leben und Biographie 2004 (wie Anm. 15) S. 35–43, und Kaiser, Funktionalisierung 2007 (wie Anm. 15) S. 372 mit Anm. 16.

191 Busse-Wilson, Elisabeth 1931 (wie Anm. 190) S. 12.

192 Busse-Wilson, Elisabeth 1931 (wie Anm. 190) S. 5.

der Gewinnung eines höheren religiösen Daseins» erwiesen werden[192]. Der bisherigen Elisabeth-Forschung warf Busse-Wilson vor, mit ihrer «Verharmlosung der Heiligen zu einer frommen Wohltäterin» einer «bestimmten und zwangsläufigen männlichen Wunschvorstellung» zu folgen, nämlich der «des Frauenideals im Sinne einer vom Manne geformten Frauenpsychologie»[193]. Diese radikale Absage richtete sich vor allem gegen jenes Bild Elisabeths als «fürstlicher Diakonisse» und «liebender Gattin», das insbesondere Karl Wenck als renommiertester Vertreter der protestantisch dominierten älteren Forschung entworfen hatte[194]. Sie wandte sich in gleicher Weise aber auch gegen die jüngere katholische Forschung, die durch die Betonung von Elisabeths Rolle als «Vertreterin karitativen Wirkens» versucht habe, «den Katholizismus des Mittelalters ‹retten›»[195].

Das Buch von Busse-Wilson stieß sowohl in katholischen wie in protestantischen kirchlich-theologischen Kreisen auf heftigsten Widerspruch[196], wurde aber von «profanen» Mediävisten wie Herbert Grundmann und Albert Huyskens durchaus positiv gewürdigt[197]. Obgleich es als die erste große wissenschaftliche Elisabeth-Biographie die bis dahin detaillierteste Analyse der ältesten Quellen zur hl. Elisabeth bot, blieb doch eine eingehende Auseinander-

---

193 BUSSE-WILSON, Elisabeth 1931 (wie Anm. 190) S. 4. Mit dieser «tiefenpsychologischen» Begründung erklärte sie, weshalb «selbst die nüchternsten Historiker an diesem Schema festgehalten haben»; hierbei bezog sie sich namentlich auf Wenck und auf dessen «Nachempfinden» jener Eindrücke, die auf Elisabeth «formend und gestaltend gewirkt haben», vgl. oben S. 95 mit Anm. 92, dem ihre Kritik unmittelbar galt.

194 BUSSE-WILSON, Elisabeth 1931 (wie Anm. 190) S. 7; vgl. oben S. 89 und S. 98.

195 BUSSE-WILSON, Elisabeth 1931 (wie Anm. 190) S. 8. Ihre Kritik richtete sich aber auch gegen die ältere katholische Forschung: «Die echte und verborgene Heiligenschaft der Elisabeth von Thüringen ist nicht von ihrer Kranken- und Armenpflege herzuleiten, die der Protestantismus glorifizierte, und auch nicht von dem Erwählen der franziskanischen Armut und der Askese, die der Katholizismus ehrte, sondern erfüllt sich uns allein in ihrem persönlichen Leben, das das einer Märtyrerin war», S. 7.

196 Zusammenstellung der fast einhellig negativen und zumeist vernichtenden Kritiken, die 1953 in dem Vorwurf der «Pornographie» durch den Marburger Kirchenhistoriker Wilhelm Maurer gipfelten, bei MÜHLENSIEPEN, Auffassung 1949 (wie Anm. 15) S. 173–188, SCHOLZ: Fünfzig Jahre 1983 (wie Anm. 183) S. 147ff. und KAISER, Funktionalisierung 2007 (wie Anm. 15) S. 372 mit Anm. 16.

197 HERBERT GRUNDMANN: Rezension von Busse-Wilson, Elisabeth 1931 (wie Anm. 190). In: Historische Zeitschrift 147 (1933), S. 393–396; ALBERT HUYSKENS: Rezension Ders. In: Zeitschrift des Vereins für Thüringische Geschichte und Altertumskunde. 38. N. F. 30 (1933), S. 336–339.

198 SCHOLZ, Fünfzig Jahre 1983 (wie Anm. 183) S. 147f., der das Buch als «den bedeutendsten Versuch einer Elisabethbiographie seit Montalembert» würdigte, wies auf die hemmende Wirkung der «emotionale(n) Reaktion auf das Werk von Busse-Wilson» für eine neue Elisabethbiographie hin, da die Auseinandersetzung mit dessen Fragestellungen für jeden künftigen Biographen Elisabeths unvermeidlich sei. Ganz gewiss stellt diese «emotionale

setzung mit ihm aus und wurden seine methodischen Ansätze und Ergebnisse auch in der Folgezeit weder ausführlicher diskutiert noch gar rezipiert[198].

Neben allgemeinen Vorbehalten gegenüber der Übertragbarkeit der Methode der Psychoanalyse auf das Mittelalter und der scharfen Ablehnung durch die Vertreter der Kirchen- und Ordensgeschichte war ein wesentlicher Grund für seine auffallend geringe wissenschaftliche Resonanz wohl auch die Tatsache, dass sich nahezu gleichzeitig mit seinem Erscheinen die wissenschaftliche Beschäftigung mit der hl. Elisabeth in eine gänzlich andere Richtung zu entwickeln begann.

In dieser neuen Phase, die in den frühen 1930er Jahren einsetzte, entfernte sich die Elisabeth-Forschung einerseits noch stärker, als dies Busse-Wilson getan hatte, von den Interpretationsmodellen Wencks und der von ihm repräsentierten Vorkriegsforschung, sie wandte sich andererseits aber eben damit auch deutlich gegen den Ansatz von Busse-Wilson. Stand für Wenck wie für Busse-Wilson – wenn auch unter konträren Vorzeichen – jeweils die Einzelpersönlichkeit Elisabeths mit ihrer «Entwickelung» bzw. «ihrem persönlichen Leben» im Vordergrund[199], so gab die neue Sichtweise diese individualisierende Beschränkung auf und weitete den Blick auf das gesamte frömmigkeitsgeschichtliche Umfeld aus[200]. Damit rückten die religiösen Bewegungen der Zeit Elisabeths, insbesondere die religiösen Armuts- und Frauenbewegungen, die Bußgemeinschaften und das Beginenwesen in das Blickfeld, wurde Elisabeth mit «Geistesverwandten» wie der zeitgenössischen belgischen Begine Maria von Oignies verglichen und suchte man die fromme Landgräfin vor allem «in solcher geistlichen Umgebung» zu sehen[201].

Erste Ansätze in dieser Richtung hatten bereits Huyskens in seinem Elisabeth-Lebensbild von 1929[202] und vor allem der Marburger protestantische

---

Reaktion» auch eine der entscheidenden Ursachen dafür dar, daß eine Auseinandersetzung – die m. E. ein dringendes Desiderat bildet – bislang ausgeblieben ist.

199 Vgl. dazu oben S. 97 sowie das Zitat Anm. 195.

200 Sehr deutlich beschrieb diesen Neuansatz GRUNDMANN, Rezension 1933 (wie Anm. 197) S. 394, indem er gegenüber Busse-Wilson betonte, dass Elisabeths religiöser Protest «nicht ein isoliertes, nur-persönliches Schicksal Elisabeths ist und nicht aus ihren individuellen seelischen Voraussetzungen und Erlebnissen allein begriffen werden kann. Vielmehr handelt es sich um eine große religiöse Bewegung, die überall den religiösen Protest gegen die Entfaltung und Verlockung der weltlichen Kultur erhebt, die sich gerade auch unter den Frauen des Hochadels in Elisabeths Zeit aufs stärkste auswirkte.»

201 HERMELINK, Elisabeth 1932 (wie Anm. 187) S. 18ff., Zitate S. 20. Zu diesem grundlegenden Paradigmenwechsel vgl. die rückblickend von dem Elisabeth-Jubiläum 1981 aus getroffenen Bemerkungen von KASPAR ELM: Elisabeth von Thüringen. Persönlichkeit, Werk und Wirkung. Festvortrag anlässlich der Eröffnung der Elisabethausstellung am 18. November 1981 (Marburger Universitätsreden. 3). Marburg 1982, S. 9.

202 ALBERT HUYSKENS: Die heilige Landgräfin Elisabeth von Thüringen. In: Korrespondenzblatt

Kirchenhistoriker Heinrich Hermelink in seinem Marburger Festvortrag von 1931 vertreten[203]. Wie weiterführend die neue Sichtweise war, machte in ihren ganzen Dimensionen allerdings erst der Leipziger Mediävist Herbert Grundmann (1902–1970) sichtbar. Er stellte in seiner bahnbrechenden Habilitationsschrift von 1933, in der er die vielfältigen religiösen Bewegungen des 12. und 13. Jahrhunderts erstmals als ein Gesamtphänomen behandelte, die hl. Elisabeth als Erste deutlich in den «Zusammenhang mit der gesamten religiösen Frauenbewegung» und betonte, dass ihr Leben erst in diesem Kontext «richtig zu verstehen» sei[204].

Die deutsche Mediävistik[205] und die Kirchengeschichtsforschung griffen diese Anstöße allerdings erst mit großer Verzögerung auf. Die Zeit des Nationalsozialismus und die ersten Nachkriegsjahre waren wenig günstig für Forschungen über Themen wie die religiösen Bewegungen und die Frauenfrömmigkeit des Hochmittelalters. Entsprechend geringes Interesse galt auch der Gestalt der hl. Elisabeth[206]. Erneut ruhte die Elisabeth-Forschung für über

---

des Gesamtvereins der deutschen Geschichts- und Altertumsvereine. 77 (1929), Sp. 222–236, hier Sp. 234ff. Gleichzeitig mit dieser Ausweitung des Blickfeldes auf das religiöse Umfeld verstärkte sich die deutschnationale Inanspruchnahme Elisabeths durch Huyskens. Hatte er in seinem Aufsatz von 1907 unter Hinweis auf die Rolle von Elisabeths Schwiegermutter Landgräfin Sophie als ihrer «geistigen Mutter» lediglich kurz vermerkt: «Elisabeths Erziehung aber ist nicht ungarisch gewesen, sondern durch und durch deutsch.», HUYSKENS, Elisabeth 1907 (wie Anm. 146) S. 727, so stellte er 1929 heraus: «Von der Mutter her deutschen Blutes und durch Erziehung, Leben und frommes Wirken verbunden mit der deutschen Heimat, bleibt sie auch für die Zukunft die ‹Gloria Teutoniae›», Sp. 236; vgl. hierzu auch KORÁNYI, Leben und Biographie 2004 (wie Anm. 15) S. 33 sowie die oben Anm. 129 zitierte wörtlich anklingende Passage von Wenck.

203 Wie Anm. 201; eingehende Würdigung dieses Neuansatzes bei KORÁNYI, Leben und Biographie 2004 (wie Anm. 15) S. 43–49, der geradezu von der «Begründung der zeitgeschichtlichen Elisabethforschung» durch Hermelink und dessen Forschungsprogramm spricht.

204 HERBERT GRUNDMANN: Religiöse Bewegungen im Mittelalter. Untersuchungen über die geschichtlichen Zusammenhänge zwischen der Ketzerei, den Bettelorden und der religiösen Frauenbewegung im 12. und 13. Jahrhundert und über die geschichtlichen Grundlagen der deutschen Mystik (Historische Studien. 267). Berlin 1935. Darmstadt ³1970, S. 196 Anm. 50; vgl. auch das Zitat Anm. 200.

205 Soweit ich sehe, nahm sich die internationale historische Forschung zu diesem Zeitpunkt noch kaum der hl. Elisabeth an. Als wichtige, wissenschaftlich fundierte und für die breitere Öffentlichkeit bestimmte Biographien – die etwa mit dem oben erwähnten Werk von MARESCH, Elisabeth Landgräfin 1918/1931 (wie Anm. 182) zu vergleichen wären – sind hier vor allem das in vielen Auflagen und in italienischen und ungarischen Übersetzungen erschienene Buch des ungarischen Schriftstellers EMILE HORN: Sainte Elisabeth de Hongrie. Paris 1902, und die von hohem wissenschaftlichen Anspruch geprägte umfangreiche Darstellung der französischen Kirchenhistorikerin JEANNE ANCELET-HUSTACHE: Sainte Elisabeth de Hongrie. Paris 1947, zu nennen.

206 So auch KAISER, Funktionalisierung 2007 (wie Anm. 15) S. 373.

zwei Jahrzehnte, und als sie in den 1950er Jahren wieder einsetzte, ging der seinerzeit angestoßene Impuls zunächst in eine andere Richtung.

Zu verdanken war diese Wiederaufnahme vor allem dem Marburger Kirchenhistoriker Wilhelm Maurer (1900–1982), der sich seit 1953/54 der hl. Elisabeth in einer Reihe von Aufsätzen widmete[207]. Mit seinen Forschungen, die die detailliertesten und quellenintensivsten Untersuchungen seit Wenck, Huyskens und Busse-Wilson darstellten, suchte er ganz im Sinne Grundmanns und seines eigenen Lehrers Hermelink die Gestalt der hl. Elisabeth «im Lichte der Frömmigkeit ihrer Zeit» zu deuten[208]. Allerdings verlegte er die entscheidende Epoche in das 12. Jahrhundert und glaubte, ausgehend von einer Fehlinterpretation zur Ordenszugehörigkeit Konrads von Marburg[209], den Nachweis führen zu können, «daß Elisabeth sowohl in der Thüringer wie in der Marburger Periode ihres Lebens völlig aus der überlieferten … Frömmigkeit» des Zisterziensers Bernhard von Clairvaux (1090–1153) zu erklären sei und dass ihr religiöses Leben «nichts mit etwaigen franziskanischen Einflüssen zu tun» hätte[210]. Dieser Sicht einer «altmodischen Frömmigkeit» Elisabeths[211] trat bereits Maurers Marburger kirchenhistorischer Kollege Winfrid Zeller (1911–1983) in seinem Festvortrag im Jubiläumsjahr 1957 in Marburg offen entgegen. Zeller stellte Elisabeth wieder gänzlich in den Zusammenhang des großen religiösen Aufbruchs des frühen 13. Jahrhunderts und würdigte sie als «Zeugin einer neuen, unromanischen Frömmigkeitsepoche»[212].

Von Wencks Forschungen und ebenso von Huyskens' Elisabeth-Aufsatz von 1907 war in dieser Kontroverse keine Rede mehr. Die neuen Ansätze der frühen 1930er Jahre aufgreifend und der allgemeinen Schwerpunktverlagerung in den Geschichtswissenschaften folgend, hatte sich die wissenschaftliche Beschäftigung mit der hl. Elisabeth endgültig von der psychologisierenden, individualisierenden biographischen Betrachtungsweise abgewandt, von der

---

207 Ausführlich zu Maurers «Konzeption der romanischen Prägung der heiligen Elisabeth» KORÁNYI, Leben und Biographie 2004 (wie Anm. 15) S. 49–59 und S. 81–89, der mit Maurer den Beginn «einer neuen Phase der zeitgeschichtlichen Elisabethforschung» (S. 67) ansetzt.

208 WILHELM MAURER: Zum Verständnis der heiligen Elisabeth von Thüringen. In: Zeitschrift für Kirchengeschichte. 65 (1953/1954), S. 16–64, DERS.: Die Heilige Elisabeth im Lichte der Frömmigkeit ihrer Zeit. In: Theologische Literaturzeitung. 77 (1954), Sp. 401–410, DERS.: Elisabeth von Marburg in zeitgeschichtlicher Beleuchtung. In: Hessisches Jahrbuch für Landesgeschichte. 8 (1958), S. 22–36.

209 Dazu SCHOLZ, Fünfzig Jahre 1983 (wie Anm. 183) S. 153f.

210 MAURER, Frömmigkeit 1954 (wie Anm. 208) Sp. 401ff., Zitate Sp. 406, 401.

211 MAURER, Elisabeth von Marburg 1958 (wie Anm. 208) S. 35.

212 WINFRIED ZELLER: Die heilige Elisabeth und ihre Frömmigkeit. Vortrag zum Gedächtnis ihres Geburtstages vor 750 Jahren. Marburg 1957, S. 16 mit Anm. 74; ausführlich hierzu wie zu der Kontroverse zwischen Maurer und Zeller KORÁNYI, Leben und Biographie 2004 (wie Anm. 15) S. 60–67.

sie vor allem in der Zeit vor dem Ersten Weltkrieg geprägt worden war und für die – neben der gänzlich anders ausgerichteten Biographie von Busse-Wilson als jüngerer Ausnahme – insbesondere der Beitrag Wencks im Wartburg-Werk stand. Was von der damaligen Forschungstätigkeit alleine noch weiterhin Bestand hatte, waren Huyskens' kritische Editionen von 1907 und 1911. Ein weiteres Merkmal, durch das sich die von Maurer und Zeller wieder begonnene Elisabeth-Forschung von der Zeit Wencks und Huyskens' wie auch noch den frühen 1930er Jahren abhob, war die bemerkenswerte Tatsache, dass der konfessionelle Aspekt, obgleich ihre ersten Vertreter protestantische Kirchenhistoriker waren, keine erkennbare Rolle mehr spielte[213]. Noch gründlicher überlebt hatte sich schließlich die deutsch-nationale Konnotation Elisabeths, die sowohl bei Wenck wie bei Huyskens deutlich angeklungen war und die noch in den Jubiläumspublikationen von 1931 einen gewissen Nachhall erfuhr[214].

Derart in beinahe jeder Hinsicht überholt, fielen die Arbeiten Wencks, obgleich vereinzelt noch zitiert[215], seit den 1950er Jahren zunehmend der Vergessenheit anheim und behielten fast nur mehr unter forschungsgeschichtlichen Aspekten Interesse[216]. Der weitere Gang der Elisabeth-Forschung ist deshalb im Folgenden lediglich noch in wenigen Grundlinien anzudeuten, um den gegenwärtigen Forschungsstand zu skizzieren und ihn abschließend dem Elisabeth-Kapitel Wencks im Wartburg-Werk 100 Jahre nach dessen Erscheinen gegenüberzustellen.

Auf den Wiederbeginn in den 1950er Jahren folgte seit den 1970/80er Jahren eine Intensivierung und Internationalisierung der Elisabeth-Forschung, die im Rückblick durchaus als eine neue, dritte Phase bezeichnet werden kann. Die vorausgegangene Entwicklung, bei der Wencks Elisabeth-Kapitel im Wartburg-Werk gleichsam die Mitte zwischen der älteren Forschungsrichtung des 19. Jahrhunderts und dem Neubeginn der 1930er Jahre markierte, war in

---

213 Er hatte, wie Kaiser, Funktionalisierung 2007 (wie Anm. 15) S. 372 betont, bereits nach dem Ersten Weltkrieg erheblich an Relevanz verloren, wobei jedoch durchaus noch eine «konfessionelle Färbung» fortdauerte.

214 Vgl. zu Wenck oben S. 102 mit Anm. 129 sowie zu Huyskens S. 116 Anm. 202; kennzeichnend für die weiterhin anhaltende nationale Inanspruchnahme Elisabeths ist ihre Bezeichnung als «Schutzfrau des deutschen Volkes» im Untertitel der Neuauflage des Buches von Maresch, Elisabeth 1931 (wie Anm. 182) von 1931.

215 Eine der wenigen jüngeren Studien, die die Arbeiten Wencks noch heranzog und sich mit ihnen auseinandersetzte, ist der Aufsatz von Martin Ohst: Elisabeth von Thüringen in ihrem kirchengeschichtlichen Kontext. In: Zeitschrift für Theologie und Kirche. 91 (1994), S. 424–444; doch auch hier bleibt das Elisabeth-Kapitel im Wartburg-Werk – bezeichnenderweise! – unberücksichtigt.

216 Vgl. etwa Hans-Jürgen Scholz: Elisabethforscher von Justi bis Busse-Wilson. In: Bredehorn/Gödeke, Kult, Kirche, Konfessionen 1983 (wie Anm. 40) S. 39–41, hier S. 40, und Korányi, Leben und Biographie 2004 (wie Anm. 15) S. 68–74.

hohem Maße dadurch geprägt gewesen, dass die wissenschaftliche Beschäftigung mit der hl. Elisabeth ihre Zentren bis weit in die Mitte des 20. Jahrhunderts hinein vorwiegend im deutschsprachigen Raum besaß[217] und dass hier wiederum die Schwerpunkte in den hessischen und thüringischen Wirkungs- und Erinnerungsregionen Elisabeths lagen, wobei Marburg dank seiner Universität und seines Staatsarchivs eine besondere Rolle spielte. Unter diesen Bedingungen erlangte die Elisabeth-Forschung, verglichen mit der Fülle der populären und erbaulichen Elisabeth-Literatur, allerdings nur sehr bescheidene Dimensionen und wurde im Wesentlichen von einigen wenigen «profanen» Mediävisten, von vereinzelten protestantischen und katholischen Kirchenhistorikern, von Ordensleuten sowie von einzelnen fachlichen «Außenseitern» wie Elisabeth Busse-Wilson getragen[218]. Diese Situation begann sich grundlegend zu verändern, als mit der wachsenden Hinwendung der internationalen Mediävistik seit den 1970/80er Jahren zu den religiösen Bewegungen des Mittelalters, zur Frömmigkeitsgeschichte, zur Frauenfrömmigkeit, zu den Bettelorden – insbesondere der Frühzeit des Franziskanerordens –, zur Mentalitäts- und Sozialgeschichte, zur Geschlechter- und Frauengeschichte sowie zur Erforschung der fürstlichen Höfe und der hoch- und spätmittelalterlichen Adelskultur[219] die hl. Elisabeth als ein für diese Fragestellungen besonders aufschlussreiches Einzelbeispiel weit über den bisherigen Rahmen hinaus zunehmendes Interesse gewann und mehr und mehr in das Blickfeld auch der internationalen Forschung rückte[220].

---

217 Vgl. Anm. 205. In Ungarn, wo die Erinnerung an die hl. Elisabeth gleichfalls – weit über ihre unmittelbaren Erinnerungsorte hinaus – überaus lebendig gehalten wurde und wo es vereinzelt ebenfalls zu einer nationalen Inanspruchnahme Elisabeths kam, scheint nach der Biographie von Horn, Sainte Elisabeth 1902 (wie Anm. 205) eine intensivere wissenschaftliche Beschäftigung mit der hl. Elisabeth offenbar erst mit der Biographie von Jonás, Szent Erzsébet 1981 (wie Anm. 230) eingesetzt zu haben, vgl. Korányi, Leben und Biographie 2004 (wie Anm. 15) S. 109. Seit 1990 ist Ungarn durch führende Vertreter wie Edith Pasztor, vgl. Anm. 225, Gábor Klaniczay, vgl. Anm. 227, 228, 234 und Ottó Gecser, vgl. Anm. 226, ein Zentrum der internationalen Elisabeth-Forschung geworden.

218 Unter den sehr wenigen größeren wissenschaftlichen Publikationen dieser Zeit zur hl. Elisabeth war neben den Aufsätzen Wilhelm Maurers die mit Abstand wichtigste die Würzburger Dissertation der Mediävistin und katholischen Theologin Ortrud Reber: Die Gestaltung des Kultes weiblicher Heiliger im Spätmittelalter. Die Verehrung der Heiligen Elisabeth, Klara, Hedwig und Birgitta. Hersbruck 1963, die S. 5–14 und S. 27–46 eine erste umfassende Zusammenstellung und Analyse der hagiographischen und liturgischen Quellen des 13. bis 15. Jahrhunderts zum Kult der hl. Elisabeth bot und diese vergleichend auswertete.

219 Stellvertretend sei lediglich auf den Überblicksbeitrag von Klaus Schreiner: Frommsein in kirchlichen und lebensweltlichen Kontexten. Fragen, Themen und Tendenzen der frömmigkeitsgeschichtlichen Forschung in der neueren Mediävistik. In: Hans-Werner Goetz (Hrsg.): Die Aktualität des Mittelalters (Herausforderungen. Historisch-politische Analysen. 10). Bochum 2000, S. 57–106 verwiesen.

Einen ersten Markstein in dieser Entwicklung stellte die Marburger Ausstellung zum 750. Todestag Elisabeths 1981 dar, deren Katalog- und Aufsatzband die vielfältigen neuen Impulse erstmals bündelte[221]. Besondere Bedeutung erlangte hierbei der Beitrag des Berliner Mediävisten Kaspar Elm, der die Ansätze seines Lehrers Herbert Grundmann mit den modernen Forschungstendenzen verband und eben dadurch die Grundmanns Forderung, Elisabeth im «Zusammenhang mit der gesamten religiösen Frauenbewegung ...zu verstehen»[222], nach fast 50 Jahren zum ersten Mal konkret umsetzte[223]. Elm entfaltete in einem großen europäischen Überblick das breite Spektrum der seit dem frühen 13. Jahrhundert vielfältig aufblühenden Frauenfrömmigkeit vom Ordenswesen über die Semireligiosität bis zur Häresie und wies vor diesem Hintergrund Elisabeth, die sich «im höchsten religiösen Streben ihrer Zeit» in geistiger Verwandtschaft mit Franziskus von Assisi zu einem Büßerleben zwischen Kloster und Welt entschieden habe, dem großen Kreis jener Frauen des 13. Jahrhunderts zu, die das Ideal radikaler Christusnachfolge in Buße und Armut am vollkommensten in einer semireligiösen Lebensform verwirklicht sahen[224].

Ausgehend von diesem Deutungsansatz, z. T. aber auch unabhängig von ihm, suchte die nachfolgende Elisabeth-Forschung als eines ihrer zentralen Anliegen, die auf Elisabeth einwirkenden Einflüsse und die von ihr gelebte «vita religiosa» innerhalb des von Elm aufgezeigten Spektrums weiblicher religiöser Lebensformen näher zu bestimmen. Hierbei gelangte sie in enger Wechselwirkung mit den aktuellen Forschungstendenzen und Forschungsergebnissen zum frühen Franziskanertum, zur Laienfrömmigkeit, zu den Bußbewegungen, zum Beginenwesen und anderen Formen nicht regulierten religiösen Lebens von Frauen, zur Hospitalfrömmigkeit oder auch den Einflüssen der Pariser Pastoraltheologie der Zeit um 1200 zu z. T. sehr unterschiedlichen Akzentuierungen und machte damit deutlich, wie abhängig gera-

---

220 Vgl. etwa ANDRÉ VAUCHEZ: Charité et pauvreté chez Sainte Elisabeth de Thuringe d'après les actes du procès de canonisation. In: MICHEL MOLLAT (Hrsg.): Études sur l'histoire de la pauvreté (Publications de la Sorbonne. Université de Paris IV – Paris Sorbonne. Série Études. 8). Paris 1974, S. 163–173, und RAOUL MANSELLI: Fürstliche Heiligkeit und Alltagsleben bei Elisabeth von Thüringen: das Zeugnis der Dienerinnen. In: ARNOLD/LIEBING, Elisabeth 1983 (wie Anm. 183) S. 9–26.

221 Sankt Elisabeth. Fürstin – Dienerin – Heilige. Aufsätze, Dokumentation, Katalog. Hrsg. von der Philipps-Universität Marburg in Verbindung mit dem Hessischen Landesamt für geschichtliche Landeskunde. Sigmaringen 1981.

222 Vgl. oben S. 117 mit Anm. 204.

223 KASPAR ELM: Die Stellung der Frau in Ordenswesen, Semireligiosentum und Häresie zur Zeit der heiligen Elisabeth. In: Sankt Elisabeth 1981 (wie Anm. 221) S. 7–28.

224 Sankt Elisabeth 1981 (wie Anm. 221) S. 14ff., S. 23 (Zitat).

de in den letzten Jahrzehnten die Sichtweise auf Elisabeth von der sich immer
weiter diversifizierenden Forschung zu den religiösen Bewegungen des 12./13.
Jahrhunderts geworden ist[225]. Zugleich lenkten diese divergierenden Interpretationsansätze die Aufmerksamkeit verstärkt auf die Frage nach dem
Aussagewert der ältesten Elisabeth-Quellen zurück, die hierdurch erneute
Aktualität gewann. Als Folge wandte sich die jüngste Forschung erstmals seit
über einem Jahrhundert wieder ausführlicher den quellenkritischen Problemen
zu[226] und richtete, eng hiermit verbunden, den Blick zunehmend auch wieder
auf den Kanonisationsprozess Elisabeths als jenem komplexen rechtlichen und
politischen Geschehen, dem die ältesten Quellen zur Biographie Elisabeths
ihre Entstehung verdankten[227]. Die hierbei besonders nachdrücklich aufgewor-
fene Frage nach den politischen Aspekten des Heiligsprechungsverfahrens

---

225 Erste Überblicke nach grundlegenden Einzelstudien wie etwa EDITH PASZTOR: Santa Elisabetta
d'Ungheria nella religiosità femminile del secolo XIII. In: DIES.: Donne e sante. Studi sulla religiosità femminile nel Medio Evo. Rom 2000, S. 153–171, in dem großen Forschungsbericht
von CHRISTIAN-FREDERIK FELSKAU: Von Brabant bis Böhmen und darüber hinaus. Zur Einheit
und Vielfalt der «religiösen Frauenbewegung» des 12. und 13. Jahrhunderts. In: EDELTRAUT
KLUETING (Hrsg.): Fromme Frauen – unbequeme Frauen? Weibliches Religiosentum im
Mittelalter. Hildesheim/Zürich/New York 2006, S. 67–103, hier zu Elisabeth insbesondere S.
91 und S. 99f., sowie bei DEMS.: Imitatio und institutionalisierte Armenfürsorge. Das «Modell
Elisabeth» und die mulieres religiosae in Ostmitteleuropa (ca. 1200–1280). In: BERTELSMEIER-
KIERST (Hrsg.), Elisabeth von Thüringen 2008 (wie Anm. 232), S. 53–76; vgl. auch MATTHIAS
WERNER: Elisabeth von Thüringen, Franziskus von Assisi und Konrad von Marburg. In:
BLUME/WERNER, Aufsätze 2007 (wie Anm. 7) S. 109–135, hier S. 109 mit Anm. 3–8.
226 INGRID WÜRTH: Die Aussagen der vier Dienerinnen im Kanonisationsverfahren Elisabeths
von Thüringen (1235) und ihre Überlieferung im Libellus. In: Zeitschrift des Vereins für Thüringische Geschichte. 59/60 (2005/06), S. 7–74. Die Verf. bestätigte gegen Wenck die These
von Huyskens, dass die kürzere Rezension des Textes mit den Zeugenaussagen die Vorlage
der längeren Rezension bildete; sie konnte aber gegen Huyskens zeigen, dass es sich bei der
kürzeren Rezension nicht um das 1235 an die Kurie geschickte Verhörprotokoll handelte,
sondern um eine noch 1235 auf der Grundlage des Protokolls in Marburg verfasste «provisorische Vita»; vgl. auch DIES.: Die Aussagen der vier «Dienerinnen» im Kanonisationsprozess
und ihre Überlieferung im sogenannten «Libellus». In: BLUME/WERNER, Aufsätze 2007 (wie
Anm. 7) S. 187–192; LOTHAR VOGEL: Der Libellus der vier Dienerinnen. Beobachtungen zur
Entstehung, Datierung und Wirkungsgeschichte. In: BERTELSMEIER-KIERST, Elisabeth von
Thüringen 2008 (wie Anm. 232) S. 171–194, sowie jüngst OTTÓ GECSER: Lives of St.
Elizabeth: Their Rewritings and Diffusion in the Thirteenth Century. In: Analecta
Bollandiana. 127 (2009), S. 47–107.
227 OTFRIED KRAFFT: Kommunikation und Kanonisation. Die Heiligsprechung der Elisabeth von
Thüringen 1235. In: Zeitschrift des Vereins für Thüringische Geschichte. 58 (2004), S. 27–82;
GÁBOR KLANICZAY: Proving sanctity in the canonization processes (Saint Elizabeth and Saint
Margaret of Hungary). In: DERS. (Hrsg.): Procès de canonisation en Moyen Âge. Aspects juri-
diques et religieux (Collection de l' École française de Rome. 340). Rom 2004, S. 117–148;
ROBERTO PACIOCCO: Canonizzazioni e culto dei santi nella christianitas (1198–1302). Assisi
2006, S. 64ff. sowie zuletzt HELMUT G. WALTHER: Der «Fall Elisabeth» an der Kurie. Das

rückte zugleich auch erstmals die Rolle dynastischer Heiligkeit bei der Verehrungsgeschichte Elisabeths und die Mitwirkung ihrer hochadeligen Verwandtschaft bei der Gestaltung ihres Kultes deutlicher in den Vordergrund[228]. Mit Elisabeths königlich-fürstlichem Umfeld wiederum war ein zentraler Themenhorizont angesprochen, dem gleichzeitig von anderer Seite die verstärkte Erforschung fürstlicher Repräsentationskultur, der Handlungsspielräume hochadeliger Frauen, des ungarischen Königshofes sowie des thüringischen Landgrafenhofes unter neuen Aspekten galt[229].

Angesichts dieser Fülle unterschiedlichster Ansätze und Themenschwerpunkte überrascht es nicht, dass Versuche zu einer zusammenfassenden wissenschaftlichen Biographie Elisabeths weitgehend ausblieben[230]. Um so willkommener aber war es, dass das Jubiläum zum 800. Geburtstag Elisabeths im Jahre 2007 die Gelegenheit bot, die gegenüber 1981 um ein Vielfaches ange-

---

Heiligsprechungsverfahren im Wandel des kanonischen Prozessrechts unter Papst Gregor IX. (1227–1241). In: BLUME/WERNER, Aufsätze 2007 (wie Anm. 7) S. 177–186.

228 GÁBOR KLANICZAY: Holy Rulers and Blessed Princesses. Dynastic Cults in Medieval Central Europe. Cambridge 2002, S. 209–243; MATTHIAS WERNER: Mater Hassiae – Flos Ungariae – Gloria Teutoniae. Politik und Heiligenverehrung im Nachleben der hl. Elisabeth von Thüringen. In: JÜRGEN PETERSOHN (Hrsg.): Politik und Heiligenverehrung im Hochmittelalter (Vorträge und Forschungen. 42). Sigmaringen 1994, S. 449–540, 452f., 481ff., 484ff., 519ff.; DERS.: Hochadelige Verwandtschaft in Europa. In: BLUME/WERNER, Katalog 2007 (wie Anm. 20) S. 298–301.

229 SYBILLE SCHRÖDER: Höfisches Leben und Alltag am Landgrafenhof von Thüringen zur Zeit der heiligen Elisabeth. In: Zeitschrift des Vereins für Thüringische Geschichte. 57 (2003), S. 9–42, DIES.: Frauen im europäischen Hochadel des ausgehenden 12. und beginnenden 13. Jahrhunderts. Normen und Handlungsspielräume. In: BLUME/WERNER, Aufsätze 2007 (wie Anm. 7) S. 27–34; ERNÖ MAROSI: Hof und adlige Kultur in der Kunst des frühen 13. Jahrhunderts in Ungarn. In: Ebd. S.67–76; MATHIAS KÄLBLE: Reichsfürstin und Landesherrin. Die heilige Elisabeth und die Landgrafschaft Thüringen. In: Ebd. S. 77–92, hier S. 78–86 mit umfassender Zusammenfassung der jüngsten Forschungsergebnisse und neuer Akzentesetzung.

230 Hatte SCHOLZ, Fünfzig Jahre 1983 (wie Anm. 183) S. 149 und S. 162 mit Blick auf die «intensive Kleinarbeit» der Elisabeth-Forschung in den über 50 Jahren seit dem Erscheinen des Buches von Busse-Wilson von 1931 das Ausbleiben einer großen wissenschaftlichen Biographie beklagt und eine solche als «Gegengewicht zur Zerfaserung der Diskussion» und «als wichtigstes Desiderat für die kommenden Jahre» angemahnt, so besteht dieses – in vieler Hinsicht wohl uneinlösbare – Desiderat zwar weiter, doch wurden im Zusammenhang der Jubiläen von 1981 und 2007 mehrere Biographien namhafter Elisabeth-Forscherinnen und Elisabeth-Forscher vorgelegt, die den aktuellen Forschungsstand zusammenfassen und sich auf wissenschaftlicher Grundlage an eine breitere Öffentlichkeit wenden. Zu nennen sind insbesondere ORTRUD REBER: Die heilige Elisabeth. Leben und Legende. St. Ottilien 1982; DIES.: Elisabeth von Thüringen. Landgräfin und Heilige. Eine Biographie. Regensburg 2006; ILONA JÓNAS: Árpádházi Szent Erzsébet. Budapest 1981, ²1986, dazu KORÁNYI, Leben und Biographie 2004 (wie Anm. 15) S. 109–114; SALVADOR CABOT ROSSELLÓ: Santa Isabel. Princessa de Hungría, Condesa de Turingia, Penitente franciscana. Palma de Mallorca 2006; LORI PIEPER: The Greatest of These is Love. The Life of St. Elizabeth of Hungary. New York 2007.

wachsene internationale Elisabeth-Forschung[231] mit ihren wichtigsten Beiträgen in einer Reihe von Tagungsbänden und Sammelwerken zu dokumentieren und neue Forschungen anzustoßen[232]. Das umfassendste Vorhaben dieser Art waren die Begleitpublikationen zur 3. Thüringer Landesausstellung «Elisabeth von Thüringen – Eine europäische Heilige» vom 7. Juli bis 19. November 2007 auf der Wartburg und in Eisenach, deren Aufsätze und Katalogartikel den derzeitigen Stand der interdisziplinären Forschung weitgehend repräsentativ widerspiegeln dürften[233]. Als die wohl wichtigsten Ergebnisse mit Blick auf die Person und das Umfeld Elisabeths sind festzuhalten die europäischen Dimensionen, die sich für die hochadelige Herkunft Elisabeths, für die ungarische und ansatzweise auch thüringische Hofkultur und für die Elisabeth prägende religiöse Armutsbewegung abzeichnen[234], weiterhin der vielfältige Umbruchscharakter des frühen 13. Jahrhunderts, dem Elisabeth in exponierter Weise begegnete[235], die große Bedeutung des frühesten Franziskanertums

---

231 Vorausgegangen war bereits der auf eine Tagung in Rom vom 18./19. November 2002 zurückgehende Sammelband: Il Culto e la Storia di Santa Elisabetta d'Ungheria in Europa. In: Accademia d'Ungheria in Roma. Annuario 2002–2004. Conferenze e Convegni. Rom 2005, S. 199–297, der einen informativen Überblick über die gegenwärtige internationale Elisabeth-Forschung vermittelt.

232 Zu nennen sind insbesondere: Fernando Scocca und Lino Temperini (Hrsg.): Santa Elisabetta, Penitente francescana. Atti del Convegno Internazionale di Studi nell'ottavo centenario della nascita di Santa Elisabetta d'Ungheria, Principessa di Turingia. Rom 2007; Christa Bertelsmeier-Kierst (Hrsg.): Elisabeth von Thüringen und die neue Frömmigkeit in Europa (Kulturgeschichtliche Beiträge zum Mittelalter und der frühen Neuzeit. 1). Frankfurt 2008, sowie die beiden thematischen Zeitschriftenhefte Josef Pilvousek (Hrsg.): Elisabeth. (Theologie der Gegenwart. 50, Heft 2). Kevelaer 2007, S. 81–128, und Kaiser, Elisabeth 2007 (wie Anm. 15), deren Letzteres mit dem Aufsatz von Volker Leppin: Christus nachfolgen – Christi Nähe erfahren – Christus repräsentieren. Zur Glaubenswelt Elisabeths von Thüringen. S. 320–335, den m. W. einzigen Beitrag des Jubiläums-Jahres von kirchengeschichtlicher Seite zur Spiritualität Elisabeths enthält.

233 Blume/Werner, Aufsätze 2007 (wie Anm. 7); Blume/Werner,, Katalog 2007 (wie Anm. 20); zu dem Ausstellungsprojekt und seiner Einordnung in die Elisabeth-Forschung vgl. Ingrid Würth: Elisabeth von Thüringen – Eine europäische Heilige. 3. Thüringer Landesausstellung auf der Wartburg und in Eisenach, 7. Juli bis 19. November 2007. In: Jahrbuch für mitteldeutsche Kirchen- und Ordensgeschichte. 3 (2007), S. 289–301; Annette Felsberg und Jutta Krauss: Vorbereitung, Aufbau und Ablauf der 3. Thüringer Landesausstellung 2007 auf der Wartburg. In: Wartburg-Jahrbuch 2007. 16 (2008), S. 305–329, und Matthias Werner: Eine Landesausstellung für eine Heilige. Konzeption, Gestaltung und Bilanz der 3. Thüringer Landesausstellung «Elisabeth von Thüringen – Eine europäische Heilige». In: Deutsche Erinnerungslandschaften III: Elisabeth von Thüringen – Geschichte und Mythos (Beiträge zur Regional- und Landeskultur Sachsen-Anhalts. 50). Halle/Saale 2008, S. 136–203.

234 Gábor Klaniczay: Elisabeth von Thüringen und Ungarn. Zur «Europäisierung» des Elisabeth-Kultes. In: Blume/Werner, Aufsätze 2007 (wie Anm. 7) S. 167–178.

235 Hagen Keller: Das frühe 13. Jahrhundert. Spannungen, Umbrüche und Neuorientierungen im Lebensumfeld Elisabeths von Thüringen. In: Blume/Werner, Aufsätze 2007 (wie Anm. 7)

sowie der Kreuzzugs- und Hospitalfrömmigkeit[236], die gewandelten Handlungsspielräume hochadeliger Frauen[237] und die Dimensionen der sozialen Kontraste und der real erfahrbaren Armut in Thüringen zur Zeit Elisabeths[238].

Diese Ergebnisse und Einsichten reichen selbstverständlich nicht aus, ein geschlossenes Bild Elisabeths zu gewinnen. Wohl aber lassen sie die Zeitverhältnisse, Rahmenbedingungen, Einflüsse und Leitideen, unter denen Elisabeth ihre Entscheidungen traf und ihr religiöses Leben führte, in vieler Hinsicht deutlicher als zuvor erkennen, lässt sich durch sie Elisabeth mit den zeittypischen Gemeinsamkeiten und der Sonderstellung «ihres eigenen radikalen Lebensvorsatzes» (Hagen Keller)[239] genauer in ihrem zeitgenössischen Umfeld verorten und ergeben sich von ihnen aus zahlreiche weiterführende Anstöße und Fragestellungen für die künftige Forschung. Geradezu kennzeichnend erscheint es jedoch, dass hinter all diesen Fragen nach dem zeitgeschichtlichen, politischen, religiösen, sozialen und kulturellen Kontext die Frage nach der Persönlichkeit Elisabeths selbst weitestgehend zurücktrat – ein Befund, der auch für die anderen wissenschaftlichen Publikationen des Jubiläumsjahres 2007 gilt und der damit auf den wohl tiefsten Unterschied gegenüber der Elisabeth-Forschung ein Jahrhundert zuvor im Jubiläumsjahr 1907 verweist.

VI. Schlussbemerkungen

Letzteres leitet über zu den beiden abschließenden Fragen: Welche Stellung nimmt Wencks Elisabeth-Kapitel im Wartburg-Werk in der Elisabeth-Forschung ein? Wie steht die Forschung ihm heute, einhundert Jahre nach seinem Erscheinen, gegenüber?

Wencks Beitrag war geleitet von dem Ziel und der Überzeugung, durch Quellenkritik und die Rationalität der historischen Methode das Wahre und

---

S. 15–26.
236 Maria Pia Alberzoni: Elisabeth von Thüringen, Klara von Assisi und Agnes von Böhmen. Das franziskanische Modell der Nachfolge Christi diesseits und jenseits der Alpen. In: Blume/Werner, Aufsätze 2007 (wie Anm. 7) S. 47–55; Werner, Elisabeth von Thüringen 2007 (wie Anm. 225); Stefan Tebruck: Militia Christi – imitatio Christi. Kreuzzugsidee und Armutsideal am thüringischen Landgrafenhof zur Zeit der heiligen Elisabeth. In: Blume/Werner, Aufsätze 2007 (wie Anm. 7) S. 137–152; Martina Wehrli-Johns: Armenfürsorge, Spitaldienst und neues Bußertum in den frühen Berichten über das Leben der heiligen Elisabeth. In: Blume/Werner, Aufsätze 2007 (wie Anm. 7) S. 153–163.
237 Schröder, Frauen 2007 (wie Anm. 229).
238 Kälble, Reichsfürstin 2007 (wie Anm. 229) S. 86f.; Ders.: Die Welt der Armen und Verachteten. In: Blume/Werner, Katalog 2007 (wie Anm. 20) S. 118–119.
239 Keller, Das frühe 13. Jahrhundert 2007 (wie Anm. 235) S. 24.
240 Wenck, Elisabeth 1892 (wie Anm. 51) S. 218.

Legendenhafte in der Überlieferung zur hl. Elisabeth zu scheiden und auf dieser Grundlage und durch die Einbeziehung eines breiten Materials «die historische Gestalt der Elisabeth» zu «erfassen»[240]. Hierbei suchte er vor allem ihre innere Entwicklung erklärend nachzuvollziehen und strebte an, vom Standpunkt kritischer Vernunft und protestantischen Glaubens aus das Vorbildliche an Elisabeth zu würdigen und das persönlichkeits- und zeitbedingt Fragwürdige als solches zu kennzeichnen. Wenck stand mit diesen Anliegen voll in der Tradition der auf Karl Justi als Vertreter der Spätaufklärung zurückgehenden, vorwiegend protestantischen Elisabeth-Forschung des 19. Jahrhunderts und er war ein typischer Repräsentant der vom Historismus geprägten, nationalprotestantisch orientierten und den bürgerlichen Wert- und Moralvorstellungen des 19. Jahrhunderts verpflichteten Geschichtswissenschaft seiner Zeit. In seinem Elisabeth-Kapitel vereinte er unter diesen Vorzeichen die zahlreichen Erkenntnisfortschritte, die bis dahin gewonnen worden waren, zu einem großen, in seiner Grundtendenz auch vielfach kritischen Lebensbild der berühmten Heiligen, das als Summe wissenschaftlicher Beschäftigung mit der hl. Elisabeth im 19. Jahrhundert zugleich auch deren Höhepunkt bildete.

Diesen herausragenden Rang, den ihm sein Verfasser und der Herausgeber des Wartburg-Werks zweifellos zugedacht hatten, konnte der Beitrag allerdings weder zu seiner Zeit noch jemals später einnehmen. Wie ein Verhängnis lastete es auf ihm, dass seinem hohen Anspruch nur eine verschwindend geringe Wahrnehmung gegenüber stand: Wencks Elisabeth-Kapitel blieb in der Elisabeth-Forschung nahezu unbekannt. Dies hatte innere und äußere Gründe. Durch die stark verzögerte Drucklegung des Wartburg-Werkes erschien der Beitrag unbeabsichtigt zwar pünktlich zum Elisabeth-Jubiläum 1907, aber doch zu einem denkbar ungünstigen Zeitpunkt: zum einen war er selbst aus der Sicht Wencks durch dessen veränderte Einschätzung Elisabeths in wichtigen Punkten überholt und zudem durch Wencks Elisabeth-Publikationen von 1907 ersetzt, zum anderen wurde er – wie sämtliche Forschungen Wencks über die hl. Elisabeth – durch die gleichzeitig erschienenen Arbeiten von Huyskens fundamental in Frage gestellt. Hinzu kamen die aufgrund des hohen Kaufpreises überaus geringe Verbreitung und nicht zuletzt auch die äußere Unhandlichkeit des Wartburg-Werkes, die seine Benutzung selbst in den wenigen Bibliotheken, die den Prachtband erworben hatten, erheblich erschwerte[241]. Schon bei seinem Erscheinen kaum rezipiert, wurde Wencks Elisabeth-Beitrag in der Zeit nach dem Ersten Weltkrieg noch weniger wahrgenommen. Nun teilte er das Schicksal vieler historiographischer Werke der Vorkriegszeit, die wegen eben jener Merkmale, die wie die nachempfindende psychologisierende Charakterdarstellung und die deutlichen Wertungen seinerzeit als besondere

---

241 Vgl. die entsprechenden Bemerkungen von WENCK selbst oben Anm. 123.

Vorzüge gelten mochten, nunmehr als besonders veraltet erschienen. Galt diese rasche Historisierung, die in ein zunehmendes Vergessen einmündete, für alle Elisabeth-Aufsätze Wencks, so war der Beitrag im Wartburg-Werk durch seine geringe Verbreitung und die äußere Erschwernis seiner Benutzung zusätzlich davon betroffen.

Doch nicht nur aus diesen Gründen war – wie letztlich auch bei den übrigen Arbeiten Wencks zur hl. Elisabeth – die Nachwirkung auf die Elisabeth-Forschung des 20. Jahrhunderts denkbar gering. Mochte noch Elisabeth Busse-Wilson 1931 wie Jahrzehnte zuvor Karl Wenck glauben, für Elisabeth das «Abbild einer mittelalterlichen Seele» zeichnen und sich – bei aller Einbeziehung der Zeitumstände – auf Elisabeth als Einzelpersönlichkeit beschränken zu können, so hatte die jüngere Forschung diese Zuversicht längst aufgegeben und seit den frühen 1930er Jahren den Blick von der Person Elisabeths zunehmend auf ihr Umfeld ausgeweitet, wenn nicht verlagert. Diese Tendenz, die sich grundlegend von dem Ansatz und dem Anliegen Wencks entfernte, setzte sich nach dem Zweiten Weltkrieg fort und wurde erst recht mit der internationalen Öffnung der Elisabeth-Forschung seit den 1970/80er Jahren vorherrschend. Stellt man den 2007 auf der Wartburg präsentierten heutigen Forschungsstand Wencks Artikel im Wartburg-Werk von 1907 und seinen übrigen Elisabeth-Studien gegenüber, so könnten die Unterschiede kaum größer sein.

An die Stelle der damaligen positivistischen Zuversicht, «die historische Gestalt der Elisabeth zu fassen»[242], ist die Einsicht in die Unmöglichkeit getreten, aus der gebrochenen Spiegelung Elisabeths in den Quellen auf die «Wirklichkeit» ihrer Person schließen zu können[243]. Dass in den Publikationen

---

242 Sie wurde wie von den Vorgängern WENCKS, vgl. Anm. 245, so auch von Huyskens geteilt, vgl. folgende Anm.

243 Bereits ALBERT HAUCK: Kirchengeschichte Deutschlands. 4. Teil. Leipzig 1903, S. 924f. hatte mit klaren Worten auf dieses grundsätzliche Problem hingewiesen: «wir kennen die Wirklichkeit nicht, sondern wir sehen wie durch gefärbte Gläser. Über Elisabeth besitzen wir nicht eine Zeile, in der sie geschildert wird, wie sie war, sondern was wir hören, hören wir von solchen, die ein Interesse daran hatten, sie als Heilige erscheinen zu lassen. Müssen wir deshalb darauf verzichten, ein scharfes Bild der geschichtlichen Elisabeth zu gewinnen, so tritt an dem Heiligenbild, das wir besitzen, um so klarer hervor, was den geistlichen Leitern und der Umgebung der Fürstin als religiöses Ideal galt». Während HUYSKENS, Elisabeth 1907 (wie Anm. 146) S. 727 immerhin betonte, dass die Aufgabe, das «Verlangen unserer Zeit nach der historischen Elisabeth» zu erfüllen, an der Hauck und andere «verzweifelten, … sich lösen lässt», wurde das Problem von Wenck in seinen beiden Elisabeth-Beiträgen für das Jubiläumsjahr 1907 nicht thematisiert. Das unlösbare Spannungsfeld wird die Elisabeth-Forschung immer begleiten. Betonte ELM, Elisabeth von Thüringen 1982 (wie Anm. 201) S. 6 zu den grundsätzlichen Bedenken von Hauck: «Man sollte sich durch solche Einwände jedoch nicht beirren lassen», so unterstrich zuletzt KAISER, Funktionalisierung 2007 (wie Anm. 15) S. 388 nach-

von 2007 die Persönlichkeit Elisabeths weitgehend hinter den Rahmenbedingungen und Zeitströmungen zurücktritt, spiegelt diese Einsicht wider, lässt aber nur um so deutlicher das Bestreben erkennen, sich der Gestalt Elisabeths auf dem Wege der Zeitumstände indirekt anzunähern. Diese grundsätzlichen Methodenprobleme, die von Wenck und seinen Vorgängern in ihrem Ringen um die Quellenkritik und die Scheidung des «Wahren vom Falschen» noch kaum thematisiert wurden, die heute aber eine zentrale Rolle im historischen Erkenntnisprozess bilden, stehen von vorneherein jeglicher Psychologisierung entgegen, wie Wenck sie noch für wissenschaftlich und erkenntnisleitend hielt. Erst recht verweisen sie auf die Fragwürdigkeit moderner moralischer Kategorien, zu deren Anwendung sich Wenck noch voll berechtigt sah. Der Blick auf das politische, soziale und religiöse Umfeld Elisabeths wiederum, der heute an die Stelle der direkten «Persönlichkeitssuche» getreten ist, zeigt zusätzlich die Zeitbedingtheit der in der protestantischen Aufklärung wurzelnden Deutungsmuster und konfessionellen Wertungen auf, denen sich Wenck bei seinem Elisabeth-Bild im Wartburg-Werk verpflichtet fühlte. Vollends lässt er den Anachronismus der zeittypischen deutsch-nationalen Inanspruchnahme Elisabeths erkennen, der sich – wenn auch nicht im Wartburg-Werk – Wenck im Jubiläumsjahr 1907 erstmals anschloss.

Was bleibt nach einhundert Jahren von Wencks großem Elisabeth-Artikel im Wartburg-Werk? Zu allererst gewiss sein zentrales forschungsgeschichtliches Interesse als Höhepunkt und wichtigster Exponent der Elisabeth-Forschung des 19. Jahrhunderts, die in vieler Hinsicht die Grundlagen auch für die heutige wissenschaftliche Beschäftigung mit der hl. Elisabeth schuf. Darüber hinaus lassen sich jedoch nur wenige Antworten geben, und auch sie sind eher indirekter Art: der Respekt vor einer eindrucksvollen Bündelung des damals verfügbaren Wissens über die hl. Elisabeth zu einem in sich geschlossenen Bild auf der wissenschaftlichen Höhe der Zeit; die Bedeutung, die der Aufsatz als Endpunkt bisheriger Forschungsansätze für die Entwicklung neuer Fragestellungen besaß; die gerade an einem so selbstgewissen Beitrag wie Wencks Elisabeth-Kapitel besonders bewusst werdende, nicht zuletzt auch die heutige Elisabeth-Forschung mahnende Einsicht in die unentrinnbare Zeitbedingtheit selbst mit größter Zuversicht in ihre Wissenschaftlichkeit gewonnener Erkenntnisse und Deutungsversuche; die Erinnerung an Wencks Abkehr von seiner noch im Wartburg-Werk vertretenen konfessionellen Polarisierung hin zu einem bis heute wegweisenden ökumenischen Zugang zur hl. Elisabeth; und schließlich – ohne dass damit an eine Rückkehr zu Wencks Positionen gedacht sei – der Anstoß, neben der intensiven Erforschung der Rahmenbedingungen und trotz aller Unmöglichkeit, Elisabeth so zu fassen, «wie sie in der Wirklichkeit geworden und gewesen» war (Franz Xaver Wegele)[244], dennoch wieder verstärkt auch nach Möglichkeiten zu suchen,

Elisabeth als jene Einzelpersönlichkeit, von der her die Frage nach ihrem Umfeld erst so hohes Interesse erhält, deutlicher zu profilieren und sie damit auch als Person wieder stärker in das Zentrum der Elisabeth-Forschung zu rücken.

Vor allem mit diesem Anliegen, der zentralen Frage nach der Persönlichkeit Elisabeths, dürfte das Elisabeth-Kapitel Wencks auch heute noch unvermindert aktuell sein – auch wenn wir diese Frage heute völlig anders beantworten müssen –, und diese Aktualität möge ermuntern, den Beitrag, der wie das gesamte Wartburg-Werk als Monument einer längst vergangenen Epoche in das frühe 21. Jahrhundert hineinragt, wesentlich deutlicher als zu seiner Zeit selbst durchaus als einen Markstein der Elisabeth-Forschung zu betrachten!

---

drücklich deren Gültigkeit. Weiterführend sind vor allem erneute quellenkritisch-kanonistische Analysen zu den ältesten Elisabeth-Texten aus dem Kanonisationsprozess, wie sie mit neuen wichtigen Ergebnissen zu deren Quellenwert jüngst WÜRTH, Aussagen 2006 (wie Anm. 226) vornahm, vgl. insbesondere S. 55.

244 Vgl. oben S. 82 mit Anm. 28.

Die Wettiner in Thüringen (1247–1485).
Karl Wencks «Geschichte der Landgrafen und der Wartburg» im Spiegel der Forschung

Mathias Kälble

Als Landgraf Heinrich Raspe am 16. Februar 1247 nur wenige Tage nach der Rückkehr von einem Feldzug in Schwaben ohne einen männlichen Erben zu hinterlassen auf der Wartburg verstarb, bedeutete dies für die Geschichte Thüringens einen gravierenden Einschnitt. Die Landgrafschaft und das ludowingische Erbe fielen an die Wettiner und wurden damit in den sich nunmehr herausbildenden großen wettinischen Herrschaftskomplex zwischen Elbe und Werra eingegliedert. Seitdem ist die Geschichte Thüringens eng mit der Geschichte der Wettiner verbunden, die länger als irgendein anderes Herrschergeschlecht im Land regierten und dessen Geschicke über Jahrhunderte hinweg bestimmten. Doch während es schon im Mittelalter zu einer ausgeprägten Traditionsbildung um die Ludowinger und mit dem Aufkommen einer modernen Geschichtswissenschaft zu einer nicht weniger intensiven Beschäftigung mit den ludowingischen Landgrafen kam[1], führten die Wettiner in der auf Thüringen bezogenen Forschung lange Zeit ein Schattendasein. Erst allmählich gewinnt eine spezifische Wettinerforschung in Thüringen an Kontur und nur schrittweise gelingt es, «das unübersichtliche Bild der älteren Forschung zum spätmittelalterlichen Thüringen deutlicher zu profilieren» und jene Forschungslücken zu schließen, die durch die lange Zeit der deutschen Teilung und der dadurch bedingten Traditionsbrüche entstanden sind.[2] Noch immer ist die Geschichtswissenschaft hierbei auf jene älteren Arbeiten angewiesen, die zu einem Großteil noch im wilhelminischen Kaiserreich entstanden und zu einer ersten Blüte der Erforschung der wettinischen Geschichte geführt haben.

1　Siehe hierzu den Beitrag von Stefan Tebruck in diesem Band.

2　Matthias Werner: Thüringen im Mittelalter. Ergebnisse – Aufgaben – Perspektiven. In: Matthias Werner (Hrsg.): Im Spannungsfeld von Wissenschaft und Politik. 150 Jahre Landesgeschichtsforschung in Thüringen (Veröffentlichungen der Historischen Kommission für Thüringen. Kleine Reihe. 13). Köln/Weimar/Wien 2005, S. 275–341, bes. S. 325–337, Zitat, S. 326, sowie Klaus Neitmann: Landesgeschichtsforschung im Exil. Die «Geschichte Thüringens» von Hans Patze und Walter Schlesinger. In: ebd., S. 235–272; vgl. hierzu auch Matthias Werner: Perspektiven einer thüringischen Landesgeschichte im Europa der Regionen. In: Konrad Scheurmann und Jördis Frank (Hrsg.): Thüringen – Land der Residenzen. 2. Thüringer Landesausstellung. Mainz 2004, S. 13–33, hier S. 15f.

I.

Einer der ersten, die sich intensiv mit den Wettinern in Thüringen auseinandergesetzt haben, war der Marburger Universitätsprofessor Karl Robert Wenck (1854–1927), der im November 1897 auf Empfehlung Ernst Dümmlers, des Präsidenten der Monumenta Germaniae historica, den Auftrag erhielt, für das von Max Baumgärtel herausgegebene monumentale Werk über die Wartburg einen Beitrag zum Leben der heiligen Elisabeth und zur ältesten Geschichte der Wartburg bis in die Zeit Landgraf Hermanns I. zu verfassen. Wenck nahm diesen Auftrag bereitwillig an und schlug vor, das «Wartburg-Werk» – wie das Buchprojekt von seinem Herausgeber genannt wurde – um eine Darstellung der Geschichte der Landgrafen und der Wartburg als fürstlicher Residenz im späten Mittelalter zu ergänzen und so den Bogen von der Zeit Elisabeths bis zum Beginn der Reformation zu schlagen, für deren Darstellung der Gießener Historiker Wilhelm Oncken gewonnen werden konnte. Der von Wenck vorgeschlagene Beitrag wurde mit mehr als fünfzig Text- und Anmerkungsseiten zugleich einer der umfangreichsten innerhalb des Gesamtwerkes und für den Autor zu einer Herausforderung, die ihn drei Jahre lang in Anspruch nehmen sollte.[3]

Schon in seiner Leipziger Dissertation von 1876 hatte sich Wenck mit der Geschichte der Wettiner im 14. Jahrhundert beschäftigt und sich dadurch als Kenner der Materie einen Namen gemacht.[4] 1895 veröffentlichte er eine Abhandlung über das gescheiterte Heiratsprojekt Friedrichs des Friedfertigen mit Lucia Visconti im Jahr 1399.[5] Während seiner Arbeit für Baumgärtel publizierte er wissenschaftliche Beiträge zu Friedrich I. dem Freidigen und dessen Kanzler Johann von Eisenberg sowie zu Landgraf Friedrichs I. Schwester Elisabeth, der Gemahlin des hessischen Landgrafen Heinrich II.[6]

---

3 KARL WENCK: Geschichte der Landgrafen und der Wartburg als fürstlicher Residenz vom 13. bis 15. Jahrhundert. In: MAX BAUMGÄRTEL (Hrsg.): Die Wartburg. Ein Denkmal deutscher Geschichte und Kunst. Berlin 1907, S. 213–262 [Text] und S. 702–707 [Anmerkungen]. Zur Biographie von Karl Wenck und zu seiner Arbeit am Wartburg-Werk siehe die Beiträge «Die an Baumgärtels Wartburg-Werk von 1907 beteiligten Autoren» und von MATTHIAS WERNER in diesem Band.

4 KARL WENCK: Die Wettiner im XIV. Jahrhundert insbesondere Markgraf Wilhelm und König Wenzel. Nebst einem Exkurs: Der vogtländische Krieg. Leipzig 1877.

5 KARL WENCK: Eine mailändisch-thüringische Heiratsgeschichte aus der Zeit König Wenzels. Lucia Visconti, Tochter Barnabos von Mailand und Friedrich der Friedfertige, Sohn des Landgrafen von Thüringen. 1399. In: Neues Archiv für sächsische Geschichte und Altertumskunde. 16(1895), S. 1–42.

6 KARL WENCK: Friedrich des Freidigen Erkrankung und Tod (1321 und 1322). In: Festschrift zum 75jährigen Jubiläum des Königlichen Sächsischen Altertumsvereins (Neues Archiv für sächsische Geschichte. Beiheft 21). Dresden 1900, S. 69–82; KARL WENCK: Johann von Eisenberg, Kanzler Friedrichs des Ernsthaften. In: Neues Archiv für sächsische Geschichte. 21(1900), S. 214–223;

Für eine Darstellung der Geschichte der Wartburg und der Wettiner als Landgrafen von Thüringen im Mittelalter schien Wenck also bestens gerüstet, zumal er für seine Dissertation die zum größten Teil noch ungedruckten Originalurkunden des Hauptstaatsarchivs in Dresden für die Zeit von 1350 bis 1407 sowie mit Einschränkungen die dort vorhandenen Urkundenabschriften aus den Vorarbeiten für den 1860 begründeten «Codex diplomaticus Saxoniae regiae» eingesehen hatte.[7] Auch die mittelalterliche Geschichtsschreibung war ihm durch seine Beschäftigung mit der Reinhardsbrunner Chronistik bis in die Einzelheiten vertraut[8], und so verfügte er über eine breite Quellenkenntnis zur Geschichte der Wettiner, wie sie damals angesichts des nur unzureichenden Editionsstandes vermutlich nur wenige besaßen.

Von dem für die mittelalterliche Geschichte Thüringens bis heute unverzichtbaren Regestenwerk von Otto Dobenecker war 1898 immerhin der erste Teil des zweiten Bandes für die Jahre 1152 bis 1210 erschienen, dem zwei Jahre später dann die Regesten bis zum Jahr 1227 folgten. Die Bände drei und vier der «Regesta diplomatica Thuringiae», die das thüringische Quellenmaterial bis 1288 umfassen sollten, gingen hingegen erst nach Vollendung des Wartburg-Werks in Druck.[9] Auch die von Otto Posse vorbereitete Edition der Urkunden der Markgrafen von Meißen und Landgrafen von Thüringen war damals erst bis zu den Urkunden des Jahres 1234 vorgedrungen.[10] Weitere Bände sind seitdem nicht mehr erschienen. Zwar wurden noch während der Arbeit an den Beiträgen zum Wartburgbuch die von Hubert Ermisch edierten Land- und Markgrafenurkunden der Jahre 1381 bis 1406 veröffentlicht, wodurch zumin-

---

KARL WENCK: Elisabeth von Thüringen (1306–1367), die Gemahlin Landgraf Heinrichs II. von Hessen und die Beziehungen zwischen Thüringen und Hessen in den Jahren 1318–1335. In: Zeitschrift des Vereins für Hessische Geschichte und Landeskunde. 35(1901), S. 163–191, hier S. 165 mit Verweis auf seine Darstellung der Landgrafengeschichte «in dem demnächst erscheinenden ‹Wartburgbuch›».

7   Siehe WENCK, Wettiner 1877 (wie Anm. 4) S. VII. – Zur Geschichte des «Codex diplomaticus Saxoniae» ausführlich MATTHIAS WERNER: «Zur Ehre Sachsens». Geschichte, Stand und Perspektiven des Codex diplomaticus Saxoniae. In: TOM GRABER (Hrsg.): Diplomatische Forschungen in Mitteldeutschland (Schriften zur sächsischen Geschichte und Volkskunde. 12). Leipzig 2005, S. 261–301.

8   KARL WENCK: Die Entstehung der Reinhardsbrunner Geschichtsbücher. Halle 1878; KARL WENCK: Zur Entstehungsgeschichte der Reinhardsbrunner Historien und der Erfurter Peterschronik. In: Neues Archiv der Gesellschaft für Ältere Deutsche Geschichtskunde zur Beförderung einer Gesamtausgabe der Quellenschriften deutscher Geschichten des Mittelalters. 10(1885), S. 95–138.

9   Vgl. hierzu die Vorbemerkungen zu den einzelnen Bänden von OTTO DOBENECKER (Bearb.): Regesta diplomatica necnon epistolaria historiae Thuringiae 500–1288. 4 Bde. Jena 1896–1939.

10 OTTO POSSE (Hrsg.): Codex diplomaticus Saxoniae regiae. Hauptteil 1. Reihe A: Die Urkunden der Markgrafen von Meißen und Landgrafen von Thüringen (948–1234). 3 Bde. Leipzig 1882–1898.

dest die Quellen der für Thüringen besonders wichtigen Alleinregierung Landgraf Balthasars für die Forschung zugänglich gemacht wurden[11], doch wog dies das Fehlen einschlägiger Quelleneditionen für die Zeit nach dem Übergang der Landgrafschaft an die Wettiner 1247 und die schwierige bis zur Mitte des 14. Jahrhunderts sich hinziehende Phase der wettinischen Herrschaftskonsolidierung in Thüringen keineswegs auf.[12] Es zeugt angesichts dessen von einer beachtlichen Rechercheleistung, wenn Karl Wenck allein für seine Darstellung der Zeit Landgraf Albrechts II. auf mehr als einhundert ihm bekannt gewordener Urkunden verweisen konnte, die dieser Landgraf in den Jahren 1265 bis 1307 in Eisenach und auf der Wartburg ausgestellt hatte.[13]

Die Editionslage für die Geschichte der Wettiner hat sich bis heute nur unwesentlich verbessert, obwohl gerade in jüngerer Zeit einige für Thüringen wichtige Urkunden- und Regestenwerke vorgelegt wurden und seit 2008 im Rahmen eines von der Sächsischen Akademie der Wissenschaften zu Leipzig getragenen Forschungsprojekts auch wieder intensiv an der Edition der land- und markgräflichen Urkunden des späten Mittelalters gearbeitet wird.[14] Doch

---

11 HUBERT ERMISCH (Hrsg.): Codex diplomaticus Saxoniae Regiae. Hauptteil I. Reihe B: Die Urkunden der Markgrafen von Meißen und Landgrafen von Thüringen (1381–1427). Bd. 1: Urkunden der Markgrafen von Meißen und Landgrafen von Thüringen 1381–1395. Leipzig 1899; Bd. 2: Urkunden der Markgrafen von Meißen und Landgrafen von Thüringen 1396–1406. Leipzig 1902.

12 Zum damaligen Editionsstand für Thüringen siehe ENNO BÜNZ: Die mittelalterlichen Urkunden Thüringens. Überlieferung – Editionsstand – Aufgaben. In: GRABER, Forschungen 2005 (wie Anm. 7) S. 317–370, hier S. 331–340 sowie die Übersicht auf S. 361–370.

13 WENCK, Geschichte 1907 (wie Anm. 3) S. 227.

14 Verwiesen sei an dieser Stelle auf WALTER ZÖLLNER (Hrsg.): Die jüngeren Papsturkunden des Thüringischen Hauptstaatsarchivs Weimar. Von Innozenz III. bis zum Konzil von Konstanz (Studien zur katholischen Bistums- und Klostergeschichte. 40). Leipzig 1996; JOHANNES MÖTSCH (Bearb.): Fuldische Frauenklöster in Thüringen. Regesten zur Geschichte der Klöster Allendorf, Kapellendorf und Zella/Rhön (Veröffentlichungen der Historischen Kommission für Thüringen. Große Reihe. 5). München/Jena 1999; JOHANNES MÖTSCH (Bearb.): Regesten des Archivs der Grafen von Henneberg-Römhild (1231–1577) (Veröffentlichungen der Historischen Kommission für Thüringen. Große Reihe. 13). Köln/Weimar 2006; ECKART LEISERING (Bearb.): Regesten der Urkunden des Sächsischen Hauptstaatsarchivs Dresden 1351–1365 (Veröffentlichungen der Sächsischen Archivverwaltung. Reihe A. Band 3). Halle 2003; HANS PATZE und JOSEF DOLLE (Bearb.): Urkundenbuch des Hochstifts Naumburg. Teil 2. (1207–1304)/Hrsg. von HANS K. SCHULZE. Auf der Grundlage der Vorarbeiten von FELIX ROSENFELD und WALTER MÖLLENBERG (Quellen und Forschungen zur Geschichte Sachsen-Anhalts. 2). Köln/Weimar/Wien 2000; JOSEF DOLLE und WALTER BAUMANN (Bearb.): Urkundenbuch des Klosters Walkenried. Bd. 2: Von 1301 bis 1500 (Veröffentlichungen der Historischen Kommission für Niedersachsen und Bremen. Bd. 241; Quellen und Forschungen zur Braunschweigischen Landesgeschichte. Bd. 45). Hannover 2008; ENNO BÜNZ (Bearb.): Das Mainzer Subsidienregister für Thüringen von 1506 (Veröffentlichungen der Historischen Kommission für Thüringen. Große Reihe. 8). Köln/Weimar 2005; HENNING STEINFÜHRER (Bearb.): Die Weimarer Stadtbücher des späten Mittelalters.

noch immer muss man das weitverstreute Material zur spätmittelalterlichen Geschichte der Thüringer Landgrafen aus zahlreichen Einzelwerken mühsam zusammensuchen, wobei nach wie vor vielfach auf die im 18. Jahrhundert entstandenen monumentalen Werke mitteldeutscher Gelehrter wie etwa Johann Burchard Mencke, Christian Schöttgen und Georg Kreyßig zurückgegriffen werden muss.[15]

Als Wenck mit der Arbeit an seiner «Geschichte der Landgrafen und der Wartburg» begann, konnte er jedoch auf eine Reihe damals neuer Forschungen zurückgreifen, die ein zunehmendes wissenschaftliches Interesse an der Geschichte der Wettiner seit den 1880er Jahren erkennen lassen. Sie ergänzten und erweiterten ältere Arbeiten, wie etwa das zweibändige, wegen seiner Quellenkenntnis noch immer nützliche Werk Friedrich W. Tittmanns über Markgraf Heinrich den Erlauchten (1845/46)[16] oder die Arbeit von Carl Polack über die Landgrafschaft Thüringen und die Geschichte der Wartburg (1865)[17], um neue Fragestellungen und Themenfelder. Besonders wichtig wurden hierbei das 1870 erschienene Buch des in Würzburg lehrenden Historikers Franz Xaver Wegele über Landgraf Friedrich I.[18] und die bis heute nicht ersetzte Arbeit von Theodor Ilgen und Rudolf Vogel von 1883 zum thüringisch-hessischen Erbfolgekrieg, mit der sich Wenck intensiv auseinandergesetzt hat.[19] In den darauffolgenden Jahren erschienen in rascher Folge die Studie Otto

---

Edition und Kommentar (Veröffentlichungen der Historischen Kommission für Thüringen. Große Reihe. 11). Köln/Weimar 2005; JOHANN FRIEDRICH BÖHMER: Regesta Imperii XIII: Regesten Kaiser Friedrichs III. 1440–1493 nach Archiven und Bibliotheken geordnet/Hrsg. von HEINRICH KOLLER. Heft 10: Die Urkunden und Briefe aus den Archiven und Bibliotheken des Landes Thüringen/Bearb. von EBERHARD HOLTZ. Wien/Weimar/Köln 1996; DIETER HÄGERMANN, JAAP G. KRUISHEER und ALFRED GAWLIK (Bearb.): Die Urkunden Heinrich Raspes und Wilhelms von Holland (Monumenta Germaniae Historica. Die Urkunden der deutschen Könige und Kaiser. 18). Hannover 1989–2006. – Zu den Bemühungen um die Fortsetzung des Codex diplomaticus Saxoniae siehe Matthias Kälble: 150 Jahre «Codex diplomaticus Saxoniae». Rückblick und Neubeginn. In: Zeitschrift für Thüringische Geschichte. 64 (2010) [im Druck].

15 Siehe BÜNZ, Urkunden 2005 (wie Anm. 12) S. 331f.

16 FRIEDRICH WILHELM TITTMANN: Geschichte Heinrichs des Erlauchten, Markgrafen zu Meißen und im Osterlande und Darstellungen der Zustände in seinen Landen. 2 Bde. Dresden/Leipzig 1845/46 (Dresden ²1850).

17 CARL POLACK: Die Landgrafen von Thüringen. Zur Geschichte der Wartburg. Gotha 1865.

18 FRANZ XAVER WEGELE: Friedrich der Freidige, Markgraf von Meißen, Landgraf von Thüringen und die Wettiner seiner Zeit (1247–1325). Ein Beitrag zur Geschichte des deutschen Reiches und der wettinischen Länder. Nördlingen 1870.

19 THEODOR ILGEN und RUDOLF VOGEL: Kritische Bearbeitung und Darstellung der Geschichte des thüringisch-hessischen Erbfolgekrieges (1247–1264). In: Zeitschrift des Vereins für Hessische Geschichte. 20. NF. 10(1883), S. 151–380; vgl. hierzu Wencks Rezension in der Zeitschrift des Vereins für thüringische Geschichte und Altertumskunde. 12(1885), S. 299–302, die der wissenschaftlichen Bedeutung dieses Werkes allerdings nicht gerecht wird.

Dobeneckers zur Landfriedenspolitik Rudolfs von Habsburg in Thüringen[20], mehrere Arbeiten zu Landgraf Friedrich I.[21], zum Verhältnis der Wettiner zu den Wittelsbachern und den Luxemburgern im 14. Jahrhundert[22], zum Übergang der sächsischen Kurwürde auf die Wettiner[23], zum thüringisch-sächsischen Bruderkrieg 1446–1451[24] und zu den Beziehungen der Wettiner nach Böhmen[25] und schließlich das gewichtige Werk von Otto Posse über die Hausgesetze der Wettiner bis zur Leipziger Teilung von 1485, in dem besonders relevante Urkunden der Wettiner erstmal in Form von Fotografien der Öffentlichkeit präsentiert wurden und in dessen darstellendem Teil immer wieder auch auf die thüringischen Verhältnisse Bezug genommen wird.[26] 1897

---

20 OTTO DOBENECKER: König Rudolfs I. Friedenspolitik in Thüringen. In: Zeitschrift des Vereins für Thüringische Geschichte. 12. NF. 4(1884), S. 531–560.

21 Im Anschluss an WEGELE, Friedrich 1870 (wie Anm. 18) erschienen ARNOLD BUSSON: Friedrich der Freidige als Prätendent der sicilischen Krone und Johann von Procida. In: Historische Aufsätze, dem Andenken an GEORG WAITZ gewidmet. Hannover 1886, S. 324–336; WOLDEMAR LIPPERT: Meissen und Böhmen in den Jahren 1307 bis 1310. In: Neues Archiv für Sächsische Geschichte und Altertumskunde. 10(1889), S. 1–25; JULIUS LÖBE: Über Friedrich den Freidigen und das Pleißenland zu seiner Zeit nebst Anhang über die Vormundschaft des Vogtes Heinrich Reuß von Plauen für den Markgraf Friedrich den Ernsten. In: Mitteilungen der Geschichts- und Altertumsforschenden Gesellschaft des Osterlandes. 9(1887), S. 326–357; hierzu zuvor schon HANS C. VON DER GABELENTZ: Zur Geschichte des Pleißnerlandes unter Heinrich dem Erlauchten und Albrecht dem Ausgearteten. In: Mitteilungen der Geschichts- und Altertumsforschenden Gesellschaft des Osterlandes. 4(1858), S. 279–308, sowie EMIL KETTNER: Landgraf Friedrich der Freidige von Thüringen in seinen Beziehungen zu der freien Reichsstadt Mühlhausen i. Th. In: Mühlhäuser Geschichtsblätter. 6(1905/06), S. 83–94.

22 WOLDEMAR LIPPERT: Wettiner und Wittelsbacher sowie die Niederlausitz im XIV. Jahrhundert. Ein Beitrag zur deutschen Reichs- und Territorialgeschichte. Dresden 1894; WOLDEMAR LIPPERT: Meißnisch-böhmische Beziehungen zur Zeit König Johanns und Karls IV. In: Mitteilungen des Vereins für Geschichte der Deutschen in Böhmen. 35(1897), S. 240–265; HERMANN AHRENS, Die Wettiner und Kaiser Karl IV. Ein Beitrag zur Geschichte der Wettinischen Politik in den Jahren 1364–1379 (Leipziger Studien aus dem Gebiet der Geschichte. Bd. 1. Heft 2), Leipzig 1895.

23 ERNST HINZE: Der Übergang der sächsischen Kur auf die Wettiner. Phil. Diss., Halle 1906.

24 JULIUS LÖBE: Vom Bruderkriege 1446 bis 1451. In: Mitteilungen der Geschichts- und Altertumsforschenden Gesellschaft des Osterlandes. 10(1888–1895), S. 155–177; vgl. hierzu unter wirtschaftsgeschichtlichen Aspekten und der Frage nach dem Wert der Landgrafschaft Thüringen für die Wettiner auch KARL MENZEL: Die Landgrafschaft Thüringen zur Zeit des Anfalles an die Herzoge Friedrich und Wilhelm von Sachsen 1440 bis 1443. In: Archiv für die sächsische Geschichte und Altertumskunde. 8(1870), S. 337–379. – Eine ausführliche Untersuchung zum thüringisch-sächsischen Bruderkrieg publizierte einige Jahre später HERBERT KOCH: Der sächsische Bruderkrieg (1445–1451) (Jahrbuch der königlichen Akademie gemeinnütziger Wissenschaften zu Erfurt. N. F. 35). Erfurt 1910.

25 HUBERT ERMISCH: Studien zur Geschichte der sächsisch-böhmischen Beziehungen in den Jahren 1464 bis 1468. In: Neues Archiv für sächsische Geschichte. 1(1880), S. 209–266; HUBERT ERMISCH: Studien zur Geschichte der sächsisch-böhmischen Beziehungen in den Jahren 1468 bis 1471. In: Neues Archiv für sächsische Geschichte. 2(1881), S. 1–49.

folgte Posses Wettinergenealogie[27], 1902 die noch immer wichtige Arbeit von Heinrich Bernhard Meyer zu Hof- und Zentralverwaltung der Wettiner[28].

Eine wissenschaftlichen Ansprüchen genügende Untersuchung, die die Bedeutung Thüringens für die Wettiner im Mittelalter nach dem Anfall des Ludowingererbes bis zur Leipziger Teilung 1485 in den Blick nahm und dem damals aktuellen Stand der Forschung entsprach, gab es bis dahin noch nicht. Karl Wenck war der Erste, der sich an diese keineswegs leichte Aufgabe heranwagte und mit seinem Beitrag im Wartburg-Werk die für lange Zeit grundlegende und noch von Hans Patze als «unübertroffen» gewürdigte Darstellung zur Geschichte der Wettiner in Thüringen schuf. Bis zum Erscheinen des zweiten Bandes der von Hans Patze und Walter Schlesinger herausgegebenen «Geschichte Thüringens» im Jahr 1974, der dem hohen und späten Mittelalter gewidmet war und nahezu ausschließlich aus Patzes eigener Feder stammte, gab es für Thüringen in der Tat nichts Vergleichbares.[29] Umso bemerkenswerter ist es, dass die Arbeit von Wenck in der Forschung kaum rezipiert wurde.[30] Dabei gehört es unzweifelhaft zu den Verdiensten Wencks, als Erster auf die große Bedeutung Thüringens und der Wartburg für die Wettiner in den ersten rund einhundertfünfzig Jahren ihrer Herrschaft als Landgrafen hingewiesen zu haben.

---

26 Otto Posse: Die Hausgesetze der Wettiner bis zum Jahre 1486. Festgabe der Redaktion des Codex diplomaticus Saxoniae regiae zum 800-jährigen Regierungs-Jubiläum des Hauses Wettin. Leipzig 1889; zeitgleich hierzu erschienen auch Otto Posse: Die Siegel der Wettiner und der Landgrafen von Thüringen, der Herzöge von Sachsen-Wittenberg und Kurfürsten von Sachsen aus askanischem Geschlecht nebst einer Abhandlung über Heraldik und Sphragistik der Wettiner. 2 Bde. Leipzig 1888/93, und zuvor bereits Otto Posse: Die Markgrafen von Meißen und das Haus Wettin bis zu Konrad dem Großen. Leipzig 1881, wodurch sich Posse als einer der besten Kenner der wettinischen Geschichte einen Namen machte.

27 Otto Posse (Hrsg.): Die Wettiner. Genealogie des Gesamthauses Wettin Ernestinischer und Albertinischer Linie mit Einschluß der regierenden Häuser von Großbrittanien, Belgien, Portugal und Bulgarien im Auftrage des Gesamthauses herausgegeben. Leipzig/Berlin 1897. Neuausgabe: Die Wettiner. Genealogie des Gesamthauses Wettin Ernestinischer und Albertinischer Linie mit Einschluß der regierenden Häuser von Großbrittanien, Belgien, Portugal und Bulgarien. Mit Berichtigungen und Ergänzungen der Stammtafeln bis 1993/Hrsg. von Manfred Kobuch. Leipzig 1994.

28 Heinrich Bernhard Meyer: Hof- und Zentralverwaltung der Wettiner in der Zeit einheitlicher Herrschaft über die meißnisch-thüringischen Lande 1248–1379 (Leipziger Studien zur Geschichte. Bd. 9. 3). Leipzig 1902.

29 Hans Patze: Verfassungs- und Rechtsgeschichte im hohen und späten Mittelalter. In: Hans Patze und Walter Schlesinger (Hrsg.): Geschichte Thüringens. Bd. 2/1: Hohes und spätes Mittelalter (Mitteldeutsche Forschungen. 48/II. Teil 1). Köln/Wien 1974, S. 214–382 (S. 310–330 von Wolfgang Hess), Zitat S. 424 (Anmerkung zu S. 333).

30 Ein Grund hierfür mag nicht zuletzt der stolze Preis von 260 Mark gewesen sein, der das monumentale und mit seinen 706 Textabbildungen und 54 Tafeln überaus prächtig ausgestattete Wartburg-Werk für die Mehrzahl der potentiellen Rezipienten kaum erschwinglich machte. Es

II.

In seiner Darstellung der Geschichte der Landgrafen in Thüringen ging Wenck von der Beobachtung aus, dass Eisenach und die Wartburg vom Ende der Regierung Landgraf Ludwigs IV. (†1227) bis zum Tod Landgraf Balthasars (†1406) zu den bevorzugten Aufenthaltsorten der Thüringer Landgrafen gehörte. Er wies damit nicht nur die verbreitete Vorstellung zurück, die Wartburg sei schon unter Hermann I. Mittelpunkt höfischen Lebens und der Ort gewesen, an dem die heilige Elisabeth ihre Kindheit verbrachte[31], sondern lenkte den Blick zugleich auf die keineswegs selbstverständliche Tatsache, dass die Wettiner, deren Herrschaftsschwerpunkt bis zum Anfall des Ludowingererbes 1247 östlich der Saale in der Mark Meißen gelegen hatte, ebenfalls eine deutliche Präferenz für Eisenach und die Wartburg entwickelten. Dies ist umso bemerkenswerter, als die hessischen Besitzungen der Ludowinger nach dem Ende der Auseinandersetzungen um ihr Erbe an das Haus Brabant übergingen. Eisenach verlor damit seine geographische Mittelpunktfunktion, die es zur Zeit der ludowingischen Landgrafen besessen hatte, und rückte an den westlichen Rand des nunmehr von der Oder bis zur Werra reichenden Herrschaftsraumes der Wettiner.

Vor diesem Hintergrund kam es Karl Wenck vor allem darauf an zu zeigen, warum Eisenach und die Wartburg ihre herausragende Bedeutung auch unter wettinischer Herrschaft für so lange Zeit bewahren konnten und nicht schon bald von einer zentraler gelegenen Burg oder Stadt der Wettiner abgelöst wurden. Einen Grund hierfür sah Wenck darin, dass Thüringen auch nach der Vereinigung mit Meißen unter einer Dynastie bis zur endgültigen Aufteilung der wettinischen Ländermasse zwischen Kurfürst Ernst und Herzog Albrecht von Sachsen 1485 stets als territoriale Einheit betrachtet wurde und wegen seiner spezifischen Herrschaftsstruktur, die sich aus dem Vorhandensein eines überaus mächtigen Adels, aus der territorialen Konkurrenz mit dem Mainzer Erzbischof und aus der Bedeutung der thüringischen Städte, allen voran der

---

erscheint geradezu symptomatisch, dass es auch Otto Dobenecker seinerzeit nicht möglich war, ein Rezensionsexemplar dieses «Prachtwerkes» für die Bibliothek des Vereins für Thüringische Geschichte zu erwerben; siehe Otto Dobenecker. In: Zeitschrift des Vereins für thüringische Geschichte und Altertumskunde. 26. NF. 18(1908), S. 413.

31 Karl Wenck: Älteste Geschichte der Wartburg von den Anfängen bis auf die Zeiten Hermanns I. In: Baumgärtel, Wartburg 1907 (wie Anm. 3) S. 29–46 und S. 695–697, hier S. 40–46, mit dem Nachweis, dass die Wartburg in den zeitgenössischen Quellen nicht vor 1224 als Aufenthaltsort des landgräflichen Hofes begegnet und bis dahin wohl ausschließlich militärische Funktionen zu erfüllen hatte. Die Forschung ist dieser Argumentation gefolgt; vgl. etwa Michael Gockel: Wartburg und Eisenach. In: Sankt Elisabeth. Fürstin, Dienerin, Heilige: Aufsätze, Dokumentation, Katalog. Ausstellung zum 750. Todestag der heiligen Elisabeth. Sigmaringen 1981, S. 357–359, Nr. 26.

mainzischen Metropole Erfurt und der Reichsstädte Mühlhausen und Nordhausen, ergab, «die meiste Zeit ein Sonderdasein geführt» habe.[32] Aus diesen
Überlegungen heraus stellte sich die Aufgabe, eine politische Geschichte
Thüringens zu verfassen, die die Stellung der Landgrafschaft und der Wartburg
im Herrschaftsgefüge der Wettiner deutlich machen sollte.[33]

Besonderes Gewicht legte Wenck dabei auf den in der Forschung vieldiskutierten Übergang der Landgrafschaft an die Wettiner und die Integration
Thüringens in den wettinischen Herrschaftsbereich, die zuletzt von Stefan
Tebruck eingehender untersucht wurden.[34] In einem überzeugenden Vergleich
der beiden Kernräume wettinischer Herrschaft hat Tebruck auf den Entwick-
lungsvorsprung hingewiesen, den die zum Altsiedelland gehörende Landgrafschaft gegenüber den erst seit dem 10. Jahrhundert herrschaftlich und kirchlich
erschlossenen Stammlanden der Wettiner im östlich der Saale gelegenen
Markengebiet bis in das späte Mittelalter hinein besaß, was ihn zu der Schluss-
folgerung führte, dass mit dem Erwerb der Landgrafschaft Thüringen für die
Wettiner nicht nur ein «enormer Zugewinn an Macht, Einfluss und Ressourcen», sondern darüber hinaus auch ein «außerordentlich chancenreicher
Perspektivenwechsel» verbunden war, insofern die Markgrafen mit dem Eintritt

---

32 Wenck, Geschichte 1907(wie Anm. 3) S. 213f.
33 Wenck, Geschichte 1907(wie Anm. 3) S. 213: «Die Aufgabe kann vielmehr nur sein, in großen
   Zügen darzustellen, welche Wege, welche Ziele die Landgrafen, getragen von der Tradition ihres
   Geschlechts und ihrer Vorgänger, in diesen Jahrhunderten verfolgt haben und wie sich Erfolg
   und Misserfolg in den Schicksalen der Wartburg spiegelt».
34 Wenck, Geschichte 1907(wie Anm. 3) S. 221–226; Stefan Tebruck: Heinrich der Erlauchte und
   das ludowingische Erbe. Ein Wettiner wird Landgraf von Thüringen. In: Holger Kunde, Stefan
   Tebruck und Helge Wittmann (Hrsg.): Der Weißenfelser Vertrag von 1249. Die Landgrafschaft
   Thüringen am Beginn des Spätmittelalters. Erfurt 2000, S. 11–62; Stefan Tebruck: Pacem confirmare – iusticiam exhibere – per amiciciam concordare. Fürstliche Herrschaft und politische
   Integration: Heinrich der Erlauchte und der Weißenfelser Vertrag von 1249. In: Jörg Rogge und
   Uwe Schirmer (Hrsg.): Hochadelige Herrschaft im mitteldeutschen Raum (1200 bis 1600). For-
   men – Legitimation – Repräsentation (Quellen und Forschungen zur sächsischen Geschichte.
   23). Stuttgart 2002, S. 243–303; Stefan Tebruck: Zwischen Integration und Selbstbehauptung.
   Thüringen im wettinischen Herrschaftsbereich. In: Werner Maleczek (Hrsg.): Fragen der politi-
   schen Integration im mittelalterlichen Europa (Vorträge und Forschungen. LXIII). Ostfildern
   2005, S. 375–412, hier S. 390–393. – Zum thüringisch-hessischen Erbfolgekrieg siehe auch Wolf
   Rudolf Lutz: Heinrich der Erlauchte (1218–1288), Markgraf von Meißen und der Ostmark
   (1221–1288), Landgraf von Thüringen und Pfalzgraf von Sachsen (1247–1263) (Erlanger
   Studien. 17). Erlangen 1977, S. 227–282; Ulrich Hussong: Sophie von Brabant, Heinrich das
   Kind und die Geburtsstunde des Landes Hessen – eine Marburger Legende (Marburger Stadt-
   schriften zur Geschichte und Kultur. 40). Marburg 1992, S. 7–28; Werner Goez: Herzogin
   Sophie von Brabant (*1224 †1275). In: Werner Goez: Lebensbilder aus dem Mittelalter. Die
   Zeit der Ottonen, Salier und Staufer. Darmstadt ²1998, S. 480–531; Johannes Mötsch: Das Erbe
   der Landgrafen von Thüringen. In: Hans Hoffmeister und Volker Wahl (Hrsg.): Die Wettiner
   in Thüringen (Geschichte und Kultur in Deutschlands Mitte). Arnstadt/Weimar 1999 (²2000),
   S. 14–21.

in den thüringischen Raum «gleichsam vom östlichen Rand des Reiches in dessen Mitte» rückten.[35] Damit wurden die tiefgreifenden Konsequenzen, die sich aus dem Anfall Thüringens für den gesamten wettinischen Herrschaftsverband ergaben, neu gewichtet.

Schon Wenck hatte erkannt, dass es mit der Übernahme der Landgrafschaft Thüringen zu einer dauerhaften Schwerpunktverlagerung der Wettiner nach Westen kam, doch hatte er daraus noch keine weiterreichenden Schlüsse gezogen. Ihn interessierte zunächst, welche Rolle Eisenach und die Wartburg in den Auseinandersetzungen um das Ludowingererbe spielten.[36] Sein Versuch, die Wartburg als ideelles Zentrum der Landgrafschaft herauszustellen und zum eigentlichen Gegenstand des Konflikts zwischen Markgraf Heinrich dem Erlauchten und Sophie von Brabant, der Tochter Landgraf Ludwigs IV. und der Elisabeth, zu erheben, hat sich in der Forschung jedoch nicht durchsetzen können, wenngleich unbestritten bleibt, dass die Wartburg und die damit verbundenen Herrschaftsansprüche in den militärischen Auseinandersetzungen seit dem Ende der fünfziger Jahre eine zentrale Rolle spielten.[37] Weitgehende Übereinstimmung besteht inzwischen darin, dass Sophie von Brabant Ansprüche auf die gesamte Landgrafschaft Thüringen erhob und sich nicht von vornherein mit der Wartburg und den ludowingischen Alloden zufrieden gab, wie Wenck im Anschluss an Ilgen und Vogel behauptet.[38] Nicht die Wartburg, sondern das landgräfliche Gericht in Mittelhausen galten, wie man heute weiß, spätestens seit der Zeit Heinrich Raspes als der institutionelle Mittelpunkt der Landgrafschaft, und schon die Zeitgenossen sahen in dem herrschaftlichen Zugriff Markgraf Heinrichs des Erlauchten auf Mittelhausen den entscheidenden Akt zur Übernahme der Landgrafschaft.[39]

---

35 Tebruck, Integration 2005 (wie Anm. 34) S. 378–388, Zit. S. 388.

36 Wenck, Geschichte 1907 (wie Anm. 3) S. 221–226.

37 Vgl. hierzu ausführlich Ilgen/Vogel, Erbfolgekrieg 1883 (wie Anm. 19) S. 335–341 und S. 345–353.

38 Wenck, Geschichte 1907 (wie Anm. 3) S. 222; Ilgen/Vogel, Erbfolgekrieg 1883 (wie Anm. 19) S. 235–237; vgl. hierzu jedoch Hans Patze: Politische Geschichte im hohen und späten Mittelalter. In: Patze/Schlesinger, Geschichte Thüringens 2/1, 1974 (wie Anm. 29) S. 1–214, hier S. 43; Karl E. Demandt: Verfremdung und Wiederkehr der Heiligen Elisabeth. In: Hessisches Jahrbuch für Landesgeschichte. 22(1972), S. 112–161, hier S. 122–125; Goez, Sophie von Brabant 1998 (wie Anm. 34) S. 491–493; Lutz, Heinrich der Erlauchte 1977 (wie Anm. 34) S. 246; Tebruck, Pacem confirmare 2002 (wie Anm. 34) S. 256f. und S. 301. Anders dagegen noch Hussong, Sophie von Brabant 1992 (wie Anm. 34) S. 14f. und S. 27f. mit Anm. 69.

39 Als Heinrich der Erlauchte im Februar 1250 in Mittelhausen erstmals einen allgemeinen Landfrieden beschwören ließ, kommentierten die Erfurter Predigerannalen den Vorgang mit den Worten: *«sicque terre eiusdem principatum, licet a Friderico quondam imperatore, nunc autem deposito festiva vexillorum exhibitione sibi contraditum, violenter ac iniuste occupavit»*; Annales Erphordenses fratrum praedicatorum. In: Oswald Holder-Egger (Hrsg.): Monumenta Erphesfurtensia saec. XII. XIII. XIV (Monumenta Germania Historica. Scriptores rerum Germanicarum in usum scho-

III.

Indem Wenck die Geschichte der Thüringer Landgrafen von Anfang an eng mit der Frage nach der Bedeutung der Wartburg für die jeweils regierenden Fürsten verknüpfte, ergaben sich eine Reihe neuer Perspektiven, die in der Forschung bislang allerdings erst ansatzweise aufgenommen und unter den veränderten Fragestellungen der allgemeinen Spätmittelalterforschung für die Geschichte der mitteldeutschen Länder fruchtbar gemacht wurden. So hat Brigitte Streich in ihrer Göttinger Dissertation von 1989 die Frage nach der Residenzbildung der Wettiner im 14./15. Jahrhundert wieder aufgegriffen und mit Fragestellungen der aktuellen Hof- und Residenzenforschung verknüpft. Dabei ist sie zu wichtigen neuen Ergebnissen hinsichtlich der Organisation und Zusammensetzung des wettinischen Hofes, der Herrschaftspraxis und der Repräsentation und nicht zuletzt zu den Schwerpunktverlagerungen innerhalb Thüringens und der wettinischen Territorien gelangt, die die Beobachtungen Wencks in vielem nicht nur bestätigen, sondern auch zu präzisieren vermochten.[40]

Fragen des Hofes und der Verwaltung wurden seitdem mehrfach thematisiert, wobei die Herausbildung und Organisation der wettinischen Ämter sowie die personelle Ausstattung des Hofes und der Einfluss der Räte auf die wettinischen Fürsten eine wichtige Rolle spielten.[41] Die grundlegenden kanzleige-

---

larum separatim editi. [42]). Hannover/Leipzig 1899, S. 72–116, hier S. 107f.; vgl. hierzu Hans Patze: Land, Volk und Geschichte. In: Hans Patze und Walter Schlesinger (Hrsg.): Geschichte Thüringens. Bd. 6: Kunstgeschichte und Numismatik in der Neuzeit. Köln 1979, S. 197–233, hier S. 217; Hans Eberhardt: Die Gerichtsorganisation der Landgrafschaft Thüringen im Mittelalter. In: Zeitschrift der Savigny-Stiftung für Rechtsgeschichte. Germanistische Abteilung. 75(1958), S. 108–180, hier S. 115–119; Winfried Leist: Landesherr und Landfrieden in Thüringen im Spätmittelalter 1247–1349 (Mitteldeutsche Forschungen. 77). Köln/Wien 1973, S. 5f.; Fred Schwind: Thüringen und Hessen im Mittelalter. Gemeinsamkeiten – Divergenzen. In: Michael Gockel (Hrsg.): Aspekte thüringisch-hessischer Geschichte. Marburg/ Lahn 1992, S. 1–28, hier S. 11; Matthias Werner: Die Anfänge eines Landesbewußtseins in Thüringen. In: ebd., S. 81–137, hier S. 124; Tebruck, Pacem confirmare 2002 (wie Anm. 34) S. 292f.

40 Brigitte Streich: Zwischen Reiseherrschaft und Residenzbildung: Der wettinische Hof im späten Mittelalter. (Mitteldeutsche Forschungen. 101). Köln/Wien 1989.

41 Aufbauend auf Meyer, Hof- und Zentralverwaltung 1902 (wie Anm. 28) sind in den letzten Jahrzehnten erschienen: Patze, Verfassungs- und Rechtsgeschichte 1974 (wie Anm. 29) S. 229–253; Brigitte Streich: Das Amt Altenburg im 15. Jahrhundert. Zur Praxis der kursächsischen Lokalverwaltung im Mittelalter (Veröffentlichungen des Thüringischen Hauptstaatsarchivs. 7). Weimar 2000; André Thieme: Die Burggrafschaft Altenburg. Studien zu Amt und Herrschaft im Übergang vom hohen zum späten Mittelalter (Schriften zur Sächsischen Landesgeschichte. 2). Leipzig 2001; Jens Kunze: Das Amt Leisnig im 15. Jahrhundert. Verfassung, Wirtschaft, Alltag (Schriften zur sächsischen Geschichte und Volkskunde. Bd. 21). Leipzig 2007; Reinhardt Butz:

schichtlichen Studien von Woldemar Lippert, Rolf Goldfriedrich, Gottfried
Opitz oder Manfred Kobuch fanden hierbei allerdings keine Fortsetzung, weshalb in diesem Bereich insbesondere für Thüringen nach wie vor große
Wissenslücken vorhanden sind.[42] Dabei hat Thomas Vogtherr jüngst in seiner
knappen Studie zu den Kanzlern der Wettiner im Spätmittelalter zurecht noch
einmal auf «die Bedeutung der west-wettinischen Gebiete, also Thüringens, für
die Herkunft leitender Amtsträger auch im Meißnischen» hingewiesen, wobei
er einschränkend bemerkte, dass «die derzeit völlig unzureichende Forschungs-
lage ... es nicht einmal gestattet, eine einigermaßen lückenlose Reihenfolge der
thüringischen Kanzler zu benennen».[43] Bei Wenck spielten solche Fragen eine
untergeordnete Rolle. Er beschränkte seine Ausführungen zum wettinischen
Hof lediglich auf einige knappe Bemerkungen zur Bedeutung der Wartburg als
Standort des landesherrlichen Archivs seit der Regierungszeit Landgraf Fried-

---

Zum engeren Hof Markgraf Heinrichs des Erlauchten von Meißen im Spiegel der urkundlichen
Überlieferung. In: RAINER AURIG u. a. (Hrsg.): Burg – Straße – Siedlung – Herrschaft. Studien zum
Mittelalter in Sachsen und Mitteldeutschland. Festschrift für GERHARD BILLIG zum 80. Geburtstag. Beucha 2007, S. 347–360. Zur Bedeutung der Räte und den Anfängen des Ständewesens
siehe unten bei Anm. 148.

42 WOLDEMAR LIPPERT: Studien über die wettinische Kanzlei und ihre ältesten Register im XIV.
Jahrhundert. In: Neues Archiv für sächsische Geschichte. 24(1903), S. 1–42, und in: Neues
Archiv für sächsische Geschichte. 25(1904), S. 209–230; WOLDEMAR LIPPERT: Die ältesten wettinischen Archive im 14. und 15. Jahrhundert. In: Neues Archiv für sächsische Geschichte.
44(1923), S. 71–99; WOLDEMAR LIPPERT: Das älteste Urkundenverzeichnis des thüringisch-meiß-
nischen Archivs 1330. In: Beiträge zur thüringischen und sächsischen Geschichte. Festschrift für
OTTO DOBENECKER zum 70. Geburtstag. Jena 1929, S. 91–110; GOTTFRIED OPITZ: Urkundenwesen, Rat und Kanzlei Friedrichs IV. (des Streitbaren), Markgrafen von Meißen und Kurfürsten
von Sachsen (1381–1428). Augsburg 1938; MANFRED KOBUCH: Die Anfänge des meißnisch-
thüringischen landesherrlichen Archivs. In: REINER GROSS und MANFRED KOBUCH (Hrsg.):
Beiträge zur Archivwissenschaft und Geschichtsforschung. HORST SCHLECHTE zum 65. Geburtstag gewidmet (Schriftenreihe des Staatsarchivs Dresden. 10). Weimar 1977, S. 101–132; außerdem liegen vor: HANS PATZE: Neue Typen des Geschäftsschriftgutes im 14. Jahrhundert. In:
HANS PATZE (Hrsg.): Der deutsche Territorialstaat im 14. Jahrhundert. Bd. 1 (Vorträge und Forschungen. 13. Sigmaringen 1970, S. 9–64; KARLHEINZ BLASCHKE: Kanzleiwesen und Territorial-
staatsbildung im Herrschaftsbereich der Wettiner bis 1485. In: Archiv für Diplomatik,
Schriftgeschichte, Siegel- und Wappenkunde. 30(1984), S. 282–302. ND in: UWE SCHIRMER und
ANDRÉ THIEME (Hrsg.): Beiträge zur Verfassungs- und Verwaltungsgeschichte Sachsens. Ausge-
wählte Aufsätze von KARLHEINZ BLASCHKE, aus Anlaß seines 75. Geburtstages (Schriften zur säch-
sischen Geschichte und Volkskunde. 5). Leipzig 2002, S. 303–322; KARLHEINZ BLASCHKE:
Urkundenwesen und Kanzlei der Wettiner bis 1485. In: G. SILAGI (Hrsg.): Landesherrliche
Residenzen im Spätmittelalter (Münchener Beiträge zur Mediävistik und Renaissance-
Forschung. 35). München 1984, S. 193–202; THOMAS VOGTHERR: Die Kanzler der Wettiner (um
1350–1485). Bemerkungen zu ihrer Auswahl, ihrer Tätigkeit und ihren Karrieren. In: GRABER,
Forschungen 2005 (wie Anm. 7) S. 185–195; UWE SCHIRMER: Untersuchungen zur Herrschaftspraxis der Kurfürsten und Herzöge von Sachsen. Institutionen und Funktionseliten (1485–
1513). In: ROGGE/SCHIRMER, Hochadelige Herrschaft 2002 (wie Anm. 34) S. 305–378, hier S.
311–321.

richs I. und einige biographische Notizen zu dessen Kanzler Johann von Eisenberg und zu Nikolaus Lubich, dem späteren Kanzler Landgraf Balthasars (†1406).[44] Damit machte er zugleich deutlich, welches Gewicht Thüringen und die Wartburg für die Wettiner bis in das 15. Jahrhundert hinein hatten.

Die Forschung hat diesbezügliche Aussagen Wencks im Wesentlichen bestätigt und um weitere Aspekte ergänzt. So hat Jörg Rogge in seiner Mainzer Habilitationsschrift die Familienorganisation der Wettiner anhand der überlieferten Teilungsverträge unter Berücksichtigung moderner Kommunikations- und Konfliktforschung untersucht und ist hierbei zu wichtigen Neueinsichten hinsichtlich der Stellung Thüringens innerhalb des wettinischen Herrschafts- und Familienverbandes gekommen. Damit ist inzwischen wesentlich besser nachvollziehbar, inwiefern Thüringen ein «Sonderdasein»[45] im Verbund der wettinischen Länder führte.[46] Untersuchungen zum Itinerar der wettinischen Fürsten haben darüber hinaus gezeigt, wie sich die von Wenck skizzierten Veränderungen der politischen Rahmenbedingungen und die verschiedenen Herrschaftsteilungen der Wettiner im späten Mittelalter auf die einzelnen Regionen und ihre Gewichtung innerhalb des wettinischen Herrschaftsbereichs ausgewirkt haben.[47] Schließlich spiegeln sich Rang und Gewicht der Landgrafschaft Thüringen auch in den Titulaturen der Wettiner, die, wie Eckhart Leisering zweifelsfrei nachgewiesen hat, bis zur wettinischen Länderteilung von 1382 einen eindeutigen Vorrang Thüringens gegenüber der Mark Meißen erkennen lassen.[48] Wenck war der Erste, der auf diesen wichtigen Sachverhalt hingewiesen hat und damit richtungsweisend für spätere Forschungen gewirkt hat.

---

43 VOGTHERR, Kanzler 2005 (wie Anm. 42) S. 190f. Es ist insgesamt bezeichnend, wenn Vogtherr deshalb zwar von der meißnischen, nicht aber von der thüringischen Kanzlei der Wettiner handelt.

44 WENCK, Geschichte 1907 (wie Anm. 3) S. 246–248 und S. 257. Mit Johann von Eisenberg hat sich Wenck damals an anderer Stelle ausführlicher beschäftigt; siehe WENCK, Johann von Eisenberg 1900 (wie Anm. 6). Zu Lubich siehe HANS SCHMIEDEL: Nikolaus Lubich (1360–1431). Ein deutscher Kleriker im Zeitalter des großen Schismas und der Konzilien, Bischof von Merseburg 1411–1431 (Historische Studien. 88). Berlin 1911.

45 WENCK, Geschichte 1907 (wie Anm. 3) S. 213.

46 JÖRG ROGGE: Herrschaftsweitergabe, Konfliktregelung und Familienorganisation im fürstlichen Hochadel. Das Beispiel der Wettiner von der Mitte des 13. bis zum Beginn des 16. Jahrhunderts (Monographien zur Geschichte des Mittelalters. Bd. 49). Stuttgart 2002.

47 STREICH, Reiseherrschaft 1989 (wie Anm. 40); ECKHART LEISERING: Die Wettiner und ihre Herrschaftsgebiete 1349–1382. Landesherrschaft zwischen Vormundschaft, gemeinschaftlicher Herrschaft und Teilung (Veröffentlichungen des Sächsischen Staatsarchivs. Reihe A: Archivverzeichnisse, Editionen und Fachbeiträge. Bd. 8). Halle (Saale) 2006, S. 373–396 und S. 532–617; HILMAR SCHWARZ: Die Wartburg im Itinerar der thüringischen Landgrafen des Mittelalters. In: Wartburg-Jahrbuch 1992. 1(1993), S. 90–102.

48 ECKHART LEISERING: Die Titulaturen der Wettiner im 14. Jahrhundert. In: RENATE WISSUWA

IV.

Von besonderer Bedeutung für die Geschichte Eisenachs und der Landgrafschaft Thüringen wurde die Regierung Landgraf Albrechts II., dem die Nachwelt den wenig schmeichelhaften Beinamen «der Entartete» gegeben hat.[49] Unter seiner Regierung stieg die Bedeutung Eisenachs und der Wartburg geradezu sprunghaft an und es lassen sich erste Ansätze zur Residenzbildung erkennen. Mehr als drei Viertel von Albrechts Urkunden wurden, wie Wenck gezeigt hat, auf der Wartburg ausgestellt.[50] Entsprechend förderte Albrecht wie kein Zweiter Stadt und Geistlichkeit, allen voran die Zisterzienser und die Kanoniker des von ihm begründeten Eisenacher Marienstifts, die er 1294 mit den Rechten der Domherren von St. Marien in Erfurt ausstattete.[51] Darüber hinaus verdankt ihm die Bürgerschaft Eisenachs ihr erstes erhaltenes Stadtrechtsprivileg, aus dem unter anderem ersichtlich wird, dass Eisenach damals bereits als Oberhof für alle anderen landgräflichen Städte fungierte.[52]

In der Förderung der thüringischen Städte durch Landgraf Albrecht, wie sie auch in den Privilegien für Eisenach, Gotha und Weißensee zum Ausdruck kommt[53], zeigt sich ein moderner Zug dieses Landgrafen, der offensichtlich als einer der Ersten erkannt hat, welches Potential die Städte als neues zukunftsweisendes Herrschaftsinstrument im Ringen um die Durchsetzung landesherrlicher Rechte bargen. Mit der engen Anlehnung an Erfurt als der mit Abstand mächtigsten Metropole in Thüringen war ihm überdies gelungen, was schon die letzten Ludowinger lange Zeit vergeblich versucht hatten: ihren Einfluss auf das herrschaftliche und wirtschaftliche Zentrum des Mainzer Erzbischofs in Thüringen auszudehnen und so die Herrschaft ihres größten Konkurrenten

---

(Hrsg.): Landesgeschichte und Archivwesen. Festschrift für Reiner Groß zum 65. Geburtstag. Dresden 2002, S. 93–120, bes. S. 99 und S. 119. Gegenüber der Markgrafschaft Meißen galt die Landgrafschaft Thüringen stets als das ranghöhere Reichslehen, was in der Forschung häufig dadurch verschleiert wird, dass dem Markgrafentitel gegenüber dem Landgrafentitel fälschlicherweise der Vorzug gegeben wird; vgl. etwa ROGGE, Herrschaftsweitergabe 2002 (wie Anm. 46) S. 44, 48 und 56; JÖRG ROGGE: Die Wettiner. Aufstieg einer Dynastie im Mittelalter. Ostfildern 2005, passim.

49 Hierzu HUBERT ERMISCH: Die geschichtlichen Beinamen der Wettiner. In: Neues Archiv für sächsische Geschichte. 17(1890), S. 1–32, hier S. 13f.

50 WENCK, Geschichte 1907 (wie Anm. 3) S. 227; STREICH, Reiseherrschaft 1989 (wie Anm. 40) S. 256f.

51 WENCK, Geschichte 1907 (wie Anm. 3) S. 227.

52 KARL FRIEDRICH VON STRENGE und ERNST DEVRIENT (Hrsg.): Die Stadtrechte von Eisenach, Gotha und Waltershausen (Thüringische Geschichtsquellen. Bd. 9. NF 6). Jena 1909, S. 3–15. Nr. 6; WENCK, Geschichte 1907 (wie Anm. 3) S. 227.

53 STRENGE / DEVRIENT, Stadtrechte 1909 (wie Anm. 52) S. 2, Nr. 3; DOBENECKER, Regesta (wie Anm. 9) Bd. 3, Nr. 2989, Nr. 3262f.

entscheidend zu untergraben.[54] Wie Wenck richtig bemerkte, bot Albrecht «das unerhörte Beispiel eines Landgrafen, der fast unausgesetzt mit der Metropole des Landes in freundschaftlichen Beziehungen lebte».[55]

Die Konsequenzen, die sich aus dieser wichtigen Erkenntnis ergaben, und die zweifellos zu einer Neubewertung der Regierung dieses in der Forschung bis heute so umstrittenen Landgrafen geführt hätten, zog Wenck allerdings nicht, sondern hat es bei den knappen Hinweisen auf Albrecht als «freigebiger Gönner der Geistlichkeit» und besonderer Förderer der Städte belassen. Es ging ihm hierbei lediglich darum, «in das leider so unerfreuliche, ja abstoßende Bild Landgraf Albrechts ... einige freundlichere Farbentöne hineinzuzeichnen».[56] Auch die jüngere Forschung ist dem von Wenck aufgezeigten Weg nicht weiter gefolgt, sondern hat das von der mittelalterlichen Chronistik bereits vorgegebene Verdikt eines verantwortungslosen, von Habgier und Verschwendungssucht getriebenen Tyrannen unhinterfragt fortgeschrieben. Wenck selbst beschreibt die Regierung Albrechts letztlich im Sinne der wettinischen Hofgeschichtsschreibung als die eines «unfähigen, seinen Leidenschaften blindlings ergebenen Mannes», dessen «völliger Mangel an Familiensinn» das Land in endlose Kriege verwickelt habe, anstatt es «aus den Stürmen des thüringisch-hessischen Krieges und des Kampfes aller gegen alle zu ruhiger Entfaltung seiner Kräfte» zurückzuführen.[57] Hans Patze hat dieses Urteil später kritiklos übernommen und ihm in seiner «Geschichte Thüringens» gleichsam kanonische Geltung verschafft.[58]

Das negative Bild, das die Forschung von Albrechts Regierung bis heute zeichnet, wurde in seinen Grundzügen bereits von Zeitgenossen vorgegeben, die die damaligen Verhältnisse in Thüringen als schwere Krise empfanden.

---

54 Vgl. HANS PATZE: Die Entstehung der Landesherrschaft in Thüringen. 1. Teil (Mitteldeutsche Forschungen. 22). Köln/Graz 1962, S. 382; MATTHIAS WERNER: Reichsfürst zwischen Mainz und Meißen. Heinrich Raspe als Landgraf von Thüringen und Herr von Hessen (1227–1247). In: MATTHIAS WERNER (Hrsg.): Heinrich Raspe – Landgraf von Thüringen und römischer König (1227–1247). Fürsten, König und Reich in spätstaufischer Zeit (Jenaer Beiträge zur Geschichte. 3). Frankfurt a. M. 2003, S. 125–271, hier S. 167 und S. 198f., und jetzt ausführlich STEPHANIE WOLF: Erfurt im 13. Jahrhundert. Städtische Gesellschaft zwischen Mainzer Erzbischof, Adel und Reich (Städteforschung. A/67). Köln/Weimar/Wien 2005, S. 68–75.

55 WENCK, Geschichte 1907 (wie Anm. 3) S. 228.

56 WENCK, Geschichte 1907 (wie Anm. 3) S. 227f.

57 WENCK, Geschichte 1907 (wie Anm. 3) S. 228; in diesem Sinne bereits WEGELE, Friedrich der Freidige 1870 (wie Anm. 18) S. 61–63.

58 PATZE, Politische Geschichte 1974 (wie Anm. 38) S. 50f.; LUTZ, Heinrich der Erlauchte 1977 (wie Anm. 34) S. 423f.; KARLHEINZ BLASCHKE: Der Fürstenzug zu Dresden. Denkmal und Geschichte des Hauses Wettin. Leipzig/Jena/Berlin 1991, S. 86; KARLHEINZ BLASCHKE: Die Markgrafen von Meißen im 12. und 13. Jahrhundert (1089–1291). In: FRANK-LOTHAR KROLL (Hrsg.): Die Herrscher Sachsens. Markgrafen, Kurfürsten, Könige 1089–1918. München 2004, S. 13–24, hier S. 24.

Schon der Verfasser der Erfurter Predigerannalen kommentierte das Ende der Ludowingerherrschaft mit dem Hinweis, dass sich das Unheil in Thüringen seitdem zu häufen begann («*multiplicata sunt mala*»).[59] Auch in anderen zeitgenössischen Quellen finden sich Klagen über die schlimmen Zustände und die allgemeine Rechtsunsicherheit, die für die Zeit des Interregnums insgesamt kennzeichnend waren und die das Reisen «*propter malum statum terre*» stets zu einem lebensbedrohlichen Abenteuer werden ließen.[60] Die Mystikerin Mechthild von Magdeburg beklagte in den 1270er Jahren «*die not, die nu ist in Sahsenlanden und in Duringenlanden*»[61], und der Erfurter Kleriker Nikolaus von Bibra nahm die damaligen Missstände zum Anlass für eine beißende Ständesatire, in der er Landgraf Albrecht («*ipse tyrannus*») schonungslos an den Pranger stellte und ihm vorwarf, seine Pflichten als Landesherr zu vernachlässigen[62]. Die außereheliche Beziehung des Landgrafen mit der Hofdame Kunigunde von Eisenberg und die rätselhafte Flucht der Landgräfin Margarethe nach Frankfurt im Sommer 1270, wo sie nur wenige Wochen später unter mysteriösen Umständen verstarb, gaben darüber hinaus reichlich Anlass zu Spekulationen, und so verbreitete sich schließlich das Gerücht, die Tochter Kaiser Friedrichs II. sei nur knapp einem Mordkomplott entkommen, als dessen Drahtzieher spätere Autoren Landgraf Albrecht vermuteten.[63] Vor diesem Hintergrund war es nur noch ein kleiner Schritt, Albrecht auch für die 1268 ausgebrochenen Streitigkeiten zwischen den wettinischen Fürsten um die gerechte Aufteilung von Besitz- und Herrschaftsrechten verantwortlich zu machen, zumal dieser sich am 30. April 1270 in Tharandt gegenüber Heinrich dem Erlauchten ver-

---

59 Annales Erphordenses fratrum praedicatorum (wie Anm. 39) S. 101.

60 DOBENECKER, Regesta (wie Anm. 9) Bd. 3, Nr. 2578, Nr. 3208 (1264); DOBENECKER, Regesta (wie Anm. 9) Bd. 4, Nr. 1973; MÖTSCH, Fuldische Frauenklöster 1999 (wie Anm. 14) K 75, S. 246: *«pro confusione status terre»*; vgl. hierzu LEIST, Landesherr 1973 (wie Anm. 39) S. 24–28.

61 Offenbarungen der Schwester Mechthild von Magdeburg oder das fließende Licht der Gottheit, aus der einzigen Handschrift des Stiftes Einsiedeln herausgegeben von GALL MOREL. Regensburg 1869, VII, 28, S. 243.

62 CHRISTINE MUNDKENK (Hrsg.): Der «Occultus Erfordensis» des Nicolaus von Bibra. Kritische Edition mit Einführung, Kommentar und deutscher Übersetzung. Weimar 1997, III, V. 1030–1160, V. 1314–1356, Zitat ebd. V. 1082; zum Verfasser des Occultus Erfordensis siehe auch WOLF, Erfurt 2005 (wie Anm. 54) S. 186–193; ROBERT GRAMSCH: Nikolaus von Bibra und Heinrich von Kirchberg. In: Zeitschrift des Vereins für Thüringische Geschichte. 56(2002), S. 133–168.

63 Vgl. etwa OSWALD HOLDER-EGGER (Hrsg.): Cronica Minor Minoritae Erphordensis ab Urbe condita. In: HOLDER-EGGER, Monumenta Erphesfurtensia 1899 (wie Anm. 39) S. 486–671, hier S. 692; OSWALD HOLDER-EGGER (Hrsg.): Sifridi presbyteri de Balnhusin Compendium historiarum. In: Monumenta Germaniae Historica. Scriptores 25. Hannover 1880, S. 679–718, hier S. 706f.; OSWALD HOLDER-EGGER (Hrsg.): Cronica Reinhardsbrunnensis. In: Monumenta Germaniae Historica. Scriptores 30/1. Hannover 1896, S. 490–656 (ND: Stuttgart 1976), hier S. 625f.; ROCHUS VON LILIENCRON (Hrsg.): Düringische Chronik des Johannes Rothe (Thüringische Geschichtsquellen. Bd. 3). Jena 1859, cap. 519–521, S. 434–436.

traglich verpflichten musste, alle Ansprüche gegen seinen Vater aufzugeben, ihn nicht gefangen zu nehmen oder zu verletzen und auch seine Burgen und Städte nicht zu erobern.[64] Die bereits von Nikolaus von Bibra angeprangerte moralische Verkommenheit Albrechts schien dadurch gleichsam bestätigt.[65]

Im Unterschied hierzu haben die Forschungen von Jörg Rogge inzwischen deutlich gezeigt, dass sich Albrechts Verhalten im Streit um die Anteile am Familienbesitz im Grunde nicht von demjenigen der übrigen Familienmitglieder und dem späterer Generationen im Hause Wettin unterschied.[66] Ursache des Familienzwists war demnach weniger die vielbeschworene Charakterlosigkeit Albrechts als vielmehr der berechtigte Anspruch der männlichen Familienangehörigen der Wettiner auf eine selbständige Herrschaftsausübung, der den Streit immer wieder neu entfachte. Vor diesem Hintergrund sind sowohl die Konflikte um das Erbe Heinrichs des Erlauchten (†1288) als auch um dasjenige von Albrechts früh verstorbenem Neffen Friedrich Tuta (†1291) sowie letztlich auch alle späteren Auseinandersetzungen um die gerechte Aufteilung der wettinischen Ländermasse zu sehen.[67]

Erst allmählich wird deutlich, wie standortgebunden die negativen Urteile über Landgraf Albrecht waren (und noch immer sind) und wie sehr sich in den Klagen der Zeitgenossen das Bewusstsein einer allgemeinen Krise widerspiegelt, deren Ursachen mehr in den allgemeinen Zeitumständen als im Versagen eines Einzelnen begründet waren. Hier haben vor allem die Untersuchungen von Matthias Werner über die Anfänge eines Landesbewusstseins in Thüringen die notwendigen Voraussetzungen für einen Perspektivenwechsel geschaffen[68], bei dem auch die Ergebnisse der allgemeinen Mittelalterforschung zum Interregnum und zum spätmittelalterlichen Fehdewesen, zum Verhältnis von Landesherr und Adel sowie das Problem der Monopolisierung landesherrlicher Gewalt seit dem ausgehenden 13. Jahrhundert stärker in die Betrachtung mit einfließen müssten.[69] So würde insgesamt deutlicher werden, wie das Fehlen

---

64 DOBENECKER, Regesta (wie Anm. 9) Bd. 4, Nr. 492. Abbildung des Vertrages bei POSSE, Hausgesetze 1889 (wie Anm. 26) Tafel 8.

65 WENCK, Geschichte 1907 (wie Anm. 3) S. 228f.; PATZE, Politische Geschichte 1974 (wie Anm. 38) S. 50: «Daß diesem Menschen nicht zu trauen war und womit man zu rechnen hatte, hat er schon 1270 in Tharandt mit seinem Vater in Vertragsform gebracht ... Bosheit wurde hier Vertragsgegenstand»; LUTZ, Heinrich der Erlauchte 1977 (wie Anm. 34) S. 424.

66 ROGGE, Herrschaftsweitergabe 2002 (wie Anm. 46) S. 22ff.

67 Siehe hierzu die Ausführungen von ROGGE, Herrschaftsweitergabe 2002 (wie Anm. 46) zu den einzelnen Herrschaftsteilungen der Wettiner.

68 WERNER, Landesbewusstsein 1992 (wie Anm. 39) S. 120–134.

69 Siehe hierzu etwa HEINZ ANGERMEIER: Königtum und Landfriede im deutschen Spätmittelalter. München 1966; ALFRED HAVERKAMP: Aufbruch und Gestaltung. Deutschland 1056–1273 (Neue deutsche Geschichte. Bd. 2). München 1984, S. 262–308; PETER MORAW: Von offener Verfassung zu gestalteter Verdichtung. Das Reich im späten Mittelalter 1250 bis 1490

einer allgemein anerkannten Reichsgewalt, den politischen Kräften im Land weitreichende Handlungsspielräume eröffnete, die von den nichtmediatisierten Grafen und Herren, aber auch den mächtigen landgräflichen, mainzischen und gräflichen Ministerialen dazu genutzt wurden, eigene Herrschaftsrechte durchzusetzen, wie die Stadt Erfurt und die thüringischen Reichsstädte Mühlhausen und Nordhausen mit ihrem nach Unabhängigkeit strebenden Bürgertum die Gelegenheit ergriffen, um gegenüber dem Landgrafen und dem Mainzer Erzbischof als den beiden mächtigsten Territorialherren in Thüringen möglichst große Freiräume zu erringen und wie das Bestreben des Landgrafen, die thüringischen Grafen, Herren und Städte seiner Oberhoheit zu unterwerfen, immer wieder an seine Grenzen stieß.

Das Spannungsverhältnis, das sich aus dem Bemühen des Adels und der aufstrebenden Städte um die Wahrung der eigenen Unabhängigkeit und der von den wettinischen Fürsten konsequent betriebenen Durchsetzung ihrer Landesherrschaft ergab, war die eigentliche Ursache der Krise, die die Einrichtung eines dauerhaften Landfriedens immer wieder zum Scheitern brachte. Das haben insbesondere die Forschungen von Winfried Leist zu den thüringischen Landfrieden im Spätmittelalter deutlich gemacht und gezeigt, wie die Wettiner den Landfrieden einerseits als «Instrument landesherrlicher Machtpolitik» für sich zu nutzen verstanden und wie der Adel andererseits bestrebt war, den Landfrieden zu einem Mittel der Partizipation und zur Eindämmung fürstlicher Herrschaft zu machen.[70] Die Forschung ist an diesem Punkt ein gutes

---

(Propyläen Geschichte Deutschlands. Studienausgabe). Frankfurt a. M./Berlin 1989, S. 183–228; Ulrich Andermann: Ritterliche Gewalt und bürgerliche Selbstbehauptung. Untersuchungen zur Kriminalisierung und Bekämpfung des spätmittelalterlichen Raubrittertums am Beispiel norddeutscher Hansestädte (Rechtshistorische Reihe. 91). Frankfurt am Main 1991; Ernst Schubert: Fürstliche Herrschaft und Territorium im späten Mittelalter (Enzyklopädie deutscher Geschichte. 35). München 1996; Kurt Andermann (Hrsg.): «Raubritter» oder «rechtschaffene vom Adel»? Aspekte von Politik, Friede und Recht im späten Mittelalter (Oberrheinische Studien. 14). Sigmaringen 1997; Martin Kaufhold: Deutsches Interregnum und europäische Politik. Konfliktlösungen und Entscheidungsstrukturen 1230–1280 (Monumenta Germaniae Historica. Schriften. 49). Hannover 2000; Stefan Esders und Christine Reinle (Hrsg.): Rechtsveränderung im politischen und sozialen Kontext mittelalterlicher Rechtsvielfalt (Neue Aspekte der europäischen Mittelalterforschung. 5). Münster 2005; Wolfgang Stürner: Dreizehntes Jahrhundert. 1198–1273 (Gebhardt. Handbuch der deutschen Geschichte. Zehnte, völlig neu bearbeitete Auflage. Bd. 6). Stuttgart 2007, bes. S. 100–127 und S. 273ff.

70 Leist, Landesherr 1973 (wie Anm. 39) Zitat S. 56. – Ein sprechendes Beispiel hierfür ist die schon von Wenck, Geschichte 1907 (wie Anm. 3) S. 230f., zitierte Verschwörung thüringischer Adliger unter der Führung Graf Ottos von Orlamünde, der sich 1277 im Namen aller Adligen und Ministerialen Thüringens, einiger Reichs- und anderer Städte des Landes, aller Klöster und des gesamten Volkes wegen der «*angustias terre*» hilfesuchend an König Rudolf von Habsburg gewandt und über die Verbrechen geklagt hatte, mit denen Landgraf Albrecht und sein Bruder

Stück vorangekommen und dennoch weit davon entfernt, die krisenhaften
Verhältnisse in Thüringen in der Zeit Landgraf Albrechts II. und in den ersten
Jahren der Regierung seines Sohnes Friedrichs I. in ihrer Komplexität ganz zu
durchschauen und ihre Tragweite vor dem Hintergrund der strukturellen
Veränderungen im Reich zu erfassen.

Dies gilt nicht zuletzt für den vieldiskutierten, letztlich aber noch immer rätselhaften Verkauf der Landgrafschaft Thüringen durch Albrecht II. an König
Adolf von Nassau, der die Wettiner beinahe um Land und Herrschaft gebracht
hätte.[71] Vor allem die sächsische Forschung hat gegen den Wettiner deshalb
schwere Vorwürfe erhoben, weil er durch sein Verhalten den weiteren Aufstieg
der Dynastie zur hegemonialen Kraft im mitteldeutschen Raum leichtfertig
aufs Spiel gesetzt habe.[72] Vom rechtlichen Standpunkt aus betrachtet war es

---

Dietrich die Bewohner Thüringens heimsuchten und so den Frieden immer wieder brachen.
Ihr Sprecher, Graf Otto von Orlamünde, bat den König deshalb, einen Reichshauptmann zur
Sicherung des Landfriedens nach Thüringen zu entsenden und bot ihm im Auftrag des Adels
und der Ministerialen des Landes und im Einvernehmen mit dem gesamten Volk die «terra
Thuringiae», die nach dem erbenlosen Tod Heinrich Raspes wieder an das Reich zurückgefallen
sei, zur Übernahme an; siehe JACOB SCHWALM (Ed.): Constitutiones et acta publica impera-
torum et regum. Inde ab a. MCCLXXIII. usque ad a. MCCXCVIII. (Monumenta Germaniae
Historica. Legum sectio 4. Constitutiones et acta publica imperatorum et regum 3).
Hannover/Leipzig 1904–1906, Nr. 638, S. 623f.; OSWALD REDLICH: Eine Wiener Brief-
sammlung zur Geschichte des Deutschen Reiches und der österreichischen Länder (Mittei-
lungen aus dem vatikanischen Archive. 2). Wien 1894, S. 113–116, Nr. 104; hierzu OTTO
DOBENECKER: Ein Versuch, Thüringen um das Jahr 1277 zu einem Reichslande zu machen. In:
Mitteilungen des Vereins für Geschichte Erfurts. 46(1930), S. 19–31; WERNER, Landesbe-
wusstsein 1992 (wie Anm. 39) S. 125f. – Dass sich ausgerechnet der Graf von Orlamünde an die
Spitze dieser Adelsopposition stellte, ist kein Zufall, denn die Grafen von Orlamünde, deren
Herrschaftsgebiet im Saaletal sich wie ein Keil zwischen den wettinischen Länderbesitz in
Thüringen schob, waren bereits seit den Tagen der Ludowinger in besonderem Maße der
Gefahr ausgesetzt, von den Landgrafen mediatisiert zu werden; siehe hierzu PATZE, Politische
Geschichte 1974 (wie Anm. 38) S. 155–162.

71 Eine befriedigende Antwort hierauf wird dadurch erschwert, dass die Urkunden der Wettiner
aus den Jahren nach 1288 nur zu einem Bruchteil ediert sind, weshalb eine umfassende quellenkritische Untersuchung der Ereignisse und ihrer Hintergründe nach wie vor aussteht. So
bleibt als Erklärung zumeist nur der schon von Wegele erhobene und seit Karl Wenck immer
wiederholte Hinweis auf den notorischen Geldbedarf des Landgrafen, der den Verkauf der
Landgrafschaft freilich nicht hinreichend zu erklären vermag; WEGELE, Friedrich der Freidige
1870 (wie Anm. 18) S. 171; WENCK, Geschichte 1907 (wie Anm. 3) S. 232; PATZE, Politische
Geschichte 1974 (wie Anm. 38) S. 57; LUTZ, Heinrich der Erlauchte 1977 (wie Anm. 34) S. 423.
Ausführlich hierzu zuletzt ROGGE, Herrschaftsweitergabe 2002 (wie Anm. 46) S. 30–44.

72 Vgl. etwa BLASCHKE, Fürstenzug 1991 (wie Anm. 58) S. 86: «Der Landgraf wollte den Rest seiner
Jahre in Saus und Braus weiterleben und dabei das Erbe verprassen, das sein Vater schwer
genug errungen hatte und das er seinen Söhnen und seinem ganzen Geschlecht weiterzugeben
verpflichtet war».

freilich legitim, dem König seine Reichslehen aufzusagen und sich hierfür mit Geld entschädigen zu lassen.[73] Entsprechendes lässt sich seit dem ausgehenden 13. Jahrhundert auch bei anderen hochadligen und sogar fürstlichen Familien wie etwa den Pfalzgrafen von Tübingen oder den Herzögen von Teck beobachten.[74] Was den Fall Albrechts so außergewöhnlich macht, ist, dass hier erstmals ein ganzes Reichsfürstentum versetzt wurde, und dass die Folgen, die sich hieraus ergaben, für das Land und die wettinischen Fürsten so verheerend waren. Die Zeitgenossen empörten sich deshalb auch nicht über den Verkauf der Landgrafschaft als solchen, sondern über den Krieg, der daraus entstand. Dabei hat sich insbesondere die Grausamkeit, mit der die Truppen Adolfs von Nassau in Thüringen wüteten, tief in das kollektive Gedächtnis der Thüringer eingebrannt.[75] Ein unter dynastischen Gesichtspunkten verwerfliches Verhalten Albrechts mochten die Zeitgenossen dagegen noch nicht zu erkennen. Auch die Wettiner waren, wie Jörg Rogge in seiner Habilitationsschrift deutlich gemacht hat, im 13. und frühen 14. Jahrhundert noch weit davon entfernt, ihre Handlungsweisen von dem Gedanken an die Einheit der Dynastie und die Unveräußerlichkeit ihrer Länder leiten zu lassen. Eine solche Vorstellung war vielmehr das Ergebnis einer Entwicklung, die erst zu Beginn des 15. Jahrhunderts konkrete Gestalt annahm, und so erweist es sich letztlich als Anachronismus, wenn die Politik Albrechts mit den Maßstäben dynastischen Denkens des Spätmittelalters gemessen wird.[76]

V.

Zeichnet sich in den letzten Jahren eine grundlegende Neubewertung der wettinischen Herrschaftspraxis im späten 13. Jahrhundert und insbesondere der Regierung Landgraf Albrechts II. ab, die das vernichtende Urteil der Forschung über diesen Wettiner im Anschluss an Karl Wenck gründlich zu relativieren vermag, so haben die Ausführungen Wencks zur Konsolidierung und zum

---

73 Vgl. Ernst Schubert: Das Königsland. Zu Konzeptionen des Römischen Königtums nach dem Interregnum. In: Jahrbuch für fränkische Landesforschung. 39(1979), S. 23–40, hier S. 29; Rogge, Herrschaftsweitergabe 2002 (wie Anm. 46) S. 36f.

74 Hans Patze: Landesherrliche «Pensionäre». In: Helmut Beumann: Historische Forschungen für Walter Schlesinger. Köln/Wien 1974, S. 272–309. ND. In: Peter Johanek, Ernst Schubert und Matthias Werner: Ausgewählte Aufsätze von Hans Patze (Vorträge und Forschungen. 50). Stuttgart 2002, S. 285–318.

75 Cronica S. Petri Erfordensis moderna. In: Holder-Egger, Monumenta Erphesfurtensia 1899 (wie Anm. 39) S. 117–442, hier S. 308 ff., mit dem Hinweis auf eine volkstümliche Überlieferung («*vulgares clamant cantilene*» – S. 310), wodurch die Greuel des Krieges der Nachwelt überliefert wurden; vgl. hierzu Rothe/Liliencron, Chronik 1859 (wie Anm. 63) cap. 566, S. 477f.

76 Vgl. die Zusammenfassung der Ergebnisse bei Rogge, Herrschaftsweitergabe 2002 (wie Anm. 46) S. 315ff.

Ausbau der Landesherrschaft der Wettiner in Thüringen im 14. Jahrhundert im Wesentlichen bis heute Bestand. Das mag damit zu erklären sein, dass das Fehlen einschlägiger Quelleneditionen für Thüringen im späten Mittelalter zu einem besonders empfindlichen Forschungsdefizit geführt hat. Noch immer bilden die einschlägigen Abschnitte von Hans Patze in der von ihm und Walter Schlesinger herausgegebenen Geschichte Thüringens und die Thüringen betreffenden Teile von Herbert Helbigs Habilitationsschrift über die Entstehung ständischer Institutionen in den wettinischen Territorien eine unverzichtbare Grundlage, auch wenn sie inzwischen durch jüngere Arbeiten, etwa von Brigitte Streich oder Uwe Schirmer, in wichtigen Teilen überholt sind.[77] Der Wert dieser Arbeiten ist umso höher einzuschätzen, da – von einigen vereinzelten Spezialstudien etwa von Wilhelm Füßlein über die Thüringer Grafenfehde und den Erwerb der Herrschaft Coburg oder von Ernst Devrient über den Kampf um die schwarzburgische Herrschaft im Saaletal und den bereits genannten Studien von Karl Wenck einmal abgesehen – bis dahin kaum nennenswerte Vorarbeiten zur Verfügung standen.[78] Umso erfreulicher ist es, dass mit der Dissertation von Eckart Leisering nunmehr eine auf breitem Archivmaterial beruhende Untersuchung zum Ausbau der wettinischen Landesherrschaft in der Zeit von 1349–1382 vorliegt, die auch für Thüringen eine wichtige Forschungslücke schließt.[79] Der vom selben Autor unlängst vorgelegte erste Band der Regesten der Urkunden des Sächsischen Hauptstaatsarchivs Dresden hat darüber hinaus zu einer nicht unerheblichen Verbreiterung der Quellenbasis geführt, auf die weitere Forschungen aufbauen können.[80]

Die Frage nach der Konsolidierung der wettinischen Herrschaft in Thüringen nach Beendigung der dynastischen Krise zur Zeit Albrechts II. und nach

---

77 PATZE, Politische Geschichte 1974 (wie Anm. 38) S. 42–146; PATZE, Verfassungs- und Rechtsgeschichte 1974 (wie Anm. 29) S. 215–282; HERBERT HELBIG: Der wettinische Ständestaat. Untersuchungen zur Geschichte des Ständewesens und der landständischen Verfassung in Mitteldeutschland bis 1485 (Mitteldeutsche Forschungen. 4). Münster/Köln 1955; STREICH, Reiseherrschaft 1989 (wie Anm. 40); UWE SCHIRMER: Kursächsische Staatsfinanzen (1456-1656). Strukturen – Verfassung – Funktionseliten (Quellen und Forschungen zur sächsischen Geschichte. 28). Stuttgart 2006.

78 WENCK, Wettiner 1877 (wie Anm. 4); WILHELM FÜSSLEIN: Die Thüringer Grafenfehde 1342–1346. In: Beiträge zur thüringischen und sächsischen Geschichte. Festschrift für Otto Dobenecker zum 70. Geburtstag. Jena 1929, S. 111–138; WILHELM FÜSSLEIN: Der Übergang der Herrschaft Coburg vom Hause Henneberg-Schleusingen an die Wettiner 1353. In: Zeitschrift des Vereins für Thüringische Geschichte und Altertumskunde. 36. NF. 28(1929), S. 325–433; ERNST DEVRIENT: Der Kampf der Schwarzburger um die Herrschaft im Saaletal. In: WILLY FLACH (Hrsg.): Forschungen zur schwarzburgischen Geschichte. Festschrift für BERTHOLD REIN zum 75. Geburtstag. Jena 1935, S. 1–44.

79 LEISERING, Herrschaftsgebiete 2006 (wie Anm. 47).

80 LEISERING, Regesten 2003 (wie Anm. 14).

dem Ausbau der Landesherrschaft hat die Forschung immer wieder beschäftigt. Dabei gilt Friedrich I., der älteste Sohn Landgraf Albrechts, als derjenige, der der wettinischen Sache zum Sieg verhalf. Die ältere Forschung sah in ihm deshalb den eigentlichen Helden in der mittelalterlichen Geschichte der Wettiner und knüpft damit an eine Tradition an, die ihren Ursprung in dem Sieg Friedrichs über ein Heer König Albrechts I. bei Lucka im Jahr 1307 hatte und sich bis ins 15. Jahrhundert zurückverfolgen lässt.[81]

Auch Wenck stellte die Ereignisse um die Rückgewinnung der wettinischen Herrschaftspositionen in Thüringen und der Mark Meißen durch Friedrich I. in aller Kürze dar und würdigte entsprechend dessen Aufbauleistung[82], doch galt sein Hauptinteresse nicht ihm, sondern seinem Sohn Friedrich II. dem Ernsthaften (1321–1349), dem er als einzigem Wettiner in seiner «Geschichte der Landgrafen» ein eigenes und mit zehn Seiten recht umfangreiches Kapitel widmete.[83] Wenck vollzog damit einen bedeutsamen Perspektivenwechsel, indem er den Blick von Friedrich I. auf dessen gleichnamigen Sohn lenkte, der in der Forschung noch immer ein mehr oder weniger dunkles Schattendasein führt.[84]

Dagegen hat Wenck richtig erkannt, dass erst Friedrich II. durch die militärischen Erfolge seines Vaters in die Lage versetzt war, die Vorherrschaft der Landgrafen als Landesherren gegenüber Adel und den Städten wieder stärker zur Geltung zu bringen: «Die rücksichtslose Ausgestaltung der landesherrlichen Gewalt, das energische Streben Friedrichs mittelst strengster Wahrung des Landfriedens und durch umsichtige Vermehrung seines unmittelbaren Besitzes die landgräfliche Herrschaft zu einem festen Ganzen zusammenzuschließen», ist demnach kennzeichnend für die Regierung Friedrichs II., der sich in dieser Hinsicht von allen seinen Vorgängern deutlich abhebt.[85] Friedrich II., so

---

81 WEGELE, Friedrich der Freidige 1870 (wie Anm. 18) S. 283–286; ADOLF SCHIRMER: Die Schlacht bei Lucka. Ein Wendepunkt in der Geschichte der Wettiner. Eisenberg 1905; OTTO GLOEDEN: Zur Schlacht bei Lucka. In: Zeitschrift des Vereins für Thüringische Geschichte und Altertumskunde. 29. NF. 21(1912/13), S. 505–510; GERHARD KAMMRAD: Die Ereignisse des Jahres 1307 in der meißnischen Frage, vornehmlich die sogenannte Schlacht bei Lucka. In: Zeitschrift des Vereins für Thüringische Geschichte und Altertumskunde. 29. NF. 21(1912/13), S. 41–124; HERTHA WAGENFÜHRER: Friedrich der Freidige 1257–1325 (Historische Studien. 287), Berlin 1936, S. 57–64; vgl. hierzu zuletzt ANDRÉ THIEME: Die Schlacht bei Lucka im Jahre 1307. Mythen und Realitäten. In: AURIG, Festschrift BILLIG 2007 (wie Anm. 41) S. 361–390.

82 WENCK, Geschichte 1907 (wie Anm. 3) S. 243, lobt Friedrich I. resümierend «als ein glänzender Vertreter des deutschen Territorialfürstentums des dreizehnten und vierzehnten Jahrhunderts, als ein zweiter Begründer seines Hauses».

83 WENCK, Geschichte 1907 (wie Anm. 3) S. 243–252.

84 Zu Landgraf Friedrich II. siehe PATZE, Politische Geschichte 1974 (wie Anm. 38) S. 74–88; ROGGE, Herrschaftsweitergabe 2002 (wie Anm. 46) S. 48–57.

85 WENCK, Geschichte 1907 (wie Anm. 3) S. 248.

Wenck, nimmt «unter den Begründern des wettinischen Territorialstaates einen hervorragenden Platz ein dank seiner Energie und Streitbarkeit, aber auch dank seiner klugen Erfassung des Augenblicks zur Mehrung seiner Herrschaft nach außen, zu ihrer Befestigung im Innern».[86]

Die Historiker sind dieser Einschätzung im Wesentlichen gefolgt und haben die Charakteristika der Herrschaft Friedrichs II. noch deutlicher herausgearbeitet. So hat Winfried Leist dessen Landfriedensgesetzgebung genauer untersucht und mit derjenigen seines Vorgängers verglichen. Dabei hat sich gezeigt, wie sehr der Landfrieden unter Friedrich dem Ernsthaften zu einem Instrument landgräflicher Vorherrschaft weiterentwickelt wurde, das insbesondere den Adel in seine Schranken verwies. Hatte Friedrich I. nach den langjährigen Auseinandersetzungen um die Landgrafschaft 1315 noch gemeinsam mit den Grafen und Herren sowie den Städten Erfurt, Mühlhausen und Nordhausen einen allgemeinen Landfrieden errichtet und dabei ein mit Vertretern der drei Stände paritätisch besetztes Landfriedensgericht installiert[87], so erscheint der Landfriede Friedrichs II. von 1338 nicht mehr in Form einer Einung aller politisch maßgeblichen Kräfte Thüringens, sondern gibt sich als ein aus fürstlicher Machtvollkommenheit erlassenes Gesetz, an dem der Adel und die Städte nur noch in beratender Funktion beteiligt waren[88]. Der Landgraf begegnet nunmehr als oberster Gerichtsherr, ihm obliegt die Besetzung des Landfriedensgerichts, dessen Einnahmen zu seinem Vorteil und nach seinem Willen verwendet werden sollen.[89] Die wichtigste Festlegung der neuen Landfriedensordnung war ein allgemeines Fehdeverbot, das durch das Verbot, Waffen zu tragen, ergänzt wurde. Davon ausgenommen waren lediglich die Leute des Landgrafen und das in seinem Dienst stehende Landfriedensaufgebot. Einige Jahre früher war ein entsprechendes Waffenverbot Friedrichs I. noch am Widerstand der thüringischen Großen gescheitert.[90] Noch schwerwiegender muss das rigorose Vorgehen des Landgrafen gegen die Burgen des Adels empfunden worden sein. Befestigungen, die nach dem Urteil der zwölf Landfriedensrichter den Frieden bedrohten, sollten gebrochen, die Lehen ihrer Besitzer eingezogen werden. Darüber hinaus wurde der Burgenbau von der alleinigen Zustimmung des Landgrafen abhängig gemacht; widerrechtlich errichtete Burgen sollten ebenfalls geschleift werden, ihr Wiederaufbau wurde verboten.[91] Auch gegenüber geistlichen Institutionen wurde dem Landgrafen

---

86 Wenck, Geschichte 1907 (wie Anm. 3) S. 252.

87 Siehe Leist, Landesherr 1973 (wie Anm. 39) S. 124–139.

88 Leist, Landesherr 1973 (wie Anm. 39) S. 155–173.

89 Andreas Ludwig Jacob Michelsen: Urkundlicher Beitrag zur Geschichte der Landfrieden in Deutschland. Nürnberg 1863, S. 23–26; Leist, Landesherr 1973 (wie Anm. 39) S. 157.

90 Leist, Landesherr 1973 (wie Anm. 39) S. 138.

nunmehr eine Sonderstellung eingeräumt, insofern künftig ihm allein das Recht zustehen sollte, in Klöstern – auch gegen den Willen der Mönche – Quartier zu nehmen.[92]

Friedrichs II. Vorgehen, das haben Wenck und die Forschung nach ihm klar erkannt, ließ keinen Zweifel daran, dass dieser Landgraf gewillt war, seine Vorherrschaft mit aller Macht durchzusetzen, und so formierte sich gegen ihn schon bald eine breite Oppositionsbewegung von Grafen und Herren, an deren Spitze die Grafen von Weimar-Orlamünde, Schwarzburg, Honstein und die Vögte von Gera und Plauen standen. Unterstützt wurden die Aufständischen vom Mainzer Erzbischof, der sich durch die expansive Politik des Wettiners ebenfalls in die Enge gerieben sah. Der Konflikt eskalierte in der sogenannten Thüringer Grafenfehde (1342–1346), die mit einem fast vollständigen Sieg des Wettiners endete. Die Grafen von Weimar-Orlamünde wurden infolgedessen vollständig in die Lehnsabhängigkeit des Landgrafen gezwungen, Weimar ging 1346 in landgräflichen Besitz über; die Grafen von Schwarzburg verloren ihre Positionen im Saaletal. Auch das Mainzer Erzstift wurde so nachhaltig geschwächt, dass es sich fortan weitgehend auf seine Herrschaft im Eichsfeld und die Ansprüche auf die Stadt Erfurt beschränkte, die sich als Verbündete des Landgrafen zu den unbestrittenen Gewinnern der Fehde zählen durfte. So konnte die Stadt nicht nur ihren Territorialbesitz erheblich erweitern, sondern erreichte darüber hinaus einen beträchtlichen Zugewinn an politischer, militärischer und auch finanzieller Macht. Dem Landgrafen selbst gelang es, seinen Vorherrschaftsanspruch in Thüringen nahezu vollständig durchzusetzen.[93]

VI.

Welche Folgen die unter Friedrich II. grundlegend umgestalteten Herrschaftsverhältnisse in Thüringen hatten und wie sich diese Veränderungen auf das Verhältnis von Adel und Städten zu den wettinischen Landgrafen konkret auswirkten, ist bislang nur unzureichend erforscht. Ein wichtiges Kennzeichen der veränderten Machtkonstellationen war in jedem Fall die Abschaffung des alten

---

91 MICHELSEN, Urkundlicher Beitrag 1863 (wie Anm. 89) S. 25 Z. 40–45; LEIST, Landesherr 1973 (wie Anm. 39) S. 160.

92 MICHELSEN, Urkundlicher Beitrag 1863 (wie Anm. 89) S. 23, Z. 22f.; LEIST, Landesherr 1973 (wie Anm. 39) S. 161.

93 Grundlegend hierzu FÜSSLEIN, Grafenfehde 1929 (wie Anm. 78); DEVRIENT, Der Kampf der Schwarzburger 1935 (wie Anm. 78); LEIST, Landesherr 1973 (wie Anm. 39) S. 174–187; PATZE, Politische Geschichte 1974 (wie Anm. 38) S. 84–88, sowie zuletzt PETER LANGHOF: Die Thüringer Grafenfehde und die Schwarzburger. In: LUTZ UNBEHAUN (Bearb.): Thüringen im Mittelalter. Die Schwarzburger (Beiträge zur schwarzburgischen Kunst- und Kulturgeschichte. Bd. 3). Rudolstadt 1995, S. 131–145.

thüringischen Landfriedensgerichts in Mittelhausen, das seit dem ausgehenden 13. Jahrhundert zum symbolhaften Ort für das vom Adel und den Städten repräsentierte Land geworden war.[94] An seine Stelle trat nunmehr das landgräfliche Hofgericht.[95] Die Mitwirkung der thüringischen Grafen an der Regierung des Landes, wie sie seit den Tagen Heinrichs des Erlauchten zunehmend deutlich zu beobachten war, fand damit ihr Ende. Stattdessen gewannen die landesherrlichen Räte am Hof der Wettiner eine immer größere Bedeutung. Wie Brigitte Streich gezeigt hat, stieg dabei nicht nur der Anteil der Räte edelfreien Standes, sondern es zeigt sich auch die Tendenz, vermehrt Landfremde an den landgräflichen Hof in Eisenach zu ziehen, was den Einfluss des thüringischen Adels auf die Gestaltung der landgräflichen Politik weiter einschränkte.[96]

Schon früh wurde erkannt, dass im Zusammenhang mit dem verstärkten Ausbau der Landesherrschaft unter Landgraf Friedrich II. auch eine straffere Organisation der Verwaltung und des Kanzleiwesens einherging.[97] Nachdem im 13. Jahrhundert noch Urkundenausfertigungen für geistliche Empfänger überwogen, traten seither zunehmend auch Belehnungen, Verpfändungen und Schuldverschreibungen hervor.[98] Die ältesten Zeugnisse dieser gesteigerten Verwaltungstätigkeit sind das Bruchstück einer Reiserechnung von 1330 und die nach Ämtern gegliederten Bede- und Heerwagenverzeichnisse aus den Jahren 1335 und 1347. Kurz nach dem Tod Friedrichs II. wurden die ältesten erhaltenen Register der wettinischen Kanzlei, das *«Registrum perpetuum»* und das *«Registrum temporale»* sowie der *«Liber computacionum»* für das Rechnungswesen der Hofhaltung und Landesverwaltung angelegt. Ein Jahr später wurde mit dem ersten wettinischen Kopialbuch begonnen.[99] Etwa zeitgleich entstand auch das älteste Lehnbuch der Markgrafschaft Meißen, das von Woldemar Lippert und Hans Beschorner 1903 ediert wurde.[100]

---

94 Vgl. hierzu EBERHARDT, Gerichtsorganisation 1958 (wie Anm. 39) S. 115–128; LEIST, Landesherr 1973 (wie Anm. 39) S. 124–139 und S. 165–173.

95 EBERHARDT, Gerichtsorganisation 1958 (wie Anm. 39) S. 127f.; LEIST, Landesherr 1973 (wie Anm. 39) S. 172f.

96 STREICH, Reiseherrschaft 1989 (wie Anm. 40) S. 153–156.

97 MEYER, Hof- und Zentralverwaltung 1902 (wie Anm. 28) bes. S. 25ff.; LIPPERT, Urkundenverzeichnis 1929 (wie Anm. 42); KOBUCH, Anfänge 1977 (wie Anm. 42) bes. S. 110ff.; BLASCHKE, Kanzleiwesen 1984 (wie Anm. 42) S. 300; BLASCHKE, Urkundenwesen 1984 (wie Anm. 42) S. 200; STREICH, Reiseherrschaft 1989 (wie Anm. 40) S. 181–217; ROGGE, Herrschaftsweitergabe 2002 (wie Anm. 46) S. 354f.

98 Vgl. hierzu PATZE, Typen 1970 (wie Anm. 42).

99 BLASCHKE, Kanzleiwesen 1984 (wie Anm. 42) S. 288f.; STREICH, Reiseherrschaft 1989 (wie Anm. 40) S. 190.

100 WOLDEMAR LIPPERT und HANS BESCHORNER (Hrsg.): Das Lehnbuch Friedrichs des Strengen, Markgrafen von Meißen und Landgrafen von Thüringen 1349/50. Leipzig 1903, S. CXCIII ff.

Hinter all diesen Maßnahmen lässt sich ein offenkundig gewandeltes Verständnis landesfürstlicher Herrschaft erkennen, das auf eine lückenlose Erfassung von Besitz und Herrschaftsrechten und damit auf eine möglichst flächendeckende Herrschaft über Land und Leute abzielte. Zu diesem Herrschaftsverständnis gehörte auch, dass die einzelnen Güter und Herrschaftsrechte zunehmend als Einheit betrachtet wurden. Friedrich II. verpflichtete deshalb seine vier Söhne am 15. November 1349, drei Tage vor seinem Tod, auf der Wartburg das Fürstentum, Land und Herrschaft für die Dauer von zehn Jahren nicht zu teilen, und den ältesten Bruder Friedrich III. als Vormund und Senior anzuerkennen.[101] Er zog damit die Konsequenzen aus den familiären Konflikten, die den Wettinern einst beinahe ihre fürstliche Herrschaft gekostet hätten.[102]

Darüber hinaus wird man hinter dieser Maßnahme jedoch auch ein Anzeichen für ein unter Friedrich II. neu erwachtes dynastisches Bewusstsein erkennen dürfen, das für den ideellen Zusammenhalt der Familie von grundlegender Bedeutung war. Davon zeugt vor allem die Aufwertung des alten wettinischen Hausklosters Altzelle, wo der Landgraf mit dem Bau einer fürstlichen Begräbniskapelle für sich und seine Familie ein repräsentatives Zentrum des dynastischen Gedenkens errichten ließ, das – mit zahlreichen Wand- und Tafelgemälden ausgeschmückt – die Erinnerung an die Vorfahren wachhalten sollte. Nachdem Woldemar Lippert diesen wichtigen Sachverhalt bereits 1896 hervorgehoben hatte, brachte Karl Wenck den Bau der Kapelle mit der Teilnahme Friedrichs II. an dem damals bevorstehenden Feldzug Eduards III. von England gegen den König von Frankreich in Verbindung.[103] Brigitte Streich und Bettina Marquis, die sich zuletzt ausführlich mit der Altzeller Fürstenkapelle beschäftigt haben, betonten erneut, dass die Mark Meißen dadurch ein ideelles Zentrum erhielt, das ihre Bedeutung als Ursprungsland der Dynastie wieder stärker in das Bewusstsein der wettinischen Fürsten rückte.[104] Friedrich II. kehrte damit offenkundig zu den Traditionen seiner Vorfahren zurück, die

---

101 Wenck, Geschichte 1907 (wie Anm. 3) S. 253, und zuletzt Rogge, Herrschaftsweitergabe 2002 (wie Anm. 46) S. 56f. Faksimile der Urkunde bei Posse, Hausgesetze 1889 (wie Anm. 26) Tafel 24.

102 Leisering, Herrschaftsgebiete 2006 (wie Anm. 47) S. 62, verweist in diesem Zusammenhang zu Recht auf die Bedeutung der Mutter Friedrichs II., Elisabeth von Lobdeburg-Arnshaugk, am Zustandekommen des Wartburgvertrages, die als Augenzeugin der dynastischen Krise um 1300 um die Notwendigkeit einer solchen Regelung wusste.

103 Woldemar Lippert: Die Fürsten- oder Andreaskapelle im Kloster Altzelle und die neue Begräbniskapelle von 1786. In: Neues Archiv für Sächsische Geschichte. 17(1896), S. 33–74; ihm folgend Wenck, Geschichte 1907 (wie Anm. 3) S. 250f.

104 Streich, Reiseherrschaft 1989 (wie Anm. 40) S. 68–74; Bettina Marquis: Meißnische Geschichtsschreibung im späten Mittelalter (ca. (1215–1420). München 1998, S. 53ff.

unter seinem Großvater Albrecht und seinem Vater Friedrich I. in den Hintergrund gedrängt worden waren.

Hatte Landgraf Albrecht II. aufgrund der besonderen Umstände seiner letzten Lebensjahre seine Grablege in Erfurt gefunden, so stellte sich sein Sohn Friedrich I. mit der Wahl von St. Katharinen in Eisenach als Begräbnisstätte bewusst in die Tradition der späten Ludowinger und unterstrich damit noch einmal die herausragende Bedeutung Thüringens für sich und seine Politik, die sich auch in seiner Heirat mit der thüringischen Adligen Elisabeth von Arnshaugk und im Itinerar dieses Wettiners deutlich niederschlägt.[105] So wurde die Wartburg, wie Karl Wenck zu Recht hervorhob, nicht nur für Landgraf Albrecht II., sondern auch für dessen Sohn Friedrich spätestens seit 1318 zur bevorzugten Residenz.[106] Nachdem ein Brand den Turm und große Teile der Wohngebäude zerstört hatte, baute er sie 1319 größer und schöner wieder auf und ließ sie mit Wandmalereien repräsentativ ausgestalten.[107] Auch seinen Silberschatz ließ Friedrich I. 1319 auf die Wartburg verbringen, was als weiterer Beleg dafür gelten darf, dass der Wettiner seinen Herrschaftsmittelpunkt nunmehr ganz nach Thüringen und seine bevorzugte Residenz auf die Wartburg verlegte.[108] Schon Wenck vermutete, dass die Wartburg bereits damals das Archiv der Wettiner beherbergte.[109]

Ungeachtet der erfolgten Rückbesinnung auf die dynastischen Anfänge seiner Familie in der Mark Meißen hielt sich auch Landgraf Friedrich II. überwiegend in Thüringen auf.[110] Seine besondere Vorliebe für die Wartburg als landgräfliche Residenz zeigt sich dabei nicht zuletzt in der Gründung des Franziskanerklosters Elisabethzell auf dem Gelände jenes Hospitals, das die Namenspatronin des neuen Klosters einst unterhalb der Wartburg eingerichtet hatte. Der 1331 hier angesiedelte Konvent wurde von der Burg aus versorgt und war für den Dienst in der Schlosskapelle zuständig. Darüber hinaus waren seine Guardiane als Ratgeber und Beichtväter stets eng mit dem Landgrafenhof verbunden.[111]

---

105 STREICH, Reiseherrschaft 1989 (wie Anm. 40) S. 67 und S. 256–259; SCHWARZ, Itinerar (wie Anm. 47) S. 92-94.

106 WENCK, Geschichte 1907 (wie Anm. 3) S. 240–242.

107 Cronica S. Petri Erfordensis moderna (wie Anm. 75) S. 348 (a. 1319). Nach dem Zeugnis von Johannes Rothe ließ Friedrich I. seinen Schlachtensieg bei Lucka im Bild festhalten, was ein bemerkenswertes Zeugnis seines fürstlichen Selbstverständnisses und ein Hinweis darauf ist, welche Bedeutung der Landgraf diesem Siege zuschrieb; ROTHE/LILIENCRON, Chronik 1859 (wie Anm. 63) cap. 635f., S. 542f.

108 Cronica S. Petri Erfordensis moderna (wie Anm. 75) S. 348 (a. 1319): *«fecitque adduci ex provincia Missenensi, Orientali et Plisenensi in Warperc multa pondera argenti cum curribus oneratis»*; vgl. hierzu SCHWARZ, Itinerar (wie Anm. 47) S. 100f.

109 WENCK, Geschichte 1907 (wie Anm. 3) S. 247f. mit Anm. S. 705; KOBUCH, Anfänge 1977 (wie Anm. 42) S. 125f.

Die erst vor wenigen Jahren durchgeführten archäologisch-historischen Untersuchungen haben die Anfänge der Eisenacher Elisabethzelle noch einmal in ein helles Licht gerückt und ihre Gründung als ein herausragendes Indiz für die besondere Verehrung der Heiligen durch Landgraf Friedrich II. gewürdigt, die auch als «Element der historischen und politischen Legitimation des wettinischen Anspruchs auf die Landesherrschaft in Thüringen» verstanden werden konnte.[112] Als Aufbewahrungsort für die heilkräftigsten wettinischen Reliquien aus dem persönlichen Besitz der heiligen Elisabeth wurde die Elisabethzelle ein vielbesuchter Wallfahrtsort und war als solcher durchaus geeignet, den Wettinern als Nachfahren der Heiligen eine entsprechende Akzeptanz in der thüringischen Bevölkerung zu verschaffen.[113]

Den Grund für die Bevorzugung Eisenachs und der Wartburg durch die Wettiner wird man jedoch «nicht allein in der traditionsbildenden Kraft der Wartburg und Eisenachs» oder dem strategischen Wert der Höhenburg zu suchen haben, sondern ebenso in der «Wirtschaftskraft der zur Höhenburg so günstig gelegenen, zu dieser Zeit wohl größten wettinischen Stadt».[114] Hierin spiegelt sich exemplarisch das von Stefan Tebruck zuletzt so überzeugend herausgestellte «deutliche Entwicklungsgefälle innerhalb des thüringisch-sächsischen Raumes in west-östlicher Richtung», das für die langfristige Schwerpunktverlagerung der wettinischen Herrschaft nach Thüringen entscheidend gewesen sein dürfte[115].

Dass sich Friedrich II. am Ende seiner Regierung wieder zunehmend auf die meißnischen Gebiete konzentrierte, erklärt sich, wie schon Wenck richtig erkannte, zunächst aus der Wahl Karls von Mähren zum deutschen König, wodurch sich die Reichsgewalt nach Osten verlagerte und die Markgrafschaft Meißen mit den angrenzenden Landschaften plötzlich wieder stärker ins Zentrum der königlichen Interessen rückte.[116] Das Verhältnis zu Karl IV. wurde

---

110 STREICH, Reiseherrschaft 1989 (wie Anm. 40) S. 259f.

111 WENCK, Geschichte 1907 (wie Anm. 3) S. 247; ausführlich hierzu WENCK, Johann von Eisenberg 1900 (wie Anm. 6).

112 UDO HOPF, INES SPAZIER und PETRA WEIGEL: Elisabethverehrung und Elisabethgedenken der Wettiner. Das Elisabethhospital und das Franziskanerkloster St. Elisabeth unterhalb der Wartburg – archäologische Befunde und schriftliche Zeugnisse. In: DIETER BLUME und MATTHIAS WERNER (Hrsg.): Elisabeth von Thüringen – eine europäische Heilige. Aufsätze. Petersberg 2007, S. 245–269, bes. S. 259ff., Zit. S. 262.

113 STREICH, Reiseherrschaft 1989 (wie Anm. 40) S. 84f.

114 STREICH, Reiseherrschaft 1989 (wie Anm. 40) S. 257.

115 Siehe oben Anm. 35.

116 WENCK, Geschichte 1907 (wie Anm. 3) S. 252: «Wie aber durch das Königtum Karls IV. der Schwerpunkt des Reiches nach dem Osten verlegt wurde, so mußte jetzt auch Thüringen an Wichtigkeit für die Wettiner zurücktreten hinter Meißen, dem Nachbarlande Böhmens»;

seitdem bestimmend für die wettinische Politik, denn es war zu befürchten, dass der Luxemburger seine Position als König dazu nutzen würde, um seine böhmische Hausmacht auf Kosten der Wettiner nach Westen zu erweitern. Schon Hermann Ahrens, Karl Wenck und im Anschluss daran Hans Patze haben dies klar herausgearbeitet.[117] Daran anknüpfend hat die Berliner Arbeitsgruppe der Monumenta Germaniae historica für die Zeit Karls IV. den Blick auf die herausragende Bedeutung der nichtwettinischen Herrschaftsträger in Thüringen für die kaiserliche Reichs- und Territorialpolitik sowie die Politik der wettinischen Landesfürsten gelenkt und damit einen wichtigen neuen Aspekt in die Diskussion um die Formierung der spätmittelalterlichen Territorialfürstentümer eingebracht.[118]

Ging Karl Wenck noch davon aus, dass die politische Bedeutung Thüringens für die Wettiner aufgrund der engen Nachbarschaft ihrer meißnischen Gebiete zu Böhmen «geschmälert» worden sei[119], so wird man dies spätestens seit den Untersuchungen von Eckhart Leisering über die Wettiner und ihre Herrschaftsgebiete differenzierter sehen müssen. Denn wie Leisering in seiner ebenso gründlichen wie materialreichen Studie minutiös nachweisen konnte, haben die Wettiner trotz ihres verstärkten Engagements in der Markgrafschaft Meißen auch in Thüringen und den unmittelbar benachbarten Gebieten den Ausbau ihrer Landesherrschaft durch eine intensive Erwerbspolitik konsequent weiter verfolgt und so die Voraussetzungen dafür geschaffen, dass sie in Thüringen allmählich eine hegemoniale Position erlangten.[120]

---

ebd., S. 253: «Daß zu Karls IV. Zeiten das Interesse der Fürsten vorwiegend durch die begehrliche Politik des königlichen Nachbarn der Markgrafschaft Meißen in Anspruch genommen war, hat ... für das erste Menschenalter nach der Mitte des 14. Jahrhunderts die politische Bedeutung Thüringens und der Wartburg geschmälert».

117 Ahrens, Wettiner 1895 (wie Anm. 22); Wenck, Geschichte 1907 (wie Anm. 3), S. 252–255; Patze, Politische Geschichte 1974 (wie Anm. 38) S. 106–115.

118 Harriet M. Harnisch: Thüringen in der Politik Kaiser Karls IV. In: Archiv für Diplomatik, Schriftgeschichte, Siegel- und Wappenkunde. 39(1993), S. 319–326; Harriet M. Harnisch: Königs- und Reichsnähe thüringischer Grafenfamilien im Zeitalter Karls IV. In: Michael Lindner, Eckhard Müller-Mertens und Olaf B. Rader (Hrsg.): Kaiser, Reich und Region. Studien und Texte aus der Arbeit an den Constitutiones des 14. Jahrhunderts und zur Geschichte der Monumenta Germaniae Historica, Berlin 1997, S. 181–212; Michael Lindner: Kaiser Karl IV. und Mitteldeutschland. In: ebd., S. 83–180, bes. S. 101–112; Michael Lindner: Nähe und Distanz. Die Markgrafen von Meißen und Kaiser Karl IV. im dynastischen Wettstreit (mit Textedition). In: Peter Moraw (Hrsg.): Akkulturation und Selbstbehauptung. Studien zur Entwicklungsgeschichte der Lande zwischen Elbe/Saale und Oder im späten Mittelalter (Berichte und Abhandlungen. Sonderband 6). Berlin 2001, S. 173–255; Olaf B. Rader: Kaiser Karl IV. und der mittlere Elbe-Saale Raum. In: Sachsen und Anhalt. 20(1997), S. 267–318, und zusammenfassend Rogge, Wettiner 2005 (wie Anm. 48) S. 107–113.

119 Siehe oben Anm. 116.

120 Leisering, Herrschaftsgebiete 2006 (wie Anm. 47); richtungweisend für weitere Forschungen

Den weitaus größten territorialen Zuwachs brachte dabei der Erwerb der Herrschaft Coburg 1353, der aus der Heirat Friedrichs III. mit Katharina von Henneberg resultierte und durch den die Wettiner nun auch über den Thüringer Wald hinausgriffen.[121] Im selben Jahr trat Friedrich III. in Verhandlungen mit der Reichsabtei Hersfeld, die zu einer engeren Kooperation beim Ausbau der jeweiligen Besitzungen in Thüringen führten.[122] 1354 löste er die vom König verpfändeten Rechte an der Reichsstadt Mühlhausen und ihrem Territorium.[123] Darüber hinaus versuchten die Wettiner in den Jahren 1355 und 1358 vor allem die kleineren Dynasten aus ihrem territorialen Umfeld wie etwa die Grafen von Honstein, von Henneberg-Schleusingen, die Herren von Querfurt und von Heldrungen, aber auch Angehörige der verschiedenen Linien der Grafen von Schwarzburg und von Beichlingen und nicht zuletzt die Stadt Erfurt und andere durch Bündnisverträge und Schutzversprechen stärker an sich zu binden.[124] Nach dem Tod Graf Johanns I. von Henneberg-Schleusingen am 2. Mai 1359 nutzten die wettinischen Brüder die Schwäche der Vormundschaftsregierung über dessen noch unmündige Söhne, um sich unter anderem die Herrschaft Elgersburg (1365) anzueignen, die fortan dauerhaft in wettinischem Besitz verlieb.[125] Im selben Jahr gelang der Ankauf umfangreicher Besitzungen des Klarissenklosters Weißenfels in der Stadt Hohenmölsen, die dem Amt Weißenfels zugeschlagen wurden.[126] 1368 erwarben die Wettiner Gräfenhainichen südwestlich von Wittenberg.[127] Und im darauffolgenden Jahr gingen auch die schwarzburgischen Herrschaften Schwarzwald, Wachsenburg und Liebenstein in wettinischen Besitz über.[128] Es folgte die Herrschaft Sangerhausen (1369/72), die durch den Erwerb des östlich anschließenden Beyernaumburg (1378) ergänzt wurde.[129] Und schließlich

Dieter Stievermann: Die Wettiner als Hegemonen im mitteldeutschen Raum (um 1500). In: Rogge/Schirmer, Herrschaft 2002 (wie Anm. 34) S. 379–393, sowie Ernst Schubert: Die Harzgrafen im ausgehenden Mittelalter. In: Rogge/Schirmer, Herrschaft 2002 (wie Anm. 34) S. 13–115, und die höchst aufschlussreichen Beobachtungen von Frank Boblenz: Vom Fürstentum zu Thüringen zum Thüringer Kreis. Zur administrativen Einbindung von Sangerhausen im wettinischen Nordthüringen. In: Harz-Zeitschrift. 51/52 (2000/2001), S. 37–67.
121 Hierzu Füsslein, Übergang 1929 (wie Anm. 78); Patze, Politische Geschichte 1974 (wie Anm. 38) S. 95–97; Leisering, Herrschaftsgebiete 2006 (wie Anm. 47) S. 88–94.
122 Leisering, Herrschaftsgebiete 2006 (wie Anm. 47) S. 135f.
123 Ebd. S. 137f.
124 Hierzu Leisering, Herrschaftsgebiete 2006 (wie Anm. 47) S. 138–151; Schubert, Harzgrafen 2002 (wie Anm. 120) S. 98–115; Stievermann, Wettiner 2002 (wie Anm. 120).
125 Leisering, Herrschaftsgebiete 2006 (wie Anm. 47) S. 213–216.
126 Ebd. S. 243.
127 Ebd. S. 221–224.
128 Ebd. S. 225–228.
129 Leisering, Herrschaftsgebiete 2006 (wie Anm. 47) S. 228–232 und S. 304–307; Schubert,

gingen nach dem Tod des letzten Grafen von Weimar-Orlamünde 1373 dessen Besitzungen an die Wettiner über, was noch einmal einen beträchtlichen Zuwachs von Herrschaftsrechten einbrachte.[130]

Bevorzugter Residenzort der Söhne Friedrichs II. wurde nun allerdings Gotha, das als Witwensitz ihrer Großmutter Elisabeth von Arnshaugk zunehmend an Bedeutung gewonnen hatte, gefolgt von Weißenfels, Altenburg und Leipzig.[131] Dagegen ging die Zahl und die Dauer der Aufenthalte in dem von Friedrich II. noch deutlich bevorzugten Eisenach und der Wartburg in der Zeit seiner Söhne deutlich zurück.[132] Der Grund hierfür lag jedoch nicht so sehr in der noch von Wenck betonten Interessenverlagerung der Wettiner in die Gebiete jenseits der Saale[133], sondern hatte in erster Linie wohl rein pragmatische Gründe, denn schon Friedrich II. hatte seine Mutter Elisabeth von Arnshaugk 1332 dazu gedrängt, ihm ihr Leibgeding in Gotha und Weißenfels zu überschreiben, da beide Orte «*der Herrschaft zu Thüringen bequemer gelegen*» seien.[134] Der Bedeutungsverlust Eisenachs und der Wartburg als bevorzugtem Aufenthaltsort der Wettiner, wie er seit der zweiten Hälfte des 14. Jahrhunderts zu beobachten ist, war also in erster Linie eine Folge veränderter Residenzgewohnheiten innerhalb Thüringens und nicht das Ergebnis einer bewussten Herrschaftsverlagerung der Wettiner in die meißnischen Gebiete infolge der Politik des böhmischen Nachbarn.[135]

Harzgrafen 2002 (wie Anm. 120) S. 99f.; vgl. hierzu auch BOBLENZ, Fürstentum 2000/2001 (wie Anm. 120).

130 PATZE, Politische Geschichte 1974 (wie Anm. 38) S. 161; LEISERING, Herrschaftsgebiete 2006 (wie Anm. 47) S. 267.

131 STREICH, Reiseherrschaft 1989 (wie Anm. 40) S. 260–267; LEISERING, Herrschaftsgebiete 2006 (wie Anm. 47) S. 385f., 389f. und 626–631 mit Kartenbeilage 1–3 im Anhang.

132 Auf Eisenach beziehen sich nur noch ca. 5% der nachweisbaren Aufenthalte Friedrichs III., während etwa 22% auf Gotha, 12% auf Dresden und jeweils rund 7% auf Weißenfels, Altenburg und Leipzig fallen, was in etwa auch dem Itinerarverhalten von Friedrichs Bruder Balthasar entspricht. Markgraf Wilhelm I. bevorzugte dagegen in erster Linie Leipzig (14%) neben Gotha (13,5%) und Dresden (8%); vgl. LEISERING, Herrschaftsgebiete 2006 (wie Anm. 47) S. 626–628; STREICH, Reiseherrschaft 1989 (wie Anm. 40) S. 259f.

133 WENCK, Geschichte 1907 (wie Anm. 3) S. 254.

134 Zit. nach STREICH, Reiseherrschaft 1989 (wie Anm. 40) S. 260.

135 Zwar ist im Itinerar der Söhne Friedrichs II. ein deutlicher Anstieg der Aufenthalte in Dresden zu erkennen, doch stehen die meisten dieser Dresdner Aufenthalte, wie Brigitte Streich nachgewiesen hat, in dieser Zeit in Verbindung mit einer Reise nach Böhmen oder in die Niederlausitz und sind deshalb «nicht auf veränderte Residenzgewohnheiten zurückzuführen»; STREICH, Reiseherrschaft (wie Anm. 40) S. 265f. Zum Itinerar der Söhne Friedrichs II. siehe grundlegend

VII.

Im Jahr 1365 endete die von Friedrich II. verfügte Vormundschaftsregierung seines ältesten Sohnes Friedrich III. über dessen jüngere Brüder Balthasar und Wilhelm, die seitdem verstärkt auf eine Regierungsbeteiligung drängten.[136] In der Folge kam es zu einer Aufteilung des wettinischen Herrschaftskomplexes in drei Verwaltungseinheiten mit je eigenem Hofhalt, in denen jeder der drei Brüder spätestens seit 1379 weitgehend unabhängig regieren konnte. Dabei blieb die ideelle Einheit der wettinischen Herrschaft vorerst jedoch gewahrt. Erst nach dem Tod Friedrichs III. (†1381) kam es auf einem Treffen in Chemnitz schließlich zu einer definitiven Aufteilung der Herrschaft in drei voneinander unabhängige Fürstentümer, wobei Wilhelm I. die Markgrafschaft Meißen, Balthasar Thüringen und die Söhne ihres verstorbenen Bruders, Friedrich IV., Wilhelm II. und Georg, das dazwischen liegende Osterland erhielten.[137]

Für die Geschichte Thüringens war die Alleinregierung Balthasars in der Landgrafschaft (1379–1406) von zentraler Bedeutung, denn es zeichnete sich nunmehr die Möglichkeit zur Bildung einer eigenen, thüringischen Linie der Wettiner ab, die eine von der Mark Meißen und dem Osterland weitgehend unabhängige Entwicklung nehmen konnte. Zwar fehlte es nicht an Versuchen, die drei Einheiten wieder zusammenzufassen, doch hatte die Chemnitzer Teilung von 1382 vorerst Bestand und sicherte Thüringen – von einer kurzzeitigen Vereinigung der wettinischen Gebiete in den Jahren 1440–1445 einmal abgesehen – ein nahezu einhundert Jahre währendes Eigenleben, das erst durch den Tod Herzog Wilhelms III. (†1482) sein Ende fand.

Wie sehr sich gerade Landgraf Balthasar und sein Sohn Friedrich um die Unabhängigkeit ihres Fürstentums und die Bildung einer eigenen thüringischen Linie des wettinischen Hauses bemühten, haben die Forschungen von Jean-Marie Moeglin zur spätmittelalterlichen Geschichtsschreibung in Thüringen deutlich gemacht, die zur Zeit Balthasars im Umfeld des landgräflichen Hofes in Eisenach zur Blüte kam. Innerhalb weniger Jahre entstanden hier in rascher Folge mehrere hochrangige lateinische Landeschroniken, die zur Grundlage aller späteren Bemühungen um die thüringische Geschichte wurden und in dem Werk des Eisenacher Ratsschreibers und Stiftsgeistlichen Johannes Rothe (†1434) kulminierten. Wie Moeglin überzeugend nachwies,

---

Meyer, Hof- und Zentralverwaltung 1902 (wie Anm. 28) S. 130–151, und jetzt vor allem Leisering, Herrschaftsgebiete 2006 (wie Anm. 47) S. 373–396 und S. 532–617.

136 Ihr Bruder Ludwig hatte schon 1354 die geistliche Laufbahn eingeschlagen und war damit aus der Erbengemeinschaft ausgeschieden; hierzu ausführlich Rogge, Herrschaftsweitergabe 2002 (wie Anm. 46) S. 59–68.

verband sich mit diesen Werken der Versuch, die wettinischen Landgrafen in eine bis in biblische Vorzeit zurückreichende kontinuierliche Herrschafts-tradition zu stellen, die das Bestreben der in Thüringen regierenden Fürsten, eine gegenüber der Mark Meißen und dem Osterland unabhängige Stellung zu behaupten, historisch legitimieren sollte. Dabei knüpfte man bewusst auch wieder an ludowingische Traditionen an.[138] Landgraf Balthasar sicherte seinem Sohn dementsprechend nicht nur frühzeitig die Nachfolge in der Landgraf-schaft, sondern förderte als erster Wettiner seit Friedrich dem Freidigen (†1323) wieder das frühere Hauskloster der Ludowinger in Reinhardsbrunn, das er zu seiner Grablege bestimmte.[139] Mit der im Auftrag der Landgräfin Anna verfas-sten «Thüringischen Weltchronik» des Johannes Rothe lag schließlich eine umfassende Landesgeschichtsschreibung in Thüringen vor, die das Bild der Geschichte Thüringens und der Wettiner im Mittelalter zum Teil bis in die Gegenwart prägte.[140]

Die germanistische Forschung hat in den letzten Jahren ein auffallend großes Interesse an der Geschichtsschreibung in Thüringen und insbesondere am Werk Johannes Rothes entwickelt, das durch die erst kürzlich vorgelegte Edition der «Thüringischen Landeschronik» und der «Eisenacher Chronik» sowie die Neuedition von Rothes «Elisabethleben» inzwischen auf einer deut-lich verbesserten Textgrundlage steht.[141] Die zahlreichen Einzelstudien zu

---

137 Patze, Politische Geschichte 1974 (wie Anm. 38) S. 225–229; Rogge, Herrschaftsweitergabe 2002 (wie Anm. 46) S. 68–91.

138 Jean-Marie Moeglin: Sentiment d'identité régionale et historiographie en Thuringe à la fin du Moyen Age. In: Rainer Babel und Jean-Marie Moeglin (Hrsg.): Identité régionale et conscien-ce nationale en France et en Allemagne du Moyen Âge à l'époque moderne (Beihefte der Francia. 39). Sigmaringen 1996, S. 325-363, hier S. 343–358; Matthias Werner: «Ich bin ein Durenc». Vom Umgang mit der eigenen Geschichte im mittelalterlichen Thüringen. In: Matthias Werner: (Hrsg.): Identität und Geschichte (Jenaer Beiträge zur Geschichte. 1). Weimar 1997, S. 79–104, hier S. 94–101; zusammenfassend Birgit Studt: Das Land und seine Fürsten. Zur Entstehung der Landes- und dynastischen Geschichtsschreibung in Hessen und Thüringen. In: Ingrid Baumgärtner und Winfried Schich (Hrsg.): Nordhessen im Mittelalter. Probleme von Identität und überregionaler Integration (Veröffentlichungen der Historischen Kommission für Hessen. Bd. 64). Marburg 2001, S. 171–196, hier S. 181f.; Mathias Kälble: Wigand Gerstenberg und die Landgrafschaft Thüringen. In: Ursula Braasch-Schwersmann und Axel Halle (Hrsg.): Wigand Gerstenberg von Frankenberg 1457–1522. Die Bilder aus sei-nen Chroniken. Thüringen und Hessen – Stadt Frankenberg (Untersuchungen und Materialien zur Verfassungs- und Landesgeschichte. 23). Marburg 2007, S. 42–60, hier S. 47–49. – Zu paral-lelen Entwicklungen der Geschichtsschreibung in der Mark Meißen siehe Marquis, Meiß-nische Geschichtsschreibung 1998 (wie Anm. 104).

139 Wilhelm Wintruff: Landesherrliche Kirchenpolitik in Thüringen am Ausgang des Mittelalters (Forschungen zur thüringisch-sächsischen Geschichte. 5). Halle 1914, S. 21f.

140 Rothe/Liliencron, Chronik 1859 (wie Anm. 63).

141 Martin J. Schubert und Annegret Haase (Hrsg.): Johannes Rothes Elisabethleben. Aufgrund des Nachlasses von Helmut Lomnitzer (Deutsche Texte des Mittelalters. 85). Berlin 2005;

Johannes Rothe sind mittlerweile kaum noch zu überblicken und haben den Eisenacher Literaturbetrieb im Umfeld des landgräflichen Hofes zu Beginn des 15. Jahrhunderts vielfach in neuem Licht erscheinen lassen.[142]

Dagegen hinkt die historische Forschung für die Zeit der Alleinregierung Landgraf Balthasars bis zum Ende der Regierung Wilhelms III. deutlich hinterher. Es fehlen nicht nur grundlegende biographische Darstellungen zu den Landgrafen Balthasar, Friedrich dem Friedfertigen und Wilhelm III.[143], son-

---

SYLVIA WEIGELT (Hrsg.): Johannes Rothe, Thüringische Landeschronik und Eisenacher Chronik (Deutsche Texte des Mittelalters. Bd. 87). Berlin 2007.

142 Aus der umfangreichen Literatur zu JOHANNES ROTHE seien genannt: HANS NEUMANN, Art. Johannes Rothe. In: KARL LANGOSCH (Hrsg.): Die deutsche Literatur des Mittelalters. Verfasserlexikon. Bd. 5. Berlin 1955, Sp. 995–1006 (mit Hinweisen zu älterer Literatur); VOLKER HONEMANN: Johannes Rothe und seine «Thüringische Weltchronik». In: HANS PATZE: Geschichtsschreibung und Geschichtsbewußtsein im späten Mittelalter (Vorträge und Forschungen. 31). Sigmaringen 1987, S. 497–522; VOLKER HONEMANN: Johannes Rothe in Eisenach. Literarisches Schaffen und Lebenswelt eines Autors um 1400. In: WALTER HAUG und BURGHART WACHINGER (Hrsg.): Autorentypen (Fortuna vitrea. 6). Tübingen 1991, S. 69–88; VOLKER HONEMANN: Die Stadt bei Johannes Rothe und Hermann Bote. In: HERBERT BLUME und EBERHARD ROHSE (Hrsg.): Hermann Bote. Städtisch-hansischer Autor in Braunschweig 1488–1988 (Beiträge zum Braunschweiger Bote-Kolloquium 1988). Tübingen 1991, S. 24–42; VOLKER HONEMANN: Art. «Rothe, Johannes». In: KURT RUH u. a. (Hrsg.): Die deutsche Literatur des Mittelalters. Verfasserlexikon. Bd. 8. Berlin ²1992, Sp. 277–285; SYLVIA WEIGELT: Johannes Rothes Darstellung der Sage vom Sängerkrieg und ihre Quellen. In: HEINZ ENDERMANN (Bearb.): Deutsche Sprache und Literatur in Mittelalter und früher Neuzeit. HEINZ METTKE zum 65. Geburtstag (Wissenschaftliche Beiträge der Friedrich-Schiller-Universität Jena. 1989). Jena 1989, S. 159–168; SYLVIA WEIGELT: Die «Thüringische Landeschronik» des Johannes Rothe. Ihre Quellen und deren editorische Darstellung am Beispiel der «Vita Ludowici» des Friedrich Köditz von Saalfeld. In: ANTON SCHWOB und ERWIN STREITFELD (Hrsg.): Quelle – Text – Edition. Ergebnisse der österreichisch-deutschen Fachtagung der Arbeitsgemeinschaft für germanistische Edition in Graz vom 28. Februar bis 3. März 1996 (Beihefte zu Editio. 9). Tübingen 1997, S. 109–121; SYLVIA WEIGELT: Studien zur «Thüringischen Landeschronik» des Johannes Rothe und ihrer Überlieferung. Mit Vorüberlegungen zur Edition der Landeschronik, unveröff. Habil. Jena 1999; SYLVIA WEIGELT: Die Rezeption der «Thüringischen Landeschronik» des Johannes Rothe in differenten Bedarfskonstellationen des 15. und 16. Jahrhunderts. In: Das Mittelalter. Perspektiven mediävistischer Forschung. Zeitschrift des Mediävistenverbandes. 5(2000), S. 71–85; SYLVIA WEIGELT: Die städtische Eisenacher Kanzlei um 1400 und die autographen Urkunden des Johannes Rothe. In: JENS HAUSTEIN, ECKHARD MEINEKE und NORBERT-RICHARD WOLF (Hrsg.): Septuaginta quinque. Festschrift für HEINZ METTKE. Heidelberg 2000, S. 490–428; PETER STROHSCHNEIDER: Johannes Rothes Verslegende über Elisabeth von Thüringen und seine Chroniken. Materialien zum Funktionsspektrum legendarischen und hagiographischen Erzählens im späten Mittelalter. In: Internationales Archiv für Sozialgeschichte der deutschen Literatur. 23(1998), S. 1–29; STEFAN TEBRUCK, Art. «Rothe, Johannes». In: Neue Deutsche Biographie. Bd. 22. Berlin 2005, S. 118f.; JENS HAUSTEIN: Wuchernde Allegorien. Zu Johannes Rothes «Geistlicher Brustspange». In: MARTIN SCHUBERT, JÜRGEN WOLF und ANNEGRET HAASE (Hrsg.): Mittelalterliche Sprache und Literatur in Eisenach und Erfurt. Tagung anlässlich des 70. Geburtstags von RUDOLF BENTZINGER am 22. 8. 2006 (Kultur, Wissenschaft, Literatur. Beiträge zur Mittelalterforschung. 18). Frankfurt a. M./Berlin/Bern u. a. 2008, S. 122–130; BRIGITTE

dern ebenso Untersuchungen zu den personellen und materiellen Grundlagen ihrer Herrschaft, zu ihrer Kirchen- und Städtepolitik in Thüringen oder ihrem Verhältnis zum Adel und den übrigen politischen Kräften des Landes, um nur die wichtigsten Forschungsdesiderate für das 15. Jahrhundert in Thüringen zu nennen. Die Forschung ist diesbezüglich noch immer auf die Darstellung von Hans Patze angewiesen[144], die erst allmählich durch neuere Untersuchungen etwa zu den kirchlichen Reformen Herzog Wilhelms III. mit ihren Ansätzen zur Ausbildung eines landesherrlichen Kirchenregiments[145], zur Bedeutung des Finanzwesens für die spätmittelalterliche Staatsbildung[146], zur Rolle der Juden im Kontext landesfürstlicher Herrschaft[147] oder zur Geschichte der Stände und den Anfängen einer landständischen Verfassung in Thüringen[148] ergänzt und in wichtigen Teilen ersetzt wird.

PFEIL: Die «Thüringische Weltchronik» des Johannes Rothe aus der Büchersammlung der Fürsten zu Stollberg-Wernigerode (Halle, ULB, Stolb. Wernig. Zb 32). In: ebd., S. 207–229.

143 Im Unterschied hierzu liegen für die sächsischen Wettiner bereits mehrere biographische Arbeiten vor; vgl. etwa IRMGARD VON BROESIGKE: Friedrich der Streitbare, Markgraf von Meißen und Kurfürst von Sachsen. Diss. Berlin 1938; ANDRÉ THIEME: Herzog Albrecht der Beherzte (1443–1500), ein sächsischer Fürst im Reich und in Europa (Quellen und Materialien zur Geschichte der Wettiner. 2). Köln u. a. 2002; INGOLF GRÄSSLER und ANNE KLEINER (Red.): Wilhelm der Einäugige. Markgraf von Meissen (1346–1407). Tagungsband (Saxonia. 11). Dresden 2009 sowie die biographischen Skizzen in KROLL, Herrscher Sachsens 2004 (wie Anm. 58).

144 PATZE, Politische Geschichte 1974 (wie Anm. 38) S. 116–146 und S. 226–229.

145 Siehe hierzu im Anschluss an die grundlegende Studie von WINTRUFF, Kirchenpolitik 1914 (wie Anm. 139); MANFRED SCHULZE: Fürsten und Reformation. Geistliche Reformpolitik weltlicher Fürsten vor der Reformation (Spätmittelalter und Reformation. Nr. 2). Tübingen 1991, S. 46ff.; PETRA WEIGEL: Landesherren und Observanzbewegung. Studien zum Reformverständnis des sächsischen Provinzialministers Matthias Döring (1427–1461). In: DIETER BERG (Hrsg.): Könige, Landesherren und Bettelorden. Konflikt und Kooperation in West- und Mitteleuropa bis zur frühen Neuzeit (Saxonia Franciscana. 10). Werl 1998, S. 361–390; MATTHIAS WERNER: Landesherr und Franziskanerorden im spätmittelalterlichen Thüringen. In: ebd., S. 331–360.

146 SCHIRMER, Staatsfinanzen 2006 (wie Anm. 77).

147 MAIKE LÄMMERHIRT: Juden in den wettinischen Herrschaftsgebieten. Recht, Verwaltung und Wirtschaft im Spätmittelalter (Veröffentlichungen der Historischen Kommission für Thüringen. Kleine Reihe. Bd. 21). Köln/Weimar/Wien 2007.

148 Unverzichtbar hierzu HELBIG, Ständestaat 1955 (wie Anm. 77) bes. S. 388–463; vgl. KARL BOSL: Der Wettinische Ständestaat im Rahmen der mittelalterlichen Verfassungsgeschichte. In: Historische Zeitschrift. 191(1960), S. 349–356. Wichtige Einzelaspekte behandeln MARTIN NAUMANN: Die wettinische Landesteilung von 1445. In: Neues Archiv für sächsische Geschichte und Altertumskunde. 60(1939), S. 171–213; KARLA JAGEN: Die Thüringische Landesordnung von 1446. Diss. masch. Leipzig 1951; GREGOR RICHTER: Die ernestinischen Landesordnungen und ihre Vorläufer von 1446 und 1482 (Mitteldeutsche Forschungen. 34). Köln/Graz 1964, S. 35–46 sowie GERHARD MÜLLER: Der thüringische Landtag zu Weißensee und die Landesordnung Herzog Wilhelms des Tapferen vom 9. Januar 1446. In: Sömmerdaer Heimatheft. Beiträge zur Heimatkunde des Landkreises Sömmerda und der Unstrut-Finne-

Zuletzt hat Jörg Rogge deutlich herausgearbeitet, welchen Einfluss die landesherrlichen Räte und die sich formierenden Stände auf die Politik und die Familienorganisation der wettinischen Fürsten im 14. und vor allem im 15. Jahrhundert gewannen und wie sehr gerade der thüringische Zweig der Wettiner im Vergleich zu seinen Verwandten im Osterland und der Mark Meißen auf die Belange des Adels in seinem Herrschaftsbereich Rücksicht zu nehmen hatte.[149] Dabei ist er nicht nur zu wichtigen weiterführenden Einsichten in die unterschiedlichen Rahmenbedingungen fürstlicher Herrschaft in Thüringen und der Mark Meißen gelangt, sondern auch zu einer grundlegenden Neubewertung der in der Forschung überwiegend negativ beurteilten Regierungszeit Friedrichs des Friedfertigen.[150] Dessen Ehe mit Anna von Schwarzburg hatte dazu geführt, dass die seit jeher mächtigen Schwarzburger Grafen zeitweilig einen dominierenden Einfluss auf die landgräfliche Politik in Thüringen gewannen, woraufhin seine osterländischen Vettern, Friedrich I. der Streitbare und Wilhelm II., mehrfach in Thüringen intervenierten. Die daraus erwachsene Regierungskrise wurde in der Forschung vor allem der vermeintlichen Schwäche des Landgrafen angelastet, der zum «Spielball sowohl seiner Vettern als auch der Schwarzburger» geworden sei.[151] Schon Karl Wenck verurteilte die Politik dieses in seinen Augen «geistes- und willensschwachen Fürsten» als ein «für die ganze Dynastie gefährliches Pantoffelheldentum», das letztlich eine Zeit des Niedergangs und des Verfalls in Thüringen und auf der Wartburg eingeleitet habe.[152] Ein derart vernichtendes Urteil erweist sich nach den Beobachtungen von Rogge als verfehlt. Vielmehr wird man künftig stärker auf die spezifischen Kräfteverhältnisse in den einzelnen Herrschaftsgebieten der Wettiner achten müssen, die die Rahmenbedingungen fürstlichen Handelns in entscheidender Weise vorgaben und im Falle Landgraf Friedrichs zu einer Politik «der friedlichen Interaktion mit dem Adel» geführt haben.[153] Eine solche Politik wird man dann nicht mehr als Ausdruck der Schwäche, sondern eher als realistische Einschätzung vorhandener Gestaltungsspielräume einzuschätzen haben. Voraussetzung für eine derart veränderte Perspektive wären freilich umfassende Studien zum nichtwettinischen Adel in Thüringen wie sie bislang allerdings nur für Sachsen in größerer Zahl vorliegen.[154]

Region. 8(1996), S. 27–44; GERHARD MÜLLER: Die Thüringische Landesordnung vom 9. Januar 1446. In: Zeitschrift des Vereins für thüringische Geschichte. 50(1996), S. 9–35.

149 ROGGE, Herrschaftsweitergabe 2002 (wie Anm. 46) S. 75–207.

150 Ebd. S. 104–116.

151 PATZE, Politische Geschichte 1974 (wie Anm. 38) S. 129.

152 WENCK, Geschichte 1907 (wie Anm. 3) S. 258f.; vgl. dazu ebd., S. 260–262.

153 ROGGE, Herrschaftsweitergabe 2002 (wie Anm. 46) S. 113.

154 Zu nennen ist hier vor allem die Würzburger Habilitationsschrift von JOACHIM SCHNEIDER:

So steht die Forschung zur mittelalterlichen Geschichte der Wettiner in Thüringen heute noch vielfach auf dem Boden, den Karl Wenck und nach ihm Hans Patze vorbereitet haben. Auch wenn deren Darstellungen inzwischen in wichtigen Punkten durch neue Fragestellungen und Forschungsergebnisse überholt und durch neuere Einzelstudien ersetzt sind, so dürfen sie nach wie vor über weite Strecken Gültigkeit beanspruchen. Dabei bleibt es ein Verdienst von Karl Wenck, erstmals auf die herausragende Bedeutung Thüringens und der Wartburg für die Wettiner hingewiesen und dies in einer ersten Gesamtdarstellung zur Geschichte der wettinischen Landgrafen in Thüringen entsprechend herausgestellt zu haben. Dass die Forschung diesem Ansatz nur zögerlich gefolgt ist und zunächst andere Wege eingeschlagen hat, mag damit zusammenhängen, dass Wencks Beitrag im Wartburg-Werk zu Unrecht kaum rezipiert wurde und die Quellen für das wettinische Thüringen noch immer nur unzureichend ediert sind. So bleibt zu hoffen, dass mit der 2008 von der Sächsischen Akademie der Wissenschaften zu Leipzig im Rahmen des «Codex diplomaticus Saxoniae» wieder aufgenommenen Arbeit an der Edition der Urkunden der Landgrafen von Thüringen, Markgrafen von Meißen und Kurfürsten bzw. Herzöge von Sachsen auch die Erforschung der Wettiner im spätmittelalterlichen Thüringen zusätzliche Impulse erhält und dass die landesgeschichtliche Forschung trotz wirtschaftlicher Krisen und finanzieller Engpässe auch in Zukunft die notwendigen Rahmenbedingungen dafür finden wird, um an die vielversprechenden Forschungsansätze der letzten Jahre anknüpfen und den eingeschlagenen Weg fortsetzen zu können.

Spätmittelalterlicher deutscher Niederadel. Ein landschaftlicher Vergleich (Monographien zur Geschichte des Mittelalters. Bd. 52). Stuttgart 2003, die auch für Thüringen Modellcharakter besitzt, sowie JOACHIM SCHNEIDER: Die Bünaus in der wettinischen Adelslandschaft des Spätmittelalters. Gesamtbelehnung und Wappenführung als Elemente sozialer Strategien zwischen Kernfamilie und Gesamtgeschlecht. In: MARTINA SCHATTKOWSKY: Die Familie von Bünau. Adelsherrschaften in Sachsen und Böhmen vom Mittelalter bis zur Neuzeit (Schriften zur sächsischen Geschichte und Volkskunde. Bd. 27). Leipzig 2008, S. 167–190; ANDRÉ THIEME: Landesherrschaft und Reichsunmittelbarkeit. Beobachtungen bei den Burggrafen von Meißen aus dem Hause Plauen und anderen Nachfolgefamilien der Vögte von Weida, Gera und Plauen. In: ROGGE/SCHIRMER, Herrschaft 2002 (wie Anm. 34) S. 135–161; MANFRED KOBUCH: Herrschaftspraxis und Verwaltung der Burggrafen von Leisnig im 15. Jahrhundert. In: ebd., S. 117–133; SUSANNE BAUDISCH: Lokaler Adel in Nordwestsachsen. Siedlungs- und Herrschaftsstrukturen vom späten 11. bis zum 14. Jahrhundert. Köln/Weimar/Wien 1999. – Zum Forschungsstand siehe ENNO BÜNZ: Adel in Sachsen im Spätmittelalter und in der Frühen Neuzeit. Stand, Aufgaben und Perspektiven der Forschung. In: BIRGIT RICHTER (redig.): Die Familie von Einsiedel. Stand, Aufgaben und Perspektiven der Adelsforschung in Sachsen. Kolloquium des Sächsischen Staatsarchivs/Staatsarchiv Leipzig in Zusammenarbeit mit der Universität Leipzig, 9. November 2005, Leipzig 2007, S. 7–41. – Für Thüringen liegen dank der richtungsweisenden Untersuchung von ERNST SCHUBERT zu den Harzgrafen immerhin für die Grafen von Honstein, Klettenberg und Stolberg neue Erkenntnisse vor; siehe SCHUBERT, Harzgrafen 2002 (wie Anm. 120).

Die Baugeschichte der Burg im Wartburg-Werk[1]

Elmar Altwasser und Ulrich Klein

Inhalt

1.   Zur Vorgeschichte des Baugeschichtsteils
2.   Die Person des Autors Paul Weber
3.   Der Aufbau und Inhalt des Baugeschichtsteils
3.1. Die Gliederung des Baugeschichtsteils
3.2. Die Aussagen des Baugeschichtsteils
3.3. Die Aussagen der Endnoten
3.4. Die Illustrationen
4.   Die Darstellungen der Baugeschichte und der heutige Forschungsstand

1. Zur Vorgeschichte des Baugeschichtsteils

Die Beiträge zur Baugeschichte der Wartburg machen einen wesentlichen Kernbereich des Wartburg-Werkes[2] von Max Baumgärtel aus. Wie das gesamte Werk hatten auch sie eine langwierige und oft schwierige Vorgeschichte[3].

In dem ersten Gliederungsentwurf von Wilhelm Oncken (1838–1905)[4] waren gemäß der Vorstellung, mit dem geplanten Band vor allem die Wiederherstellungsarbeiten durch das großherzogliche Haus zu würdigen[5], solche Kapitel explizit noch gar nicht enthalten gewesen. Hier hätte in Kapitel «I. Der Neubau der Wartburg» behandelt werden sollen, wobei vielleicht in den Unter-

---

1 Die Verfasser haben Herrn HILMAR SCHWARZ von der Wartburg-Stiftung Eisenach für die großzügige Überlassung von Material zur Vorgeschichte des Baugeschichtsteils und der Person von PAUL WEBER herzlich zu danken.

2 MAX BAUMGÄRTEL (Hrsg.): Die Wartburg. Ein Denkmal deutscher Geschichte und Kunst. Berlin 1907. Daraus jeweils die im Text stehenden Seitenzahlen.

3 Die Darstellung folgt im Wesentlichen einem Bericht zum Abschluss des Wartburg-Werkes vom 27. Mai 1907 von MAX BAUMGÄRTEL an den Großherzog WILHELM ERNST VON SACHSEN-WEIMAR-EISENACH im Archiv der Wartburg-Stiftung Eisenach, Akte: Die Wartburg. Ein Denkmal deutscher Geschichte und Kunst, Band 7, Akten-Nr. 346.

4 Der Gießener Historiker WILHELM ONCKEN hatte bereits seit 1875 mit BAUMGÄRTEL zusammengearbeitet und mit ihm das 45-bändige Monumentalwerk «Allgemeine Geschichte in Einzeldarstellungen» konzipiert, siehe RUDOLF SCHMIDT: Deutsche Buchhändler. Deutsche Buchdrucker, Band 2. Berlin/Eberswalde 1903, S. 338–342 und BAUMGÄRTEL, Wartburg 1907 (wie Anm. 2) S. V. Oncken galt als Vertreter einer populären, aber wenig tiefgehenden Geschichtsdarstellung.

5 BAUMGÄRTEL, Wartburg 1907 (wie Anm. 2) S. VI.

kapiteln «2. Das Werk des Baumeisters» von Otto von Ritgen und «4. Ein Gang durch die heutige Wartburg» des Wartburg-Bibliothekars Richard Voß auch baugeschichtliche Fragen behandelt worden, der Darstellung der Wiederherstellung sicher aber deutlich untergeordnet gewesen wären. Auch in Kapitel «II. Die Wartburg in Sage, Geschichte und Dichtung des deutschen Volkes» wäre in dem von Oncken selbst zu schreibenden Unterkapitel «1. Die älteste Zeit» die Baugeschichte neben der dominierenden Schriftquellenüberlieferung sicher nur marginal behandelt worden.

Baumgärtel hat hier sehr deutlich und in der Sache vollauf berechtigt die Akzente insofern verschoben, als er nun ein neues eigenes Kapitel «4. Die Baugeschichte der Wartburg» vorsah, dem dann das neue Kapitel «5. Die Wiederherstellung der Wartburg», von ihm selbst und Otto von Ritgen verfasst, folgen sollte. Die endgültige Gliederung war dann noch weitaus komplexer, berücksichtigte aber das nun eingeführte Baugeschichtskapitel. Die Vorgehensweise lässt auch in diesem Fall erkennen, dass Baumgärtel weit über die üblichen Aufgaben eines Verlegers hinaus inhaltlichen Einfluss auf das Gesamtwerk genommen hat.

Die neue Konzeption, die er offenbar bis zum Sommer des Jahres 1899 entwickelt hatte, setzte nun allerdings voraus, dass ein geeigneter Bearbeiter für das umfangreiche Kapitel einer Baugeschichte der Wartburg von den Anfängen bis zum Beginn der Wiederherstellung im 19. Jahrhundert gefunden werden konnte. Im Juli 1899 wandte sich Baumgärtel daher an den als Experte für romanischen Profanbau geltenden Jenaer Privatdozenten Paul Weber[6], der ihm aber wegen Arbeitsüberlastung absagen musste. Eine Anfrage bei dem Architekten und Kunsthistoriker Professor Paul Lehfeldt (1848–1900)[7] war dagegen erfolgreich: Der als Bearbeiter zahlreicher Großinventare zur Thüringischen Kunst auch als regionaler Kenner ausgewiesene Lehfeldt nahm den Auftrag unverzüglich an und legte schon nach kurzer Zeit ein entsprechendes Manuskript vor. Bei der Lektüre müssen Baumgärtel aber stärkere Bedenken gekommen sein, denn er bat nun den Marburger Historiker Professor Karl (Robert) Wenck (1854–1927)[8], den Verfasser eines Teils der historischen Abschnitte des Wartburg-Werks, um eine Stellungnahme; Wenck verwies nun aber seinerseits wieder auf Weber in Jena. Weber bestätigte die Bedenken des Herausgebers, und nur durch den Tod Lehfeldts im Januar 1900 kam es nicht mehr zu einer förmlichen Absage an den Autor.

---

6 Siehe die Darstellung zur Person PAUL WEBER im nachfolgenden Kapitel 2.

7 Zur Biographie des damaligen Berliner Professors PAUL LEHFELDT siehe ANTON BETTELHEIM (Hrsg.): Biographisches Jahrbuch und deutscher Nekrolog. Bd. 5. Berlin 1903, S. 204 f.

8 Zur Person WENCKS siehe in diesem Band den Beitrag «Die an Baumgärtels Wartburg-Werk von 1907 beteiligten Autoren».

Nun war allerdings das Thema wieder vakant, und als sich Baumgärtel im August 1900 wiederum an Paul Weber wandte, sagte dieser überraschend zu, innerhalb von sechs Wochen ein entsprechendes Manuskript zu verfassen. Im April 1901, nach angesichts des Umfangs überraschend wenigen sieben Monaten, lag dann der umfangreiche Text tatsächlich vor. Baumgärtel war zwar wiederum mit dem Ergebnis unzufrieden, ließ sich aber auf den Wunsch Webers ein, nun ganz konkret selbst zu verbessern, was nicht seinen Vorstellungen entsprach, um nicht auch noch diesen Autor zu verprellen. Ende Januar 1902 war die umfangreiche Überarbeitung fertig gestellt[9]. Damit hat das Kapitel zur Baugeschichte der Wartburg eigentlich Max Baumgärtel als Ko-autor, wobei dessen genauer Anteil in dem weitgehend ohne erkennbare Brüche vorliegenden Text allerdings nur schwer einzuschätzen ist.

2. DIE PERSON DES AUTORS PAUL WEBER

Paul (Karl) Weber, sicherlich dennoch als der Hauptautor anzusehen, wurde am 29. April 1868 in Schwelm als Paul (Karl) Josephson geboren[10]. Er stammte aus einer jüdischen westfälischen Familie, die, zu Beginn des 19. Jahrhunderts konvertiert, bereits in zwei Generationen evangelische Pfarrer stellte. Sein Vater, als Pfarrer zuerst im oberbergischen Engelskirchen und dann in Schwelm tätig, hatte eine Fabrikantentochter aus Gera geheiratet; nach dem frühen Tod der Eltern wuchsen Paul und ein Geschwisterkind bei den Großeltern mütterlicherseits in Gera auf, die Vormundschaft hatte der Großvater, Kommerzienrat Alfred Weber, übernommen. Im Jahre 1893 hat sich Paul Josephson aufgrund dieser familiären Situation, aber wohl auch, um den jüdisch klingenden Namen abzulegen, mit kaiserlicher Erlaubnis offiziell in Paul Weber umbenennen dürfen.

In Gera hatte Paul das humanistische Gymnasium besucht und dort 1889 das Abitur abgelegt. Er studierte dann Kunstgeschichte, Geschichte und Archäologie in Heidelberg, Straßburg und Leipzig. In Leipzig wurde er schließlich mit einer wegweisenden Arbeit zur sakralen Ikonographie[11] 1894 «summa cum laude» promoviert. Nach Studienreisen durch Frankreich und Italien zog er im folgenden Jahr nach Berlin, um dort seine Habilitation zur mittelalterlichen Wandmalerei[12] vorzubereiten, die 1896 von der Universität Jena ange-

---

9   Diese Daten sind zu Beginn des Anmerkungsteiles genannt, siehe BAUMGÄRTEL, Wartburg 1907 (wie Anm. 2) S. 697.

10 Zur Biographie PAUL WEBERS siehe BIRGITT HELLMANN: Paul Weber – Kunsthistoriker, Museumsgründer und Denkmalpfleger in Jena. In: JÜRGEN JOHN und VOLKER WAHL (Hrsg.): Zwischen Konvention und Avantgarde. Doppelstadt Jena – Weimar. Weimar/Köln/Wien 1995, S. 91–104; SASKIA KRETSCHMER: Paul Weber (1868–1930). Denkmalpflege und Heimatschutz, Ms. Magisterarbeit Leipzig 2000.

nommen wurde. Er arbeitete von nun an dort als Privatdozent für Neuere Kunst- und Kulturgeschichte[13] mit dem Recht, den Titel «Professor» zu führen, und war in der Inventarisation der Kunstdenkmäler in den preußischen Provinzen Sachsen[14] und Hessen-Nassau[15] tätig, daneben legte er zahlreiche Veröffentlichungen nicht nur zur regionalen Kunstgeschichte vor. Zusätzlich zu der Lehrtätigkeit arbeitete er seit 1901 ehrenamtlich am Aufbau des Jenaer städtischen Museums, dessen Leitung er mit einer Unterbrechung im Krieg bis zu seinem Lebensende übernahm[16].

Abb. 1:
Porträt Paul Webers
im Jahre 1928

In der damals durch starke Umbrüche geprägten Stadt Jena setzte er sich – oft vergeblich – für die Erhaltung der historischen Bausubstanz ein und dokumentierte umfassend, was nicht erhalten bleiben konnte[17]. Seinen denkmalpflegerischen Interessen entsprechend gehörte er 1904 zu den Mitbegründern des «Bundes Heimatschutz», nach seinen publizierten Äußerungen zählte er hier zu den dezidiert kulturkritisch eingestellten Mitgliedern[18]. Mit Beginn des 1. Weltkrieges meldete er sich mit bereits 46 Jahren als Kriegsfreiwilliger und stand bis 1916 im aktiven Dienst. Nachdem man 1917 in Jena Kunstgeschichte und Archäologie als Fächer getrennt hatte, wurde erstmalig eine außerordentli-

11 Paul Weber: Geistliches Schauspiel und Kirchliche Kunst in ihrem Verhältnis erläutert an einer Ikonographie der Kirche und Synagoge. Eine kunsthistorische Studie. Stuttgart 1894 (Diss. Phil. Jena).

12 Paul Weber: Die Wandgemälde zu Burgfelden auf der schwäbischen Alb. Ein Baustein zu einer Geschichte der deutschen Wandmalereien im frühen Mittelalter, zugleich ein Beitrag zur ältesten Geschichte der zollerischen Stammlande. Darmstadt 1896 (Habil. Jena).

13 Bis 1917 waren in Jena die Kunstgeschichte und Archäologie als Fächer gemeinsam nur durch einen Lehrauftrag vertreten.

14 Die Inventare der Provinz Sachsen erschienen unter dem Titel: Beschreibende Darstellung der älteren Bau- und Kunstdenkmäler der Provinz Sachsen, Halle 1879–1909.

15 Paul Weber (Bearb.): Kreis Herrschaft Schmalkalden (Die Bau- und Kunstdenkmäler im Regierungsbezirk Cassel. Bd. V). Marburg 1913.

16 Zu seiner Museumstätigkeit siehe vertiefend Winfried Haun: Paul Weber und seine Jenaer Museumsgründung vor 100 Jahren. In: Blätter des Vereins für Thüringische Geschichte. 13(2003)2, S. 27–31.

17 Zu Webers denkmalpflegerischem Engagement siehe Birgitt Hellmann: Die Bemühungen Paul Webers um die Erhaltung mittelalterlicher Teile des Stadtbildes von Jena. In: Mark Escherich, Christian Misch und Rainer Müller (Hrsg.): Entstehung und Wandel mittelalterlicher Städte in Thüringen (Erfurter Studien zur Kunst- und Baugeschichte. 3). Berlin 2007, S. 241–253.

18 Paul Weber: Persönliche Denkmalpflege. In: Die Denkmalpflege. 1(1899)6.

che Professur für Kunstgeschichte eingerichtet, mit der noch im gleichen Jahr Paul Weber betraut wurde. Er war aber vorerst von 1917 bis Januar 1919 als militärischer Konservator der Bau- und Kunstdenkmäler im besetzten Litauen tätig. Zurück in Jena übernahm er wieder die Leitung und den weiteren Ausbau des Stadtmuseums. Im Rahmen der weiteren Universitätsentwicklung erhielt er 1923 die Berufung zum ordentlichen Professor für Kunstgeschichte, die er zum Neuaufbau des Kunsthistorischen Seminars der Universität nutzte[19]. Das Museum wurde von ihm neu konzipiert 1928 wiedereröffnet und um eine Außenstelle zur Volkskunde in einem zu diesem Zweck von ihm vor dem Abbruch geretteten historischen Gehöft erweitert. Im 1920 neu entstandenen Land Thüringen setzte er sich weiterhin intensiv für die Belange des Denkmalschutzes ein und arbeitete an einer umfassenden Kunstgeschichte Thüringens. Diese blieb im Projektstadium, da er am 28. Januar 1930 nach kurzer Krankheit in Jena an den Folgen einer Operation starb.

Wenn Paul Weber in der Zeit der Vorbereitung des Wartburg-Werkes auch noch erst am Beginn seiner akademischen Laufbahn stand, konnte er doch bereits als durch wichtige Veröffentlichungen ausgewiesener Kunsthistoriker der jüngeren Generation gelten, der sich auch durch einen Schwerpunkt auf die thüringisch-sächsische Kunstgeschichte des Mittelalters auszuzeichnen begann[20]. So bearbeitete er parallel zu seinem Beitrag im Wartburg-Werk die Iwein-Fresken im Hessenhof von Schmalkalden, wobei er diesen bedeutenden Malereibestand erstmals in seiner überregionalen Bedeutung würdigte. Gehörte die mittelalterliche Malerei und Ikonographie bis dahin auch zu seinen Hauptarbeitsgebieten, so zeigt sein Beitrag zum Wartburg-Werk doch auch seine sichere Kenntnis des gesamten damaligen Forschungstandes zur romanischen Architekturgeschichte einschließlich der aktuellen, oft noch außerhalb der offiziellen Publikationen geführten Fachdiskussionen. Zudem erwies er sich in der Analyse der Formen als sicher argumentierender Wissenschaftler, vertraut mit dem Instrumentarium der damaligen kunsthistorischen Methodik.

Vor diesem Hintergrund hatte Max Baumgärtel sicher eine gute Wahl getroffen, als er nach den vorhergehenden Fehlschlägen nun dem jungen Paul Weber das Kapitel zur Baugeschichte anvertraute. Auf eigenen Wunsch hat Weber im Wartburg-Werk zusätzlich noch das Kapitel «Alte und neue Kunstwerke auf der Wartburg» bearbeitet[21].

---

19 Siehe hierzu die Auflistung seiner Veranstaltungen an der Universität Jena in Hellmann, Kunsthistoriker 1995 (wie Anm. 10) S. 101–104.

20 Siehe hierzu die Bibliographie seiner Schriften in Hellmann, Kunsthistoriker 1995 (wie Anm. 10) S. 97–100.

21 Baumgärtel, Wartburg 1907 (wie Anm. 2) S. 591–636.

3. Der Aufbau und Inhalt des Baugeschichtsteils

Der Beitrag von Paul Weber zur Baugeschichte der Wartburg reicht im Wartburg-Werk von Seite 49 bis Seite 164, hinzu kommen wie im übrigen Werk im Text nicht angemerkte Endnoten mit wichtigen ergänzenden Informationen auf den deutlich enger bedruckten Seiten 697 bis 699 am Schluss des Bandes.

3.1. Die Gliederung des Baugeschichtsteils

Der Text des Baugeschichtskapitels gliedert sich in zwölf Hauptkapitel, die entsprechend durchnumeriert sind, und teilweise nach einem nicht recht logisch erscheinenden Prinzip auch Unterkapitel besitzen, die teils unmittelbar in den Text eingebunden sind; wahrscheinlich handelt es sich hierbei um eine Maßnahme des Herausgebers, um die doch zum Teil recht langen Hauptkapitel lesefreundlicher zu gliedern. Die im Inhaltsverzeichnis[22] aufgeführten, sehr detaillierten Zwischenüberschriften sind dagegen im Text nicht aufgegriffen worden.

Auch die Gliederung der Hauptkapitel kann nicht ganz überzeugen: Sie ist nach zwei inhaltlich vollauf berechtigten einleitenden Kapiteln:

1. Die Wartburg als Baudenkmal (S. 49–51)
2. Der Wartburgfelsen (S. 51–52)

im Prinzip chronologisch, teils nach Herrschern, teils nach Zeiträumen oder sachlichen Betreffen gegliedert mit den Kapiteln

3. Die Burg Ludwig des Springers (S. 52–55)
7. Das Residenzschloss Wartburg in seiner Vollendung (S. 116–125)
8. Die dritte große Bauepoche der Wartburg unter Friedrich dem Freidigen (1307–1321) (S. 125–138)
9. Die Bautätigkeit auf der Wartburg bis zum Ausgange des Mittelalters (1321–1500) (S. 139–146)
10. Das Festungsschloss Wartburg im sechzehnten und siebzehnten Jahrhundert (S. 147–157)
11. Das Jahrhundert des Verfalles (S. 157–161)
12. Das Jahrhundert der Wiederherstellung (S. 161–164)

In der chronologischen Abfolge sind allerdings drei Kapitel zum Palas eingefügt, weil der Autor hier seine Argumentation zur gesamten romanischen Bauphase entwickeln musste:

4. Baugeschichte des Palas (55–72)
5. Beschreibung des Palas. Das Äußere (S. 72–89)

---

22 Baumgärtel, Wartburg 1907 (wie Anm. 2) S. IX–X.

4. Baugeschichte der Wartburg.
Von Professor Dr. Paul Weber. (S. 47 bis 165.)

6. Beschreibung des Palas. Das Innere (89–115)

Damit wird deutlich, dass es hier nicht, wie man heute vorgehen würde, eine Trennung zwischen Befundbeschreibung einerseits und Auswertung, wozu natürlich auch die Datierung gehört, andererseits gibt, sondern einen fortlaufend chronologisch aufgebauten Text, dem die Befunde teils argumentierend, teils auch nur rein additiv zugeordnet sind. Da dieses Verfahren aber bei der notwendigen langwierigen Argumentation zur Datierung des Palas versagen musste, gab es keinen anderen Weg, als die chronologische Abfolge hier für drei Kapitel zum Palas zu unterbrechen, die man heute eher als Exkurs bezeichnen würde.

3.2. Die Aussagen des Baugeschichtsteils

Im Folgenden sollen die einzelnen Kapitel kurz charakterisiert werden:

1. Die Wartburg als Baudenkmal (S. 49–51)

Das einleitende Kapitel der Baugeschichte ist als eine Art Gelenk zum übrigen Text gedacht, indem hier die Burg als Ort von nationaler und historischer Identitätsfindung dargestellt wird. Die baugeschichtliche Bedeutung des Palas schätzt der Autor dabei höher ein als bei jedem anderen romanischen Bauwerk in Deutschland, da der Bau immer in der Hand einer Herrscherfamilie und bewohnt gewesen sei, wobei man bei der Wiederherstellung im 19. Jahrhundert bis auf das obere Saalgeschoss – im Unterschied zu einigen aufgeführten anderen Bauten – keine wesentlichen Änderungen vorgenommen habe. So sehr man an einer solchen einleitenden Stelle leichte Übertreibungen zu Gunsten des behandelten Gegenstandes nachsehen kann, so widerspricht dies doch allzu sehr der Wahrheit und wird auch im weiteren Text nachdrücklich widerlegt. Wahrscheinlich kann man hier die ergänzende Hand des Herausgebers erkennen, der alles daran setzte, die Wiederherstellung mit der dafür verantwortlichen großherzoglichen Familie in möglichst günstigem Licht erscheinen zu lassen. In eine ähnliche Richtung gehen auch die im baugeschichtlichen Text immer wieder eingestreuten Bilder des aktuellen Zustandes, die historische Orte zeigen sollen, dabei meist aber kaum mehr als den Ausbau des 19. Jahrhunderts illustrieren.

Sehr ansprechend ist dann allerdings wieder, wenn zum Ende dieses einleitenden Kapitels der Blick vom Palas auf die vielen anderen denkmalwerten und für den Besucher interessanten Baulichkeiten der Burganlage gelenkt wird, die auch im weiteren Text angemessen berücksichtigt sind.

2. Der Wartburgfelsen (S. 51–52)

Weber hat konsequenterweise die Darstellung des «Wartburg-Felsens» angeschlossen mit der Beschreibung der ehemaligen geologischen Topographie des späteren Bauplatzes, dessen schroffe Lage nicht nur überhaupt den Anlass für die Errichtung einer Burg an diesem Platze vorgab, sondern deren gesamte architektonische Gestalt in der folgenden Zeit beeinflussen musste. Folgerichtig gipfelt seine Beurteilung der Geographie des von Ludwig dem Springer für die neue Burg gewählten Platzes in dem Satz «und so hatte die Natur auch hier der Verteidigung kräftig vorgearbeitet» (S. 51).

3. Die Burg Ludwig des Springers (52–55)

Im Kapitel 3 weist Weber dann die damals noch durchaus verbreitete Forschungsmeinung zurück, der Palas oder überhaupt wesentliche Teil der überlieferten Burganlage stammten noch aus Zeiten Ludwig des Springers, auf den nach der historischen Überlieferung die Gründung der Wartburg zurückgeht. Lediglich den im ausgehenden 18. Jahrhundert beseitigten Stumpf des Bergfriedes sieht er noch als Relikt dieser ersten Burg an, die er sich gut in Form eines umwehrten Turmes vorstellen könne. Eng verwoben mit dem vorhergehenden Kapitel diskutiert Weber hier auch wieder abschließend die Ausnutzung der Topographie für die frühe Burganlage.

Der Bruch in der bisherigen chronologischen Beschreibung wird dann durch die drei folgenden eingeschobenen Kapitel zum Palas hervorgerufen, die zu großen Teilen stilgeschichtliche Exkurse enthalten. Sie beginnen mit:

4. Baugeschichte des Palas (S. 55–72)
einem Kapitel, das sich ausgiebig der Bauplastik des Palas widmet, aus deren Analyse dann unter Zuhilfenahme historischer Aussagen eine Datierung in das frühe 13. Jahrhundert entwickelt wird; zu den inhaltlichen Argumentationen dieses Abschnittes haben wir in unserem Kapitel 4 Stellung genommen.

Unterstützt wird die Argumentation durch die nachfolgende Analyse der Palasfassaden:

5. Beschreibung des Palas. Das Äußere (S. 72–89)
und schließlich einen Rundgang durch den Palas, im Keller beginnend und bis zum Saalgeschoss aufsteigend:

6. Beschreibung des Palas. Das Innere (S. 89–116)
Für die einzelnen Räume mit ihren damaligen Benennungen sind bei diesem Rundgang Unterkapitel einbezogen, so für das Erdgeschoss mit der Hofküche (S. 91–94), den Speisesaal (S. 94–96) und die Elisabethkemenate (S. 96–98) , das mittlere Stockwerk mit dem Landgrafenzimmer (S. 99–101), den Sängersaal (S. 101 f.), die Elisabethgalerie (S. 102–103), die Kapelle (S. 103–108) und schließlich das Obergeschoss mit dem Saal (S. 109–115).

Nachdem so die Datierung des Palas geklärt zu sein scheint, nimmt Weber die chronologische Abfolge mit dem 13. Jahrhundert wieder auf, in dem er anknüpfend an die These von Wenck bezüglich der Residenzbildung nun

7. Das Residenzschloss Wartburg in seiner Vollendung (S. 116–125)
behandelt. Hier erscheint nun zuerst ein chronologisches Unterkapitel «Erste Hälfte des dreizehnten Jahrhunderts» (S. 116–119), dem dann drei Bauten bzw. Bauteilen gewidmete Unterkapitel folgen: «Die Hofstube» (S. 119–122) anstelle der heutigen Dirnitz, «Die Burgkapelle» (S. 122–124) im späteren Kommandantengärtchen, die Weber analog zur Neuenburg als freistehende Doppelkapelle rekonstruieren möchte, und «Die alte Cisterne» (S. 124 f.) an dem im 19. Jahrhundert ausgebauten Ort südlich vor dem Palas mit einem kleinen

Exkurs zur Trinkwasserversorgung der Burg. In diesem Kapitel sind also die Baumaßnahmen zusammengestellt, die Weber insgesamt der ersten Hälfte des 13. Jahrhunderts zuordnen möchte, nachdem der Palas in den vorangehenden Kapiteln in diese Zeit datiert worden war, die aber alle darunter leiden, dass sich baulich davon keine oder nur ganz geringe Spuren dieser Phase erhalten haben. Dazu zählte er neben den einzeln aufgeführten Gebäuden noch den Stumpf des Torturmes mit dem hier ausführlich behandelten, weil früher dort eingemauerten Ortnit-Relief und die völlig verschwundenen Vorgängerbauten der Wohnung des Burghauptmannes in der Vorburg.

Die zweite Hälfte des 13. Jahrhunderts sieht Weber dann zu sehr durch die Vorgänge um das Aussterben der thüringischen Landgrafen mit Heinrich Raspe und den Übergang der Landgrafschaft an die Wettiner geprägt, als dass zu dieser Zeit hier Baumaßnahmen stattgefunden haben könnten. Dies ist für ihn erst wieder möglich unter Friedrich dem Freidigen, dem er deshalb im folgenden Kapitel die nächste große Bauphase in der ersten Hälfte des 14. Jahrhunderts zuordnet:

8. Die dritte große Bauepoche der Wartburg unter Friedrich dem Freidigen (1307–1321) (S. 125–139)
Äußere Anlässe für Baumaßnahmen sieht Weber nun in der Belagerung der Wartburg 1306/07 und dem Brand auf der Burg 1317. Zu dem Wiederaufbau nach der Belagerung gehören für ihn daher allerdings kaum noch nachweisbare Befestigungsmaßnahmen auf der Nordseite, die stärkere Befestigung der Südseite, in deren Rahmen auch der hier nun ausführlich behandelte hintere Bergfried neu errichtet wurde, sowie der Ausbau des Torhauses mit dem angebauten «Ritterhaus» und der anschließenden Vogtei erfolgte.

Von dem Brand von 1317 sieht er dagegen vor allem den alten Bergfried und das Obergeschoss des Palas betroffen, woraus sich der Anlass zu dessen gotischem Umbau ergab, dessen fast vollständigen Verlust Weber sicher nicht zu Unrecht den Baumaßnahmen des 19. Jahrhunderts anlastet. Als einen den neuen Wohnvorstellungen folgenden vollständigen Neubau dieser Zeit sieht er das an den Palas unmittelbar angebaute Landgrafenhaus, dem wieder ein eigenes Unterkapitel «Das neue Landgrafenhaus Friedrich des Freidigen» (S. 136–138) gewidmet ist. Ausführlich stellt Weber hier die – vor allem neuzeitlichen – Nachrichten zu diesem wichtigen und recht gut dokumentierten gotischen Fachwerkwohnbau zusammen, der am Ende des 18. Jahrhunderts durch einen Neubau ersetzt wurde, an dessen Stelle man dann in den fünfziger Jahren des 19. Jahrhunderts die neoromanische «Neue Kemenate» errichtet hatte.

Schließlich ordnet Weber Rothes Thüringer Chronik folgend dieser Phase noch «Den Burggarten Friedrich des Freidigen» (S. 138) zu; er nimmt damit den auch später belegten kleinen Baumgarten im Burghof südlich der Zisterne

als Schöpfung Friedrichs an, der dazu den felsigen Untergrund erst einmal auf-
füllen lassen musste. Damit war der Ausbau der gotischen Wartburg vollendet.

9. Die Bautätigkeit auf der Wartburg bis zum Ausgange des Mittelalters (1321–
1500) (S. 139–147)
Das nächste Hauptkapitel ist dann dem weiteren 14. und dem ganzen 15. Jahrhundert gewidmet, wobei Weber hier mit zunehmender zeitlicher Nähe auch
Rothes Chronik immer mehr als zuverlässige Quelle sieht. Danach nimmt er
für das 14. Jahrhundert nur noch die Vollendung des gotischen Umbaues der
Kapelle an, während nun eine Zeit der Vernachlässigung der Burganlage
begann, die bis in die 1440er Jahre anhalten sollte. Die dann überlieferten
ersten Baurechnungen sprechen von umfangreichen Wiederherstellungsarbeiten an allen Bauten und seit der Mitte des 15. Jahrhunderts von einem
wehrtechnisch bedingten Ausbau infolge der zunehmenden Bedeutung der
Feuerwaffen, was u. a. zur Errichtung der ausführlich behandelten gedeckten
Verbindungsgänge führte. In diesem Zusammenhang sieht er als Elemente der
Vorfeldverteidigung auch das «Bollwerk vor der Zugbrücke» (S. 144–146) angelegt, das Goethe kurz vor seinem weitgehenden Abriss noch zeichnen konnte,
und die davor angeordnete «Wächterschanze» (S. 146) ausgebaut.

10. Das Festungsschloss Wartburg im sechzehnten und siebzehnten Jahrhundert (S. 147–157)
Im 16. und 17. Jahrhundert wurde die Wartburg nur noch gelegentlich und für
kurze Zeiträume als Residenz genutzt, zugleich entsprach die Anlage aber auch
in keiner Weise den Anforderungen an eine moderne Festungsanlage. Lediglich die exponierte Lage bewahrte einen Rest von fortifikatorischem Wert,
durch den die Anlage nicht völlig aus den Augen ihrer Besitzer geriet und weiterhin unter Waffen gehalten wurde. Unter Friedrich dem Weisen lassen sich
daher zwischen 1507 und 1520 umfangreiche Wiederherstellungs- und
Unterhaltungsarbeiten auf der Burg nachweisen; im südlichen Burghof errichtete man 1509 ein Brauhaus. Wenig verwunderlich taucht Luther als Gast auf
der Wartburg in den Baurechnungen nicht auf, und erst 1574 ist in den
Inventaren von der Stube Luthers in der Vogtei die Rede. Ist dabei der Ort des
Aufenthaltes zumindest gesichert, umschreibt Weber vorsichtig, dass sich
damit nur wenig erhaltene Substanz in dem Raum verbindet, der damals
bereits länger geradezu Reliquiencharakter hatte, und erklärt dann minutiös,
woher die damalige Ausstattung der vor und nach Luthers Aufenthalt durchgreifend veränderten Vogtei zusammengetragen worden war. Weber führt
dann durch die weiteren Räume der Vogtei bis hin zum aus dem Nürnberger
Imhoff-Haus translozierten Pirckheimerstübchen, das zwar datierungsmäßig in
diesen Rahmen gehört, wie viele andere Ausstattungsstücke aber mit der

Wartburg nichts zu tun hat. Wenig später diente das bei dem Abriss der Klöster in Eisenach als Folge der Reformation gewonnene Baumaterial auch zur Reparatur der Wartburg. Unter Friedrich dem Großmütigen residierte der Hof Ende der 1530er Jahre für einige Zeit wieder auf der Wartburg, wozu man den Palas ausbaute, da inzwischen das Landgrafenhaus schwere Mängel zeigte. Dieser ganze Renaissanceausbau ist ebenso wie die vorhergehende gotische Phase wiederum dem Ausbau im 19. Jahrhundert zum Opfer gefallen. Weitere Ausbauten betrafen die Dirnitz und die Vogtei, die nach einem Blitzeinschlag 1544 ein gemeinsames Dach mit dem Ritterhaus bekam. Nach der Schlacht bei Mühlberg ist die Wartburg als einer der wenigen verbliebenen Stützpunkte des ehemaligen Kurfürsten sowohl zur Wohnung der Familie wie auch als notdürftige Festung ausgebaut worden. Neben der halbherzigen Verstärkung der Befestigungsanlagen betrafen nun weitere Ausbauten den ehemaligen Festsaal im Obergeschoss des Palas, wo wie in dem ganzen Bau Wohnräume eingerichtet worden sind. Größere Befestigungsprojekte des Baumeisters Nickel Grohmann sind nicht zur Ausführung gekommen.

Zum letzten Mal Residenzfunktionen, verbunden mit den entsprechenden Ausbaumaßnahmen, hatte die Wartburg dann zu Beginn des 17. Jahrhunderts, als nach einer Vierteilung des Ernestinischen Territoriums Herzog Johann Ernst von Sachsen-Eisenach nur noch das Stadtschloss und eben die Wartburg zur Verfügung standen; diese ist dann, demgemäß neu ausgestattet, bis 1638 so genutzt worden. Aus dieser Zeit stellt er die erste aussagekräftige Darstellung der Wartburg vor,[23] von dem damaligen Ausbau hat sich dagegen nichts erhalten. Mit der Erneuerung einiger Palisaden endete in der 2. Hälfte des 17. Jahrhunderts auch die Festungszeit der Wartburg.

11. Das Jahrhundert des Verfalles (S. 157–161)

Das 18. Jahrhundert schildert Weber schließlich eindrucksvoll als eine Zeit des Verfalles durch Nichtnutzung und mangelnde Unterhaltung, was einerseits zu erheblichen Schäden an der Bausubstanz führte, aber auch ein Ensemble bewahrte, das die Besucher in der frühen romantischen Phase des 19. Jahrhunderts begeisterte und damit den Grundstein für die Wiederherstellung legte.

12. Das Jahrhundert der Wiederherstellung (S. 161–164)

Das letzte Kapitel des Baugeschichtsteils hat dann vor allem die Aufgabe, die bisherige chronologische Abfolge auf das Kapitel zur Wiederherstellung der Burg als schließlich glücklichen Ausgang und Endpunkt der Baugeschichte auszurichten. Hier ergibt sich insofern eine zeitliche Überschneidung, als

---

23 Zum aktuellen Stand der Erforschung der frühen Abbildungen zur Wartburg siehe HILMAR SCHWARZ: Zu den ältesten bildlichen Darstellungen der Wartburg. In: Wartburg-Jahrbuch 1993. 2(1994), S. 90–101.

Baumgärtels eigenes Kapitel «10. Vorgeschichte der Widerherstellung der Wartburg» (S. 281–318) bereits 1775 einsetzt; da er sich dabei aber mehr mit dem Herrscherhaus als dem Bau beschäftigt, kommt es zu keinen wesentlichen Redundanzen. Dann folgt das sehr ausführliche Kapitel «11. Die Wiederherstellung der Wartburg»[24] von Baumgärtel und Otto von Ritgen mit wiederum zahlreichen bauhistorischen Einzelheiten[25].

3.3. Die Aussagen der Endnoten

Die beigefügten Endnoten zur Baugeschichte (S. 697–699) enthalten auf etwas mehr als zwei, allerdings in einer kleineren Type eng bedruckten Seiten zahlreiche wichtige zusätzliche Informationen, darunter Literaturnachweise, Hinweise zur archivalischen Quellenüberlieferung – mit kritischen Bemerkungen zum Quellenwert der Thüringischen Chronik Rothes (S. 697, Anm. zu S. 52 und 53) – und zu baulichen Details. Von besonderer Bedeutung ist in diesem Zusammenhang eine detaillierte Aufstellung der zum damaligen Zeitpunkt am Palas noch original erhaltenen Plastik (S. 697 f., Anm. zu S. 55).

Weber weist darauf hin, dass die Nachweise zur Quellenüberlieferung summarisch bleiben müssten, weil die reichhaltige, seit dem 16. Jahrhundert immer dichter werdende Überlieferung es ihm in der wenigen zur Verfügung stehenden Zeit nur erlaubt habe, «die wichtigeren Nachrichten und Angaben im Originale nachzuprüfen» (S. 697, Anm. zu S. 50). Ansonsten habe er sich auf die im Auftrag von Großherzog Carl Alexander durch Archivdirektor Hofrat Dr. Burkhardt in Weimar zusammengestellten Auszüge aus den vorliegenden Akten verlassen müssen[26]. Im Übrigen verweist er dankbar auf die Unterstützung des Historikers Professor Karl Wenck aus Marburg, wohingegen Oncken als der andere am Wartburg-Werk beteiligte Historiker nicht erwähnt wird (S. 698, Anm. zu S. 66 f.).

Hier muss festgehalten werden, dass der Band gerade bei den durch die dichtere Quellenüberlieferung seit dem 16. Jahrhundert im Wesentlichen auf die archivalische Überlieferung gestützten Kapiteln ohne Nachweise auskommen muss, wodurch die Nutzbarkeit im Sinne eines Standardwerkes zur Baugeschichte der Wartburg doch erheblich eingeschränkt wurde; wenigstens genauere Verweise auf die Quellenauszüge von Burkhardt wären hier schon sehr hilfreich gewesen.

---

24 Baumgärtel, Wartburg 1907 (wie Anm. 2) S. 319–590.

25 Siehe den Beitrag von Grit Jacobs in diesem Band.

26 Die Abschriften befinden sich heute auf der Wartburg: Wartburg-Stiftung Eisenach, Archiv, AbAW 3, Archivalische Nachrichten über die Wartburg 1448–1677, Abschriften von Dr. Burkhardt aus Staatsarchiv Weimar.

Besser sieht es dagegen bei der angeführten Literatur aus, die sich trotz durchgängig mehr oder weniger unvollständiger Zitate weitgehend problemlos identifizieren lässt:

Die angeführte grundlegende Literatur zur Datierung der Wartburg (S. 698, Anm. zu S. 72) umfasst dabei die damaligen Standardwerke von Kugler[27], Otte[28], Essenwein[29], Dohme[30] und Alwin Schultz[31], dazu Puttrich[32] und den Führer Hugo von Ritgens[33], während Weber ausdrücklich erwähnt, dass die neueren Arbeiten von Simon[34] und Stephani[35], die nach Abschluss des Manuskriptes erschienen sind, nicht mehr genutzt werden konnten (S. 697, Anm. zu S. 50). Man hat also offensichtlich die nicht unerhebliche Zeit zwischen der Manuskriptüberarbeitung durch den Herausgeber im Januar 1902 und dem endgültigen Erscheinen des Bandes fünf Jahre später nicht mehr zu Aktualisierungen nutzen können, weil Textteile, darunter wohl auch der Abschnitt zur Baugeschichte, bereits fertig gesetzt waren.

3.4. Die Illustrationen

Das großformatige Wartburg-Werk zeichnet sich insbesondere auch durch seine großzügigen Illustrationen aus; schon auf dem Titelblatt wird auf die «706 authentischen Abbildungen im Text» und «54 Tafeln» verwiesen. Diese Abbildungen lassen sich den folgenden Kategorien zuordnen:

• Lithographien von Fotografien des damals aktuellen Bestandes in Übersichten und Details, viele davon von der Preußischen Messbildanstalt in einer speziellen Kampagne für Baumgärtel im Sommer 1896 aufgenommen[36];

---

27 Franz Kugler: Geschichte der Baukunst. Bd. 2. Stuttgart 1858, S. 410; Franz Kugler: Kleine Schriften und Studien zur Kunstgeschichte. Bd. 2. Stuttgart 1854, S. 26 u. 569.

28 Heinrich Otte: Geschichte der romanischen Baukunst in Deutschland. Leipzig 1885, S. 269, 703

29 August von Essenwein: Der Wohnbau (Handbuch der Architektur. Tl. 2, Bd. 4, H. 2). Darmstadt 1892, S. 22 ff.

30 Robert Dohme: Geschichte der deutschen Baukunst (Geschichte der deutschen Kunst. Bd. 1). Berlin 1887, S. 114.

31 Alwin Schultz: Das höfische Leben zur Zeit der Minnesänger. Leipzig 1891, S. 57 f.

32 Ludwig Puttrich (Hrsg.): Mittelalterliche Bauwerke im Großherzogtum Sachsen-Weimar-Eisenach (Denkmale der Baukunst des Mittelalters in Sachsen Abt. 1, Bd. 2). Leipzig 1847.

33 Hugo von Ritgen: Der Führer auf der Wartburg. Ein Wegweiser für Fremde und ein Beitrag zur Kunde der Vorzeit. Leipzig ³1876.

34 Karl Simon: Studien zum romanischen Wohnbau in Deutschland. Straßburg 1902; Karl Simon: Zur Gelnhäuser Kaiserpfalz. In: Repertorium für Kunstwissenschaft. 27(1904), S. 133–141.

35 Karl Gustav Stephani: Der älteste deutsche Wohnbau und seine Einrichtung. 2. Bde. Leipzig 1902.

• Zeichnerische Ansichten, Grundrisse und Schnitte des damals aktuellen Bestandes;
• Zeichnerische Ansichten, Grundrisse und Schnitte aus der Zeit vor der Wiederherstellung;
• Sonstige historische Abbildungen.

Bei den lithographierten Fotos sind es vor allem die Detailaufnahmen zur Bauplastik, die erheblichen Wert besitzen, zeigen sie doch die mittelalterliche Überlieferung in einem oft noch deutlich besseren Zustand als heute. Hinzu kommt die Bedeutung für die stilgeschichtliche Argumentation, die ganz wesentlich auf der stilistischen Entwicklung der hier gezeigten Plastik aufbaut.

Fragwürdig ist dagegen an dieser Stelle der Wert der oft raumgreifenden Übersichtsaufnahmen der ganzen Burg oder auch nur einzelner Bauteile und Räume, ist hier doch oftmals nur der Umbauzustand des 19. Jahrhunderts ablesbar. An anderer Stelle war bereits die Vermutung geäußert worden, dass wohl der Verleger für eine Verteilung solcher Bilder im ganzen Band gesorgt hat und damit gemäß der ersten Konzeption des Bandes gleichzeitig die Wiederherstellung des 19. Jahrhunderts in möglichst günstigem Licht darstellen wollte. Auf den gesamten Band bezogen, kann man schon von einem deutlichen Übergewicht dieser damals aktuellen Aufnahmen sprechen.

Diese Kritik gilt allerdings nicht für die beigegebenen (und speziell für die Publikation an dieser Stelle angefertigten) Pläne der gleichen Zeitstellung, denn diese sind als Übersichten und zur Orientierung gerade im Text zur Baugeschichte notwendig und nützlich.

Die abgedruckten Bauzeichnungen aus der Zeit vor der Wiederherstellung besitzen dagegen zweifellos primären Quellencharakter. Es handelt sich hierbei einerseits um Pläne der Bestandsaufnahme von Baurat Sältzer[37], andererseits um die wohl hiervon unabhängig etwas eher entstandenen Bestandspläne, die Puttrich in seinem Werk[38] abgedruckt hatte. Alle Pläne sind leider, das zur Verfügung stehende Format des Bandes auch nicht annähernd ausnutzend, recht klein wiedergegeben. Während die Pläne von Sältzers Kampagne hier erstmalig im Druck erschienen, leidet die Authentizität der Pläne Puttrichs etwas darunter, dass man sie hier bereits zum zweiten Mal für den Druck aufbereitete; dafür sind allerdings auch Partien zeichnerisch dargestellt, die Sältzer nicht abgebildet hat.

Schließlich sind die vielen anderen historischen Abbildungen zu nennen, in erster Linie die schon recht genauen Darstellungen aus dem 18. Jahrhundert mit ihrem ebenfalls hohen Quellenwert. Auch für sie gilt, dass das Format des Bandes eine großzügigere Präsentation ermöglicht hätte, als den zumeist in den Text eingestellten Bildern hier zuteil wurde.

Ein guter Teil ist der hier relevanten und für die Baugeschichte wichtigen historischen Abbildungen nicht diesem, sondern anderen Kapiteln zugeord-

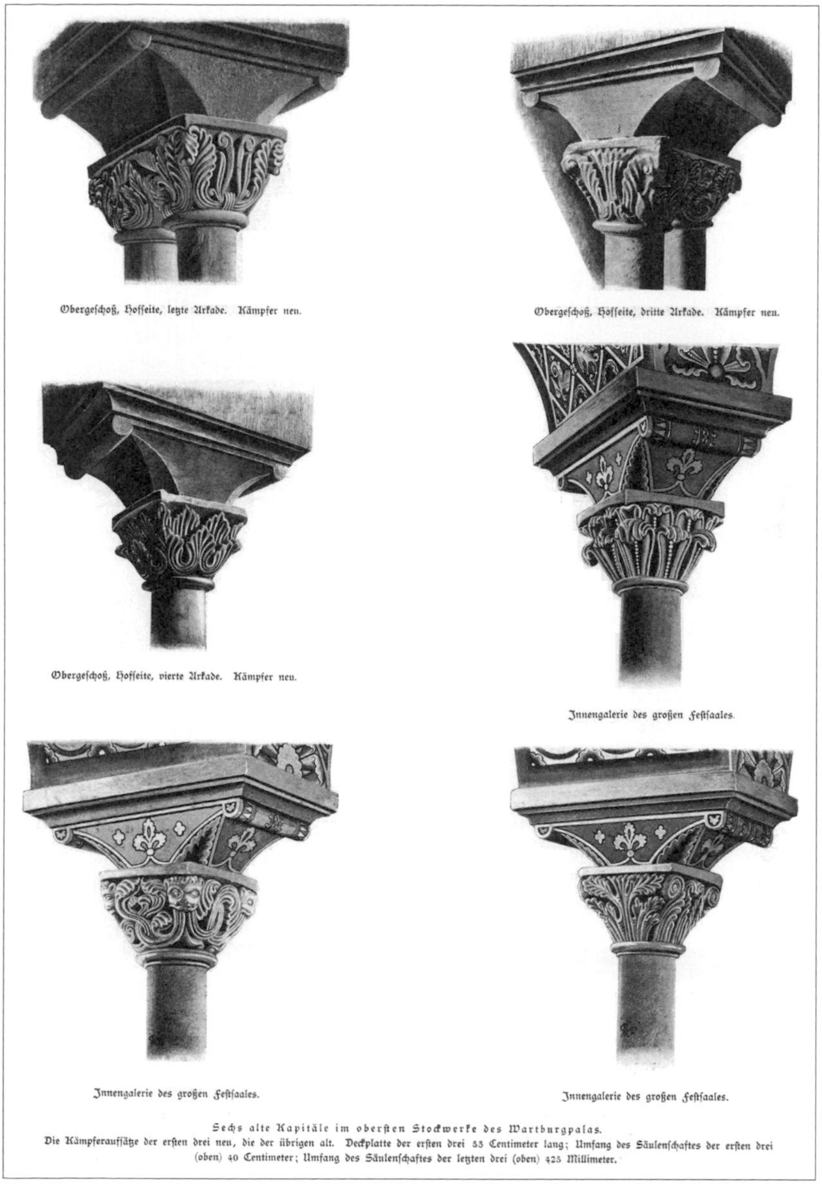
Obergeschoß, Hofseite, letzte Arkade. Kämpfer neu.
Obergeschoß, Hofseite, dritte Arkade. Kämpfer neu.
Obergeschoß, Hofseite, vierte Arkade. Kämpfer neu.
Innengalerie des großen Festsaales.
Innengalerie des großen Festsaales.
Innengalerie des großen Festsaales.

Sechs alte Kapitäle im obersten Stockwerke des Wartburgpalas.
Die Kämpferaufsätze der ersten drei neu, die der übrigen alt. Deckplatte der ersten drei 53 Centimeter lang; Umfang des Säulenschaftes der ersten drei (oben) 40 Centimeter; Umfang des Säulenschaftes der letzten drei (oben) 425 Millimeter.

Abb. 3: Fotografische Dokumentation von Kapitellen, Wartburg-Werk S. 58

36 Baumgärtel, Wartburg 1907 (wie Anm. 2) S. VII.

37 Siehe hierzu Ernst Badstübner: Zu den Bauzeichnungen von Johann Wilhelm Sältzer. Ein Vorbericht. In: Wartburg-Jahrbuch 2003. 2(2004), S. 158–170.

38 Puttrich, Bauwerke 1847 (wie Anm. 32).

Abb. 4:
Fotografische
Dokumentation
von Arkaden am
Palas, Wartburg-
Werk S. 63

Abb. 5:
Fotografische
Dokumentation
der Ostfassade des
Palas, Wartburg-
Werk S. 74

net, wie zum Beispiel dem Kapitel «Zur Wiederherstellung der Wartburg», dem
dafür eine ähnliche Vielzahl von Aufnahmen des Zustandes nach der Wiederherstellung fehlt.

Was aber einen grundlegenden Mangel des Bandes ausmacht, ist das Fehlen
von eigens für dieses Kapitel zur Baugeschichte neu angefertigter Zeichnungen,
sei es als Illustration von beschriebenen Befunden oder zur Darstellung von im
Text angeführten und diskutierten Bauphasen, wie man sie heute bei einer entsprechenden Publikation zwingend fordern würde. So sucht man auch vergeblich nach Zeichnungen, die entsprechend der Kapiteleinteilung die Burg als
«Residenzschloß» im 13. Jahrhundert, nach dem Ausbau unter Friedrich dem

Abb. 6:
Fotografische
Dokumentation
der Hofküche (dem
heutigen Rittersaal)
im Palas, Wartburg-
Werk S. 92

Abb. 7:
Fotografische
Dokumentation des
Sängersaals im Palas,
Wartburg-Werk,
S. 101

Freidigen im 14. Jahrhundert, im 15. oder 16. Jahrhundert darstellen würden und eine wichtige Ergänzung des Textes ergeben hätten.

4. Die Darstellungen der Baugeschichte und der heutige Forschungsstand

Zur Einschätzung der Aussagen Webers sollen hier seine Darstellungen exemplarisch für zwei Bereiche, den in seiner Argumentation zentralen Palas und die Fachwerkkonstruktionen, dem heutigen Forschungsstand gegenübergestellt werden.

Paul Weber argumentiert in seiner «Baugeschichte der Wartburg» methodisch gesehen durchaus auf dem Stand der architekturgeschichtlichen Forschung seiner Zeit, ja er übertrifft sie sogar in einigen Passagen, in denen er sich zu bautechnischen Details des Palas und seiner Mauerwerkstechnik äußert, feinsinnig die Plastik der Kapitelle analysiert oder bei der Besprechung der jüngeren Bauphasen seit dem 15. Jahrhundert nicht nur stilistische Kriterien für deren Datierung anwendet, sondern auch die ab diesem Zeitraum erhaltenen Baurechnungen für diesen Zweck zu Rate zieht.

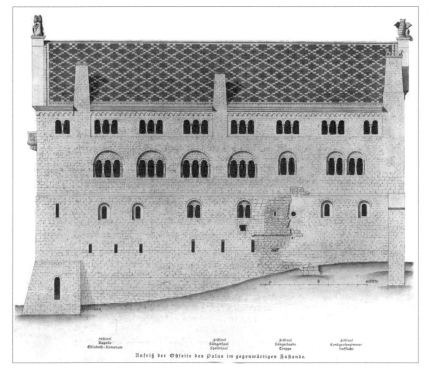

*Abb. 8:
Zeichnerische Dokumentation der Ostfassade des Palas um 1900, Wartburg-Werk S. 88*

Abb. 9:
Zeichnerische
Dokumentation
des Erdgeschoss-
Grundrisses des
Palas um 1900,
Wartburg-Werk
S. 90 unten

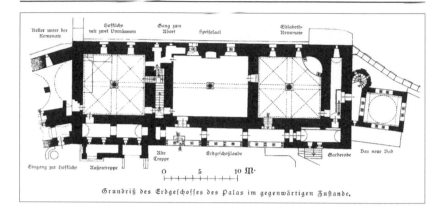

Grundriß des Erdgeschoffes des Palas im gegenwärtigen Zustande.

Dem steht gegenüber, dass er, ganz Kind seiner Zeit, viele Elemente der Burg, so auch den Palas, einerseits fast ausschließlich unter wehrtechnischen Gesichtspunkten zu erklären sucht und dessen Raumprogramm dann andererseits vom Standpunkt eines regierenden Fürsten des 19. Jahrhunderts und seinen Bedürfnissen nach Rückzugsmöglichkeiten analysiert: Der grundsätzliche Unterschied des Verhältnisses von «Öffentlichkeit» und «Privatheit», wie er sich nach dem Mittelalter in der frühen Neuzeit langsam herausgebildet hat, ist ihm noch gänzlich unbekannt. So sieht er «Domestiken» auf den Gängen des Palas hin und her huschen, ohne den Landgrafen in seiner Ruhe zu stören, und das kleine Rundbogenportal neben der großen Kellerpforte, von dem aus man die Erdgeschossgalerie erreichen konnte, wird zum «Dienstboteneingang», obwohl sie möglicherweise eine viel wichtigere Zugangsfunktion innerhalb des Gesamtkonzeptes hatte. Schließlich sind nicht wenige seiner Interpretationen von einer durchaus romantischen Vorstellung des mittelalterlichen höfischen Lebens geprägt, auch wenn er schreibt, dass «die deutsche Romantik des 19. Jahrhunderts, ... ja nun auch schon der Geschichte angehört» (S. 49). Diese, dem damaligen Zeitgeist und dem allgemeinen Standpunkt der Forschung geschuldeten Mängel mindern jedoch nur unwesentlich seinen Verdienst, den Baubestand der Wartburg das erste Mal systematisch analysiert zu haben. Dabei verweist er immerhin die Entstehung des Palas bereits in die Zeit Ludwigs des Springers, damals noch weitverbreiteter Stand der Forschung, in das Reich der Legende, stellt dann jedoch durchaus zu Recht Überlegungen an, ob die eine oder andere Bausubstanz am Palas nicht doch von jenem älteren Ursprungsbau stammen könnte. An dessen Stelle vermutet er jedoch kein älteres Gebäude, zumindest keinen Steinbau, «denn nirgends lassen sich Spuren einer älteren Anlage in diesem durchaus einheitlich entworfenen und von Grund aus gleichmäßig ausgeführten Bauwerke entdecken» (S. 53), was durchaus den Tatsachen entspricht einschließlich des Problems, dass zu dem archiva-

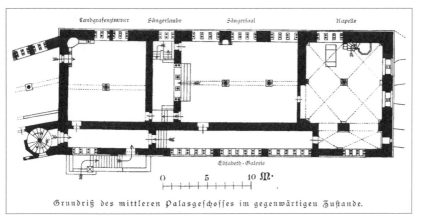

*Abb. 10:
Zeichnerische
Dokumentation des
mittleren Geschoss-
Grundrisses des Palas
um 1900, Wartburg-
Werk S. 98 unten*

lisch erschlossenen ersten Burgbau keine nachweisbare Bausubstanz existiert. Wenn er dann mangels anderer Relikte den Bergfried, dessen Reste Ende des 18. Jahrhunderts endgültig abgebrochen worden waren, in die Zeit Ludwigs des Springers datiert, so ist seine Begründung ebenfalls wieder eher romantischen und dabei vermeintlich praktischen Vorstellungen über den Burgenbau geschuldet, indem er argumentiert, «da man den Hauptturm, wie der Zweck es verlangte, gleich zu Anfang äußerst massiv und fest zu erbauen pflegte, so liegt kein Grund vor, zu bezweifeln, daß der bei der ersten Burggründung errichtete Bergfried der Gleiche war, der sich bis ins 18. Jahrhundert erhalten hatte» (S. 53). Eine weitere Untersuchung des Kellers östlich des heutigen Turmes aus dem 19. Jahrhundert hätte ihn durchaus eines Besseren belehren können, denn hier existierte damals, und zum Teil auch heute noch, der Sockel dieses Bauwerkes, das allerdings mit seiner oberen Abschrägung und den auch bereits im Wartburg-Werk in Zeichnungen von Dittmar dokumentierten großen Eckquadern eher in die 2. Hälfte des 13. oder das 14. Jahrhundert zu datieren ist. Dass dieser Turm tatsächlich auf den Fundamenten eines älteren romanischen Bauwerkes ruht, konnte er jedoch noch nicht wissen: Erst im Jahr 2002 lieferten archäologische Untersuchungen in diesem Bereich hierüber neue Erkenntnisse, die ohne Eingriffe in den Boden nicht möglich gewesen wären[39].

Einen wesentlichen Teil von Webers Darstellung nimmt die Datierung des Palas ein, die bis zu diesem Zeitpunkt, aber auch noch in den folgenden Jahrzehnten bis weit in das 20. Jahrhundert, durchaus kontrovers diskutiert wurde. Er wendet dabei die Methode des stilistischen Vergleiches an, indem er

---

39 Siehe hierzu IBD, Bauhistorische Untersuchung, Eisenach/Wartburg, Neue Kemenate, MS. Marburg, September 2002; INES SPAZIER: Die archäologischen Untersuchungen im Palas-Sockelgeschoß der Wartburg. In: Wartburg-Jahrbuch 2004. 13(2005), S. 182–205.

das Erscheinungsbild der Kapitelle und Basen der die vielfältigen Arkaden tragenden Säulen analysiert und über den Vergleich mit anderen Bauten deren Zeitstellung zu ermitteln sucht. Doch diese stilistische Datierung, die bei Architekturen unbekannten Baudatums damit steht oder fällt, ob die hinzugezogenen Vergleichsbeispiele einigermaßen korrekt datiert sind, leitet er mit einer historischen Überlegung ein, die zumindest den Verdacht auf einen möglichen Zirkelschluss aufkommen lässt. Er schließt sich nämlich an die Überlegungen von Karl Wenck im vorhergehenden Kapitel über die «Älteste Geschichte der Wartburg» an und schließt daraus, dass erst mit der Entscheidung, «die Wartburg zu einer landesfürstlichen Residenz zu erheben» (S. 55), überhaupt erst der Anlass für die Errichtung eines «stattlichen steinernen Herrenhauses» (S. 55) gegeben sei. Diese «Residenzenbildung» schreibt Karl Wenck Landgraf Hermann I. zu, dessen Regierungszeit die Jahre zwischen 1190 und 1217 umfasste. Abgesehen davon, dass der lang dauernde Prozess der Residenzbildung nicht auf ein Datum verkürzt werden kann, meint er nun einen Datierungsrahmen gewonnen zu haben, in den er die gesamte stilistische Analyse, insbesondere der Kapitellplastik, hineinzwingen kann. So ist die Festlegung schnell getan, dass der Stil «der romanische im Stadium seiner spätesten und reifsten Entwicklung [ist], unmittelbar vor dem Eindringen des ... Übergangsstiles» (S. 55), womit er die Kombination romanischer mit frühgotischen Formen meint, die es auf der Wartburg noch nicht gäbe. Wie weit er jedoch von diesem «Übergangsstil» entfernt ist, analysiert er nicht näher, denn er

Abb. 11:
Zeichnerische
Dokumentation des
Längsschnittes durch
den Palas um 1900,
Wartburg-Werk
S. 91

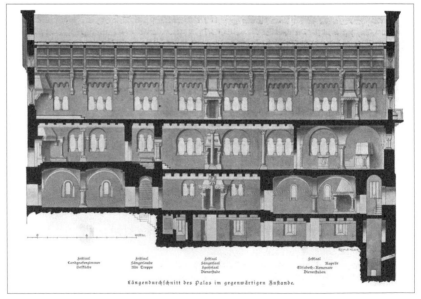

kommt hier an deutliche Grenzen dieser Methode, wie sie im übrigen auch heute noch gelten würden, soweit nicht andere als immanente Argumente herangezogen werden könnten.

Die Mannigfaltigkeit der Erscheinungsformen der auf den Kapitellen dargestellten Ornamente, Blätter sowie der menschlichen und tierischen Gestalten unterscheide sie von den frühen romanischen, aber auch von der schlichteren Frühgotik, so dass die Abfolge Vielfalt = Reife = Spätform ohne weiteres einleuchtend scheint und seine Datierung in die Zeit nach 1200 stützt. Immerhin stellt er dabei richtig fest, dass der Palas offensichtlich in zwei Bauabschnitten, nämlich die unteren beiden Geschosse einerseits und das obere Saalgeschoss andererseits, errichtet worden sei, wenn auch in einer, wie die geringen Differenzen in der Kapitellplastik zeigten, relativ kurzen Bauabfolge – was eine durchaus richtige Beobachtung ist. Er erwähnt verschiedene Vergleichsbeispiele, insbesondere aus dem sächsisch-thüringischen Raum, die zum damaligen Zeitpunkt jedoch auch nur grob datiert waren, und freut sich schließlich über die «endlich genau datierte Kaiserpfalz zu Gelnhausen» (S. 63), von der der hessische Denkmalpfleger und Inventarisator Ludwig Bickell[40] in seinem damals gerade posthum erschienenen Inventarband[41] behauptete, Barbarossa habe den Grundstein zwischen 1186 und 1189 gelegt, so dass sie dann im Wesentlichen im letzten Jahrzehnt des 12. Jahrhunderts entstanden sei. Weber stellt dann fest, dass die Plastik in Gelnhausen gegenüber der Wartburg doch altertümlicher sei, was er hier nutzt, um seine Datierung des Palas der Wartburg

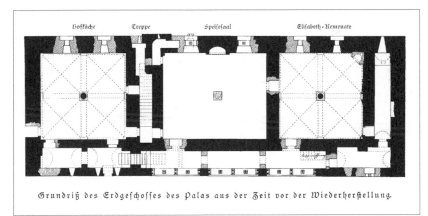

Grundriß des Erdgeſchoſſes des Palas aus der Zeit vor der Wiederherſtellung.

Abb. 12: Zeichnerische Dokumentation des Erdgeschoss-Grundrisses des Palas vor der Wiederherstellung nach Puttrich, Wartburg-Werk S. 83

40 Elmar Brohl und Gerhard Menk (Hrsg.): Ludwig Bickell (1838 –1901). Ein Denkmalpfleger der Ersten Stunde (Arbeitshefte des Landesamtes für Denkmalpflege Hessen. Bd. 7), Stuttgart 2005.

41 Ludwig Bickell: Die Bau- und Kunstdenkmäler im Regierungsbezirk Kassel. Bd. 1: Kreis Gelnhausen. Marburg 1901.

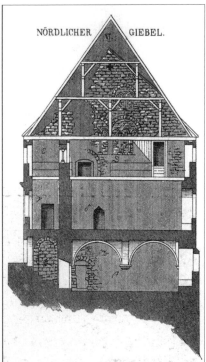

NÖRDLICHER   GIEBEL.

Querſchnitt durch den Palas gegen Norden
geſehen aus der Zeit vor der Wiederherſtellung mit den gotiſchen Dachboden.
α das kleine Gemach an der Weſtſeite. β der gewölbte Raum im Erdgeſchoß, die jetzige Hofküche.
γ die Galerie des Mittelſtocks mit Ausgangsthür zum
neuen Landgrafenhauſe hinüber. δ gotiſche Thür
aus dem Landgrafenzimmer zum neuen Landgrafenhauſe hinüber. ε Galerie vor dem großen Feſtſaale.
ζ erhaltene alte Arkadenfenſter im Nordgiebel. (S. 86.)
(Nach Puttrich.)

Abb. 13:
Zeichnerische
Dokumentation
des Palas-Quer-
schnitts nach
Norden nach
Puttrich, Wartburg-
Werk S. 87 oben

in das frühe 13. Jahrhundert zu stützen, wenn er auch an anderer Stelle von einer insgesamt langsameren Entwicklung des hessischen Kunstraumes gegenüber dem thüringisch-sächsischen ausgeht. Mit der Berufung auf die Datierung der Pfalz von Gelnhausen hat er aber den Bau herangezogen, an dem bis heute die Datierung einer Vielzahl von Stilformen weit über die engere Region hinaus festgemacht wird, was dann noch in der zweiten Hälfte des 20. Jahrhunderts zu einer erbitterten Kontroverse zwischen Früh- und Spätdatierern führen sollte[42]. Bickell gehörte quasi zu den frühen Spätdatierern, indem er den methodischen Fehler machte, das Gebäude über ein aus der kargen historischen Überlieferung abgeleitetes mögliches Ereignis zu datieren. Tatsächlich wissen wir heute, dass die Pfalz Gelnhausen bereits in den späten 60er und frühen 70er Jahren des 12. Jahrhunderts errichtet wurde und insofern tatsächlich noch viel weiter von Webers Datierung der Wartburg-Plastik entfernt ist, als er damals vermutete[43].

Nachdem die stilistische Methode, bei Weber allerdings nicht ganz sauber getrennt vom Rekurrieren auf das historische Ereignis der vermeintlichen Residenzbildung, dann mit einer Datierung in das frühe 13. Jahrhundert weitgehend ausgereizt ist, müssen wieder historische Fakten herangezogen werden. Aus der näheren Betrachtung der Taten und Charakterzüge jener beiden Landgrafen, nämlich Hermanns I. und seines Nachfolgers Ludwig IV., die in dem anvisierten Zeitraum regiert haben und damit sozusagen potentielle Kandidaten für die Errichtung des Palas sind, versucht er nun den Erbauungszeitraum einzugrenzen. Interessanterweise und wiederum auf dem Höhepunkt der damaligen wissenschaftlichen Entwicklung,

---

42 Die wesentlichen Argumente sind bereits zusammengestellt bei JOACHIM EHLERS: Zur Datierung der Pfalz Gelnhausen. In: Hessisches Jahrbuch für Landesgeschichte. 18(1968), S. 94–130.

43 Die aus einer Kombination von Bauforschung, Archäologie und naturwissenschaftlichen Datierungsmethoden gewonnenen Ergebnisse liegen zwischen den bisherigen Früh- und Spätdatierungen und bestätigen die Annahmen verschiedener Historiker wie FRED SCHWIND; siehe zusammenfassend ULRICH KLEIN: Forschungen zur Pfalz Gelnhausen. In: Marburger Burgen-Arbeitskreis (Hrsg.): Burgenforschung in Hessen, Marburg 2010.

ungewöhnlich allerdings für die Kunstgeschichte, greift er nun u. a. auf die Erkenntnisse der Psychologie zurück. Ludwig IV. nämlich hält er daher als Urhe-
ber dieses Gebäudes für absolut unwahrscheinlich. Ganz abgesehen davon,
dass dann die Errichtung in die wenigen Jahre seiner Regierung zwischen 1217
und 1224 fallen würde, hält er «auch aus psychologischen Gründen ... es [für]
so gut wie ausgeschlossen» (S. 66), dass gerade dieser Landgraf, der wie seine
Lebensgefährtin Elisabeth selbst einer asketischen Weltanschauung zuneigte
und anstelle von üppigen Hoffestlichkeiten eher Passionsspiele aufführen ließ,
den «Grundstein zu dem prachtvollen, auf Prunk und behagliche Lebensentfal-
tung berechneten Palas gelegt habe.» (S. 66)

Ganz anders Landgraf Hermann I., den Weber für einen hochstrebenden,
ehrgeizigen, auf Prunk und frohe Geselligkeit gerichteten, dabei aber auch

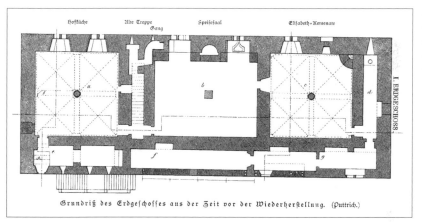

Abb. 14:
Zeichnerische
Dokumentation des
Erdgeschosses des
Palas von Puttrich,
Wartburg-Werk
S. 94 oben

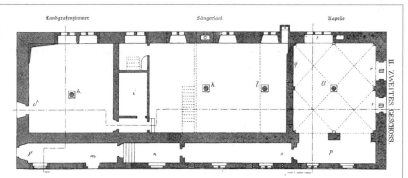

Abb. 15:
Zeichnerische
Dokumentation des
mittleren Geschoss-
Grundrisses des
Palas von Puttrich,
Wartburg-Werk
S. 99 oben

kunstsinnigen und feingebildeten Mann hält. Doch bekommt er mit dem Lebenslauf Hermanns durchaus Probleme, da dieser bis zum Jahr 1205 ständig in die politischen Auseinandersetzungen um den Kaiserthron involviert war – was Weber wiederum psychologisch zu deuten suchte – und Thüringen in diesem Zeitraum immer wieder zum Schauplatz verheerender Kämpfe und Kriegsnöte wurde, bis Ruhe im Land eingezogen war. «Jetzt erst kann Hermann Zeit und Geld für eine so monumentale Aufgabe ... übrig gehabt haben.» (S. 67)

Die Ostfassade des Palas vor der Wiederherstellung. Aufriß von Baurat Sältzer aus dem Jahre 1840. Rechts ein Teil des „neuen Hauses".

Abb. 16:
Zeichnerische
Dokumentation
der Ostfassade des
Palas von Sältzer,
Wartburg-Werk
S. 87 unten

So kommen als Ergebnis schließlich nur die sechs Jahre zwischen 1205 und 1211 für die Errichtung des Palas infrage, die Webers Meinung nach jedoch völlig ausreichten, den Bau bis zur Höhe des mittleren Stockwerkes emporsteigen zu lassen. Es fehlt nur noch eine Datierung und Begründung des, wie er selbst sagt, nicht allzu viel später aufgesetzten riesigen Saales, den er insgesamt für absolut nicht gelungen hält, da die unteren Geschosse fein und harmonisch zu einer Einheit zusammengestimmt seien und sich «der Oberstock als eine breite, ungegliederte Masse geradezu störend darüber hin» (S. 67) lagerte; der postulierte große künstlerische Abstand zwischen den beiden Bauphasen wird ihn später bei der Beschreibung des Objekts immer wieder beschäftigen.

Aus den oben genannten Gründen kann natürlich der «schlichte, asketische Ludwig» seiner Meinung nach auch nicht der Schöpfer des Saalgeschosses gewesen sein. Nun sucht er wiederum Hilfe in der Psychologie, wohl wissend, dass er «den Boden der Mutmaßungen betreten» (S. 68) wird. Es gelingt ihm eine Begründung, die so modern, ja so wegweisend ist, dass sie auch das ganze 20. Jahrhundert in dieser oder ähnlicher Form bei der Beurteilung bestimmter Bauherren angewendet worden ist. Da eine solche Argumentation zur Erklärung insbesondere monumentaler Bauwerke gerade auch des Mittelalters so falsch wie auch heute noch beliebt ist, sei sie wörtlich wiedergegeben: «Ein

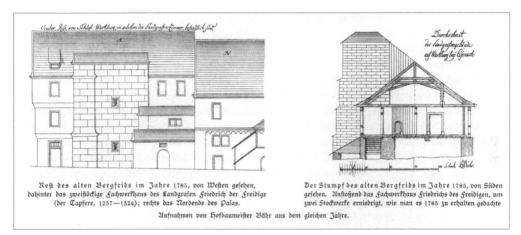

Reſt des alten Bergfrids im Jahre 1785, von Weſten geſehen, dahinter das zweiſtöckige Fachwerkhaus des Landgrafen Friedrich der Freidige (der Tapfere, 1257–1324); rechts das Nordende des Palas.

Der Stumpf des alten Bergfrids im Jahre 1785, von Süden geſehen. Anſtoßend das Fachwerkhaus Friedrichs des Freidigen, um zwei Stockwerke erniedrigt, wie man es 1785 zu erhalten gedachte

Aufnahmen von Hofbaumeiſter Bähr aus dem gleichen Jahre.

moderner Psychiater würde wahrscheinlich schon in der fast unbegreiflichen Schaukelpolitik, die Hermann die erste Zeit seines Lebens getrieben hat, in der grenzenlosen Unzuverlässigkeit und Unberechenbarkeit seiner Entschlüsse, frühe Anzeichen seiner späteren völligen Erkrankung finden und das Komplizierte in dem Charakter Hermanns auf pathologische Veranlagung zurückführen können. Die zwecklose Vergrößerung des vermutlich erst vor wenigen Jahren vollendeten Palas durch Aufsetzen eines überflüssigen prunkvollen Saalbaus würde durch den Trieb einer allmählich erkrankenden Natur, die der inneren Unruhe und dem Größenwahn durch Sonderbarkeiten Luft zu machen sucht, gut zu erklären sein. Bauwut ist ja häufig ein Kennzeichen pathologischer Herrschernaturen.» (S. 68)

Abb. 17:
Zeichnerische
Dokumentation des
Bergfried-Stumpfes
durch Bähr,
Wartburg-Werk
S. 53

Sieht man diese Äußerung vor dem Hintergrund der an anderer Stelle belegten radikal kulturkritischen Einstellung Webers[44] und seinem baldigen Engagement im jeden protzigen Historismus ablehnenden «Bund Heimatschutz», wird man hierin auch in erheblichem Maße eine Gegenwartskritik vermuten können, wie sie sich z. B. in den Auseinandersetzungen um den wenige Jahre vorher in Straßburg vollendeten Kaiserpalast entwickelt hatte.

---

44 Siehe Kapitel 2.

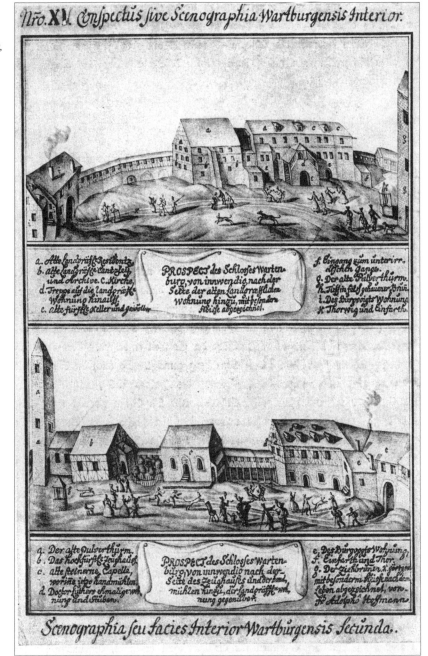

Abb. 19:
Zeichnerische
Darstellung des
Bollwerks durch
Goethe 1777,
Wartburg-Werk
S. 145

Durch naturwissenschaftliche Untersuchungen, insbesondere durch die Dendrochronologie, ist seit den 90er Jahren des 20. Jahrhunderts bekannt, dass der Palas erheblich früher, nämlich seit der Mitte der 50er Jahre des 12. Jahrhunderts, errichtet wurde[45]. Erst die moderne Naturwissenschaft gibt der Bauforschung somit Hilfsmittel an die Hand, romanische Großbauten näher, ja oft jahrgenau zu datieren, insofern auch ihr historisches Umfeld sowie die Gründe, die für ihre Errichtung eine Rolle gespielt haben könnten, präziser zu bestimmen[46].

All diese Feststellungen, die Argumentation Webers betreffend, schmälern natürlich nicht die Tatsache, dass er der erste war, der sich intensiv mit dem Bauwerk und seiner herausragenden Kapitellplastik beschäftigt hat, wobei sein Fehler möglicherweise darin bestand, dass er zu sehr die «Mannigfaltigkeit der Formen und Motive» betont hat und ihm nicht der Übergang zu einer systematischen Typologie der Kapitellkörper sowie der jeweils verwendeten Ornamentik und der figürlichen Darstellungen gelang, wie sie dann Georg Voß, auf einer erheblich größeren Materialbasis, im Inventar der Wartburg aus dem Jahre 1917 erfolgreich und in Kenntnis der Probleme Webers vorstellen konnte[47].

Dieser weitete im Ergebnis den Blick von den thüringisch-sächsischen Vergleichsbeispielen, die zehn Jahre zuvor Weber zu Rate gezogen hatte, vor allen Dingen auf Beispiele von Architekturen des 12. Jahrhunderts, die weit im Westen, nämlich im Rheinland angesiedelt sind und zum Teil unmittelbare Vergleichsbeispiele darstellen. Die regionale Vertrautheit Webers mit dem thüringisch-sächsischen Kulturkreis hatte sich so schließlich rückblickend als Hemmnis erwiesen, einer noch nicht regional verorteten Romanik gerecht werden zu können.

Die weitere Analyse der Architektur des Palas durch Weber ist nicht nur wegen ihrer sprachlichen Eleganz lesenswert, sondern auch wegen der Fülle der Erkenntnisse, die er bei der Betrachtung der vorhandenen Bausubstanz sowie des Planmaterials aus der ersten Hälfte des 19. Jahrhunderts entwickelt, welches den Bau zu einem Zeitpunkt darstellt, als er noch nicht restaurierend überformt war. Er liefert zum Teil glänzende Argumentationen zur Begründung sei-

---

45 Dieter Eckstein, Thomas Eissing und Peter Klein: Dendrochronologische Datierung der Wartburg und Aufbau einer Lokalchronologie für Eisenach/Thüringen (46. Veröffentlichung der Abteilung Architekturgeschichte des Kunsthistorischen Institutes der Universität Köln). Köln 1992; Thomas Eissing: Dendrochronologische Datierung der Wartburg. In: Wartburg-Jahrbuch 1992. 1(1993), S. 51–62.

46 Siehe zusammenfassend: Günter Schuchardt (Hrsg.): Der romanische Palas der Wartburg (Bauforschung an einer Welterbestätte. Bd. 1). Regensburg 2001.

47 Georg Voss: Die Wartburg (P. Lehfeldt und G. Voss: Bau- und Kunstdenkmäler Thüringens. Heft 41. Großherzogtum Sachsen-Weimar-Eisenach. Amtsgerichtsbezirk Eisenach). Jena 1917.

Abb. 20: Gemalte
Darstellung der
Wartburg um 1630,
Wartburg-Werk S.
156

Die Wartburg um das Jahr 1630.
Ansicht auf einem Porträt des Herzogs Johann Ernst.
Ölgemälde. Weimar, Großherzogliche Bibliothek.

ner Behauptungen, ebenso wie die kritische Auseinandersetzung mit der Restaurierung seit der Mitte des 19. Jahrhunderts immer wieder sein Thema ist, wobei er insbesondere bei der Betrachtung der heutigen Deckenkonstruktion des oberen Saalgeschosses zu ganz anderen Ergebnissen kommt, als Hugo von Ritgen sie tatsächlich bauend ausgeführt hat. Doch weiß er, dass gerade in diesem Bereich auch seine Erwägungen Spekulation bleiben müssen und übrigens bis heute nicht definitiv geklärt werden können.

Und während so manche seiner Interpretationen noch zu sehr der Spätromantik des ausgehenden 19. Jahrhunderts verbunden sind, scheut er sich nicht, auch ausführlich die Abortanlagen zu behandeln, sich also mit den schlichten Notwendigkeiten zu beschäftigen, denen dieses Gebäude genügen musste. So erkannte er schließlich auch, dass sich «die alten Balkenlagen unter der Decke erhalten [haben], die wohl noch aus der Erbauungszeit stammen – kolossale vierkantig zugehauene Stämme, die mit geringen Zwischenräumen über die Breite des Kellers nebeneinander gelagert sind» (S. 90). Diese richtige Erkenntnis führt dann am Ende des 20. Jahrhunderts durch die dendrochronologische Datierung dieser Balken tatsächlich zur korrekten Ermittlung der Bauzeit des Palas. Von 1156 bis um 1160 dauert eine erste Ausbauphase, die Vollendung erfolgte in der Bauphase II um 1160 bis nach 1162 sowie schließlich, ohne größeren Abstand, wie Weber richtig beobachtet hatte, die Aufstockung des Saalgeschosses, welche nach 1162 erfolgte und höchstwahrscheinlich vor 1172 abgeschlossen war.

Schließlich muss nach dieser doch recht umfassenden Revision von Webers Darstellung der Baugeschichte des Palas abschließend doch festgehalten werden, dass ihr nachwirkender Wert vor allem in der minutiösen Zusammenstellung der nachromanischen Baumaßnahmen liegt. Gerade hier hinkt die aktuelle Forschung auch dem inzwischen weit fortgeschrittenen Forschungsstand zum frühen Palas hinterher und ist in den nächsten Jahren noch erhebliche Arbeit zu leisten.

Welche Neubewertungen auch hier zu erwarten sind, zeigt die Diskussion um die Datierung der Fachwerkkonstruktionen auf der Wartburg. Während der verdiente thüringische Hausforscher Oskar Schmolitzky das Fachwerk des Landgrafenhauses ebenso wie Weber noch in das 14. Jahrhundert datierte,[48] ist inzwischen von einer Entstehung der Fachwerkkonstruktion in der zweiten Hälfte des 15. Jahrhunderts auszugehen, gleichzeitig mit dem sehr ähnlichen Fachwerk der Gänge und der Vogtei.[49] Dagegen bedarf beim Landgrafenhaus die Frage, ob der Baumeister Bähr hier als Zwischenstadium 1785–90 einen Neubau errichtete oder nur umbaute, weiterhin noch näherer Untersuchun-

---

48 Oskar Schmolitzky: Das Fachwerk der Wartburg. In: Deutsches Jahrbuch für Volkskunde. 10(1964)1, S. 1–24.

gen. So zeigen die Grundrisse Bährs (S. 160 oben) eindeutig die Planung für einen Massivbau, während die Ansicht aus dem Jahre 1848 (S. 160 unten) hier ein älteres Fachwerkgiebeldreieck zu einem gotischen Steildach über einem Massivbau zeigt. Ein Neubau unter Verwendung alter Bauteile käme daher hier ebenso infrage wie ein durchgreifender Umbau.

Die in der Ausführung in Details unterschiedlichen Fachwerkkonstruktionen der Gänge (nördlicher Teil des Margarethengangs im Westen und Elisabethengang im Osten) konnten inzwischen übereinstimmend auf um 1480 dendrochronologisch datiert werden, während der südliche Teil des Margarethengangs erst 1838 entstanden ist[50]. Die heute wieder in den Vordergrund gestellte primäre Funktion als Verbindungsgänge hat allerdings bereits Weber betont, wenn er auch allzu dokumentengläubig bereits von einer Entstehung um 1450 ausging (S. 142).

Das Fachwerkobergeschoss der Vogtei konnte inzwischen jahrgenau auf 1480 datiert werden und stellt damit eine weitaus einheitlichere und ältere Konstruktion dar, als Weber dachte[51]. Im Inneren sind dagegen immer wieder zahlreiche Umbauten vorgenommen worden,[52] dennoch ist das ursprüngliche Konzept noch ablesbar: ein großer, nicht unterteilter Obergeschossraum wurde unmittelbar nach seiner Fertigstellung durch die hofseitige Längswand und Querwände für die spätere Lutherstube und die zugehörige Kammer aufgeteilt[53]. Insofern entspricht der Befund den inzwischen auch in der Stadt Eisenach für den Fachwerkbau des 15. Jahrhunderts gemachten Erfahrungen, wobei allerdings noch mit zusätzlich, bislang nicht nachweisbaren eingestellten Block- oder Bohlenstuben zu rechnen wäre[54].

Hier wäre es generell zur weiteren Klärung insbesondere der jüngeren Bauphasen erforderlich, wie bereits beim Palas ausgehend von dem Zustand vor der Wiederherstellung im 19. Jahrhundert den damaligen Bestand baugeschichtlich umfassend zu analysieren.

---

49 IBD-Untersuchungsbericht Wartburg, Neue Kemenate, Ms. Marburg September 2002; G. Ulrich Grossmann: Das Fachwerk der Wartburg – eine Revision. In: Wartbuch-Jahrbuch 2001. 10(2002), S. 53–69, hier S. 53–56.

50 Eckstein/Eissing/Klein, Datierung 1992 (wie Anm. 45).

51 Eckstein/Eissing/Klein, Datierung 1992 (wie Anm. 45).

52 Die teilweise präzisere Darstellung der Veränderungen in der Vogtei bei Grossmann, Fachwerk (wie Anm. 49) S. 59–66 lässt sich gut dem Text von Weber in Baumgärtel, Wartburg 1907 (wie Anm. 2) S. 147 ff., gegenüberstellen. Siehe weiterhin zu diesem Bereich Martin Steffens: Die Entwicklung der Lutherstube auf der Wartburg. Von der Gefängniszelle zum Geschichtsmuseum. In: Wartbuch-Jahrbuch 2001. 10(2002), S. 70–97.

53 Grossmann, Fachwerk (wie Anm. 49) S. 64 f.

54 Elmar Altwasser: Fachwerkkonstruktionen des späten 15. Jahrhunderts aus Eisenach/ Thüringen. In: Berichte zur Haus- und Bauforschung. 3(1994), S. 181

Deutsche Literatur des Mittelalters
«auf oder doch an der Wartburg».
Ernst Martins Beitrag zum «Baumgärtel»

Jens Haustein

Der Beitrag zur deutschen Literatur im Umfeld Hermanns von Thüringen und im 13. Jahrhundert trägt den unglücklich gewählten Titel «Der Minnesang in Thüringen und der Sängerkrieg auf der Wartburg».[1] Er stammt von Ernst Martin (5. 5. 1841–13. 8. 1910).[2] Der in Jena geborene Martin hatte zunächst dort, dann in Berlin und Bonn Deutsche Philologie, Geschichte und Philosophie studiert. Nach seiner Habilitation in Heidelberg im Jahre 1866 wurde er 1868 zunächst außerordentlicher und ab 1872 ordentlicher Professor für Deutsche Sprache und Literatur in Freiburg; 1874 wechselte er nach Prag und schon 1877 als Nachfolger Wilhelm Scherers nach Straßburg. Martins Forschungsschwerpunkte waren weit gespannt. Sie reichten von der Heldendichtung («Kudrun», Dietrichepik) über die Lyrik Walthers von der Vogelweide und Reinhard Fuchs-Dichtungen bis zur Literatur des Spätmittelalters, der frühen Neuzeit und des 19. Jahrhunderts. Hinzu kamen Arbeiten zur Mundartforschung und v. a. in den Straßburger Jahren Studien zur elsässischen, niederländischen und altfranzösischen Sprache und Dichtung. Eine auch über den Kreis der Fachkollegen hinaus reichende Bekanntheit erzielte er mit seiner 1900 und 1903 in zwei Bänden erschienenen und ausführlich kommentierten Edition von Wolframs von Eschenbach «Parzival» und «Titurel». Ernst Martin war also vom Herkommen und vor allem von den Arbeitsgebieten, aber auch vom Renommee her eine durchaus glückliche Wahl für den literaturhistorischen Beitrag zum «Wartburg-Werk».

Mit dem ersten Teil seines Beitrags stochert er freilich kühn im Nebel der Vorgeschichte. Dass «deutscher Sang und deutsche Sage» auf der Wartburg erklungen sein werden, «seitdem sie sich glänzend und gebietend erhoben hatte» (S. 169[3]), erhellt sich für Martin aus seiner – haltlosen – Interpretation des

---

1 Max Baumgärtel (Hrsg.): Die Wartburg. Ein Denkmal deutscher Geschichte und Kunst. Berlin 1907, S. 167–180; das Zitat im ersten Teil des Titels, dort S. 169.

2 Das Folgende nach Gerhard W. Baur: Ernst Martin. In: Christoph König (Hrsg.): Internationales Germanistenlexikon. 1800–1950. Bd. 2. Berlin/New York 2003, S. 1162–1164; vgl. auch den Nachruf von Edward Schröder: Martin, Ernst. In: Anton Bettelheim (Hrsg.): Biographisches Jahrbuch und Deutscher Nekrolog. XV. Bd., Berlin 1913, S. 78–83, in dem ausgesprochen scharfsinnig Verdienste und Grenzen des Martinschen Oeuvres zur Sprache gebracht werden.

Portalreliefs, das einen Ritter mit Schild zeigt, der von einem drachenartigen Wesen verschlungen wird: «Dieser Ritter kann kein anderer gewesen sein als der Kaiser Ortnit des Heldenbuchs» (ebd.)[4]. Im Anschluss weitet Martin seine einleitende Beobachtung aus und nimmt auch eine Prägung der thüringischen Landgrafensagen durch die «uralte Heldensage des Volkes» (S. 170) an. Der Schluss dieses ersten Abschnitts verliert sich dann ganz im Allgemeinen.[5]

Auch wenn dieser Teil von Martins Beitrag in besonderem Maße vor dem Hintergrund der sagengenetischen Spekulationen des 19. Jahrhunderts zeitverhaftet erscheint, spricht er doch ein bis heute aktuelles Problem an: Die reiche Rezeption der aus Oberitalien und Tirol stammenden Dietrich- und Wolfdietrichepik und ihr verwandter Dichtungen im mitteldeutsch-thüringischen Raum. Die Handschriften stammen vom Anfang des 14. Jahrhunderts und reichen bis in die Zeit des Buchdrucks. Quer dazu steht die Tatsache, dass wir aus dem thüringischen Raum aber keinerlei Rezeptionszeugnisse des sonst überall verbreiteten «Nibelungenliedes» kennen, so dass man treffend sagen konnte, was den Oberdeutschen das «Nibelungenlied», war den Mitteldeutschen der «Rosengarten».[6] Die produktive Kraft dieses Interesses an der Dietrichepik zeigt sich noch darin, dass im Spätmittelalter Dietrich von Hopfgarten seine «Wigalois»-Adaptation in strophische Form gießen wird.[7]

---

3 Die im Text enthaltenen Seitenangaben beziehen sich auf BAUMGÄRTEL, Wartburg 1907 (wie Anm. 1).

4 Beim «Ortnit» handelt es sich um eine wohl um 1230 entstandene und mit dem «Wolfdietrich» verbundene Erzählung aus dem Umkreis der Heldendichtung; vgl. WOLFGANG DINKELACKER: [Art.] «Ortnit». In: KURT RUH u. a. (Hrsg.): Die deutsche Literatur des Mittelalters. Verfasserlexikon. Bd. 7. Berlin/New York 1989, Sp. 58–67. Die Identifizierung des auf um 1200 datierten Relief-Ritters mit Ortnit scheint auf Martin selbst zurückzugehen. Einspruch gegen diese Deutung erhob schon wenig später GEORG VOSS: Die Wartburg (P. LEHFELDT und G. VOSS: Bau- und Kunstdenkmäler Thüringens. Heft 41. Großherzogtum Sachsen-Weimar-Eisenach. Amtsgerichtsbezirk Eisenach). Jena 1917, S. 53–57. Er vertritt mit Hinweis auf vergleichbare Darstellungen (Altenstadt, Basel) überzeugend die These, dass es sich um eine allegorische Darstellung des Teufels (Drache) handelt, der den Menschen (Ritter) schon zur Hälfte vernichtet hat. In der jüngeren Literatur zum Tympanon wird diese Deutung wieder relativiert, so ROLAND MÖLLER: Untersuchungen an den Wandmalereien des Iwein-Epos Hartmanns von Aue im Hessenhof zu Schmalkalden. In: Sachsen und Anhalt. Jahrbuch der Historischen Kommission für Sachsen-Anhalt (Festschrift für ERNST SCHUBERT). 19(1997), S. 389–453, hier S. 407: «Die Datierung des Tympanons um 1200, die Klärung seiner inhaltlichen Aussage, seiner Bedeutung und ursprünglichen Funktion bedürfen noch genauerer wissenschaftlicher Untersuchung». Den Hinweis auf diese Publikation verdanke ich JUTTA KRAUSS (Eisenach).

5 «Das Tanzlied der Feste, das Liebes- und Scheltlied: alle diese Gattungen alteinheimischer Dichtung waren bei dem sangesfrohen Thüringer Volk sicherlich ebenso in Gebrauch, wie anderswo in deutschen Gauen» – BAUMGÄRTEL, Wartburg 1907 (wie Anm. 1) S. 170.

6 CHRISTOPH FASBENDER: Der «Wigelis» Dietrichs von Hopfgarten und die erzählende Literatur des Spätmittelalters im mitteldeutschen Raum (Zeitschrift für deutsches Altertum und deutsche Literatur. Beiheft 10). Stuttgart 2009, S. 168.

Mit dem Beginn des zweiten Abschnitts, der auf die Literatursituation am
Hof Hermanns von Thüringen um 1200 hinführen soll, gelangt Martin auf
festeren Boden, wenn er zunächst die höfische Dichtung Frankreichs kurz skizziert und auch auf den Vermittlungsweg, den diese Literatur durch den flämi-
schen Raum genommen hat, hinweist: «Aus Frankreich drang das im elften
Jahrhundert anhebende, im zwölften glänzend entfaltete Ritterwesen in die
deutschen Nachbarländer, vermittelt insbesondere durch die zwiesprachigen
Niederlande am Rhein, deren Ritter bis zu Ende des Mittelalters wegen ihrer
Pracht und Feinheit, aber auch ihrer Hoffart vielberufen waren» (S. 170). Der
hervorragende Kenner französischer und niederländisch-flämischer Literatur
des Mittelalters und ihrer Prägekraft hat freilich das zeittypische Problem, den
kulturellen Primat der französischen Literatur relativieren zu müssen: Den
fremden Vorbildern hat denn dann auch «freilich erst der Hauch deutscher
Innigkeit volles Leben» gewährt (ebd.).

In diesem die klassische Periode einleitenden Absatz schlägt noch ein zweites Deutungsmuster des späten 19. Jahrhunderts durch, das von dem von
Martin verehrten Wilhelm Scherer (1841–1886), seinem Vorgänger in
Straßburg und dem Haupt der sogenannten Berliner Schule der Germanistik,
stammt. Scherer war in seiner überaus wirksamen «Geschichte der deutschen
Literatur» (zuerst 1880) von einem «Dreiblütenmodell» ausgegangen: Dreimal
habe die deutsche Literatur geblüht, um 600, um 1200 und um 1800. Das
9./10. Jahrhundert sowie das 16. bilden hingegen die Tiefpunkte dieser
Wellenbewegung.[8] Dass wir freilich aus der Zeit um 600 kein einziges Zeugnis
dieser Blüte haben, stellt für Scherer kein Problem dar, haben doch immerhin
die Engländer ihren «Beowulf» und muss die höfische Formierung der
Heldensage um 1200 in «Nibelungenlied» und «Kudrun» doch ihre produktive
und wirksame Urgestalt Jahrhunderte früher – eben um 600 – gefunden haben.
Dieses «Blütenmodell» spitzt nun Martin auf Thüringen zu: «Wenn die deut-
sche Dichtkunst in ihrer späteren Glanzzeit ... zu ihrer Hauptstätte Weimar
erkor, so hat die Wartburg auf dem Höhepunkt des Mittelalters die edelsten
Dichter ... versammelt gesehen» (ebd.). Dieser lokalisierende Blick auf die bei-
den «Blüten» wird gleich noch mit einem personifizierenden verbunden:
«Wolfram vereinigte in sich die Ideen des deutschen Mittelalters, so wie
Goethe die der späteren Litteraturblüte ...» (S. 171). Die Wartburg und
Weimar, Wolfram und Goethe – eine klassische Meistererzählung![9]

---

7 Dazu ausführlicher Fasbender, Wigelis 2009 (wie Anm. 6).
8 Hierzu Wolfgang Achnitz und Valeska Lembke: Frühling, Sommer, Herbst und Winter.
   Herkommen und Nachwirken der «Wellentheorie» Wilhelm Scherers. In: Cord Meyer, Ralf
   G. Päsler und Matthias Janssen (Hrsg.): vorschen, denken, wizzen. Vom Wert des Genauen in
   den «ungenauen Wissenschaften». Festschrift für Uwe Meves zum 14. Juni 2009. Stuttgart
   2009, S. 287–308.

In unmittelbarem Zusammenhang hiermit strickt dann Martin gleich noch an einer «germanistischen Legende» weiter, derjenigen vom angeblichen Studium des späteren Landgrafen Hermann und seines Bruders Ludwig an der Pariser Universität. Wie viele andere «vornehme deutsche Jünglinge» habe es Hermann dorthin gezogen, der dort offenbar nicht nur studiert habe: «Hermann hat damals sich dem Reiz der jungen französischen Dichtung hingegeben und diese Liebe zeitlebens bewahrt» (S. 171).[10]

Der folgende Abschnitt über das Wirken der Epiker Heinrich von Veldeke und Wolfram – von daher ist der Titel des Beitrags verkürzend – wie des Lyrikers Walther in Thüringen unterscheidet sich in den Grundzügen nicht von heutigen Beiträgen vergleichbaren Zuschnitts,[11] ist aber zeitgemäß biographistisch gefärbt und täuscht hier und da eine Sicherheit in der Bewertung literarhistorischer Zusammenhänge vor, die uns heute verloren gegangen ist. So ist etwa Heinrichs Eneas-Roman deshalb im Gegensatz zu seinen Vorlagen zu einem «zarten Seelengemälde» geraten, weil der Verfasser «die Minne aus eigner Erfahrung kannte» (S. 171). Selbstredend lässt sich Martin auch nicht den Raub des Manuskriptes auf der Klever Hochzeit, die Begegnung von Autor und späterem Mäzen auf dem Mainzer Hoffest von 1184 und die Fertigstellung des Werkes auf der Neuenburg entgehen.[12] Im Folgenden und als Abschluss des Abschnitts zu den Antikeninteressen Hermanns werden Herborts von Fritzlar Trojaroman, die Übertragung der Metamorphosen Ovids durch Albrecht von Halberstadt und die verlorene Alexander-Dichtung des weitgehend unbekannten Biterolf genannt, von der gar nicht sicher ist, dass sie zu den von Hermann in Auftrag gegebenen Dichtungen gehört.[13]

Auch der anschließende Vergleich zwischen Chretiens «Perceval» und dem «Parzival» Wolframs von Eschenbach zeigt ein Neben- und Ineinander von

---

9 Zum Begriff der Meistererzählung s. FRANK REXROTH: Meistererzählungen und die Praxis der Geschichtsschreibung. Eine Skizze zur Einführung. In: FRANK REXROTH (Hrsg.): Meistererzählungen vom Mittelalter (Historische Zeitschrift 2007. Beiheft 46), München 2007, S. 1–22.

10 WOLFGANG BRANDT: Landgraf Hermann I. von Thüringen in Paris? Abbau einer germanistischen Legende. In: REINHOLD OLESCH und LUDWIG ERICH SCHMITT (Hrsg.): Festschrift für Friedrich von Zahn. Bd. 2: Zur Sprache und Literatur Mitteldeutschlands (Mitteldeutsche Forschungen 50/2). Köln/Wien 1971, S. 200–222.

11 Etwa JENS HAUSTEIN: Deutsche Literatur am Landgrafenhof und in Thüringen unter Hermann I. In: DIETER BLUME und MATTHIAS WERNER (Hrsg.): Elisabeth von Thüringen – eine europäische Heilige. Katalog. Petersberg 2007, S. 60 f.

12 Vgl. dazu REINHARD HAHN: «unz her quam ze Doringen in daz lant». Zum Epilog von Veldekes Eneasroman und den Anfängen der höfischen Dichtung am Thüringer Landgrafenhof. In: Archiv für das Studium der neueren Sprachen und Literaturen. 152(2000), S. 241–266; BERND BASTERT: Zur «Klever Hochzeit» und der Genese des Eneas-Romans. In: Zeitschrift für deutsches Altertum. 123(1994), S. 253–273.

13 Vgl. etwa nur HERWIG BUNTZ: Biterolf. In: KURT RUH u. a. (Hrsg.): Die deutsche Literatur des Mittelalters. Verfasserlexikon. Bd. 1. Berlin/New York 1978, Sp. 883 f.

nationalen Stereotypien und literarischen Werturteilen: einerseits habe Wolfram «gemütlich vertiefend» (S. 173) gearbeitet, dabei aber auch spöttisch abweisend und rätselhaft, ja dunkel. Er konnte den komplexen Zusammenhang seines Romans zwar durchschauen, aber nicht übersichtlich darstellen. Aus einer im Grunde klassizistischen Perspektive heraus kann Martin die Stilqualität Wolframs allenfalls als «eigentümlich» und «seltsam» beschreiben, aber nicht funktional für das Romangeschehen deuten. Letztlich sind es die Figuren und ihr Schicksal allein, die dem Herausgeber Wolframscher Werke Bewunderung abnötigen. Über Sigune und Schionatulander heißt es – mit Recht: «Nie ist das Erwachen der Liebe in Kinderherzen ergreifender geschildert worden» (S. 173).

Der nächste größere Abschnitt gilt Walther von der Vogelweide, nachdem Heinrich von Morungen im Vorübergehen mit einem Hinweis auf sein «nicht glücklich gepflegtes Liebesverhältnis zu einer fürstlichen Dame» in zeitgenössisch biographistischer Weise abgehandelt wird. In ihm skizziert Martin auf der Basis der Waltherschen Sangspruchdichtung das Verhältnis von Dichter und Landgraf in den Jahren 1199 bis 1217 und referiert auch die immer wieder begegnende Kritik Walthers an der Verschwendungssucht Hermanns, ohne diese Äußerungen mit Blick auf ihre Funktion zu problematisieren. Und die Gesetze der schönen Meistererzählung von Wolfram und Goethe verlangen dann ihr Recht, wenn ein Minnelied[14] in diese Zeit und diesen Raum verlegt wird, weil Walther in diesem «seine Aussicht auf Gegenliebe von seiten seiner Dame an einem Halme abmessen wollte, wie es Kinder thun, wie Gretchen im Faust die Sternblume befragt» (S. 175). Der Abschnitt wird beschlossen mit einem Ausblick auf jene Autoren des 13. und frühen 14. Jahrhunderts, die zum einen in einigen Motiven von Walther bestimmt sind, zum andern aber in der Stiltradition Heinrichs von Morungen stehen: Der von Kolmas, Christan von Hamle, Der Tugendhafte Schreiber, Christan von Luppin und Heinrich Hetzbold von Weißensee.

Für den letzten großen Abschnitt greift Martin auf die Sangspruchdichtung von Walthers Zeiten an zurück und zeichnet nach, wie diese sowohl durch Gelehrsamkeit bereichert, als auch durch Streit geschult wurde. Aus dieser Situation und aus diesem Geist heraus entstand, so Martin, der «Sängerkrieg auf Wartburg». Gerade dieser Abschnitt zeigt Martin in seinem wissenschaftlichen Ethos, das jede romantisierende Vorstellung von der Entstehung des «Sängerkriegs» zur Zeit Hermanns von Thüringen, wie sie das 19. Jahrhundert vielfach kennt, mit dem Hinweis auf die Grenzen unseres Wissens und die

---

14 Gemeint ist das sogenannte «Halmorakel» Walthers, das wie Minnelieder in aller Regel weder lokalisier-, noch datierbar ist; siehe KARL LACHMANN (Hrsg.), CHRISTOPH CORMEAU (neu hrsg.): Walther von der Vogelweide. Leich, Lieder, Sangsprüche. Berlin [14]1996, Lied 42 (La 65,33), S. 144f.

historisierende Anlage des Werks zurückweist: «Das merkwürdige Gedicht bewegt sich nicht nur größtenteils in Rätseln, es stellt der Forschung selbst ein großes Rätsel, das trotz aller gelehrten Bemühungen noch nicht als vollständig gelöst zu betrachten ist. An Stelle sicherer und klarer Erkenntnis muß die Forschung vielfach mit Vermutungen und Möglichkeiten sich begnügen» (S. 177).[15] Martin erspart seinem Leser auch Einzelheiten der Tondifferenzen des komplexen Strophengefüges nicht, wenn er zunächst vom «zehnzeiligen» Schwarzen Ton des Rätselstreits, dann vom «sechzehnzeiligen» des Thüringer Fürsten-Tons («Herrenton») spricht. Das Inhaltsreferat des von ihm in Übereinstimmung mit der heutigen Forschung auf etwa 1230 datierten Rätselstreits, in dem Wolfram seiner eigenen, dem «Parzival» entstammenden Figur Klingsor gegenübergestellt wird, leitet er übrigens mit dem seine eigene Meistererzählung noch einmal aufgreifenden Gedanken ein: «so könnte ein heutiger Dichter Goethe sich mit Mephisto unterreden lassen» (S. 177). Kurzen Hinweisen auf «Aurons Pfennig» und auf die «Totenfeier», weiteren Strophengruppen des «Wartburgkrieges», schließt sich ein erzählerisch durchaus lebendiges Inhaltsreferat des «Fürstenlobs» an. Der folgende Abschnitt thematisiert eines der frappierendsten Kapitel landesgeschichtlicher Historiographie – die Historisierung der «Wartburgkrieg»-Dichtung: «Die spätere Zeit, und zwar schon die zunächst folgende, faßte das Gedicht als ein zusammenhängendes, einheitliches Werk und noch dazu als historische Quelle. Vor dem Jahre 1287 schon beklagt Hermann von der Damen unter anderen gestorbenen Dichtern Klingsor und Ofterdingen. Dann wird der Sängerstreit in die legendenhafte Lebensgeschichte der heiligen Elisabeth aufgenommen, wie sie zuerst Dietrich von Apolda 1289 lateinisch aufgezeichnet hat» (S. 178). Um diesen Umformungsprozess zu illustrieren, paraphrasiert Martin abschließend die Passage aus Friedrich Köditz' von Saalfeld[16] Lebensbeschreibung Ludwigs IV., in der Sängerstreit und die Prophezeiung der Geburt Elisabeths ineinandergefügt sind: «Ehe aber Meister Clingsor auf die Wartburg zum Landgrafen Hermann ging, saß er eines Abends vor seiner Herberge und hatte fleißig acht auf die Gestirne des Himmels. Da fragten ihn die Leute, welche zugegen waren, ob er nicht etwas Seltsames und Sonderliches merkte an den Gestirnen des Himmels.

---

15 Man spürt an dieser Stelle förmlich den Unmut des aus der positivistischen Schule Scherers stammenden Wissenschaftlers über «ungenaues» Wissen. Zum heutigen Kenntnisstand zusammenfassend Burghart Wachinger: Der Sängerstreit auf der Wartburg. Von der Manessischen Handschrift bis zu Moritz von Schwind (Wolfgang Stammler Gastprofessur für Germanische Philologie. Vorträge. 12). Berlin/New York 2004. Wachinger geht auch kurz auf die Rezeptionen des «Sängerkriegs» bei Novalis, E.T.A. Hoffmann und Wagner ein, die auch Martin streift.

16 Vgl. Helmut Lomnitzer: [Art.] Köditz, Friedrich. In: Kurt Ruh u. a. (Hrsg.): Die deutsche Literatur des Mittelalters. Verfasserlexikon. Bd. 5. Berlin/New York 1985, Sp. 5–7.

Er antwortete: ‹Ihr solt wissen fürwahr, dass meinem Herrn, dem Könige von Ungarn, eine Tochter geboren wird in dieser Nacht, die wird genannt Elisabeth und wird eines heiligen Lebens sein. Sie soll auch diesem jungen Fürsten, Landgrafen Hermanns Sohne, zur Ehe gegeben werden und von ihrem löblichen, heiligen Leben soll die ganze Erde, sonderlich aber dieses Land erfreuet und getröstet werden.›»

Der Schluss des Beitrags zeigt dann noch einmal die literarhistorische Phantasie des – protestantischen – Verfassers, die nur vor dem Hintergrund des Kulturkampfes und des weit verbreiteten Antikatholizismus preußischer Professoren verständlich wird.[17] An die Erwähnung des «Spiels von den klugen und törichten Jungfrauen» («Thüringisches Zehnjungfrauenspiel»), die «im Jahre 1321 Landgraf Friedrich den Freidigen so sehr» erschütterte, «daß er fortan hinsiechte und starb» (S. 180)[18], knüpft Martin eine individualpsychologische Spekulation an: «Er hatte in seiner Jugend die letzten Hoffnungen der italienischen Ghibellinen erregt; gegen den eigenen Vater hatte er sich sein Recht erkämpft: nun wurde das Gewissen des alternden Landgrafen durch die Lehre der Dominikaner, daß die Fürbitte der Jungfrau Maria den Sünder nicht rette, schmerzlich aufgerüttelt, ja zur Verzweiflung gebracht» (ebd.). Wie anders dagegen die Proto-Protestanten Wolfram und Walther! Ersterer habe in Parzivals Lebensweg die «Selbstüberwindung des Sünders als Grundbedingung des Heils gefaßt» und ist selbst «der evangelische Ritter genannt worden». Und auch in Walthers auf «deutschem Nationalgefühl» gründendem Kampf gegen den Papst klinge bereits «die Reformation vor, die auf der Wartburg eine so bedeutsame Heimstätte finden sollte» (ebd.).

Man wird sicher sagen können, dass Ernst Martins Text seinem Zweck gerecht wird. Er informiert über das literarhistorische Wissen der Zeit in angemessener Form und ist in kluger Weise fachlich anspruchsvoll und in darstellerischer Hinsicht elegant. Das macht ihn freilich aus heutiger Sicht nicht interessant. Aufschlussreich wird er durch die zeitgenössischen Anschauungen, die den durchaus disparaten Subtext bilden: Die zeitlich punktuelle Darstellung – Thüringen um 1200 – wird zum Ausgangspunkt von weitausgreifenden literarhistorischen Konstruktionen; kaum fassbare oder gar interpretierbare sagenhistorische Reminiszenzen geraten in den Rahmen großflächiger Sagen-

---

17 Dazu KARL STACKMANN: Einleitung. In: DOROTHEA RUPRECHT u. KARL STACKMANN (Bearb.): Regesten zum Briefwechsel zwischen GUSTAV ROETHE und EDWARD SCHRÖDER. 2 Bde. (Abhandlungen der Akademie der Wissenschaften in Göttingen. Philol.-Hist. Kl., 3. Folge, Nr. 237). Göttingen 2000, S. 24 f.

18 Die Nachricht überliefert JOHANNES ROTHE in seiner «Thüringischen Chronik»; weiteres bei BERND NEUMANN: Geistliches Schauspiel im Zeugnis der Zeit. Zur Aufführung mittelalterlicher religiöser Dramen im deutschen Sprachgebiet. 2 Bde. (Münchener Texte und Untersuchungen zur deutschen Literatur des Mittelalters. 84 u. 85). München 1987, S. 306 f.

spekulationen; kulturelle Transformationsprozesse einer adligen Elite um 1200 werden völkerpsychologisch ausgelegt; Parzivals Weg zum Gral wird als Prophezeiung von Luthers Gnadenverständnis enthistorisiert und kulturkämpferisch-antikatholisch aufgeladen. All dies macht Martins Text über seine primäre Intention hinaus zur historischen Quelle für das Verständnis einer Zeit, deren Einheitlichkeit in ihrem Eklektizismus liegt. Im Gewebe des Textes sind begründetes Wissen und zeittypische Phantasmen ineinander gewirkt.

Der Held der protestantischen Nation:
die Lutherpartien in Baumgärtels «Wartburg»

Volker Leppin

«So lange Martin Luther lebte, war er das Herz des ganzen deutschen Volkes, und er wird in dessen Herzen fortleben als Vorbild echten Wahrheitsmutes, unverrückbarer Gewissenhaftigkeit, schaffensfreudiger, zielbewußter Thatkraft, opferwilliger Liebe, ernster Gesinnungstreue, tiefer Glaubensinnigkeit und herzlicher Frömmigkeit.»[1] So endet der umfassende, unter dem Namen «M. Wartburger» erschienene Überblick über das Leben Martin Luthers in Baumgärtels Wartburg – und schlägt noch einmal in aller Deutlichkeit die nationalen Töne an, die das in dem gesamten ausführlichen Kapitel gezeichnete Bild prägen. Der Luther, den Baumgärtels voluminöser Band präsentiert, ist ein nationaler Heros, im Kampf gegen Rom und für die deutsche Nation – passend zur Gedächtnisstiftung eines nationalen Denkmals.

Dass Luther in einem Buch über die Wartburg nicht fehlen konnte, war von Anfang an klar. Schon der erste Plan des Werkes von Wilhelm Oncken sah selbstverständlich einen, von Oncken selbst zu schreibenden Beitrag über Luthers Wartburgzeit vor[2], und dieser Beitrag ist dann auch in den Band eingegangen[3]. Doch hat dieser im Blick auf Luther noch eine ganz wesentliche Erweiterung erfahren, die ursprünglich nicht vorgesehen war: Im Zusammenhang des Abschnittes über die Lutherstube und die anderen mit Luther in Verbindung stehenden Räumlichkeiten, die von Max Baumgärtel und Otto von Ritgen im Kapitel über «Die Wiederherstellung der Wartburg» behandelt wurden[4], wurde nun eine umfängliche Biographie Martin Luthers abgedruckt, die allein sechzig der großformatigen Seiten des «Wartburg»-Buches umfasste. Als ihr Autor erschien jener «M. Wartburger» – dieses Pseudonym löste eine

---

1 M. WARTBURGER: Martin Luthers Leben. In: MAX BAUMGÄRTEL (Hrsg.): Die Wartburg. Ein Denkmal deutscher Geschichte und Kunst. Berlin 1907, S. 509-568, hierzu S. 568.

2 Wartburg-Stiftung Eisenach, Archiv [WSTA], Akte: Die Wartburg. Ein Denkmal deutscher Geschichte u. Kunst, Bd. 2, Akten-Nr. 341, Bl. 10, vom 9. 1. 1896; die Archivstudien für diesen Beitrag hat freundlicherweise HILMAR SCHWARZ von der Wartburg-Stiftung übernommen, dem ich hierfür ganz herzlich danke.

3 WILHELM ONCKEN: Martin Luther auf der Wartburg. In: BAUMGÄRTEL, Wartburg 1907 (wie Anm. 1), S. 265–272.

4 MAX BAUMGÄRTEL und OTTO VON RITGEN: Die Wiederherstellung der Wartburg. In: BAUMGÄRTEL, Wartburg 1907 (wie Anm. 1), S. 319–590, darin zu Lutherstube, Luthergang und Reformationszimmern S. 500–508.

diplomatische Schwierigkeit: Baumgärtel war 1902 mit seinem Koautoren überein gekommen, keine weiteren Autoren für dieses Kapitel hinzuzuziehen[5] – aber weder er selbst noch gar der Katholik von Ritgen kamen für einen Luther-Beitrag in Frage, der zum einen wissenschaftliches Niveau besitzen – und zum anderen der Kapitelvorgabe «Das Denkmal der Reformation» gerecht werden sollte. Und eben im Blick auf diese nationalprotestantische Bedeutung musste auch jeder Eindruck vermieden werden, dass von Ritgen etwas mit dem dann fertigen Text zu tun haben könnte.

Eine Absicherung in dieser Hinsicht stellte eine Fußnote zu dem Lutherkapitel dar, die besagte: «Dieser Abschnitt des Wartburg-Werkes ist von einem unserer bedeutendsten theologischen Kenner von Luthers Leben und der Reformationsgeschichte durch wertvolle Beiträge und kritische Durchsicht der Korrekturbogen, sowie ferner in formaler Hinsicht durch die Kritik von Seiten des Leiters einer unserer angesehensten höheren Lehranstalten unterstützt worden. Beiden hochverehrten Förderern, die nach ihrem Wunsche ungenannt bleiben, gebührt an dieser Stelle ein aufrichtiger Dankesausdruck.»[6]

Tatsächlich hatte Baumgärtel bedeutsame Hilfe erhalten[7]: Der in der Anmerkung erwähnte theologische Lutherkenner war Gustav Kawerau, Theologieprofessor in Breslau und Vorsitzender des Vereins für Reformationsgeschichte[8], der auch an der Weimarer Ausgabe von Luthers Werken beteiligt war. Die weitere Unterstützung kam von Christian Fürchtegott Muff, dem Leiter von Pforta, in der Tat einer der angesehensten Schulen des Landes. Baumgärtel schildert im Mai 1907, dass er den Text selbst verfasst und dann die «kritische» Beihilfe von Kawerau und eine «stilistische» von Muff erhalten hat[9]. Welche Anteile den beiden beteiligten Gelehrten zuzurechnen sind[10], lässt sich nicht genau bestimmen, aber die zitierte Fußnote macht doch deutlich, dass Muffs Anteil eher formaler Art war, die wesentlichen inhaltlichen Hinweise hingegen wohl von Kawerau stammten. Kawerau besaß in der Dreiergruppe unter «M. Wartburger» die größte fachliche Kompetenz und zeichnete wohl maßgeblich für die sachliche Richtigkeit.

---

5 Wartburg-Stiftung Eisenach, Archiv [WSTA], Akte: Die Wartburg. Ein Denkmal deutscher Geschichte u. Kunst, Bd. 7, Akten-Nr. 346, darin: Schreiben von Max Baumgärtel an den Großherzog Wilhelm Ernst von Sachsen-Weimar-Eisenach, Berlin 27. 5. 1907, S. 35 f.
6 Baumgärtel, Wartburg 1907 (wie Anm. 1) S. 719.
7 Siehe WSTA 346, Schreiben 1907 (wie Anm. 5) S. 45 f.
8 Zu ihm s. Ernst Koch: Gustav Kawerau. In: Luise Schorn-Schütte (Hrsg.): 125 Jahre Verein für Reformationsgeschichte (Schriften des Vereins für Reformationsgeschichte. 200). Gütersloh 2008, S. 36–45.
9 WSTA 346, Schreiben 1907 (wie Anm. 5) S. 44 f.
10 Die Betonung der Bedeutung Luthers für das Schulwesen in Deutschland (Wartburger, Luther 1907 – wie Anm. 1 – S. 539) lässt Muff als Autor vermuten, doch gibt es hier so wenig Sicherheit wie an anderen Stellen des Textes auch.

Dann allerdings wird man den Wartburger-Abschnitt als einen der bedeutendsten – und in der Lutherforschung bislang als solchen wenig wahrgenommenen – Beiträge der Lutherforschung des beginnenden 20. Jahrhunderts ansehen dürfen, dessen Bedeutung insbesondere darin liegt, dass sich in ihm noch einmal ganz das Erbe des 19. Jahrhunderts zeigt, ehe in der Abwehr die Auseinandersetzung um die polemische Darstellung durch Heinrich Suso Denifle[11], deren erster Band 1904 erschien, zunächst die Diskussion bestimmte und dann durch Karl Holl und die von ihm inaugurierte Luther-Renaissance eine neue Phase der Lutherforschung beginnen sollte[12]. Der Wartburger-Text stellte eine Art Kumulation der bisherigen Forschung dar – und seine Stellung in der Geschichte der Lutherforschung wird nicht zuletzt dadurch symbolisch deutlich, dass Baumgärtel ihn in ausdrücklicher Abgrenzung gegenüber Denifle[13] 1905 eigenständig herausbrachte[14].

Was Lutherforschung hier bedeutete, zeigt schon das eingangs angeführte Zitat: Der Luther, um den es hier ging, war der Heros einer protestantischen Nation. Für die Wartburg war dies die konsequente Wiederaufnahme jener Stimmung, die das Wartburgfest getragen hatte, das ja auch ganz und gar protestantisch bestimmt war[15] – und ein deutlicher Gegenakzent (und zugleich doch auch ein «Parallel-Werk»[16]) gegen die Elisabethfresken des Katholiken Moritz von Schwind[17]. So passte der Abschnitt auch gut in den Kontext, in dem er in Baumgärtels Wartburgbuch abgedruckt wurde, eben in den Zusammenhang der Darstellung der Wartburg als «Denkmal der Reformation».

---

11 HEINRICH SUSO DENIFLE: Luther und das Luthertum in der ersten Entwicklung. 2 Bde. (und 2 Ergänzungsbde.). Mainz 1904–1909.
12 JOHANNES WALLMANN: Karl Holl und seine Schule. In: Zeitschrift für Theologie und Kirche. Beih. 4 (1978), S. 1–33; HEINRICH ASSEL: Der andere Aufbruch. Die Lutherrenaissance – Ursprünge, Aporien und Wege: Karl Holl, Emanuel Hirsch, Rudolf Hermann (1910–1935) (Forschungen zur systematischen und ökumenischen Theologie. 72). Göttingen 1994; VOLKER LEPPIN: Lutherforschung am Beginn des 21. Jahrhunderts. In: ALBRECHT BEUTEL (Hrsg.): Luther-Handbuch. Tübingen 2005, S. 19–34, hierzu S. 20–22.
13 DENIFLE, Luthertum (wie Anm. 10).
14 M. WARTBURGER: Martin Luther. Lebensgeschichte des Reformators. Mit den 24 Bildern der Luther-Galerie, gemalt von Wilhelm Weimar. Berlin 1905.
15 Siehe zum Wartburgfest: D. G. KIESER: Das Wartburgfest am 18. October 1817. In seiner Entstehung, Ausführung und Folgen. Nach Actenstücken und Augenzeugnissen. Jena 1818; KLAUS MALETTKE (Hrsg.): 175 Jahre Wartburgfest. 18. Oktober 1817 – 18. Oktober 1992. Studien zur politischen Bedeutung und zum Zeithintergrund der Wartburgfeier (Darstellungen und Quellen zur Geschichte der deutschen Einheitsbewegung im neunzehnten und zwanzigsten Jahrhundert. 14). Heidelberg 1992; VOLKER LEPPIN: Dreifaches Gedächtnis. Elisabeth, Luther, Burschenschaften – die Wartburg als deutscher Erinnerungsort. In: Theologische Zeitschrift. 63(2007), S. 310–330.
16 WSTA 346, Schreiben 1907 (wie Anm. 5) S. 43: «... die Reformationszimmer ... ein Parallel-Werk zum Elisabeth-Leben im Mittelgeschoß des Palas.»

Ein anderer möglicher Ort für eine Lutherbiographie wäre natürlich der historische Bericht über die Geschichte der Wartburg gewesen, in dessen Zusammenhang lediglich eine kurze, von Baumgärtel eigenartigerweise dennoch als zu weitschweifig kritisierte[18] Darstellung der Zeit Luthers auf der Wartburg von Wilhelm Oncken erschien. Oncken war ursprünglich der maßgebliche Inspirator des Wartburgwerkes, freilich von Baumgärtel mehr und mehr in den Hintergrund gedrängt. Seine ersten wissenschaftlichen Verdienste hatte er sich in Darstellungen der Antike erworben, sich dann aber immer mehr auf die deutsche Geschichte des 18. und 19. Jahrhunderts verlagert. Luther hatte bislang nicht im Zentrum seines Interesses gestanden.

So ist der Abschnitt über Luther aus Onckens Feder auch weit stärker von der seinerzeit maßgeblichen Lutherforschung entfernt als der von «Wartburger». Er ist weitgehend von einem ahistorisch-heroischen Bild des Reformators geprägt, das diesen an Vorstellungen des 19. Jahrhunderts misst. Bei einem Vorstandsmitglied der Goethe-Gesellschaft, um das es sich bei Oncken handelte, wird man es kaum als einen Zufall ansehen können, wenn Luther quasi-faustisch als eine Gestalt gezeichnet wird, in der «zwei Seelen kämpften»[19]. Die Benennung beider Seelen freilich streift das Komische, handelt es sich doch nach Oncken um die des Professors und Gelehrten einerseits, des Mönchs andererseits. Schon diese Gegenüberstellung ist auch nach dem Stand der Lutherforschung um 1900 geradezu grotesk, war doch bekannt, dass die Präsenz der Orden an den Universitäten des Mittelalters einen Gutteil der akademischen Leistungskraft dieser alten europäischen Institution ausmachte. Noch grotesker wurde dann die inhaltliche Füllung dieses Gegenübers durch Oncken: «Die Lebensluft des ersteren ist die Freiheit, die des letzteren ist Unfreiheit»[20]. Da wehte unverkennbar das Selbstverständnis des Professors aus dem 19. Jahrhundert – zumal eines solchen, der mehrere Jahre als nationalliberaler Abgeordneter im hessischen Landtag und im Reichstag saß! Und doch war die Gegenüberstellung den gängigen Mustern der Lutherdeutung der Zeit gegenüber nicht völlig fern, insofern sie antirömische Ressentiments mit dem Erbe der nationalen liberalen Bewegung verband. Auf höherem Niveau fand sich

---

17 Siehe zu seiner religiösen Prägung in der Kindheit OTTO WEIGMANN (Hrsg.): Schwind. Des Meisters Werke in 1265 Abbildungen (Klassiker der Kunst in Gesamtausgaben. 9). Stuttgart/ Leipzig o. J. [1906], S. XIII; zu den konfessionellen Hintergründen der Wartburg-Bilder STEFAN SCHWEIZER: Der katholische Maler und sein protestantischer Auftraggeber. Moritz von Schwinds Elisabeth-Fresken auf der Wartburg. In: DIETER BLUME und MATTHIAS WERNER (Hrsg.): Elisabeth von Thüringen – eine europäische Heilige. Aufsätze. Petersberg 2007, S. 547–563.

18 Siehe WSTA 346, Schreiben 1907 (wie Anm. 5) S. 16.

19 ONCKEN, Luther 1907 (Anm. 3) S. 267.

20 ONCKEN, Luther 1907 (Anm. 3) S. 267.

dies, wie gleich noch darzustellen sein wird, im Wartburger-Abschnitt wieder. Die Zuspitzung auf das Gegenüber des Professors zum Mönch hat freilich nicht nur in diesem allgemeinen antirömischen Kontext ihren Sinn, sondern auch in der unmittelbaren literarischen Gestaltung des Wartburgaufenthaltes: Zu den großen Schriften Luthers aus der Wartburgzeit gehört ja seine Stellungnahme zu den Mönchsgelübden, «De votis monasticis». Luther reagierte damit auf eine sich rasch zuspitzende Situation in Wittenberg: Als erster hatte Barthomoläus Bernhardi aus Feldkirch den Zölibat aufgegeben und sich eine Frau genommen[21] und bald einige Nachahmer gefunden. Damit war nicht nur die Frage des mit dem Priestertum seit dem 11. Jahrhundert verbundenen Pflichtzölibats aufgeworfen, sondern auch die noch grundsätzlichere nach der Stellung des asketischen Lebens der Mönche und Nonnen in der Kirche. In diesem Sinne hatte Andreas Karlstadt bereits im Juni 1521 Thesen über Zölibat und Mönchtum herausgebracht[22]. Luther griff nun in diese Diskussion zum Teil durch Briefe, aber auch durch Schriften ein: die Reihe knapper zugespitzter Thesen in den «Themata de votis» und das ausführlichere «iudicium» über die Gelübde[23].

Oncken fasste die Stellungnahmen Luthers in Aufnahme ihrer schärfsten Spitzen zusammen: «Die Unverbindlichkeit, ja Verwerflichkeit der Mönchsgelübde wird ihm zur Gewißheit»[24]. Irritierend an dieser Zusammenfassung ist weniger, dass Oncken solche Aussagen Luthers, die seine harschen Urteile – etwa, dass das Gelübde der Mönche letztlich ein Gelübde Gott zu lästern darstelle[25]– relativieren[26], ebenso wenig berücksichtigte wie die, dass Luther noch bis 1525 als Mönch lebte. Vielmehr erstaunt es, dass er den Forschungsstand seiner Zeit souverän ignorierte: Die Entstehung der Stellungnahme zu den Gelübden wird einzig in den Zusammenhang des Schaffensprozesses auf der Wartburg gestellt, die Beziehung zu den Wittenberger Debatten bleibt ganz verborgen. So entsteht das Bild eines heroischen einsamen Kämpfers gegen die verderbte Kirche seiner Zeit; selbst noch in einer Forschungssituation, in der die Lutherforschung auch sonst dem Reformator heroische Züge angedeihen ließ, wirkt diese Deutung eigenartig erratisch und unhistorisch.

---

21 STEPHEN BUCKWALTER: Die Priesterehe in Flugschriften der frühen Reformation (Quellen und Forschungen zur Reformationsgeschichte. 68). Gütersloh 1998, S. 79–81.

22 D. Martin Luthers Werke. Kritische Gesamtausgabe. Briefwechsel. Weimar 1889, S. 315; BUCKWALTER, Priesterehe 1998 (wie Anm. 19) S. 84–92.

23 Siehe hierzu MARTIN BRECHT: Martin Luther. Bd. 2. Ordnung und Abgrenzung der Reformation 1521–1532. Stuttgart 1986, S. 30–34; VOLKER LEPPIN: Martin Luther. Darmstadt 2006, S. 184–186.

24 ONCKEN, Luther 1907 (Anm. 3) S. 268.

25 Luthers Werke 8, 1898 (wie Anm. 20) S. 324, 31 f.

26 Siehe etwa den Gedanken eines Mönchtums in Freiheit – Luthers Werke 8, 1898 (wie Anm. 20) S. 326, 29 f.

Oncken hätte es besser wissen können: Bereits 1889 war der achte Band der Weimarer Ausgabe von Luthers gesamten Werken erschienen, der die Schriften zum Mönchsgelübde enthielt und mit mustergültigen Einleitungen aus der Feder ausgerechnet Gustav Kaweraus[27] präsentierte. Sie enthielten alle notwendigen Informationen zur Kontextualisierung von Luthers Schriften, doch Oncken, der seinen Beitrag wohl wenige Jahre später verfasst hat, ging darauf nicht ein. Es hätte das Bild eines Helden geschmälert, das Oncken sogar in Luther selbst hineinprojizierte: Während der Bibelübersetzung sei diesem selbst zu Bewusstsein gekommen, «daß er ein Mensch von mehr als Lebensgröße sei»[28]. Dieses Urteil verkennt nicht nur biographisch die permanenten Selbstzweifel Luthers, sondern auch theologisch seine Überzeugung, dass alles, was er tat, letztlich Gott durch ihn tat: Luthers Selbstverständnis wäre mit der Kategorie «Gottesbewusstsein» weit eher zu fassen als mit dem bei Oncken durchklingenden (noch dazu nach heutigen Maßstäben völlig übersteigerten) Selbstbewusstsein. Der Mensch von mehr als Lebensgröße allerdings blieb auch in dieser Schilderung der deutsche Professor, über den Oncken erstaunt feststellte, dass er die Wartburgzeit nicht zu einem autobiographischen Raisonnement genutzt hat[29]. Der ahistorische Zug seines Zugriffs zeigt sich gleichermaßen in der Entrückung Luthers wie der Sphäre des Menschlichen und damit letztlich auch aus der Geschichte und in der Projektion von Vorstellungswelten des 19. Jahrhunderts auf den Menschen der frühen Neuzeit, die nicht geeignet waren, diesen auch nur annähernd zu erfassen.

Der Wartburger-Beitrag nun, für dessen Inhalt Gustav Kawerau weitgehend die Verantwortung trug, enthielt durchaus auch solche Züge geschichtstheologischer Überhöhung Martin Luthers: Luther erschien mit einem seit dem 16. Jahrhundert gerne für ihn gebrauchten Begriff als «Gottesmann»[30], und gelegentlich deutete Wartburger auch göttliches Eingreifen in die Geschichte an, sei es in dem freilich ganz metaphorischen Gedanken, die Thesen gegen den Ablass hätten sich verbreitet, «als wenn Engel sie getragen hätten»[31], sei es in der deutlicher affirmativen Auslegung der Begegnung Luthers und Melanchthons in Wittenberg als ein «wahrhaft göttliches Geschick, das diese Männer in diesem großen Moment vereinigte»[32]. Gerade Letzteres stellt aber auch deutlich heraus, wie sehr Wartburger auch mit solchen Überlegungen in den historiographischen Diskurs seiner Zeit eingebunden war, denn er berief sich hierfür auf Leopold Ranke. In der Tat war ja auch Rankes Historismus der Gedanke

27 Luthers Werke 8, 1898 (wie Anm. 20) S. III f.
28 ONCKEN, Luther 1907 (Anm. 3) S. 269.
29 ONCKEN, Luther 1907 (Anm. 3) S. 267.
30 WARTBURGER, Luther 1907 (wie Anm. 1) S. 509.
31 WARTBURGER, Luther 1907 (wie Anm. 1) S. 517.
32 WARTBURGER, Luther 1907 (wie Anm. 1) S. 518.

eines unmittelbaren Gottesbezuges der Geschichte nicht völlig fremd[33], und Wartburger konnte hieran problemlos anschließen.

Wie sehr er Wert darauf legte, auch gegenüber dem Beitrag Onckens historische Präzision walten zu lassen, zeigt sich an einem feinen – und auch sehr fein vorgetragenen – Detail: Oncken hatte seinen Beitrag passenderweise mit Luthers Auftritt in Worms eröffnet, der ja den Hintergrund für seine Verbringung auf die Wartburg darstellte[34]. Und er zitierte hier als wirkliche Aussage Luthers das berühmte Wort «Ich kann nicht anders, hier stehe ich, Gott helfe mir, Amen»[35]. Bei Wartburger nun findet sich die ganz dezente Korrektur, ohne Verweis auf Oncken, der bereits 1905, vor Erscheinen von Baumgärtels «Wartburg», gestorben ist, Luther habe gesagt: «Gott helfe mir, Amen», sein Auftritt sei dann in die erst 1546 überlieferte Fassung «Hier stehe ich, ich kann nicht anders» «gegossen» worden[36]. Tatsächlich hatte und hat Wartburger damit die Geschichtswissenschaft auf seiner Seite. Weniger wichtig als die Frage, wer nach heutigen Maßstäben recht hat, ist aber der darin implizierte Vorgang einer Beanspruchung seriöser Wissenschaftlichkeit – ein leiser Hinweis für den Rezipienten, dass er es hier in der Tat mit jemandem zu tun hatte, der die Quellen kannte und kritisch wahrnahm.

Zu dem so wissenschaftlich nach den Maßstäben der Zeit rekonstruierbaren Bild Martin Luthers gehörten aber eben auch jene zugleich nationalen und antirömischen Töne, die schon eingangs angesprochen wurden. Beide Aspekte verbanden sich eng miteinander: «In das germanische Volk war das römische Papsttum als ein fremder zersetzender Geist eingedrungen. Jahrhunderte hindurch in stets gesteigerter Wirksamkeit geblieben, hatte er in der deutschen Nation einen tiefen Zwiespalt erzeugt. Es gab ein einheitliches Deutschtum nicht mehr. Die bestehende Spaltung zu schließen, Deutschland aus der Zersetzung durch das Römertum zu befreien, das deutsche Wesen in sich zu sammeln zu nationaler Einheit – das war es, was das Volk neben den kirchlichen Reformen brauchte, wonach es verlangte und was es mit der Kirchenverbesserung zugleich erreichen mußte. Luthers Werk war ein Einigungswerk.»[37]

---

33 Siehe zu den religiösen Grundlagen von RANKES Geschichtsbild OTTO GERHARD OEXLE: «Der Teil und das Ganze» als Problem geschichtswissenschaftlicher Erkenntnis. Ein historisch-typologischer Vergleich. In: OTTO GERHARD OEXLE: Geschichtswissenschaft im Zeichen des Historismus (Kritische Studien zur Geschichtswissenschaft. 116). Göttingen 1996, S. 216–240, hierzu S. 221.

34 Zum Wormser Reichstag s. FRITZ REUTER (Hrsg.): Der Reichstag zu Worms von 1521. Reichspolitik und Luthersache. Köln/Wien ²1981; ARMIN KOHNLE: Reichstag und Reformation. Kaiserliche und ständische Religionspolitik von den Anfängen der Causa Lutheri bis zum Nürnberger Religionsfrieden (Quellen und Forschungen zur Reformationsgeschichte. 72). Gütersloh 2001, S. 85–104; LEPPIN, Luther 2006 (wie Anm. 21), S. 171–181.

35 ONCKEN, Luther 1907 (Anm. 3) S. 265.

36 WARTBURGER, Luther 1907 (wie Anm. 1) S. 529.

Wartburger beziehungsweise der hinter ihm stehende hervorragende Kenner und Editor von Luthers Briefwechsel konnte für solche Konzentration von Luthers Sendung auf nationale Aufgaben durchaus auf Äußerungen Luthers selbst rekurrieren: «Für meine Deutschen bin ich geboren; ihnen will ich dienen», so zitierte Wartburger einen Brief Luthers vom 1. November 1521[38] – mit dem pathetischen Unterton, der in der ursprünglichen Äußerung Luthers noch nicht mitschwang[39]. Doch wichtiger als diese historische Reminiszenz war ohnehin die Gegenwart des protestantischen Verfassers: Seine Beschreibung der desolaten Ausgangslage und des Hauptanliegens Luthers zeigt, welches Konzept einer protestantischen Nation im Hintergrund stand. Von der Geschichte des 19. Jahrhunderts herkommend ist das «Einigungswerk» unverkennbar das, was letztlich erst durch Bismarck zum Ziel gekommen ist. Wieder verbindet sich auf eigenartige Weise das Anliegen Luthers mit dem des Wartburgfestes beziehungsweise wird die schon in diesem selbst beanspruchte Kontinuitätslinie wissenschaftlich neu grundiert. Und auch der Appell daran, dass es letztlich Rom gewesen sei, das die Einheit Deutschlands zerstört habe, lässt, unter rezeptionsästhetischen Gesichtspunkten betrachtet, bei Zeitzeugen des Bismarckschen Kulturkampfes mehr anklingen als ein Geschichtspanorama des 16. Jahrhunderts: Luther wird zum Heros jener protestantisch-nationalen Lösung, wie sie durch die von Preußen angeführte Einigung Deutschlands Wirklichkeit geworden schien. Die Zeitzeugen des wilhelminischen Zeitalters konnten sich in dieser Geschichtsdarstellung als legitime Erben der Reformation, ja in gewisser Weise als deren Vollender verstehen. Gespickt wurde dieses Bild durch Invektiven gegen den Spanier Karl V., dessen Herrschaft besonders nach dem Interim als «spanische Fremdherrschaft» charakterisiert wurde[40]. Vor allem aber konnte Wartburger auch in diesem Kontext wiederum auf Ranke zurückgreifen und die Reformation als «wichtigstes vaterländisches Ereignis» feiern[41]. Es ist genau dieses national fokussierte Lutherverständnis, das im Zuge des Zweiten Weltkrieges erschüttert und von Karl Holl vollständig destruiert werden sollte.

---

37 WARTBURGER, Luther 1907 (wie Anm. 1) S. 517.

38 WARTBURGER, Luther 1907 (wie Anm. 1) S. 534; s. D. Martin Luthers Werke. Kritische Gesamtausgabe. Briefwechsel. Bd. 2. Weimar 1931, S. 397, 34: «Germanis meis natus sum, quibus et serviam».

39 Siehe hierzu SIEGFRIED BRÄUER: «Gehorsam gegen den in der völkischen Geschichte wirkenden Gott». Hanns Rückert und das Jahr der nationalen Erhebung 1933. In: JOACHIM MEHLHAUSEN (Hrsg.): … und über Barmen hinaus. Studien zur kirchlichen Zeitgeschichte. Festschrift für FS CARSTEN NICOLAISEN (Arbeiten zur kirchlichen Zeitgeschichte. B. Darstellungen. 23). Göttingen 1995, S. 204–233, hierzu S. 221.

40 WARTBURGER, Luther 1907 (wie Anm. 1) S. 566.

41 WARTBURGER, Luther 1907 (wie Anm. 1) S. 522.

Die von diesem neu in den Mittelpunkt gestellte Bedeutung der Rechtfertigungslehre war Wartburger natürlich nicht völlig unbekannt[42], aber ihre Erwähnung verschwand in der Darstellung einer allmählichen Entwicklung von Luthers Denken, die mehrere Wendungen kannte und Luther noch lange nach der Entdeckung der Botschaft von der Rechtfertigung im Frieden mit der päpstlichen Kirche sah[43], aber noch nicht den einen großen Durchbruch, und vor allem in einer geradezu teleologischen Einzeichnung Luthers in die deutsche Geschichte als einen ihrer wichtigsten Motoren. In der Rückschau zeigt damit Wartburgers Darstellung, was durch die oben erwähnten Entwicklungen der Lutherforschung geschah und in welchem Maße hier die Historiographie des 19. Jahrhunderts korrigiert wurde: Die Polemik Denifles zog die Diskussion, zusammen mit den mehrfachen Neuentdeckungen früher Vorlesungen Luthers, mit Macht in den Horizont einer Debatte über den jungen Luther und seine theologische Entwicklung, und die Antwort, die Karl Holl hierauf fand, verband in geradezu genialer Weise Genese und Bedeutung von Luthers Theologie. Geprägt durch Luthers eigene – freilich in hohem Maße rekonstruktive – Rückschau aus dem Jahre 1545[44] entwarf Holl ein Bild, nach dem der Reformator in einem Moment die neue Rechtfertigungslehre als Zentrum seiner Theologie entdeckt und gewissermaßen in einem Zuge damit das Mittelalter hinter sich gelassen und eine Theologie entworfen hatte, in der die Rechtfertigungslehre nicht nur den genetischen Anfang, sondern auch das sachliche Zentrum ausmachen sollte.

Dieses Lutherbild hat bis heute eine enorme Prägekraft behalten, gerade weil es in so hervorragender Weise genetische und systematisch-theologische Probleme zu bewältigen schien. Erst in jüngster Zeit ist es deutlicher in die Kritik geraten, und es erscheinen erste Ansätze zu einem Umbau des Holl'schen Lutherbildes[45], ein Umbau freilich, der keine Rückkehr zu jenen Perspektiven des 19. Jahrhunderts bedeuten kann, wie sie sich bei Wartburger noch so deutlich zeigen. Für diesen waren die Kategorien der nationalen Erneuerung und Einigung die entscheidenden und leitenden Größen zum Verständnis Luthers – und damit letztlich Kategorien, die so sehr seiner eigenen Zeit-

---

42 Wartburger, Luther 1907 (wie Anm. 1) S. 511.

43 Wartburger, Luther 1907 (wie Anm. 1) S. 516.

44 Zu dem rekonstruktiven Charakter s. Volker Leppin: «omnem vitam fidelium penitentiam esse voluit». Zur Aufnahme mystischer Traditionen in Luthers erster Ablaßthese. In: Archiv für Reformationsgeschichte. 93(2002), S. 7–25, hierzu S. 11–13.

45 Zur Kritik s. Volker Leppin: Wie reformatorisch war die Reformation? In: Zeitschrift für Theologie und Kirche. 99(2002), S. 162–176; Berndt Hamm: Naher Zorn und nahe Gnade. Luthers frühe Klosterjahre als Beginn seiner reformatorischen Neuorientierung. In: Christoph Bultmann, Volker Leppin und Andreas Lindner (Hrsg.): Martin Luther und das monastische Erbe (Spätmittelalter, Humanismus, Reformation. 39). Tübingen 2007, S. 111–151, hierzu S. 112–117.

stellung entsprangen, dass es für den heutigen Blick offenkundig ist, dass sie nicht ausreichen können, um den Reformator zu verstehen. Der Luther, wie er hier gezeichnet wurde, war – trotz eines Appells an seine Bedeutung für die gesamte Christenheit – «ein deutscher Held»[46], und für die Wartburg galt entsprechend: «da gewann die Wartburg eine über die christliche Welt reichende Bedeutung. Sie schirmte den Gottesmann vor dem Tode, auf dessen Leben die Weiterentwicklung der christlichen Kultur zur geistigen Freiheit beruhte; sie wurde zur Hüterin des Lichtes der Wahrheit, das, aufflammend wie die Gluten der in klarer Luft aufsteigenden Morgensonne, Finsternis vertreiben, hellen Glanzes über dem deutschen Volke strahlen und es der nationalen Kirche entgegenführen sollte. Nie hat sich über eine Burg die Weihe einer so hohen einzigartigen Bestimmung gebreitet.»[47]

Wie bei Oncken bewährt sich hier an Luther die Verbindung aus Freiheitsvorstellung und Nationbildung, freilich auch mit einer deutlichen ekklesiologischen Note: dem Gedanken einer «nationalen Kirche». Wartburger lässt es offen, ob er diese schon verwirklicht sah, oder, wie es in der Zeit der zersplitterten Landeskirchen nahelag, Deutschland noch auf dem Weg zur nationalen Kirche und damit zu einer weiteren Vollendung des Werkes der Reformation in ihrer nationalprotestantischen Interpretation sah. Der Gedanke einer nationalen Kirche und ihrer konkreten Verwirklichung war jedenfalls schon mehr als ein halbes Jahrhundert zuvor mit der Reformation verbunden worden, als der Jurist Moritz August von Bethmann Hollweg 1848 in Wittenberg eine «Versammlung für die Gründung eines deutschen evangelischen Kirchenbundes» initiiert hatte. Die Hoffnung freilich, dass sich so der Weg zu einer Nationalkirche würde ebnen lassen, trog: Das einzige namhafte Ergebnis in dieser Hinsicht war die Initiierung eines Centralausschusses für die Innere Mission, der auf Reichsebene die Gedanken Johann Hinrich Wicherns umsetzen sollte. Insofern mag der Weg, wie Wartburger ihn auf der Wartburg begonnen sah, in seinen Augen noch unabgeschlossen gewesen sein.

Der Appell an die Nationalkirche erinnert freilich auch daran, dass der nationale Aspekt für die Lutherforschung des 19. Jahrhunderts wie auch für ihren Erben Wartburger untrennbar mit dem antirömischen Affekt verbunden war. Alle Stränge – heroisches Lutherbild, Kampf gegen Rom und nationale Ausrichtung – verbinden sich gegen Ende des Textes in einer schroffen Zusammenfassung: «Luther setzte gegen die römische Priesterherrschaft das durch reinen Christensinn veredelte mannhafte Germanentum, das in der eigenen herben, kampffrohen, furchtlosen Heroennatur des Reformators verkörpert war.»[48]

---

46 WARTBURGER, Luther 1907 (wie Anm. 1) S. 529.
47 WARTBURGER, Luther 1907 (wie Anm. 1) S. 532.
48 WARTBURGER, Luther 1907 (wie Anm. 1) S. 568.

Damit war Luther nicht nur Kämpfer für die Sache der Deutschen, er war geradezu Urtypus der Deutschen beziehungsweise eben der Germanen. Und eben diese Verbindung von Deutschen und Germanen hatte noch eine weitere Dimension: Luther wurde von Wartburger im antirömischen Kampf auch dazu verwendet, die spezifische Form der Verbindung von Katholizismus und Nationalbewusstsein, wie sie sich innerhalb einer protestantisch dominierten Kulturnation des 19. Jahrhunderts artikuliert hatte, der katholischen Seite gewissermaßen zu entwenden. Zu den vielfältigen Formen, in denen der deutsche Katholizismus versucht hatte, der protestantischen Dominanz in Deutschland, wie sie durch den Weg zur kleindeutschen Lösung auch politisch Gestalt gewonnen hatte, Eigenes entgegenzusetzen, gehörte die Revitalisierung des Bonifatiuskultes unter katholisch-nationalen Auspizien[49]: Bonifatius wurde zum Apostel der Deutschen stilisiert und damit im Horizont einer wie bei Wartburger vollzogenen Gleichsetzung von Deutschen und Germanen die Christianisierung der Deutschen ganz auf diese eine Gestalt projiziert, deren Romtreue überdeutlich vor Augen stand. Gleich zu Beginn nun verband Wartburger Reflexionen auf die thüringische Herkunft der Familie Luther beziehungsweise Luder aus Möhra[50] mit dem Bezug auf Bonifatius: «Ein bemerkenswertes Zusammentreffen in der Geschichte, daß dies die Gegend ist, von der aus Bischof Wynfrith-Bonifatius (etwa 680–755) ... um das Jahr 750 im Auftrage Papst Gregors II. die Thüringer und Hessen zum Christentum bekehrte und der römischen Kirche zuführte.»[51]

Der Verweis auf den Papst und die Zuführung zur römischen Kirche war dabei wiederum mehr als nur eine historische Erinnerung: Die Tätigkeit des Bonifatius wurde von Wartburger nur zum Teil als Christianisierung verstanden, zum größeren Teil aber als Integration in die römische Kirche. Er hatte dafür gesorgt, dass «die Germanen der päpstlichen Kirche in Rom unterworfen» wurden[52] – und Luthers Aufgabe bestand dann darin, das wahre Christentum wieder herzustellen. Dieser Horizont prägte dann auch Wartburgers Darstellung im Einzelnen: Immer wieder wird in den schwärzesten Farben die Unterdrückung der Deutschen durch den Papst gemalt[53], und Luthers Reise nach Rom gewinnt in diesem Zusammenhang eine Bedeutung als Erkenntnis von der Verderbtheit des Papsttums, die im realen Geschehen nicht nachvoll-

---

49 SIEGFRIED WEICHLEIN: Der Apostel der Deutschen. Die konfessionspolitische Konstruktion des Bonifatius im 19. Jahrhundert. In: OLAF BLASCHKE (Hrsg.): Konfession im Konflikt. Deutschland zwischen 1800 und 1970. Ein zweites konfessionelles Zeitalter. Göttingen 2002, S. 155–179.
50 Siehe hierzu LEPPIN, Luther 2006 (wie Anm. 21) S. 15.
51 WARTBURGER, Luther 1907 (wie Anm. 1) S. 509.
52 WARTBURGER, Luther 1907 (wie Anm. 1) S. 509.
53 Siehe z. B. WARTBURGER, Luther 1907 (wie Anm. 1) S. 517 und 521.

ziehbar ist[54]. Immerhin blieb Luther auch nach dieser Reise im Jahre 1510/11 – oder nach neueren Forschungen von Hans Schneider vielleicht auch ein Jahr später[55]– fest in das spätmittelalterliche Kirchensystem eingebunden und machte in seinem Orden weiterhin Karriere[56], von einem scharfen Schnitt durch die Romreise ist biographisch nichts erkennbar, sie passte aber in das nationalprotestantische Bild, das Wartburger zeichnen wollte. So sind diese Lutherpassagen Ausdruck eines Lutherbildes, das in seiner Zeit auf dem Stand der Zeit war – und doch nur wenige Jahre später schon als überholt und überdeutlich von den Spuren seiner Entstehungszeit geprägt gelten musste.

---

54 WARTBURGER, Luther 1907 (wie Anm. 1) S. 512 f.

55 HANS SCHNEIDER: Contentio Staupitii. Der «Staupitz-Streit» in der Observanz der deutschen Augustinereremiten 1507–1512. In: Zeitschrift für Kirchengeschichte. 118(2007), S. 1–44, hierzu S. 30–33.

56 Zu Luthers Rolle in seinem Orden s. WILHELM-ERNST WINTERHAGER: Martin Luther und das Amt des Provinzialvikars in der Reformkongregation der deutschen Augustiner-Eremiten. In: FRANZ J. FELTEN und NIKOLAS JASPERT (Hrsg.): Vita religiosa im Mittelalter. Festschrift für Kaspar Elm zum 70. Geburtstag (Berliner historische Studien. Ordensstudien. 31. 13). Berlin 1999, S. 707–738.

Wilhelm Onckens Beitrag über
Burschenschaft und Wartburgfest

Eike Wolgast

Der Giessener Historiker Wilhelm Oncken hat im Wartburg-Werk von Max Baumgärtel die beiden neuzeitlichen Großereignisse auf der Wartburg gewürdigt: «Martin Luther auf der Wartburg» (S. 263–272) und «Die Burschenschaft und ihr Wartburgfest am 18. Oktober 1817» (S. 273–280). Der Verfasser erlebte allerdings die Publikation seiner beiden Beiträge, die er bereits 1897/98 geschrieben hatte, nicht mehr – er starb 1905. Oncken, der nach Ausweis seines Beitrags selbst engagiertes Mitglied einer Burschenschaft war, stimmte zum Lob der studentischen Verbindungen sehr persönliche Töne an; insbesondere ihre Verdienste um das deutsche Studentenlied wurden von ihm hoch veranschlagt: «Es hat etwas Ergreifendes, die ersten Liederbücher der Burschenschaft aus der Zeit ihrer Entstehung anzusehen.» Sie seien von bescheidenem Umfang gewesen, «wenn man damit das «Lahrer Kommersbuch» vergleicht, das vor jetzt zweiundvierzig Jahren entstanden ist, gerade als ich die Universität verließ.» Aber schon die ersten Liederbücher hätten «die drei prachtvollen Lieder, die wir beim «Landesvater» singen, enthalten» (S. 276).

Oncken hatte die Quellenbasis für seine Darstellung des Wartburgfestes offensichtlich bewusst schmal gehalten. Er benutzte fast ausschließlich die Texte der beiden beteiligten Studenten Maßmann und Frommann sowie des Jenaer Professors Kieser, die unmittelbar nach dem Fest verfasst und durch den Druck verbreitet worden waren[1]. Neuere Literatur nannte er kaum[2]. Onckens Ausführungen waren von einer eindeutigen Tendenz geleitet – seine Inter-

---

1 [HANS FERDINAND MASSMANN:] Kurze und wahrhaftige Beschreibung des großen Burschenfestes auf der Wartburg bei Eisenach am 18ten und 19ten des Siegesmondes 1817. [Jena] 1817; [FRIEDRICH JOHANN FROMMANN:] Das Burschenfest auf der Wartburg am 18ten und 19ten October 1817. Jena 1818; DIETRICH GEORG KIESER: Das Wartburgfest am 18. October 1817. In seiner Entstehung, Ausführung und Folgen. Nach Actenstücken und Augenzeugnissen. Jena 1818.

2 Vgl. die Literaturangaben bei EIKE WOLGAST: Wartburgfest 1817 und Hambacher Fest 1832 – Programmatik und Rhetorik. In: Wartburg-Jahrbuch 2001. 10(2002), S. 98–118, hier S. 98 Anm. 1. Dort ist nachzutragen KLAUS MALETTKE (Hrsg.): 175 Jahre Wartburgfest. 18. Oktober 1817 – 18. Oktober 1992. Studien zur politischen Bedeutung und zum Zeithintergrund der Wartburgfeier. Darstellungen und Quellen zur Geschichte der deutschen Einheitsbewegung im neunzehnten und zwanzigsten Jahrhundert. Bd. 14. Heidelberg 1992. Als umfangreichste Quellensammlung vgl. noch immer HUGO KÜHN (Hrsg.): Das Wartburgfest am 18. Oktober 1817. Mit einem Anhang: Die Feier des dritten evangelischen Jubelfestes auf der Wartburg. Zeitgenössische Darstellungen, archivalische Akten und Urkunden. Weimar 1913.

pretation der Ereignisse war von der Vorstellung einer durchgängigen Apolitie der Burschenschaftsgründung und des Festes bestimmt. Initiatoren und Mehrzahl der Teilnehmer des Festes waren nach seinem Verständnis völlig unpolitisch, dem Idealen «ganz rein und ohne fremde Beimischung ... in seiner angeborenen Herrlichkeit» verpflichtet (S. 276). Mit dieser Akzentuierung verfälschte Oncken – bewusst oder unbewusst – den Charakter des Festes, marginalisierte die politische Aussage, wenn er sie nicht ohnehin ganz unterdrückte. Der Stil, den er bevorzugte, ist der stilus supremus, d. h. durchgängig von einem tönenden Pathos geprägt.

Zunächst schilderte Oncken die Entstehung der Jenaer Burschenschaft. Bei der Beschreibung des Gründungsaktes am 12. Juni 1815 erwähnte er das Burschenlied von Ernst Moritz Arndt «Sind wir vereint zur guten Stunde», «mit dem noch heute jede deutsche Burschenschaft ihr Bundesfest begeht, ein Lied, bei dem den Alten das Burschenherz der Jugend schlägt und bei dem es den Jungen feurig durch die Wangen fliegt vor Männerstolz und Männerbegeisterung» (S. 275). Mit der Deutung des Jenaer Wahlspruchs «Freiheit – Ehre – Vaterland» begann Onckens Bestreben, die Apolitie der Burschenschaft zu beweisen. Freiheit sei damals als nationale Unabhängigkeit, als akademische Freiheit und als Geistes- und Gewissensfreiheit verstanden worden, nicht aber als «politische Freiheit im engeren Sinne, denn dass um diese ein jahrzehntelanger Kampf bevorstände, hat man im Jahre 1815 nicht geahnt. Hätte man es aber geahnt, man würde sich wohl gehütet haben, grundsätzlich auszusprechen, dass der Kampf um politische Freiheit zu den Rechten und Pflichten der Studenten gehöre» (S. 275 f.). In dieser Interpretation wurde allerdings der Begriff des Politischen sehr eng gefasst und dabei übersehen, dass «Freiheit des Vaterlandes» nicht nur Freiheit von äußerer Beherrschung meinte, sondern durchaus auch Kritik an der Kleinstaatlichkeit und am einzelstaatlichen Souveränitätsbewusstsein einschloss. Für diese politische Haltung stand auch die Aussage der Jenaer Gründungsurkunde, in der die Forderung nach Einheit des Volkes und des Vaterlandes auf die Universitäten und die Studenten bezogen wurde. Ausdrücklich wurde als Aufgabe von Hochschule und Burschenschaft definiert, den Blick auf das Ganze zu richten, «Volksgefühl», «Volksgeist», «vaterländische Bildung» zu pflegen sowie am Gedanken des «gemeinsamen Vaterlandes» festzuhalten[3]. In der Situation der Wiener Bundesakte, die am 8. Juni 1815 abgeschlossen wurde, war diese Betonung des Gemeinsamen, des nicht partikularstaatlich Geprägten in hohem Maße ein Politicum und wollte es auch sein.

Der Beschreibung von Maßmann entnahm Oncken mit einem langen Zitat

---

3 Die Gründungsurkunde der Jenaer Burschenschaft vgl. bei HERMAN HAUPT: Die Verfassungsurkunde der Jenaischen Burschenschaft vom 12. Juni 1815. In: Quellen zur Geschichte der Burschenschaft und der deutschen Einheitsbewegung. Bd. 1(1910), S. 114–161, Zitate S. 118 f.

die Entstehungsgeschichte des Festes, das in einer Unterredung zwischen dem Jenaer Studenten Hans Ferdinand Maßmann und dem Giessener Studenten Karl Hoffmann bei Frankfurt – «sinnend und sehnend über das Heil des Vaterlandes», wie Maßmann schrieb – seinen Ursprung hatte. Oncken unterstrich, seiner Tendenz entsprechend, den ganz unpolitischen Charakter des Einladungsschreibens: «Nirgends eine Spur von politischem Beigeschmack» (S. 277). Er dehnte diese Feststellung jedoch unzutreffend auch auf die Antworten der von Jena angeschriebenen Universitäten aus, denn im Tübinger Schreiben fanden sich durchaus politische Wendungen. So wurde die Freude über die bevorstehende Memoria der Völkerschlacht von Leipzig mit der Bemerkung verbunden: «Mag auch immerhin mancher mit tiefer Traurigkeit sehen, wie so manche schöne Hoffnung vereitelt und so manche gerechte Erwartung des braven deutschen Volkes nicht erfüllt wurde.»[4] Auch die Antwort aus Heidelberg enthielt ein politisches Element: «Der Himmel segne unser gemeinsames Streben, Ein [gesperrt gedruckt] Volk zu werden.»[5]

Bei der Schilderung des Festes folgte Oncken Frommann und Maßmann. Aus der «äußerst schwungvollen Rede» (S. 278) des Jenaer Studenten Heinrich Herrmann Riemann[6] zitierte er immerhin den Abschnitt, in dem Riemann seine Enttäuschung über die Entwicklung seit den Befreiungskriegen äußerte: «Vier lange Jahre sind seit jener Schlacht verflossen; das deutsche Volk hatte schöne Hoffnungen gefasst, sie sind alle vereitelt; alles ist anders gekommen als wir erwartet haben; viel Großes und Herrliches, was geschehen konnte und musste, ist unterblieben; mit manchem heiligen und edlen Gefühl ist Spott und Hohn getrieben worden. Von allen Fürsten Deutschlands hat nur einer sein gegebenes Wort gelöst, der, in dessen freiem Lande wir das Schlachtfest begehen.» Auch die von Riemann formulierte Selbstverpflichtung der Studenten, als Brüder und als Söhne «eines und desselben Vaterlandes eine eherne Mauer (zu) bilden gegen jegliche innere und äußere Feinde dieses Vaterlandes»[7], gab Oncken wieder. Er bezeichnete die Rede Riemanns als «an sich ja gut gemeint» (S. 279), glaubte aber, einen doppelten Irrtum aufdecken zu können, «der damals nicht bloß der Irrtum der akademischen Jugend» gewesen sei. «Es war die Annahme, dass es bloß auf den guten Willen der Monarchen und ihrer Minister angekommen wäre, alsbald nach Abzug der Franzosen mit einem Zauberschlag den Kaiser und das Reich zu schaffen, mit einem Federzuge ihrer Hand der Nation die Einheit, den Bevölkerungen die politische Freiheit zu geben.» Der zweite Irrtum Riemanns bestand Onckens Urteil

---

4 Kühn, Wartburgfest 1913 (wie Anm. 2) S. 17.

5 Kühn, Wartburgfest 1913 (wie Anm. 2) S. 15.

6 Aus Massmann, Beschreibung 1817 (wie Anm. 1) abgedruckt bei Kühn, Wartburgfest 1913 (wie Anm. 2) S. 56–63.

7 Kühn, Wartburgfest 1913 (wie Anm. 2) S. 60 f.

zufolge in «der naiven Meinung, dass der Übergang zum modernen Verfassungsstaat für jedes deutsche Land, z. B. auch für das große Preußen, eine ebenso einfache Sache wäre, wie für das kleine Sachsen-Weimar» (S. 279).

Diese Beurteilung der Situation um 1815 ist für einen Nationalliberalen wie Wilhelm Oncken – er war 1874–77 bzw. 1873–75 nationalliberaler Abgeordneter im Reichstag bzw. im hessischen Landtag – erstaunlich. Die Neuordnung Deutschlands hatte 1814/15 zwar von der gesamteuropäischen Konstellation abgehangen, war aber doch aktiv von den Vertretern der größeren deutschen Einzelstaaten mitgestaltet worden. Außerdem war die Verpflichtung zur Konstitutionalisierung in Art. 13 der Bundesakte festgelegt – Friedrich Wilhelm III. hatte nicht weniger als dreimal ein Verfassungsversprechen für sein Land abgegeben: 1810, 1815 und 1820. Warum es also nicht in der Hand der Regierenden gelegen haben sollte, politische Freiheit zu gewähren und eine Repräsentativverfassung zu erlassen, bleibt unerklärt. Auch dass im zeitlichen Umfeld des Wartburgfestes die süddeutschen Staaten Verfassungen erhielten, erwähnte Oncken nicht.

Nach Onckens Meinung bestand die große Gefahr für das Wartburgfest in der Zerstörung der Apolitie durch politisches Denken und Handeln. «Dicht bei dem Ideal lag hier, wie so oft, ein Irrtum, der wie die Schlange im Grase lauerte, der Irrtum, dem nachher die politische Burschenschaft entsprang, mit all ihrem Unsegen und all ihrem Missgeschick» (S. 276). Mit offenkundiger Sympathie referierte Oncken die Warnung des Jenaer Professors Lorenz Oken gegenüber einer Gruppe von Studenten im Burghof nach dem Festakt: «Ihr habt nicht zu bereden, was im Staat geschehen soll oder nicht.»[8] Stattdessen hätten sie die Aufgabe, sich auf späteres Handeln im Staat vorzubereiten. Oncken sah es als großen Fehler und als Ergebnis einer bewussten Manipulation des Verfassers an, dass die Ansprache Okens nicht wie die Rede Riemanns in die Festbeschreibung Maßmanns aufgenommen worden war. Der Abdruck allein des Riemanntextes ohne das Korrektiv der Worte Okens habe das Urteil über das Wartburgfest unzulässig beeinflusst: Vom Hauptakt des Festes war auf diese Weise ein Bild entstanden, das «unvollständig war zum Nachteil der geschichtlichen Wahrheit und einseitig war zum Nachteil der anwesenden Professoren» (S. 279). Im Gegensatz zum tatsächlichen Verlauf stellte Oncken damit die offizielle Rede Riemanns vor der Festversammlung im Rittersaal mit der kontingenten Ansprache Okens vor einer studentischen Gruppe im Freien auf eine Stufe.

Den weiteren Ereignissen des Tages widmete Oncken nur noch eine halbe Druckseite. Dabei verschob er die Wertigkeiten, um seine Deutung des Festes als einer unpolitischen Veranstaltung durchzusetzen. Nach dem Gottesdienst traten bei dem sich anschließenden Schauturnen auf dem Eisenacher Markt-

---

8 KÜHN, Wartburgfest 1913 (wie Anm. 2) S. 67.

platz «die Jünger des Turnvaters Jahn offen in den Vordergrund» (S. 280). Im Gegensatz zu allen Quellenaussagen stand für Oncken die Abendzusammenkunft auf dem Wartenberg zur Memoria der Völkerschlacht «ganz ohne Zusammenhang mit dem Wartburgfest» (S. 280). Er berief sich für diese Behauptung auf das ursprüngliche Festprogramm, dem zufolge am Abend «Freuden- und Siegesfeuer» auf der Schanze vor der Wartburg entzündet werden sollten[9], und zog als Beleg, dass dies tatsächlich geschehen und dafür «das vom Großherzog bewilligte Holz verwendet» worden sei, ein «gleichzeitiges anonymes Aquarell» heran, das er in Reproduktion wiedergab. Das Bild zeigt zwei Feuer auf der Schanze vor der Wartburg, allerdings bewacht von einigen Soldaten und umgeben von nicht übermäßig vielen Zuschauern, deren Gruppen sich bis zum Torhaus der Wartburg hinziehen. Die ganz unterschiedlich gekleideten Personen beiderlei Geschlechts können keineswegs als Studenten in altdeutscher Tracht angesprochen werden – auch sind sie für eine Studentenversammlung zahlenmäßig viel zu klein. In der Tat gibt das Aquarell von Friedrich Heerwart ein anderes Ereignis wieder: das Freudenfeuer von 1814 zur ersten Wiederkehr der Völkerschlacht von Leipzig. Ob Oncken diesen Sachverhalt bewusst verschwiegen hat, sei dahingestellt – immerhin war auf der Rückseite des Aquarells die richtige Jahreszahl angegeben[10].

Den Quellen zufolge zogen die Teilnehmer am Wartburgfest in derselben Ordnung wie am Vormittag am Abend mit Fackeln als «eine unabsehbare Reihe»[11] auf den Wartenberg, um dort mit dem Eisenacher Landsturm die Memoria der Schlacht zu begehen. Von einem gewissermaßen illegalen Nebenereignis, das ohne Zusammenhang mit dem eigentlichen Fest stand, konnte mithin keine Rede sein. Wenn Oncken aus Kiesers Festbeschreibung zitierte, dass der Wartenbergfestakt «ganz ohne Vorwissen oder Mitwissen des Ausschusses der sämtlichen Hochschulen»[12] vor sich ging, verfälschte er, um das angebliche legale, in Wahrheit aber fiktive Feuer auf der Schanze zu retten, den Stellenwert dieser Aussage – sie bezog sich allein auf die Bücherverbrennung. Für Oncken war dagegen die gesamte Zusammenkunft auf dem Warten-

---

9   Ebenso in der Eingabe der Jenaer Burschenschaft an den Prorektor vom 21. Sept. 1817; vgl. Kühn, Wartburgfest 1913 (wie Anm. 2) S. 26. Im Einladungsschreiben an die protestantischen Hochschulen Deutschlands vom 1. Aug. 1817 war nur unbestimmt von «Anzündung eines Siegesfeuers» die Rede gewesen; vgl. ebd., S. 12.

10   «18. October-Feier auf der Wartburg». Das Aquarell befindet sich seit 1884 als Geschenk des Sohnes des Künstlers in der Sammlung der Wartburg. Die Angaben verdanke ich der freundlichen Hilfe von Herrn Hilmar Schwarz, wissenschaftlicher Mitarbeiter der Wartburg. – Auch bei Richard Keil und Robert Keil: Geschichte des Jenaischen Studentenlebens von der Gründung der Universität bis zur Gegenwart (1558–1858). Leipzig 1858, S. 377–407 wird kein Feuer auf der Schanze erwähnt; dagegen wird von 18 Feuern auf dem Wartenberg berichtet.

11   Kühn, Wartburgfest 1913 (wie Anm. 2) S. 68.

12   Kühn, Wartburgfest 1913 (wie Anm. 2) S. 85.

berg «nicht vorgesehen» und ohne Zusammenhang mit dem Fest, «eine politische Kundgebung ..., die so überaus unheilvolle Folgen nach sich ziehen sollte» (S. 280). Die auf dem Wartenberg gehaltene Rede des Jenaer Studenten Ludwig Rödiger erwähnte Oncken nicht, da sie nicht in das Bild studentischer Apolitie, das er vermitteln wollte, passte. Rödigers Rede war nämlich noch deutlich politischer angelegt als die von Riemann und enthielt eine klare Absage an die Restauration als gesellschaftliches Ordnungsprinzip. Für die Studenten wurde von Rödiger genau das Recht beansprucht, das Oken und mit ihm Oncken ihnen verweigern wollte: «Wer bluten darf für das Vaterland, der darf auch davon reden, wie er ihm am besten diene im Frieden.»[13]

Oncken erwähnte auch nicht, dass das Fest am 19. Oktober mit einem erneuten, wenn auch ungeordneten Zug der Studenten auf die Wartburg fortgesetzt wurde. Die Teilnehmer versammelten sich wieder im Rittersaal, um über die Reform des Studentenlebens und die einheitliche Organisation der deutschen Burschenschaft zu beraten. Bei diesem Anlass wurde die dritte große Rede des Festes gehalten, und zwar von Friedrich Wilhelm Carové aus Heidelberg. Auch dieser Text war durchaus politisch gehalten – so würdigte Carové bei aller patriotischen Begeisterung doch die Bedeutung der Ideen von 1789 für Deutschland: Bürgerliche Freiheit, Vorurteilsfreiheit, Anerkennung der wahren Menschenwürde[14]. Er forderte zudem für alle deutschen Staaten eine Verfassung mit parlamentarischer Ständevertretung.

Um ein abschließendes Urteil zu formulieren: Wilhelm Oncken zeichnete ein einseitiges und die historischen Tatsachen entstellendes Bild vom Wartburgfest. Um seine Deutung des Festes als unpolitisches Ereignis durchzusetzen, ließ er aus oder interpretierte um, was nicht in dieses Bild passte. Die 1817 gestiftete Tradition, die das zweite Wartburgfest zu Pfingsten 1848 aufnahm, lag ohnehin jenseits seines Interesses[15].

13 Ludwig Rödiger: Ein deutsches Wort an Deutschland's Burschen, gesprochen vor dem Feuer auf dem Wartenberg bei Eisenach am achtzehnten des Siegesmondes im Jahr 1817, dem dritten Jubeljahr der Geistesfreiheit. Jena 1817; zitiert nach dem Abdruck bei Kühn, Wartburgfest 1913 (wie Anm. 2) S. 70–84, Zitat S. 75.

14 Friedrich Wilhelm Carové, Rede, gehalten am 19ten October 1817 zu denen, auf der Wartburg versammelten Burschen. Eisenach [1817]; zitiert nach dem Abdruck bei Eduard Dietz: Neue Beiträge zur Geschichte des Heidelberger Studentenlebens. Heidelberg 1903, S. 34–47, Zitat S. 41.

15 Bei der Versammlung von über 1.500 Studenten wurden Universitätsangelegenheiten beraten; vgl. Keil/Keil, Geschichte 1858 (wie Anm. 10) S. 596–619; Veit Valentin: Geschichte der deutschen Revolution 1848-1849 Bd. 2. Berlin 1931 (Neudruck Aalen 1968), S. 396. Eine weitere studentische Versammlung, die im September 1848 in Eisenach, allerdings nicht auf der Wartburg, stattfand, um eine nationale Organisation der deutschen Studentenschaften zu schaffen, schildert Carl Schurz: Lebenserinnerungen. Bd. 1. Berlin 1906, S. 148–155; vgl. auch Jutta Krauss: Das zweite Wartburgfest der deutschen Studenten im Revolutionsjahr 1848. In: Wartburg-Jahrbuch 1998. 7(2000), S. 11–43.

Die Wiederherstellung der Wartburg und ihre Vorgeschichte im Wartburg-Werk

Grit Jacobs

«Die Wiederherstellung der Wartburg knüpft an die große klassische Zeit Weimars an. Ihr Geist ist wirksam in den Kräften, welche die Erneuerung des alten Palladiums herbeiführen. Die großen Traditionen des Weimarschen Fürstenhauses pflanzen sich von Goethe aus lebendig fort in der vom höchsten idealen Standpunkt aus erfaßten Aufgabe der Wartburg-Wiederherstellung. Sie war eine Tat von Bedeutung für das ganze Kunstsinn und historische Interessen pflegende Europa.»[1] Dies schrieb der Herausgeber Max Baumgärtel in seinem Vorwort zum Wartburg-Werk, nachdem er berichtete, dass es der ausdrückliche Wunsch Großherzog Carl Alexanders von Sachsen-Weimar-Eisenach gewesen sei, «sein schönstes Lebenswerk im Dienst des deutschen Volkes durch eine ‹Kulturgeschichte der Wartburg› dargestellt zu sehen, ein Buch, das Sein und Seines Hauses edelstes ‹Vermächtnis› verdolmetschen und deuten sollte.»

Im Jahr 1894 hatte sich Carl Alexander an den Gießener Historiker Wilhelm Oncken gewandt und die Planungen für ein solches Werk über die Wartburg begonnen. Ursprünglich war beabsichtigt, das Buch zu Carl Alexanders 80. Geburtstag erscheinen zu lassen. Dafür zog Oncken den Verleger Max Baumgärtel hinzu, der es sich zur persönlichen Aufgabe machte, das Thema Wartburg erschöpfend abzuhandeln. Kein Aspekt der äußert komplexen Bedeutung der Landgrafenfeste sollte unberücksichtigt bleiben, das Spektrum nicht auf historische, bau- und kunstgeschichtliche Essays beschränkt, vielmehr der Bogen noch weiter gespannt werden bis hin zu Literatur, Musik und Religion. Vor allem die Wiederherstellung der Wartburg als Lebenswerk Carl Alexanders und seines Architekten Hugo von Ritgen musste die ihr gebührende Würdigung erfahren.

Die zwei umfangreichsten Kapitel «Vorgeschichte der Wiederherstellung» und «Die Wiederherstellung. Ein Beitrag zur deutschen Kunst- und Kulturgeschichte», die das Erneuerungswerk «verdolmetschen und deuten», gelten nicht zu Unrecht als ein literarischer Schlusspunkt eines Jahrzehnte dauernden Bauens. Es waren insbesondere diese Beiträge, an denen Baumgärtel äußerst engagierten und kräftezehrenden Anteil nahm, die inhaltliche Hauptarbeit lei-

---

1 Max Baumgärtel: Vorwort. In: Max Baumgärtel (Hrsg.): Die Wartburg. Ein Denkmal deutscher Geschichte und Kunst. Berlin 1907, S. V–VIII, hier S. VI.

stete, um damit nichts weniger als einen «Beitrag zur deutschen Kunst- und Kulturgeschichte» zu leisten.[2]

Dieser Aufsatz wendet sich zunächst dem Werdegang der Kapitel zu, beschreibt die schwierige Zusammenarbeit der Autoren Otto von Ritgen und Max Baumgärtel sowie des Letzteren Arbeitsweise. Alsdann werden die Beiträge hinsichtlich der zu Grunde gelegten Quellen untersucht. Die Vorgeschichte, in der zwei Abschnitte Weimar und Carl Alexander gewidmet sind, wird nur kurz umrissen, während der Teil, der die Wartburg selbst betrifft, eingehendere Behandlung erfährt. Da der Umfang des Wiederherstellungskapitels eine Auswahl erfordert, konzentriert sich die Betrachtung auf Festsaaletage, Dirnitz und Reformationszimmer. Besondere Aufmerksamkeit verdienen jedoch auch die Endnoten. Zum Abschluss erscheint die Einbettung der Aufsätze in ihre Zeit und die Stellung der Autoren sinnvoll.

Werdegang der beiden Kapitel

Aufschlussreich für die Entstehungsgeschichte des Wartburg-Werkes ist ein 79-seitiger Brief, den Baumgärtel nach der Fertigstellung an den regierenden Großherzog Wilhelm Ernst sandte. Dieses Schreiben gibt Auskunft über die mit vielen Komplikationen einher gehende Genese der hier zu behandelnden Kapitel.[3]

In dem von Wilhelm Oncken ursprünglich konzipierten, nur 55 Seiten starken Buch existierte ein Kapitel mit der Überschrift «Wiederherstellung der Wartburg» noch nicht.[4] Stattdessen war ein Aufsatz über «Das Werk des Baumeisters» vorgesehen, das ein Sohn des Wartburgarchitekten Hugo von Ritgen verfassen sollte,[5] nämlich der am 12. April 1848 in Wetzlar geborene Otto von Ritgen, der als Architekt in Berlin lebte.[6] In seinem Besitz befand sich der Nachlass seines Vaters. Max Baumgärtel, der zunächst nur den Abbildungsteil bearbeitet hatte, seinen Einfluss aber sehr schnell auf die konzeptionelle und inhaltliche Arbeit ausweitete, übernahm auch die Redaktion der

---

2　Zur Biographie Max Baumgärtels siehe Wanja Abramowski: Max Baumgärtel – eine biografische Skizze über den Herausgeber des Wartburg-Werks, – in diesem Band.

3　Wartburg-Stiftung Eisenach, Archiv (im Folgenden: WSTA), Akte: Die Wartburg. Ein Denkmal deutscher Geschichte u. Kunst, Bd. 7, Akten-Nr. 346, Max Baumgärtel an Großherzog Wilhelm Ernst von Sachsen-Weimar-Eisenach, 27. 5. 1907; vgl. zu diesem Bericht vor allem den Beitrag: Die Entstehung des Wartburg-Werks vor allem nach dem Bericht des Herausgebers Max Baumgärtel vom 27. Mai 1907, – in diesem Band.

4　Baumgärtel an Wilhelm Ernst, 27. 5. 1907 (wie Anm. 3) S. 13.

5　Wartburg-Stiftung Eisenach, Archiv (WSTA), Akte: Die Wartburg. Ein Denkmal deutscher Geschichte u. Kunst, Bd. 2, 1906/1910, Akten-Nr. 341, Bl. 10, vom 9. 1. 1896.

6　Zu Otto von Ritgen vgl. Ritgensche Familiennachrichten, B13/1. Ein Verweis findet sich in: Neue deutsche Biographie. Bd. 21. Berlin 2003, S. 648.

eingelieferten Manuskripte. Vier Autoren hatten 1897, spätestens 1898 fünf Manuskripte geliefert,[7] und auch der ursprünglich von Otto von Ritgen geforderte Text über «Das Werk des Baumeisters» lag bereits seit 1897 vor. Der avisierte Erscheinungstermin des Buches rückte jedoch in weite Ferne, als es Baumgärtel in dieser Zeit bewusst wurde, dass das bestehende Konzept eine umfassende Darstellung zur Geschichte und Kunst der Wartburg gar nicht zuließ. Während die fünf vorliegenden Manuskripte bestehen blieben, erweiterte er den Inhalt und wies der Baugeschichte der Burg und ihrer Wiederherstellung separate Kapitel zu.[9] Während Paul Weber die Baugeschichte bearbeitete, sollte Otto von Ritgen die Wiederherstellungsgeschichte beitragen. Dieser war nicht der einzige Autor, dessen Beiträge Baumgärtel äußerst kritisch redigierte, jedoch entwickelte sich gerade ihrer beider Zusammenarbeit zur wohl konfliktgeladendsten und war zuweilen von tiefgehenden Verstimmungen begleitet.

Baumgärtel warf von Ritgen mangelndes Engagement und fehlendes historisches Verständnis vor; in einem Schreiben an Großherzog Carl Alexander bewertete er die mehrfach korrigierten Texte sogar als «bei weitem nicht auch nur den mäßigsten kritischen Anforderungen» genügend.[10] Demgegenüber sah sich Ritgen einem enormen Druck ausgesetzt. Als Architekt im Berufsleben war er mit einer Aufgabe konfrontiert, für die ihm nicht nur die Zeit fehlte, sondern für die er, der weder Historiker noch Kunsthistoriker war, auch nicht über entsprechendes Handwerkszeug verfügte. Die einzige umfassendere Schrift über die Burg und deren Erneuerung war seinerzeit der 1876 in dritter Auflage erschienene «Führer auf der Wartburg» seines Vaters.[11] Auf der Grundlage dieses in «populärer Form» geschriebenen Büchleins, das «den Wunsch nach einer auf breiterem kulturgeschichtlichen Boden angelegten Darstellung und Erklärung» offen gelassen hatte (S. 451),[12] und unter den ursprünglichen

---

7   Es handelt sich um die Einleitung Carl Alexanders, die beiden Beiträge von Wilhelm Oncken zu Martin Luther und zum Wartburgfest von 1817, die Abhandlung von Ernst Martin über Minnesang und Sängerkrieg, den Beitrag von Trinius zur Sage und Dichtung. Hinzu kam die Beschreibung eines Wartburgrundgangs von Richard Voss. Vgl. hierzu Entstehung des Wartburg-Werks (wie Anm. 3).

8   Wartburg-Stiftung Eisenach, Archiv (WSTA), Akte: Die Wartburg. Ein Denkmal deutscher Geschichte u. Kunst, Bd. 1, 1895/1927, Akten-Nr. 340, Bl. 209: Otto von Ritgen an Großherzog Carl Alexander, 23. 6. 1898: Sein Artikel sei «seit Jahresfrist abgeschlossen».

9   Vgl. hierzu noch einmal ausführlich Entstehung des Wartburg-Werks (wie Anm. 3.)

10   WSTA, Akten-Nr. 341 (wie Anm. 3) Bl. 120, Max Baumgärtel an Großherzog Carl Alexander, 12. 9. 1899.

11   Hugo von Ritgen: Der Führer auf der Wartburg. Ein Wegweiser für Fremde und ein Beitrag zur Kunde der Vorzeit. Dritte vermehrte und verbesserte Auflage Leipzig 1876.

12   Die im Folgenden in Klammern gegeben Zahlen beziehen auf die Seiten im Wartburg-Werk Baumgärtel, Wartburg 1907 (wie Anm. 1).

Maßgaben hatte von Ritgen sein Kapitel verfasst. Dass Baumgärtel ihn für unfähig hielt, den hochgesteckten Ansprüchen zu genügen und sich selbst als den geeigneteren Verfasser betrachtete, vermutete nun auch Ritgen, als er sich im August 1899 an Großherzog Carl Alexander wandte, um sich seiner Gunst zu versichern.[13] Baumgärtel habe die Verkaufs- und Urheberrechte an Hugo von Ritgens «Führer auf der Wartburg» gefordert und mit der Kündigung des Mitarbeitervertrages für das Wartburg-Werk gedroht, sollte dies nicht umgehend geschehen. «Ich habe es mit einem Geschäftsmann zu thun,» schrieb Ritgen deshalb, «der sein Interesse mit größter Gewandtheit wahrzunehmen versteht, dem Stoff und Inhalt und die hauptsächlichen Quellen zum Verständnis des Werkes des Baumeisters bekannt geworden sind, der aber keinen Werth darauf zu legen scheint, daß auch der Name v. Ritgen unter den Mitarbeitern verbleibt.» Da dem Großherzog jedoch durchaus am Verbleiben Ritgens im Mitarbeiterkreis lag und er sich für eine Weiterbeschäftigung des Architekten aussprach,[14] musste sich Max Baumgärtel mit ihm arrangieren.[15]

Die entscheidende Wende trat 1901 ein, als der Herausgeber nach dem Tod Carl Alexanders eine Quellensammlung zur Burgwiederherstellung entdeckte, die dem Kapitel endlich die gewünschte Ausführlichkeit und Substanz zu geben versprach. In seinem Rückblick warf er seinem Vorgänger Oncken deshalb mangelnde Recherche vor: «Klar, wie die Burg selbst auf ihrer sonnigen Höhe steht, schien ihm zu liegen, was für die Aufgabe in Betracht kam. Seine Königliche Hoheit Großherzog Carl Alexander nach Quellen für die Wiederherstellung der Wartburg zu fragen, bedachte er nicht.»[16] Der Fund der Archivalien führte zu einer Arbeitsteilung, die Baumgärtel und Ritgen offiziell zu gleichrangigen Koautoren werden ließ. Tatsächlich wanderten Ritgens Manuskripte nahezu ungenutzt in den Aktenschrank des Verlegers, der nach dem Quellenstudium bis Ende 1902 nun den Hauptteil des Kapitels erarbeitete (S. 708, Anm. zu S. 290). Otto von Ritgen blieb die Aufgabe, die entsprechenden Ergänzungen aus dem väterlichen Nachlass und die technischen Aspekte zuzuarbeiten.[17]

Dass das Kapitel «Die Wiederherstellung» dennoch erst 1906 fertig gestellt werden konnte, muss vor allem der Arbeitsweise Baumgärtels zugeschrieben werden, der durch seinen Anspruch auf Vollständigkeit über Jahre hinweg nicht gewillt war, einen Redaktionsschluss auch nur in Erwägung zu ziehen.

---

13 WSTA, Akten-Nr. 340 (wie Anm. 8) Bl. 211, Otto von Ritgen an Carl Alexander, 29. 8. 1899.
14 WSTA, Akten-Nr. 340 (wie Anm. 8) Cladde der Antwort Carl Alexanders an Otto von Ritgen, 29. 8. 1899, Bl. 214.
15 Baumgärtel an Wilhelm Ernst, 27. 5. 1907 (wie Anm. 3) S. 25 f.
16 Baumgärtel an Wilhelm Ernst, 27. 5. 1907 (wie Anm. 3) S. 7 f.
17 Baumgärtel an Wilhelm Ernst, 27. 5. 1907 (wie Anm. 3) S. 34 – 36 f.

Aus der Quellenarbeit ergaben sich für ihn zahlreiche Erweiterungen, vor allem bauhistorischer Details, die sowohl im Haupttext als auch in den Endnoten oft Webers «Baugeschichte» ergänzten oder gar zu korrigieren versuchten. Baumgärtel erkannte auch die Notwendigkeit einer Vorgeschichte, die den Bogen von Weimars Goldenem Zeitalter zum Wartburgbau schlagen und das Geschehen bis 1849, dem Arbeitsbeginn Hugo von Ritgens, beleuchten sollte.[18]

1902 eröffnete sich ihm ein weiterer Mangel, ohne dessen Behebung das Wartburg-Werk «Stückwerk» geblieben wäre.[19] Nachdem er entdeckt hatte, dass die Reformationszimmer in der Vogtei als Pendant zum Elisabeth-Leben im Palas geschaffen worden waren und ihm dieser «geistige Höhepunkt des Erneuerungswerkes» noch nicht entsprechend behandelt schien, beschloss er einen weiteren Abschnitt über Martin Luther zu verfassen. Innerhalb des Wiederherstellungskapitels war dies allerdings schwierig, da Baumgärtel und von Ritgen sich auf die gemeinsame Autorschaft geeinigt hatten und der katholische Partner einer solchen Zutat keinesfalls zugestimmt hätte. Also erfand Baumgärtel das Pseudonym M. Wartburger, hinter dem er sich laut eigener Angabe selbst verbarg. «Mit der Reformationsgeschichte sehr vertraut» habe er den Text über Luthers Leben verfasst und die Druckbögen zwei prominenten Wissenschaftlern, dem Theologen Gustav Kawerau und dem Pädagogen Christian Fürchtegott Muff, zur Korrektur vorlegt.[20]

Baumgärtel verfasste auch Beiträge, die er in anderen Kapiteln wie etwa im «Neuen Wartburgleben» von August Trinius positionierte, dessen Text er bis 1904 redigierte und mit eigenen Texten zur Biographie Carl Alexanders und zur Elisabethkemenate erweiterte.[21] Da die Wertung des 1906 vollendeten Mosaiks keineswegs positiv ausfiel und vor allem auch mit kritischen Bemerkungen über Ritgen-Bauten durchsetzt ist, hat Baumgärtel dies wohl bewusst aus dem Wiederherstellungskapitel ausgegliedert. Die ohnehin schwierige Zusammenarbeit mit Otto von Ritgen gestaltete sich immer dann «übermäßig peinvoll», wenn der einstige Wartburg-Baumeister mit Kritik bedacht wurde – für den Sohn eine «Blasphemie».[22]

Die wegen eines neuen Abwasserkanals zu Beginn des Jahres 1906 durchgeführten Grabungen[23] förderten im südlichen Bereich am Gadem Baubefunde

---

18 BAUMGÄRTEL an WILHELM ERNST, 27. 5. 1907 (wie Anm. 3), 36–38.
19 BAUMGÄRTEL an WILHELM ERNST, 27. 5. 1907 (wie Anm. 3) S. 43.
20 BAUMGÄRTEL an WILHELM ERNST, 27. 5. 1907 (wie Anm. 3) S. 43–46 f.; zu KAWERAU und MUFF vgl. Die an Baumgärtels Wartburg-Werk von 1907 beteiligten Autoren und VOLKER LEPPIN: Der Held der protestantischen Nation: Die Lutherpartien in Baumgärtels «Wartburg», – beide in diesem Band.
21 Vgl. JUTTA KRAUSS: «Gemeingut eines ganzen Volkes». Zum Abschlusskapitel des Wartburg-Werks in diesem Band.
22 BAUMGÄRTEL an WILHELM ERNST, 27. 5. 1907 (wie Anm. 3) S. 40.

zu Tage, wegen derer sich Baumgärtel erneut in die Quellen vertiefte, um daraus gewonnene Erkenntnisse noch in das Werk einfließen zu lassen.[24] In der daraus entstandenen Abhandlung, die kurz vor dem Druck auf mehrere Seiten der Endnoten platziert wurde (S. 720–726), offenbart sich einmal mehr der Konflikt zwischen den Autoren. Obwohl sich auch Otto von Ritgen intensiv mit dem südlichen Bereich der Burg auseinandergesetzt hatte,[25] zeichnete wieder Baumgärtel allein für die Inhalte verantwortlich, da der «Techniker auf dem Gebiete des modernen Bauwesen» zu anderen Ergebnissen gekommen war als der «Historiker» (S. 724). Max Baumgärtel behauptete von der gemeinsamen Arbeit, dass «kein Satz in ihr ist, der nicht nach allen irgend erdenklichen Beziehungen hin aufs schärfste durchgehechelt wäre von der gegenseitigen Doppelkritik des Historikers und Technikers.»[26] Einen Konsens, sowohl in ihrer persönlichen Zusammenarbeit als auch in inhaltlichen Fragen, hatten die Autoren nicht erreichen können.

QUELLEN UND LITERATUR

Seinem erklärten Anliegen, eine Darstellung «von dokumentarischer Anlage» vorzulegen, entsprach Baumgärtel, indem er vornehmlich die Protagonisten der Wiederherstellungszeit mit Hilfe der Quellen und Literatur sprechen ließ, die er im Anmerkungsteil benennt (S. 708 f. und S. 726 f.). Durch Auswertung und intensive Nutzung des im Folgenden vorgestellten Schrifttums wurden die Kapitel zur bemerkenswert detailreichen Darstellung, die den Werdegang der Wiederherstellungsarbeiten minutiös nachzeichnet und den Beteiligten das Wort gibt. Dass er auf Einzelnachweise jedoch fast vollständig verzichtete, offenbart einen merklichen Widerspruch zu Baumgärtels sonst gründlicher Arbeitsweise. Für die in Weimar befindlichen Akten hatte er bewusst davon abgesehen, «die einzelnen Aktenstücke nach Band- und Blattziffer anzugeben, da bei der chronologischen Anordnung der Sammlung jedwedes Zurückgehen auf die Quelle ohne besondere Umstände möglich ist.» (S. 708) Davon abgesehen ist jedoch oft auch aus anderen Quellen zitiert und auf den Nachweis verzichtet worden. Summarisch etwa als «Darlegungen» und «Abhandlungen» Hugo von Ritgens bezeichnet, sind sie ohne Kenntnis der Primärquellen nicht ohne weiteres zu identifizieren.

Das Fundament beider Kapitel bildete die von Großherzog Carl Alexander «angelegte, mit Liebe gepflegte Aktensammlung», auf die Baumgärtel im Jahr

---

23 BAUMGÄRTEL, Wartburg 1907 (wie Anm. 1) S. 729, Anm. zu S. 686, dort ist auch ein Grundriss gegeben, der das Abwassersystem dokumentiert.

24 Vgl. auch BAUMGÄRTEL an WILHELM ERNST, 27. 5. 1907 (wie Anm. 3) S. 49 f.

25 Die Vorarbeiten OTTO VON RITGENS sind im Nachlass erhalten, Privatbesitz.

26 BAUMGÄRTEL an WILHELM ERNST, 27. 5. 1907 (wie Anm. 3) S. 41.

1901 gestoßen war. Diese Sammlung lässt sich in dem heute im Thüringischen Hauptstaatsarchiv Weimar verwahrten Aktenkonvolut wiedererkennen, das alles Schriftgut zur Wartburg zwischen 1838 und 1893 vereinigt. Bis zum Tod Carl Alexanders waren die Bände in seinem Privatsekretariat verblieben,[27] 1901 überwies man den Bestand ab 1845 an das Hofmarschallamt,[28] der dazugehörige Teil aus der Zeit von 1838 bis 1844 ist in das Großherzogliche Hausarchiv eingegangen.[29] Neben den lebendigen Rapporten des Wartburgkommandanten Bernhard von Arnswald, den Briefen sämtlicher Architekten, Künstler und Hofbeamten, Bauberichten und Kostenaufstellungen sind es die ausführlichen Abhandlungen und Briefe, die Hugo von Ritgen zur Erläuterung seiner Ideen an den Großherzog sandte, an Hand derer das Baugeschehen nachvollzogen wird. Hinzu kommen die zur Zeit der Entstehung des Wartburg-Werkes noch in der Elisabethkemenate auf der Wartburg aufbewahrten Bauzeichnungen aller an der Wiederherstellung beteiligten Architekten, von denen ein Teil auch abgebildet wurde.[30] Während die Bauaufnahmen Johann Wilhelms Sältzers und Carl Spittels die Zustände vor der Wiederherstellung dokumentieren, tragen die Zeichnungen Hugo von Ritgens und des seit 1851 angestellten Bauleiters Karl Dittmar Planungs- und Entwurfscharakter.[31] Sämtliche Blätter befinden sich im Sammlungsbestand der Wartburg-Stiftung.[32] Als dritte Hauptquelle diente der im Familienbesitz befindliche Nachlass Hugo von Ritgens, der hauptsächlich Niederschriften beinhaltet, die einen Einblick in die Forschungstätigkeit des Architekten gewähren.[33] Nicht zuletzt sind Abhandlungen und Korrespondenzen Hugo von Ritgens, Niederschriften von Bernhard von Arnswald und Johann Wilhelm Sältzer und zahlreiche Briefe Carl Alexanders an den Architekten zu nennen.[34] «Viel Wichtiges freilich fand sich

---

27 Hans Eberhardt und Ulrich Hess: Die Wartburg. Quellen zur ihrer 900jährigen Geschichte im Staatsarchiv Weimar. In: Archivmitteilungen. Zeitschrift für Theorie und Praxis des Archivwesens. 17(1967)5, S. 190–198, hier S. 195.

28 Thüringisches Hauptstaatsarchiv Weimar (im Folgenden ThHStAW), HMA 1611–1648 für die Jahre 1845 bis 1893.

29 ThHStAW (wie Anm. 28) HA A XXVI für die Jahre 1838 bis 1844.

30 Die älteren Ansichten der Wartburg gehörten ebenfalls in diese Sammlung, sie sind vornehmlich im Beitrag Webers über die Baugeschichte der Wartburg platziert worden. Wartburg-Stiftung Kunstsammlung, Bestand Grafik (G).

31 Karl Dittmar (1821–1883). Dittmar, ein Schüler Zieblands, Baukondukteur; 1857 Bauinspektor, 1880 Baurat. Dittmar hatte unter der Leitung Hugo von Ritgens das Baugeschehen vor Ort zu leiten. Vgl. Eberhardt/Hess, Quellen 1967 (wie Anm. 27) S. 195. Vgl. auch Instruktion für den beaufsichtigenden und ausführenden Architekten, ThHStAW (wie Anm. 28), HMA 1617, Bl. 25r-27v.

32 Wartburg-Stiftung Kunstsammlung, Bestand Bauzeichnungen (BE).

33 Dafür, dass der Verfasserin die Bearbeitung des in Privatbesitz befindlichen Nachlasses Hugo von Ritgens ermöglicht wird, sei den Besitzern an dieser Stelle herzlich gedankt.

in ihm nicht», hatte Baumgärtel in seinen Erinnerungen zum Nachlass vermerkt, immerhin «aber doch ein sehr bedeutendes Stück»[35]: Hugo von Ritgens «Gedanken über die Restauration der Wartburg» aus dem Jahr 1847, dem die anschließende Arbeit «Hof und Garten auf Burgen» zur Seite zu stellen ist. Die Inhalte beider Aufsätze wurden an zahlreichen Stellen der Kapitel eingearbeitet.[36] Einiges durchaus bereicherndes Material fand keine Berücksichtigung, was möglicherweise der schwierigen Zusammenarbeit der Koautoren geschuldet war. Auch die im Archiv der Wartburg befindlichen Akten wurden ausgewertet und können zum großen Teil identifiziert werden.[37] Neben den Akten der Großherzoglichen-Sächsischen Kommandantur der Wartburg und den Fremdenbüchern[38] wurden die Abschriften aus dem 19. Jahrhundert über die Bauten der Wartburg im 15. und 16. Jahrhundert sowie über die Instandhaltungs- und Baumaßnahmen zwischen 1674 und 1848 genutzt.[39] Die Briefwechsel von Carl Alexander mit Hugo von Ritgen, Bernhard von Arnswald und seinem Bruder und Amtsnachfolger Hermann, dessen Tageblätter,[40] Schriften zur Grundsteinlegung des Bergfrieds 1859 und zur Feier des 800. Wartburg-Jubiläums 1867 sind ebenfalls noch im Bestand des Archivs nachweisbar.[41]

---

34 Vgl. Carl Alexander und die Wartburg in Briefen an Hugo von Ritgen, Moritz von Schwind und Hans Lucas von Cranach. Eisenach 1924, S. 7–50. Hier sind einige Briefe des Großherzogs aus dem Nachlass Ritgens ohne Angabe der Herkunft abgedruckt worden.

35 Baumgärtel an Wilhelm Ernst, 27. 5. 1907 (wie Anm. 3) S. 36.

36 Hugo von Ritgen, Gedanken über die Restauration der Wartburg, Privatbesitz; vgl. auch WSTA (wie Anm. 3), Hs 3499; Hugo von Ritgen: Hof und Garten auf Burgen, (in's Besondere auf der Wartburg) Privatbesitz. Eine kürzere bzw. unvollständige Fassung befindet sich im Archiv der Wartburg-Stiftung. WSTA, Hs 3500.

37 Vgl. hierzu die Rücksendungen der bearbeiteten Archivalien. Wartburg-Stiftung Eisenach, Archiv [WSTA], Akte: Die Wartburg. Ein Denkmal deutscher Geschichte u. Kunst, Bd. 6, 1906/1910, Akten-Nr. 345, Bl. 37–58, Baumgärtel an Cranach, November 1906.

38 WSTA (wie Anm. 3) K 18–K 32; zu den Fremdenbüchern siehe Petra Schall: »Wer zählt die Völker, nennt die Namen ...« – Aus den Stammbüchern der Wartburg. In: Günter Schuchardt (Hrsg.): Romantik ist überall, wenn wir sie in uns tragen. Aus Leben und Werk des Wartburgkommandanten Bernhard von Arnswald. Regensburg 2002, S. 125–146.

39 WSTA (wie Anm. 3) Akten-Nr. AbAW 1, Nachrichten aus dem s. g. wartburgischen Archive zu Eisenach über die Bauten auf der Wartburg in Jahren 1489–1568; AbAW 2, Nachrichten über die Örtlichkeiten und Gebäude der Wartburg von 1499–1563; AbAW 3, «Archivalische Nachrichten über die Wartburg, geliefert von Dr. Burkhardt» 1448–1677; AbAW 4, Instandhaltung und Baumaßnahmen 1674–1848 (Abschrift von Krügel). Vgl. hierzu auch Baumgärtel, Wartburg 1907 (wie Anm. 1) S. 710, Anm. zu S. 323.

40 WSTA (wie Anm. 3), Briefe Carl Alexanders an Bernhard von Arnswald, Hs 3239-3248, Hs 3307-3445; Briefe Carl Alexander an Hermann von Arnswald, Hs 3249-3305; Tageblätter Hermanns von Arnswald, Hs 1210-2243, Hs 2711-3320.

41 WSTA (wie Anm. 3) Nr. K 93, zum 10. Dezember 1853 (Grundsteinlegung des Bergfrieds); Nr. 424–426, Das Wartburgfest 1867.

Zur am Ende aufgeführten Literatur (S. 726 f.) zählten selbstverständlich Werke über die großherzogliche Familie,[42] Wagner und Liszt,[43] ältere Publikationen zur Wartburg und zur Burgenkunde[44] sowie die neueren Schriften von Julius Naeher, August von Cohausen, Alwin Schulz, Karl Simon, die bis 1906 erschienenen Lieferungen von Bodo Ebhardts «Deutsche Burgen» und die zweite Auflage von Otto Pipers Burgenkunde.[45]

Zur von Hugo von Ritgen über die Wartburg publizierten Literatur gehörten zu allererst «Der Führer auf der Wartburg» und die Aufsätze «Erhalten und Restaurieren» aus dem Jahr 1875 und «Die neuesten Arbeiten bei Wiederherstellung der Wartburg» von 1879.[46] Ebenso wie Ritgens handschriftliche Aufsätze dienten auch diese Publikationen der Erläuterung von Raumprogrammen und anderen Aspekten, indem ihnen ausführliche Exzerpte oder Zitate entnommen wurden. Erstaunlicherweise fand oft auch Hugo von Ritgens «populärer» Führer Verwendung, meist jedoch ohne Nachweis.

---

42 U. a. Heinrich Gerstenberg: Aus Weimars nachklassischer Zeit. Hamburg 1901; Adolf Schöll: Weimar's Merkwürdigkeiten einst und jetzt. Ein Führer für Fremde und Einheimische. Weimar 1857; Adelheid von Schorn: Zwei Menschenalter. Erinnerungen und Briefe. Berlin 1901; Adolf Stahr: Weimar und Jena, 2 Bde., Oldenburg ³1892.

43 U. a. Heinrich Fink: Wagner und seine Werke. Die Geschichte seines Lebens mit kritischen Erläuterungen, deutsch von Georg Skal. 2 Bde., Breslau 1896; Carl Glasenapp: Das Leben Richard Wagners, 4 Bde. Leipzig ³1904; Franz Liszt's Briefe/gesammelt und hrsg. von La Mara [d. i. Ida Marie Lipsius]. 7 Bde. Leipzig 1893–1902; Rudolf Louis: Franz Liszt (Vorkämpfer des Jahrhunderts. 2). Berlin 1900.

44 Johann Christoph Kurz: Festungs-Schloß Wartburg 1757 (Beiträge zur Geschichte Eisenachs. Heft 3). Eisenach 1896; Carl Salomo Thon: Schloß Wartburg. Ein Beytrag zur Kunde der Vorzeit. Eisenach ³1815; Heinrich Leo: Über Burgenbau und Burgeneinrichtung in Deutschland vom 11ten bis zum 14ten Jahrhundert. In: Historisches Taschenbuch. Hrsg. von Friedrich Raumer. 8(1837), S. 167–247.

45 Julius Naeher: Die militärarchitektonische Anlage der Ritterburgen der Feudalzeit, insbesondere die Darstellung der verschiedenen Bauarten bei den Schwaben, Franken, Normannen, Burgunder und Langobarden. Dachau 1893; August von Cohausen: Die Befestigungsweisen der Vorzeit und des Mittelalters. Hrsg. von Max Jähns. Wiesbaden 1898; Alwin Schultz: Über Bau und Einrichtung der Hofburgen des XII. und XIII. Jahrhunderts. Ein kunstgeschichtlicher Versuch. Posen 1873; Ders.: Das höfische Leben zur Zeit der Minnesänger. 2 Bde. Leipzig 1889; Karl Simon: Studien zum romanischen Wohnbau in Deutschland. Strassburg 1902; Bodo Ebhardt: Deutsche Burgen. Berlin 1899–1908 (in Lieferungen erschienen); Otto Piper: Burgenkunde. Bauwesen und Geschichte der Burgen, zunächst innerhalb des deutschen Sprachgebietes. München ²1905(–06).

46 Ritgen, Führer 1876 (wie Anm. 11); Hugo von Ritgen: Erhalten und Restaurieren. Die Wartburg. In: Westermann's Jahrbuch der Illustrirten Monatshefte. Bd. 37, 3. Folge, 5. Band. October 1874–März 1875. Braunschweig 1875, S. 73–89; Hugo von Ritgen: Ueber die Formen mittelalterlicher Zinnen als Anhaltspunkte für die Bestimmung ihrer Erbauungszeit. In: Bericht über die XIV. Versammlung deutscher Architekten. Wien 1864, N 319-390; Hugo von Ritgen: Die neuesten Arbeiten bei Wiederherstellung der Wartburg und deren künstleri-

Vorgeschichte der Wiederherstellung der Wartburg

Es war das Kapitel, das «den inneren Zusammenhang der Wartburg-Wiederher-stellung mit der klassischen Zeit Weimars» zu beleuchten und den «anregenden und fördernden Einfluß», den die Burg «auf die Entwicklung der deutschen Kunst im nationalen Musikdrama Richard Wagners» ausübte, darzustellen hat-te. An dieser Stelle schrieb Baumgärtel auch, dass die «Hauptprinzipien, welche in der Wartburg-Erneuerung wirksam sind und ihre Bedeutung ausmachen, der strenge historische Grundzug mit dem bestimmten Eintreten für sorgsamstes Erhalten des vorhandenen Alten, und dem ernsten Erstreben von sinngemäßer Treue und Wahrheit in den Ergänzungen, ganz ursprünglich von Seiner Königlichen Hoheit Großherzog Carl Alexander sowie den von ihm berufenen Mitwirkenden im Wiederherstellungs-Werke mit aller Entschiedenheit vertre-ten wurden, und daß Hugo von Ritgens vollkommene Übereinstimmung damit die Vorbedingung für die Übertragung der Erneuerung des Wartburg an ihn war.»[47] Die Vorgeschichte der Wiederherstellung der Wartburg umfasste für Max Baumgärtel den Zeitraum von 1775 bis 1849.

Er unterteilte dieses Kapitel in drei Abschnitte:
1. Weimar und Wartburg. 1775 bis 1838. (S. 283–290)
2. Die Vorarbeiten der Jahre 1838 bis 1849. (S. 290–312)
3. Der Aufgang neuen Kunstlebens in Weimar und die Wartburg 1838 bis 1849. (S. 313–318)

Zuerst blickt er bis in das «Goldene Zeitalter» Carl Augusts, des kunstsinni-gen Mäzens, und zu Anna Amalia als «Mittelpunkt des geistigen Weimar» zurück. Neben Christoph Martin Wieland und Johann Gottfried Herder waren es natürlich Goethe und Schiller, die «die Weihe der Kunst ... über Karl Augusts kleiner Residenz» erstrahlen ließen (S. 284). Goethes Aufenthalte auf der Wartburg werden an Hand der Briefe an Frau von Stein aus dem Jahr 1777 dokumentiert, deren Auszüge Carl Alexander für das Wartburg-Werk veran-lasst hatte (S. 708, Anm. zu S. 284). Die Vermählung Großherzog Carl Fried-richs mit der russischen Zarentochter Maria Pawlowna wird als Ereignis «von bedeutender und für Deutschland segensvoller Tragweite» dargestellt, denn in ihre Hände «legte die Vorsehung auch das Vermächtnis, welches die Kunst aus der Blütezeit Weimars seinem Fürstenhause hinterließ» (S. 285). «Die treue Hüterin diesen ererbten Hortes» (S. 287) war es schließlich, die, wie ihr Sohn sich erinnerte, auf der Wartburg den folgenreichen Satz aussprach «Du solltest

---

sche Ausstattung. In: Deutsche Revue über das gesamte nationale Leben der Gegenwart. Hrsg. von Richard Fleischer. 3(1879)2, S. 127–143.
47 Baumgärtel an Wilhelm Ernst, 27. 5. 1907 (wie Anm. 3) S. 37.

einmal daran denken, dies wieder herzustellen»[48] und bis zu ihrem Tod eine bedeutende finanzielle Stütze der Wiederherstellung sein sollte.[49] Die Geschehnisse auf der Wartburg zwischen 1775 bis 1838, etwa die Erbauung des Neuen Hauses, finden konsequenter Weise keine Erwähnung, denn hiervon hatte Paul Weber berichtet.[50]

Der dritte Abschnitt zum «Aufgang neuen Kunstlebens in Weimar und die Wartburg» unterstreicht zunächst die Bedeutung Franz Liszts, der Weimar ein «wirklich neues geistiges Leben» schenkte, denn er war es auch, der Wagners Oper Tannhäuser nach Weimar brachte. Wie sollten sich für Maria Pawlowna «nicht innig verbindende Fäden gesponnen haben von der geliebten Burg zu dem Dichterwerke in ihrer Hand», das auf der Wartburg und in den Wäldern umher spielte? «Ein Ahnen mochte in der Großherzogin erwachen; echte alte, nationale Poesie in neue dichterische Formen gegossen; durch sie der deutsche Sagenschatz des fernen Mittelalters mit der Gegenwart lebendig verbunden und als Einleitung einer neuen großen Kunstepoche vor die Zukunft gestellt.» (S. 315) Wohl nicht zuletzt deshalb musste die zufällige Begegnung von Richard Wagner und Maria Pawlowna im Eisenacher Stadtschloss[51] auf die Wartburg verlegt und zum geplanten Treffen erklärt werden (S. 317).

---

48 Carl Alexander: Erinnerungen zur Geschichte der Wiederherstellung der Wartburg. In: Baumgärtel, Wartburg 1907 (wie Anm. 1) S. 3–14, hier S. 5. Vgl. Jutta Krauss: Carl Alexanders Erinnerungen – Ein Nachwort. In: Carl Alexander. «So wäre ich angekommen, wieder, wo ich ausging, an der Wartburg». Zum 100. Todestag des Grossherzogs von Sachsen-Weimar-Eisenach [Begleitschrift zu den Ausstellungen vom 5. Januar bis 24. Juni 2001 auf der Wartburg und vom 8. Juli bis 30. September 2001 in Weimar]. Eisenach 2001, S. 27–52.

49 Joachim Berger: Die Medienfürstin. Höfische Repräsentation im bürgerlichen Jahrhundert. In: «Ihre Kaiserliche Hoheit» Maria Pawlowna – Zarentochter am Weimarer Hof: [eine Ausstellung der Stiftung Weimarer Klassik und Kunstsammlungen im Schloßmuseum Weimar, 20. Juni bis 26. September 2004], CD-R zur Ausstellung im Weimarer Schloßmuseum. Hrsg. von der Stiftung Weimarer Klassik und Kunstsammlungen, Weimar 2004, S. 125–143, hier S. 140 f.; Ulrike Müller Harang: Der märchenhafte Reichtum der Maria Pawlowna und die Folgen. In: Ebenda, S. 97–110, hier S. 107, Anm 79; Martin Steffens: «Sie feiern das und seine Fürsten, zumeist aber die Dichter». Maria Pawlowna und die Einrichtung von Dichtergedenkräumen in Weimar und auf der Wartburg. In: Ebenda: S. 215–235, hier S. 234.

50 Paul Weber: Baugeschichte der Wartburg. In: Baumgärtel, Wartburg 1907 (wie Anm. 1) S. 147–165, hier S. 157–164; vgl. Elmar Altwasser und Ulrich Klein: Die Baugeschichte der Burg im Wartburg-Werk, – in diesem Band.

51 Vgl. Carl Glasenapp: Das Leben Richard Wagners in sechs Büchern. 4 Bde. Leipzig ³1904; vgl. auch Wolfgang Marggraf: Richard Wagner in Thüringen – Bemerkungen zu einem «unmöglichen» Thema. In: Irene Erfen (Hrsg.): «Der Welt noch den Tannhäuser schuldig». Richard Wagner: Tannhäuser und der Sängerkrieg auf Wartburg. Wartburg-Jahrbuch, Sonderband 1997, Regensburg 1999, S. 143–160; Rainer Kleinertz: Maria Pawlowna und die Musik am Weimarer Hof. In: «Ihre Kaiserliche Hoheit» Maria Pawlowna – Zarentochter am Weimarer Hof: [eine Ausstellung der Stiftung Weimarer Klassik und Kunstsammlungen im Schloßmuseum Weimar, 20. Juni bis 26. September 2004], CD-R zur Ausstellung im Wei-

Beleuchteten die Abschnitte einerseits die Wechselbeziehungen zwischen der Residenzstadt Weimar und der alten Landgrafenburg über Eisenach, verbanden sie andererseits «mit der historischen Darstellung Seines [Carl Alexanders, d. V.] schönen Lebenswerkes der Wartburg-Erneuerung eine Skizze seines Lebensganges, Seines gesamten Wirkens»[52], sind daher gleichermaßen Teil der Biographie Carl Alexanders, die Baumgärtel hier beginnen ließ und im «Neuen Wartburgleben» fortsetzte und abschloss.[53] Carl Alexander war ein Kind der Goethezeit: Jugend und Erziehung standen unter allen günstigen Einflüssen Weimars und sollten sein Handeln zeitlebens bestimmen. In den Jahren 1838 bis 1849, in denen Carl Alexander «seine Individualität ausgebildet hat», habe er «ernstes Denken und jenen Zug entwickelt, der einen höheren Lebensinhalt sucht und nach Bethätigung drängt um der Sache willen, wie er in seiner Lebensarbeit der Wiederherstellung der Wartburg zum Ausdruck kommt.» (S. 317)

In diesen geistigen Reifeprozess fallen die im zweiten Abschnitt beschriebenen «Vorarbeiten der Jahre 1838 bis 1849» auf der Wartburg. Dass Baumgärtel das in diesem Jahrzehnt Geschaffene als Vorarbeit bezeichnete, mag befremden, wurden doch tiefgreifende Veränderungen an der Architektur des Palas, dem bedeutendsten Gebäude der Wartburg, vorgenommen. So rekonstruierte und vervollständigte man seit 1839 unter der Leitung Johann Wilhelm Sältzers und seines Nachfolgers Heinrich August Hecht[54] dessen Arkadenstellungen, fügte Ankermauern zur Sicherung der Westmauer ein, ergänzte Balken und Säulenfundamente im Saal des ersten Geschosses. 1844–45 erfolgten umfangreiche Grabungen in den Höfen. Als Hugo von Ritgen in seinem Führer postulierte, dass «erst seit dem Jahre 1847 ... die Restauration ernstlich in Angriff genommen» worden sei, setzte er seinen Eintritt in das Baugeschehen als eigentlichen Beginn der Wiederherstellung an.[55] Auch für Baumgärtel ist dieser Zeitraum Vorgeschichte geblieben, weil weder ein vollendetes Konzept noch der richtige Architekt oder entsprechende Pläne gefunden waren. Da aber Hugo von Ritgen in den beiden ersten Jahren seiner Tätigkeit noch in Konkurrenz zu Ferdinand von Quast arbeiten musste und der Bauherr Carl

marer Schloßmuseum: Hrsg. von der Stiftung Weimarer Klassik und Kunstsammlungen. Weimar 2004, S. 239–243, hier S. 243.

52 BAUMGÄRTEL an WILHELM ERNST, 27. 5. 1907 (wie Anm. 3) S. 56.

53 AUGUST TRINIUS: Neues Wartburgleben. In: BAUMGÄRTEL, Wartburg 1907 (wie Anm. 1) S. 661–694, hier S. 690–694.

54 JOHANN WILHELM SÄLTZER (1780–1846), 1804 Baukondukteur in Weimar, 1809–1846 Baubeamter für das fiskalische Bauwesen in Eisenach, 1816 Bauinspektor, 1826 Baurat; HEINRICH AUGUST HECHT (1815–1883), 1851–1857, Baubeamter für das fiskalische Bauwesen in Eisenach, 1852 Bauinspektor. Vgl. EBERHARD /HESS, Quellen 1967 (wie Anm. 27) S. 195.

55 RITGEN, Führer 1876 (wie Anm. 11) S. 51.

Alexander sich erst 1849 für Ritgen als den ausführenden Architekten entschieden hatte, datiert Baumgärtel den Beginn der Wiederherstellung erst in dieses Jahr.

Tatsächlich beginnen die Ereignisse 1838 mit dem Besuch des in Weimar lebenden Malers Carl Alexander Simon,[56] dem auf der Suche nach dem Thema für ein Historiengemälde die Bedeutung des Palas klar wird. Sein Gemälde vom Sängerkrieg erschien Baumgärtel «unbedeutend; der Auftrag, es zu malen, aber ist folgenreich geworden», denn Simon führte Bauuntersuchungen durch, von denen er begeistert nach Weimar berichtete.[57] «Ja, gnädiger Herr», schrieb er Carl Alexander, «Sie werden der erste sein der dem deutschen Geiste Gerechtigkeit widerfahren läßt, der dem Volke den Schrein öffnet, in dem es Dokumente seiner Größe findet, den Riesengeist entfesseln, der bisher in unwürdigen Banden lag.»[58] (S. 292)

Die Entdeckung der umfangreichen Ausarbeitung Simons, «Die Wartburg. eine archäologische Skizze», blieb 1931 Hans von der Gabelentz vorbehalten,[59] Baumgärtel fand im Weimarer Archiv lediglich die zwei Aquarelle, die diese Hefte begleiteten, beschrieb sie zwar, verzichtete jedoch auf ihre Abbildung. 1840 trat mit Bernhard von Arnswald der Kommandant der Wartburg seine Stelle an,[60] sein «starkes warmes Herz gehörte der Burg allein, die er siebenunddreißig Jahre lang gepflegt und gehegt hat, für ihr Wiedererstehen im alten Glanz unablässig tätig.» (S. 294)

Von Bedeutung sind die 1841 von Erbgroßherzog Carl Alexander niedergeschriebenen Überlegungen über die Restaurierung der Wartburg, in denen er erstmals die Notwendigkeit eines Restaurationsplanes erwog und den Satz for-

---

56 Zur Biographie Simons siehe: Jutta Krauss: «Leben, Tat oder Tod» – der Wartburgerneuerer Carl Alexander Simon. In: Wartburg-Jahrbuch 2003. 12(2004), S. 89–107; vgl. auch die Beiträge in: Carl Alexander Simon. «Eine Skizze bin ich und Skizzen habe ich geschaffen», Begleitschrift zur Sonderausstellung anläßlich des 200. Geburtstages eines Wartburg-Visionärs, 2. Juli bis 31. Oktober 2005 auf der Wartburg, 21. November 2005 bis 31. Januar 2006 in Frankfurt (Oder). Hrsg. von der Wartburg-Stiftung. Eisenach 2005.

57 ThHStAW (wie Anm. 28) HA A XXVI 1576, Carl Alexander Simon an Christian Wilhelm Schweitzer, Ende August 1838, Bl. 185–188; Carl Alexander Simon an Carl Alexander, November 1838, Bl. 3r-5v.

58 Simon an Carl Alexander (wie Anm. 57) Bl. 5r.

59 WSTA (wie Anm. 3), Hs 3496 a, b Carl Alexander Simon: Die Wartburg. eine archäologische Skizze, Text- und Zeichnungsband; vgl. Grit Jacobs: Nicht was gewesen ist, ist die Geschichte, sondern was groß gewesen ist. Carl Alexander Simon: Die Wartburg. eine archäologische Skizze. In: Wartburg-Jahrbuch 2003. 12(2004), S. 108–157.

60 Günter Schuchardt (Hrsg.): Romantik ist überall, wenn wir sie in uns tragen. Aus Leben und Werk des Wartburgkommandanten Bernhard von Arnswald, Regensburg 2002. Hierin insbesondere die Aufsätze von Jutta Krauss: Der Wartburgkommandant, S. 83–102; Jutta Krauss und Grit Jacobs: Zwischen Pflicht und Neigung – Bernhard von Arnswald und die Restaurierung der Wartburg, S. 103–124.

mulierte: «Meine Idee ist nämlich, nach und nach die Wartburg zu einem Museum unseres Hauses, unseres Landes, ja von ganz Deutschland zu gestalten.»[61] Während dieser Text vollständig zitiert wird, ist bei einer zweiten Niederschrift des Erbgroßherzogs Zurückhaltung spürbar, hatte er hier doch einiges geäußert, «was die weitere Entwicklung des Werkes mit Recht nicht zur Ausführung gebracht hat.» (S. 296) Aus dem 23 Punkte umfassenden Plan von 1842 werden deshalb nur die acht Punkte zitiert, die später verwirklicht worden sind.[62]

Nachdem vom erfolglosen Versuch berichtet wird, den Münchener Architekten Georg Friedrich Ziebland für das Restaurierungsprojekt zu gewinnen, traf 1845 der von König Friedrich Wilhelm IV. empfohlene Ferdinand von Quast auf der Wartburg ein. Beim Anblick seiner im Frühjahr 1846 vorgelegten Entwürfe habe der Erbgroßherzog sofort gespürt, «wie verfehlt es sei, der Wartburg den Charakter der alten unbesiegbar starken Felsenburg zu nehmen» und seine Zustimmung deshalb zurückgehalten (S. 299). Als wichtige Entscheidungshilfe fungierte die Gothaer Architektenversammlung. Der Rapport Bernhards von Arnswald, der ausführlichst vom Besuch der Architekten auf der Wartburg berichtete und mit Kritik an Quast keineswegs sparte, unterstrich das Votum.[63] Wesentliches Dokument ist hier das Gutachten von Ludwig Puttrich, das neben der Besprechung der Quast'schen Pläne vor allem die grundlegenden Forderungen der Wiederherstellung genau benennt (S. 302 f.).[64]

Indem Baumgärtel auch hier auf die Abbildung der Entwürfe von Quasts verzichtete, verwehrte er dem Leser die Möglichkeit eigenen Urteils.[65] Auch der Anteil Sältzers, der 1838 die ersten Umbaupläne vorlegte, bis 1844 den Palas sicherte und beim Architektentag ebenfalls Entwürfe eingereicht hatte, wird kaum gewürdigt. Hatte schon Puttrich in seinem Gutachten Sältzers Zeichnungen nur im letzten Satz erwähnt,[66] kam Baumgärtel zu dem Schluss, dass Sältzer zwar einen großen Teil seiner Kraft der Wartburg gewidmet habe, jedoch «ohne bei dem Stande der Forschung seiner Zeit in seinen Entwürfen zu

---

61 ThHStAW (wie Anm. 28) HA A XXVI 1576, Carl Alexander, Bezüglich auf die Wartburg, 12. Febr. 1841, Bl. 86r-88v.

62 ThHStAW (wie Anm. 28) HA A XXVI 1576, Carl Alexander: Restaurationsplan, Bl. 219r-220v.

63 ThHStAW (wie Anm. 28) HMA Nr. 1612, Rapport Bernhards von Arnswald an Carl Alexander, 19.9.1846, Bl. 208–212.

64 ThHStAW (wie Anm. 28) HMA Nr. 1613, Ludwig Puttrich, Unmaßgebliches Gutachten über die zu unternehmenden Baue auf der Wartburg, Dezember 1846, Bl. 15–21.

65 Vgl. hierzu Peter Findeisen: Die Wartburgentwürfe Ferdinand von Quasts aus den Jahren 1846 und 1848. In: Wartburg-Jahrbuch 1993. 2(1994), S. 102–114; Ders.: Zweierlei Maß bei Ferdinand von Quast? In: Konservatorenauftrag und heutige Denkmalherausforderungen (Arbeitsheft. Landesdenkmalamt Baden-Württemberg. 4). Stuttgart 1995, S. 25–32.

66 Puttrich, Gutachten 1846 (wie Anm. 64) Bl. 21.

einem strengen einheitlichen Stile gelangen zu können» (S. 301). Die von ihm verfasste Denkschrift «Die Wartburg. eine archäologisch-architektonische Skizze», die neben Vorschlägen für die Restaurierung vor allem eine sehr genaue Beschreibung vom Vorzustand des Palas bietet, hat Baumgärtel damals offenbar nicht vorgelegen. Ein Exemplar der Schrift befand sich in Ritgens Nachlass, wurde aber von seinem Sohn vielleicht auch deshalb ignoriert, weil der Name des Verfassers fehlt.[67] Sältzers Bauaufnahmen, sowohl die Originale als auch die 1847 von Ludwig Puttrich publizierten, fanden hingegen mehrfach rege Nutzung in Webers «Baugeschichte» und im Wiederherstellungskapitel.

Nun wird Hugo von Ritgen als der Architekt eingeführt, der die Wiederherstellung zu leiten vermochte, wie er 1847 mit seiner Schrift «Gedanken über die Wiederherstellung der Wartburg.» bewies. «Mit liebevollem Forscherfleiß und

Abb. 1:
Entwurf für die
Wiederherstellung
der Westseite der
Hofburg der Wart-
burg, Hugo von
Ritgen, 1847,
Original Wartburg-
Stiftung Kunst-
sammlung,
Inv.-Nr. BE0090

sachkundiger Beurteilung war er in ihr zu Ergebnissen gekommen, durch welche die Möglichkeit der historisch treuen Wiederherstellung der Wartburg und

---

67 FRIEDRICH WILHELM SÄLTZER: Die Wartburg eine archäologisch-architektonische Skizze. Privatbesitz; vgl. auch WSTA (wie Anm. 3) Hs 3495 und Hs 3501; vgl. auch ERNST BADSTÜBNER: Zu den Bauzeichnungen von Johann Wilhelm Sältzer. Ein Vorbericht. In: Wartburg-Jahrbuch 2003. 12(2004), S. 158–170.

ihrer einzelnen Gebäude verheißungsvoll vorbereitet schien.» (S. 306) Die immer wieder zitierte Einleitung Ritgens, die seine restauratorischen Grundgedanken darlegt, wurde an dieser Stelle vollständig abgedruckt (S. 305 f.).

Ebenfalls zu Wort kommt Bernhard von Arnswald, der in Ritgen denjenigen gefunden zu haben glaubte, «der, von wahrer Liebe für die Restauration der Wartburg beseelt, Kenntnis und Bildung genug besitzt, das ganze Werk klarer zu beleuchten, und wie es sein soll zum Ziel zu führen.» Durch die Verpflichtung Ritgens würde die Wartburg nicht «zu einem modernisiert-mittelalterlichen Schloß» umgestaltet werden, womit der Kommandant abermals auf die Entwürfe Quasts anspielte,[68] über die er eine umfassende Kritik geschrieben hatte, die auch dem bald zum Freund gewordenen Ritgen vorlag.[69] Sie war Baumgärtel offenbar nicht bekannt geworden, obwohl sich auch von ihr eine Abschrift im Nachlass erhalten hat.[70]

Bis 1849 waren Quast und Ritgen gleichzeitig beauftragt, Entwürfe einzureichen.[71] Baumgärtel bespricht allerdings ausschließlich die von Hugo von Ritgen unterbreiteten Vorschläge für den damals noch als Wappensaal bezeichneten Sängersaal, die von ausführlichen Erörterungen zu Fensterkonstruktionen begleitet waren.[72] Beide Architekten reichten Entwürfe für die Gestaltung des Festsaals ein, aber Modelle ließ der Erbgroßherzog nur nach den Ritgenschen Plänen fertigen,[73] während die Pläne Quasts an dieser Stelle gar nicht erwähnt sind (S. 310–312). Dass in diese Zeit ein «merkwürdiges Projekt» des in Diensten König Ferdinands von Portugal stehenden Wilhelm Ludwig von Eschwege fiel, wird bei Baumgärtel kurz umrissen. Es blieb lange Zeit unbeachtet, dass Carl Alexander noch einen weiteren Architekten einbezog; die durchaus ungewöhnlichen Entwurfzeichnungen wurden 2004 erstmals publiziert.[74]

68 ThHStAW (wie Anm. 28) HMA Nr. 1613, Bernhard von Arnswald an Carl Alexander, 2. 5. 1847, Bl. 80-83.

69 WSTA (wie Anm. 3), Hs 2535–2627, Hugo von Ritgen an Bernhard von Arnswald, 8. 3. 1848.

70 Bernhard von Arnswald, Kritik an den Plänen Ferdinand von Quasts. Privatbesitz; vgl. auch WSTA (wie Anm. 3), Hs 3502.

71 Wilfriede Fiedler: Die Wiederherstellung und der Ausbau der Wartburg – ihre Stellung und Funktion in der Erbe- und Denkmalpflege des 19. Jahrhunderts. Martin-Luther-Universität Halle und Wittenberg, Dissertation, 1989 [maschinenschriftlich], S. 73, Anm. 79. Vent schrieb Ferdinand von Quast und Hugo von Ritgen, 5. 7. 1848; vgl. hierzu auch Grit Jacobs: Carl Alexander, Hugo von Ritgen, Bernhard von Arnswald – das Verhältnis von Bauherr, Architekt und Kommandant im ersten Jahrzehnt der Wiederherstellung. In: Burgenrenaissance im Historismus. München 2007, S. 25–36.

72 ThHStAW (wie Anm. 28) HMA 1614, Ritgen an Carl Alexander, 8. 7. 1848, Bl. 95r-98v; Ritgen an Carl Alexander, 12. 9. 1848, 115r-121v.

73 Carl Alexander an Hugo von Ritgen, 6. 4. 1849, Privatbesitz; vgl. auch Carl Alexander und die Wartburg 1924 (wie Anm. 34) S. 7 f.

74 Günter Schuchardt: Kuppeldächer für die Wartburg. Das merkwürdige Projekt Wilhelm

Mit einem Brief Hugo von Ritgens vom 29. Juli 1849 kann dieser Teil enden, denn obwohl von Quast am 14. Juli 1849 abermals um Entwürfe ersucht worden war, hatte sich Carl Alexander gegen ihn entschieden. Ritgen versicherte, sich umso ernster die Aufgabe zu vergegenwärtigen, zu der das Vertrauen Carl Alexanders ihn nun berufen habe: «Gewiß, ich fühle die Wichtigkeit dieser Aufgabe, ich kenne ihre Schwierigkeiten und die ganze Verantwortlichkeit, welche die Architecten der Wartburg Restauration vor den Augen Deutschlands übernehmen, aber mit dem ernsten Willen wächst auch der Muth und ich habe die feste Überzeugung, daß Eure Königliche Hoheit auf dem nun begonnenen Wege das schöne Ziel erreichen werden.» (S. 312)

DIE WIEDERHERSTELLUNG DER WARTBURG.
EIN BEITRAG ZU DEUTSCHEN KULTUR- UND KUNSTGESCHICHTE.

Nunmehr von Max Baumgärtel und Otto von Ritgen bearbeitet, erstreckt sich das Kapitel über 290 Seiten und ist in 15 Unterkapitel gegliedert.

1. Die Vollendung des Palas. 1849 bis 1956. (S. 321–341)
2. Der Elisabeth-Brunnen und der Erker im Kommandantengarten. 1851. (S. 341–342)
3. Der neue Bergfrid. Die Grundsteinlegung. Burgweihe. 1853 bis 1859. (S. 342–349)
4. Die innere Ausschmückung und Einrichtung des Palas. 1853 bis 1867. (S. 349–414)
5. Die Kemenate. 1853 bis 1860. (S. 415–451)
6. Ausbau im Ritterhause. (1861 bis 1863.) Die Restauration des Thorgebäudes und die neue Zugbrücke. (1862 bis 1869.) (S. 451–461)
7. Thorhalle und Dirnitz. (1856/57, 1866/67.) (S. 462–480)
8. Das Jubiläum der Wartburg 1867 und das Oratorium der Legende der heiligen Elisabeth. (S. 480–488)
9. Der Margarethengang. Die südliche Ringmauer. Der Elisabethgang. (1866 bis 1868.) (488–495)
10. Ausbau der Vogtei. (1867, 1872 bis 1878.) (S. 495–500)
11. Denkmal d. Reformation. (1870 bis 1882.) (S. 500–568)
12. Das Gadem. (1874 bis 1879.) (S. 569–582)
13. Das Bad. (1889, 1890.) (S. 582–589)
14. Der Baumeister in der letzten Periode der Wartburg-Wiederherstellung. (S. 587–589.)
15. Rückblick. (S. 589–590)

Ludwig von Eschweges. In: Wartburg-Jahrbuch 2003. 12(2004), S. 171–181; MARTIN STEFFENS: Baron Wilhelm Ludwig von Eschwege (1777–1855) und der Umbau der Wartburg. In: XENIA RIEMANN, u. a. (Hrsg.): Dauer und Wechsel. Festschrift für HAROLD HAMMER-SCHENK zum 60. Geburtstag. Berlin 2004, S. 110–127.

Aus der Gliederung wird ersichtlich, dass die Unterabschnitte insofern chronologisch aufgebaut sind, als immer ein Bauwerk oder eine Gebäudegruppe, beginnend mit dem Auftakt der Restaurierungstätigkeit, behandelt wird. Vielfach ergeben sich zeitliche Überschneidungen, da beispielsweise ab 1853 drei Projekte parallel ausgeführt wurden. Am Bergfried arbeitete man bis 1859, die mit ihm verbundene Neue Kemenate wurde 1860 vollendet und die innere Ausgestaltung des Palas, der naturgemäß große Priorität zukam, zog sich bis zum Jahr 1867 hin. Auf 65 Seiten werden die einzelnen Räume besprochen, von denen Landgrafenzimmer, Sängersaal und Elisabethgalerie 1854/55 von Moritz von Schwind ausgemalt wurden.

Den Auftakt des Kapitels über die Wiederherstellung bildet die Vollendung der architektonischen Gestalt des Palas, die bis 1856 währte. Nachdem zu Beginn mit den Worten des Schriftstellers Adolf Stahr noch einmal der ruinöse Zustand der Wartburg vor ihrer Erneuerung bildhaft vor Augen geführt worden ist,[75] referieren die Autoren das Programm der Erneuerung mit seinen grundsätzlichen Forderungen: «Erforschung der ursprünglichen Anlage der Wartburg und ihrer Weiterentwicklung; Erforschung der ursprünglichen Beschaffenheit der noch vorhandenen im Laufe der Jahrhunderte veränderten alten Gebäude; Aufführung neuer Gebäude an Stelle, im Geiste und in den Formen der verschwundenen mittelalterlichen; Einrichtung der Innenräume im Stile der Architektur zu wohnlicher Nutzbarkeit für die Hofhaltung des Burgherrn; Ausgestaltung der ganzen Burg auf historischer Grundlage unter Zusammenwirkung aller bildenden Künste zu einem Kunstwerk von monumentaler Bedeutung, zu einem Denkmal großer deutscher Kulturepochen.» (S. 322) Die umfangreichen Studien, die Ritgen hierfür betrieben hatte, werden mit der fast wörtlichen Übernahme seines Artikels «Erhalten und Restaurieren» von 1875 wiedergegeben.[76] Hierin beschreibt Ritgen ausführlich seine jahrelange Grundlagenforschung zum Thema Burgenbau, angefangen bei Studienreisen zu mehr als 60 Burgen über das Studium der Thüringer Chroniken, Archivrecherchen, literaturgeschichtliche Forschungen, insbesondere in den Dichterwerken des 13. und 14. Jahrhunderts. «Auch die Schriften der neueren und älteren Literatur über Burgenbau und Burgleben las gewissenhaft der Meister, der praktischer Architekt, Künstler und Kunsthistoriker zugleich war.» (S. 322 f.) Indem zunächst die drei 1848 entstandenen Projekte zur Überdachung des großen Saales im Obergeschoss beschrieben und abgebildet werden,[77] erfolgt

---

75 ADOLF STAHR: Weimar und Jena 1892. Ein Tagebuch. Bd. 1. Oldenburg 1852, S. 148–161.

76 RITGEN, Erhalten und Restaurieren 1875 (wie Anm. 46) S. 76 f.

77 Wartburg-Stiftung, Kunstsammlung, Entwurf für den Festsaal als dreischiffige Halle, HUGO VON RITGEN, Inv.-Nr. BE0192, Entwurf für den Festsaal mit gewölbter Decke, HUGO VON RITGEN, Inv.-Nr. BE0193, Entwurf für den Festsaal mit trapezförmiger Decke, HUGO VON RITGEN, Inv.-Nr. BE0194.

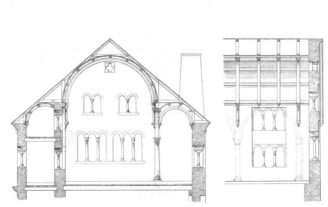

Projekt Hugo von Ritgens für die Überdeckung des Festsaales; Ende 1848.

Hugo von Ritgen hatte für die Überdeckung des Festsaales Ende des Jahres 1848 (S. 511) die drei hier wieder-gegebenen Projekte entworfen. In einer dieser Zeichnungen ist dreischiffige Einteilung des Raumes dargestellt. Der Arkaden-wand, welche den Gang an der Westseite des Saales abgrenzt, entspricht an der östlichen Seite eine Säulenstellung; zwischen beiden erstreckt sich der mittlere Hauptraum, der sich in hohem Bogen, die beiden seitlichen Abteilungen überragend, in den Dachstuhl erhebt; alle drei „Schiffe" sind mit tonnenartig geschwungenen Holzdecken versehen, deren Täfelung auf Längshölzern (Pfetten) ruht. Diese werden von hölzernen, aus mehrfachen hochkantig gestellten Bohlenstücken zusammengesetzten Tragebögen aufgenommen, die auf Konsolen oder Wandsäulchen fußen. Im zweiten Projekt ist die gewölbte Holzdecke beibehalten; die-selbe spannt sich aber von der östlichen zur westlichen Außenmauer des Palas in einem flachen Bogen über die ganze Breite

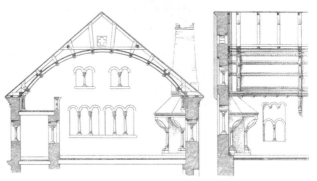

Projekt Hugo von Ritgens für die Überdeckung des Festsaales; Ende 1848.

326

ein Rückgriff in die Zeit der Vorarbeiten. Es sind vornehmlich die ausführ-lichen Beschreibungen Ritgens aus demselben Jahr[78] und ein Schreiben vom 30. November 1849, in dem er sich der Wandgestaltung des Raumes widmete, aus denen zitiert wird. Ein begeistertes Antwortschreiben Carl Alexanders, erhalten im Nachlass Ritgens, ist hier nur kurz und sinngemäß erwähnt

(S. 327). Carl Alexander stimmte allen Vorschlägen zu, lobte Ritgens Ergebnisse und formulierte den Wunsch, er solle seine umfangreichen Abhandlungen publizieren und sie «Studien des Mittelalters» nennen.[79] In diesem Brief mahnt Carl Alexander auch ein «güldenes Dach» für den Palas an, das ihm aus alten Chroniken erinnerlich war[80] und als historisch belegt erschien. Die offensichtliche Schwierigkeit, diesen Effekt mittels eines praktikablen Materials zu erzeugen, gleichzeitig aber die Unmöglichkeit den Wunsch des Bauherrn zu ignorieren, mag dazu geführt haben, dass 1852 das Dach mit einer herkömmlichen Schieferdeckung fertig gestellt wurde, die mit Stanniol überzogen wurde.

Bis Ende 1853 dauerte die Fertigstellung der Decke des Festsaals, bei deren Gliederung man «durch zweckmäßige Anordnung und wohlerwogene räumliche Verteilung der ... Tragehölzer eine weitere schöne Verteilung» geschaffen hatte (S. 338). Entsprechend begeistert scheint sich der Kunsthistoriker Ernst Förster im Jahr 1854 beim Anblick des wiederhergestellten Landgrafenhauses ausgesprochen zu haben: «Welch heilsame Wirkung gegen 1819! ... Das

*Abb. 3:
Entwurf für die Überdeckung des Festsaals des Palas der Wartburg, Hugo von Ritgen, 1848, Original Wartburg-Stiftung Kunstsammlung, Inv.-Nr. BE0194*

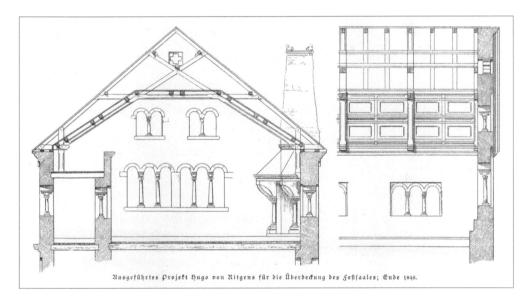

Ausgeführtes Projekt Hugo von Ritgens für die Überdeckung des Festsaales; Ende 1848.

78 ThHStAW (wie Anm. 28) HMA 1614, Ritgen an Carl Alexander, 22. 10. 1848, 130r-131v.
79 Carl Alexander an Hugo von Ritgen, 13.3.1850, Privatbesitz; vgl. auch Carl Alexander und die Wartburg 1924 (wie Anm. 34) S. 10.
80 Eine beabsichtigte, aber vom Reich untersagte Übergoldung des Dachs erwähnt Johann Bange: Thüringische Chronick oder Geschichtsbuch. Mühlhausen 1599, Bl. 45v; vgl. Heinrich Döring: Die Thüringer Chronik. Erfurt/Langensalza/Leipzig 1847, S. 170; Gerd Strickhausen: Burgen der Ludowinger in Thüringen, Hessen und dem Rheinland (Quellen und Forschungen zur hessischen Geschichte. 109). Darmstadt/Marburg 1998, S. 196.

Landgrafenhaus ist aus seinem Grabe entstiegen; seine erstorbenen Zuge haben neues Leben erhalten und die Pracht und die Zierlichkeit und Würde der Baulust des zwölften Jahrhunderts ist wieder in ihr altes Recht eingetreten.» (S. 339) Dass er aber an gleicher Stelle besonders die Binderfiguren der Festsaaldecke offen kritisierte, weil sie ihm «fremdartig» erschienen, keine Epoche der Kunstgeschichte ein Vorbild liefere und er sich letztlich fragte, wie der Friede

Abb. 4:
Blick auf die
Binderfiguren im
Festsaal des Palas
der Wartburg

Holzskulpturen im Festsaal am siebenten Dachbinder,
südlich neben dem Hauptkamin, und an den folgenden; gegen Norden gesehen. (Konsole von Hausstein.)

390

herzustellen sei «zwischen den kolossalen Ungethümen mit ihren Zwergsäulen und den fein gebildeten Kaminen und wie das Auge sich beruhigen lassen wird bei der Willkür, mit der diese Gestalten ihre Grenzen nach oben, nach unten und nach allen Seiten» erweiterten, findet keine Erwähnung.[81]

Die Ausgestaltung mit eben diesen Figuren wird an anderer Stelle beschrieben (S. 386–408). Zunächst wird das Raumprogramm vorgestellt: «die christliche Idee und ihr siegreicher Entwicklungsgang, verwoben mit der Erinnerung an die Landgrafen, die zum Ruhme der Christenheit Heldenthaten vollbrachten. Sie allein erschien Hugo von Ritgen geeignet und der hohen Bestimmung würdig zu sein, daß aus ihr heraus und in allem von ihr beseelt, eine phantasievolle, vielgestaltige und doch einheitliche Idee künstlerische Ausschmückung erdacht und erschaffen werde» (S. 386).

Auch wird Ritgens Raumprogramm, das er 1852 beschrieben hatte, noch einmal aufgenommen.[82] Schilderung und Interpretation der Binderfiguren, bei der die Autoren «der Erklärung, welche der Baumeister selbst von seinem Werke gegeben hat» (S. 389), folgten, sind Hugo von Ritgens Wartburgführer entnommen.[83]

Die Ausmalung des Saales ist ein Werk Michael Welters,[84] dem die Autoren besonderes Lob zollten: Er «war aufs tiefste in das Wesen der und die Eigenthümlichkeiten der frühmittelalterlichen dekorativen Malerei eingedrungen; in der Vergangenheit wurzelte seine Kunst, und in seiner schlichten, bescheidenen Weise, in seiner kindlichen Liebenswürdigkeit war dieser Künstler selbst das Bild eines mittelalterlichen Meisters.» (S. 395) Die folgende Beschreibung der Malereien der Ost- und Mittelwand (S. 397–402) erweist sich wiederum als ein langes Exzerpt aus dem Führer auf der Wartburg.[85]

Die ursprüngliche Planung für die Ostwand sah vier Medaillonpaare mit Porträts mittelalterlicher Herrscher und Herrscherinnen vor, von denen letztlich nur ein Paar zur Ausführung gekommen war. Während dies so auch im Text vermerkt ist (S. 398), wurden im zugehörigen Foto jedoch die in Wirklichkeit nie ausgeführten weiteren Medaillons per Retusche eingefügt.[86] (Abbildung nach S. 392)

81 ThHStAW (wie Anm. 28) HMA 1622, Ernst Förster, Ein Tag auf der Wartburg, 23. Mai 1854, Bl. 17r-18v; vgl. auch Ernst Förster, Geschichte der deutschen Kunst, Theil 5: Von 1820 bis zur Gegenwart, Leipzig 1860, S. 490. Förster unterstrich hier noch einmal, dass «der Festsaal eine Anordnung erhielt, wie sie die europäische Architektur schwerlich vorher gesehen».

82 ThHStAW (wie Anm. 28) HMA 1618, Ritgen an Carl Alexander, 1. 7. 1852, Bl. 6r-7v.

83 Ritgen, Führer 1876 (wie Anm. 11) S. 167-177.

84 Ursula Blanchbarbe: Michael Welter (1808–1892). Ein Kölner Dekorationsmaler im 19. Jahrhundert. 2 Bde. (Kölner Schriften zur Geschichte und Kultur, Bd. 7). Köln 1984.

85 Ritgen, Führer 1876 (wie Anm. 11) S. 180-191.

86 Die nachträgliche Retusche erweckte den Eindruck, die Porträts seien ausgeführt worden. Siehe Blanchbarbe, Welter 1984 (wie Anm. 84) Bd. 2, S. 390f.

Mittelpartie der Ostseite des Festsaales.

Vergleichsweise kurz wird die Erbauung des Bergfriedes in den Jahren 1853 bis 1859 behandelt (S. 342–349). Nachdem die Ergebnisse von Ritgens Studien zu Bergfrieden erneut mit den Worten aus dem «Führer» vorgestellt wurden,[87] folgt eine ausführliche Schilderung der festlichen Grundsteinlegung, die aus der entsprechenden Urkunde erstmals Carl Alexanders Leitgedanken zum Projekt wiedergibt.[88] Anlass zur längeren Besprechung sind die wiederentdeckten Fundamente des alten Bergfrieds während des Neubaus 1856. Paul Weber

---

87 RITGEN, Führer 1876 (wie Anm. 11) S. 212 und 216.
88 ThHStAW (wie Anm. 28) HMA 1620, CARL ALEXANDER: Urkunde zur Grundsteinlegung, 10. 12. 1853, Bl. 175; vgl. auch Carl Alexander und die Wartburg 1924 (wie Anm. 34) S. 3 f.

hatte diese in seinem Kapitel nur kurz erwähnt;[89] Beschreibung und Zeichnung der baulichen Reste wurden im Wiederherstellungskapitel gewissermaßen nachgeliefert (S. 346 f.).[90] Auch deren erneute Untersuchung ist vorgenommen worden, bei der man feststellte, dass die Sandsteinquaderung nicht mehr erhalten war, und vermutete, dass sie «beim Wiederherstellungswerk zweckmäßig benutzt worden» ist.[91] So sei ein Quader von 54,5 cm Länge unterhalb des Eingangs am Ritterhaus verbaut worden (S. 346–348 und S. 713 f. Anm. zu S. 347).

Ähnlich ergänzend wird im Kapitel zum Bau der Neuen Kemenate agiert. Dort findet sich ein Abschnitt zum Keller, den Weber im Baugeschichtskapitel kommentarlos ins 14. Jahrhundert datiert:[92] «die Mauertechnik des Gewölbes zeigt den Charakter, den auch sonst die Bauten Friedrichs tragen», begleitet nur von einer Abbildung des gegenwärtigen Zustandes des Kellers. Die Autoren ließen hier eine sehr ausführliche Beschreibung des Gewölbes folgen und illustrierten sie mit Spittels Nordansicht der Palasfassade und einer Ansicht von Süden.[93] Ein Kellergrundriss aus der Zeit um 1840 von Sältzer[94] wird dem wiederhergestellten Zustand gegenübergestellt (S. 416–419), resultierend in einer Einordnung der Befunde in drei Bauphasen.[95]

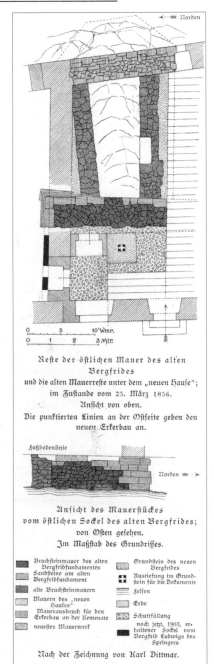

Reste der östlichen Mauer des alten Bergfrides
und die alten Mauerreste unter dem „neuen Hause";
im Zustande vom 25. März 1856.
Ansicht von oben.
Die punktierten Linien an der Ostseite geben den neuen Erkerbau an.

Ansicht des Mauerstückes
vom östlichen Sockel des alten Bergfrides;
von Osten gesehen.
Im Maßstab des Grundrisses.

Bruchsteinmauer des alten Bergfridfundamentes

Sandsteine am alten Bergfridfundament

alte Bruchsteinmauern

Mauern des „neuen Hauses"

Mauerausbruch für den Erkerbau an der Kemenate

neuestes Mauerwerk

Grundstein des neuen Bergfrides

Austiefung im Grundstein für die Dokumente

Felsen

Erde

Schuttfüllung

noch jetzt, 1903, erhaltener Sockel vom Bergfrid Ludwigs des Springers

Nach der Zeichnung von Karl Dittmar.

89 Weber, Baugeschichte (wie Anm. 50) S. 53.

90 ThHStAW (wie Anm. 28) HMA 1625, Carl Dittmar an Hofrat Vent, 20. 3. 1856, Bl. 120r-121v; Wartburg-Stiftung Kunstsammlung, Zustand des Mauerwerks des Neuen Hauses bis zum 25. März 1856, Carl Dittmar, Inv.-Nr. BE0379.

91 WSTA (wie Anm. 3) IBD, Bauhistorische Untersuchung, Eisenach/Wartburg, Neue Kemenate, MS. Marburg, September 2002, S. 57 (Maschinenschrift).

92 Weber, Baugeschichte (wie Anm. 50) S. 138.

93 Wartburg-Stiftung Kunstsammlung, Nordansicht des Palas, um 1840, Carl Spittel, Inv.-Nr. BE0031 (Ausschnitt); Schnitte durch Süd- und Nordteil des Palas, Carl Spittel, Inv.-Nr. BE0028 (Ausschnitt).

94 Wartburg-Stiftung Kunstsammlung, Grundrisse des Landgrafenhauses und des angrenzenden Gebäudes, Johann Wilhelm Sältzer, Inv.-Nr. BE0066 (Ausschnitt).

95 Das Alter des Kellers ist bis heute nicht ermittelt. Vgl. Strickhausen, Burgen 1998 (wie Anm. 80) S. 205.

Der Neubau der Kemenate, eingerichtet als Wohnung für das großherzogliche Paar, wird ausdrücklich gewürdigt; er sei «aus einer tief und gestaltungskräftig empfundenen echten Stimmung heraus geschaffen, er zeugt von verständnisinnigem Eindringen in den Geist des Mittelalters und von wahrer Künstlerschaft des Meisters.» (S. 449) Angesprochen wurden allerdings auch die Punkte, in denen Ritgen von seinem Konzept abgewichen war. So wurde der Erker an der Ostseite des Gebäudes als Konzession benannt, die «der genussreichen Aussicht über die herrliche Landschaft gemacht ist.» (S. 432). Aber auch die architektonische Verschränkung der Neuen Kemenate mit dem Bergfried durch zahlreiche Verbindungstüren in den unteren Geschossen wird als «notgedrungenes Zugeständnis an die neuzeitliche Benutzung» der Gebäude charakterisiert. Solange der Turm verteidigungsfähig sein musste, könne er solche Anlagen nicht besessen haben; gleichwohl habe Ritgen diese Verkehrswege durchaus geschickt angeordnet (S. 449).

In die Zeit der Fertigstellung von Bergfried und Neuer Kemenate fällt der Tod Maria Pawlownas im Jahre 1859. Dieses Ereignis verlangsamte nicht nur den Fortschritt der Wiederherstellungsarbeiten; der nun verminderte Geldfluss hatte auch unweigerlich neue Kompromisse bei der Ausführung zur Folge. In diesen Jahren stießen Carl Alexanders Wünsche, entweder vom Sparzwang oder vom eigenen Gusto dominiert, oftmals auf Unverständnis beim Architekten.

Zwischen 1861 und 1869 dauerten die Arbeiten am Ritterhaus und die Wiederherstellung des Torhauses mit der Zugbrücke an. Der Bau von Dirnitz und Torhalle zwischen Vor- und Haupthof wird als ein Beispiel angeführt, bei dem es Hugo von Ritgen nicht gelang seine Vorstellungen zu verwirklichen. Er hatte hier ein Gebäude entworfen, das nach seinen Forschungen romanischen Stils sein musste; die entsprechenden Entwürfe werden abgebildet (S. 470).[96] Der Burgherr bestimmte jedoch einen Bau in gotischen Formen, und Ritgen zeichnete die Entwürfe entsprechend um. Als er aber 1866 feststellen musste, dass vor dem Gebäude nur mehr eine leichte Vorhalle geplant wurde und vor allem die Zinnenbekrönung der Südseite über der Torhalle gestrichen worden war, wandte er sich in einem Schreiben an den Großherzog, dass wenigstens teilweise zitiert, in seiner Schärfe aber nicht vollständig wiedergegeben werden konnte. Nach Ritgens Auffassung verlangten «die Gesetze der burglichen Befestigung, dass gerade an dieser Stelle von dem Altan aus eine Verteidigung noch möglich ist, wenn selbst die Burg an der Südseite erstiegen und der Hofraum in der Gewalt des Feindes ist [...] Aus diesem Grunde zumeist habe ich den Altan überhaupt in den Entwurf aufgenommen.» (S. 476) Ganz und gar

---

96 Wartburg-Stiftung Kunstsammlung, Entwurf für Dirnitz mit angrenzender Torhalle von Süden im romanischen Stil, HUGO VON RITGEN, Inv.-Nr. BE0530; Entwurf für Dirnitz mit angrenzender Torhalle von Norden im romanischen Stil, HUGO VON RITGEN, Inv.-Nr. BE0566.

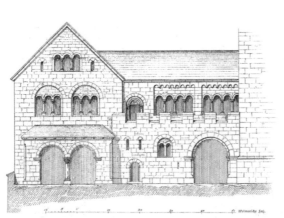

Großherzog Carl Alexander hatte nun bestimmt, daß die Dirnitz im Spitzbogenstil des vierzehnten Jahrhunderts und ganz einfach, auch ohne Skulpturarbeit, gehalten werden sollte. Mit Hugo von Ritgen bedauerte den Ausschluß alles plastischen Schmuckes auch Bernhard von Arnswald „... denn es trägt die Ornamentik natürlich viel zur Charakteristik des gothischen Styles bei", schrieb er am 9. Januar 1866 dem Bauherrn. Aus der Umwandelung des Stiles erwuchs dem Baumeister viel umgestaltende Arbeit, nun er daran ging, die Detailzeichnungen zu machen. Für die Formen, in denen er die Dirnitz zu errichten hatte, konnte er sich nur an die einfache Spitzbogenarchitektur des Predigerklosters in Eisenach halten.

Entwurf für die Südseite der Thorhalle und der Dirnitz mit gemauerter Vorhalle in romanischem Stil. Federzeichnung, 1865, von Hugo von Ritgen. 255 Millimeter breit. (S. 468.)

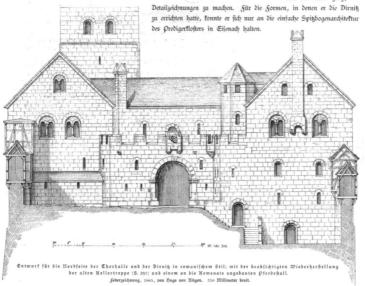

Entwurf für die Nordseite der Thorhalle und der Dirnitz in romanischem Stil; mit der beabsichtigten Wiederherstellung der alten Kellertreppe (S. 297) und einem an die Kemenate angebauten Pferdestall. Federzeichnung, 1865, von Hugo von Ritgen. 550 Millimeter breit.

470

Abb. 7: Entwürfe für die Nord- und Südseite der Dirnitz im romanischen Stil, Hugo von Ritgen, 1865, Original Wartburg-Stiftung Kunstsammlung, Inv.-Nr. BE0530 und BE0566

unmissverständlich schließt der in Baumgärtels Werk nicht wiedergegebene Folgeabsatz aus Ritgens Brief: «Hier die Zinnen wegzulassen, würde widersinnig sein und müsste jedem, der etwas von Burgenbau versteht, lächerlich erscheinen.»[97] Die Autoren stimmten Ritgens Einwänden zu, denn die «Zinnen vermißt nun das Auge; auch ohne nahe Kenntnis fühlt der Beschauer, daß hier der Zweck und Charakter des Thorbaues nicht völlig gewahrt worden ist, daß in der burglichen Wehrhaftigkeit eine Lücke ist.» (S. 468)

Der Ausbau der Vogtei wird im zehnten Kapitel der Wiederherstellungsgeschichte behandelt – es werden hier zunächst die Bibliothek und das Pirckheimer-Stübchen vorgestellt. Gemeinsam waren sie «das Ideal einer stillen, die Gedanken für den Genuß eines Buches sammelnden Stätte.» (S. 499) Während der Bibliotheksbestand 1885 in das Eisenacher Predigerkloster umgesiedelt wurde, blieb das Pirckheimer-Stübchen, auch was seine Identität anbelangte, unberührt. Sowohl Max Weber (S. 149) als auch den Autoren der Wiederherstellungsgeschichte ist offenbar nicht bekannt geworden, was Hans Lucas von Cranach schon 1897 erfahren musste: Arnold Reimann, der sich 1896 im Zuge seiner Dissertationsvorbereitung auf der Wartburg aufgehalten hatte, schrieb ihm: «Es ist nun etwas recht Mißliches, wenn man als ehrlicher Mann der Wissenschaft einer Reliquie den Werth absprechen muß, den sie in den Augen der Besitzer hat, [...] wenn ich nun nach meinen historischem Gewissen statuieren muß, daß diese Kammer nichts mit Pirckheimer zu tun hat. Sie stammt aus einem Hause, in dem Pirckh. nie gewohnt hat, das man allerdings lange für sein Wohnhaus hielt, weil 1757 ein Theil seines handschriftlichen Nachlasses dort in einer Kapelle vorgefunden wurde.»[98] Reimann konnte damals noch nicht mit der Zuschreibung an den wahren Besitzer aufwarten, doch heute gilt als erwiesen, dass das Haus am Nürnberger Egidienplatz, aus dem das Interieur 1863 entfernt wurde, seit 1489 dem berühmten Buchdrucker Anton Koberger gehört hat.[99]

Im nun folgenden Kapitel wird auf den Seiten 500 bis 568 die Wartburg als «Denkmal der Reformation» behandelt; allein 60 Seiten umfasst die Biographie

---

97 WSTA (wie Anm. 3) RITGEN an CARL ALEXANDER, 1.12.1866, Abschrift des Briefes in den Tageblättern Bernhards von Arnswald, Bl. 101/1866.

98 WSTA (wie Anm. 3), Akten-Nr. KM0132, ARNOLD REIMANN an HANS LUCAS VON CRANACH, 12. 4. 1897; Reimann publizierte 1900 seine Dissertation, in der er schrieb, dass das Stübchen nichts mit Pirckheimer zu tun habe. ARNOLD REIMANN: Pirckheimer-Studien (Inaug.-Diss.). Berlin 1900, S. 15.

99 HENDRIK BUDDE: Die Kunstsammlung des Nürnberger Patriziers Willibald Imhoff unter besonderer Berücksichtigung der Werke Albrecht Dürers (Uni-Press-Hochschulschriften. 90). Münster 1996. [Diss. Berlin 1990], S. 28–30 und 78–80. Für die Zuarbeit der Literatur und die Überlassung seines Manuskriptes sei Herrn BERTOLD FRHR. V. HALLER an dieser Stelle herzlich gedankt. Eine ausführliche Bearbeitung dieses Raumes und seiner Provenienz ist für eines der nächsten Wartburg-Jahrbücher geplant.

Das südliche Reformationszimmer. Ansicht gegen Nordosten.
Die Gemälde rechts: Luthers Trauung und Luther unter den Pestkranken; über der Thür: das Bildnis des Landgrafen Philipp von Hessen.

Luthers. Zu Beginn des Kapitels werden Lutherstube, Luthergang und Reformationszimmer vorgestellt (S. 500–508).[100] Die im Nachlass erhaltene, sehr ausführliche Beschreibung des Ritgenschen Projektes für den Umbau der drei Räume neben der Lutherstube fand auszugsweise Verwendung.[101] Doku-

---

100 Siehe hierzu die umfassende Studie bei MARTIN STEFFENS: Luthergedenkstätten im 19. Jahr-
    hundert. Memoria – Repräsentation – Denkmalpflege. Regensburg 2008, darin: Die Wart-
    burg als Luthergedenkstätte, S. 161–233.

mentiert werden an dieser Stelle nicht die Entwürfe Ritgens,[102] sondern Abbildungen der fertig gestellten Zimmer. Deshalb wird auch nicht angesprochen, dass die Räume eigens komponierte Möbel erhalten sollten, an deren Stelle dann vorhandenes Mobiliar des 15. und 16. Jahrhunderts trat.[103] Die Ausstattung der Räume zog sich insgesamt bis in die 1880er Jahre hin. Während die von Ferdinand Pauwels und Paul Thumann geschaffenen Gemälde 1872/73 vollendet waren, wurden die Werke von Willem Linnig d. J. und Alexandre Struys erst 1882 auf die Wartburg geliefert. Erreichten die Arbeiten der beiden ersteren noch eine gewisse Akzeptanz, war man sich in der Entstehungszeit des Wartburg-Werks über die Abwertung der Gemälde von Linnig und Struys offenbar einig. Paul Weber bildete in seiner Besprechung der neueren Kunstwerke nur je ein Gemälde von Pauwels und Thumann ab und resümierte über die Werke der anderen Maler: «Die Linnigschen und Struyschen Darstellungen aus den Lebensjahren Luthers im dritten Reformationszimmer sind künstlerisch ohne Interesse.»[104] Die Überleitung zur Lutherbiographie von M. Wartburger im Wiederherstellungskapitel vermerkt zunächst Folgendes: «Die Biographie Luthers in Bildern ... ist nach der Absicht des historischen Grundzuges ein Bauteil der restaurierten Wartburg wie die Schwindschen Gemälde aus dem Leben der Landgrafen und der heiligen Elisabeth.» (S. 508) Gleichwohl Baumgärtel hier anmerkt, die Lebensbeschreibung erfolge «von Bild zu Bild», wie sie in den drei Reformationszimmern dargestellt sei, werden tatsächlich auch hier nur drei Gemälde aus den Räumen reproduziert: Luthers Thesenanschlag von Ferdinand Pauwels, die Ankunft auf der Wartburg von Paul Thumann und Luther auf der Kanzel. Für die Abbildung des letzten Gemäldes erfolgt dann in den Endnoten noch eine nachträgliche Entschuldigung: Großherzog Carl Alexander sei mit den Bildern des südlichen Zimmers ohnehin nicht zufrieden gewesen, und hätte man zudem gewusst, dass es Porträts von Weimarer Zeitgenossen des Malers – unter ihnen auch der predigende Luther! – birgt, wäre es keinesfalls abgebildet worden (S. 720, Anm. zu 538).

Dass das Denkmal der Reformation als Parallelwerk zu den Fresken Schwinds vielleicht intendiert, aber nie zur gleichen Geltung gelangt war, mag

---

101 HUGO VON RITGEN: Vorschläge zur Ausstattung der drei Reformationszimmer auf der Wartburg, 1871, Privatbesitz; vgl. auch die kürzere, ältere Fassung, WSTA (wie Anm. 3), Hs 2717, Hs 2720; HUGO VON RITGEN an CARL ALEXANDER, 28. 11. 1870.

102 Wartburg-Stiftung Eisenach, Kunstsammlung, fünf Entwürfe für die Reformationszimmer auf der Warburg, HUGO VON RITGEN, Inv.-Nr. BE0425, BE0953-0956; abgebildet auch bei STEFFENS, Wartburg (wie Anm. 100) S. 216, 218, 221 f.

103 WSTA (wie Anm. 3) IRINA TOMOW: Bestandsaufnahme der auf der Wartburg verbliebenen Reste der Reformationszimmer (Maschinenschrift)

104 PAUL WEBER: Alte und Neue Kunstwerke auf der Wartburg. In: BAUMGÄRTEL, Wartburg 1907 (wie Anm. 1) S. 591–636, hier S. 632.

auch Baumgärtel bewusst geworden sein. Nur die Hälfte der Malereien fand überhaupt Gnade vor den Augen der Autoren und – von der populären Lutherstube abgesehen – verblieb vor allem die Lutherverehrung in den drei Reformationszimmern ausschließlich im Privaten, denn sie sind nie als öffentliche Räume geplant und ausgeführt worden. Vielmehr scheint die hier angeschlossene Lutherbiographie das leisten zu wollen, was die Räume selbst dem Besucher nicht zu vermitteln vermochten. Das Denkmal der Reformation wird gewissermaßen auf literarischem Weg vollendet. Ungeachtet des Blicks, der in der Biographie auf Luther gerichtet wird – damit befasst sich ein anderer Aufsatz dieses Bandes[105] – erreicht die Beschreibung des Denkmals der Reformation nun auch eine mit den Denkmälern des Mittelalters im Palas vergleichbare Quantität.

Den Abschluss bilden die Kapitel, die sich den zuletzt vollendeten Bauwerken widmen, dem Neubau des Gadems und des Ritterbades, dessen Fertigstellung Hugo von Ritgen nicht mehr erlebte. «In der an orientalischen Reichtum der Gestaltung anklingenden Anlage des Bades», so lautet das Resümee, «ist Hugo von Ritgens Plan über die Einfachheit und Schlichtheit, die ihn sonst in der Wiederherstellung der Wartburg leitete, hinausgegangen» (S. 583).

DIE ENDNOTEN

Die Endnoten der beiden hier behandelten Kapitel erstrecken sich von S. 697 bis 727, sind in enger, kleinerer Schrift als der Haupttext gedruckt und in zwei Spalten gesetzt. Baumgärtel hat angegeben, dass die Endnoten wiederum zum großen Teil von ihm selbst bearbeitet worden sind. Zahlreiche Informationen ergänzen tatsächlich den Text, wie die im Nachlass erhaltenen Listen der Chroniken und «Hülfsmittel» für das Studium des Burgenbaus Hugo von Ritgens (S. 711).[106] Architektonischen Details, etwa des Palas, werden genaue Maßangaben hinzugefügt. Des Weiteren finden sich Abbildungen wie der Grundplan mit Einzeichnungen der Ausgrabung 1845 von Johann Wilhelm Sältzer (S. 710) sowie im Text nicht abgebildete Entwürfe Ritgens und Rekonstruktions- und Situationspläne verschiedener Gebäude der Burg.

Grundsätzlich führen die Endnoten jedoch ein regelrechtes Eigenleben, denn sie sind der Ort für weiterführende Abhandlungen, umfangreiche Exkurse und die jüngsten Forschungsergebnisse geworden. Finden sich im Kapitel zur Wiederherstellung schon etliche Beobachtungen und Deutungsversuche zur Baugeschichte, so werden sie in den Endnoten des Kapitels noch einmal um ein Vielfaches ergänzt. Eine Anmerkung zur Kapelle (S. 711 f.) nimmt wie-

---

105 Leppin, Lutherpartien (wie Anm. 20) in diesem Band.
106 Hugo von Ritgen: Chroniken und Hülfsmittel für das Studium des Burgenbaus, Privatbesitz.

derum Webers Abhandlungen auf. Der These, der Einbau der Kapelle sei nach dem Brand 1317 entstanden, setzte Weber seine Datierung in die Zeit Ludwigs des IV., also vor 1227 entgegen. Sämtliche architektonischen Details des Raumes zeigten nach seiner Ansicht spätromanischen Stil, der Raum selbst sei kurz nach oder zeitgleich mit dem obersten Stockwerk entstanden (S. 104). In der Anmerkung zur Kapelle im Wiederherstellungskapitel wird hingegen die Bauart des Gewölbes untersucht und die These aufgestellt, es handele sich um ein römisches Gewölbe, das einem «in der Kunst des Wölbens sehr geschickten Baumeister zugeschrieben werden [müsse], und man sollte ihn erst in der gotischen Epoche suchen, die in dieser Kunst soweit fortgeschritten war.» (S. 711 f.) Diese Ansicht stammt von Otto von Ritgen, was seine Vorarbeiten und Zeichnungen belegen, die er 1921 noch einmal in der «Denkmalpflege» vertiefte.[107]

Abb. 9:
Der südliche Bereich
der Wartburg im
Jahr 1868

Braubaus, befand fo bis 1873.   Cifterne, noch ohne die Zinnen, die erft im letzten Jahr   Palas; davor der Bärenzwinger, befand fo bis 1869.
vor dem Bau des Bades aufgemauert wurden.

Der Hauptbof der Wartburg im Jahre 1868. Gegen Norden gefeben.

107 OTTO VON RITGEN: Die Gewölbe im Palas der Wartburg. In: Die Denkmalpflege. 23(1921)5,
S. 33 f.

Die fünf Tragsteine an der Südseite der Palaswand werden in der Anmerkung zu Seite 330 (S. 712) diskutiert. Webers Vermutung, die Konsolen könnten einen Verbindungsgang zwischen der südlichen Ringmauer und einem Wehrgang, oder gar einen Schützenerker am Palas getragen haben, wird erneut widersprochen (S. 85). Vornehmlich wendet sich diese Kritik gegen Otto Piper, der in seiner Ausgabe der Burgenkunde von 1906 ungeprüft Angaben von Anton von Cohausen übernommen und deshalb die ursprünglich vorgefundenen Tragsteine als Fingerzeig auf eine alte doppelte Abortanlage gedeutet hatte.[108]

Im Zusammenhang mit den Höhenangaben des Turms, im Text auf 1902 datiert (S. 349), präsentiert Baumgärtel in der Anmerkung die neuesten Messungen aus dem Jahr 1905, die von der topographischen Abteilung des königlich preußischen Generalstabs durchgeführt worden waren (S. 713 f.). Für ihn trat aus diesen Messungen die strategisch günstige Lage der Burg zur Zeit ihrer Gründung in Hinsicht auf ihr Verteidigungspotential gegen Belagerungen klar hervor. Diese jüngsten Erkenntnisse veranlassten Baumgärtel zu einer längeren Abhandlung über Belagerungstechnik, beginnend im ersten Jahrhundert. Er konstatierte die Uneinnehmbarkeit der Burg vom 11. bis zum Beginn des 14. Jahrhunderts, um sich weiter mit Wurfmaschinen zu beschäftigen, wie sie für die Wartburg bezeugt seien, und identifizierte die Fundamente des sog. Fischerturms östlich der Schanze der Wartburg als Blidenstatt. Damit verwirft er die zaghaft geäußerte Vermutung Webers, dass dies die Fundamente eines Turms gewesen sein könnten.[109]

Möglicherweise vermisste der Autor bei Weber eine ausführlichere Beschreibung des Palaskellers, so dass er sie in einer Anmerkung nachreichte (S. 716). Der inzwischen von der Bauforschung bestätigten These,[110] der hohe rundbogige Eingang in das Bauwerk entspreche der «Bauweise des Landgrafenhauses» (S. 80 und 83), setzte er entgegen, dass dieser erst im 16. Jahrhundert bei der Einrichtung des Pferdestalls entstanden sein könne.

Das aussagekräftigste Beispiel für Baumgärtels Streben nach Vollständigkeit und Aktualität findet sich in seiner Besprechung des Gadems. Zu Beginn des Jahres 1906 waren an der Südseite des Baus Ausgrabungen durchgeführt worden, bei denen es sich herausstellte, dass sich in dem kleineren Kellergewölbe

---

108 PIPER, Burgenkunde 1905 (wie Anm. 45) S. 449.

109 WEBER, Baugeschichte (wie Anm. 50) S. 54, 146, 158; vgl. HANS-JÜRGEN LEHMANN und HILMAR SCHWARZ: Zum Fischerturm, einem vorgelagerten Befestigungswerk der Wartburg. In: Wartburg-Jahrbuch 1996. 5(1997) S. 67–74.

110 ELMAR ALTWASSER: Bauhistorische Untersuchungen an der Westfassade des Palas der Wartburg – Ein Vorbericht. In: Wartburg-Jahrbuch 1994. 3(1995) S. 11–27, hier S. 19 f.; STRICKHAUSEN, Burgen 1998 (wie Anm. 80) S. 192; ELMAR ALTWASSER: Aktuelle Bauforschung am Wartburg-Palas. Bericht und Resümee. In: GÜNTER SCHUCHARDT (Hrsg.): Der romanische Palas. Bauforschung an einer Welterbestätte, Regensburg 2001, S. 23–106, hier: S. 69 f.

Abb. 10:
Rekonstruktions-
versuch des südlichen
Burgbereichs der
Wartburg

unter dem Gebäude ehemals eine Tür befunden hatte. Zudem war man auf
Fundamente gestoßen, die auf einen früheren Anbau schließen ließen.
Ausgehend von den neuen Erkenntnissen wird am Ende versucht, den gesamten südlichen Bereich der Burg zu rekonstruieren. Beansprucht die Beschreibung der Keller unter diesem Bau im Haupttext weniger als zwei Seiten, weiten
sich die zugehörigen Anmerkungen (nur zu Seite 569) auf die Seiten 720 bis
724 aus.

DIE WIEDERHERSTELLUNG DER WARTBURG ALS EIN
«BEITRAG ZUR DEUTSCHEN KUNST- UND KULTURGESCHICHTE»

Als monumentaler literarischer Abschluss der Wiederherstellung des 19. Jahrhunderts ist das Wartburg-Werk in einer Zeit erschienen, in der die Auffassungen darüber, wie man mit den architektonischen Schätzen der Vergangenheit umzugehen habe, sehr unterschiedlich waren. Georg Dehio hatte mit der Formel «Konservieren, nicht Restaurieren» der bisherigen Praxis eine eindeutige Absage erteilt,[111] und auch Wiederherstellungen wie die der Wartburg blieben unter dieser Prämisse nicht unkritisiert.

Angesichts der nunmehrigen Diskussionen hätten die Betrachtungen Baumgärtels und von Ritgens durchaus distanzierter ausfallen können. Gleichwohl sich auch Max Baumgärtel einen in der Wartburggeschichte bewanderten, unbefangenen Autor für diese Kapitel gewünscht hatte und damit eigentlich auf seinen Koautoren anspielte,[112] konnte er diesem Anspruch selbst nicht gerecht werden. Das Wiederherstellungskapitel mit dem den Untertitel «Ein Beitrag zur deutschen Kunst- und Kulturgeschichte» beweist, wie sehr man überzeugt war, dass mit der erneuerten Wartburg nationale Kunst- und Kulturgeschichte geschrieben worden sei. So wie das gesamte Wartburg-Werk in seiner literarischen und wissenschaftlichen Erscheinung der monumentalen Bedeutung zu entsprechen versuchte, dienten die breit angelegten Wiederherstellungskapitel im Besonderen der Würdigung des Lebenswerks Großherzog Carl Alexanders und seines Architekten.

Beide Autoren, die den Umgang mit der Wartburg im 19. Jahrhundert nicht nur verteidigten, sondern guthießen, honorierten vor allem den wissenschaftlichen Ansatz, mit dem Hugo von Ritgen in seiner Zeit den Bau auf ein ganz neues, scheinbar sicheres Fundament gestellt hatte. Gemessen an dieser Leistung waren es die dem Künstlerischen und Ideellen zugeneigten Wiederherstellungsprojekte Simons, Quasts und auch Eschweges, phantasievoll zwar, jedoch ohne wissenschaftliche Erforschung des zu restaurierenden Mediums, die als untaugliche Versuche zum Scheitern verurteilt waren, wie Baumgärtel in der Vorgeschichte bewies. In dieser Zeit der «Wurzelbildung» für die «seitdem

---

111 Vgl. hierzu NORBERT HUSE: Denkmalpflege. Deutsche Texte aus drei Jahrhunderten. München ²1996; ZeitSchichten. Erkennen und Erhalten – Denkmalpflege in Deutschland. 100 Jahre Handbuch der deutschen Kunstdenkmäler von GEORG DEHIO. [Katalogbuch zur gleichnamigen Ausstellung im Residenzschloss Dresden, 30. 7.–13. 11. 2005. Eine Ausstellung anlässlich des 100. Jubiläums des Handbuchs der Deutschen Kunstdenkmäler]. Hrsg. von INGRID SCHEURMANN für die Deutsche Stiftung Denkmalschutz, die Vereinigung der Landesdenkmalpfleger und die Dehio-Vereinigung. München 2005.
112 BAUMGÄRTEL an WILHELM ERNST, 27. 5. 1907 (wie Anm. 3) S. 52.

hoch entwickelte», auch die «bildende Kunst befruchtende und vertiefende Geschichtsforschung», sei es Hugo von Ritgen gewesen, in dem bereits «der historische Sinn überwog», der sich «auf den sicheren Boden historisch-wissenschaftlicher Forschungen» stellte, ohne dabei «so ausgiebige wissenschaftliche Anregungen und Hülfsmittel wie heute» zur Verfügung zu haben (S. 590).

Die Überzeugung, dass man auf modernster wissenschaftlicher Basis korrekte Wiederherstellungen durchführen könne, war nicht etwa überholt, wenn Bodo Ebhardt 1900 auf dem ersten Tag der Denkmalpflege in Dresden für den Wiederaufbau von Burgen forderte: Basis jeder Restaurierung sei die Erforschung der Baureste, der chronikalischen Überlieferungen, der älteren Abbildungen und der Literatur über Burgenbau. Fehlende Teile an den Bauresten dürften auf der Grundlage erhaltener Beispiele von anderen Bauwerken rekonstruiert werden, Verbesserungen und willkürliche Zutaten seien hingegen auszuschließen.[113] Soweit noch ganz mit den Ritgenschen Grundsätzen vergleichbar, wurde den Wiederherstellern jetzt aber auch nahegelegt, Bauten, von denen zu geringe oder gar keine Reste erhalten sind, nicht rekonstruieren zu wollen. Der Praxis hielt dieser neue Grundsatz nicht immer stand, was Ebhardt bekanntlich harsche Kritik seines Widersachers Piper einbrachte. Der schrieb in seiner Burgenkunde, auf der Hohkönigsburg entspräche «das von B. Ebhardt da Neugebaute in allem sicher nicht dem überhaupt zu irgend einer Zeit dort Gewesenen und in manchen hervorragenden Einzelteilen nicht einmal einem Burgenbau.»[114] Auch über die Wiederherstellung der Wartburg fällte Piper ein vernichtendes Urteil. Er kritisierte das Kreuz und die Fenstergliederung des Bergfrieds, empfand zweite Torhalle, Dirnitz und Neue Kemenate, also den gesamten Trakt Ritgens, als unpassend. Als ausgesprochen negatives Beispiel erwähnt er die viel zu reich ausgestatte Neue Kemenate mit ihrem «besonders aber für ein romanisches Gebäude vollends unmöglichen Erker» und fuhr in seiner Kritik fort: «Als ob in verständnisloser ‹Wiederherstellung› der Burg nicht ohnehin schon genug gesündigt worden wäre, hat dann noch der Kaiser jüngst die Wände der ‹Kemenate der hl. Elisabeth› mit hübsch schimmerndem Glasmosaik verzieren lassen.»[115]

Weder Baumgärtel noch Ritgen ist diese Missbilligung entgangen, gehörte doch Pipers eben erschienene zweite Auflage der Burgenkunde zu deren Lektüre. Ihr Umgang damit war allerdings ein ganz unterschiedlicher. Otto von Ritgen meldete sich 1909 mit einem Aufsatz zur «Wartburg in moderner

---

113 Vgl. Bodo Ebhardt: Die Grundlagen der Erhaltung und Wiederherstellung deutscher Burgen. Berlin 1901. Zu Ebhardt siehe: Burgenromantik und Burgenrestaurierung um 1900 – Der Architekt und Burgenforscher Bodo Ebhardt in seiner Zeit. [Katalog zur Ausstellung zum 100jährigen Jubiläum der Deutschen Burgenvereinigung]. Braubach 1999.

114 Piper, Burgenkunde 1905 (wie Anm. 45) S. 577.

115 Piper, Burgenkunde 1905 (wie Anm. 45) S. 572.

Betrachtung» im von Bodo Ebhardt herausgegeben «Burgwart» noch einmal zu
Wort, um sich mit den Vorwürfen Pipers, aber auch mit den Ansichten seines
Koautoren auseinanderzusetzen.[116] Als Sohn des leitenden Architekten war
Ritgen noch immer darauf bedacht, das Werk seines Vaters nicht in fahles
Licht gerückt zu sehen. So verteidigte er nicht nur die Gestaltung der Dirnitz
und der Neuen Kemenate als historisch belegt, sondern kam auch zu dem
Schluss, der wiedererbaute Bergfried könne ein Wohnturm gewesen sein, wes-
halb selbst die bauliche Verschränkung von Neuer Kemenate und Turm kein
Verstoß gegen burgenbauliche Grundsätze sei, denn ein Wohnturm hätte an
seinem Sockel nicht von Gebäuden frei bleiben müssen. Aber auch die
Neugestaltung der Elisabethkemenate mit dem von Kaiser Wilhelm II. gestifteten Mosaik erfährt bei Ritgen ihre Verteidigung, indem er behauptet, sein Vater
würde dies gutgeheißen haben. Das «stylechte, dauerhafte Material» hätte ihn
ebenso «in hohem Grade befriedigt» wie die Wahl des Malers August Oetken.
Ohne jede «Sucht zu bemängeln, würde er auch für die hohe Munifizenz, die
eine reich und glücklich durchgeführte patriotische Kulturtat erst ermöglichte,
voll tiefster Dankbarkeit gewesen sein.»[117]

Max Baumgärtel blickte jedoch nicht nur kritiklos und verklärend auf das
Wiederherstellungswerk. Für ihn war das Gesamtkonzept «mit dem bestimmten Eintreten für sorgsamstes Erhalten des vorhandenen Alten, und dem ernsten Erstreben von sinngemäßer Treue und Wahrheit in den Ergänzungen»[118]
der Maßstab zu jeglicher Beurteilung und dabei schwieg er Abweichungen
nicht gänzlich tot. Seine unverblümteste Kritik platzierte er in der Besprechung
des Glasmosaiks in der Elisabethkemenate in August Trinius' «Neues Wartburgleben»: Der nördliche Raum des Erdgeschosses, von Hugo von Ritgen als
Aufenthaltsraum der Männer und landgräfliches Schlafgemach identifiziert,
war wider besseres Wissen und den neuzeitlichen Bedürfnissen folgend als
Hofküche eingerichtet worden. Wie sehr Baumgärtel dieser Verstoß gegen das
Konzept missfiel, zeigt sich an seinem Vorschlag, die Küche in das Ritterbad zu
verlegen. Weil an der Südseite des Palas nur ein einfaches Back- und Badehaus
gestanden haben könnte, war für ihn der Neubau «in Hinsicht auf die frühere
Benutzung eine Halbheit», beruhte «kulturhistorisch betrachtet ... auf irrigen
Vorstellungen».[119] Unzureichend heizbar und daher unbenutzt wäre seine
Teilung in zwei Geschosse für eine dort einzurichtende Hofküche sinnvoller.

---

116 Otto von Ritgen: Die Wartburg in moderner Beurteilung. In: Burgwart. 10(1909)6, S. 105–110.
117 Ritgen, Wartburg 1909 (wie Anm. 116) S. 109 f.
118 Baumgärtel an Wilhelm Ernst, 27. 5. 1907 (wie Anm. 3) S. 37.
119 Damit kam er Otto Piper zuvor, der in der dritten Auflage der «Burgenkunde» seine Kritik
    noch einmal ausdehnte und nun schrieb, das Bad sei «ein kulturgeschichtlich unmöglicher
    Phantasiebau.» Otto Piper: Burgenkunde. Bauwesen und Geschichte der Burgen, zunächst
    innerhalb des deutschen Sprachgebietes. München ³1912, S. 630.

Die jetzige sei damit «im Sinne des alten Zustandes frei, sei es als Männersaal oder fürstliches Schlafgemach, einer würdigen Parzival-Dichtung gewidmet, und zugleich wäre ... die nutzlose und unhistorische Badeanlage aufgehoben; ein bedeutender Gewinn für den Palas und die Vervollständigung des Wiederherstellungswerkes.» (S. 680) Baumgärtels neue Interpretation von Hofküche und Ritterbad verwirft die vorherige in vernichtender Sachlichkeit, untermauert aber die eigene literarisch heroisierend, wie sie es der vorherigen anlastet.

Ungeachtet dessen, dass die neu gestaltete Elisabethkemenate der «Munifizenz» des deutschen Kaisers zu danken war, hat sie bei Baumgärtel keine Gnade gefunden, maß er auch sie am Verhältnis zum Gesamtkonzept. Das Mosaik sei eine Technik, die in den ersten Jahren der Wiederherstellung «aus dem fernen Portugal angeregt (S. 312), aber sofort bei Seite geschoben worden» sei, womit er sich auf die Entwürfe des in Portugal lebenden von Eschwege bezog. Durch das Glasmosaik sei jedenfalls «verloren, was nach dem Plane der Wiederhersteller der Palas werden sollte: ein die Art des Herrenhauses einer romanischen Hofburg in Deutschland in einheitlicher Durchbildung treu und wahr darstellendes Ganzes.» (S. 679)

So konstatiert denn auch der abschließende «Rückblick» des Wiederherstellungskapitels, dass «an der Grundidee der historischen Treue [...] da und dort Einflüsse gerüttelt» hatten, «die nicht mit ihr in Einklang standen, aber dennoch ein Recht auf Berücksichtigung geltend gemacht hatten: die Baumittel waren nicht immer reichlich bemessen gewesen, die Bedingung der Benutzbarkeit in der Gegenwart war der Darstellung des Vergangenen hier und da hinderlich geworden; die herrliche Landschaft ringsum hatte zu der und jener Anlage gelockt, welche dem Mittelalter fremd war; und im Verlaufe der langen Reihe von Jahren, durch welche der Bau sich hinzog, hatte sich doch etwas von dem alleinigen Vorwalten und der Strenge des historischen Grundprinzips verloren.» (S. 589) Doch auch hier erfahren der Bauherr Carl Alexander und besonders Hugo von Ritgen noch einmal ausdrückliches Lob: «Aber für das Prinzip der Treue in der Wiederherstellung leistete Hugo von Ritgen auf der Wartburg Grundlegendes, Bedeutendes, Weiterwirkendes: er begründete durch den Wiederaufbau der Wartburg in der deutschen Baukunst eine strenge kulturhistorische Richtung in der Behandlung von Wiederherstellungen; unterstützt von steigenden wissenschaftlichen Mitteln, hat sie sich bis in unsere Tage weiterentwickelt.» (S. 590)

DAS WARTBURG-WERK HEUTE

Als Ludger Kerrsen 1975 in seiner Untersuchung resümierte: «Der Versuch, auf der Wartburg das Mittelalter und seine religiös-sittliche Ordnung erneut zum Leben zu erwecken, muß als gescheitert betrachtet werden»,[120] wertete er das

Wartburg-Werk als «Hofliteratur», als einen «in seiner bezeichnenden Monumentalität für den Benutzer unhandlichen Prachtband, der die restaurierte Wartburg in Wort und Bild vorstellen soll, in Wirklichkeit jedoch das Lebenswerk des Weimarer Großherzogs Carl Alexander demonstrierte.»[121]

Selbstredend gilt im Wartburg-Werk beides gleichermaßen. Dank seiner zahlreichen Abbildungen und ausführlichen Beschreibungen der Räume ist es aber heute besonders wertvoll, da schon die folgenden Generationen ihre Ansprüche an das Bauwerk stellten. Wohl weniger aus Nichtachtung des künstlerischen Wertes, sondern vielmehr aus rein praktischen Erwägungen lieferte Bodo Ebhardt 1929/30 ein ganzes Konvolut von Entwürfen für ein neues Treppenhaus zwischen Palas und Neuer Kemenate und unterzog das Ritterhaus einem kompletten Umbau. Zwischen 1952 und 1960 schuf die negative Sicht auf den Historismus dann unwiderrufliche Fakten. Weil die Dekorationsfreude Hugo von Ritgens «der herben, harten Zweckbaukunst der Burg den Plunder völlig wesensfremden Aufputzes aufgezwungen und fälschende Verzierung anstelle echten Schmucks wuchern lassen»[122] hatte, erfolgte «die letzte große Wiederherstellung». Abermals «mit den Erkenntnissen der seit dem vorigen Jahrhundert so sehr gewachsenen Kunstwissenschaft und der ihr verpflichteten Denkmalpflege wurde Wahrheit gesucht. Der Enthusiasmus, mit dem das 19. Jahrhundert Gutes zum Edlen fügte, blieb erhalten. Wo aber Echtes durch Unkenntnis oder falsche Sentimentalität oder gar durch modische Zutat verschüttet war, dort wurde es, soweit es noch irgend möglich war, wieder freigelegt.»[123]

Der moderne denkmalpflegerische Ansatz will «das Denkmal im heute vorgefundenen, nicht idealen, nicht homogenen Zustand betrachten und spätere Veränderungen, Umbauten und Spuren früherer Restaurierungen als historischen Bestand respektieren.» Und das Baudenkmal Wartburg wird wohl auch in der Zukunft «in seiner Substanz als Summe seiner Veränderungen» bewertet werden müssen.[124]

---

120 Ludger Kerssen: Das Interesse am Mittelalter im deutschen Nationaldenkmal (Arbeiten zur Frühmittelalterforschung, Bd. 8). Berlin/New York 1975, S. 70.

121 Kerssen, Nationaldenkmal 1975 (wie Anm. 120) S. 53.

122 Sigfried Asche: Die Wartburg. Geschichte und Gestalt. Berlin 1962, S. 73.

123 Asche, Wartburg 1962 (wie Anm. 122) S. 96. Zu den Rückbauten siehe Günter Schuchardt: Restaurierungs- und Entrestaurierungskampagnen auf der Wartburg. Das Baugeschehen im 19. und der Rückbau im 20. Jahrhundert. In: Jahrbuch der Stiftung Thüringer Schlösser und Gärten. 5(2001). Lindenberg 2002, S. 140–148.

124 Gabi Dolff-Bonekämpfer: Wahr oder falsch. Denkmalpflege als Medium nationaler Identitätskonstruktionen. In: Otto Gehard Oexle, Áron Petneki und Leszek Zygner (Hrsg.): Bilder gedeuteter Geschichte. Das Mittelalter in der Kunst und Architektur der Moderne, 2. Teilbd. (Göttinger Gespräche zur Geschichtswissenschaft. 23). Göttingen 2004, S. 233–285, hier S. 278 f. Vgl. hierzu auch: Ernst Badstübner: Kunstgeschichte und Denkmalpflege.

Dass in der Forschung eine Neubewertung der Leistungen des 19. Jahrhunderts erfolgt ist, bedarf heute keiner Betonung mehr, und auch wenn Autoren der jüngeren Vergangenheit noch wünschten, dass «jenes ‹Geschichtsbild› Theorie geblieben wäre oder sich bestenfalls in Texten und Zeichnungen manifestiert hätte»,[125] beweisen die zahlreichen Untersuchungen zur Problematik der Wartburgwiederherstellung und der Denkmalpflege einen betrachtenden Umgang mit der Thematik.[126] Die ständig steigende Zahl an Einzeluntersuchungen zur Wartburg vervollständigt den Kenntnisstand.[127]

Anmerkung zur Entwicklung einer Institution und eines Berufsbildes. In: «E pur si muove!» Denkmalpflege findet dennoch statt (Schriften der Bauhaus-Universität Weimar. 118). Weimar 2006, S. 15–19.

125 Altwasser, Bauforschung 2001 (wie Anm. 110) S. 24.

126 Ernst Badstübner: Die Wiedergeburt der Wartburg im 19. Jahrhundert und die historistische Architektur in Thüringen. In: Jürgen John (Hrsg.): Kleinstaaten und Kultur in Thüringen vom 16. bis 20. Jahrhundert. Weimar/Köln/Wien 1994, S. 443–452; Ders.: Die «Restauration» der Wartburg. Aspekte des Historismus und der Denkmalpflege: In: Burgen und Schlösser. Zeitschrift für Burgenforschung und Denkmalpflege. 45(2004)1, S. 18–27; Jutta Krauss: Die Wiederherstellung der Wartburg im 19. Jahrhundert (Kleine Schriftenreihe der Wartburg-Stiftung. 1). Kassel 1990; dies.: Die Wartburg und die Burgenromantik des 19. Jahrhunderts. In: Konrad Scheurmann und Jördis Frank (Hrsg.): Neu entdeckt. Thüringen – Land der Residenzen [2. Thüringer Landesausstellung Schloss Sondershausen, 15. Mai–3. Oktober 2004]. Mainz 2004, S. 378–383; Günter Schuchardt: Die Wiederherstellung der Wartburg im 19. Jahrhundert. Historische Mittelalterrezeption im Konflikt zwischen empirischer Denkmalpflege und feudal-restaurativer fürstlicher Reverenz. In: Renate Petzinger (Hrsg.): Hessen und Thüringen – Von den Anfängen bis zur Reformation. Eine Ausstellung des Landes Hessen [Katalog], Marburg 1992, S. 49–52; Günter Schuchardt: Die Wiederentdeckung der Wartburg und ihre Verklärung zum Gesamtkunstwerk. In: Matthias Müller (Hrsg.): multiplicatio et variatio. Beiträge zur Kunst. Festgabe für Ernst Badstübner zum 65. Geburtstag. Berlin 1998, S. 14–29; Günter Schuchardt: Wiederherstellung und Ausbau der Wartburg zum national-dynastischen Denkmal im 19. Jahrhundert. In: Die Schwind-Fresken auf der Wartburg. Ein interdisziplinäres Forschungsprojekt zu ihrer Erhaltung. (Arbeitshefte des Thüringer Landesamtes für Denkmalpflege. 14). Bad Homburg/Leipzig 1998, S. 8–14; Günter Schuchardt: Die «Burg des Lichtes». Zur Restaurierungsgeschichte der Wartburg als nationaldynastisches Projekt. In: Lothar Ehrlich und Justus H. Ulbricht (Hrsg.): Carl Alexander von Sachsen-Weimar-Eisenach. Erbe, Mäzen und Politiker [Stiftung Weimarer Klassik und Kunstsammlungen]. Köln/Weimar/Wien 2004, S. 201–215; Stefan Winghardt: Die Wartburg bei Eisenach. In: Scheurmann, ZeitSchichten 2005 (wie Anm. 111) S. 82–87.

127 Stefanie Lieb: Der Rezeptionsprozeß in der neuromanischen Architektur (Kölner Architekturstudien 82). Köln 2005; Stefan Schweizer: Der Großherzog im Historienbild. Die Vergegenwärtigung des Mittelalters auf der Wartburg als fürstliche Legitimationsstrategie. In: Bilder gedeuteter Geschichte 2004 (wie Anm. 125) S. 283–446; Steffens, Wartburg 2008 (wie Anm. 100).

128 Ernst Badstübner: Friedrich Wilhelm IV. von Preußen, Ferdinand von Quast und die Wartburg. In: Wartburg-Jahrbuch 1995. 5(1996), S. 102–111; Badstübner, Sältzer (wie Anm. 67); Findeisen, Quast (wie Anm. 65), Jacobs, Simon (wie Anm. 59); Schuchardt, Eschwege (wie Anm. 74).

Besonders den in der «Vorgeschichte» allzu kurz behandelten Wiederher-
stellungsprojekten wurde mittlerweile Aufmerksamkeit geschenkt, Entwürfe
und Gedanken unter neuerer Sicht bewertet und als ein wichtiger Teil der
Wiederherstellungsgeschichte aufgezeigt.[128]

Allen Autoren, die sich mit der Wartburg beschäftigen, ist das Wartburg-
Werk unverzichtbare Grundlage. Weil Max Baumgärtel den Band in engstem
Konnex mit dem Bauherrn Carl Alexander schuf und ausdrücklich die Möglichkeit einer historisch treuen Wiederherstellung verfocht, gilt das Werk als
ihr Schlussstein. In der bislang umfassendsten Wiedergabe unzähliger Archivalien und Entwürfe haben vor allem die Kapitel zur Wiederherstellungsgeschichte selbst «Quellenwert» erlangt, obwohl sie sich ihrerseits auf Quellen
berufen und sie verwerten. Demnach ist die Erschließung der Texte aus heutiger Sicht wiederum nur «quellenkritisch» möglich. Dies ändert jedoch nichts
an der Tatsache, dass der Wert von Baumgärtels Publikation sowohl bibliophilen als auch informativen Charakter trägt und der Forschung wertvolle Dienste
zu leisten vermag.

Alte und neue Kunstwerke auf der Wartburg – Paul Webers Aufsatz über die Ausstattung im Zuge der Wiederherstellung

Günter Schuchardt

Wichtigste Beweggründe für die Wiederherstellung der Wartburg in der zweiten Hälfte des 19. Jahrhunderts waren ihre intendierte Aufhebung zum nationalen Denkmal und die Errichtung einer «neuen» wohnlichen Residenz des Großherzogs. Paul Weber würdigt diese Absichten einleitend mit Verweis auf Scheffels «Frau Aventiure»[1] und lobt die gelungene Synthese von Architektur und Ausstattung.

Wesentliche Bau- und Sanierungsmaßnahmen vor dieser Zeit erfolgten während des Dreißigjährigen Krieges durch Johann-Ernst von Sachsen-Eisenach, wovon die Kanzel in der Kapelle, grün glasierte Ofenkacheln und eine, über viele Räume verteilte «unbedeutende» Porträtgalerie[2] erhalten blieben, «durchweg langweilige und ausdruckslose Arbeiten», wie der zumindest hier allein die künstlerische Qualität der Ausführung beurteilende Autor schildert (S. 597)[3].

Während der Arbeit am 4. Kapitel «Baugeschichte der Wartburg», das Weber in nur sieben Monaten im Frühjahr 1901 fertig stellt, hat er bereits ausgiebig Gelegenheit, die zumeist in den Privaträumen aufgestellten und der allgemeinen Öffentlichkeit nicht zugänglichen Kunstobjekte und Ausstattungsstücke zu betrachten. Ein Jahr danach, am 26. April 1902, reicht er das Manuskript über die Kunstwerke auf der Wartburg bei Baumgärtel ein.[4] Der Herausgeber ist damit einigermaßen zufrieden und nur darüber enttäuscht, dass Weber die Luther-Bilder der Reformationszimmer nicht berücksichtigt

---

1 Joseph Victor von Scheffel: Frau Aventiure. Lieder aus Heinrich von Ofterdingen's Zeit. Stuttgart 1863; nicht vollendeter Sängerkriegs- und Wartburg-Roman.

2 Dabei dürfte es sich um die beiden Porträtreihen sächsischer Herzöge handeln, die nach 1804 und nach 1858 auf die Wartburg gelangten. Vgl. Hilmar Schwarz: Zeugnisse wettinischer Ahnengalerien des 16. Jahrhunderts in zwei Porträtreihen der Wartburg-Stiftung. In: Wartburg-Jahrbuch 2004. 13(2005), S. 63–98; vgl. Georg Voss: Die Wartburg (P. Lehfeldt und G. Voss: Bau- und Kunstdenkmäler Thüringens. Heft 41. Großherzogtum Sachsen-Weimar-Eisenach. Amtsgerichtsbezirk Eisenach). Jena 1917, S. 355–390.

3 Die in Klammern gesetzten Seitenzahlen beziehen sich jeweils auf Max Baumgärtel (Hrsg.): Die Wartburg. Ein Denkmal deutscher Geschichte und Kunst. Berlin 1907.

4 Wartburg-Stiftung Eisenach, Archiv [WSTA], Akte: Die Wartburg. Ein Denkmal deutscher Geschichte und Kunst, Bd. 3, 1900/1902, Akten-Nr. 342, Bl. 171, Baumgärtel an Cranach.

hatte. Dieser Aufforderung kommt er schließlich noch bis zum Juni desselben Jahres nach.[5]

Bereits am Ende des Kapitels über die Baugeschichte hatte der Kunsthistoriker auf «die künstlerische Ausschmückung und reiche Ausstattung des Inneren» verwiesen, «die ein lebendiges Abbild geben sollte von der Erscheinung der Burg in der Zeit ihres höchsten Glanzes» (S. 164). Dabei hob er die lebenslange Sammelleidenschaft des unlängst verstorbenen Großherzogs hervor, auf die er bei der Beschreibung der Kunstwerke einleitend wieder Bezug nimmt: «Mit Hingabe und regem Interesse hat der hohe Bauherr während eines langen Lebens alles gesammelt, was nur irgend zur Ausschmückung seiner geliebten Burg und zur Veranschaulichung des mittelalterlichen Lebens geeignet schien.» (S. 594) Eine gewisse Distanz zu dessen Sammlungskonzept und -intentionen sowie zu bestimmten Erwerbungen oder Aufträgen - wie eben zu den Bildern in den Reformationszimmern - wird dabei durchaus deutlich. Als ihn der Herausgeber 1906 bittet, auch das gerade fertig gestellte Glasmosaik in der Elisabethkemenate in seinem Aufsatz zu würdigen, lehnt Weber wegen Überlastung ab.[6] Baumgärtel verfasst den Text über das Mosaik schließlich selbst und veröffentlicht ihn im 14. Kapitel «Neues Wartburgleben» von August Trinius, um es dort – sicher auch im Weberschen Sinne – gründlich zu verreißen: «Das ernste Prinzip, welches ... das Wiederherstellungswerk Großherzog Carl Alexanders leitete und erhob, ist bei der jetzigen Mosaik-Ausstattung der Elisabeth-Kemenate verdrängt worden durch die Neigung unserer Zeit zu glänzender Dekoration.» (S. 679)

Dagegen schwärmt Weber gleichermaßen sowohl vom traulichen und malerischen Charakter der nun reichhaltig ausgestatteten fürstlichen Wohnräume als auch vom nur mit Alltagsgegenständen versehenen stimmungsvoll anmutenden Eseltreiberstübchen, was seine volkskundliche Neigung, mit der er gerade sein Jenaer Stadtmuseum durch Exponate anfüllt, widerspiegelt. Damit steht er den breit gefächerten Interessen des Wartburgerneuerers Carl Alexander nur wenig nach, wenn er vermutlich auch ganz andere Schwerpunkte gesetzt hätte.

Paul Weber (1868–1930) lehrte ab 1896 als Privatdozent und ab 1901 als Professor Kunstgeschichte in Jena. Zu seinen besonderen Verdiensten für das dortige Museum und als dessen ehrenamtlicher Direktor zählen die Gründung des Vereins für Museumskunde und Heimatschutz, Rettungsaktionen von Ausstattungsstücken aus Abrisshäusern und die Beschaffung musealen Sammlungsguts aus bürgerlichen Haushalten der Stadt.

---

5 WSTA, Akten-Nr. 342 (wie Anm. 4) Bl. 176, 192, 193.

6 Schreiben von Max Baumgärtel an den Großherzog Wilhelm Ernst von Sachsen-Weimar-Eisenach, Berlin 27. 5. 1907, S. 55. In: Wartburg-Stiftung Eisenach, Archiv, Akte: Die Wartburg. Ein Denkmal deutscher Geschichte u. Kunst, Bd. 7, Akten-Nr. 346.

Webers Kunstwerke-Aufsatz ist in vier Hauptabschnitte gegliedert: «Ursprüngliches Wartburggut», «Die Rüstkammer», der unmittelbar zu «Pracht-und Turnierharnische des sechzehnten Jahrhunderts» überleitet und «Die neuen Erwerbungen». Letztere nehmen den größten Raum ein und enthalten sechs Teile: A. Möbel, B. Die Teppiche, C. Kleinkunst, D. Holzplastik, E. Alte Gemälde und F. Neue Gemälde, worin er sich nun auch auf den Luther-Bildzyklus in den Reformationszimmern der Vogtei und ihr «Gegenstück», auf die Wandmalereien Moritz von Schwinds im Palas, bezieht.

Von dieser früheren Ausstattung der Wartburg blieb nur sehr wenig erhalten. Ursache waren der stetig zunehmende bauliche Verfall der Burganlage und deren rückläufige Nutzung in vorangegangenen Jahrhunderten. Manches hatte man auch in andere Residenzen verbracht, vieles war ganz einfach verschwunden. Dass bei Beginn der Wiederherstellung «eine Reihe Historienbilder, z. B. eine Darstellung der Verleumdung nach Apelles, mehrere Jagdszenen, auch ein Bildnis der heiligen Elisabeth und eine Schilderung des Rosenwunders ... ihrer künstlerischen Wertlosigkeit halber von der Burg entfernt worden» sind, «ebenso ein großes Modell der Festung Grimmenstein in Gotha und die kunstvollen Handmühlen, die einst Herzog Johann selber verfertigt hatte», kann Weber unter Angabe von Quellen und Literatur nachweisen (S. 597). Er hatte sowohl ihm zugängliche Archivalien in Weimar als auch gedruckte Wartburgbeschreibungen, wie die von Carl Salomo Thon[7], ausgewertet. Weber bedauert, dass während der Wiederherstellung beim Abgraben des über Jahrhunderte auf den Höfen angesammelten Schutts kaum auf Alltagsgegenstände geachtet wurde, die doch «manchen interessanten Aufschluss» zugelassen hätten (S. 596). Als wichtigsten romanischen Fund bewertet er einen 19 Zentimeter langen Bronzegriff in Drachenform.[8] In direktem Vergleich stellt er diesem Tüllenhalter den ebenfalls als mittelalterlich erachteten sog. Brotschrank der heiligen Elisabeth[9] gegenüber und kritisiert dessen anhaltende Verehrung, zumal das Möbelstück, wie er richtig feststellt, erst im 19. Jahrhundert montiert wurde.

Als ersten «Glanzpunkt» der Bestände würdigt der Autor die Rüstsammlung der Wartburg, die nach Umnutzung des Weimarer Zeughauses 1801 durch Befehl Herzog Carl Augusts auf die Burg gebracht, mit den hier verbliebenen Waffen vereinigt und bis zur Fertigstellung der Dirnitz in verschiedenen

---

7 JOHANN KARL SALOMO THON: Schloß Wartburg. Ein Beytrag zur Kunde der Vorzeit. Eisenach 1792; vier Auflagen bis 1826.

8 Bronzegriff, Wartburg-Stiftung Eisenach, Inv.-Nr. KL 3, um 1200. Das Objekt wurde 1886 beim Anlegen der Wartburg-Wasserleitung in einer Felsspalte gefunden.

9 «Brotschrank», Wartburg-Stiftung Eisenach, Inv.-Nr. KM 151, 1863 zusammenfügt. Der Entwurf stammt von MICHAEL WELTER, die Ausführung erfolgte durch den ebenfalls im Palas tätigen Bildhauer FRITZ HRDINA. Vgl. Voss, Wartburg 1917 (wie Anm. 2) S. 324, Abb. S. 323 – hier als «charakteristisches Beispiel der Nachahmungen des 19. Jahrhunderts» beschrieben.

Räumen aufgestellt worden war. Allerdings bemängelt er auch hier, dass die Bestände im 18. und 19. Jahrhundert durch manche Aussonderung als «altes Eisen» geschmälert worden waren (S. 598). Im Folgeabschnitt konzentriert sich Weber auf wenige Stücke wie den wegen seiner Größe auffälligen Maximiliansharnisch, der deshalb Johann Friedrich dem Großmütigen zugeschrieben wird[10], und den komplett vergoldeten Prunkharnisch König Heinrichs II. von Frankreich[11], den er als wichtigstes Stück der Sammlung erkennt. Weiterhin würdigt er fünf prachtvolle Rossharnische und zugeordnete Rüstungen, einige Schilde und die sog. «Bemelburgsche» Kanone, die 1597 durch den Ulmer Wolff Neidhardt gegossen und im Dreißigjährigen Krieg von Carl Gustav Wrangel erbeutet worden war[12]. Einzig dieses der beschriebenen Stücke befindet sich heute noch auf der Wartburg, weil die Rüstsammlung bekanntermaßen noch immer verschollen ist. Sie wurde auf Befehl der Sowjetischen Militäradministration in Thüringen 1946 beschlagnahmt und im Folgejahr als Beutekunst außer Landes gebracht[13].

Der Abschnitt «Die neuen Erwerbungen» nimmt mehr als zwei Drittel des Aufsatzes ein. Weber beginnt mit den Möbeln und dem Verweis, dass mittelalterliche Stücke schon Mitte des 19. Jahrhunderts «zu den größten Seltenheiten im Kunsthandel» zählten (S. 604). Deshalb hatte der Architekt der Wiederherstellung, Hugo von Ritgen, eine Vielzahl neoromanischer Möbel entworfen, die für den Palas und die Neue Kemenate gefertigt wurden. Die Reihe der von Weber eingeteilten Gruppen beginnt mit den Truhen, die er als so zahlreich bezeichnet, dass sie «ein recht gutes Bild von der Entwicklung dieses Möbels vom Mittelalter an bis zur Gegenwart ergeben.» (S. 605) Exemplarisch beschriebene und abgebildete Stücke sind ein, wie er vermutet, romanischer Eichenholzkasten[14], eine oberitalienische Truhe aus der

---

10 Alfons Diener-Schönberg: Die Waffen der Wartburg. Berlin 1912, Nr. 16, S. 18 f., Abb. Tafel 8. Diesem profunden Werk, dessen brillante Abbildungen Oberburghauptmann Hans Lucas von Cranach zu verdanken sind, wird künftig Beachtung zuteil werden, wenn eines Tages über Zuordnung und Rückgabe der nach Russland verbrachten und bis heute dort verbliebenen Harnische verhandelt werden wird. Vgl. Voss, Wartburg 1917 (wie Anm. 2) S. 343–348; Rosemarie Domagala (Bearb.): Die Rüstkammer der Wartburg (Kleine Schriftenreihe der Wartburg-Stiftung. 3). Kassel 1991.

11 Diener-Schönberg, Waffen 1912 (wie Anm. 10) Nr. 59, S. 36–38, Abb. Tafeln 18, 19.

12 Falkonett, Wartburg-Stiftung Eisenach, Inv.-Nr. KW 18, 211 cm lang, Kaliber 61 mm, angekauft 1842 von der großherzoglichen Landesdirektion Erfurt als Alarmkanone für die Wartburg; Diener-Schönberg, Waffen 1912 (wie Anm. 10) Nr. 705, S. 145, Abb. Tafel 66.

13 Vgl. Dokumente zum Verbleib der Rüstkammer der Wartburg. In: Wartburg-Jahrbuch 1994. 3(1995), S. 154–163.

14 Einbaumtruhe, Baumkasten, thüringisch (Treffurt?), Mitte 15. Jahrhundert, Wartburg-Stiftung Eisenach, Inv.-Nr. KM 48. Metallfüße und Aufsatz wurden als spätere Zutaten entfernt. Vgl. Voss, Wartburg 1917 (wie Anm. 2) S. 327, Abb. S. 325.

Frührenaissance[15] und eine «barocke» Kleiderlade[16], die Weber sehr ausführlich beschreibt. Anschließend werden die Schränke vorgestellt, zunächst Möbel der Spätgotik und der Renaissance, wie die beiden mit Schablonenmalerei versehenen Sakristeischränke aus der Stadtkirche Jena[17], von denen Kaiser Wilhelm II. angeblich Kopien für die Marienburg anfertigen ließ. Im Speisesaal des Palas befinden sich ein gotischer Wandschrank[18] und der von ihm zu Recht gerühmte «Dürerschrank»[19], den er allerdings als sächsische Arbeit interpretiert und dessen schlechte Restaurierung er sofort wahrnimmt.

Als glückliche Erwerbung erwähnt er das Pirckheimerstübchen[20] und das Schweizer Zimmer mit der zugehörigen Anrichte[21], das Carl Alexander 1865 in die Dirnitz einbauen ließ, sowie den diesen Raum vervollständigenden Fayenceofen[22] und einen weiteren Büfettschrank[23]. Danach widmet sich der

---

15 Pastiglia-Truhe, um 1420, wohl aus Siena, Wartburg-Stiftung Eisenach, Inv.-Nr. KM 46, 1886 in Mailand erworben. Vgl. Voss, Wartburg 1917 (wie Anm. 2) S. 325–327; GÜNTER SCHU-CHARDT: Die Kunstsammlung der Wartburg. Regensburg 1998, S. 12–14.

16 Kabinettschrank, norddeutsch, um 1600, Wartburg-Stiftung Eisenach, Inv.-Nr. KM 53, Geschenk des norwegischen Kammerherrn FAYE für die Wartburg, heute nur Front und Seiten erhalten. Vgl. Voss, Wartburg 1917 (wie Anm. 2) S. 321–324.

17 Sakristeischränke mit Schablonenmalerei, thüringisch (Jena), 15. Jahrhundert, Wartburg-Stiftung Eisenach, Inv.-Nr. KM 1, KM 2, 1873 auf die Wartburg gebracht. Vgl. Voss, Wartburg 1917 (wie Anm. 2) S. 315 f.; OTTO VON FALKE (Hrsg.): Deutsche Möbel des Mittelalters und der Renaissance. Stuttgart 1924, S. XLVI, Abb. S. 122; SCHUCHARDT, Kunstsammlung 1998 (wie Anm. 15) S. 14.

18 Wandschrank, niederdeutsch, 2. Hälfte 15. Jahrhundert, Wartburg-Stiftung Eisenach, Inv.-Nr. KM 3, 1888 in Den Haag gekauft. Vgl. Voss, Wartburg 1917 (wie Anm. 2) S. 313–315; FALKE, Möbel 1924 (wie Anm. 17) S. XXVI, Abb. S. 52.

19 Zweigeschossiger Schrank, fränkisch, um 1510/1515, Wartburg-Stiftung Eisenach, Inv.-Nr. KM 13, von Kommandant BERNHARD VON ARNSWALD 1841 in Würzburg (Antiquitätenhandel KÖCHEL UND KLOTZ) entdeckt und für die Ausstattung der Wartburg empfohlen. Vgl. Voss, Wartburg 1917 (wie Anm. 2) S. 294–313; FALKE, Möbel 1924 (wie Anm. 17) S. XLV, Abb. S. 105; SCHUCHARDT, Kunstsammlung 1998 (wie Anm. 15) S. 22–24. Zur Restaurierung: HANS MICHAELSEN: Untersuchungen zur Oberflächenbehandlung und Farbigkeit zweigeschossiger Schränke der Spätgotik in Süddeutschland. In: Beiträge zur Erhaltung von Kunstwerken. 2. Berlin 1984, S. 49–56.

20 Bohlenstube, um 1500, Wartburg-Stiftung Eisenach, Inv.-Nr. KM 132, Ankauf 1863 durch Großherzogin SOPHIE beim Abbruch des Imhoffschen (eigentlich Koberger) Hauses in Nürnberg, seit 1867 auf der Wartburg. Vgl. Voss, Wartburg 1917 (wie Anm. 2) S. 215–218; GRIT JACOBS: Die Wiederherstellung der Wartburg und ihre Vorgeschichte im Wartburg-Werk, in diesem Wartburg-Jahrbuch.

21 Zimmerdecke und Türen, 1682, Wartburg-Stiftung Eisenach, Inv.-Nr. KM 133, KM 134, 1864 aus einem Abbruch von einem Freiherrn von SALIS-SOGLIO in Grüsch/Graubünden erworben. Vgl. Voss, Wartburg 1917 (wie Anm. 2) S. 231 f., S. 331 f.

22 Prunkofen von DAVID PFAU, Winterthur, 1689, Wartburg-Stiftung Eisenach, Inv.-Nr. KK 47, wie Anm. 21.

23 Büfett, Schweiz, um 1650, Wartburg-Stiftung Eisenach, Inv.-Nr. KM 25, 1873 in Bern erworben.

Autor Türen und Türklopfern, wie der gotischen Fischblasentür[24], die er als Eingangspforte zur Galerie des Rüstsaales vorfindet. Im Teilabschnitt «Die Teppiche» fabuliert er ganz als Volkskundler: «Die Herstellung der für den Hausgebrauch erforderlichen Teppiche lag im Mittelalter in den Händen der Hausfrau, die samt Töchtern und Mägden auf diesem Gebiete ein weites Feld der Betätigung fand. Gerade in den höheren Ständen war dies allgemein üblich.» (S. 611)

In die Romanik will er den mit 15 eingekreisten Figuren versehenen Wandteppich[25] einordnen, den er sehr detailliert zu interpretieren versucht, ohne die motivähnlichen Bestiarien der Zeit zur Kenntnis zu nehmen. Im Speisesaal sieht er zwei zusammengehörige Wandbehänge, die Carl Alexander in den 1860er Jahren in Frankfurt am Main erworben hatte und aus der Martinengoschen Sammlung in Würzburg stammen sollen. Die Heidnischwerktücher süddeutscher, Straßburger Herkunft, zählten zu den wichtigsten Ankäufen für die Wartburg. Aufgrund ihrer profanen Szenerie, die die Erstürmung einer Burg durch wilde Soldaten, grobschlächtige, Fellkleider tragende Gestalten zeigt, werden diese Behänge allgemein «Wilde-Männer-Teppiche» genannt. Heute befinden sie sich als stark beschnittene Fragmente im Germanischen Nationalmuseum Nürnberg[26]. Zum Glück aber blieben zwei weitere süddeutsche Wandteppiche der Wartburg erhalten: der eine mit Tieren und Fabelwesen[27], der andere mit den Darstellungen der letzten Lebensjahre der heiligen Elisabeth[28]. Darüber hinaus würdigt Weber die

---

24 Tür mit Fischblasen, fränkisch, 1. Hälfte 15. Jahrhundert, Wartburg-Stiftung Eisenach, Inv.-Nr. KM 113. Vgl. Voss, Wartburg 1917 (wie Anm. 2) S. 233 f.

25 Tierteppich, niederdeutsch, Ende 14. Jahrhundert, Wartburg-Stiftung Eisenach, Inv.-Nr. KT 2, von LUDWIG BECHSTEIN für die Wartburg erworben. Vgl. Voss, Wartburg 1917 (wie Anm. 2) S. 266.

26 «Wilde Männer erstürmen eine Burg», zwei Teppichfragmente, Straßburg, um 1420, heute im Germanischen Nationalmuseum, Inv.Gew. 3806/3807. 1930 von der Wartburg zur Restaurierung abgeholt, 1939 nach Nürnberg verkauft. Vgl. Voss, Wartburg 1917 (wie Anm. 2) S. 267–269; BETTY KURTH: Die deutschen Bildteppiche des Mittelalters. Wien 1926, S. 126, 232 f., Taf. 118, 119; ANNA RAPP BURI und MONICA STUCKY-SCHÜRER: zahm und wild. Baseler und Straßburger Bildteppiche des 15. Jahrhunderts. Mainz 1990, S. 299–301.

27 «Sechs symbolische Tiere», Basel, um 1440, Wartburg-Stiftung Eisenach, Inv.-Nr. KT 4, erworben 1868 aus der Ettlinger Auktion in Würzburg. Vgl. Voss, Wartburg 1917 (wie Anm. 2) S. 270; KURTH, Bildteppiche 1926 (wie Anm. 26) S. 89, 216, Taf. 47b; RAPP BURY/STUCKY-SCHÜRER (wie Anm. 24), S. 132 f.; SCHUCHARDT, Kunstsammlung 1998 (wie Anm. 15) S. 16.

28 «Vita der heiligen Elisabeth», Basel, um 1480/90, Wartburg-Stiftung Eisenach, Inv.-Nr. KT 3, erworben 1860 in der Schweiz. Vgl. Voss, Wartburg 1917 (wie Anm. 2) S. 269 f.; KURTH, Bildteppiche 1926 (wie Anm. 26) S.92, 217 f., Taf. 51, 52; RAPP BURY/STUCKY-SCHÜRER (wie Anm. 24), S. 231–234; ANNA RAPP BURI und MONICA STUCKY-SCHÜRER: Wandteppich mit Szenen aus dem Leben der hl. Elisabeth. In: DIETER BLUME und MATTHIAS WERNER (Hrsg.): Elisabeth von Thüringen – eine europäische Heilige. Katalog. Petersberg 2007, Kat.-Nr. 270, S. 411–413.

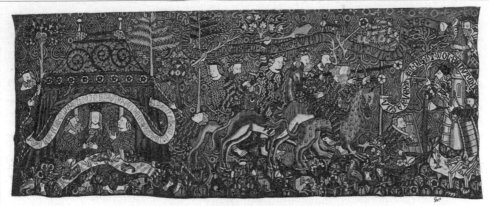

Wandbehang aus der zweiten Hälfte des 14. Jahrhunderts.
Im Speisesaale des Palas. Höhe 88, Länge 225 Centimeter.

Wandbehang aus der zweiten Hälfte des 14. Jahrhunderts.
Im Speisesaale des Palas. Höhe 88, Länge 225 Centimeter.

Abb. 1 und 2:
«Wilde Männer er-
stürmen eine Burg»,
Straßburger Bild-
teppiche, um 1420,
Speisesaal des Palas,
heute im Germani-
schen National-
museum Nürnberg
Wartburg-Werk
S. 614 u. S. 615

Halbseidengewebe mit der Darstellung der Geburt Christi[29] als älteste Stücke im Bestand und das Altenberger Fastentuch mit Gotteslamm, Maria, Christus und den Symbolen der Evangelisten[30].

Im Abschnitt «Kleinkunst» fasst er kunsthandwerkliche Objekte zusammen, die ihm bedeutsam erscheinen. Er beginnt mit einem versilberten Tafelaufsatz – der figürlichen Darstellung eines Zwergs, der ein großes Trinkhorn auf seinem Rücken hält – angeblich von Carl Alexander selbst entworfen (Abb. S. 606). Zur Zeit seiner Wartburgbesuche stand der Aufsatz auf dem Schweizer Schrankunterteil[31], das sich im Speisesaal, dem mittleren Zimmer des Palas-Erdgeschosses befand, wo sich offenbar die bedeutendsten Werke konzen-

Abb. 3:
Schweizer Schrank-
unterteil mit versilber-
tem Tadelaufsatz in
Form eines großen,
von einem Zwerg ge-
tragenen Trinkhorns,
Speisesaal des Palas,
Verbleib unbekannt,
Wartburg-Werk
S. 606 unten

29 Seidenstickerei, Regensburg, Ende 13. Jahrhundert, Wartburg-Stiftung Eisenach, Inv.-Nr. KT
    1, KT 19, KT 20 aus dem Besitz der Kirche in Veitsberg im Vogtland. Vgl. Voss, Wartburg
    1917 (wie Anm. 2) S. 265 f.; SCHUCHARDT, Kunstsammlung 1998 (wie Anm. 15) S. 9 f.
30 Altardecke mit dem Lamm Gottes, Johannes d. Täufer und der Maria, 14. Jahrhundert,
    Leinen, gestickt, Altenberg bei Wetzlar, Wartburg-Stiftung Eisenach, Inv.-Nr. KT 18, 1865 als
    Geschenk vom Fürsten VON BRAUNFELS auf die Wartburg gebracht. Die Decke gehört zu den
    fünf bekannten Leinenstickereien aus dem Kloster Altenberg. Lit.: Voss, Wartburg 1917 (wie
    Anm. 2) S. 276 f.; LEONIE VON WILCKENS: Hessische Leinenstickereien des 13. und 14. Jahr-
    hunderts. In: Anzeiger des Germanischen Nationalmuseums. 1954-59, S. 5–20; CHRISTA
    MARIA JEITNER: Eine mittelalterliche Leinenstickerei in den Kunstsammlungen der Wartburg-
    Stiftung, Anstöße zur Neubewertung ihres Erscheinungsbildes. In: MATTHIAS MÜLLER (Hrsg.):
    multiplicatio et variatio. Beiträge zur Kunst – Festgabe für Ernst Badstübner zum 65. Geburts-
    tag. Berlin 1998, S. 201–206.
31 Schrank, alpenländisch, um 1500, Wartburg-Stiftung Eisenach, Inv.-Nr. KM 9, aus dem Besitz
    der Eisenacher Familie VON BECHTOLSHEIM. Vgl. Voss, Wartburg 1917 (wie Anm. 2) S. 315 f.,
    Abb. nach S. 316 unten.

trierten. «In diesem Raume des Landgrafenhauses erhält man zugleich eine Vorstellung von der Vielseitigkeit des Interesses, mit welcher der hohe Herr sein ganzes Leben hindurch gesammelt hat.» (S. 620) Heute fehlt dieses wie auch manch anderes Objekt in den Kunstsammlungen der Wartburg. Im Speisesaal findet Weber den sog. «Hirschvogelkrug» von Paul Preuning[32] und die Bestecke[33], «eine reichhaltige Sammlung, die mehrere hundert Nummern zählt und die Zeit vom Mittelalter bis zur Gegenwart umfasst». Weber merkt an, dass «aus der Fülle der Gegenstände ... nur einige besonders interessante Stücke eine nähere Besprechung erfahren» können (S. 620).

Ausführlich hervorgehoben werden ein «Brautkästchen mit Beinschnitzerei aus dem 14. Jahrhundert»[34] im Kaiserzimmer und der «gotische Dokumentenschrein»[35] im Elisabethzimmer der Neuen Kemenate. Abgebildet und erwähnt werden darüber hinaus ein emaillierter Buchdeckel mit der Darstellung Christi in der Mandorla[36], bemalte Gläser und Flaschen[37] sowie das Limoger Reliquiar[38]. Die sog. «Metzkersche Standuhr»[39] aus dem Jahr 1562 wird abschließend wieder detailliert beschrieben, jedoch nicht als Kopie erkannt.

Bei der kleinen Gruppe der Holzplastiken setzt er mit den beiden Leuchterengeln aus der Riemenschneider-Werkstatt[40] im südlichen Reforma-

---

32 «Hirschvogelkrug», Hafnerware, Nürnberg, um 1550, Wartburg-Stiftung Eisenach, Inv.-Nr. KK 54, 1888 Geschenk des Landgrafen von Hessen-Philippsthal. Vgl. Voss, Wartburg 1917 (wie Anm. 2) S. 340 f.; Schuchardt, Kunstsammlung 1998 (wie Anm. 15) S. 33.

33 Bestecksammlung, Wartburg-Stiftung Eisenach, Inv.-Nr. KB 4 – KB 565, 1843 oder 1845 durch Maria Pawlowna vom Eisenacher Sammler und Schlosshauptmann Gottfried von und zu Egloffstein gekauft, eine der frühesten Erwerbungen für die Wartburg, im Dürerschrank aufbewahrt. Vgl. Jochen Amme (Bearb.): Bestecke. Die Egloffstein'sche Sammlung (15.–18. Jahrhundert) auf der Wartburg. Bestandskatalog. Eisenach/Stuttgart 1994.

34 Minnekästchen, um 1400, Wartburg-Stiftung Eisenach, Inv.-Nr. KE 12. Vgl. Voss, Wartburg 1917 (wie Anm. 2) S. 337–339.

35 Dokumentenkasten, auch «Trese», niederrheinisch/flandrisch, um 1400, Wartburg-Stiftung Eisenach, KH 12. Vgl. Voss, Wartburg 1917 (wie Anm. 2) S. 324 f.; Schuchardt, Kunstsammlung 1998 (wie Anm. 15) S. 11.

36 Buchdeckel mit Darstellung Christi als Weltenrichter, Limoges, 13. Jh., nicht auffindbar. Vgl. Voss, Wartburg 1917 (wie Anm. 2) S. 281, Abb. nach S. 280).

37 Lebensalter-Glas, Böhmen, Anfang 17. Jahrhundert, Wartburg-Stiftung Eisenach, Inv.-Nr. KG 16, Geschenk des Landgrafen von Hessen-Herleshausen; Vierseitige Flasche, Sachsen, 1710, Wartburg-Stiftung Eisenach, Inv.-Nr. KG 35.

38 Reliquiar, Limoges, 1. Viertel 13. Jahrhundert, Wartburg-Stiftung Eisenach, Inv.-Nr. KL 9, 1873 durch den Großherzog erworben. Vgl. Voss, Wartburg 1917 (wie Anm. 2) S. 278 f.; Schuchardt, Kunstsammlung 1998 (wie Anm. 15) S. 8.

39 Galvanoplastik des Originals von Jeremias Metzker im Kunsthisorischen Museum Wien, Augsburg, 1564, Wartburg-Stiftung Eisenach, Inv.-Nr. KL 195, wohl 1873 erworben.

40 Leuchterengel-Paar, Werkstatt des Tilman Riemenschneider, um 1510, Wartburg-Stiftung Eisenach, Inv.-Nr. P 1, P 2, von Bernhard von Arnswald 1873 in Würzburg gesehen und Großherzogin Sophie als Weihnachtsgeschenk für Carl Alexander angetragen, Flügel und

tionszimmer ein, deren später angefügte Flügel und die erneuerten Lichtteller Weber auffallen. Da er keine Reste einer ursprünglichen Bemalung nachweisen kann, begründet er die Holzfarbigkeit als Ausdruck des neuen künstlerischen Selbstverständnisses der beginnenden Renaissance. In der Dirnitzlaube sieht er die Halbfigur der heiligen Elisabeth[41] «als eine der liebenswürdigsten Verkörperungen der großen Wartburgheiligen» (S. 625). Zuletzt beschreibt er eine Anna selbdritt[42], die sich schon seit längerer Zeit in der Elisabethkemenate befindet und die er als eine schwerfällige niederdeutsche Arbeit interpretiert.

Die Zahl alter Gemälde sei groß, jedoch zumeist unbedeutend, setzt Weber im folgenden Abschnitt fort. Als wichtigstes Werk dieser Gruppe benennt er die Darstellung der heiligen Elisabeth zwischen den Aposteln Jakobus d. Ä. und Philippus[43], deren Herkunft er aus der Werkstatt Barthel Bruyns d. Ä. vermutet. Im Folgenden gelangt er zu den Gemälden Lucas Cranachs d. Ä. und seiner Wittenberger Werkstatt. Ausführlich beschreibt er die gemalten Porträts der Eltern Luthers[44], die sich seinerzeit in der Lutherstube befanden, datiert sie korrekt und bewertet sie als Meisterstücke: «Die Freundschaft für Luther hat hier dem sonst recht oberflächlich arbeitenden Künstler die Hand geführt.» (S. 629) Abgebildet wird darüber hinaus lediglich noch ein «angenehmes Madonnenbild im Pirckheimerstübchen»[45], das Weber nur erwähnt, sowie mehrere

---

Lichtteller wurden später entfernt. Die ursprünglich polychrome Fassung wurde bei der Restaurierung 1971 durch CHRISTEL MATTHES nachgewiesen (Wartburg-Stiftung, Archiv, Restaurierungsakte P1, P2). Vgl. Voss, Wartburg 1917 (wie Anm. 2) S. 282, Abb. mit Flügeln und Lichttellern; SCHUCHARDT, Kunstsammlung 1998 (wie Anm. 15) S. 20 f.

41 Büste der heiligen Elisabeth, Werkstatt des TILMAN RIEMENSCHNEIDER (?), Ende 15. Jahrhundert, Wartburg-Stiftung Eisenach, Inv.-Nr. P 7, Geschenk von GEORG VOSS 1898 für die Wartburg. Vgl. Voss, Wartburg 1917 (wie Anm. 2) S. 282 f.

42 Anna selbdritt, westfälisch (?), um 1400, Wartburg-Stiftung Eisenach, Inv.-Nr. P 4. Vgl. Voss, Wartburg 1917 (wie Anm. 2) S. 283.

43 Tafelbild mit heiliger Elisabeth, Werkstatt des BARTHOLOMÄUS BRUYN, um 1530, Wartburg-Stiftung Eisenach, Inv.-Nr. M 3, 1898 von GEORG VOSS auf die Wartburg vermittelt. Vgl. Voss, Wartburg 1917 (wie Anm. 2) S. 349, Abb. nach S. 350; SCHUCHARDT, Kunstsammlung 1998 (wie Anm. 15) S. 24.

44 Hans und Margarete Luther, LUCAS CRANACH D. Ä., 1527, Wartburg-Stiftung Eisenach, Inv.-Nr. M 69, M 70, bereits vor 1873 auf der Wartburg. Vgl. Voss, Wartburg 1917 (wie Anm. 2) S. 208–210; SCHUCHARDT, Kunstsammlung 1998 (wie Anm. 15) S. 27–29; BODO BRINKMANN (Hrsg.): Cranach der Ältere. Katalog der Ausstellung im Städel Museum, Frankfurt am Main, und in der Royal Academy of Arts. London/Ostfildern 2007, S. 264–267.

45 Maria mit Christus und Johannes, siehe BAUMGÄRTEL, Wartburg 1907 (wie Anm. 3) Abb. S. 627. Alte Inv.-Nr. 351, von GEORG VOSS 1900 an die Wartburg vermittelt, 1930 zur Restaurierung an die Schatullverwaltung übergeben, 1950 durch Großherzogin Feodora von Sachsen-Weimar-Eisenach an unbekannt verkauft. Derzeit wieder im Kunsthandel. Vgl. Voss, Wartburg 1917 (wie Anm. 2) S. 349, Abb. nach S. 348 rechts.

Abb. 4:
Lucas Cranach
d.Ä./ Werkstatt,
Maria mit Jesus-
und Johannesknaben,
Pirckheimerstübchen,
Wartburg-Werk
S. 627

Porträts und Mar" iendarstellungen, die sich in der Wohnung des Maler-Nachfahren und Burg-hauptmanns Hans Lucas von Cranach in Tor- und Ritterhaus befinden.

Den letzten Teilabschnitt «Neue Gemälde» versieht Weber mit der Unterzeile «Die Bilder aus dem Leben Luthers und die Wandmale-reien des Moritz von Schwind.» (S. 630) Er kon-zentriert sich ausschließlich darauf, weil die Ausstattung des Festsaals, die Ausmalungen der Sängerlaube und der großherzoglichen Gemä-cher bereits in vorangegangenen Kapiteln be-schrieben worden waren. Den saalartigen Nach-barraum neben der Lutherstube in der Vogtei hatte Carl Alexander zunächst ebenfalls mit Wandbildern zu Luthers Leben versehen wol-len. Er entschied sich schließlich jedoch statt-dessen, drei «trauliche Wohngemächer» (S. 631) herrichten zu lassen, die sog. Reformations-zimmer, und sie mit in hölzerne Wandverklei-dungen eingelassenen Leinwandbildern auszu-statten. «Vier Meister der Weimarer Kunst-schule haben sich in die Aufgabe geteilt, das Leben des größten Gastes, den die Wartburg je beherbergt, in Bildern dem Beschauer vorzuführen.» (S. 632) In zwei zeitlich versetzten Kampagnien entstanden insgesamt 18 Gemälde, die, chronologisch angeordnet, als Bild-Biografie Luthers gelten können. Bis 1873 waren die beiden ersten Räume fertig gestellt, für die der Belgier Ferdinand Pauwels und der Deutsche Paul Thumann die Bilder geschaffen hatten[46]. Der dritte Raum, der sich Luthers letzten Lebensjahren widmen sollte, kam erst in den 1880er Jahren zustande. Die Gemälde dafür stammen von den beiden

---

46 FERDINAND PAUWELS und PAUL THUMANN, seit 1861 bzw. 1866 Professoren an der Weimarer Kunstschule. PAUWELS malte sieben Bilder: «Luther als Kurrendeschüler in Eisenach», Wartburg-Stiftung Eisenach, Inv.-Nr. M 80, «Luthers Freund vom Blitz erschlagen», Inv.-Nr. M 165, «Luthers Eintritt ins Kloster», Inv.-Nr. M 154, «Luthe entdeckt die Bibel», Inv.-Nr. M 123, «Luther sieht Rom», Inv.-Nr. M 122, «Luthers Thesenanschlag», Inv.-Nr. M 121 und «Luther vor Cajetan», Inv.-Nr. M 112. Von THUMANN stammen fünf Gemälde: «Luther ver-brennt die Bannandrohungsbulle», Inv.-Nr. M 156, «Luther auf dem Reichstag von Worms», Inv.-Nr. M 149, «Luthers Ankunft auf der Wartburg», Inv.-Nr. M 78, «Luther übersetzt die Bibel», Inv.-Nr. M 120 und «Luther mit Studenten im Gasthaus Zum Bären in Jena», Inv.-Nr. M 179. Vgl. Voss, Wartburg 1917 (wie Anm. 2) S. 202–207; HANS VON DER GABELENTZ: Die Wartburg. Hamburg ³1938, S. 94–96.

Belgiern Willem Linnig d. J. und Alexandre Struys[47]. Offenbar wurden diese Werke um und kurz nach 1900 von ihren Betrachtern nicht sonderlich geschätzt, so dass sich Weber mit ihrer Bewertung schwer tut: «Das gegenwärtig lebende Geschlecht hat sich völlig von den Tendenzen der ‹großen historischen Schule› abgekehrt; es ist nicht leicht, jene um ein Menschenalter zurückliegenden Schöpfungen von der Gegenwart aus gerecht zu beurteilen.» (S. 632) Bei Pauwels und Thumann stellt er zumindest eine gewisse Sachlichkeit, ausdrucksvolle, nicht theatralisch wirkende Gestalten und die angemessene Erfassung der Persönlichkeit Luthers fest, während er die Bilder von Linnig d. J. und Struys als künstlerisch belanglos beurteilt.

Abschließend widmet sich Weber den Wandmalereien Moritz von Schwinds im ersten Obergeschoss des Palas, die bereits 1854/55 entstanden waren. Er gesteht zu, dass Schwind bessere Voraussetzungen für seine Themen vorfand als die Weimarer Maler, weil er sich in die Welt von Sagen und Legenden zurückversetzen konnte und dadurch viel Raum für künstlerische Freiheit fand. Auf den folgenden Seiten gerät Weber immer wieder ins Schwärmen: «In den Gemälden aus dem Leben der heiligen Elisabeth und aus der Geschichte der Landgrafen hat er sich selbst übertroffen. Sie gehören zum Schönsten und Wertvollsten, was das deutsche Volk überhaupt diesem gottbegnadeten Künstler verdankt.» (S. 633) Das Sängerkriegsfresko schätzt er als Schwinds schwächste Arbeit auf der Wartburg ein, weil er das Spannungsmoment, das er in den anderen Bildern gesehen haben will, vermisst. Doch auch hier lobt er die Anmut der lebenswahren und gleichzeitig entrückten Gestalten, in denen «das Geheimnis der ewigen Jugend Schwindscher Kunst verborgen liegt, – der ewigen Jugend, die auch der Wartburg zueigen ist mit ihren grünen Waldbergen rings umher.» (S. 636)

---

47 WILLEM LINNIG d. J. und ALEXANDRE STRUYS, nach dem Weggang von PAUWELS und THUMANN seit 1876 Professoren in Weimar. Von LINNIG stammen womöglich sämtliche auf Holztafeln gemalten fünf Bilder: «Karlstadt und die Bilderstürmer», Wartburg-Stiftung Eisenach, Inv.-Nr. M 153, «Luthers Trauung», Inv.-Nr. M 150, «Luther unter den Pestkranken», Inv.-Nr. M 167, «Luther predigt von der Kanzel», Inv.-Nr. M 166 [nicht bezeichnet] und «Luther versöhnt die Grafen von Mansfeld», Inv.-Nr. M 147 [nicht bezeichnet, STRUYS zugeschrieben]. STRUYS signierte lediglich das Leinwandgemälde «Luther auf dem Totenbett», Inv.-Nr. M 155. Auch Voss und GABELENTZ (vgl. Anm. 46) weisen STRUYS vor allem wegen des Bildträgers lediglich das letzte Gemälde zu. HENRIKE HOLSING: Luther – Gottesmann und Nationalheld. Sein Image in der deutschen Historienmalerei des 19. Jahrhunderts. Köln, Univ., Diss., 2004, S. 730–734 (http://kups.ub.uni-koeln.de/volltexte/2007/2132/container.tgz) geht davon aus, dass LINNIG und STRUYS je drei Bilder gemalt haben und schreibt (auch stilistisch) «Luther predigt von der Kanzel» und «Luther versöhnt die Grafen von Mansfeld» STRUYS zu. Hingegen: MARTIN STEFFENS: Luthergedenkstätten im 19. Jahrhundert. Memoria – Repräsentation – Denkmalpflege. Regensburg 2008, S. 230, Anm. 342, schließt sich aus wiederum stilistischen Gründen jedoch der bisherigen Zuschreibung im Wartburginventar an, weist LINNIG die «Predigt» und STRUYS die beiden letzten Arbeiten zu.

Besuchern der Burg waren längst nicht alle von Weber beschriebenen Kunstwerke zugänglich, obwohl die Zahl der Gäste stetig zunahm[48]. Das Palas-Erdgeschoss, die Neue Kemenate, die Dirnitzlaube und das Obergeschoss der Dirnitz selbst mit dem Schweizer Zimmer blieben bis Mitte des 20. Jahrhunderts für die Öffentlichkeit geschlossen. Mit kostenpflichtigen Führungen konnten die Obergeschosse des Palas, der Festsaal und die von Schwind und seinen Helfern ausgemalten Räume besichtigt werden; in der Kapelle wurden Gottesdienste gefeiert. Die Rüstsammlung in der eigens dafür errichteten Dirnitz war ebenso zugänglich, wie die Lutherstube, nicht aber die benachbarten Reformationszimmer in der Burgvogtei.

Weber nimmt keine Unterscheidung zwischen öffentlich ausgestellten und dem privaten Gebrauch vorbehaltenen Objekten vor. Für die breite Öffentlichkeit war das gewichtige «Wartburg-Werk» einfach zu teuer. Weber hat die Gegenstände nicht gezählt. Aktuelle Inventarbände, die den Bestand nach der Wiederherstellung der Wartburg verzeichnen, wurden erst ab 1906 zusammengestellt[49]. Geht man davon aus, dass im Jahrzehnt nach dem Erscheinen des Bandes bis zur Abdankung Großherzog Wilhelm Ernsts 1918 und der Unterzeichnung des Auseinandersetzungsvertrages[50] 1921 nicht allzu viele Gegenstände hinzugekommen sind, dürfte die Sammlung nicht ganz 3.000 Objekte umfasst haben.

Im Vertrag zwischen dem Großherzog und der Gebietsregierung Weimar, dem späteren Land Thüringen, wurde die Immobilie Wartburg einschließlich 24 Hektar Umland einer zu gründenden Stiftung des öffentlichen Rechts übertragen. Hinsichtlich der Mobilien, der Ausstattungsstücke, und der hier bewahrten Kunstwerke, findet sich der Passus, dass die Gegenstände zwar im Eigentum des ehemaligen Großherzogs verbleiben sollen, nicht jedoch von der Wartburg verbracht werden dürften. Das bezog sich schon auf das Testament Carl Alexanders aus dem Jahr 1897[51]. Diese Formulierung barg viel Zündstoff in sich und beschäftigte den Stiftungsausschuss seit seiner Gründung 1922 in nahezu jeder Sitzung. Immer wieder wurden Sammlungsbestände durch Abgesandte der in Weimar installierten großherzoglichen Schatullverwaltung[52]

48 HANS LUCAS VON CRANACH hatte seit seinem Amtsantritt 1894 eine jährliche Besucherzählung eingeführt. 1895 waren es 52.970, 1901, als Weber seinen Aufsatz verfasste, bereits 61.716 Personen und 1907, als das Wartburg-Werk erschien, 64.424 Gäste.

49 Wartburg-Stiftung Eisenach, Archiv, Wartburg-Inventar 1906, Bde. 1–4, nach Gebäuden und Räumen als Standort-Inventar aller vorgefundenen Gegenstände geführt.

50 GÜNTER SCHUCHARDT: Zur Geschichte der Wartburg-Stiftung Eisenach. Teil I: 1922–1960. In: Wartburg-Jahrbuch 1993.2(1994), S. 153–180, hier S. 154.

51 SCHUCHARDT, Wartburg-Stiftung (wie Anm. 50) S. 155: «Die Wartburg ist seit meiner Kindheit ein Gegenstand meines besonderen Interesses gewesen ... Deshalb darf nie, auch nicht der geringste Gegenstand aus dem Schloss entfernt, veräußert, verschenkt, verborgt werden ...».

zur Restaurierung abgeholt, die längst nicht alle wieder zurückgegeben werden sollten.[53] Der Streit um die «Inventarangelegenheit», wie diese Vorgänge in den Protokollen genannt werden, gipfelte 1938 in einem Enteignungsantrag des Thüringer Reichsstatthalters Sauckel, der zugleich Vorsitzender des Wartburg-Ausschusses war, gegenüber der Reichskanzlei, dem jedoch nicht stattgegeben wurde.[54]

Die spätere DDR hat die Übernahme der Wartburg-Sammlungen in das Volkseigentum verpasst. Erst die gütliche Einigung 2003 konnte Rechtssicherheit schaffen; gegen die Zahlung einer Abstandssumme, an der sich der Freistaat Thüringen maßgeblich beteiligt hat, konnte auch das gesamte Alt-Inventar in das Eigentum der Wartburg-Stiftung übernommen werden. Seither ist dieser Bestand in der Dauerausstellung mit dem großherzoglichen Hauswappen gekennzeichnet.

Heute zählt die Kunstsammlung der Wartburg trotz des anhaltenden Verlusts der Rüstsammlung knapp 9.000 Objekte. Darunter befinden sich so wertvolle Stücke, wie ein gutes Dutzend Gemälde Lucas Cranachs und seiner Werkstatt sowie die lutherische Vollbibel aus dem Jahr 1541, die zahlreiche handschriftliche Einträge des berühmtesten Wartburggastes enthält.

---

52 Nach der Revolution 1918 wurde zur Verwaltung des der großherzoglichen Familie im Gebiet des ehemaligen Großherzogtums Sachsen-Weimar-Eisenach verbliebenen Besitzes die großherzogliche Schatullverwaltung 1919 in Weimar eingerichtet. Nach der Enteignung des Fürstenhauses wurde sie 1946 aufgelöst.

53 Sowohl zur Restaurierung als auch für die Ausstattung eines «Familienmuseums» wohl in Heinrichau/Schlesien, wo die ehemals großherzogliche Familie bis 1945 wohnte, wurden zwischen 1919 und 1931 mindestens 34 Objekte durch Haushofmeister HARTMANN von der Schatullverwaltung abgeholt. Nur einzelne Stücke, wie das Elisabethbild (Wartburg-Stiftung Eisenach, Inv.-Nr. M 3), kehrten auf die Wartburg zurück. Die im Aufsatz abgebildeten «Wilde-Männer-Teppiche» und das Madonnenbild LUCAS CRANACHS d. Ä. gehören zu den bedeutendsten Verlusten. Vgl. Wartburg-Stiftung Eisenach, Archiv [WSTA], Akte: Inventar. Abgabe von Kunstwerken.

54 Bundesarchiv, Abteilungen Potsdam, R 43 II/287, Bl. 128–129 und 219 (SAUCKEL an Reichskanzlei, 22. 7. 1938), Bl. 259.

«Gemeingut eines ganzen Volkes».
Zum Abschlusskapitel des Wartburg-Werks

Jutta Krauß

Unter dem Titel «Neues Wartburg-Leben» fasste Max Baumgärtel im letzten Kapitel des Wartburg-Werks elf, z. T. recht heterogene Einzelthemen zusammen[1], von denen zumindest zwei Aufsätze nicht aus der Feder des vorab angegebenen Autors August Trinius stammen, sondern vom Herausgeber geschrieben wurden. Sein erklärtes Anliegen war es, die in sechs Jahrzehnten erneuerte Burg als ein zugleich mit «neuem» Leben erfülltes Kulturdenkmal darzustellen, das in die Welt hinein wirkt und von der Welt wahrgenommen und wert geschätzt wird. Dass der private Gebrauch als Nebenresidenz die öffentliche Ausstrahlung der Burg nicht mindern, sondern vielmehr potenzieren werde, dessen war sich 1847 schon Baumeister Hugo von Ritgen sicher gewesen: «Wirkliches Leben und höhere Bedeutung aber erhält die ganze Restauration erst durch die Absicht Seiner Königlichen Hoheit, von Zeit zu Zeit die Wartburg zu bewohnen, indem nur dadurch der Zauber der Vergangenheit mit dem Reize der Gegenwart vereint werden wird.»[2] Anders als seine Vorreiter – der erste Wartburgarchitekt Carl Alexander Simon plante eine jede Bewohnbarkeit ausschließende Weihestätte, Ferdinand von Quasts Hauptaugenmerk lag auf der fürstlichen Residenz – wusste Ritgen beide Funktionen ineinander zu fügen.

Wie dieser in seinem Wiederherstellungskonzept folgte nun auch Baumgärtel in seinem Schlusskapitel ganz und gar den Gedankengängen des 1901 verstorbenen Weimarer Großherzogs Carl Alexander, dessen Idee es war, die Wartburg neben dem Wohnsitz «zu einer Art Museum für die Geschichte unseres Hauses, unseres Landes, ja von ganz Deutschland zu gestalten»[3]. Die Würdigung des Großherzogs – ein großer Teil der biografischen Nachrichten ist im Kontext anderer Beiträge enthalten – platzierte der Verleger in der Art eines fünfseitigen Epilogs an das Ende des Bandes. Da den Auftakt Carl Alexanders eigene «Erinnerungen an die Wiederherstellung der Wartburg»

---

1 August Trinius: Neues Wartburg-Leben. In: Max Baumgärtel (Hrsg.): Die Wartburg. Ein Denkmal deutscher Geschichte und Kunst. Berlin 1907, S. 661 bis 694; danach im Text die eingeklammerten Seitenangaben.

2 Wartburg-Stiftung Eisenach, Archiv, Hs 3499, Hugo von Ritgen: Gedanken über die Restauration der Wartburg, 1847, S. 4 f.

3 Baumgärtel, Wartburg 1907 (wie Anm. 1) S. 294, dort das Zitat aus der eigenhändigen Niederschrift Carl Alexanders vom 12.2.1841.

bilden, schließt sich mit dieser Hommage an den Bauherrn und das großherzogliche Haus ein Kreis.

Besonders deutlich tritt die postume Interessenvertretung in Baumgärtels Urteil über den 1902 von Kaiser Wilhelm II. gestifteten Mosaikschmuck der Elisabethkemenate zutage (S. 679). Nachdem der Kunsthistoriker Paul Weber eine Besprechung der Bilder abgelehnt hatte, die «freilich eine undankbare

Abb. 1:
Großherzog Carl Alexander in seinem Arbeitszimmer in der Neuen Kemenate, Aufnahme vom Oktober 1900

Arbeit für ihn gewesen wäre, da er gerade mit Moritz von Schwind geschlossen»[4], sah sich der Verleger selbst dazu genötigt und sparte hierin nicht mit Kritik. Keineswegs würde sich die so geschmückte Kemenate «der Grundidee und dem geistigen Gehalt der inneren Ausgestaltung» des 19. Jahrhunderts unterordnen, sondern diese vielmehr zunichte machen «durch die Neigung unserer Zeit zu glänzender Dekoration» (S. 679). Statt einer Wiederholung der Elisabeth-Vita, so meint Baumgärtel, sei es viel passender und ganz gewiss auch im Sinne Carl Alexanders gewesen, in jenem Palasraum Wolframs «Parzival» als Inbegriff des hohen Rittertums in Szene setzen zu lassen (S. 679). Das mit spitzen Fingern ergriffene wilhelminische Geschenk war aber immerhin ein zu spektakulärer Aktionismus des nahe verwandten Kaisers, als dass man die Kemenate im Wartburg-Werk hätte unerwähnt lassen können. 1907 gehörte das Mosaik bereits zu den vor allem medial gefeierten Publikumsmagneten der Burg, wofür zum normalen Eintrittspreis gern ein separates Aufgeld gezahlt wurde.

---

4 Schreiben von MAX BAUMGÄRTEL an den Großherzog WILHELM ERNST VON SACHSEN-WEIMAR-EISENACH, Berlin 27. 5. 1907. Beilage in: Wartburg-Stiftung Eisenach, Archiv, Akte: Die Wartburg. Ein Denkmal deutscher Geschichte u. Kunst, Bd. 7, Akten-Nr. 346, S. 55.

Abb. 2:
Elisabethkemenate
in der Ausgestal-
tung durch Michael
Welter, Aufnahme
vor 1900

Abb. 3:
Elisabethkemenate
mit der Mosaik-
dekoration, 1903

Was spätere Interpreten ausführlich dargelegt haben[5], Baumgärtel jedoch nicht sah: Die «Kaiserkunst» war ein Politikum und durchaus geeignet, den vorwiegend elitären Charakter des neuen Wartburglebens zu illustrieren, der schon in den Überschriften[6] der einzelnen Abschnitte sichtbar wird: «Der Wartburg Feste und Feiern» (S. 663–666), «Großherzog Carl Alexander und sein Hoflager» (S. 667–672), «Fürstliche Wartburggäste» (S. 672–673), «Kaiser Wilhelm auf der Wartburg» (S. 673–675) und «Der Mosaikschmuck der Elisabethkemenate» (S. 675–680). Die folgenden 14 Seiten widmen sich dann dem Kommandanten der Wartburg (S. 680–682), der Burgbesatzung (682–684), der Instandhaltung (S. 684–686), den Fremden und den Eisenachern (S. 687–688), dem nordwestlich vor der Burg gelegenen Minnegärtlein (S. 689) und dem Abschiedsblick (689), dem wiederum die Huldigung Carl Alexanders (S. 690–694) und die Vorstellung seines Nachfolgers und neuen Burgherrn (S. 694) angegliedert sind. Alles in allem malen die dem Schlusskapitel zugeordneten Einzelbeiträge zwar ein recht facettenreiches und vitales Burgbild, wie es der Titel verspricht, jedoch erscheint dieser letzte Teil nicht als Einheit, sondern eher als abschließendes, wenngleich unvollständiges Kaleidoskop. Passagen aus anderen Kapiteln, etwa aus dem «Aufgang des neuen Kunstlebens in Weimar und die Wartburg»[7], die Betrachtung zu zeitgenössischen Wochen- und Monatsschriften, die unter dem Namen «Wartburg» firmierten[8], oder einige der in den Endnoten platzierten Informationen, z. B. die technischen Neuerungen, wären dem hinzuzufügen, erfasste Themen ausbaufähig bzw. sinnvol-

---

5 GRIT JACOBS: Kaiserkunst auf der Wartburg. Das Glasmosaik in der Elisabethkemenate. In: DIETER BLUME und MATTHIAS WERNER (Hrsg.): Elisabeth von Thüringen – eine europäische Heilige. Aufsätze. Petersberg 2007, S. 565–582, hier S. 567.

6 Vgl. auch im Inhaltsverzeichnis bei BAUMGÄRTEL, Wartburg 1907 (wie Anm. 1) S. XIV.

7 MAX BAUMGÄRTEL: Vorgeschichte der Wiederherstellung der Wartburg. In: BAUMGÄRTEL, Wartburg 1907 (wie Anm. 1) S. 313–318.

ler zu gewichten gewesen, ohne allerdings über den Unterhaltungscharakter des Kapitels hinaus zu gelangen.

Obwohl das ganze Kapitel also durchaus feuilletonistisch abzuhandeln und der von Wilhelm von Oncken empfohlene August Trinius[9] als Wander- bzw. Reiseschriftsteller[10] ziemlich erfolgreich im Metier der Unterhaltung zu Hause war, erfüllte er Baumgärtels Ansprüche offenbar nur sehr bedingt. Der Schriftsteller zeige sich «doch gar zu sehr als bloßer Feuilletonist»[11] und die Trinius-Abschrift, womit wohl eine mühevoll zu redigierende Fassung gemeint war, werde «ein paar Tage länger beanspruchen»[12], schrieb Baumgärtel an den Burghauptmann Hans Lucas von Cranach, bevor er «nach dem Schmerz Trinius»[13] den Text «aufnahmefähig» gemacht hatte. Die Arbeit, von der hier im Frühjahr 1900 die Rede ist, zog sich noch weit über das Jahr 1904 hin, als er mitteilte: «Und das von Trinius nach meinem Plan geschriebene Manuskript für den Schlussabschnitt, den ich nun ‹Neues Wartburg-Leben› nennen möchte, ist von mir fertig redigiert; sein letzter Regest geht heute in die Druckerei.»[14] Was also Trinius', was Baumgärtels geistiges Eigentum ist, vermag man kaum mehr auseinanderzuhalten.

Vorangestellt sind dem Schlusskapitel zwei hymnische Verse. Der erste stammt von Ludwig Bechstein, dem der Wartburg zeitlebens eng verbundenen Meininger Hofbibliothekar, Sagen- und Märchendichter, den zweiten verfasste der Schweizer Schriftsteller Franz Lechleitner[15]:

«Wartburg, eine Burg und Wehre	*«Oh Wartburg, du heiliges Glauben!*
Deutschen Ruhmes wirst du sein	*Du deutsches Leben und Licht!*
Deutschen Sinnes, deutscher Ehre,	*Du deutsches Singen und Sagen!*
Gleich dem heiligen Dom am Rhein.»	*Du ewiges deutsches Gedicht!»*

---

8 August Trinius: Die Wartburg in Sage und Dichtung. In: Baumgärtel, Wartburg 1907 (wie Anm. 1) S. 637–660, hier S. 660.

9 Vgl. Die Entstehung des Wartburg-Werks vor allem nach dem Bericht des Herausgebers Max Baumgärtel vom 27. Mai 1907, – in diesem Band.

10 So erschienen vom Autor August Trinius z. B. «Von der Spree bis zum Main» (1880); «Märkische Streifzüge» (1887); «Von Hamburg nach Halle» (o. J.) und «Berlin und die Mark» (1900), beides enthalten auch in Joseph Kürschners Prachtwerken «Das ist des Deutschen Vaterland»; «Hamburger Schlendertage» (1893); «Alldeutschland in Wort und Bild» (ca. 1910); «Aus Deutschlands Gauen» (1920). Mit mehr als 30 Buchtiteln über Thüringen machte Trinius das «grüne Herz Deutschlands» – die Bezeichnung geht auf ihn zurück – als Touristenziel und Wandergebiet bekannt: «Der Rennstieg des Thüringer Waldes» (1890); «Thüringer Wandersmann» (8 Bde., 1886–1902), u. Ä.

11 Wartburg-Stiftung Eisenach, Archiv (WSTA), Akte: Die Wartburg. Ein Denkmal deutscher Geschichte u. Kunst, Bd. 2, 1906/1910, Akten-Nr. 341, Bl. 175 vom 14. 4. 1900, Baumgärtel an von Cranach.

12 WSTA, Akten-Nr. 341 (wie Anm. 11) Bl. 189 vom 7. 5. 1900, Baumgärtel an von Cranach.

13 WSTA, Akten-Nr. 341 (wie Anm. 11) Bl. 207 vom 31. 5. 1900, Baumgärtel an von Cranach.

Die darin zum Ausdruck kommende, bereits um 1800 einsetzende Überhöhung der Burg durch die Romantiker, an die das großherzogliche Wiederherstellungsprojekt anknüpfte – freilich ohne die vorhandenen politischen Bezüge auf die burschenschaftlichen bzw. studentischen Wartburgfeste von 1817 und 1848 – , spiegelt sich hierin wider und setzt sich in der pathetischen Begründung des Nationaldenkmals fort: «Kein Fürstenschloß der Welt ist so Gemeingut eines ganzen, großen Volkes geworden wie die Wartburg. Eine Stätte ruhmreicher Erinnerungen, ein Denkmal deutscher Kunst, eine Burg des Lichtes, der Wahrheit und der Freiheit, so lebt ihr Bild in jedes Deutschen Herz. Unsichtbare Ströme von Kraft und Begeisterung gehen von ihr aus» (S. 663).

Wenn die Mitteilung, dass sich auch «von außen her … vielgestaltiges und bedeutsames Leben schnell an die Wiederherstellung der Wartburg [an]setzte» (S. 663), auf das Wachstum der Stadt Eisenach rekurriert, so spricht der Anstieg der Einwohnerzahl zwischen 1851 und 1914 von 10.867 auf 39.967[16] eine deutlichere Sprache. Neben gründerzeitlichen Ursachen für die Bevölkerungszunahme der florierenden Industrie- und Kongressstadt wirkte das stolze Nationaldenkmal allerdings anziehend, ganz besonders bei der Entstehung des südlichen, auch landschaftlich sehr reizvollen Villenviertels ab den 1860er Jahren bis zum Ersten Weltkrieg, wo sich Fabrikanten, Pensionäre, Militärs, Schriftsteller und Künstler ihre Schlösschen bauen ließen. Wichtig war offensichtlich nicht nur die Sichtachse oder Nähe zur Wartburg. Beispiele wie das vom Gothaer Kaufmann Wilhelm Creutzburg in Auftrag gegebene Haus im Mariental 15 zeugen auch von architektonischen Zitaten – hier dem des Palasfestsaals[17]. Da die Bebauung an den Osthängen der Burg allmählich in die Höhe kletterte, verfügte der Großherzog in seinen letzten Lebensjahren die sogenannte «blaue Linie»[18], eine gedachte Grenze, durch die eine angemessen erscheinende «Burgfreiheit» gesichert werden sollte. In vieler Hinsicht übte darüber hinaus die «deutscheste aller deutschen Burgen»[19] ihren Reiz auch auf

---

14 Wartburg-Stiftung Eisenach, Archiv (WSTA), Akte: Die Wartburg. Ein Denkmal deutscher Geschichte u. Kunst, Bd. 5, 1904/1906, Akten-Nr. 344, Bl. 67 vom 16. 11. 1904, BAUMGÄRTEL an VON CRANACH.

15 FRANZ LECHLEITNER (1865–1928), Schweizer Germanist und Schriftsteller. Er gab heraus: Wartburg-Sprüche/ausgew. und angebracht von J. V. v. SCHEFFEL und B. v. ARNSWALD. Neu aufgeschrieben, vervollständigt und hrsg. von FRANZ LECHLEITNER. Weimar 1892.

16 ERWIN STEIN (Hrsg.): Wartburgstadt Eisenach (Monographien deutscher Städte. Bd. 32). Berlin 1929, S. 175.

17 SABINE LANDMANN, STEFAN WOLTER und JENSEN ZLOTOWICZ: Villen in Eisenach. Bd. 1. Arnstadt/Weimar 1997, S. 64.

18 Die «blaue Linie» ist zwar erst 1902 schriftlich fassbar, geht aber sicherlich auf den Großherzog CARL ALEXANDER zurück; vgl. Wartburg-Stiftung Eisenach, Archiv, Akte «blaue Linie».

Verfechter des Deutschnationalismus aus, die seit 1871 die burschenschaftliche Tradition im Sinne der Reichsgründung umdeuteten und der Wartburg 1902 – ein Jahr nach dem Tod Carl Alexanders, der sich den Plänen lange widersetzt hatte [20] – das Burschenschaftsdenkmal auf der benachbarten Göpelskuppe gegenüberstellten. Der vom Bergfried ins umliegende Land gleitende «Abschiedsblick» am Ende des Kapitels übersieht das monumentale Bauwerk fast ebenso, wie der dem Wartburgfest der deutschen Burschenschaft von 1817 gewidmete Abschnitt [21] im Wartburg-Werk ein apolitisches Bild des Ereignisses zeichnet.

Zum «Leben von außen her» zählt zweifellos der Tourismus, den Trinius erst im drittletzten Abschnitt (S. 687 f.) und zur beschaulichen Plauderei aufbereitet. Der «Strom» von «Zugvögeln», der «jahraus, jahrein» herauf flutete, ist darin mit «an die hunderttausend» angegeben. Registriert wurden in den seit 1894 erfassten Besucherzahlen für das Erscheinungsjahr des Wartburgbuches 1907 konkret 64.424; von 1911 zu 1912 übersprang man erstmals die Hunderttausend-Marke (99.051 – 106.793) [22]. Bei freiem Zugang der Höfe kostete der Eintritt in die damals zu besichtigenden Innenbereiche – Landgrafenzimmer, Sängersaal und Kapelle im Palas, Rüstsaal in der Dirnitz und Lutherstube in der Vogtei – 50 Pfennige, die der Pächter der Gastwirtschaft kassierte. Sechs «fest angestellte Führer» geleiteten die Gäste, die «mit Andacht und Bewunderung die weltgeschichtlichen kunstgeweihten Räume» (S. 687) durchschritten. Neben dem je nach Jahreszeit ganz unterschiedlichen Publikum – Trinius sortiert in sommerlichen «Durchschnitt» und einen «gewählteren Anstrich» der Herbstbesucher, zu denen sich von den Bayreuther Festspielen her auch

---

19 Vgl. Rüdiger Haufe: «Deutschen Geistes Standquartier» – Die Wartburg als Sujet deutschnationaler Weltkriegslyrik. In: Wartburg-Jahrbuch 2005. 14(2007), S. 88–104, hier S. 89: «Dieser sich gegen Ende des 19. Jahrhunderts allgemein durchsetzende nationale Superlativ geht wahrscheinlich auf eine Formulierung des Historienmalers Alfred Rethel (1816–1859) zurück».

20 Vgl. Etienne François: Die Wartburg. In: Etienne François und Hagen Schulze (Hrsg.): Deutsche Erinnerungsorte. II. München 2001, S. 154–170, hierzu S. 166. Zu Standort, Plänen und Bau des Burschenschaftsdenkmals sowie zur entsprechenden Haltung des Großherzogs Carl Alexander vgl. Günter Schuchardt: Eisenacher Nationaldenkmäler. Wartburg, Burschenschaftsdenkmal und Bismarckturm. In: Wartburg-Jahrbuch 1996. 5(1997), S. 103–128, bes. S. 111 f.

21 Wilhelm Oncken: Die Burschenschaft und ihr Wartburgfest am 18. Oktober 1817. In: Baumgärtel, Wartburg 1907 (wie Anm. 1) S. 273 bis 280; vgl. dazu Eike Wolgast: Wilhelm Onckens Beitrag über Burschenschaft und Wartburgfest, – im vorliegenden Wartburg-Jahrbuch.

22 Wartburg-Stiftung Eisenach, Archiv, Besucherstatistik I, darin die Besucherzahlen seit 1894, dem Antrittsjahr von Hans Lucas von Cranach, die zuerst zurückgehen auf: Wartburg-Stiftung Eisenach, Archiv, Wartburg-Tagebücher, Nr. 7 (1. 4. 1890–31.12. 1894).

Im Minnegärtlein; links das Schnitzhaus.
Blick, gegen Norden, auf den Eingang. (S. 133.)

Amerikaner und Engländer gesellten (S. 687) – gilt sein besonderes Augenmerk den «Kunstjüngern», die sich mit Stift oder «photographischem Apparat» besonders den malerischen Motiven der Vorburg widmeten oder «im Gesange der Weihe dieser denkwürdigen Stätte» huldigten (S. 687 f.).

Als feste Besuchergröße, wenn auch hauptsächlich für den Gasthof, werden die Eisenacher bezeichnet. Die Stadt selbst gleiche «einer Blüte, die sich nach der Wartburg als ihrer Sonne drehe» und habe deren Wiederherstellungswerk neuen Wohlstand zu verdanken (S. 688).

Inwieweit sich die großherzoglichen Hoflager Carl Alexanders mit dem touristischen Betrieb vertrugen, erklärt der entsprechende Abschnitt nicht. Nach seinem Bekenntnis zu «den idealen Aufgaben, deren Erfüllung das Vaterland und die ganze gebildete Welt von ihnen, den Trägern so großer Überlieferungen, erwarten»[23], und dem hier zitierten Satz des Burgherrn – «Was man liebend pflegt und pflegend liebt, von anderen verstanden und geliebt zu sehen, ist immer ein Glück» (S. 671) – scheint der Publikumsverkehr zu diesen Zeiten unverändert aufrechterhalten worden zu sein. Lediglich Rauch aus der nördlichen Esse des Palas kündete von der Nutzung der Hofküche im heutigen Rittersaal und demnach von der Anwesenheit der fürstlichen Familie, die sich ohnehin in die Privatgemächer der Neuen Kemenate und anderer Burggebäude zurückziehen konnte bzw. über nichtöffentliche Plätze und Wege inner- und außerhalb der Burg verfügte. Durch die Gegenwart des Burgherrn mit seinem «kleinen Hofstaat» – neben dem auf der Burg lebenden Kommandanten von Arnswald zumeist der Oberhofmarschall und einige Adjutanten aus der Weimarer Residenz – sowie durch die fürstlichen Gäste habe das Burgleben «erhöhteren Glanz und gesteigerte Regsamkeit» (S. 667) empfangen, schrieb Trinius gewiss nicht ohne Grund.

Über Carl Alexanders honorige Besucher, die er wie in Weimar auch bei seinen Aufenthalten auf der Wartburg zur anregenden Konversation einzuladen pflegte, geben die Tageblätter der Kommandanten[24] und verschiedene Gästebücher[25] Aufschluss. In den ersten Abschnitten des Kapitels werden Ludwig Bechstein (S. 667, 671), der plattdeutsche Erzähler Fritz Reuter (S. 671), der

---

23 BAUMGÄRTEL, Wartburg 1907 (wie Anm. 1) S. 14.

24 Wartburg-Stiftung Eisenach, Archiv, Tageblätter BERNHARD VON ARNWALDS Hs 307–1209 (ab 1855), HERMANN VON ARNSWALDS Hs 1210–2443 und 2721–3220 (1878 bis 1887), HANS LUCAS VON CRANACHS Hs 2333–2534 (hier bis 1897).

25 Zu den Gäste- oder Stammbüchern der Wartburg siehe PETRA SCHALL: «Wer zählt die Völker, nennt die Namen ...» – Aus den Stammbüchern der Wartburg. In: GÜNTER SCHUCHARDT (Hrsg.): Romantik ist überall, wenn wir sie in uns tragen. Aus Leben und Werk des Wartburgkommandanten Bernhard von Arnswald. Regensburg 2002, S. 125–146, besonders S. 125, Anm. 2. Eine Aufstellung der Gästebücher bis Bd. 16(1848) befindet sich bei JUTTA KRAUSS: Das zweite Wartburgfest der deutschen Studenten im Revolutionsjahr 1848. In: Wartburg-

Dichter und zum «Bibliothekar der Wartburg» ernannte Richard Voß (S. 671)
und der Germanist und Schriftsteller Franz Lechleitner (S. 672) genannt.
«Thüringens Dichter» Bechstein (1801–1860), dessen Sagen im Kapitel «Die
Wartburg in Sage und Dichtung» (S. 637–660) würdigend zu Wort gekommen
sind, war mit Bernhard von Arnswald befreundet und der Wartburg ein Leben
lang eng verbunden; seitens des Weimarer Großherzogs wurde ihm jedoch
nicht allzu viel Ehre zuteil[26]. Der am Fuße der Wartburg lebende Wahl-
Eisenacher Fritz Reuter trug sich nur ein Mal, im April 1868, ins Gästebuch
ein[27]. Anders verhielt es sich mit Voß, den der Großherzog einige Zeit umwarb
wie schon zuvor Viktor von Scheffel (S. 654–656) und im Interesse des
«Gesamtkunstwerks Wartburg» mit Ehrentitel und Orden dekoriert hat.[28]
Gastgeber und Aufenthalt erschienen Voß wie ein «Wartburgmärchen», das
«bereits frühmorgens (begann), wenn neben der Kemenate der heiligen
Elisabeth, in den riesigen Kaminen die gewaltigen Holzblöcke flammten und
vor dem Feuerherd die Frühstückstafel aufgestellt war. Die Lakaien trugen rau-
chende Schinken auf ... Das zweite Frühstück wurde gemeinsam mit den
Herrschaften eingenommen im Burggarten. Dieser ... bestand aus einer um-
rankten Laube und bunten Blütenbeeten und hing wie ein Zaubergärtlein über
dem tiefen Talgrund ...»[29]

In Voß' erzählerischer Retrospektive klingt ein gewisser Anachronismus an,
wenn es heißt: «Auch das hatte für mich etwas Rührendes: des Großherzogs ...
Glück, Fürst von Sachsen-Weimar zu sein. Dieses Glück war bei ihm von
Andacht durchdrungen, von inbrünstigem Dank, daß er auserkoren war, als
Herrscher gerade dieses Landes zu walten, des Landes, in dem Herder und
Wieland, Schiller und Goethe gelebt und gewirkt hatten; zugleich Herr einer
Burg zu sein, die verklärt war durch eine der ergreifendsten Frauengestalten,
geweiht durch den Aufenthalt des gewaltigen deutschen Reformators, der von
der Wartburg aus dem deutschen Volk seine Bibelübersetzung gab ... Man
spricht so viel von der ‹Tradition› Weimars ... Das sollte später anders werden ...
Hörte ich doch aus dem Munde des Enkels des Großherzogs Karl Alexander:

Jahrbuch 1998.7(2000), S. 11–43, hier S. 12, Anm. 4. Danach von 1849 bis 1906: Wartburg-
Stiftung Eisenach, Archiv, Wartburger Stammbücher Nr. 17–26, 28, 29, 31–33,
Kommandanten-Bücher Nr. 27 und 41, fürstliche Gästebücher Nr. 36, 39, 43.

26 Vgl. ANGELIKA PÖTHE: Carl Alexander. Mäzen in Weimars «Silberner Zeit», Köln/Weimar/
Wien 1998, S. 338 f.; HEINRICH WEIGEL: «Ich habe die Burg immer geliebt, aber seit wir uns
droben fanden, hat sie für mich ein ungleich höheres, schöneres Interesse genommen ...». Die
Freundschaft zwischen Bernhard von Arnswald und Ludwig Bechstein. In: SCHUCHARDT,
Romantik 2002 (wie Anm. 25) S. 153–164, hier S. 159.

27 Wartburg-Stiftung Eisenach, Stammbuch Nr. 36 [Oktober 1842 – August 1874], Bl. 55r.

28 PÖTHE, Mäzen 1998 (wie Anm. 26) S. 316–321 (SCHEFFEL) und S. 340–243.

29 RICHARD VOSS: Aus einem phantastischen Leben. Erinnerungen. Stuttgart 1923, S. 173 f.

Weimars Tradition sei Weimars Unglück und Weimars Tradition habe sich überlebt.»[30]

Einen literarischen Beitrag von Voß wünschte Carl Alexander ausdrücklich in das Wartburg-Werk aufzunehmen. In jeder Hinsicht poésie engagée lässt der Dichter vor der Burg «die hehre Gestalt der Geschichte [als] Schildwache» erstehen, sieht «ihr erhabenes Haupt geschmückt mit dem Waldblumenkranz der Sage, auf dem strengen Antlitz das lichte Lächeln der Dichtung», während «der Riesengeist der Reformation selbst ... aus diesem engen Wartburgthor» hervortritt und «die Eisesdecke tausendjährigen Wahns» durchbricht (S. 18). Voß' «Gang durch die Wartburg» (S. 17–26) ist eine schwülstige Lobpreisung auf die «Warte deutschen Geistes» und Großherzog Carl Alexander, «dessen Name und Bild im Gedächtnis seines Volkes fortleben wird, wie die Liebe zu unserem hehren Nationalheiligthum selbst» (S. 26). Als der solcherart gepriesene Schlossherr den Text zur Kenntnis genommen hatte, konstatierte er gelassen «Cela n'est pas mal aber überschwänglich»[31].

Wie Scheffel und Voß arbeitete auch Franz Lechleitner für längere Zeit auf der Burg, wo er sich mit der wohl schon 1883 vorliegenden Spruchsammlung[32] beschäftigte, die von Scheffel, Arnswald und Bechstein zusammengetragen worden war. Mit eigenen Dichtungen erweitert gab er 1892 schließlich ein Bändchen der «Wartburg-Sprüche»[33] heraus, auf dass der Besucher nachlesen könne, was «die Steine reden», wie er im Vorwort[34] formuliert. Mit dem anmutigen Bild von der Baukunst und ihrem «sinnigen Schwesterkind», der Architekturmalerei, gilt ihm der Spruch, der im Burginneren vielerorts die Wände verzierte, als knappes, griffiges Äquivalent zum Baustein. Ein Jahr später erschien Lechleitners Werk über den deutschen Minnesang[35].

Der Gang vor den Reformationszimmern.

Abb. 5:
Luthergang in der
Vogtei, um 1900

---

30 Voss, Leben 1923 (wie Anm. 29) S. 171.

31 Zit. nach Pöthe, Mäzen 1998 (wie Anm. 26) S. 342.

32 Vgl. Pöthe, Mäzen 1998 (wie Anm. 26) S. 332 f.

33 Lechleitner, Wartburg-Sprüche 1892 (wie Anm. 15).

34 Lechlnitner, Wartburg-Sprüche 1892 (wie Anm. 15) S. 1 f.

35 Franz Lechleitner: Der deutsche Minnesang. Eine Darstellung seiner Geschichte, seines Wesens und seiner Formen. Wolfenbüttel 1893.

Auftakt zum «Neuen Wartburg-Leben» ist für Baumgärtel der festliche Einzug des neu vermählten Paares Sophie und Carl Alexander im Oktober 1842. Einerseits bekräftigte der Aufenthalt in den «Fliederwochen» die beabsichtigte Nutzung als Nebenresidenz, zum anderen gestattete das Vermögen der niederländischen Prinzessin aus dem Haus Oranien – wie auch schon das der russischen Zarentochter und Mutter Carl Alexanders, Maria Pawlowna – weitestgehend die Finanzierung des Wartburg-Vorhabens. Als Weichenstellung für die Restauration nennt der Autor danach die Architektenversammlung von 1846, durch die alle bisherige Planung in die Hände Hugos von Ritgen gelangte. Fast gleichwertig erscheinen im Folgenden die Ereignisse, die das nationale Denkmal auch «national» belebten: das mit ca. 20.000 Teilnehmern bemerkenswerte und keineswegs unpolitische Sängerfest im August 1847[36], die Kundgebung von Deputierten des Frankfurter Vorparlaments auf dem Burggelände Ende März – «von dem Geiste der Stätte, in der Deutschlands Herzblut pulsiert, wollten sie sich geweiht fühlen für ihre Aufgabe, die Berufung einer Natio-

Abb. 6:
Wartburgfest der
deutschen Studenten
am 12. Juni 1848

Abb. 7:
Großherzog Carl
Alexander mit
Kaiser Wilhelm II.
vor dem Palas,
1896(?)

nalversammlung vorzubereiten» (S. 664) – sowie das sog. zweite Wartburgfest an den Pfingstfeiertagen 1848[37], wobei sich der Autor inhaltlicher Kommentare enthält.

Als etwas misslungener Exkurs erscheinen inmitten der chronologischen Aufzählung denkwürdiger Begebenheiten die Namen Franz Liszts und Richard Wagners, deren Wirken Baumgärtel bereits im Abschnitt «Der Aufgang neuen Kunstlebens in Weimar und die Wartburg» (S. 313–318) ausführlich abgehandelt hat. Er zählt «diese beiden Großen unter [die] Gestalten des neuen Wartburglebens» (S. 664), was in der öffentlichen Wahrnehmung für Liszt und sein Elisabeth-Oratorium sicher weniger zutraf als auf Wagners Tannhäuser-Oper mit ihrem unbestreitbaren Werbeeffekt für die Burg, in der man den ori-

---

36 Vgl. dazu Hans-Werner Hahn: Die «Sängerrepublik» unter der Wartburg: Das Liederfest des Thüringer Sängerbundes in Eisenach im August 1847 als Beitrag zur kulturellen Nationsbildung. In: Dieter Hein und Andreas Schulz (Hrsg.): Bürgerkultur im 19. Jahrhundert. Bildung, Kunst und Lebenswelt. München 1996, S. 195–215.

37 Vgl. Jutta Krauss: Das zweite Wartburgfest der deutschen Studenten im Revolutionsjahr 1848. In: Wartburg-Jahrbuch 1998. 7(2000), S. 11–43.

ginalen Schauplatz des Sängerkriegs wähnte. Höhepunkte der Restauration wie die Grundsteinlegung zum Bergfried oder die Burg- und Kapellenweihe wechseln danach mit rein privaten Aufenthalten und Festanlässen der großherzoglichen Familie, Carl Alexanders offiziellen Empfängen von Künstlern, Schriftstellern und Journalisten, hohen Besuchen von gekrönten Häuptern ganz Europas, vor allem des deutschen Kaisers Wilhelm II., dessen Anwesenheit in der dann für den Publikumsverkehr geschlossenen Burg ein eigener Abschnitt gewidmet ist, dem Burg- und dem Lutherjubiläum 1867 und 1883 oder der Inanspruchnahme des Ortes durch Zusammenkünfte zumeist evangelischer Vereinigungen. Gedacht wird schließlich auch der Katholiken aus der «armen Gegend des Eichsfeldes», die auf ihrer alljährlichen Pilgerwanderung nach Vierzehnheiligen den Weg über die Wartburg nahmen, «um an der Wohnstätte der heiligen Elisabeth zu beten. Andächtig lauschen die kümmerlichen Gestalten der Predigt, die einer der Wallfahrer im Vorhofe hält» (S. 666).

Auch wenn Carl Alexander die Wartburg in gewisser Weise als ökumenische Weihestätte gesehen haben wollte, blieb sie vornehmlich und eigentlich ohne wesentliches Zutun für die Öffentlichkeit[38] die «Lutherburg». Zwar beklagte der protestantische Fürst die Kirchenspaltung «bei mehreren Gelegenheiten als historische Tragödie»[39] und unterstrich in der Wiederherstellungskonzeption ausdrücklich die religiöse Doppelbedeutung der Wartburg[40], scheint mit der Stiftung seines inhaltsschweren Nationaldenkmals aber weniger den Heiligenkult der Katholiken fokussiert, sondern eher die Aussöhnung zwischen den christlichen Religionen im Auge gehabt zu haben, was sich in die aufgeschlossene Politik der thüringischen Staatsoberhäupter seiner Zeit durchaus einfügte[41].

Aber wie auch immer man das hier zur Grandeur aufbereitete «Wartburgleben» des ausgehenden 19. und beginnenden 20. Jahrhunderts bewerten möchte, die großherzoglichen Vorstellungen vom revitalisierten Musenhof eines fürstlichen Mäzens sind in dieser Zeit weitgehend Wirklichkeit geworden, sein «Gesamtkunstwerk Wartburg» war in reger Bewegung, strahlte aus und schien trotz des bestimmenden Zugs, Herrschersitz zu sein, was ja in der Natur der Sache lag, recht erfolgreich Aristokratisches mit Volkstümlichem zu verklammern.

---

38 Zu den Reformationszimmern vgl. die Ausführungen bei Grit Jacobs in diesem Wartburg-Jahrbuch.

39 Zitiert nach Pöthe, Mäzen 1998 (wie Anm. 26) S. 102.

40 Thüringisches Hauptstaatsarchiv Weimar, Hofmarschallamt, 1853, Bd. 2, Nr. 1620, Blatt 175: Carl Alexander: Urkunde zur Grundsteinlegung des Bergfrieds, 10. Dezember 1853.

41 Vgl. Marko Kreutzmann: Die heilige Elisabeth in der thüringischen Erinnerungskultur des 19. Jahrhunderts. In: Blume/Werner, Aufsätze 2007 (wie Anm. 5) S. 511–519.

Schloßhauptmann Hans Lucas von Cranach, Kommandant der Wartburg,
vor dem Ritterhause; 1904.

Dafür sorgten nicht zuletzt seine jeweiligen Gralshüter, die Burgkommandanten Bernhard von Arnswald[42] (amtierte von 1841 bis 1877) und sein Bruder Hermann (1877–1894) sowie Hans Lucas von Cranach (1894–1929)[43], Nachfahre des berühmten Renaissancemalers. Erstere erfüllten wohl noch ganz und gar das romantische Klischee von treuen Dienstadelsmannen, deren Wesen und Neigung in der ergebenen Pflichterfüllung lag und über die Richard Voß sich wunderte: «Dass es solche Menschen gab! Nur in dem geweihten Bezirk der Burg konnte dies der Fall sein. Es waren nicht nur unbeschreiblich gütige, sondern auch unglaublich weltentrückte Menschen, aus umdunsteten Tiefen auf Bergeshöhe gehoben. Und diese Bergeshöhe war Deutschlands Nationalheiligtum!»[44] Cranach repräsentierte bereits eher eine neue Zeit, die mit technischen Segnungen wie Wasserleitung, Elektrizität, Blitzschutz oder Fernsprechanlage (S. 686) seine Amtsperiode prägte. Zu Recht hervorgehoben wird der Fotograf Cranach, dessen professionelle Aufnahmen sowohl in das Wartburg-Werk eingingen als auch 1912 den ersten Bestandskatalog der Rüstsammlung[45] bebildern sollten.

Nur mittelbar betraf den jeweiligen Kommandanten die bauliche Instandhaltung von Burg und Gasthof; sie oblag den großherzoglichen Baubeamten und wurde aus den Einnahmen finanziert. Der entsprechende Abschnitt informiert über fest angestellte Handwerker, zählt die wesentlichsten Reparaturen an verschiedenen Gebäuden der Burganlage auf und widmet sich eingehender den immer wieder notwendigen Restaurierungen der Wandmalereien, insbesondere der Fresken Schwinds. Vom prosaisch Alltäglichen leitet die Beschreibung der Idylle des «Minnegärtleins» über zum poesievollen «Abschiedsblick» in die umliegende Landschaft und zur abschließenden Reminiszenz an den verblichenen Großherzog Carl Alexander: «Ich sehe im Geiste seine hohe, schlanke Gestalt langsam über den Burghof schreiten, der wie versonnen um diese Stunde einsam träumt. Sein mildes, gütiges Auge streift über seine Wartburg hin und dann geht ein leises Lächeln der Freude über sein Antlitz. Segnet er die Stätte, die ihm so unendlich teuer war?» (S. 690)

---

42 Zu Bernhard von Arnswald vgl. umfassend Schuchardt, Romantik 2002 (wie Anm. 25).

43 Vgl. dazu Hilmar Schwarz: Die Vorsteher der Wartburg. In: Wartburg-Jahrbuch 1994. 3(1995), S. 58–84, hierzu S. 78 f. und 84.

44 Voss, Leben 1923 (wie Anm. 29) S. 169.

45 Alfons Diener-Schönberg: Die Waffen der Wartburg. Beschreibendes Verzeichnis der Waffen-Sammlung. Leipzig 1912.

III.
Die an Baumgärtels Wartburg-Werk
von 1907 beteiligten Autoren

Das Inhaltsverzeichnis des Wartburg-Werks weist die Kapitel und ihre Autoren wie folgt aus[1]:

1. Erinnerungen zur Geschichte der Wiederherstellung der Wartburg.
   Von Sr. Königl. Hoheit dem Grossherzog Carl Alexander von Sachsen.
   (S. 3 bis 14.)
2. Ein Gang durch die heutige Wartburg. Stimmungsbild.
   Von Richard Voss, Bibliothekar der Wartburg. (S. 15 bis 26.)
3. Älteste Geschichte der Wartburg von den Anfängen bis auf die Zeiten
   Hermanns I. Von Professor Dr. Karl Wenck. (S. 27 bis 46.)
4. Baugeschichte der Wartburg. Von Professor Dr. Paul Weber. (S. 47 bis 165.)
5. Der Minnesang in Thüringen und der Sängerkrieg auf Wartburg.
   Von Professor Ernst Martin. (S. 167 bis 180.)
6. Die heilige Elisabeth. Von Professor Dr. Karl Wenck. (S. 181 bis 210.)
7. Geschichte der Landgrafen und der Wartburg als fürstliche Residenz vom
   13. bis 15. Jahrhundert. Von Professor Dr. Karl Wenck. (S. 211 bis 262.)
8. Martin Luther auf der Wartburg. Von Geh. Hofrat Professor Dr. Wilhelm
   Oncken. (S. 263 bis 272.)
9. Die Burschenschaft und ihr Wartburgfest am 18. Oktober 1817.
   Von Geh. Hofrat Professor Dr. Wilhelm Oncken. (S. 273 bis 280.)
10. Vorgeschichte der Wiederherstellung der Wartburg.
    Von Hofrat Max Baumgärtel. (S. 281 bis 318.)
11. Die Wiederherstellung der Wartburg. Von Hofrat Max Baumgärtel und
    Regierungs- und Baurat D. Otto Ritgen. (S. 319 bis 590.)
12. Alte und neue Kunstwerke auf der Wartburg. Von Professor Dr. Paul Weber.
    (S. 591 bis 636.)
13. Die Wartburg in Sage und Dichtung. Von Geh. Hofrat August Trinius.
    (S. 637 bis 660.)
14. Neues Wartburgleben. Von Geh. Hofrat August Trinius. (S. 661 bis 694.)

Die Mitautoren, außer dem Verleger Max Baumgärtel, werden nunmehr nach der alphabetischen Reihenfolge ihrer Familiennamen behandelt. Abschließend werden Gustav Kawerau und Christian Fürchtegott Muff vorgestellt, die sich als Korrektoren verbergen bei: «Martin Luthers Leben. Von M. Wartburger. S. 509 bis 568.»[2]

---

1 Max BAUMGÄRTEL (Hrsg.): Die Wartburg. Ein Denkmal deutscher Geschichte und Kunst. Berlin 1907, S. IX–XIV.

GROSSHERZOG CARL ALEXANDER ALS AUFTRAGGEBER
UND MITAUTOR DES WARTBURG-WERKS

Der Großherzog Carl Alexander erfuhr andernorts ausführliche biographische Würdigung[3] und soll hier nur kurz als Initiator, Entscheidungsträger und Mitautor des Wartburg-Werks vorgestellt werden. Unter dem 1818 geborenen Erbherzog begann 1838 die Erneuerung der Wartburg aus einer teilweise verfallenen und überbauten Anlage zu einem repräsentativen, fürstlich-dynastisch geprägten Nationaldenkmal[4]. Nachdem die Bauleitung ein Jahrzehnt lang zwischen mehreren Personen gewechselt hatte[5], übertrug man Ende der 1840er Jahre dem Gießner Architekten Hugo von Ritgen endgültig die Leitung der Wartburgerneuerung, die erst kurz nach seinem Tode mit dem Bau des Ritterbades ihren Abschluss fand.

Der Palas wurde zur Erinnerung an die mittelalterlichen Landgrafen und an die hl. Elisabeth so weit es ging rekonstruiert, der mittlere Burgabschnitt im neoromanischen und neogotischen Stil neu errichtet und der vordere Bereich mit den Reformationszimmern dem Gedenken an Luther und die Reformation zugeordnet. Zur Ausstattung der Schau- und Wohnräume nutzte Carl Alexander neben den vorhandenen Exponaten die damals noch bestehenden Möglichkeiten zu umfangreichen Ankäufen sowie die Neuanfertigung im Sinne des Historismus.

Die finanzielle Absicherung war zunächst durch das Vermögen der Mutter, der russischen Zarentochter Maria Pawlowna (†1859), vorhanden. Dann wurde

---

2 BAUMGÄRTEL, Wartburg 1907 (wie Anm. 1) S. XIII.

3 ANGELIKA PÖTHE: Carl Alexander. Mäzen in Weimars «Silberner Zeit». Köln/Weimar/Wien 1998; HANS LUCKE: Großherzog Carl Alexander von Sachsen-Weimar. Ein deutscher Fürst zwischen Goethe und Wilhelm II. Biographie (Aus dem Deutschen Adelsarchiv. 17). Limburg 1999; JUTTA KRAUSS (Hrsg.): Carl Alexander. «So wäre ich angekommen, wieder, wo ich ausging, an der Wartburg». Eisenach 2001; LOTHAR EHRLICH und JUSTUS H. ULBRICHT (Hrsg.): Carl Alexander von Sachsen-Weimar-Eisenach. Erbe, Mäzen und Politiker. Köln/Weimar/Wien 2004.

4 WILFRIEDE FIEDLER: Die Wiederherstellung und der Ausbau der Wartburg – ihre Stellung und Funktion in der Erbe- und Denkmalpflege des 19. Jahrhunderts. Halle und Wittenberg, Martin-Luther-Universität, Dissertation, 1989. [maschinenschriftlich]; GÜNTER SCHUCHARDT: Die «Burg des Lichtes». Zur Restaurierungsgeschichte der Wartburg als nationaldynastisches Projekt. In: EHRLICH/ULBRICHT, Carl Alexander 2004 (wie Anm. 3) S. 201–215; Ernst Badstübner: Die «Restauration» der Wartburg. Aspekte des Historismus und der Denkmalpflege. In: Burgen und Schlösser. 45(2004)1, S. 18–28; STEFANIE LIEB: Der Rezeptionsprozeß in der neuromanischen Architektur. Studien zur Rezeption von Einzelformen in restaurierter romanischer und in neuromanischer Architektur (Kölner Architekturstudien. 82). Köln 2005, S. 47–127.

5 Zu den Wartburg-Baumeistern vor HUGO VON RITGEN: SCHUCHARDT, Restaurierungsgeschichte 2004 (wie Anm. 4); LIEB, Rezeptionsprozeß 2005 (wie Anm. 4) S. 61–70.

Carl Alexander mit dem Tod des Vaters 1853 zum regierenden Großherzog von Sachsen-Weimar-Eisenach, der sich neben Weimar/Schloss Ettersburg mit Schloss Wilhelmsthal/Wartburg ein zweites Residenzzentrum ausgestalten ließ.

Der Großherzog trug sich wohl während und nach der Burgrestaurierung immer mehr mit dem Buchvorhaben einer «Kulturgeschichte der Wartburg»[6], worunter er wohl einen repräsentativen, bibliophilen Prachtband verstand, der sein Lieblingsbauwerk dokumentiert und so der gehobenen Öffentlichkeit jederzeit zugänglich machen kann.

Zu den Goethetagen im Mai 1894 gab er dem ersten Werk-Koordinator, dem Professor Wilhelm Oncken, die Anregung und teilte ihm seine Vorstellungen mit[7]. Der letztendliche Herausgeber Max Baumgärtel glaubte im März 1900, die «Grundidee» des Großherzogs begriffen zu haben: «... eine Schöpfung alter Vergangenheit in einer für die Gegenwart nutzbaren Weise zu erhalten.»[8] Auf Idee und Wunsch von Carl Alexander ging konkret der Beitrag des Wartburg-Bibliothekars Richard Voß über einen Gang durch die Burg zurück.

Der alte Plan von 1896 sah den Großherzog als Autor des Eingangskapitels über das «Werk des Bauherrn» beim Burgneubau des 19. Jahrhunderts vor. Baumgärtel bittet Ende Januar 1898, für den Text die mündlich am 8. Oktober 1897 verabredeten Einzelheiten schriftlich festzuhalten[9]. Dabei musste er dem Bauherrn, der seine Tagebücher in Französisch niederschrieb, klar machen, dass der Anfang des Beitrags besser in Deutsch und nicht im geliebten Französisch verfasst und gedruckt werden sollte[10].

Andererseits musste der Großherzog bei Meinungsverschiedenheiten zwischen Koautoren vermittelnd eingreifen, besonders zwischen Baumgärtel und Otto von Ritgen[11]. Von beiden erhielt er obendrein Rapporte über den Fort-

Abb. 1:
Porträt des
Großherzogs Carl
Alexander mit dem
Monogramm von
Carl Sterry
(links unten)

---

6 Vgl. BAUMGÄRTEL, Wartburg 1907 (wie Anm. 1) S. V.

7 Vgl. BAUMGÄRTEL, Wartburg 1907 (wie Anm. 1) S. V.

8 Wartburg-Stiftung Eisenach, Archiv (WSTA), Akte: Die Wartburg. Ein Denkmal deutscher Geschichte u. Kunst, Bd. 2, 1906/1910, Akten-Nr. 341, Bl. 158 vom 3. 3. 1900.

9 WSTA, Akten-Nr. 341 (wie Anm. 8) Bl. 46 vom 31. 1. 1898.

10 WSTA, Akten-Nr. 341 (wie Anm. 8) Bl. 76 vom 7. 7. 1898.

11 Vgl. Wartburg-Stiftung Eisenach, Archiv (WSTA), Akte: Die Wartburg. Ein Denkmal deutscher Geschichte u. Kunst, Bd. 1, 1895/1927, Akten-Nr. 340, Bl. 214: handschriftlicher Entwurf CARL ALEXANDERS für das Antwortschreiben an RITGEN zu dessen Klagen vom 29. 8. 1899.

gang der Arbeiten[12]. Wie stark das ganze Vorhaben auf den greisen Großherzog ausgerichtet war, zeigt das anfängliche Bestreben, die gedruckte Publikation zu dessen 80. Geburtstag am 14. Juni 1898 vorzustellen[13], was aus mehreren Gründen misslang. Am Beitrag Carl Alexanders lag es aber nicht, denn der war im Jahre 1898 offenbar rechtzeitig fertig geworden[14].

Im Berliner Verleger Max Baumgärtel hatte Carl Alexander den geeigneten Mann gefunden, der das Unternehmen zu seinem eigenen machte und auch nach dem Tode des Wartburgherrn darin fort fuhr. Wenige Monate zuvor verlieh dieser dem Herausgeber für sein Engagement am Wartburg-Werk den Hofratstitel[15]. Die Nachricht vom Ableben des Großherzogs fand Eingang in den Schriftwechsel[16].

DER GERMANIST ERNST MARTIN ZUM THÜRINGISCHEN MINNESANG UND ZUM SÄNGERKRIEG

Der Germanist und Romanist Ernst Martin wurde am 5. Mai 1841 in Jena geboren und verstarb am 13. August 1910 im elsässischen Straßburg (Strasbourg)[17]. Er entstammte einer im Hessischen ansässigen Familie französischer Glaubensflüchtlinge (Refugiés), worüber er eine genealogische Zusammenstellung herausgab[18]. Mit seinem Bruder August (1847–1933), einem Berliner Gynäkologen, lebte er in dritter Professorengeneration. Der Vater Eduard Martin (1809–1875) praktizierte in Jena und Berlin als geschätzter Mediziner. Die Mutter Marie (1818–1872) war eine geborene Schmidt.

Nach Privatunterricht und Gymnasium studierte Ernst Martin von 1858 bis 1862 in Jena, Berlin, Bonn und wieder Berlin deutsche und klassische Philo-

---

12 Rapporte OTTOS VON RITGEN an Großherzog CARL ALEXANDER: WSTA, Akten-Nr. 340 (wie Anm. 11) Bl. 209 vom 23. 6. 1898, Bl. 211–213 vom 29. 8. 1899; Rapporte MAX BAUMGÄRTELS an Großherzog CARL ALEXANDER: WSTA, Akten-Nr. 341 (wie Anm. 8) Bl. 44 vom 30. 11. 1898, Bl. 73 vom 26.6.1898, Bl. 115 vom 23. 6. 1899, Bl. 119 vom 12. 9. 1899, Bl. 187 vom 5. 5. 1900.
13 WSTA, Akten-Nr. 340 (wie Anm. 11) Bl. 181 vom 22. 6. 1898, Bl. 209 vom 23. 6. 1898.
14 Wartburg-Stiftung Eisenach, Archiv, Akte: Die Wartburg. Ein Denkmal deutscher Geschichte u. Kunst, Bd. 7, Akten-Nr. 346, darin: Schreiben von MAX BAUMGÄRTEL an den Großherzog WILHELM ERNST VON SACHSEN-WEIMAR-EISENACH, Berlin 27. 5. 1907, S. 15 f.
15 Wartburg-Stiftung Eisenach, Archiv [WSTA], Akte: Die Wartburg. Ein Denkmal deutscher Geschichte u. Kunst, Bd. 3, 1900/1902, Akten-Nr. 342, Bl. 1 vom 30. 8. 1900.
16 WSTA, Akten-Nr. 342 (wie Anm. 15) Bl. 34 vom 7. 1. 1901.
17 Zu ERNST MARTIN vgl. HANS LIENHART: Ernst Martin. Ein Gedenkblatt. In: Jahrbuch für Geschichte, Sprache und Literatur Elsaß-Lothringens. 26(1910), S. IV–XV; EDWARD SCHRÖDER in: ANTON BETTELHEIM (Hrsg.): Biographisches Jahrbuch und deutscher Nekrolog. 15 Bd. Vom 1. Januar bis 31. Dezember 1910. Berlin 1913, S. 78–83; GERHARD W. BAUR in: FRED LUDWIG SEPAINTNER: Badische Biographien. NF. Bd. 5. Stuttgart 2005, S. 199–201.
18 ERNST MARTIN: Die Nachkommen von Jean Pierre Martin (1674–1750). Strassburg i. E. 1896.

logie, Geschichte und Philosophie. Er hörte Vorlesungen bei Johann Gustav Droysen, Kuno Fischer, August Schleicher, Moriz Haupt, Karl Müllenhoff, u. a. Seine Dissertation schrieb er bei dem bedeutenden Gräzisten August Boeckh über Aischylos (Aeschylos) und verteidigte sie am 20. Oktober 1862 in Berlin[19]. Anschließend unterrichtete er bis 1865 an Berliner Gymnasien, wobei er 1863 vom Joachimsthalschen zum Friedrichs-Werderschen Gymnasium wechselte. Seine Habilitation für Germanische Philologie legte er 1866 bei Adolf Holtzmann in Heidelberg ab, wo er als Privatdozent bis 1868 Vorlesungen hielt.

Im Jahre 1868 ging Martin an die Universität in Freiburg i. Br., wo er zum außerordentlichen Professor für deutsche Sprache und Literatur ernannt und 1872 zum ordentlichen Professor ordiniert wurde. Hier trug er Mitverantwortung für die Bereiche Romanistik und Anglistik. Beim nebengeordneten Unterricht in einem Freiburger Mädcheninstitut fand er unter den Schülerinnen in Emma Bucherer seine Frau, die er 1874 heiratete. Das junge Paar siedelte noch im gleichen Jahr nach Prag über, wo er wiederum als ordentlicher Universitätsprofessor für Germanische Philologie am gerade gegründeten Germanischen Seminar wirkte. Hier begründete er die Schriftenreihe «Bibliothek der mittelhochdeutschen Literatur in Böhmen».

Im Herbst 1877 ging er an seinen letzten, jahrzehntelangen Wohnort Straßburg im 1871 zum Deutschen Reich geschlagenen Elsaß. Bis zu seiner Emeritierung 1910 wirkte er an der Universität als ordentlicher Professor für Deutsche Philologie. Seit seiner Ankunft mühte er sich um die Erschließung und Bewahrung des literarischen und sprach-kulturellen Erbes seiner Wahlheimat. So brachte er zwischen 1878 und 1888 zusammen mit Erich Schmidt elsässische Literaturdenkmäler vom 14. bis 17. Jahrhundert heraus[20]. Neben zwei kurzlebigen Zeitschriftengründungen gelang ihm langfristige Wirkung durch die Herausgabe des «Jahrbuchs für Geschichte, Sprache und Literatur Elsaß-Lothringens», das er von 1884 bis 1910 redigierte und das vom 1884 gegründeten Historisch-literarischen Zweigverein des Vogesenklubs getragen wurde. Seit 1887 beschäftigte er sich zusammen mit seinem Schüler Hans Lienhart (1858–1928) mit der Sammlung für ein elsässisches Wörterbuch, das 1899 und 1907 in zwei Bänden erscheinen konnte[21]. Nach einem äußerst ertragreichen Schaffen, aus dem besonders die zahl- und umfangreichen Editionen herausragen, wurde er 1910 emeritiert. Er starb kein halbes Jahr später, am 13. August 1910.

---

19 Ernst Martin: De responsionibus diverbii apud Aeschylum. Berlin 1862. [Zugleich: Berlin, Univ., Diss., 1862].

20 Ernst Martin und Erich Schmidt (Hrsg.): Elsässische Litteraturdenkmäler aus dem XIV.–XVII. Jahrhundert. 4 Bde. Straßburg 1878–1887.

21 Ernst Martin und Hans Lienhart (Bearb.): Wörterbuch der elsässischen Mundarten. Bd. 1. Strassburg 1899 und Bd. 2. Strassburg 1907.

Für das Wartburg-Werk sah bereits die erste Konzeption von spätestens Anfang 1896 unter Wilhelm Oncken einen Beitrag von Ernst Martin zum Minnesang in Thüringen und zum Wartburgkrieg vor. Bis spätestens 1897/98 war sein Text fertig, wurde vom Herausgeber Baumgärtel akzeptiert und 1907 veröffentlicht. Wie kam man Mitte der 1890er Jahre ausgerechnet auf Ernst Martin, der sich gerade intensiv mit elsässischen Zeugnissen beschäftigte und ein breites Editionsspektrum bearbeitete?

Aus der enormen Breite seines literarischen und historischen Wissens war er offenbar in der Lage, sich kompetent zur Geschichte der Ludowinger, der Wartburg und Thüringens einschließlich der entsprechenden mittelalterlichen Dichtung zu äußern. Dass er vertraut war mit dem Sagenkreis um die Ornit-sage, mit der er eingangs die Betrachtung zum steinernen Ritter-Drache-Tympanon verbindet, zeigt seine Beteiligung am Deutschen Heldenbuch[22]. Über Walther von Vogelweide hatte er schon in seiner Berliner Gymnasialzeit gearbeitet und dessen Wortschatz in eine Mittelhochdeutsche Grammatik mit Glossar[23] eingefügt. Die zweibändige Ausgabe von Wolfram von Eschenbachs Parzifal und Titurell (1900 und 1903) erschien zwar erst nach der Abfassung sei-nes Textes für das Wartburg-Werk, doch kannte er sicher schon vorher den Parzifal sowie den Sagenkreis um König Arthur und den Gral. Auch die weitere mit Thüringen verbundene Dichtung sowie den Sängerkrieg auf der Wartburg hatte er gewiss in Forschung und Lehre behandelt.

Martins Nominierung für das Wartburg-Werk geht aber sicherlich auch auf einige persönliche Verbindungen zurück. Entscheidend könnte eine Bekannt-schaft mit dem anfangs konzeptionell maßgeblichen Professor Oncken gewe-sen sein. Beide studierten zwischen 1858 und 1862 Philologie, Geschichte und Philosophie und dürften dabei in Berlin aufeinander getroffen sein.

Als gebürtiger Jenaer blieb Ernst Martin mit der thüringischen Heimat ver-bunden. An der Jenaer Universität gehörte er als Student der Burschenschaft an, die durch die Treffen von 1817 und 1848 eine besondere Affinität zur Wartburg besaß. Mit der Pflege der deutschen Klassik hielt er auch in Straßburg den Kontakt zu Thüringen aufrecht, indem er die Erinnerung an Goethe und Herder in der elsässischen Stadt förderte und Goethedichtung edierte[24]. Die Örtlichkeiten in Eisenach und auf der Wartburg standen ihm gewiss aus seiner Schulzeit von 1855 bis 1858 am Eisenacher Gymnasium vor Augen. Die Restaurierung des Wartburgpalas war gerade beendet, die Schwindfresken erst ein bis zwei Jahre alt und die Errichtung der die Silhouette prägenden Bau-werke im Mittelabschnitt gerade im Gange.

---

22 Vgl. ERNST MARTIN (Hrsg.): Alpharts Tod. Dietrichs Flucht. Rabenschlacht (Deutsches Hel-denbuch. 2). Berlin 1866.

23 ERNST MARTIN (ausgearb.): Mittelhochdeutsche Grammatik nebst Wörterbuch zu der Nibe-lunge Nôt und zu den Gedichten Walthers von der Vogelweide. Berlin ³1867.

DER HISTORIKER WILHELM ONCKEN ZU LUTHERAUFENTHALT
UND ZUM BURSCHENSCHAFTSFEST VON 1817

Der Historiker Wilhelm Oncken wurde am 19. Dezember 1835 in Heidelberg geboren und starb am 11. August 1905 in Gießen[25]. Der Vater Anton Wilhelm Oncken (1804–1862) war Advokat und später Privatgelehrter aus Varel in Niedersachsen und entstammte einem alten Patriziergeschlecht. Die Mutter Marie Eleonore war eine geborene Thaden (1814–1894).

Von 1856 bis 1862 studierte Wilhelm Oncken klassische Philologie, Geschichte und Philosophie. 1862 habilitierte er sich bei dem führenden badischen Liberalen Ludwig Häusser (1818–1867) mit einem Thema zur athenischen Demokratie im vierten vorchristlichen Jahrhundert[26]. Nach der Habilitation lehrte Oncken in Heidelberg zunächst als Privatdozent und von 1866 an als außerordentlicher Professor der Geschichte. In seinen Schriften beschäftigte er sich vor allem mit dem griechischen Altertum, wandte sich dann aber auch der neueren Geschichte zu und hielt eine Vielzahl populärwissenschaftlicher Vorträge. Als Landtags- und Reichstagsabgeordneter sprach er sich in den 1860er Jahren wie die Mehrheit der badischen Liberalen für die kleindeutsche Lösung, also ohne Österreich, aus.

Abb. 2: Der Historiker Wilhelm Oncken

Anfang 1870 folgte er dem Ruf auf die ordentliche Professur für Geschichte an die Universität Gießen. Im Zuge des Deutsch-Französischen Kriegs und der Reichsgründung folgte er der patriotischen Stimmung. Er unterstützte Bismarcks Kulturkampf und die Parlamentarisierung des Reiches. Als nationalliberaler Abgeordneter gehörte er seit 1873 mehrere Jahre lang dem hessischen Landtag und von 1874 bis 1877 dem Reichstag an. Auf dem Höhepunkt des Konflikts der Nationalliberalen mit Bismarck zog er sich aus der aktiven Politik zurück und wandte sich ganz der akademischen Tätigkeit zu.

24 ERNST MARTIN (Hrsg.): Ephemerides und Volkslieder von Goethe (Deutsche Literaturdenkmale des 18. und 19. Jahrhunderts. 14). Heilbronn/Stuttgart 1883; vgl. auch ERNST MARTIN: Goethe in Straßburg. Vortrag (Sammlung gemeinverständlicher wissenschaftlicher Vorträge. Ser. 6. H. 135). Berlin 1871.

25 Zu WILHELM ONCKEN vgl. JOHANNES HALLER: Oncken, Wilhelm. In: ANTON BETTELHEIM (Hrsg.): Biographisches Jahrbuch und deutscher Nekrolog. 10 Bd. Vom 1. Januar bis 31. Dezember 1905. Berlin 1907, S. 253–255; HELMUT BERDING: Wilhelm Oncken. In: HANS GEORG GUNDEL, u. a. (Hrsg.): Gießener Gelehrte in der ersten Hälfte des 20. Jahrhunderts. Teil 2. Marburg 1982, S. 696–701; Neue deutsche Biographie. Bd. 19. Berlin 1999, S. 536 f.

26 WILHELM ONCKEN: Isocrates und Athen. Beitrag zur Geschichte der Einheits- und Freiheitsbestrebungen in Hellas. Heidelberg 1862. [Zugleich: Heidelberg, Universität, Habil.-Schrift, 1862].

Im Januar 1873 lehnte er einen ehrenvollen Ruf der Universität Königsberg ab und blieb fortan Gießen und der dortigen Ludwigs-Universität bis zum Lebensende treu. 1876 entstand das Historische Seminar mit Oncken als erstem Direktor. Das Amt des Universitätsrektors übte er 1877/78 und den des Dekans der Philosophischen Fakultät 1882 aus. In Reaktion auf seine umfangreichen Publikationen zur preußischen und deutschen Geschichte des 18. und 19. Jahrhunderts erhielt Oncken 1889 den Titel eines Geheimen Hofrats. Nach einem sehr ergiebigen Schaffen starb er am 11. August 1905 in Gießen.

Den unmittelbaren Anstoß zum Wartburg-Werk hatte Großherzog Carl Alexander im Mai 1894 auf den Goethetagen in Weimar gegeben, als er das Vorstandsmitglied der Goethe-Gesellschaft Wilhelm Oncken diesbezüglich ansprach und eine entsprechende Zusage erhielt. Möglicherweise begünstigte Onckens Entscheidung, dass er an derselben Universität Gießen lehrte wie der 1889 verstorbene Wartburgarchitekt Hugo von Ritgen.

Vor allem dürfte sich Oncken durch seine selbst verfassten und herausgegebenen Geschichtswerke empfohlen haben. Dabei hatte er seine ersten Meriten in den 1860er und 1870er Jahren mit Arbeiten zum antiken Athen erworben[27]. Doch seit den späten 1870er Jahren wandte er sich dem 18. und 19. Jahrhundert zu und lieferte dickleibige Schriften zur deutschen Geschichte[28]. Sein Name verbindet sich vor allem mit der seit 1878 herausgegebenen 45-bändigen Weltgeschichte[29]. Für Carl Alexander empfahl er sich offenbar mit der 1890/92 erschienenen Abhandlung zum Zeitalter des Kaisers Wilhelm I. (1871–1888)[30], dessen Gattin die Schwester des Weimarer Großherzogs gewesen und womit ein Stück seines eigenen Lebens beschrieben worden war.

Oncken erstellte die erste Konzeption für die Beiträge und Autoren des Wartburg-Werkes. Er beabsichtigte zunächst, selbst drei Kapitel zu verfassen:

---

27 WILHELM ONCKEN: Emendationum in Aristotelis Ethica Nicomachea et Politica. Heidelberg 1861; WILHELM ONCKEN: Athen und Hellas. Forschungen zur nationalen und politischen Geschichte der alten Griechen. Teil 1. Leipzig 1865 und Teil 2. Leipzig 1866; WILHELM ONCKEN: Die Staatslehre des Aristoteles in historisch-politischen Umrissen. Hälfte 1. Leipzig 1870 und Hälfte 2. Leipzig 1875.

28 WILHELM ONCKEN: Oesterreich und Preußen im Befreiungskriege. Urkundliche Aufschlüsse über die politische Geschichte des Jahres 1813. Bd. 1. Berlin 1876 und Bd. 2. Berlin 1879; WILHELM ONCKEN (Hrsg.): Das Zeitalter der Revolution des Kaiserreiches und der Befreiungskriege. 1. Berlin 1884 und 2. Berlin 1886. (Allgemeine Geschichte in Einzeldarstellungen. 4.1); WILHELM ONCKEN: Unser Heldenkaiser. Festschrift zum hundertjährigen Geburtstage Kaiser Wilhelms des Grossen. Berlin [1897].

29 Die Bände von ONCKENS «Allgemeine Geschichte in Einzeldarstellungen» erschienen seit 1878 zuerst in der Grote'schen Verlagsbuchhandlung zu Berlin, dann ab 1882 auch im Verlag MAX BAUMGÄRTEL, bei dem mit einer zweiten Auflage begonnen wurde.

30 WILHELM ONCKEN: Das Zeitalter des Kaisers Wilhelm. 2 Bde. (Allgemeine Geschichte in Einzeldarstellungen. 4.6.1. und 4.6.2.). Berlin 1890.

1. zur ältesten Wartburgzeit, 2. zu Luther auf der Wartburg und 3. zum studentischen Wartburgfest von 1817. Für das erste Thema wurde der Marburger Professor Karl Wenck gewonnen, der die Zeit bis 1500 in drei Kapitel auffächerte. Für das zweite Thema zum Lutheraufenthalt lieferte Oncken den Text vermutlich bis 1896/97 ab, der im Wesentlichen unverändert in das Gesamtwerk einfloss. Allerdings griff der Verleger Luthers Lebenslauf nochmals auf und schob bei den Reformationszimmern eine 60-seitige Lutherbiographie ein. Auch der Text zum Wartburgfest von 1817 aus Onckens Feder blieb unverändert. Die Ächtung des Studentenprotests aus der ersten Hälfte des 19. Jahrhunderts war vorüber und die Tradition der Burschenschaften konnte spätestens seit ihrer Unterstützung von Bismarcks Reichsgründung unproblematisch präsentiert werden.

Die konzeptionelle Führerschaft am Wartburg-Werk war bereits vor Onckens Tod 1905 an den Herausgeber Baumgärtel übergegangen. Sein Anteil mit nicht einmal 20 Textseiten bleib eher bescheiden, doch hatte er inhaltlich entscheidenden Einfluss genommen und war von den beteiligten Autoren der namhafteste Historiker.

OTTO VON RITGEN – DER SOHN DES WARTBURGARCHITEKTEN NIMMT ANTEIL AN DER WARTBURGERNEUERUNG DES 19. JAHRHUNDERTS

Der am 12. April 1848 in Wetzlar geborene Otto von Ritgen war der Sohn des Architekten Hugo von Ritgen (1811–1889), der seit 1849 die Restaurierung der Wartburg leitete und an der Seite des Großherzogs Carl Alexander am maßgeblichsten die Neugestaltung der Burg im 19. Jahrhundert prägte. Sein Sohn Otto konnte für den vier Jahre jüngeren Herausgeber Max Baumgärtel ein unentbehrlicher Partner bei der Anfertigung des Wartburg-Werks sein, da er selbst das Baufach erlernt hatte und den väterlichen Nachlass insbesondere zur Wartburgerneuerung besaß.

Eine Biographie fehlt bisher und kann auch hier nicht annähernd zusammengetragen werden; selbst das Ritgensche Familienblatt muss zu seiner Person weitgehend passen[31], auch wenn einige Lebensdaten bekannt sind: Die Mutter Johanna Zimmermann (1817–1899) hatte 1836 Hugo von Ritgen geheiratet. Otto selbst vermählte sich 1886 mit Maria (Mimi) Lüngen und hatte keine Kinder. Zur Entstehungszeit des Wartburg-Werks war der Altkatholik Dr. phil. Friedrich Karl Otto von Ritgen, Oberleutnant a. D., Regierungs- und Geheimer Baurat in Berlin. Er starb am 26. Februar 1924 und wohnte zuletzt in Berlin-Charlottenburg, Giesebrechtstraße 4.

---

31 Zu OTTO VON RITGEN vgl. Ritgensche Familiennachrichten, B13/1; zumindest eine Notiz in: Neue deutsche Biographie. Bd. 21. Berlin 2003, S. 648.

In das Wartburg-Werk war er früh involviert. Sein erstes Schreiben in der entsprechenden Akte taucht im August 1895 auf[32], und noch im selben Monat sprach er mit Max Baumgärtel[33]. Der erste Inhalts-Entwurf Onckens von Anfang 1896 sieht ihn für das Kapitel zum «Werk des Baumeisters» vor, womit sicherlich die Wartburgerneuerung unter seinem Vater gemeint war. Doch entwickelte sich die Zusammenarbeit zwischen den beiden Wahl-Berlinern Ritgen und Baumgärtel zunächst ziemlich unersprießlich. Sein erstes Manuskript von Mitte 1897 erhielt Ritgen erst im Juni 1898 von Baumgärtel mit dem Wunsch um inhaltliche Vertiefung und ausführlichere Darstellung zurück[34]. Zwischendurch hatte es Oncken eingesehen, ohne jedoch Baumgärtel helfen zu können[35]. Eine überarbeitete Fassung überbrachte Ritgen dem Herausgeber im Dezember 1898[36].

Im August/September 1899 wandten sich die beiden Kontrahenten im Abstand von etwa zwei Wochen an den Großherzog, um sich jeweils über den anderen zu beschweren. Zuerst klagte Ritgen, dass er zu der im Dezember des Vorjahres abgeschickten Niederschrift erst seit Juni 1899 nach und nach Änderungswünsche erhielt[37]. Dann bewertete Baumgärtel auch die zweite Fassung als nicht den einfachsten Anforderungen genügend[38]. Carl Alexander griff vermittelnd ein[39] und nötigte dem Herausgeber das Versprechen ab, den Sohn seines Wartburgarchitekten als Mitarbeiter zu belassen[40]. Zunächst hatte Baumgärtel immer noch mächtige Probleme mit den Eingebungen und Zuarbeiten seines Koautors[41], doch schien sich im späten Jahr 1902 die Zusammenarbeit

---

32 WSTA, Akten-Nr. 340 (wie Anm. 11) Bl. 203 vom 18. 8. 1895.

33 WSTA, Akten-Nr. 341 (wie Anm. 8) Bl. 6 vom 31. 8. 1895, BAUMGÄRTEL an VON CRANACH: «Mit Herrn von Ritgen, der morgen nach Eisenach reist, habe ich conferiert.»

34 WSTA, Akten-Nr. 340 (wie Anm. 11) Bl. 209 vom 23. 6. 1898, VON RITGEN an den Großherzog CARL ALEXANDER: Er hat seinen «Abschnitt (Das Werk des Baumeisters) ... seit Jahresfrist abgeschlossen», doch «ist erst vor wenigen Tagen» der Wunsch Baumgärtels eingegangen, es «eingehender und ausführlicher» zu gestalten.

35 WSTA, Akten-Nr. 341 (wie Anm. 8) Bl. 59 vom 16. 5. 1898 – BAUMGÄRTEL: «Seit kurzem habe ich das R.[itgen']sche Manuskript von Oncken zurückerhalten mit dem Bekenntnis, dass er da nicht helfen könne ...»

36 WSTA, Akten-Nr. 340 (wie Anm. 11) Bl. 211–213 vom 29. 8. 1899 – VON RITGEN an Großherzog CARL ALEXANDER: Er hat «im Dezember vorigen Jahres» sein überarbeitetes Manuskript an BAUMGÄRTEL gesandt. Vgl. BAUMGÄRTEL, Schreiben vom 27. 5. 1907 (wie Anm. 14) S. 26: BAUMGÄRTEL gibt den Erhalt des Manuskripts für Januar 1899 an.

37 WSTA, Akten-Nr. 340 (wie Anm. 11) Bl. 211 vom 29. 8. 1899.

38 WSTA, Akten-Nr. 341 (wie Anm. 8) Bl. 120 vom 12. 9. 1899 – BAUMGÄRTEL an Großherzog CARL ALEXANDER über OTTO VON RITGEN: «Aber auch sein zweites Manuskript genügte bei weitem nicht auch nur den mäßigsten kritischen Anforderungen.»

39 WSTA, Akten-Nr. 340 (wie Anm. 11) Bl. 214 zum 29. 8. 1899: Entwurf der Antwort CARL ALEXANDERS an VON RITGEN.

40 BAUMGÄRTEL, Schreiben vom 27. 5. 1907 (wie Anm. 14) S. 26.

zu verbessern[42] und über die folgenden Jahre bis nahe an den Abschluss des Wartburg-Werks zu einem Modus vivendi versachlicht zu haben[43], ohne dass der Herausgeber zu einer positiven Einschätzung Ritgens gelangte[44].

DER THÜRINGER WANDERPOET AUGUST TRINIUS
ZU WARTBURGSAGEN UND NEUEM WARTBURGLEBEN

Mit August Trinius[45], den bereits Oncken in seiner Planung vorgesehen hatte, zog der Verleger einen Heimatdichter heran, der sich in Thüringen samt seiner Sagen und Dichtungen besonders auskannte und gewissermaßen als Nachfolger von Ludwig Bechstein (1801–1860) gelten kann. Trinius kam am 31. Juli 1851 in Schkeuditz bei Leipzig als Sohn eines Kaufmanns mit schwedischen Wurzeln zur Welt, der kurz nach Augusts Geburt verstarb. August Trinius selbst verschied am 2. April 1919 in seiner Wahlheimatstadt Waltershausen, wo ihm auf dem Friedhof am 31. Juli 1921 ein Grabmal geweiht wurde.

Abb. 3: August Trinius

In Erfurt verbrachte er die Kindheit und absolvierte eine Lehre zum Kaufmann. Danach erhielt er eine Stelle als Buchhalter in einer Berliner Fabrik. Nachdem sich erste Erfolge beim Schreiben und Veröffentlichen eingestellt hatten, widmete er sich seit 1883 ganz der Schriftstellerei. Zunächst schrieb er in Berliner Zeitungen über Themen zur Hauptstadt und der umliegenden Mark Brandenburg, dann zu seinen Reisen und Wanderungen durch ganz Deutschland. Dabei kam er auch in das aus seiner Erfurter Zeit heimatliche Thüringen und beschloss in den 1880er Jahren, ganz hierher zu ziehen.

41 WSTA, Akten-Nr. 342 (wie Anm. 15) Bl. 11 vom 15. 7. 1900 – BAUMGÄRTEL über VON RITGEN: «dessen Hingebung an das Wartburgwerk noch nie Schranken gekannt hat: unbegreiflich!», Bl. 160 vom 10. 4. 1902 – BAUMGÄRTEL an VON CRANACH: «Wäre Herr O. Ritgen nur etwas veranlagt für die historische Richtung, so würde ich ihm Anregung zur Verwerthung dieses Materials geben.»

42 Wartburg-Stiftung Eisenach, Archiv [WSTA], Akte: Die Wartburg. Ein Denkmal deutscher Geschichte u. Kunst, Bd. 4, 1902/1904, Akten-Nr. 343, Bl. 47 vom 21. 10. 1902 – BAUMGÄRTEL an VON CRANACH: «Mit Herrn von Ritgen arbeite ich jetzt ganz einmütig.»

43 WSTA, Akten-Nr. 343 (wie Anm. 42) Bl. 120 vom 16. 7. 1903; Wartburg-Stiftung Eisenach, Archiv (WSTA), Akte: Die Wartburg. Ein Denkmal deutscher Geschichte u. Kunst, Bd. 5, 1904/1906, Akten-Nr. 344, Bl. 139 vom 6.12.1905, Bl. 143 vom 9. 1. 1906, Bl. 180 vom 3. 3. 1906.

44 BAUMGÄRTEL, Schreiben vom 27. 5. 1907 (wie Anm. 14) S. 24, 39.

45 Zu AUGUST TRINIUS vgl. GERD SCHÄFER: August Trinius – «Der Thüringer Wandersmann». In: Altensteiner Blätter. Jahrbuch 1994, S. 22–30; HANS ROTH: Ehrung für August Trinius anlässlich seines 150. Geburtstages. In: Hörselberg-Bote (2001)45, S. 5–9; THOMAS KLEIN: August Trinius. Der «Thüringer Wandersmann». Anlässlich seines 150. Geburtstages zum 31. 7. 2001.

Am 11. April 1885 hatte er sich mit der Cottbuser Lehrerstochter Anna Netzker (um 1855–1938) vermählt. Der Sohn Hans wurde erfolgreicher Komponist und Kapellmeister, der zweite Sohn Werner starb mit zwölf Jahren und die Tochter Ruth (1890–1948) wirkte als Musiklehrerin an der Erziehungsanstalt Schnepfenthal bei Waltershausen.

Die Familie zog 1890 nach Waltershausen und bewohnte ein Gartenhaus in der dortigen Wassergasse, das Trinius 1887 gepachtet und 1890 gekauft hatte. Er beschrieb nun «erwanderte» Wege und Örtlichkeiten. Den Ehrennamen «Thüringer Wandersmann» erhielt er durch sein achtbändiges Hauptwerk, das «Thüringer Wanderbuch», dessen erster Band bereits in seiner Berliner Zeit erschien[46]. In Thüringen erinnern heute einige Stätten und Wege, auch wenn damals der Triniusweg zwischen der Burg Gleichen und der Mühlburg noch nicht unter der Autobahn hinweg und durch eine Tankstelle hindurch führte.

Durch sein Thüringer Wanderbuch trug er zur überregionalen Bekanntheit des Rennsteigs über den Kamm des Thüringer Wald bei, zu dem er 1890 ein eigenes Buch herausgab[47]. Für seine Verdienste um die Heimatgeschichte verlieh ihm Herzog Ernst II. von Sachsen-Coburg-Gotha (1818–1904) den Titel «Hofrat».

Nach der Onckenschen Planung von Anfang 1896 sollte Trinius im Warburg-Werk einen Abschnitt über die Gebrüder Arnswald[48] und einen über die Wartburg in der deutschen Dichtung niederschreiben. Als Baumgärtel im Juni 1898 eine von Trinius vollendete «kleinere Portion» erwähnt[49], handelte es sich sicherlich um den Arnswald-Beitrag. Der größere Dichtung- bzw. Abschluss-Beitrag machte dem Verleger in der ersten Jahreshälfte 1900 Sorgen und war bei seiner Lieferung im Mai wohl nicht druckreif[50]. Erst nach erheblichen Umarbeitungen und konzeptionellen Änderungen akzeptierte Baumgärtel die Texte. Das fertige Buch weist Trinius als den Verfasser von zwei Kapiteln aus: Kapitel 13: «Die Wartburg in Sage und Dichtung» und Kapitel 14: «Neues

Eine bibliographische Arbeit. Waltershausen 2002; http://www.rennsteigportal.de/person/trinius.htm.

46 AUGUST TRINIUS: Thüringer Wanderbuch. 8 Bde. Minden i. W. 1886-1902.

47 AUGUST TRINIUS: Der Rennstieg. Eine Wanderung von der Werra bis zur Saale. Berlin 1890.

48 BERNHARD (1841–1877) und HERMANN VON ARNSWALD (1878–1894) waren Wartburg-Kommandanten des 19. Jahrhunderts.

49 WSTA, Akten-Nr. 341 (wie Anm. 8) Bl. 73 vom 23. 6. 1898 – BAUMGÄRTEL an Großherzog CARL ALEXANDER: «Die historische Darstellung ist erst in den kleineren Portionen, welche von Professor Oncken, Professor Martin, Dr. Richard Voß und Hofrath Trinius geschrieben haben, fertig; ...»

50 WSTA, Akten-Nr. 341 (wie Anm. 8) Bl. 173 vom 7. 4. 1900 – BAUMGÄRTEL: «Um die Trinius' sche Arbeit bin ich nun doch in Sorge.», Bl. 189 vom 7. 5. 1900 – BAUMGÄRTEL: «Trinius-Abschrift wird ein Paar Tage länger beanspruchen.», Bl. 207 vom 31. 5. 1900 – BAUMGÄRTEL an VON CRANACH: «Nach dem Schmerz Trinius-Lehfeld ...»

Wartburgleben». Die mögliche Überschneidung zur mittelalterlichen Literatur- und Sagendichtung im 13. Kapitel mit dem Beitrag von Prof. Ernst Martin wurde vermieden, da nun der Inhalt von Wartburgsagen nacherzählt wurde, während Martin über die Dichter und Zeitumstände informierte. Allerdings stammten die Nacherzählungen, etwa die Hälfte des Kapitels, nicht von Trinius, sondern wurden im Wortlaut von Ludwig Bechstein übernommen[51]. Der als Autor ausgewiesene Trinius schrieb also nur etwa die Hälfte des Abschnitts. Das Manuskript hatte Trinius nach dem Plan Baumgärtels erstellt, der es Mitte Juli 1904 fertig redigiert[52] und im Januar 1905 nochmals an Trinius gesandt hatte[53].

Im Gegensatz zur Aussage des Inhaltsverzeichnisses stammen in Kapitel 14 wiederum einzelne Abschnitte von einem anderen Autor, nämlich diesmal von Max Baumgärtel, der die Texte zum «Mosaikschmuck»[54] und zu Carl Alexander[55] verfasste[56]. Mitte November 1904 war das Kapitel druckfertig[57].

Zur Wartburg hatte Trinius bereits 1903 ein kleines Büchlein mit einem historischen und räumlichen Rundgang herausgegeben, das im Eisenacher Verlag des ebenfalls am Wartburg-Werk beteiligten Jagemann erschienen war[58]. Das lange beabsichtigte Wartburgbuch verhinderten Krankheit und Tod. Immerhin konnte sein Freund Arthur Richter-Heimbach aus den hinterlassenen Manuskripten postum ein fertiges Buch zusammenstellen und 1921 herausgeben[59].

---

51 Vgl. Baumgärtel, Wartburg 1907 (wie Anm. 1) S. 641–652, wobei auf S. 641 darauf hingewiesen wird, dass die Passagen von Ludwig dem Bärtigen (S. 641) bis zu Luthers Tintenfasswurf (S. 652) entnommen sind aus: Ludwig Bechstein: Thüringer Sagenbuch. Bd. 1. Wien/Leipzig 1858, S. 141–213.
52 WSTA, Akten-Nr. 344 (wie Anm. 43) Bl. 65 vom 16.11.1904 – Baumgärtel an von Cranach: «Abschnitt 13 ‹Sage und Dichtung› ist jetzt ganz druckfertig. Und das von Trinius nach meinem Plan geschriebene Manuscript für den Schlußabschnitt, den ich nun ‹Neues Wartburg-Leben› nennen möchte, ist von mir fertig redigiert; ...»
53 WSTA, Akten-Nr. 344 (wie Anm. 43) Bl. 74 vom 9. 1. 1905.
54 Baumgärtel, Wartburg 1907 (wie Anm. 1) S. 675–680.
55 Baumgärtel, Wartburg 1907 (wie Anm. 1) S. 663–672, vielleicht bis S. 674.
56 Vgl. Baumgärtel, Schreiben vom 27. 5. 1907 (wie Anm. 14) S. 54–56.
57 WSTA, Akten-Nr. 344 (wie Anm. 43) Bl. 65 vom 16. 11. 1904.
58 August Trinius: Ein Gang durch die Wartburg. Eisenach : Verlagsanstalt C. Jagemann, 1903, 29 S., zahlr. Ill.
59 August Trinius: Im Zauber der Wartburg. Eine Wanderung durch ihre Sage und Geschichte/ Hrsg.: Arthur Richter-Heimbach. Leipzig 1921.

DER SCHRIFTSTELLER UND «WARTBURG-BIBLIOTHEKAR» RICHARD VOSS
MIT EINEM STIMMUNGSVOLLEN GANG DURCH DIE WARTBURG
SOWIE SEINEN KONTAKTEN ZU BURG UND FÜRSTENHOF

Der Schriftsteller Richard Voß erhielt 1884 den Ehrentitel eines Bibliothekars der Wartburg. Er wurde am 2. September 1851 in Neugrape bei Pyritz (Neu Grabe, südlich von Stettin, heute Polen) geboren und verstarb am 10. Juni 1918 im oberbayrischen Berchtesgaden[60]. Für den Verleger Max Baumgärtel lieferte er auf Wunsch des Großherzogs Carl Alexander den stimmungsvollen Gang durch die Burg[61]. Der Text muss bereits 1897/98 vorgelegen haben.

Richard Voß kam durch seinen Vater, einen pommerschen Gutsbesitzer, in wohlhabenden Verhältnissen zur Welt und konnte schon in seiner Jugend ausgedehnte Reisen unternehmen, insbesondere nach Italien. Ganz in der väterlichen Nachfolge begann er eine Ausbildung zum Landwirt, als der Deutsch-Französische Krieg auch ihn 1870 zum Kriegsdienst zwang. Er schloss sich den

deutschen Truppen der Johanniter an, also dem medizinischen Dienst. Seine Kriegserlebnisse verarbeitete er im patriotischen Sinne in einem Roman[62], der erstmals 1874 erschien und ihn einigermaßen bekannt machte. Nach dem Kriegseinsatz studierte er in Jena und München Philosophie, Literatur und Kunstwissenschaft. Danach lebte er abwechselnd in Wien und Berlin, dann teils in Frascati bei Rom (seit 1877), wo die ersten dramatischen Werke entstanden, und teils in Berchtesgaden, wo er sich ab 1888 dauerhaft niederließ. Hier erhielt er nach dem Tod seine Grabstätte.

Bekanntheit erlangte er mit seinen ersten Trauerspielen, wie dem 1878 in Wien uraufgeführten «Savanerola» oder dem zuerst 1880 in Frankfurt/M. gezeigten Stück «Die Patrizier». In den 1880er Jahren avancierte er zu einem der erfolgreichsten deutschen Dramatiker. In

Abb. 4:
Der Wartburg-
Bibliothekar
Richard Voss

60 Zu RICHARD VOSS vgl. die Autobiographie RICHARD VOSS: Aus einem phantastischen Leben. Erinnerungen. Stuttgart 1923; FRIEDRICH VON DER LEYEN: Voß, Richard. In: Deutsches biographisches Jahrbuch. Überleitungsband II: 1917–1920. Stuttgart/Berlin/Leipzig 1928, S. 334–336; WALTHER KILLY (Hrsg.): Literaturlexikon. Autoren und Werke deutscher Sprache. Bd. 12. Gütersloh [u. a.] 1992, S. 66 f.

61 RICHARD VOSS: Ein Gang durch die heutige Wartburg. Stimmungsbild. In BAUMGÄRTEL, Wartburg 1907 (wie Anm. 1) S. 15–26.

62 RICHARD VOSS: Visionen eines deutschen Patrioten. Zürich 1874.

63 Vgl. RICHARD VOSS: Zwei Menschen. Roman (Engelhorns Romanbibliothek). Stuttgart [98]1994.

64 Die Anbahnung zum Wartburgbibliothekar schildert Voss in seinen Erinnerungen von

den 1890er Jahren wandte er sich verstärkt der erwähnten Prosa zu. Danach hatte er die beiden produktivsten Jahrzehnte hinter sich, wenngleich ihm 1911 mit «Zwei Menschen» noch ein Spätwerk gelang, das inzwischen fast einhundert Nachauflagen erlebte[63] und 1930 verfilmt wurde.

Die Berufung zum Wartburgbibliothekar kam nicht von ungefähr, sondern bahnte sich durch mehrere Begegnungen zwischen Voß und dem Großherzog von Sachsen-Weimar-Eisenach an[64]. Das erste Zusammentreffen blieb rein visuell. Im achtzehnten Lebensjahr begann Voss die Ausbildung zum Landwirt als Volontär auf dem Rittergut Nieder-Trebra. Vom Ausbildungsort legte er die etwa 20 Kilometer leicht zurück und besuchte häufig das Weimarer Hoftheater. Einmal geriet er in die Logenränge und erblickte von dort den Großherzog in seiner der Bühne nächst gelegenen Fürstenloge.

Beim zweiten Mal wurde er Carl Alexander persönlich vorgestellt. Während des Studiums in Jena nahm er an einer Vorlesung des damals ausgesprochen populären Philosophen Kuno Fischer[65] teil, der ihn mit dem ebenfalls anwesenden Landesherrn bekannt machte. Fischer war ein ausgezeichneter Rhetoriker und sollte 1901 im Hoftheater die Gedenkrede auf den gerade verstorbenen Fürsten halten.

Auf einer Reise von seinem italienischen Wohnsitz nach Berlin machte Voß in Weimar Station, wo er seit zehn Jahren nicht mehr gewesen war. Bei einer Kutschfahrt ließ ihn der Großherzog Carl Alexander durch einen Leibhusar auf das Gefährt holen und in sein Stadtschloss bringen, wo sie stundenlang über Italien sprachen. Voß verbrachte entgegen seinem Reiseplan einige Tage in der thüringischen Residenzstadt, wo ihm der Großherzog Schlossanlagen und historische Stätten zeigte. Das bei der Abreise vorgetragene Angebot, hier ganz seinen Wohnsitz zu nehmen, schlug er ab.

Doch bald kehrte Voß nach Weimar zurück und las dem Großherzog seine Dramen vor. Als eines der Stücke im Hoftheater aufgeführt wurde, holte ihn der Gastgeber demonstrativ in seine Loge. Den Winter 1883/84 verbrachte er vielfach in Weimar. Bereits im Sommer darauf ereilte ihn in Italien die Einladung des Großherzogs, im Herbst auf die Wartburg zu kommen.

Seine Erlebnisse auf der Wartburg schildert er in den Erinnerungen sowohl von 1901/02 als auch von 1916 und 1917[66], letztere in der postum 1923 erschienenen Autobiographie[67]. Darin erzählt er von den Begegnungen mit sei-

---

1901/02: Wie ich Bibliothekar der Wartburg wurde. In: RICHARD VOSS: Allerlei Erlebtes. Stuttgart 1902, S. 153–188, hierzu S. 153–169.

65 KUNO FISCHER, geb. 23. 7. 1824 in Groß-Sandewalde (bei Guhrau in Schlesien), gest. 5. 7. 1907 in Heidelberg, Philosoph, lehrte von 1855 bis 1871 als Professor an der Universität Jena, vgl. Neue deutsche Biographie. Bd. 5. Berlin 1961, S. 199.

66 Voss, Erlebtes 1902 (wie Anm. 64) S. 169–188.

nen Zeitgenossen und berichtet über das Odium von Gebäuden und Räumlichkeiten der Wartburg.

Voß traf nach seiner Erinnerung an einem Septembertag 1884 auf der Burg ein[68] und sollte bald die Stelle des Bibliothekars ernsthaft in Angriff nehmen. Der Wartburgkommandant Hermann von Arnswald begrüßte ihn und quartierte ihn in die vorbestimmten Räume «über den ehemaligen Gefängnissen» ein. Dabei handelte es sich um die Gästeräume über den damaligen Reformationszimmern und der Oberen Vogteistube[69], die wie die Lutherstube vom 16. bis ins 19. Jahrhundert hinein als Arrestzimmer gedient hatten. Als die Hofgesellschaft des Großherzogs eintraf, erhielt er im Gadem eine neue Wohnung zugewiesen.

Als Bibliothekar der Wartburg mit eigener Amtswohnung glaubte er sich in einem «Wartburgmärchen». Allerdings hielt er sich nicht für den ersten Träger dieses «Ehrentitels», sondern wähnte den Dichter Viktor von Scheffel als seinen Vorgänger, womit er irrte[70]. Noch zehn Jahre nach seinem Amtsantritt bemerkte Voß, auf der Wartburg ein Bibliothekar ohne Bibliothek[71] zu sein. Immerhin konnte er den Anfang zu einer «möglichst nachhaltigen Lutherbibliothek»[72] verbuchen, der durch einen «sächsischen Mäzen», einen «Herrn Klemm aus Dresden» gelang[73]. Der gelernte Schneider Heinrich Klemm war ein reicher Mann mit großer Bibliophilie geworden.

---

67 RICHARD VOSS: Aus einem phantastischen Leben. Erinnerungen. Stuttgart 1923, S. 168–175, 206–209, 245 f. zur Wartburg, S. 435 im Nachwort von Friedrich von der Leyen die Angaben zur Zeit der Aufzeichnung.

68 In das Einschreibbuch trug sich Voss zwischen dem 17. und 25. August 1884 ein, kann aber auch eine freie Stelle genutzt haben, siehe Wartburg-Stiftung Eisenach, Archiv, Gästebuch Nr. 27 [1874–1894], S. 58v.

69 HILMAR SCHWARZ: Zur Funktion der Wartburg als Gefängnisort. In: Wartburg-Jahrbuch 1998. 7(2000), S. 44–79, hierzu S. 62 und 67.

70 Zum Irrtum von Voss, SCHEFFEL sei Bibliothekar der Wartburg gewesen vgl. HANS VON DER GABELENTZ: Wartburgschicksal. Aus dem Leben eines deutschen Romantikers. Hamburg 1934, S. 211; URSULA WENKE: Kurzer Abriß zur Geschichte der Wartburg-Bibliothek. In: Wartburg-Jahrbuch 1993. 2(1994), S. 181–194, hierzu S. 182.

71 Zu den Anfängen der Wartburg-Bibliothek vgl. WILHELM MALBERG: Fünfzig Jahre Wartburg-Bibliothek (1883–1933). In: Wartburg-Jahrbuch 1933. 11(1933), S. 69–83; WILHELM MALBERG: Erinnerungen an die Carl-Alexander-Bibliothek (1889–1945). In: Wartburgland. Mitteilungen des Heimatkreises Eisenach der Bundeslandsmannschaft Thüringen e. V. 1(1969), S. 8–11; REINHOLD BRUNNER: «Verschwundene Bücher». Zur Geschichte der Eisenacher Carl-Alexander-Bibliothek. In: Eisenach-Jahrbuch 1992. 1(1992), S. 62–76, hierzu S. 62 f.; WENKE, Wartburg-Bibliothek 1994 (wie Anm. 70) S. 181–185.

72 Bibliographische Aufstellungen über die Lutherdrucke und -schriften im Bestand der Wartburg-Bibliothek: AUGUST OSTERHELD: Luthers Schriften in der Carl Alexander-Bibliothek zu Eisenach (Beilage zum Jahresbericht 1891/92 des Carl Friedrich-Gymnasiums in Eisenach). Eisenach 1892, S. 5–24; Teil-Katalog II der Karl Alexander-Bibliothek. Abteilung: Wartburg-Bibliothek. Jena 1910, S. 126–166.

Obwohl er später von «meinen Wartburgjahren» schrieb, versah Voß nicht über Jahre hinweg vor Ort die Stelle des Bibliothekars. Vielmehr weilte er zunächst einige Zeit auf der Burg und besuchte sie nachfolgend hin und wieder. Immerhin schien er zeitweise als Angestellter des Hofes in die entsprechenden Eifersüchteleien verwickelt worden zu sein. Besonders der Graf von Beust[74], persönlicher Adjutant des Großherzogs, bezichtigte ihn öffentlich der Indiskretion, weil er seine Frau in der Amtswohnung auf der Burg untergebracht habe. Selbst dem großherzoglichen Paar wurde die Angelegenheit vorgetragen. Voß rechtfertigte sich, seine Gattin sei auf Einladung des Wartburgkommandanten von Arnswald auf die Burg gekommen und Gast von dessen Familie gewesen. So nichtig die Affäre war, enthüllt sie den damaligen höfischen Kleingeist. Voß verstand sie als Fingerzeig, sich nur an den Fürsten zu halten und ansonsten den Hof zu meiden.

Ausgesprochen wohlmeinend und warmherzig äußert sich Voß hingegen über die Familie von Arnswald, die aus dem Schlosshauptmann oder Wartburgkommandanten Hermann von Arnswald[75], seit 1878 bis zum Tod im Amt, aus dessen Sohn Ernst[76] und der Tochter Berta[77] bestand. Die Gattin und Mutter hatte bereits 1880 die Welt verlassen[78]. Voß erlebte die Familie als «unglaublich weltentrückte Menschen», wie es sie nur im geweihten Bezirk auf den Bergeshöhen fern den Niederungen des richtigen Lebens geben konnte. Gegenüber ungünstigen bis bösen Nachrichten reagierten sie mit der hilflosen Erwiderung, so etwas könne «wohl nicht möglich sein».

Dafür wusste Hermann bei abendlicher Bowle und Kerzenschein von der weißen Frau, der «bösen Frau von Orlamünde» und «sonst allerlei Gespenstergeschichte» zu berichten. Auch seinem Bruder und Vorgänger Bernhard von Arnswald[79] sei die weiße Gespensterfrau häufig auf der Wartburg begegnet. Die

---

73 Zu Heinrich Klemm (1818–1886) und seinem Beitrag für die Bestände der Wartburg-Bibliothek vgl. Karl Zugwurst und Ulrich Nikolai: Die Wartburg im geistigen Leben der Jahrhunderte. In: Warburg-Jahrbuch 1927. 5(1927), S. 7–109, hierzu S. 50; Wenke, Wartburg-Bibliothek 1994 (wie Anm. 70) S. 183 f.; Biographisches bei: Rudolf Schmidt: Deutsche Buchhändler. Deutsche Buchdrucker. Beiträge zu einer Firmengeschichte des deutschen Buchgewerbes. Bd. 3. Berlin 1905, Nachdruck Hildesheim/New York 1979, S. 543–547.

74 Friedrich Hermann Graf von Beust (* 20. Oktober 1813 in Altenburg; † 10. Juni 1889 in Weimar) war großherzoglich-sächsischer Wirklicher Geheimer Rat, Kammerherr und Oberhofmarschall, Generalleutnant und Generaladjutant sowie Ehrenritter des Johanniterordens, vgl. http://de.wikipedia.org/wiki/Friedrich_von_Beust.

75 Friedrich Heinrich Ernst Hermann von Arnswald, geb. 28. 8. 1813 Eisenach, gest. 4. 2. 1894 Wartburg, seit 1. 10. 1878 Kommandant der Wartburg.

76 Gustav Hermann Ernst von Arnswald, geb. 25. 12. 1856 Eisenach, gest. 25. 4. 1930.

77 Sophie Antonie Bertha von Arnswald, geb. 14. 6. 1850 Eisenach, gest. 25. 9. 1923.

78 Emma Carolina von Arnswald, geb. Jungherr, geb. 5. 8. 1820 Eisenach, gest. 12. 6. 1881 Wartburg.

Orlamünder Frau geht auf eine sagenhaft, historisch nicht nachweisbare Kunigunde von Lobdeburg-Leuchtenburg zurück, deren Orlamünder Grafengatte Otto um 1340 gestorben war. In der vergeblichen Hoffnung auf eine neue Ehe mit Albrecht dem Schönen (†1361), dem Burggrafen von Nürnberg aus dem Hause Hohenzollern, soll sie ihre beiden Kinder umgebracht haben und später als weiße Frau den Hohenzollern erschienen sein, um jeweils den Tod eines Familienangehörigen anzukündigen[80]. Auf der Wartburg war eine bewusste Anleihe beim Haus der Hohenzollern aufgenommen worden, die natürlich in Thüringen bekannt war[81]. Diese Spukgestalt gehört inzwischen nicht mehr zum geistigen Inventar der Wartburg, ist kaum jemandem bekannt und hätte angesichts der vielen Umbauten, Restaurierungen und Veranstaltungen wohl längst das Weite gesucht.

Eine tatsächliche nächtliche Erscheinung war das Spiel der thüringischen Zither, die Hermann von Arnswald meisterhaft beherrschte[82] und in hellen Mondscheinnächten im Sängersaal erklingen ließ. Voß erlebte den Kommandanten allein bei dessen musikalischen Darbietungen am Ort der Minnesänger. Die Kommandantenwohnung lag im Ritterhaus und gewährte einen Blick sowohl in die Waldungen wie auf Eisenach. Unter «Ritterhaus» verstand man damals wohl Vogtei einschließlich eigentlichem Ritterhaus, denn im selben soll sich die Lutherstube befunden haben.

Persönliche Bekanntschaft schloss Voß mit dem Wartburgarchitekten von Ritgen, der 1884 gleichzeitig auf der Wartburg zu Gast war. Der Dichter-Bibliothekar erlebte ihn als sehr freundlichen, aber nicht sehr glücklichen alten Herrn, allerdings mehr Bürokrat als Künstler. Dessen Lektion über die Geschichte und Wiederherstellung der Burg empfand er als liebenswürdig, aber weniger beredt als den gleichen Themenvortrag durch den Burgherrn selbst, den Großherzog Carl Alexander.

---

79 Carl Ludwig Bernhard von Arnswald, 1. 9. 1807 Weimar, gest. 27. 9. 1877 Wartburg, Kommandant der Wartburg seit 1. 4. 1841.

80 Zur Weißen Frau des Hauses Hohenzollern grundlegend: Martin Wähler: Die weiße Frau. Vom Glauben des Volkes an den lebenden Leichnam. Erfurt 1931; vgl. Waltraud Woeller (zusammengest.): Volkssagen zwischen Hiddensee und Wartburg. Berlin 1979, S. 162–164; Gudrun Braune: Von der Weißen Frau in Orlamünde bis zur Stabsgerechtigkeit im Amt Altenstein. Thüringer Adel im Spiegel sozialkritischer Sagen. In: Heimat Thüringen. Kulturlandschaft, Umwelt, Lebensraum. 14(2007)3, S. 6–12, hierzu S. 7 f.

81 Vgl. beim thüringischen Sagensammler Ludwig Bechstein (1801–1860), der mit Bernhard von Arnswald persönlich bekannt war, beispielsweise: Ludwig Bechstein: Deutsches Sagenbuch. Leipzig 1853, Nr. 360: Die weiße Frau und Nr. 582: Die Gräfin von Orlamünde.

82 Hermann von Arnswald trug sich mit der Absicht eine «allgemein verständliche Zitherschule» zu schreiben, vgl. Petra Schall: «Das ganze Streben beruht auf ... dem Pflichtgefühl, Mensch zu werden und Menschen zu erziehen.» – Briefe des nachmaligen Wartburgkommandanten Hermann von Arnswald an den Reformpädagogen Friedrich Fröbel (1847/48). In: Wartburg-Jahrbuch 2004. 13(2005), S. 179–195, hierzu S. 189.

Voß erlebte ihn nochmals und die Großherzogsfamilie aus nächster Nähe während der Hofhaltung auf der Wartburg, wobei der Großherzog die höfische Pracht ebenso liebte wie die Burg, die er nicht nur hoch, sondern heilig hielt. Der Sohn und designierte Nachfolger[83] hätte es wohl ebenso gehalten, starb aber noch vor dem Vater. Der Enkel und tatsächliche Amtsnachfolger Wilhelm Ernst[84] war leider von anderem Sinne. Aus dessen Munde hörte Voß, Weimars Tradition sei Weimars Unglück und habe sich überlebt. Carl Alexander erzählte ihm hingegen ergreifende Geschichten und Geschichte über sein Land Sachsen-Weimar, die Wartburg und ihre Gestalten. Er bewunderte Bismarck und sprach ehrfurchtsvoll von seiner Schwester Augusta[85], berichtete von der Kaiserproklamation zu Versailles[86] und von Besuchen am Zarenhof in Petersburg und Moskau.

Der Dichter nahm an Ausflügen in die Umgebung wie nach Wilhelmsthal teil. Das nahe Jagdhaus «Kissel» lag schon im Gebiet des Meininger Herzogs Georg II.[87] Der Theaterherzog hatte unstandesgemäß Helene Franz Freifrau von Heldburg[88] geheiratet, und Carl Alexander ließ ihn seinen Standesdünkel spüren. Voß bemerkte zwischen beiden «kein sehr freundliches Einvernehmen» und gab des Weimarers leutselig-scheinheiliges Angebot wieder, wenn jener nicht schon Herzog von Meiningen wäre, würde er ihn zu seinem Hofgärtner machen. Ins Gespräch kam Voß ferner mit der Großherzogin Sophie[89], die ihn über die Dichter-Kollegen Friedrich Hebbel, Hans Christian Andersen, Viktor von Scheffel, Gustav Freytag u. a. viel Interessantes zu erzählen wusste. Prinzessin Elisabeth[90], die Tochter des Großherzogpaars, lud den Dichter nach der Ausfahrt zum Tee in ihr Wohnzimmer im oberen

---

83 KARL AUGUST II., geb. 31. 7. 1844 Weimar, gest. 20. 11. 1894 Cap Martin (bei Monaco).

84 WILHELM ERNST, geb. 10. 6. 1876 in Weimar, gest. 24. 4. 1923 in Heinrichau/Henrykow (Schlesien, heute Polen); vgl. BERNHARD POST und DIETRICH WERNER: Herrscher in der Zeitenwende. Wilhelm Ernst von Sachsen-Weimar-Eisenach 1876–1923. Jena 2006.

85 AUGUSTA, geb. Prinzessin von Sachsen-Weimar-Eisenach, Gemahlin des Deutschen Kaisers WILHELM I. (1797–1888).

86 Vgl. HERMANN WISLICENUS, Gründung des Kaiserreiches von 1871, Fresko im Kaisersaal der Kaiserpfalz in Goslar, um 1880: Großherzog Carl Alexander als die vordere stehende männliche Person der rechten Gruppe.

87 GEORG II., Herzog von Sachsen-Meiningen, geb. 2. 4. 1826 in Meiningen, gest. 25. 6. 1914 in Bad Wildungen, wegen der Förderung des Meininger Hoftheaters bekannt als «Theaterherzog».

88 HELENE (ELLEN) FRANZ, bürgerlicher Herkunft, kurz vor der Heirat zur Freifrau VON HELDBURG geadelt, geb. 30. 5. 1839 in Naumburg, gest. 24. 3. 1923 in Meiningen, dritte Gattin von Herzog GEORG II. VON SACHSEN-MEININGEN (wie Anm. 124), Heirat am 18. 3. 1873.

89 SOPHIE, geb. 8. 4. 1824 den Haag, gest. 28. 3. 1897, geb. Prinzessin der Niederlande, Gattin des Großherzogs CARL ALEXANDER VON SACHSEN-WEIMAR-EISENACH, Heirat 1842.

90 ELISABETH (1854–1908), Tochter des Großherzogs CARL ALEXANDER VON SACHSEN-WEIMAR-EISENACH, 1886 Heirat mit dem Herzog JOHANN ALBRECHT VON MECKLENBURG-SCHWERIN (1857– 1929).

Stockwerk der Dirnitz ein, das er dank brauner Täfelung aus Zirbelholz als das stimmungsvollste Gemach der Burg empfand. Bei einer Wette mit Elisabeth gewann Voß eine Pfirsichbowle, die von der großherzoglichen Familie an einer Wallstätte auf dem Rennsteig feierlich ausgereicht wurde. Bei dieser Gelegenheit taufte ihn der Großherzog, das erhobene Glas in der Hand, formell mit dem Ehrentitel des «Bibliothekars der Wartburg». In Elisabeth fand er eine Fürsprecherin bei der von Beust angefachten Indiskretions-Anschuldigung.

Ansonsten war vom Hofstaat kaum einer dem Dichter freundlich gesonnen. Eine Ausnahme machte der Generalleutnant Aimé von Palézieux[91], mit dem er sich zwar anfangs schwer tat, der ihm jedoch dann zu einem richtigen Freund und Verteidiger wurde. Der Mann mit dem beherrschenden Einfluss auf den Großherzog offenbarte ihm später, die übelsten Erfahrungen mit Künstlern und Dichtern habe ihn zunächst misstrauisch gemacht.

Zur Essensfolge nutzte der Hof den Bereich des hinteren Burghofs. Das erste Frühstück wurde beim Feuerschein ganzer Holzblöcke aus großen Kaminen in der Elisabethkemenate eingenommen. Das zweite Frühstück («Luncheon») geschah in der Dirnitzhalle bzw. im Burggarten, wo sich damals schon die umrankte Laube und der geschmiedete Falke[92] auf der romanischen Säule befanden. Anschließend brachen Hof und Gefolge zum Ausflug in die Herbstpracht der bewaldeten Bergwelt auf und tranken nach der Rückkehr den Tee. Die feierliche Hauptmahlzeit erfolgte abends im Fackelschein des Hofes oder im Kerzenschein der Gemächer.

Ausführliche Führungen durch Räume und Gebäude der Wartburg durch Hermann von Arnswald, Hugo von Ritgen und besonders durch Großherzog Carl Alexander selbst ließen Richard Voß gegen Ende der 1990er Jahre für eine Beschreibung des Ortes geeignet erscheinen. Arnswald und Ritgen waren verstorben, und der neue Burghauptmann Hans Lucas von Cranach erst seit 1894 im Amt. Vor allem besaß Voß Wohlwollen und Vertrauen des Großherzogs, so dass dieser ihn für jene Aufgabe vorschlug.

Schon der Plan Onckens von 1896 sah Richard Voß mit einem «Gang durch die heutige Wartburg»[93] vor. Nach dem Glückwunschschreiben von Baumgärtel an den großherzoglichen Jubilar vom 23. Juni 1898 hatte Voß seinen Text bereits geschrieben[94]. Am 13. Juni 1901 teilte Baumgärtel mit, dass Voß, der sich ursprünglich gesträubt hatte, den Text nochmals geholt habe, um Bild

---

91 Oberhofmarschall AIMÉ VON PALÉZIEUX, gen. FALCONNET, geb. 10. 9. 1843 Verey (Schweiz), gest. 10. 2. 1907

92 Wartburg-Stiftung Eisenach, KL 525, Falke, Eisen, geschmiedet; vgl. Abb. in BAUMGÄRTEL, Wartburg 1907 (wie Anm. 1) S. 342.

93 BAUMGÄRTEL, Schreiben vom 27. 5. 1907 (wie Anm. 14) S. 13; WSTA, Akten-Nr. 341 (wie Anm. 8) Bl. 10 Abschrift vom 9. 1. 1896.

94 WSTA, Akten-Nr. 341 (wie Anm. 8) Bl. 73.

und Wortlaut miteinander zu harmonisieren[95], und am 25. Juni, dass nunmehr an Voß' Beitrag nichts mehr zu ändern sei[96]. Danach ging der Text von Richard Voß Mitte 1901 in Satz.

DER JENAER KUNSTHISTORIKER PAUL WEBER ÜBER DIE BAUGESCHICHTE DER BURG UND IHRE KUNSTWERKE

Paul Karl Weber machte sich als Professor für Kunstgeschichte durch zahlreiche grundlegende Schriften und als Gründer des Stadtmuseums in Jena einen Namen[97]. Ungeachtet jüdischer Wurzeln war er im national-konservativem Milieu fest verankert. Er wurde am 29. April 1868 in Schwelm (Westfalen) geboren und als Paul Josephson getauft. Der gleichnamige Vater war evangelischer Pfarrer aus jüdischem Elternhaus. Der Junge absolvierte das damals übliche humanistische Gymnasium und legte 1889 das Abitur in Gera ab. Nach dem frühen Tod des Vaters war er zu seinem Großvater mütterlicherseits und Vormund Alfred Weber gekommen, der als Kommerzienrat in der thüringischen Stadt lebte.

Nach der Schule studierte Paul Josephson in Heidelberg, Straßburg und Leipzig Kunstgeschichte, Geschichte und Architektur. Mit kaiserlicher Erlaubnis legte er seinen jüdisch klingenden Geburtsnamen ab und nahm den Mädchennamen der Mutter, Weber, an. Nunmehr gänzlich deutscher Student erwarb er in Heidelberg die Mitgliedschaft in der «Cimbria» und absolvierte seinen Militärdienst bei der schweren Reiterei. Noch während des Studiums heiratete er 1893 die Gattin namens Käthe, mit der er sieben Kinder haben und die ihn überleben sollte. In Leipzig promovierte er am 27. Juli 1894 zum

---

95 WSTA, Akten-Nr. 342 (wie Anm. 15) Bl. 56 vom 13. 6. 1901.

96 WSTA, Akten-Nr. 342 (wie Anm. 15) Bl. 62 vom 25. 6. 1901 – BAUMGÄRTEL an VON CRANACH: «Am Inhalt von Richard Voß' Beitrag können wir nichts mehr ändern.».

97 Zu PAUL WEBER vgl. OTTO DOBENECKER: Paul Weber. ein Wort der Erinnerung [Nachruf]. In: Zeitschrift des Vereins für Thüringische Geschichte und Altertumskunde. 37. NF. 29(1930), S. I–IV; WINFRIED HAUN: Paul Weber und seine Jenaer Museumsgründung vor 100 Jahren. In: Blätter des Vereins für Thüringische Geschichte. 13(2003)2, S. 27–31; BIRGIT HELLMANN: Paul Weber – Kunsthistoriker, Museumsgründer und Denkmalpfleger in Jena. In: JÜRGEN JOHN und VOLKER WAHL (Hrsg.): Zwischen Konversion und Avantgarde. Doppelstadt Jena – Weimar (Bausteine zur Jenaer Stadtgeschichte. 2). Weimar/Köln/Wien 1995, S. 91–104, darin: S. 97–100 – Chronologisches Schriftenverzeichnis, S. 101–104 – Vorlesungen, Seminare und Übungen an der Alma mater jenensis; BIRGIT HELLMANN: Die Bemühungen Paul Webers um die Erhaltung mittelalterlicher Teile des Stadtbildes von Jena. In: MARK ESCHERICH, CHRISTIAN MISCH und RAINER MÜLLER (Hrsg.): Entstehung und Wandel mittelalterlicher Städte in Thüringen (Erfurter Studien zur Kunst- und Baugeschichte. 3). Berlin 2007, S. 241–253; SASKIA KRETSCHMER: Paul Weber (1868–1930). Denkmalpflege und Heimatschutz. Leipzig. Magisterarbeit. 2000. Für die uneigennützigen Hinweise sei Frau BIRGITT HELLMANN (Jena) gedankt.

Doktor der Philosophie mit der fundamentalen Arbeit zur Ikonographie in Kirche und Synagoge[98].

Da er durchaus vermögend war, konnte Weber sich nach dem Studium Bildungsreisen nach Frankreich und Italien leisten. Zur Vorbereitung seiner akademischen Laufbahn zog er 1895 nach Berlin und schrieb dort an der Habilitation zur frühmittelalterlichen Wandmalerei[99], die er an der Jenaer Universität einreichte und 1896 abschloss. Nun ließ er sich in Jena nieder, wo er mit einer Unterbrechung von etwa fünfeinhalb Jahren bis zum Lebensende blieb. Er arbeitete zunächst als Privatdozent und hielt an der Universität seit dem Wintersemester 1896/97 Vorlesungen und Seminare ab. Im Jahre 1901 nahm ihn die Universität als außerordentlichen Professor auf.

In seiner Wahlheimat wirkte Weber neben der Lehrtätigkeit als Universitätsprofessor vor allem auf dem Gebiet der Denkmalpflege, was mit seiner Rolle als Gründer und Leiter des Stadtmuseums zusammenhing. In Jena saß er von 1904 bis 1913 im Gemeinderat und beteiligte sich am Jenaer Kunstverein. Regional arbeitete er im Verein für thüringische Geschichte und Altertumskunde, mit dessen Vorsitzenden Otto Dobenecker (1859–1938) er zeitlebens verbunden blieb, der ihm 1930 einen Nachruf widmete. Herausragend war sein Inventarband zu den Bau- und Kunstdenkmalen der damals preußisch-hessischen Exklave Schmalkalden von 1913[100]. Die kunstgeschichtlich wertvollen Iweinfresken im Hessenhof von Schmalkalden hatte er bereits 1901 als älteste erhaltene Denkmäler weltlicher mittelalterlicher Malerei in Deutschland identifiziert[101]. Überregional beteiligte er sich an der Inventarisation der Bau- und Kunstdenkmale Sachsens und am 1904 gegründeten stark deutsch-national ausgerichteten «Bund Heimatschutz».

Die Denkmalpflege erlangte in Webers Anfangsjahren in Jena besondere Aktualität, da die Bausubstanz der Altstadt infolge des geradezu explosionsartigen Aufstiegs zur Industriestadt stark gefährdet war. Erinnert sei an die Firmengründer Carl Zeiß (1816–1888) und Otto Schott (1851–1935). Von 1890 bis 1914 stieg die Einwohnerzahl auf mehr als das Dreieinhalbfache an.

---

98 PAUL WEBER: Geistliches Schauspiel und kirchliche Kunst in ihrem Verhältnis erläutert an einer Ikonographie der Kirche und Synagoge. Stuttgart 1894. [Zugleich: Leipzig. Universität. Dissertation. 1894].

99 PAUL WEBER: Die Wandgemälde zu Burgfelden auf der schwäbischen Alb. Ein Baustein zu einer Geschichte der deutschen Wandmalereien im frühen Mittelalter, zugleich ein Beitrag zur ältesten Geschichte der zollerischen Stammlande. Darmstadt 1896. [Zugleich: Jena. Universität. Habil.-Schrift. 1896].

100 PAUL WEBER (Bearb.): Kreis Herrschaft Schmalkalden. Textband und Tafelband (Die Bau- und Kunstdenkmäler im Regierungsbezirk Cassel. Bd. 5). Marburg/Cassel 1913.

101 PAUL WEBER: Die Iweinbilder aus dem 13. Jahrhundert im Hessenhof zu Schmalkalden. In: Zeitschrift für bildende Kunst. Leipzig 1901, S. 73–88, 113–120.

Für die Museumsgründung lieferte den unmittelbaren Anstoß der Abriss des Weigelschen Hauses 1897/98, eines der «Sieben Wunder von Jena»[102].

Der nicht nur bauliche, sondern auch ideelle Abriss bewirkte als Gegenreaktion die Schaffung eines Orts zur Bewahrung Jenaer Geschichte – des Stadtmuseums. Die Berufung Webers am 15. Oktober 1901 zum ehrenamtlichen Direktor kann wohl als institutioneller Gründungsakt angesehen werden. Die Eröffnung der ersten Ausstellung geschah 1903 im ersten Stockwerk des am Ort des Weigelschen Hauses neu erbauten «Stadthauses», dem noch im selben Jahr eine Schausammlung im zweiten Stockwerk folgte. Weit am Anfang des Erwerbs vom Museumsexponaten standen 1898 die ersten Haushaltsausgaben und 1900 der Ankauf der Sammlung des Lithographen Max Hunger (†1922). Stadtgeschichtliche, volkskundliche und kirchliche Zeugnisse erhielt das Stadtmuseum beim Abbruch des Jenaer Schlosses, das 1903 dem Neubau des Universitätsgebäudes weichen musste. Zur Akzeptanz in der Öffentlichkeit wurde 1906 der «Verein der Museumsfreunde» in Jena mit wichtigen Persönlichkeiten aus Wirtschaft und Universität ins Leben gerufen.

Zu Beginn des 1. Weltkriegs meldete sich der bereits 46-jährige Weber als Kriegsfreiwilliger, was seiner deutsch-nationalen Gesinnung entsprach und womit er sich offenbar als guter Deutscher beweisen wollte. Die Museumsleitung übertrug er an Dr. Gertrud Paul, kümmerte sich indes bei Heimaturlauben weiterhin um die Geschicke des Museums. Am 20. August 1914 ging er zu seinem Regiment nach Berlin, wonach er sich bis 1916 im aktiven Einsatz befand. Daran schloss sich von 1917 bis Januar 1919 im von deutschen Truppen besetzten Litauen die Verantwortung als militärischer Konservator für die Bau- und Kunstdenkmäler an. Von seinem unermüdlichen Fleiß zeugen zwei Publikationen über das für ihn neu zu erarbeitende Aufgabengebiet[103].

Nach der Rückkehr nach Jena widmete er sich im noch verbleibenden Lebensjahrzehnt erfolgreich der Neugestaltung des Stadtmuseum und des Kunsthistorischen Seminars der Universität. Nachdem er 1917 zum außerordentlichen Professor für Kunstgeschichte berufen worden war, erhielt er am 6. September 1923 endlich die Ernennung zum ordentlichen Professor der Jenaer Universität.

Weniger ergiebig war sein Bemühen um ein thüringisches Denkmalschutzgesetz und die Vereinheitlichung von Heimatschutz und Denkmalpflege,

---

102 Die sieben Jenaer Wunder gehen auf einen im 16. Jahrhundert erstmals nachweisbaren lateinischen Merkvers zurück: «Ara, caput, draco, mons, pons, vulpecula turris, Weigeliana domus, septem miracula Jenae» – «Altar, Kopf, Drache, Berg, Brücke, Fuchsturm, Weigelsches Haus – das sind die sieben Wunder Jenas».

103 Paul Weber: Wilna, eine vergessene Kunststätte. Wilna/München 1917; Paul Weber: Die Baudenkmäler in Litauen. In: Paul Clemen (Hrsg.): Kunstschutz im Kriege. Bd. 2. Die Kriegsschauplätze in Italien, im Osten und Südosten. Leipzig 1919, S. 101–116.

wofür die Gründung des Landes Thüringen 1920 eigentlich günstige Voraus-
setzungen schuf. Am 15. März 1921 reichte er den Entwurf für ein Denkmal- und
Heimatschutzgesetz im zuständigen Thüringer Ministerium ein. Er arbeitete an
der unter einer linkssozialdemokratischen Regierung 1923 installierten
Beratungsstelle für Heimatschutz und Denkmalpflege im Volksbildungsminis-
terium mit und verfasste 1925 eine Denkschrift für die Einrichtung eines
Denkmalrates in Thüringen. Die Durchführung seiner Vorschläge litt unter der
Diskrepanz mit dem Leiter der genannten Beratungsstelle in Weimar, Fritz Koch.

Sein angestrebtes Hauptwerk, eine Kunstgeschichte Gesamtthüringens mit
Bilderatlas, um das er sich in den letzten Lebensjahren bemühte, kam durch
seinen jähen Tod über das Stadium der Planung nicht hinaus. Paul Weber verstarb nach kurzer Krankheit am 28. Januar 1930 an den Folgen einer Operation. Wenigstens blieben ihm die Repressalien der faschistischen Machthaber
erspart, die bereits im August 1932 in Thüringen die erste Landesregierung bildeten und nach deren Nürnberger Rassegesetzen von 1935 er als «Halbjude»
bzw. «jüdischer Mischling» definiert worden wäre. Vielmehr war Weber in
Thüringen bis ans Lebensende hoch geachtet. Seinerseits hatte er am 12. Juli
1927 in Marburg an der Beisetzung des am 8. Juli verstorbenen Professors Karl
Wenck teilgenommen, mit dem er seit den Beiträgen zum Wartburg-Werk von
1907 in herzlicher Freundschaft verbunden gewesen war.

Baumgärtel wollte Weber am 24. Juli 1899 mit dem Abschnitt zur Baugeschichte beauftragen, doch lehnte dieser wegen zu kurzfristiger Termin-
vorgabe ab[104], nicht zuletzt angesichts vielfältiger Aufgaben als Privatdozent
und Neuankömmling in Jena. Ersatzweise wandte sich Baumgärtel erst an Otto
von Ritgen, den Sohn des Wartburgarchitekten Hugo von Ritgen, dann an
Paul Lehfeldt, den Herausgeber der thüringischen Bauinventare. Letzterer
bewältigte die Aufgabe aber nicht zur Zufriedenheit und starb Anfang Juli
1900. Übrigens brachte Baumgärtel Lehfeldts fotografisches Glasplattenarchiv
zur Erfassung des Kulturguts in Thüringen an sich, das dann 1924 Paul Weber
für das Kunstgeschichtliche Seminar der Jenaer Universität erwarb.

Baumgärtel beauftragte nunmehr den Marburger Professor Wenck, der seit
1897 die geschichtlichen Mittelalterbeiträge für das Wartburg-Werk verfasste.
Wenck empfahl seinerseits Paul Weber in Jena, der auf die erneute Anfrage hin
diesmal zustimmte[105] und von August 1900 an in sieben Monaten ein Manuskript über die Baugeschichte der Wartburg von den Anfängen bis ins 19. Jahrhundert erarbeitete. Er beschäftigte sich in jener Zeit offenbar mit Burgen-

---

104 Vgl. WSTA, Akten-Nr. 342 (wie Anm. 15) Bl. 34 vom 7.1.1901.
105 WSTA, Akten-Nr. 340 (wie Anm. 11) Bl. 257 vom 6. 9. 1900: WEBER teilt dem Schlosshaupt-
    mann mit, er habe diesmal die Aufgabe zur Abfassung des kunstgeschichtlichen Teils des
    Wartburgwerkes übernommen und werde sich am 10. d. M. auf der Wartburg einfinden.

forschung, denn in den Sommersemestern von 1901 und 1902 hielt er Lehrveranstaltungen zur «Geschichte der deutschen Burg» ab. Übrigens handelte er 1917 in einer Soldatenzeitung nochmals die Wartburg ab[106].

Am 25. April 1901 hielt Baumgärtel ein fertiges Manuskript in den Händen[107] und urteilte nach der Durchsicht: «Webers Manuskript habe ich nun gelesen: ohne feinere Reize, aber eine gute, brauchbare Arbeit»[108]. Der inzwischen sehr anspruchsvolle Baumgärtel – vergleiche seine Urteile über Ritgen und Lehfeldt – akzeptierte also grundsätzlich Webers Text, verbesserte jedoch mit dessen Zustimmung von Frühjahr 1901 bis Januar 1902 einzelne Passagen, so dass er als eine Art Koautor des Abschnitts anzusehen ist.

Als Baumgärtel vor dem Abschluss seines Wartburg-Werkes stand, stimmte er gern Webers Anregung zu einem Kapitel über alte und neue Kunstwerke der Wartburg zu. Weber verfasste den Beitrag selbst und lieferte wohl 1906 den Text zur Zufriedenheit des Herausgebers. Der Jenaer Professor hatte sich in jener Zeit mit der Erfassung und Begutachtung der Sammlung des Stadtmuseums beschäftigt, zu dem er 1908 einen ersten Museumsführer herausgab[109]. Seine Lehrveranstaltungen vom Sommersemester 1903 bis zum Wintersemester 1905/06 zeigen, dass er sich intensiver mit Kunstwerken vom Mittelalter bis zur Neuzeit beschäftigte.

Andererseits lehnte er die Bitte Baumgärtels um eine Besprechung des 1906 fertig gestellten Elisabeth-Mosaiks in der Elisabeth-Kemenate des Wartburgpalas ab[110]. Offenbar war er momentan mit den Aufgaben zur Denkmalpflege überlastet und wusste darüber hinaus sicherlich, dass zur Elisabeth-Thematik andere wie Georg Voss, Karl Wenck und Albert Huyskens besser im Stoff standen, nicht zuletzt in Vorbereitung des 700. Geburtstags der Heiligen.

---

106 PAUL WEBER: Die Wartburg. In: Scheinwerfer. Beilage zur Zeitung der 10. Armee. Nr. 65. Wilna 1917.
107 Vgl. WSTA, Akten-Nr. 342 (wie Anm. 15) Bl. 49 vom 26. 4. 1901 – BAUMGÄRTEL an VON CRANACH: «Gestern abend habe ich Weber's Manuskript erhalten.»
108 WSTA, Akten-Nr. 342 (wie Anm. 15) Bl. 51 vom 17. 5. 1901.
109 PAUL WEBER: Führer durch das Städtische Museum für Ortsgeschichte in Jena. Jena 1908.
110 BAUMGÄRTEL, Schreiben vom 27. 5. 1907 (wie Anm. 14) S. 55.

DER MARBURGER HISTORIKER KARL WENCK ZUR
MITTELALTERLICHEN WARTBURGGESCHICHTE

Karl Robert Wenck wurde am 12. August 1854 in Leipzig als Sohn des späteren Senatspräsidenten am dortigen Reichsgericht R. F. Wenck geboren[111]. Die Mutter Anna war eine Schwester des ersten Leipziger Oberbürgermeisters Otto Georgi[112]. Die Familie väterlicherseits versah über drei Generationen in Hessen-Nassau ein evangelisches Pfarramt und hatte in ihren Reihen den Verfasser einer hessischen Landesgeschichte[113]. Mütterlicherseits führten seine Wurzeln ins Vogtland. Mit Hessen, Sachsen und Vogtland war auch sein historisches Forschungsgebiet umrissen, das folgerichtig Thüringen einschloss. Die Ehe mit Anna Wenck ging vorzeitig in die Brüche. Von zwei Kindern verstarb der Sohn 1918 nach Abschluss des Jurastudiums. Die Tochter erzielte einige Erfolge als Schriftstellerin.

In Leipzig besuchte Karl Wenck die altehrwürdige Nikolaischule[114]. Sein Geschichtsstudium absolvierte er in Leipzig, Heidelberg, Göttingen und Berlin. Am stärksten beeinflusste ihn Georg Waitz (1813–1886) in Göttingen, als dessen Schüler er sich später bezeichnete. Die Doktor-Dissertation schloss er am 2. August 1876 in Leipzig mit einem Thema zu den Wettinern des 14. Jahrhunderts einschließlich des vogtländischen Kriegs ab[115]. Zur Vorbereitung einer akademischen Laufbahn arbeitete er von 1878 bis 1880 als

Abb. 5:
Altersporträt
des Historikers
Karl Wenck

111 Zu KARL WENCK vgl. ALBERT BRACKMANN: Karl Robert Wenck †. In: Historische Zeitschrift. 137(1928), S. 184–187; FRIEDRICH SCHNEIDER: Karl Wenck. In: Zeitschrift des Vereins für Thüringische Geschichte und Altertumskunde. 37. NF. 29(1930), S. 1–5; WILHELM DERSCH: Karl Wenck (1854–1927)/Professor der Geschichte. In: INGEBORG SCHNACK (Hrsg.): Lebensbilder aus Kurhessen und Waldeck. 1830–1930. Bd. 1. (Veröffentlichungen der Historischen Kommission für Hessen und Waldeck. 20). Marburg 1939, S. 292–299; Hessischen Staatsarchiv Marburg, StAM Best. 310, «Kurator», acc. 1978/15 No 3713, Königl Univ-Curatorium Mbg: Akten betreffend den ordentlichen Honorar=Professor Dr. Wenck, Vol. I 1905 bis 1923 – dankenswerterweise durchgesehen und mitgeteilt von Frau RENATE LÜHRMANN (Marburg).

112 OTTO GEORGI, geb. 22. 11. 1831 in Mylau, gest. 1.4.1918 in Leipzig, 1876 Bürgermeister von Leipzig, durch den Aufstieg zur Großstadt am 20. 12. 1877 zum Oberbürgermeister erhoben, im Amt bis 30. 9. 1899.

113 HELFRICH BERNHARD WENCK: Hessische Landesgeschichte. Mit einem Urkundenbuch und geographischen Charten. Bd. 1. Darmstadt/Gießen 1783 und Frankfurt a. M./Leipzig 1785, Bd. 2. Frankfurt a. M./Leipzig 1789, Bd. 3. Frankfurt a. M./Leipzig 1803.

114 Die Geschichte der Schola Nicolaitana reicht bis in das Jahr 1498 zurück. Im Jahr 1512 öffnete sie als erste städtische Bürgerschule und hatte seitdem ihren Sitz am Nikolaikirchhof. Der Renaissancebau diente bis 1872 als Schule, an der u. a. WILHELM LEIBNIZ, CHRISTIAN THOMASIUS, GOTTFRIED SEUME, RICHARD WAGNER und KARL LIEBKNECHT lernten.

Volontär und Hilfsarbeiter an der Universitätsbibliothek im preußischen Halle
(Saale). An der dortigen Universität habilitierte er sich am 30. Mai 1881 mit
einer Arbeit über die Anfänge des französischen Papsttums im 14. Jahrhundert[116]. Studien zum mittelalterlichen Papsttum und dem Kardinals-
kollegium begleiteten Wencks Forschungen bis zum Lebensende und stellten
den zweiten Forschungsschwerpunkt neben dem Komplex der hessisch-thü-
ringisch-wettinisch-sächsischen Geschichte. Wiederholt reiste er zu Studien-
zwecken nach Italien.

Von 1882 bis 1889 wirkte Wenck als Privatdozent in Halle, wo er seit dem
31. Mai 1881 die Vorlesungserlaubnis über Geschichte an der Universität
(venia legendi) besaß. Nach der Beurlaubung im September 1889 ging er zunächst provisorisch nach Marburg, wo er sich am 11. Juli 1891 an der Universität nochmals habilitierte und seinen Hauptwohnsitz nahm. Seit dem 31.
Dezember 1893 trug er den Titel eines Professors und erhielt am 12. Januar
1905 von der Universität Marburg die Ernennung zum Ordentlichen Professor. Obwohl in Forschung und Publikationstätigkeit sehr produktiv, blieb
ihm bis zur Entbindung von den amtlichen Verpflichtungen im Wintersemester 1922/23 größere Anerkennung versagt.

Offenbar hatte er verabsäumt, sein profundes Wissen in einer oder mehreren großen Monographien niederzulegen. Seit den gedruckten Einzelab-
handlungen aus der Zeit von Dissertation und Promotion in den 1870er und
1880er Jahren veröffentlichte er seine Forschungsergebnisse in Sammelbänden
und Zeitschriften. Sein Spott über den «Büchermacher» führte sicherlich zu
persönlichen Animositäten mit einflussreichen Personen aus der eigenen
Zunft. Vielleicht konnte er in Marburg nicht die rechte Anerkennung finden,
da er erst mit Mitte 30 in die Lahnstadt kam und erst mit knapp 50 zum
Professor ernannt wurde. Seine Kränklichkeit im fortgeschrittenen Alter war
vielleicht nicht immer auf Verständnis gestoßen. Im Sommer 1914 unterbrach
er seine akademische Tätigkeit und ließ noch im Sommersemester 1915 seine
Vorlesungen ausfallen. Auch der 1922/23 um die finanzielle Abfindung kulmi-
nierende Ehekrach mit seiner Gattin dürfte nicht zur Reputation beigetragen
haben.

Anlässlich des 70. Geburtstags ernannte ihn die Theologische Fakultät der
Marburger Universität am 12. August 1924 zum Ehrendoktor (D. theol. h. c.).
Bezeichnenderweise erhielt er die Auszeichnung nicht durch die Philoso-

---

115 CARL WENCK: Die Wettiner im XIV. Jahrhundert insbesondere Markgraf Wilhelm und König
   Wenzel. Nebst einem Exkurs: Der vogtländische Krieg. Leipzig 1877.
116 CARL WENCK: Clemens V. und Heinrich VII. Die Anfänge des französischen Papstthums. Ein
   Beitrag zur Geschichte des 14. Jahrh. Halle 1882. [Teilw. zugl.: Halle, Universität, Habil.-
   Schrift, 1881].

phische Fakultät, an der er gelehrt hatte. Die Theologen ehrten ihn als hessischen Kirchenhistoriker und Biographen der hl. Elisabeth und des hl. Franziskus, der als Protestant Freundschaft und Achtung von franziskanischen und dominikanischen Mönchen erworben hatte. Nunmehr erlebte Wenck doch noch einige Würdigungen seiner wissenschaftlichen Leistungen. Der hessische Geschichtsverein ernannte ihn 1924 zum Ehrenmitglied, und die Preußische Akademie der Wissenschaften berief ihn 1925 zum korrespondierenden Mitglied. Zum 50., dem Goldenen Doktorjubiläum im Jahre 1926, widmete ihm die Historische Zeitschrift[117] eine Festausgabe. Unter den Unterzeichnern befinden sich renommierte Historiker wie der besonders über die Henneberger arbeitende Wilhelm Füßlein (1869–1944), der Verfasser einer mittelalterlichen Kaisergeschichte, Karl Hampe (1869–1936), und der Herausgeber des Urkundenbuchs des Klosters Fulda, Edmund Stengel (1879–1968). Die Preußische Akademie würdigte in einer Adresse Wencks wissenschaftliches Werk[118].

Im Jahre 1926 lieferte er noch zwei Beiträge zur mittelalterlichen Papstgeschichte. Doch dann machte ihm ein langwieriges Krebsleiden immer mehr zu schaffen, dem er am 8. Juli 1927 in Marburg erlag.

Die Beteiligung am Wartburg-Werk, zunächst nur für den Teil zur hl. Elisabeth, kam auf Empfehlung des seinerzeit in Berlin wirkenden renommierten Historikers Ernst Dümmler zustande. Dümmler hatte bis 1888 an der Universität in Halle gelehrt und den dort bis 1889 ebenfalls lebenden Wenck persönlich gekannt. Mit seiner Übersiedlung nach Berlin hatte Dümmler die Leitung der Monumenta Germaniae Historica übernommen, der bedeutendsten und heute maßgeblichen Editionssammlung germanisch-deutscher Quellen bis zum Ende des Mittelalters. Wenck hatte bereits ausführlich mit mittelalterlichen Chroniken gearbeitet und einige Editionen der Monumenta ausführlich besprochen. In seiner Marburger Wohnung besaß er später sämtliche erschienenen Monumenta-Bände.

Den ersten Auftrag erhielt Wenck im November 1897 für den Abschnitt zur hl. Elisabeth, zu der er sich 1892 in seiner Antrittsvorlesung an der Universität Halle, abgedruckt in der Historischen Zeitschrift[119], geäußert hatte. In Auswertung ihres 700. Geburtstags behandelte er 1908 in einigen Beiträgen die Elisabeth-Thematik. Das Kapitel über Elisabeth schrieb er im Winter 1898/99

117 Festgabe für Karl Wenck. In: Historische Zeitschrift. 134(1926)2, S. 197–464, bes. S. 197, gewidmet von Albert Brackmann, Heinrich Finke, Wilhelm Füsslein, Rudolf Häpke, Karl Hampe, Edmund Stengel und Jost Trier.

118 Adresse an Hrn. Prof. Dr. Karl Robert Wenck zum fünfzigjährigen Doktorjubiläum am 2. August 1926. In: Sitzungsberichte der Preußischen Akademie der Wissenschaften. Philosophisch-historische Klasse. 1926. 25. Sitzung, S. 205 f. und in: Sitzungsberichte der Preußischen Akademie der Wissenschaften. Physikalisch-mathematische Klasse. 1926, S. 354 f.

119 Karl Wenck: Die heilige Elisabeth. In: Historische Zeitschrift. 69. NF. 33(1892), S. 209–244.

und ermöglichte die Drucklegung im Februar 1902[120]. Hier führte er u. a. aus, dass Elisabeth im Streit mit der Landgrafenfamilie von der Wartburg und nicht von der Marburg[121] ging. Darüber und vor allem, dass die Langfassung der Lebensberichte von Elisabeths Dienerinnen (Libellus) die ursprüngliche ist, geriet er mit dem Herausgeber der ältesten Elisabethquellen Albert Huyskens (1979–1956) in eine Auseinandersetzung, zu der er 1909 mit einer Studie reagierte[122].

Bald nach dem Auftrag zum Elisabeth-Kapitel wurde Wenck auch mit dem Abschnitt zur ältesten Wartburggeschichte unter den Ludowingern betraut, der die Zeit bis zu Landgraf Hermann I. (1190–1217) behandelt. Für dieses Thema bot er sich besonders an. Die Kurzbiographien der Ludowinger hatte er für den 1884 erschienenen Band der Allgemeinen Deutschen Biographie verfasst. Vor allem hatte er sich intensiv mit den Geschichtsbüchern aus dem Kloster Reinhardsbrunn, dem Hauskloster der Ludowinger, beschäftigt. Einen Namen hatte er sich mit einer Monographie von 1878 und einem Zeitschriftenbeitrag von 1885 zur Entstehung dieser Geschichtsbücher gemacht, was auch stark die Überlieferung zur hl. Elisabeth tangierte. Seine Analysen sind zwar nicht mehr in allen Einzelheiten haltbar, schufen aber eine gute Grundlage[123] für die von dem mit Wenck über Jahrzehnte befreundeten Oswald Holder-Egger herausgegebene und heute noch maßgebliche Edition in den Monumenta Germaniae Historica.

Den Abschnitt zur Geschichte der Landgrafen und der Wartburg vom 13. bis zum 15. Jahrhundert schlug Wenck selbst vor. Das Thema ergänzte eine Gesamtdarstellung der Burg, und der Beitrag wurde zum umfangreichsten des Autors, auf den er bestens vorbereitet war. Die Wettiner, die seit Mitte des 13. Jahrhunderts Thüringen und die Wartburg besaßen, herrschten seit Beginn des Hochmittelalters über seine sächsische Heimat. Bereits seine Dissertation von

120 BAUMGÄRTEL, Wartburg 1907 (wie Anm. 4) S. 699, Anm. zu S. 184–190.

121 So bei ALBERT HUYSKENS: Quellenstudien zur Geschichte der hl. Elisabeth, Landgräfin von Thüringen. Marburg 1908, S. 63.

122 KARL WENCK: Quellenuntersuchungen und Texte zur Geschichte der heiligen Elisabeth. 1. Über die Dicta quatuor ancillarum sanctae Elisabeth. In: Neues Archiv der Gesellschaft für Ältere Deutsche Geschichtskunde zur Beförderung einer Gesamtausgabe der Quellenschriften deutscher Geschichten des Mittelalters. 34(1909), S. 427–502, insbes. S. 429; vgl. INGRID WÜRTH: Die Aussagen der vier Dienerinnen im Kanonisationsverfahren Elisabeths von Thüringen (1235) und ihre Überlieferung im Libellus. In: Zeitschrift des Vereins für Thüringische Geschichte. 59/60(2005/06), S. 7–74, hierzu S. 9.

123 Vgl. HANS PATZE: Landesgeschichtsschreibung in Thüringen. In: Jahrbuch für die Geschichte Mittel- und Ostdeutschlands. 16/17(1968), S. 95–168, hierzu S. 49; STEFAN TEBRUCK: Die Reinhardsbrunner Geschichtsschreibung im Hochmittelalter. Klösterliche Traditionsbildung zwischen Fürstenhof, Kirche und Reich (Jenaer Beiträge zur Geschichte. 4). Frankfurt/M. 2001, S. 97, Anm. 3.

1876/77 beschäftigte sich mit den Wettinern zum Ende des 14. Jahrhunderts. 1895 hatte er eine Abhandlung zur Heiratsanbahnung Friedrichs des Friedfertigen um 1400 abgedruckt.

Ende Januar 1898 meldete Baumgärtel an den Großherzog, dass für die Geschichte der heiligen Elisabeth, die älteste Zeit der Burg mit den Landgrafen Ludwig I. bis IV., die Zeit Hermanns I. und der nachfolgenden Kämpfe sowie für die Zeit von Heinrich Raspe bis auf Friedrich den Sanftmütigen (†1464), also insgesamt vom 11. bis 15. Jahrhundert, der Universitätsprofessor Carl Wenck gewonnen werden konnte[124]. Die Fertigstellung zog sich über die beiden folgenden Jahre hin. Während er 1898 bis 1900 am Text für das Wartburg-Werk schrieb, veröffentlichte er im Jahre 1900 Beiträge zum Kanzler Friedrichs des Ernsthaften (1406–1440) und zum Ableben Friedrichs des Freidigen 1321–1323 sowie 1901 zu Elisabeth, der Tochter des Letzteren. Wenck befand sich folglich in einer Phase intensiver Beschäftigung mit der thüringisch-wettinischen Geschichte des Spätmittelalters. Dabei hatte er mit gesundheitlichen Problemen zu kämpfen, wie Baumgärtel an Cranach berichtete: «...die Nerven versagten ihm ab und zu; dann muß er ausspannen.»[125] Wiederholt musste Baumgärtel konstatieren, dass Wenck die jeweils geplanten Textabschnitte nicht fristgemäß bewältigt hatte[126]. Den ersten Abschnitt hatte er immerhin bis Juli 1898 beendet[127], doch dann verschob sich der Abschluss immer wieder. Ende Januar 1899 rechnete Baumgärtel mit Ende April[128], im Juni 1899 mit September[129]. Im ersten Jahresviertel von 1900 ging es dann wirklich dem Ziel entgegen: Baumgärtel sprach gegen Ende Januar mit Wenck in Marburg darüber, dass man mit schnellen Schritten der Vollendung näher komme[130]. Anfang März erhielt Baumgärtel wieder einen Teil vom Manuskript[131] und gegen Ende März endlich den Abschluss[132]. Zwei Jahre später waren Wencks Mittelaltertexte gesetzt[133].

Zum Wartburg-Werk steuerte Wenck rund 100 von insgesamt knapp 700 Textseiten bei und gab damit den hauptsächlichen Mitarbeiter zum Mittelalter

---

124 WSTA, Akten-Nr. 341 (wie Anm. 8) Bl. 45 vom 31. 1. 1898, vgl. Bl. 73 vom 23. 6. 1898, Bl. 119 vom 12. 9. 1899.
125 WSTA, Akten-Nr. 341 (wie Anm. 8) Bl. 82 vom 7. 10. 1898.
126 WSTA, Akten-Nr. 341 (wie Anm. 8) Bl. 58 f. vom 16. 5. 1898, Bl. 70 vom 16. 6. 1898, Bl. 82 vom 7. 10. 1898, Bl. 139 vom 1. 12. 1999.
127 WSTA, Akten-Nr. 341 (wie Anm. 8) Bl. 80 vom 21. 7. 1898.
128 WSTA, Akten-Nr. 341 (wie Anm. 8) Bl. 99 vom 31. 1. 1899.
129 WSTA, Akten-Nr. 341 (wie Anm. 8) Bl. 115 vom 23. 6. 1899.
130 WSTA, Akten-Nr. 341 (wie Anm. 8) Bl. 145 f. vom 30. 1. 1900.
131 WSTA, Akten-Nr. 341 (wie Anm. 8) Bl. 156 vom 1. 3. 1900.
132 WSTA, Akten-Nr. 341 (wie Anm. 8) Bl. 172 vom 26. 3. 1900 – BAUMGÄRTEL an VON CRANACH: «Die heutige Morgenpost hat den Schluß des Wenck'schen Manuskriptes gebracht.»

ab. Der sonst sehr anspruchsvolle Herausgeber Max Baumgärtel akzeptierte seine Niederschriften. Auf Anregung Wencks wurde der Jenaer Kunsthistoriker Paul Weber herangezogen, der 1900/01 zeitlich und inhaltlich parallel die Baugeschichte der Burg abhandelte.

Der Theologe Gustav Kawerau mit seinen Korrekturen an der Lutherbiographie

Der Theologe Gustav Kawerau[134] erscheint weder im Inhaltsverzeichnis noch in anderen Verfasserauflistungen des Wartburg-Werks. Immerhin korrigierte er einen 60-seitigen Abschnitt zu Luthers Leben[135], der schon vom Umfang her den Anteil manch genannter Autoren übertrifft. Mit seiner Autorität verbürgte er sich für die Richtigkeit. Kawerau wurde am 25. Februar 1847 im schlesischen Bunzlau (Bolesławiec) geboren und starb in Berlin am 1. Dezember 1918. Sein Großvater Peter Friedrich Theodor Kawerau (1789–1844) hatte sich als preußischer Schulreformer einen Namen gemacht, sein Vater Martin Kawerau (1815–1874) als Leiter des Turnplatzes auf der Hasenheide und Organist der Berliner Matthäuskirche. Die Mutter Luise Henriette, geb. Kahle (1819–1898), hatte einen Königsberger Superintendenten zum Vater. Gustav Kawerau heiratete im Jahre 1872 Bertha Herrmann (1890–1925), die Tochter des Erbauers der Siegessäule in Berlin.

In Berlin absolvierte er seine Schulzeit am Friedrich-Wilhelm-Gymnasium und studierte von 1863 bis 1866 Theologie. In der Hauptstadt verblieb er während der anschließenden Zeit als Hilfsprediger an der St. Lukas Kirche. Am 15. Mai 1871 trat er die Stelle des Pastors im brandenburgisch-schlesischen Langheinersdorf (Kreis Züllichau, heute Sulechów), wo er erstmals mit wissenschaftlichen Publikationen hervortrat. Von 1882 bis 1886 versah er die geistliche Inspektion am Kloster Unser Lieben Frauen in Magdeburg. Am 10. November 1883 erhielt er die Ehrendoktorwürde der Theologie an den Universitäten Halle und Tübingen. Am 1. April 1886 trat er die Professur für praktische Theologie an der Universität in Kiel an.

---

133 WSTA, Akten-Nr. 342 (wie Anm. 15) Bl. 146 vom 15. 3. 1902.

134 Zu Gustv Kawerau vgl. Martin Schian: Kawerau, Gustav. In: Deutsches biographisches Jahrbuch. Überleitungsband II: 1917–1920. Stuttgart/Berlin/Leipzig 1928, S. 266–272, 693; Neue deutsche Biographie. Bd. 11. Berlin 1977, S. 378; Friedrich Wilhelm Bautz und Traugott Bautz (Bearb. u. Hrsg.): Biographisch-bibliographisches Kirchenlexikon. Teil 3. Hamm (Westf.) 1992, Sp. 1268–1271; Ernst Koch: Gustav Kawerau. In: Luise Schorn-Schütte (Hrsg.): 125 Jahre Verein für Reformationsgeschichte (Schriften des Vereins für Reformationsgeschichte. 200). Gütersloh 2008, S. 36–45.

135 M. Wartburger: Martin Luthers Leben. In: Baumgärtel, Wartburg 1907 (wie Anm. 1) S. 509–568.

Von 1894 bis 1907 übernahm Kawerau die gleiche Professur sowie die Stelle des Konsistorialrats an der Universität Breslau, währenddessen er 1904/05 auch die Funktion des Universitätspredigers und -rektors innehatte. Mit 60 Jahren wechselte er 1907 nochmals nach Berlin zurück und wurde Probst an der St. Petri Kirche, wo er außerdem dem Evangelischen Oberkirchenrat angehörte und als ordentlicher Honorarprofessor an der Universität lehrte.

Am 16. Juli 1909 verlieh ihm die Philosophische Fakultät der Universität Gießen die Ehrendoktorwürde. Bereits 1903 hatte er das Amt des Vorsitzenden des Vereins für Reformationsgeschichte und 1905 der Kommission zur Herausgabe der Weimarer Lutherausgabe übernommen. 1913 wurde er zum Mitherausgeber des «Jahrbuchs für Brandenburgische Kirchengeschichte».

Die Mitarbeit am Text des Wartburg-Werks um 1905 fiel in Kaweraus letzte Breslauer Jahre. Im späten sechsten Lebensjahrzehnt hatte er sich als Luther-kenner durch eine Fülle von Monographien und Aufsätzen hinlänglich ausge-wiesen. Besonders nachhaltig wirkten seine Editionen von Lutherschriften in der heute maßgeblichen Weimarer Ausgabe. In den Bänden 3 und 4 edierte er 1885/86 erstmals Luthers erste Psalmvorlesungen von 1513/15[136]. Weitere Bände gab er ganz oder teilweise in den folgenden Jahren heraus[137]. Den von Ernst Ludwig Enders in Leipzig herausgebrachten Briefwechsel Luthers setzte er seit 1910 mit den Bänden 12 bis 16 fort[138]. Innerhalb des Lehrbuchs der Kirchengeschichte verfasste er 1894 eine umfangreiche Darstellung von Refor-mation und Gegenreformation[139]. Unmittelbar mit der Person des Reforma-tors beschäftigte er sich bei der 1903 überarbeiteten fünften Auflage von Köstlins Lutherbiographie[140], der lange Zeit umfangreichsten und zuverlässig-sten.

Dadurch war er auch für Baumgärtel der prädestinierte Mann, seine biogra-phische Abhandlung im Wartburg-Werk zu überarbeiten, womit auf die pole-mische katholische Lutherbiographie von Heinrich Denifle (1844–1904) aus dem Jahre 1904[141] reagiert werden sollte. Die Mitarbeit Kaweraus und des

---

136 [Gustav Kawerau (Hrsg.):] D. Martin Luthers Werke. Kritische Gesamtausgabe [Weimarer Ausgabe. Werke]. 3. Bd. Weimar 1885; [Gustav Kawerau (Hrsg.):] D. Martin Luthers Werke. Kritische Gesamtausgabe [Weimarer Ausgabe. Werke]. 4. Bd. Weimar 1886.

137 [Gustav Kawerau (Hrsg.):] D. Martin Luthers Werke. Kritische Gesamtausgabe [Weimarer Ausgabe. Werke]. 7. Bd. Weimar 1889; Gustav Kawerau beteiligt an: D. Martin Luthers Werke. Kritische Gesamtausgabe [Weimarer Ausgabe. Werke]. 9. Bd. Weimar 1889, 12. Bd. Weimar 1891, 26. Bd. Weimar 1909, 28. Bd. Weimar 1903, 50. Bd. Weimar 1904.

138 Ernst Ludwig Enders (Bearb.) und Gustav Kawerau (Fortges.): Martin Luther. Briefwechsel. 12. Leipzig 1910, 13. Leipzig 1911, 14. Leipzig 1912, 15. Leipzig 1914, 16. Leipzig 1915.

139 Gustav Kawerau (Bearb.): Reformation und Gegenreformation (Ernst Wilhelm Moeller: Lehrbuch der Kirchengeschichte. 3). Freiburg i. Br. 1894.

140 Julius Köstlin: Martin Luther. Sein Leben und seine Schriften/Nach des Verf. Tode fortges. von Gustav Kawerau. Bd. 1 und 2. Berlin ⁵1903.

Mitgestalters Muff stellte Baumgärtel nicht heraus, sondern versteckte sie unter dem Pseudonym «M. Wartburger» und wies auf beide anonym in einer Anmerkung hin[142], was eine Notlösung war. Einerseits sollte der Katholik Otto von Ritgen, mit dem er offiziell für das entsprechende Kapitel verantwortlich zeichnete, nicht als Verfasser der Lutherbiographie erscheinen, andererseits hatte Baumgärtel diesem 1902 zugesichert, keine weiteren Autoren einzubeziehen. Erst im Bericht an den Großherzog vom 27. Mai 1907 gab er beide Namen preis[143].

CHRISTIAN FÜRCHTEGOTT MUFF – EIN EVANGELISCHER PÄDAGOGE BETEILIGT SICH AN DER LUTHERBIOGRAPHIE

Der zweite hoch qualifizierte Berater für die Lutherbiographie hatte sich vor allem als evangelischer Pädagoge hervorgetan. Christian Fürchtegott Muff war am 14. August 1841 im westthüringischen Treffurt geboren, wo er auch seine Grabstätte fand, nachdem er am 6. April 1911 in Schulpforte bei Naumburg verstorben war[144]. Der Vater Johann Georg Muff war Oberförster, die Mutter Susanne, geb. Troll. Christian selbst blieb unverheiratet.

Im thüringischen Mühlhausen besuchte Christian Fürchtegott Muff das Gymnasium und legte am 23. März 1861 die Reifeprüfung ab. Danach studierte er an der Universität Halle Philologie, Philosophie, Literatur sowie Geschichte und promovierte am 1. August 1864 zum Doktor der Philosophie mit einer Arbeit über römische Altertümer in der Äneis[145]. Von 1865 an blieb er in der Saalestadt und arbeitete als Oberlehrer, später als Korrektor an der Latina, der Lateinischen Hauptschule der Franckeschen Stiftungen. Seit Herbst 1875 trug er den Professorentitel. In Kreisen klassischer Philologen machte er sich durch Forschungen über das griechische Drama bekannt.

Im Jahre 1880 ging Muff nach Stettin (Szczecin) und erfüllte die Berufung zum Direktor des dortigen Königlichen Wilhelmsgymnasiums. Hier entwickelte er reformorientierte Unterrichtskonzepte für das humanistische Gymnasium, wofür er besonders in der Einweihungsrede 1888 für den von ihm durch-

---

141 HEINRICH DENIFLE: Luther und Luthertum in der ersten Entwickelung. Quellenmäßig dargestellt. Bd. 1. Mainz 1904.

142 BAUMGÄRTEL, Wartburg 1907 (wie Anm. 1) S. 719 Anm. zu S. 509.

143 BAUMGÄRTEL, Schreiben vom 27. 5. 1907 (wie Anm. 14) S. 45 f.

144 Zu CHRISTIAN MUFF vgl. MAX HOFFMANN: Ecce der Königlichen Landesschule Pforta für Christian Muff, Rector Portensis. [Leichenrede], gehalten am 22. April 1911. Naumburg 1911; HELMUT GRIMM und WILLI KNABE: Treffurt. Wanderung durch Geschichte und Gegenwart. Eisenach [ca. 1995], S. 67–69.

145 CHRISTIAN MUFF: Antiquitates Romanae in Virgilii Aeneide illustratae. Halle 1864. [Zugleich: Halle, Phil. Diss.-Inaug. 1864].

gesetzten Schulneubau eintrat [146]. Muff leitete von 1893 bis 1898 das Wilhelms-gymnasium im damals preußischen Kassel und ab 1898 als Rektor die Königliche Landesschule (Schul-)Pforta. Von Schulpforta aus wirkte er ab 1904 als Honorarprofessor für Alte Philologie an der alten Wirkungsstätte, der Universität Halle. Am 10. Februar 1904 war er zum geheimen Regierungsrat ernannt worden.

In dieser Position gewann ihn Baumgärtel für die Beratung des Reformations- und Lutherabschnitts im Wartburg-Werk. Dabei bestanden bereits Verbindungen Muffs zum Haus Sachsen-Weimar, denn der inzwischen amtierende Großherzog Wilhelm Ernst gehörte in Kassel zu seinen Schülern. Im Juli/September 1895 war ihm das Ritterkreuz 1. Klasse des Weimarischen Hausordens der Wachsamkeit oder vom weißen Falken verliehen worden.

146 CHRISTIAN MUFF: Beschreibung des Neubaus und Bericht über die Einweihungsfeier. [Stettin, König-Wilhelms-Gymnasium]. Stettin 1889.

IV.
Die Firmen, Institute und Personen bei der technischen Verwirklichung von Baumgärtels Wartburg-Werk von 1907

Rein äußerlich beeindrucken am Wartburg-Werk bis heute Format, Umfang und sowohl der Reichtum als auch die Brillanz ihrer Abbildungen. Die hier vorliegenden Superlative verdeutlichen nicht nur, dass der Verleger ein ganz besonderes Buch präsentieren wollte. Der bibliophile Band rechtfertigt einen tiefergehenden Blick auf seine technische Entstehungsgeschichte, die mit zahlreichen Institutionen, Firmen und Einzelpersonen verbunden ist. In den ausgewerteten und auswertbaren Überlieferungen finden sie höchst unterschiedlich Erwähnung, wie auch die bisherige Bekanntheit erheblich differiert. Ob jeweils Literatur zu Biographie bzw. Firmengeschichte vorliegt, erweist sich von umfangreichen Darstellungen bis zu ihrem völligen Fehlen divergent. Dies bewirkte bei den folgenden Beschreibungen, in welchem Umfang die eigene Geschichte einerseits und die Beteiligung am Wartburg-Werk andererseits geschildert werden. Der Verleger Max Baumgärtel wählte offensichtlich die Partner nach ihrem Zugang zum technischen Höchststand ihrer Zeit aus. Andererseits ergab sich durch seinen Wohnort und persönliche Bekanntschaft ein Schwerpunkt auf denen mit Sitz in Berlin. Ebenfalls stark vertreten ist mit Leipzig das damalige Zentrum des Buchdrucks in Mitteldeutschland.

1. Die Bildgewinnung, vor allem mittels Fotografie

Albrecht Meydenbauer und die Königlich Preussische Messbildanstalt in Berlin

Der Architekt und Ingenieur Albrecht Meydenbauer[1] begründete die Photogrammmetrie (Raumbildmessung). Er wurde am 30. April 1834 in Tholey (Hundsrück) geboren und verstarb am 18. November 1921 in Bad Godesberg.

Der väterlicherseits als Waise Geborene besuchte in Trier die Elementarschule und dann das Realgymnasium. Auf das Kunstgefühl, das ihn später für den Zusammenhang von Kunst und Technik prägte, übte seit 1844 der Maler Gustav Lasinsky (1811–1870) großen Einfluss aus. Nach dem Abitur lernte er

---

1 Zur Königlich Preußischen Messbildanstalt und Albrecht Meydenbauer vgl. Ursula von Driesch: Meydenbauer, Albrecht. In: Neue Deutsche Biographie. Bd. 17. Berlin 1994, S. 286 f.; Jörg Albertz: Albrecht Meydenbauer (1834 bis 1921) – Erfinder der Photogrammetrie. In: www.theulegium.de/index.php?id=meydenbauer.

bei der Trierer Wasscrinspektion weiter, wechselte 1854 als Stipendiat nach Berlin an das königliche Gewerbeinstitut und erhielt dort eine gründliche mathematische Ausbildung. Seine Staatsprüfung als Regierungsbauprüfer bestand er am 8. Mai 1858 mit einer Arbeit zur Nikolaikirche in Brandenburg. Folgende Aufträge führten ihn nach Wetzlar zur Aufnahme des Doms, nach Colberg und später nach Erfurt. Hier absolvierte er seit 1859 den einjährigen Militärdienst in einem Pionierbataillon. Nach Privatdiensten erhielt er 1867 eine Anstellung als Hilfsarbeiter im technischen Büro des Kriegsministeriums. 1870 bestand Meydenbauer die Prüfung zum Baumeister. Im deutsch-französischen Krieg noch im selben Jahr erneut zur Armee einberufen und ins Nachbarland verlegt, plante und baute er dort Eisenbahnstrecken.

Nach der Rückkehr vom Militär im Juni 1871 leitete er die Vorarbeiten zum Bau der Moselbahn zwischen Koblenz und Trier. Im Frühjahr 1875 wurde er Kreisbaumeister in Iserlohn, später in Brilon und Meschede. Ab 1. Juli 1879 wirkte er als Bauinspektor und Universitätsarchitekt in Marburg, wo er mehrere Universitätsneubauten projektierte und außerdem für die Lahnregulierung, Bauinspektion sowie Bau- und Gewerbepolizei zuständig war. Mit der Ernennung zum Doktor phil. h. c. der Marburger Universität ging Meydenbauer nach Berlin, wo er am 1. April 1885 zum Leiter des neu gegründeten Denkmalarchivs berufen und erster Leiter der ebenfalls neuen Königlich Preußischen Messbildanstalt wurde.

Damit hatte er seine Erfindung am rechten Ort platziert. Das Messbildverfahren gestattete die bildliche, mathematisch begründete Erfassung von Baudenkmalen ohne die mitunter gefährliche Ausmessung von Hand. Zum Schlüsselerlebnis für den Nutzen war ein Beinahe-Sturz aus 25 Metern Höhe bei Messarbeiten am Wetzlarer Dom im Jahre 1858 geworden. Ab 1864 arbeitete er unter Vernachlässigung der beruflichen Laufbahn am zunächst namenlosen Messbild-Verfahren, dem er 1867 die Bezeichnung «Photogrammetrie» verlieh. Während der Militärzeit 1870/71 durfte er auf Kosten des Kriegsministeriums fotogrammmetrische Probeaufnahmen vornehmen. Im Rahmen seiner Entwicklungsbemühungen vermaß er 1872 die St. Castor-Kirche in Koblenz. Mit einem neu entwickelten Apparat von 13 cm Brennweite und 20 x 20 cm Bildformat erbrachte er den Beweis für die Anwendbarkeit der Architekturbildmessung.

Die Übersiedlung nach Berlin und eine offizielle Bestätigung für ein dortiges Denkmalarchiv bereitete Meydenbauer durch Beziehung zum Regierungsrat von Dehn-Rotfelser[2] vor. Bereits als amtierender Archivdirektor vermochte er sein Hauptanliegen im Herbst 1887 durch eine Ausstellung von Messbildaufnahmen und dann durch einen Vortrag zur Messbildkunst vor dem Hofstaat der Kaiserin Mutter voranzutreiben und bekannt zu machen. Den Höhepunkt seines Schaffens erreichte Meydenbauer mit Aufnahmen in Palästina, die er im kaiserlichen Auftrag und mit Unterstützung der Technischen Hochschule Hannover verwirklichte. Auf der Reise nahm er in Konstantinopel die Hagia Sophia und im Zielgebiet die Ruinen von Baalbeck (heute im Libanon) messbildnerisch auf. Das 1898 beginnende Unternehmen, worüber ein dreibändiges Buch erschien[3], stand offenbar mit der Jerusalemreise Kaiser Wilhelms II. im selben Jahr und der Einweihung der dortigen Erlöserkirche in Verbindung. Zuvor hatte sein Institut auf Verlangen Max Baumgärtels im Sommer 1896 rund 150 Messbildaufnahmen von der Wartburg für das geplante Werk von 1907 angefertigt[4].

Hoch geehrt trat Albrecht Meydenbauer 1909, 75-jährig, in den Ruhestand. Sein Bildarchiv umfasste zu diesem Zeitpunkt rund 11.000 und 1921 rund 20.000 Negative von Gebäuden und Denkmalen in ganz Europa, die im Wesentlichen erhalten geblieben sind. Die Messbildanstalt in der Schinkelschen Bauakademie zu Berlin musste in seinem Todesjahr aufgelöst werden. Die neue Staatliche Bildstelle Berlin übernahm institutionell die Archivbestände, die bis 1933 in der Bauakademie verblieben. Dann zogen sie in den ehemaligen Marstall in der Breiten Straße um, wo sie durch vorherige Auslagerung der völligen Zerstörung im März 1943 entgingen. Im April 1945 von sowjetischen Truppen beschlagnahmt und dann nach Moskau verbracht, erhielt die DDR-Regierung die Negative 1958 größtenteils zurück. Zur weiteren Nutzung gelangten sie 1959 in die Regie der neu geschaffenen Kunstgeschichtlichen Bildstelle beim Institut für Kunstgeschichte der Humboldt-Universität Berlin. Die Sammlung übernahm 1968 das Institut für Denkmalpflege als «Meßbildstelle». Auch nach einer Neugliederung 1977 als «Meßbildarchiv» verblieb sie bei diesem Institut.

Nach der politischen Wende und Wiedererrichtung der ostdeutschen Länder wurde 1991 das Brandenburgische Landesamt für Denkmalpflege mit der Verwaltung des Messbildarchivs betraut, das es in Wünsdorf unterbrachte. Von dort erwarb die Wartburg-Stiftung in den 1990er Jahren zwei Mappen mit insgesamt etwa 150 Positiv-Aufnahmen von Wartburgmotiven für Baumgärtels Werk von 1907[5].

---

2 HEINRICH VON DEHN-ROTFELSER (1825–1885), Architekt und Kunstschriftsteller, 1878 Regierungs- und Baurat in Potsdam und Konservator der Kunstdenkmäler in Preußen, vgl. ULRICH THIEME und FELIX BECKER (Hrsg.): Allgemeines Lexikon der bildenden Künstler von der Antike bis zur Gegenwart. Bd. 8. Leipzig 1913, S. 553 f.; Saur allgemeines Künstlerlexikon. Bd. 25. München/Leipzig 2000, S. 258 f.

3 THOMAS WIEGANDT (Hrsg.): Baalbek. Ergebnisse der Ausgrabungen und Untersuchungen in den Jahren 1898 bis 1905. 3 Bde. Berlin 1921–1925.

4 Vgl. MAX BAUMGÄRTEL (Hrsg.): Die Wartburg. Ein Denkmal deutscher Geschichte und Kunst. Berlin 1907, S. VII, die Zusammenstellung der abgedruckten Aufnahmen auf S. 729.

5 Eine Auswahl ist abgedruckt in JUTTA KRAUSS (Hrsg.): Carl Alexander. «So wäre ich angekommen, wieder, wo ich ausging, an der Wartburg». Eisenach 2001, S. 39, 54–92, 97, 99; vgl. JUTTA

Auf der Wartburg rückte die Messbildanstalt mit ihren Apparaturen auf Drängen Baumgärtels Mitte 1896 ein, als noch das Ziel bestand, die Publikation zum 80. Geburtstag des Großherzogs am 24. Juni 1898 vorzulegen. Ihr Eintreffen war erst für den 22. Juni 1896[6] und für den 12. Juli 1896[7] vorgesehen, wurde dann aber auf den 21. d. M. verschoben[8]. Zunächst wurde ihr Projekt offenkundig zügig vorangetrieben, so dass Baumgärtel Anfang 1897 ein Handexemplar mit 141 Aufnahmen in den Händen hielt[9]. Im Vorwort berichtet Baumgärtel dann, dass von der Messbildanstalt «im Sommer 1896 in etwa hundertfünfzig große Aufnahmen» angefertigt worden sind[10].

In der ersten Jahreshälfte 1897 kam man wegen ungenügendem Außenlicht nur stockend voran und erst nach der Jahresmitte zum Abschluss[11]. Die Architekturmaler Kurz und Rehlender schlossen unmittelbar mit der künstlerischen Überarbeitung der Plastikkopien an, welche die Messbildbildanstalt eigens zu diesem Zweck bereitgestellt hatte[12].

KARL HERMANN ALEXANDER JAGEMANN

Der Fotograph und Verleger Karl Jagemann wurde am 23. Juni 1866 in Eisenach geboren, wo er 1862 Dorothea Karoline Elisabeth Abel heiratete und am 21. Mai 1930 verstarb[13]. Zunächst führte er das Fotogeschäft seines Vaters Georg Jagemann (1817–1894) weiter, das dieser 1885 eröffnet hatte, nachdem er um 1860 aus dem heutigen Rumänien eingewandert war und seit 1862 ständig in Eisenach gelebt hatte. Am 4. April 1903 übergab Karl Jagemann das Fotogeschäft an Emil Weise und konzentrierte sich nunmehr auf Postkarten, deren Vertrieb in jener Zeit einen viel versprechenden Aufschwung nahm. In seiner «Verlagsanstalt C. Jagemann. Eisenach» gab er ab 1903 nur wenige Bücher heraus.

KRAUSS: Feldversuch zur Entwicklung der Denkmalpflege im Großherzogtum Sachsen-Weimar-Eisenach und in Thüringen bis zu Großherzog Carl Alexander (†1901) und den thüringischen Kunstinventaren bis 1917. In: Wartburg-Jahrbuch 2005. 14(2007), S. 8–61, hierzu S. 54.

6 Wartburg-Stiftung Eisenach, Archiv (WSTA), Akte: Die Wartburg. Ein Denkmal deutscher Geschichte u. Kunst, Bd. 1, 1895/1927, Akten-Nr. 340, Bl. 152 vom 11. 6. 1896: MEYDENBAUER erinnert VON CRANACH an die Ankunft des Fotografen «P. Meyer mit seinen Gehülfen» am 22. d. M.

7 Wartburg-Stiftung Eisenach, Archiv (WSTA), Akte: Die Wartburg. Ein Denkmal deutscher Geschichte u. Kunst, Bd. 2, 1895/1900, Akten-Nr. 341, Bl. 12 vom 29. 4. 1896.

8 WSTA, Akten-Nr. 341 (wie Anm. 7) Bl. 15 vom 9. 6. 1896.

9 WSTA, Akten-Nr. 341 (wie Anm. 7) Bl. 22 vom 3. 1. 1897.

10 BAUMGÄRTEL, Wartburg 1907 (wie Anm. 4) S. VII, Zusammenstellung S. 729.

11 WSTA, Akten-Nr. 341 (wie Anm. 7) Bl. 33 vom 30. 7. 1897.

12 WSTA, Akten-Nr. 341 (wie Anm. 7) Bl. 31 vom 29. 6. 1897, Bl. 33 vom 30. 7. 1897.

Bereits 1897, als die Messbildanstalt Meydenbauers ihre Wartburgaufnahmen gerade beendet hatte, bestellte Baumgärtel bei ihm einige Anschlussaufnahmen[14]. Diese Zusammenarbeit währte laut Baumgärtel noch bis 1901/1902[15]. Offenbar im Zusammenhang mit der Geschäftsaufgabe von 1903 richteten Baumgärtel bzw. Cranach ihre Aufträge nicht mehr an Jagemann, sondern wandten sich bei kurzfristig anzufertigenden Aufnahmen vor Ort an den Eisenacher Heinemann, der ab Mitte 1903 wiederholt Aufträge erhielt.

Georg Heinemann

Den Eisenacher Fotografen Heinemann zog Baumgärtel über den Burghauptmann Cranach öfter heran, wenn für die abschließenden Kapitel – besonders für Kapitel 11 zur «Wiederherstellung» – in Kürze bestimmte Motive benötigt wurden. Im Briefwechsel taucht er Mitte des Jahres 1903 auf[16]. Baumgärtel bemerkt bereits in diesem Jahr über ihn anerkennend: «Herr Heinemann entwickelt sich zu einem verständnisvollen Burgfotografen.»[17] In den Jahren 1905 und 1906 ergehen immer wieder Einzelaufträge des Herausgebers an ihn[18]. Offenbar wegen seiner Mitarbeit am Wartburg-Werk wurde Georg Heinemann zwischen 1903 und 1906 zum «Hofphotographen» erhoben[19]. Im Juli 1907 rekapituliert Baumgärtel: «Herr Geh. Hofrath Heinemann hat eine höchst dankenswerthe förderliche Mitwirkung entwickelt.»[20]

---

13 Zu Karl Jagemann vgl. Eisenacher Persönlichkeiten. Ein biografisches Lexikon. Weimar 2004, S. 70.

14 WSTA, Akten-Nr. 341 (wie Anm. 7) Bl. 35 vom 27. 8. 1897, Bl. 143 vom 11. 1. 1900, Bl. 146 vom 8. 2. 1900, Bl. 228 vom 8. 1. 1900.

15 Jagemann in Baumgärtels Briefen an Cranach: Wartburg-Stiftung Eisenach, Archiv [WSTA], Akte: Die Wartburg. Ein Denkmal deutscher Geschichte u. Kunst, Bd. 3, 1900/1902, Akten-Nr. 342, Bl. 58 vom 18. 6. 1901, Bl. 61 vom 21. 6. 1901, Bl. 76 vom 7. 7. 1901, Bl. 161 vom 10. 4. 1902.

16 Wartburg-Stiftung Eisenach, Archiv [WSTA], Akte: Die Wartburg. Ein Denkmal deutscher Geschichte u. Kunst, Bd. 4, 1902/1904, Akten-Nr. 343, Bl. 103 vom 10.6.1903, Bl. 127 vom 24. 7. 1903, Bl. 140 vom 15. 8. 1903.

17 WSTA, Akten-Nr. 343 (wie Anm. 16) Bl. 155 vom 10. 9. 1903.

18 Zu Aufträgen an Heinemann u. a. Wartburg-Stiftung Eisenach, Archiv (WSTA), Akte: Die Wartburg. Ein Denkmal deutscher Geschichte u. Kunst, Bd. 5, 1904/1906, Akten-Nr. 344, Bl. 124 vom 23. 9. 1905, Bl. 128 vom 25. 9. 1905, Bl. 151 vom 27. 1. 1906, Bl. 211 vom 6. 6. 1906, Bl. 221 vom 18. 6. 1906, Bl. 229 vom 15. 7. 1906, Bl. 234 vom 1. 8. 1906; WSTA, Akten-Nr. 345 (wie Anm. 20) Bl. 1 vom 1. 8. 1906, Bl. 22 vom 8. 9. 1906.

19 Adreß-Buch für die Großherzogliche Haupt- und Residenzstadt Eisenach 1903. Eisenach [1903], S. 63: «Heinemann, Georg, Photograph, Frauenberg 13»; Adressbuch für die Großherzogliche Haupt- und Residenzstadt Eisenach 1906. Eisenach 1906, S. 34: «Heinemann, Georg, Hofphotograph, Frauenberg 13». Im Eisenacher Stadtarchiv befinden sich einige Fotos von Georg Heinemann aus den Jahren 1908 und 1910 mit Motiven zum Eisenacher Residenzhaus.

2. Bildgestaltung: Retusche, Kartographie, technisches Zeichnen, Gravur

Die Retuscheur-Maler Albert Kurz und Georg Rehlender

Die Gestaltung des Wartburg-Werks lebt vor allem durch die zahlreichen Abbildungen und buchkünstlerischen Details. Die beteiligten Illustratoren und Graphiker tragen keine großen Namen und sind teilweise in den Nachschlagewerken nicht auffindbar. Zum Gelingen des Prachtbandes waren sie jedoch unverzichtbar. Die Abbildungen von Burg und Kunstsammlungen gestalteten vor allem die beiden Maler-Illustratoren Kurz und Rehlender. Sie bearbeiteten Fotografien mit deckenden Wasserfarben (Guache/Gouache) und setzten großenteils Weiß ein. Dadurch gewannen die Vorlagen an Plastizität, die trotz des Einsatzes der damaligen fotografischen Spitzentechnik nicht erreicht werden konnte. Ein Großteil der künstlerischen Vorlagen sind im Fotoarchiv der Wartburg-Stiftung erhalten. Eine repräsentative Auswahl wurde in einer Sonderausstellung 2008 erstmals der Öffentlichkeit zugänglich gemacht. Die Bilder dokumentieren den Zustand der Wartburg von um 1900 in nicht mehr zu übertreffender Detailtreue und künstlerischer Qualität und konservieren damit das Bild der Burg nach Abschluss der großen Restaurierung des 19. Jahrhunderts.

Der Maler und Illustrator Albrecht Kurz wurde am 26. März 1858 in Seehausen westlich von Magdeburg geboren und am 25./26. November 1928 in Werder (Havel) ermordet. Er besuchte die Berliner Akademie, erwarb den Titel eines Professors und machte sich in Berlin ansässig. Reisen führten ihn nach Norwegen, Schweden, Tirol und durch Deutschland. Für das Wartburg-Werk bearbeitete er die Außenansichten von Gebäuden und Gebäudekomplexen der Burg und signierte seine Vorlagen nahezu durchgehend mit seinem Namen.

Rehlender verband die Qualifikation des Architekten mit der des Architekturmalers und des Illustrators. Er kam am 10. Dezember 1845 in Trebbin im Fläming südlich von Berlin zur Welt. Von ihm ist bekannt, dass er 1869 zum Schüler der Berliner Bauakademie avancierte und 1888/92 die Berliner Akademie-Ausstellung mit eigenen Werken beschickte. Wie Albert Kurz empfahl er sich dem Verleger Baumgärtel mit demselben Wohn- und Wirkungsort. In

---

20 Wartburg-Stiftung Eisenach, Archiv [WSTA], Akte: Die Wartburg. Ein Denkmal deutscher Geschichte u. Kunst, Bd. 6, 1906/1910, Akten-Nr. 345, Bl. 120 vom 2. 7. 1907.

Abstimmung und Ergänzung mit Kurz bildete Rehlender die Innenräume der Wartburggebäude ab. Die farbenprächtige Südwand des Palas-Festsaals hatte er 1897 in kolorierter Fassung kopiert, woraus die Lithographie bei Giesecke & Devrient in Leipzig eine der wenigen Farbdrucke im Wartburg-Werk umsetzte[21].

Beide teilten sich die Tafelzeichnungen, die auf Grundlage der Entwürfe der Königlich Preußischen Messbildanstalt und der Ergänzungen durch die Architekten Hugo von Ritgen und Kurt Dittmar entstanden. Während Georg Rehlender den «Grundriß der Wartburg» zeichnete, fertigte Albert Kurz die «Wartburg in Längen- und Querschnitt» an[22].

Baumgärtel kündigte dem Burghauptmann Cranach für Anfang Juli 1897 die Ankunft des Malers Albert Kurz an, «der die bei ihnen befindlichen Platin-Copien[23] überarbeitet hat», und für einige Tage später die von Rehlender[24], was sich aber wohl bis in den August hinein verzögerte[25]. Dann meldete Baumgärtel nochmals das Eintreffen der beiden auf der Wartburg für den 30. September 1897 an[26]. Inzwischen hatte die Messbildanstalt Meydenbauers genügend Aufnahmen hergestellt, um Rehlender beginnen lassen zu können.

Carl Alexander hatte sich Anfang Oktober 1897 persönlich vom Stand überzeugen können. Baumgärtel berichtete ihm am 31. Januar 1898 vom ununterbrochenen Fortgang der «künstlerischen Arbeiten» bis zum 22. Januar auf der Burg, während «hier in den Ateliers» – also in Berlin – die letzten Blätter vollendet und in der zweiten Februarhälfte «alle ungefähr 180 Zeichnungen», damit sind sicher die retuschierten Fotos gemeint, fertig vorliegen werden[27]. Nach allem kann man davon ausgehen, dass Kurz und Rehlender die überwiegende Mehrzahl ihrer Fotoretuschen vom Juli 1897 bis Februar 1898 vornahmen, als noch die Zielstellung einer Vollendung des Wartburg-Werks bis zu 80. Geburtstag Carl Alexanders, dem 24. Juni 1898, bestand. Spätere Nacharbeiten waren deshalb nicht ausgeschlossen.

---

21 BAUMGÄRTEL, Wartburg 1907 (wie Anm. 4) nach S. 404: «Die südliche Wand im Festsaal des Palas», Signatur: «REHLENDER.97», «Lith. u. Druck Giesecke & Devrient, Leipzig», Farbdruck.

22 BAUMGÄRTEL, Wartburg 1907 (wie Anm. 4) Tafeln zwischen S. 320 und 321, vgl. S. 710, Anm. zu S. 320.

23 Mit Platin-Copien sind spezielle fotografische Wiedergaben der Messbildanstalt gemeint, die künstlerisch überarbeitet werden konnten, vgl. WSTA, Akten-Nr. 341 (wie Anm. 7) Bl. 33 vom 30. 7. 1897, Bl. 107 f. vom 19. 4. 1899: «zum richtigen, charakteristischen Abbild wird ... die photografische Originalaufnahme ... durch zeichnerische Bearbeitung einer Platincopie durch Künstlerhand».

24 WSTA, Akten-Nr. 341 (wie Anm. 7) Bl. 31 vom 29. 6. 1897.

25 WSTA, Akten-Nr. 341 (wie Anm. 7) Bl. 33 vom 30. 7. 1897.

26 WSTA, Akten-Nr. 341 (wie Anm. 7) Bl. 35 vom 27. 9. 1897.

27 WSTA, Akten-Nr. 341 (wie Anm. 7) Bl. 44 f. vom 31. 2. 1898.

Die Illustratoren Gustav Westmeyer, R. Schmalenberg, Oskar Schulz und Carl Sterry

Über den Maler Gustav Westmeyer konnten keine persönlichen Daten ermittelt werden. Am Wartburg-Werk beteiligte er sich durch die künstlerische Retusche von Fotos, laut Impressum zu «Details und Kleinkunst». Seinen Besuch der Wartburg kündigte Baumgärtel dem Burghauptmann Mitte Juni 1899 an und bat um Unterstützung[28]. Da sind die Bearbeitungen durch Kurz und Rehlender für die beabsichtigte Herausgabe im 1898 bereits erfolgt. Im Januar 1901 schrieb Baumgärtel, weil Rehlender nicht zur Wartburg kommen kann, habe er das gesamte Material an Westmeyer geschickt[29]. Dieser übernahm offenbar die ursprünglich auf Rehlender zugeschnittene Aufgabe, Abbildungen von Innenbereichen der Burg zu bearbeiten. Einen Monat später merkt Baumgärtel an, er habe seine letzten Wünsche Westmeyer übermittelt[30].

Die erhaltenen Fotoretuschen im Bestand der Wartburg-Stiftung weisen durch das Monogramm «GW» sowie unter der Nummerierung mit «W.» einige Kapitellbilder aus Westmeyers Bearbeitung nach[31]. Wahrscheinlich sammelte Baumgärtel gerade Material für das Kapitel Baugeschichte, woran Paul Weber zeitgleich arbeitete. Die erhaltenen Foto-Retuschen für die Abbildungen von Wandbehängen und Möbeln betreffen vorwiegend das 12. Kapitel von Weber zur Kunstsammlung. Außerdem lieferte Westmeyer einige Vorlagen für die Wiedergabe von Schwindfresken[32].

Nochmals sollte der «bekannte Mitstreiter Maler Westmeyer» im August 1904 auf die Wartburg zu Cranach kommen, um die Photographien «folgender Bilder vor den Originalen Pauwels, Luthers bei Cotta; Thumann, Luther mit den Studenten im Bären zu Jena, Cranach, Porträt Luthers, Luthers Vater und Mutter»[33] zu bearbeiten. Offenbar gingen diese Arbeiten mit der Abfassung der Texte zu Luther und den Reformationszimmern einher.

Auf den Illustrator R. Schmalenberg gehen nur einige Vorlagen zu Innenräumen der Wartburg zurück. Im Bestand der Fotothek der Wartburg-Stiftung

---

28 WSTA, Akten-Nr. 341 (wie Anm. 7) Bl. 341 vom 16. 6. 1899.

29 WSTA, Akten-Nr. 342 (wie Anm. 15) Bl. 39 vom 23.1.1901.

30 WSTA, Akten-Nr. 341 (wie Anm. 7) Bl. 40 vom 19.2.1901.

31 Retuschierte Abbildungen mit «GW» für Gustav Westmeyer im Baumgärtel, Wartburg 1907 (wie Anm. 4) S. 56 oben links und rechts, Mitte links und rechts, unten links und rechts, S. 57 oben links und unten Mitte, S. 60 unten, S. 78.

32 Vorlagen für die Schwindfresken in Baumgärtel, Wartburg 1907 (wie Anm. 4) S. 189, 198, 199, 364 und 365 oben.

33 WSTA, Akten-Nr. 344 (wie Anm. 18) Bl. 33 vom 21.8.1904; im Bildarchiv erhalten die Vorlage für Baumgärtel, Wartburg 1907 (wie Anm. 4) S. 531.

sind zwei von ihm signierte Muster erhalten[34]. Außerdem gibt es im Grafikbestand einen Entwurf für das Titelblatt[35]. Die Ankündigung seines Besuchs
auf der Wartburg im März 1906 deutet auf die Mitwirkung Schmalenbergs in
der Endphase hin[36].

Abb. 1a/b:
Entwürfe von Carl
Sterry, Wartburg-
Stiftung Eisenach,
Grafikbestand,
G 2048 (oben) und
G 2028 (unten)

---

34 Die Vorlagen für die Tafeln in Baumgärtel, Wartburg 1907 (wie Anm. 4) nach S. 392 und nach
   S. 408.
35 Wartburg-Stiftung Eisenach, Grafikbestand, G 2047, R. Schmalenberg, «Das Wartburg-Werk»,
   ganzseitiger Entwurf mit etlichen handschriftlichen Bemerkungen.
36 WSTA, Akten-Nr. 344 (wie Anm. 18) Bl. 186 vom 12.3.1906.

Über Oscar Schulz konnten kaum Lebensdaten ermittelt werden[37]. Baumgärtel bezeichnete ihn einerseits als «Zeichenlehrer»[38], andererseits als «Professor»[39]. Als Maler und Radierer trat er in Deutschland bis 1908 auf und stammte wohl aus Weimar, wo von 1878 bis 1896 seine Werke erschienen und von wo aus er in mehreren deutschen Städten erfolgreich Bilder ausstellte. Seit 1896 war er Hilfslehrer an der Zeichenschule in Eisenach.

Obwohl der Herausgeber, der im September 1904 die Dienste von Schulz in Anspruch nahm, mit einer Anzeichnung unzufrieden war[40], ließ er ihn 1905 Mosaik-Fotografien ausmalen, allerdings nicht für das Wartburg-Werk, sondern zu einer Sonderanfertigung für den Kaiser[41]. Die Kopien für die Publikation hatte er laut Impressum aber ebenfalls ausgemalt.

Der Bildnis- und Genremaler Carl Sterry wurde am 29. März 1861 im schlesischen Neu-Haidau a. d. Oder (Polanka) geboren. An der Berliner Akademie studierte er bei Anton von Werner. Für das Wartburg-Werk lieferte Sterry die Entwürfe für drei Varianten des Titelblatts[42] und für die Verzierungen von Vorwort, Inhalts- und Abbildungsverzeichnis[43]. Das Porträt des Großherzogs Carl Alexander malte er nach einer Fotografie des Schlosshauptmanns Hans Lucas von Cranach[44].

---

37 Zu Oscar Schulz vgl. Herbert Eilers: Die Eisenacher Zeichenschule. Die Geschichte der Schule und ihrer Lehrer (Aus Deutschlands Mitte. 10). Bonn 1986, S. 79.

38 WSTA, Akten-Nr. 343 (wie Anm. 16) Bl. 152 vom 4. 9. 1904.

39 WSTA, Akten-Nr. 343 (wie Anm. 16) Bl. 114 vom 22. 8. 1905, Bl. 125 vom 15. 9. 1905.

40 WSTA, Akten-Nr. 343 (wie Anm. 16) Bl. 158 vom 13. 9. 1903; auf Schulz wohl auch die Bemerkung gemünzt in WSTA, Akten-Nr. 344 (wie Anm. 18) Bl. 64 vom 15. 11. 1904 – Baumgärtel an von Cranach: «Das erste Barmherzigkeits-Werk im Elisabethgang. Daß Gott erbarm! Da hat ein Eisenacher Pfuscher, der nicht gewußt hat, was er that,... überschwer gehandelt.»

41 WSTA, Akten-Nr. 344 (wie Anm. 18) Bl. 114 vom 22. 8. 1905, Bl. 125 vom 15. 9. 1905.

42 Wartburg-Stiftung Eisenach, Grafikbestand, Entwürfe für Vignetten zu Titelblättern von Carl Sterry: G 2028, G 2049-2053, G 2056, G 2057.

43 Baumgärtel, Wartburg 1907 (wie Anm. 4) S. I–XX.

44 Baumgärtel, Wartburg 1907 (wie Anm. 4) zwischen S. 2 und 3: Porträt Carl Alexanders am Beginn von dessen Erinnerungskapitel, mit den verschlungen Anfangsbuchstaben «CS» für Carl Sterry, vgl. S. XV, Abb. 40: «Großherzog Carl Alexander von Sachsen; Gouachemalerei von Carl Sterry nach photograph. Aufnahme i. J. 1900 durch Schloßhauptmann Hans L. von Cranach ... Heliographie der Reichsdruckerei.»

Die Schwindkopisten
Rudolf Stumpf und Paul Rosner

Für die Wiedergabe der Fresken des Spätromantikers Moritz von Schwind im Wartburg-Werk fertigten Paul Rosner und Rudolf Stumpf Kopien an. Die beiden jungen Weimarer Maler erfüllten ihre Aufgabe im letzten Drittel des Jahres 1904[45]. Beide kamen von Hans Olde (1855–1917), der am 1. April 1902 zum Direktor der Weimarer Kunstschule ernannt worden war und dort nach Carl Alexanders Tod die dortige Ära des Impressionismus eingeleitet hatte[46].

Abb. 2:
Der Zeichner
Paul Rosner,
Selbstzeichnung
von 1937

Der Bildnismaler Rudolf Stumpf wurde am 8. Juli 1881 in Prag geboren und starb nach 1946. Er hatte sich an der Akademie in Stuttgart, an der Académie Julian in Paris und der Kunstschule in Weimar ausbilden lassen. Zeitweilig lebte er im bayrischen Fürth, zog aber schließlich nach Berlin.

Der Bildnis- und Figurenmaler Paul Rosner wurde am 26. Januar 1875 im erzgebirgischen Eibenstock geboren und lebte noch 1955. Die Malerei studierte er zunächst in Weimar an der Kunstschule. Dann ging er nach München, das ihm zur dauernden Wahlheimat wurde und wo er sein Kunststudium an der Akademie fortsetzte. Vor und während des Studiums verdiente er sich Geld mit Werbe- und Plakataufträgen. Im August 1905 war ihm eine kleine Aufgabe den Sängersaal betreffend überwiesen worden[47]. Nach Angaben Baumgärtels[48] hat Rosner mindestens acht der Elisabethfresken Schwinds bearbeitet: farbig das Rosenwunder[49] und zwei der Medaillons zu den Sieben Taten der Barmherzigkeit («die Gefangenen trösten» und «Fremde beherbergen»)[50], die übrigen fünf in Schwarz-Weiß[51]. Baumgärtels Nachricht von Februar 1906 zeigt die Mitwirkung Rosners noch in der Endphase der Buchherstellung.

---

45 WSTA, Akten-Nr. 344 (wie Anm. 18) Bl. 33: Am 21. 8. 1904 kündigt Baumgärtel dem Burghauptmann Cranach für die Kopie der Bilder aus der Elisabethgalerie «zwei junge Weimarer Maler» an, nämlich «Rudolf Stumpf und Paul Rosner», «die mir Professor Olden [sic] empfohlen hat».

46 Walther Scheidig: Die Weimarer Malerschule 1860–1900/[Hrsg. von Renate Müller-Krumbach]. Leipzig 1991, S. 217; Hendrik Ziegler: Die Kunst der Weimarer Malerschule. Von der Pleinairmalerei zum Impressionismus. Köln/Weimar/Wien 2001, S. 238–242.

47 WSTA, Akten-Nr. 344 (wie Anm. 18) Bl. 109 vom 12. 8. 1905.

48 WSTA, Akten-Nr. 344 (wie Anm. 18) Bl. 169 vom 19. 2. 1906.

49 Baumgärtel, Wartburg 1907 (wie Anm. 4) Frontispiz zum Titelblatt.

50 Baumgärtel, Wartburg 1907 (wie Anm. 4) Tafel vor S. 633.

51 Baumgärtel, Wartburg 1907 (wie Anm. 4) S. 634–646, s. auch S. 196 und 205.

Wilhelm Lucas von Cranach

Der Maler und Architekt Wilhelm Lucas von Cranach, Nachfahre des berühmten Renaissancemalers[52], wurde am 27. September 1861 im preußisch-pommerschen Stargard geboren und starb am 31. März 1918 in Berlin[53]. Sein Bruder Hans Lucas von Cranach[54] (1855–1929) avancierte im April 1894 zum Hauptmann der Wartburg und stand mit Baumgärtel in ständigem brieflichem Dialog um das Wartburg-Werk[55].

Nach dem Gymnasium schlug Wilhelm Lucas von Cranach zunächst eine Forstkarriere ein und arbeitete als Feldjäger, ging jedoch 1886 auf die Kunstschule in Weimar, die seine Malerei nachhaltig beeinflusste, studierte 1892 in Paris und ließ sich 1893 in Berlin nieder. Dort präsentierte er 1898 seine Werke in einer Sonderausstellung und erwarb den Professorentitel. Er wohnte im Stadtbezirk Schönberg, Kurfürstenstraße 126.

Der Wohnort dürfte seine Verbindung zum Berliner Verleger und dessen Wartburg-Werk begünstigt haben. An der Schwelle zum Erwachsenwerden hatte Wilhelm Lucas von Cranach die Wartburg schon einmal aufgesucht und beim Bau des Gadems 1878/79 die Initialen für die Innenausmalung ersonnen[56]. Auch die Verwandtschaft zum seit 1894 amtierenden Burghauptmann wird seine Beteiligung gefördert haben. Baumgärtel war spätestens seit August 1895 mit Wilhelm persönlich bekannt[57].

Der Bruder des Burghauptmanns schuf Ende 1898 das Ornament des Einbandes[58], wofür er sich als bedeutender Schmuckgestalter des Jugendstils empfohlen hatte. Im Mai 1899 bezeichnet Baumgärtel die Einbandzeichnung eine

---

52 Zur Stammfolge vom Renaissancemaler Lucas Cranach d. Ä. (†1553) bis zu den beiden Brüdern um 1900 vgl. den Anhang.

53 Zu Wilhelm Lucas von Cranach vgl. Detlef Lorenz: Künstlerspuren in Berlin vom Barock bis heute. Ein Führer zu Wohn-, Wirkungs- und Gedenkstätten bildender Künstlerinnen und Künstler. Berlin 2002, S. 225; Ulrich Thieme und Felix Becker (Hrsg.): Allgemeines Lexikon der bildenden Künstler von der Antike bis zur Gegenwart. Bd. 8. Leipzig 1913, S. 58 f.; Hans Vollmer (Hrsg.): Allgemeines Lexikon der bildenden Künstler des XX. Jahrhunderts. Bd. 5. Leipzig 1961, S. 401.

54 Der Vorname lautete Hans bzw. Wilhelm und der Familienname Lucas von Cranach.

55 Folgende Wartburgakten enthalten fast ausschließlich die Schreiben Baumgärtels an den Wartburghauptmann von Cranach von 1895 bis 1910: Wartburg-Stiftung Eisenach, Archiv, Akten: Die Wartburg. Ein Denkmal deutscher Geschichte u. Kunst, Bd. 2-6, Akten-Nr. 341-345; in Bd. 7, Akten-Nr. 346 weitere Schreiben bis 1915.

56 Baumgärtel, Wartburg 1907 (wie Anm. 4) S. 579 unten.

57 WSTA, Akten-Nr. 341 (wie Anm. 7) Bl. 7 vom 31. 8. 1895: Baumgärtel erwähnt ein «Tischgespräch» mit Wilhelm Lucas von Cranach.

58 WSTA, Akten-Nr. 341 (wie Anm. 7) Bl. 93 vom 23. 12. 1898, vgl. Bl. 99 vom 31. 1. 1899.

«erfreuliche Arbeit»[59] und will sie im August d. J. für die Fürstenausgabe verwenden[60], was auch verwirklicht wurde[61]. Doch gab es auch danach weiteren Gesprächsbedarf zum Einband[62]. Im März 1901 hatte Cranach nach einem Gipsabguss ein Adler-Medaillon gezeichnet[63], wahrscheinlich für jenen Einband der Fürstenausgabe. Im Frühjahr 1905 verhandelte er nochmals mit Baumgärtel über die farbige Ausgestaltung des Einbandes[64].

DER KARTOGRAPH KARL CHRISTIAN PEIP UND DIE FORST-ASSESSOREN COCH, JUNGMANN UND BREHME

Der Kartograph Christian Peip kam am 14. Oktober 1843 im thüringischen Ohrdruf zur Welt und starb am 28. September 1922 in Eisenach. Der Vater hieß Karl Peip und war Musiker und Schriftsteller, die Mutter Christiane eine geborene Wolf. Christian wuchs bei wohlhabenden Pflegeeltern auf. Er heiratete 1869 Anna Josepha Hunka.

Nach dem Gymnasium ging er in der renommierten und Maßstäbe setzenden Kartographischen Anstalt Justus Perthes zu Gotha in die Lehre und arbeitete dort, bis er 1887 nach Eisenach übersiedelte. Bereits 1882 hatte er die Genehmigung zur Herstellung von Postkarten erworben und mit Teilhaber in Leipzig gewirkt. Er gilt als Erfinder der Ansichtskarte, entwarf und zeichnete selbst die Verkaufsexemplare seiner Firma, die er als kleinere kartographische Anstalt 1889 in Eisenach gegründet hatte. Handwerklich gefragt, doch geschäftlich offenbar weniger erfolgreich musste er in Konkurs gehen.

Im Spätsommer 1897 hatte Baumgärtel bei der Anstalt von Perthes nach einem geeigneten Kartographen angefragt, wo ihm der ehemalige Mitarbeiter Christian Peip in Eisenach empfohlen wurde[65], der sich zudem durch seine Ortskenntnis und die eigenen Aufnahmen der Umgebung seiner Wahlheimatstadt anbot. Für das Wartburg-Werk zeichnete er die sog. «Karte des Wartburgfelsens», die das Gelände um die Burg darstellte[66]. Dabei legte er nicht nur das Messtischblatt des preußischen Generalstabs zugrunde, sondern verwertete auf

---

59 WSTA, Akten-Nr. 341 (wie Anm. 7) Bl. 112 vom 15. 5. 1899.

60 WSTA, Akten-Nr. 341 (wie Anm. 7) Bl. 110 f. vom 26. 8. 1899; vgl. WSTA, Akten-Nr. 343 (wie Anm. 16) Bl. 23 vom 6.9.1902.

61 BAUMGÄRTEL, Wartburg 1907 (wie Anm. 4) S. 730.

62 Vgl. WSTA, Akten-Nr. 341 (wie Anm. 7) Bl. 183 vom 28. 4. 1900.

63 WSTA, Akten-Nr. 342 (wie Anm. 15) Bl. 45 von 25. 3. 1901.

64 WSTA, Akten-Nr. 344 (wie Anm. 18) Bl. 97: BAUMGÄRTEL am 24. 3. 1905 an Burghauptmann HANS LUCAS VON CRANACH: «Vor ein paar Tagen conferierte ich mit Ihrem Maler-Bruder über die farbige Gestaltung des Einbandes.»

65 WSTA, Akten-Nr. 342 (wie Anm. 15) Bl. 36 f. vom 9. 9. 1897.

66 BAUMGÄRTEL, Wartburg 1907 (wie Anm. 4) Tafel nach S. 320.

Druck von Baumgärtel auch die Aufnahmen der «Forstassessoren Coch, Jungmann und Brehme»[67].

Aus seinen Briefen an Cranach geht hervor, dass die drei Forstassessoren nicht gleichzeitig, sondern in der genannten Reihenfolge nacheinander einbezogen worden waren. Zuerst stützte er sich auf Coch, der im Juli 1898 Ergebnisse lieferte, die offenbar notwendige Präzisierungen zu Peip enthielten[68]. Danach arbeitete Jungmann mit ihm zusammen und gab Ende Januar 1900 seine Resultate ab[69], konnte aus Zeitmangel seine Mitarbeit aber nicht fortsetzen und schlug seinen Amtskollegen Brehme vor, dem Baumgärtel bis Anfang März seinen Vorschlag antrug[70]. Brehme nahm Mitte März Nachprüfungen auf[71] und informierte darüber in der ersten Aprilhälfte Baumgärtel, der Peip sogleich grob ins Bild setzte und ihm die genauen Daten über von Cranach zustellte[72]. Am 12. März 1900 sandte der Verleger die fertige Disposition zur Karte an Peip und die «ausführende Anstalt in Leipzig»[73], wohl die Lithographische Kunst-Anstalt Julius Klinkhardt.

Baumgärtel gab sich bei der topographischen Karte des Wartburgumfeldes also nicht mit dem Können des ortsansässigen Kartographen und der Grundlage durch das Messtischblatt zufrieden, sondern bezog gleich mehrere Forstassessoren mit ihrem Wissen um Details und Veränderungen im Gelände ein. Dieses Beispiel verdeutlicht, wie penibel der Herausgeber um Präzision bemüht war. Die Kontakte zwischen Baumgärtel und Peip sowie die Anfertigung von Karten für das Wartburg-Werk zogen sich noch einige Monate hin; im Oktober 1900 erhielt Peip weitere 200 Mark[74], und im Sommer 1901 holte sich Baumgärtel von diesem nochmals Informationen ein[75].

---

67 BAUMGÄRTEL, Wartburg 1907 (wie Anm. 4) S. 710, Anm. zu S. 320: «Karte des Wartburg-felsens. Gezeichnet vom Kartograph Christ. Peip in Eisenach nach dem Messtischblatt des Generalstabs und nach eigenen Aufnahmen, den für das Wartburg-Werk gemachten Spezialaufnahmen der Forstassessoren Coch, Jungmann und Brehme und den Angaben des Herausgebers.»

68 WSTA, Akten-Nr. 341 (wie Anm. 7) Bl. 76 vom 7. 7. 1898: Die «durch Herrn Coch für unsere topographische Darstellung gewonnenen Ergebnisse» zeigen, «wie notwendig es war, die Arbeit des Herrn Peip, der sich seiner Genauigkeit und Gründlichkeit so sehr rühmte, nachzuprüfen». Vgl. Bl. 91 vom 8. 12. 1898.

69 WSTA, Akten-Nr. 341 (wie Anm. 7) Bl. 146 vom 31. 1. 1900.

70 WSTA, Akten-Nr. 341 (wie Anm. 7) Bl. 156 f. vom 1. 3. 1900.

71 WSTA, Akten-Nr. 341 (wie Anm. 7) Bl. 161 vom 15. 3. 1900.

72 WSTA, Akten-Nr. 341 (wie Anm. 7) Bl. 174 vom 7. 4. 1900.

73 WSTA, Akten-Nr. 341 (wie Anm. 7) Bl. 193 vom 12. 5. 1900.

74 WSTA, Akten-Nr. 342 (wie Anm. 15) Bl. 17 vom 13. 10. 1900.

75 WSTA, Akten-Nr. 342 (wie Anm. 15) Bl. 71 vom 3. 7. 1901.

Die topographische Abteilung des
Königlich Preussischen Generalstabs

Für exaktes Kartenmaterial und Luftbilder nutzte Baumgärtel selbst das fortgeschrittene Know-how des Militärs. Die topographische Abteilung des Königlich Preußischen Generalstabs – eine einheitliche Reichswehr gab es seinerzeit noch nicht – hatte vor 1897 die Höhenpunkte des Wartburgfelsens und seiner Umgebung vermessen. Zum preußischen Generalstab waren die Beziehungen durch die familiären Bindungen zwischen den Hohenzollern und dem großherzoglichen Haus sowie über den Berliner Verleger offenbar ziemlich problemlos. Zur Gestaltung der Karte des Wartburgfelsens[76] nutzte Baumgärtel ein daraus entstandenes Messtischblatt, wählte einen zweckmäßigen Terrainabschnitt, ließ ihn auf das Vierfache vergrößern und von Peip nach den Zuarbeiten der Forstassessoren in die endgültige Fassung bringen[77].

Im Jahre 1905 nahm die topographische Abteilung nochmals Messungen um die Wartburg vor und konkretisierte die Höhenangaben[78]. Anfang Juli 1905 hatte Baumgärtel dem Burghauptmann mitgeteilt, dass die «topographische Abteilung des Generalstabs» noch «ein paar Maße für uns feststellen» möchte[79]. Für den Gipfelpunkt am Fuße des großen Mittelturms (Bergfried) der Wartburg ermittelte man die heute noch maßgeblichen 411 Meter über NN.

Das Königlich Preussische Luftschiffer-Bataillon

Für Luftbilder nutzte Baumgärtel Aufnahmen des Königlich Preußischen Luftschiffer-Bataillons. So entstand die Karte «Die Wartburg aus der Vogelschau»[80]. Der Verleger konnte 1898 von Cranach sieben Fotografien aus dem Ballon erhalten[81], 1902 nochmals einige Luftbilder[82]. Anfang 1906 bedankte er sich für die neue Karte von Wartburg und östlichem Helltal, die mit Hilfe von Fotoabzügen des «Luftschiffer-Bataillons» zustande gekommen war[83].

---

76 Baumgärtel, Wartburg 1907 (wie Anm. 4) Karte nach S. 320.
77 WSTA, Akten-Nr. 341 (wie Anm. 7) Bl. 34 vom 27. 8. 1897: Auf «Meßtischblatt des Generalstabes (Maßstab 1 : 25 000) den mir zweckmäßig erscheinenden Terrainabschnitt abgegrenzt» und fotografisch auf des «Vierfache» vergrößert.
78 Baumgärtel, Wartburg 1907 (wie Anm. 4) S. 713, Anm. zu S. 349: Die «Höhenmaße verdankt das Wartburg-Werk der Topographischen Abteilung des Königl. Preußischen Generalstabs. Nach neueren Messungen derselben vom Jahre 1905 ...»
79 WSTA, Akten-Nr. 344 (wie Anm. 18) Bl. 103 vom 5. 7. 1905.
80 Baumgärtel, Wartburg 1907 (wie Anm. 4) S. 2: Karte «Die Wartburg aus der Vogelschau. Photographische Aufnahme aus dem Luftballon, 1898, durch das Königliche Luftschiffer-Bataillon», vgl. S. 730.
81 WSTA, Akten-Nr. 343 (wie Anm. 16) Bl. 341 vom 21. 7. 1898.

Die Zeichner O. Harnisch und Krug
sowie der Graveur Hugo Horn

Nicht im Impressum des Wartburg-Werkes vermerkt ist der technische Zeichner O. Harnisch, bei dem es sich um den Eisenacher Baukontrolleur Ernst Otto Harnisch handeln könnte[84]. Er fertigte offenbar Riss-Zeichnungen für die Buchveröffentlichung an und begleitete das Unternehmen mit Unterbrechungen nahezu über die gesamte Anfertigungszeit. Bereits im Juni 1896 bemerkte Baumgärtel, dass Harnisch schon früher Risse für das Werk gezeichnet hat[85]. Im Juni 1898 arbeitete er am Grundriss[86] und im Dezember d. J. am Längendurchmesser[87]. Im Oktober 1900 bat Baumgärtel bei Harnisch um die Höhenmaße des Palas[88]. Schließlich hielt der Herausgeber noch im Februar 1906 einige kleinere Aufgaben für den Zeichner geeignet[89].

Ebenfalls im Impressum ohne Erwähnung ist ein Zeichner namens Krug, der in den Akten von Baumgärtel im Oktober 1902 Erwähnung findet. Er sollte einen Kellerraum im Palas – wahrscheinlich den heutigen «Bären» – zeichnen und erhielt als Vorlagen von Dittmar angefertigte Grundrisse der Bergseite und «Grundriß- und Durchschnitts-Zeichnungen»[90].

Als «Graveur» bezeichnet Baumgärtel den Leipziger Hugo Horn, ohne dessen Anteil am Wartburg-Werk näher anzugeben. Ein 1876 Geborener nannte ihn für seine Studienzeit den «alten Leipziger Graveur Hugo Horn»[91].

---

82 WSTA, Akten-Nr. 343 (wie Anm. 16) Bl. 44 vom 14. 10. 1902.

83 WSTA, Akten-Nr. 343 (wie Anm. 16) Bl. 141 vom 5. 1. 1906.

84 Adreß-Buch Eisenach 1903 (wie Anm. 19) S. 61: «Harnisch, Otto, Baukontroleur [sic], Markt 9»; Adressbuch Eisenach 1906 (wie Anm. 19) S. 34: «Harnisch, Ernst Otto, Großh. Baukontroll., Markt 9».

85 WSTA, Akten-Nr. 341 (wie Anm. 7) Bl. 61 vom 8. 6. 1896.

86 WSTA, Akten-Nr. 341 (wie Anm. 7) Bl. 65 vom 15. 6. 1898, Bl. 75 vom 27. 6. 1898.

87 WSTA, Akten-Nr. 341 (wie Anm. 7) Bl. 88 vom 7. 12. 1898.

88 WSTA, Akten-Nr. 342 (wie Anm. 15) Bl. 14 vom 1.10.1900.

89 WSTA, Akten-Nr. 344 (wie Anm. 18) Bl. 163 vom 12.2.1906.

90 WSTA, Akten-Nr. 343 (wie Anm. 16) Bl. 33 vom 1.10.1902, Bl. 35 vom 4.10.1902, Bl. 39 von 8.10.1902.

91 http://www.schaefer-verlag.de/rudolfkoch/unter/leben.htm.

3. Bildabdruck

Die Reichsdruckerei, Chalkographische Abteilung unter Wilhelm Roese

Die Reichsdruckerei[92] wurde am 6. Juli 1879 als Anstalt des Deutschen Reiches aus zwei Vorgängern gebildet: erstens aus Deckers Hofbuchdruckerei, die von Rudolf Ludwig von Decker (1804 – 11. 1. 1877) geleitet und 1877 vom Reich erworben worden war; zweitens aus der 1852 gegründeten Staatsdruckerei. Zusammenschluss und Neugründung entsprachen den gewachsenen Bedürfnissen der Wirtschaftslenkung im 1871 gebildeten Reich. Ähnlich wie bei der Schaffung der Staatsbahnen der einzelnen deutschen Länder oder der Vereinigung von Reichspost und Telegraphenverwaltung zu einer Obersten Reichsbehörde (1876) übernahm und zentralisierte der Staat ökonomische Infrastrukturaufgaben, die bei der expandierenden Volkswirtschaft privatwirtschaftlich nicht zu meistern waren.

Die Erzeugnisse der Reichsdruckerei mussten höchsten Qualitäts- und Sicherheitsanforderungen genügen, worin Deutschland in den 1870er Jahren in Rückstand geraten war und Aufträge an ausländische Unternehmen – besonders in Wien und Paris – verlor, was wiederum für die innere Stabilität nicht unproblematisch werden konnte. Nach der Gründung 1879 wurde die ehemalige Preußische Staatsdruckerei als «Abteilung I» weitergeführt und umfasste zunächst Buchdruckerei, Lithographie und Steindruck, Galvanoplastik, Guillochieranstalt, Kupferdruckerei und Formmacherei für Wasserzeichenpapiere. Der «Abteilung II» fielen alle übrigen Werkstätten einschließlich der Schriftgießerei und des Drucksachenversands zu, die mehrheitlich von der Deckerschen Oberhofbuchdruckerei eingebracht worden waren.

Am 1. Juli 1898 bildete man die Abteilung III durch Ausgliederung von Schriftgießerei, Gummierabteilung und weiterer Bereiche aus anderen Abteilungen. Ein Prüfungslaboratorium für die einkommenden Rohstoffe wurde 1894 gebildet, dann in Aufgaben und Ausstattung erweitert und 1899 zur selbständigen Versuchsanstalt erhoben, 1903 jedoch der Chalkographischen Abteilung zugeteilt.

Die am Wartburg-Werk beteiligte Chalkographische Abteilung wurde ab 1882 geführt. Sie schloss die bisher mit der Abteilung I verbundenen Werkstätten für Photographie, Heliographie, Lichtdruck, Lithographie, Chemi-

---

92 Zur Reichsdruckerei vgl. Ernst Crous (Mitwirkung): Fünfzig Jahre Reichsdruckerei. 1879-1929. Berlin 1929; Severin Corsten u. a. (Hrsg.): Lexikon des gesamten Buchwesens. Bd. 6. LGB². Stuttgart ²2003, S. 234 f.

graphie, Kupferstich und Galvanoplastik fester zusammen und nahm neue Wiedergabeverfahren auf. Die 1885 zugeordnete Steindruckerei wurde 1892 an Abteilung II zurückgegliedert. Zum Leiter wurde der noch 1907 amtierende Wilhelm Roese, der vom k. k. militär-geographischen Institut in Wien ab Juni 1882 zunächst aushilfsweise, dann hauptberuflich übernommen wurde. Roese wurde am 11. Oktober 1835 im nordhessischen Frankenberg geboren und starb am 2. April 1918 in Berlin.

Das Impressum im Wartburg-Werk nennt unter den beteiligten Instituten die «Chalkographische Abteilung der Reichsdruckerei (Vorsteher Geh. Regierungsrat Prof. Wilh. Roese) in Berlin» sowie die «Reichsdruckerei in Berlin» für den Kupferdruck. Fassbar wird die «Heliographie der Reichsdruckerei»[93] beim Porträt des Großherzogs Carl Alexander. Auch wurden die Karten des preußischen Generalstabs, auf die das Wartburg-Werk mitunter zurückgriff, von der Reichsdruckerei unter Verwendung der eigenen Druckplatten gedruckt[94].

C. ANGERER & GÖSCHL,
KAISERLICHE HOFKUNSTANSTALT IN WIEN

Die Kunstanstalt «C. Angerer und Göschl» wurde 1871 bzw. 1874 von Carl Angerer gegründet, der beim Erscheinen des Wartburg-Werks noch lebte[95]. Er wurde am 13. Juni 1838 in Wien geboren, wo er auch am 24. Februar 1916 starb. Der gelernte Buchdrucker arbeitete ab 1856 bei der Hof- und Staatsdruckerei und ab 1859 als Zeichner, Lithograf und Kupferstecher beim Militärgeographischen Institut in Wien. Zunächst gründete Angerer 1871 eine «Chemisch-artistische Anstalt», aus der 1874 mit dem Eintritt seines Schwagers Alexander Göschl (1848–1900) die renommierte Firma «C. Angerer & Göschl» wurde, die nicht zuletzt durch bahnbrechende Neuerungen zu einer der bedeutendsten Klischeeanstalten für Buchdruck in Europa aufstieg.

Als Chemigraph befasste Angerer sich mit der Zinkätzung und entwickelte die sog. Wiener Ätzmethode. Sein am 10. Juli 1869 in Wien geborener Sohn Alexander Carl Angerer (†1960) trat in das Unternehmen ein, wurde 1897 Teilhaber, später kaiserlicher Rat und vervollkommnete durch technische Neuerungen das Illustrationswesen.

Abb. 3:
Anzeige der
Firma Angerer
& Göschl aus
dem Jahre 1907

---

93 BAUMGÄRTEL, Wartburg 1907 (wie Anm. 4) S. XV, Abb. 40: «Heliographie der Reichsdruckerei.»
94 CROUS, Reichsdruckerei 1929 (wie Anm. 92) S. 76.
95 Zu CARL ANGERER vgl. FRANZ PLANER (Hrsg.): Das Jahrbuch der Wiener Gesellschaft. Biographische Beiträge zur Wiener Geschichte. Wien 1929, S. 383; PETER CSENDES (Redig.): Österreichisches biographisches Lexikon. 1815–1950. Bd. 1. Wien 1957, S. 563; OTTO HOCHREITER und TIMM STARL (Hrsg.): Geschichte der Fotografie in Österreich. Bd. 2. Bad Ischl 1983, S. 96.

Georg Meisenbach und die Firma «Meisenbach, Riffarth & Co.» in Berlin-Schöneberg

Die Firma «Meisenbach, Riffarth & Co.» entstand 1892 durch die Fusion von «G. Meisenbach & Co» in München mit der 1886 von Heinrich Riffarth gegründeten Kunstanstalt, wobei sich die Zentrale in Berlin-Schöneberg befand. Die Gesamtfirma aus dem Berliner Hauptgeschäft, der Münchner Anstalt und einer 1894 in Leipzig gegründeten Filiale war um die Wende vom 19. zum 20. Jahrhundert mit ca. 600 Arbeitern die größte graphische Kunstanstalt des europäischen Kontinents.

Die prägende Persönlichkeit war der am 27. Mai 1841 in Nürnberg geborene und am 24. September 1912 in Emmering bei Fürstenfeldbruck gestorbene Georg Meisenbach, der Erfinder der «Autotypie»[96]. In seiner Geburtsstadt war er nach der Volksschule 1855 in die Carl Mayersche Kunstanstalt eingetreten; zeichnerische Begabung stand also auch bei ihm am Beginn einer technischen Karriere. Anschließend erwarb er sich im Atelier der Brüder Lorenz und Paul Ritter einen guten Ruf durch Kupferstiche von Architekturwerken.

Im April 1874 zog er nach München und betätigte sich dort zunächst als selbständiger Künstler, bis er 1878 eine Zinkographische Anstalt gründete. Da die Zinkhochätzung lediglich Strichvorlagen, also nur Schwarztöne, wiedergeben konnte, bemühte er sich seit 1879 um ein fotochemisches Verfahren zur Erzielung von Halbtönen. In Zusammenarbeit mit Josef Ritter von Schmädel entwickelte eine Rasterätzung, die er 1882 unter der Bezeichnung «Autotypie» zum Patent anmeldete. Diese kaum wahrnehmbare Linien und Punkte nutzende Zerlegung des Bildes erlaubte alle Grau- und Farbtöne zu erzeugen und dominierte die nächsten 100 Jahre den Schwarz-Weiß-Druck.

Um das vorerst mit Skepsis aufgenommene Verfahren durchzusetzen, gründete Meisenbach zusammen mit von Schmädel 1883 die «Autotypie-Compagnie». Im gleichen Jahr verkaufte er sein Patent nach England und richtete 1884 in London eine Werkstatt ein. Wegen eine Herzleidens musste er sich 1891 vom Geschäft zurückziehen, das vom Stiefsohn August Meisenbach und von Schmädel weiterhin geleitet wurde und 1892 mit Riffarths Firma fusionierte.

Der Fusionspartner Hubert Heinrich Riffarth war am 12. August 1860 geboren und starb am 21. Januar 1908 in Berlin Wilmersdorf[97]. Dieser hatte seine

---

96 Zu Georg Meisenbach vgl. Rudolf Schmidt: Deutsche Buchhändler. Deutsche Buchdrucker. Beiträge zu einer Firmengeschichte des deutschen Buchgewerbes. Bd. 4. Berlin 1907, Nachdruck Hildesheim/New York 1979, S. 670–672; Severin Corsten u. a. (Hrsg.): Lexikon des gesamten Buchwesens. Bd. 5. LGB². Stuttgart ²1999, S. 129 f.; Götz, A.: Georg Meisenbach. Zum 40. Todestag des Erfinders der Autotypie. In: Der Druckspiegel. 7(1952), S. 420–424.

97 Zu Hubert Heinrich Riffarth: Deutsche Bauzeitung. 42(1908)9, S. 60.

fachlichen Kenntnisse vorwiegend in Wien und Salzburg erworben, bevor er 1886 nach Berlin kam. Noch im gleichen Jahr gründete er eine Anstalt für Reproduktion, die er aus kleinen Anfängen durch ausgezeichnete Leistungen zu einer außerordentlich zweckmäßigen Organisation ausbaute, die über die Grenzen Europas hinausreichte.

DAS TYPOGRAPHISCHE INSTITUT
GIESECKE & DEVRIENT

Das Typographische Institut Giesecke & Devrient[98] war am 1. Juli 1852 in Leipzig als «Officin für Geld- und Wertpapiere» geschaffen wurden. Die beiden Begründer waren weniger künstlerisch inspiriert und persönliche Aufsteiger wie Meydenbauer und Meisenbach, sondern kamen aus etablierten Familien. Der Leipziger Hermann Friedrich Giesecke (9. 4. 1831–31. 12. 1900), hatte mit Christian Friedrich Giesecke (1793–1850) den Mitbegründer der seit 1819 bestehenden Schriftgießerei J. G. Schelter & Giesecke in Leipzig zum Vater. Alphonse Devrient, geboren am 21. Januar 1821 zu Leipzig und gestorben am 21. April 1878 in Berlin, war der Sohn des Gründers der ersten chemischen Fabrik Deutschlands in Zwickau, J. E. Devrient. Bei der Fertigstellung von Baumgärtels Wartburg-Werk waren beide Firmengründer verstorben, und die Geschäfte führten seit 1867 Bruno Giesecke (1835-1905), seit 1899 Raimund Giesecke (1856-1931) und seit 1900 Johannes Giesecke (*1871).

Für die Geschäftsbeziehungen zu Max Baumgärtel dürfte förderlich gewesen sein, dass seit Dezember 1889 ein Zweiggeschäft in der Berliner Behrendstraße 5 existierte. Unter den zahlreichen Publikationen waren inzwischen auch einige zu Berliner und hohenzollern-preußischen Kunstsammlungen entstanden. Vor allem kam seit 1897 das reich illustrierte Hohenzollern-Jahrbuch heraus. Bis Mitte 1902 beschäftigte die Firma auf ihrem Leipziger Gelände in der Nürnberger Straße 12 etwa 500 Personen.

Aus den bescheidenen Anfängen zu buchhalterischen und kaufmännischen Angelegenheiten gelangte die Firma durch die Herstellung von Geld- und Wertpapieren geradezu zu Weltruhm, nachdem um 1856 die ersten Banknoten

---

98 Zu GIESECKE & DEVRIENT vgl. RUDOLF SCHMIDT: Deutsche Buchhändler. Deutsche Buchdrucker. Beiträge zu einer Firmengeschichte des deutschen Buchgewerbes. Bd. 2. Berlin 1902, Nachdruck Hildesheim/New York 1979, S. 319–322; WALTER HEICHEN: Kommerzienrat Hermann Giesecke. In: Deutsche Buchhandelsblätter. Illustrierte Monatsschrift für den Buch-, Kunst- und Musikalienhandel, das Buchgewerbe und die graphischen Künste. 3(1903)7, S. 249–250; siehe auch www.stiftung-teubner-leipzig.de/giesecke-hermann.htm; SEVERIN CORSTEN u. a. (Hrsg.): Lexikon des gesamten Buchwesens. Bd. 3. LGB². Stuttgart ²1991, S. 170; GIESECKE & DEVRIENT 1852-2002. Werte im Wandel der Zeit. Herausgegeben zum Jubiläum des Unternehmens. München 2002, S. 50 f.

für die herzoglich-altenburgische Regierung gedruckt worden waren. Bereits bis 1900 führte die Firma Aufträge für Herren vieler Länder aus. Sie vereinte fast sämtliche Zweige der graphischen Technik, darunter Buchdruckerei, Gravieranstalt, Lithographie, Steindruckerei, Kartographie, Kupferstich und Fotographie. Durch die erreichte Perfektion konnte der Betrieb regelrechte Prachtstücke herausgeben. Unter den hochkarätigen Büchern widmeten sich einige Themen der sächsisch-thüringischen Geschichte, die einem Vorlauf für Baumgärtels Wartburg-Werk gleichzukommen scheinen[99].

Obwohl Baumgärtel im Juni 1900 mit Giesecke & Devrient in Verbindung stand und die «Porträtplatte» zuschickte[100], erlangte die Firma nicht die eingereichte Offerte für den Gesamtdruck[101], der an Fischer & Wittig ging.

DIE FR. BRUCKMANN A.-G. IN MÜNCHEN

Unter den mitwirkenden Institutionen führt Baumgärtel für die «Photographische Reproduktion, Hochätzung in Kupfer und Heliographie» auch die «F. Bruckmann A.-G. in München» auf. Der Name geht auf den Firmengründer zurück, den Kommerzienrat Friedrich Bruckmann (4. 6. 1814 Deutz bei Köln – 17. 3. 1898 in Arco/Norditalien)[102]. Von Jugend an künstlerisch veranlagt hatte

---

99 – ADOLF BÖTTGER: Buch der Sachsen. Originaldichtungen aus der sächsischen Geschichte. Leipzig : Giesecke & Devrient, 1858;
   – OTTO POSSE (Hrsg.): Codex diplomaticus Saxoniae Regiae. Hauptth. 1, [Abth. A], 3 Bde. 948–1234. Leipzig : Giesecke & Devrient, 1882–1898;
   – OTTO POSSE (Hrsg.): Codex Diplomaticus Saxoniae Regiae.1. Hauptth., Abt. B. 4 Bde. (1381– 1427). Leipzig : Giesecke & Devrient, 1899–1941;
   – OTTO POSSE: Die Wettiner. Genealogie des Gesammthauses Wettin Ernestinischer und Albertinischer Linie. Mit Einschluss der regierenden Häuser von Großbritannien, Belgien, Portugal und Bulgarien. Leipzig/Berlin : Giesecke & Devrient, 1897;
   – OTTO POSSE: Die Markgrafen von Meissen und das Haus Wettin bis zu Konrad dem Grossen. Leipzig : Giesecke & Devrient, 1881;
   – OTTO POSSE (Hrsg.): Die Siegel der Wettiner und der Landgrafen von Thüringen, der Herzöge von Sachsen-Wittenberg, Kurfürsten von Sachsen aus Askanischem Geschlecht. Nebst einer Abhandlung über Heraldik und Sphragistik der Wettiner. [Teil 1]: Die Siegel der Wettiner bis 1324 und der Landgrafen von Thüringen bis 1247. Leipzig: Giesecke & Devrient, 1888; Th. 2: Die Siegel der Wettiner von 1324–1486 und der Herzöge von Sachsen-Wittenberg und Kurfürsten von Sachsen aus askanischem Geschlecht nebst einer Abhandlung über Heraldik und Sphragistik der Wettiner. Leipzig : Giesecke & Devrient, 1893. – Die beiden ersten Bände schickte BAUMGÄRTEL dem Burghauptmann VON CRANACH, siehe: WSTA, Akten-Nr. 342 (wie Anm. 15) Bl. 44 vom 18. 1. 1901.
100 WSTA, Akten-Nr. 341 (wie Anm. 7) Bl. 213 vom 18. 6. 1900: die «Porträtplatte ... sofort an Giesecke & Devrient»; wahrscheinlich ging es um das Porträt von Großherzog Carl Alexander in Baumgärtel, Wartburg 1907 (wie Anm. 4) Tafel vor S. 3.
101 WSTA, Akten-Nr. 341 (wie Anm. 7) Bl. 212 Eingang vom 16. 6. 1900.

er sich durch weite Reisen gebildet. Da das Geschäft einer Feuersbrunst zum Opfer fiel, zog er nach Frankfurt a. M. um und gründete am 15. November 1858 den «Verlag für Kunst und Wissenschaft», was trotz späterer Namensänderung als die Firmengründung anzusehen ist. Während eines Aufenthalts in München verpflichtete Bruckmann den Maler Wilhelm von Kaulbach (1805–1974) zur Illustration von Goethes Frauengestalten[103]. Die photographische Reproduktion einer Größe von 48 x 68 cm war zu jener Zeit noch nicht erreicht worden. Kaulbach hatte bereits 1855 die Wartburg besucht[104], wo allerdings seine Entwürfe im Palas-Festsaal von Wandteppichen überdeckt blieben.

Nachdem der Geschäftssitz 1860 nach Stuttgart verlegt worden war, siedelte er endgültig 1863 nach München über. Das Unternehmen profilierte sich nun mit verschiedenen Porträt-Tableaus und mit monumentalen wissenschaftlichen Werken zu Skulptur und Architektur. In den 1870er Jahren zählte zum Kreis der Gelehrten und Künstler in Bruckmanns gastfreundlichem Hause auch der Maler der Wartburg-Fresken Moritz von Schwind (1804–1871).

Die von Bruckmann 1864 eingerichtete fotografische Anstalt trieb in der Folge technische Innovationen voran. 1882 gelang durch autotypisch gerasterte Klischees die Produktion von fotografisch originalgetreuen Halbtonbildern. 1904 glückte es der Firma, das britische Druckmonopol zu durchbrechen und den ersten tiefdruckgerasterten Halbton-Rotationstiefdruck – die Mezzotinto-Gravüre – vorzuführen. Durch das ständige Streben nach technischem Höchststand war die Firma Bruckmann für Baumgärtel ein attraktiver Partner.

Das fortschreitende Alter des Gründers und die zunehmende Ausdehnung des Geschäfts verlangten nach Neustrukturierungen. In Sachen Eigentum wurde das Unternehmen in eine Aktiengesellschaft umgewandelt, der vorerst noch der Firmengründer als Aufsichtsratsvorsitzender und Alfons Bruckmann als Leiter vorstanden. Das Sortiment wurde 1887 unter Weiterführung des Namens Bruckmann an Ulrich Putze verkauft. Buch- und Kunstdruckerei kam

---

102 Zu Friedrich Bruckmann und dem Unternehmen vgl. Rudolf Schmidt: Deutsche Buchhändler. Deutsche Buchdrucker. Beiträge zu einer Firmengeschichte des deutschen Buchgewerbes. Bd. 1. Berlin 1902, Nachdruck Hildesheim/New York 1979, S. 112 f.; 125 Jahre Bücher. 1858–1983 Verlag und Graphische Kunstanstalten F. Bruckmann KG. München 1983; Severin Corsten u. a. (Hrsg.): Lexikon des gesamten Buchwesens. Bd. 1. LGB². Stuttgart ²1987, S. 559.

103 Goethe's Frauengestalten. 21 Kupferstiche in 10 Lieferungen/nach Handzeichn. von Wilhelm von Kaulbach. In Kupfer gest. von Mandel, Raab, Sachs ... u.a. Mit erläuterndem Texte von Adolf Stahr. München/Berlin : Bruckmann, [ca. 1863].

104 Zu Kaulbach auf der Wartburg und seinen Entwürfen im großen Festsaal vgl. Hans von der Gabelentz: Liszt und Kaulbach auf der Wartburg. In: Das Thüringer Fähnlein. 5(1936)8, S. 381–390 und 5(1936)7, nach S. 340; Petra Schall: »Wer zählt die Völker, nennt die Namen ...« – Aus den Stammbüchern der Wartburg. In: Günter Schuchardt (Hrsg.): Romantik ist überall, wenn wir sie in uns tragen. Aus Leben und Werk des Wartburgkommandanten Bernhard von Arnswald. Regensburg 2002, S. 125–146, hier S. 134 f.

in den Besitz des k.u.k.-österreichischen Konsuls Alfons Bruckmann. Hugo Bruckmann (1863–1941) stand nun zusammen mit Fritz Schwartz (1856–1914) an der Spitze der Verlagsanstalt «Fr. Bruckmann A.-G.», die – wie eingangs festgestellt – das Wartburg-Werk Baumgärtels mitgestaltete. Die Geschäftslokalitäten und technischen Betriebe befanden sich in der Münchner Garten-(später Kaulbach-)Straße, bis sie im Herbst 1898 in den vom Architekten Martin Dülfer (1859–1942) ausgeführten Neubau in der Nymphenburger Straße umzogen.

Die Beteiligung am Wartburg-Werk umrahmten zwei thematisch verwandte Verlagsproduktionen. Zunächst druckte der Verlag um 1875 die Holzschnitte von August Gaber (1823–1894) nach den Fresken Moritz von Schwinds im Landgrafenzimmer ab[105]. Und später gab er den Wartburg-Wegweiser des Burghauptmanns (1930–1946) Hans von der Gabelentz heraus[106].

DAS GRAPHISCHE INSTITUT JULIUS KLINKHARDT IN LEIPZIG

Das Graphische Institut Julius Klinkhardt[107] bildete einen Zweig des 1834 gegründeten Leipziger Verlags von Friedrich Julius Klinkhardt, der am 24. Juli 1810 in Leipzig geboren und am 26. April 1881 in derselben Stadt gestorben war. Der gelernte Buchhändler hatte 1834 J. Sührings Verlags-Expedition in Leipzig übernommen. Der Verlag wurde 1841 mit einem Sortiments- und Kommissionsgeschäft verbunden und mit dem Erwerb des C. H. F. Hartmannschen Verlags in Leipzig erweitert, doch 1850 von Klinkhardt verkauft, der sich der wachsenden Verlagstätigkeit widmete.

Seit 1848 orientierte er sich verlegerisch auf pädagogische Schriften und gab seit den 1850er Jahren Lehr- und Schulbücher heraus. Dadurch geriet er in Geschäftsbeziehungen zur 1862 eröffneten, ebenfalls am Wartburg-Werk beteiligten Schroederschen Papierfabrik in Golzern, da diese sich anfangs auf strapazierfähiges, für Kinderhände geeigneten Papier spezialisierte.

---

105 Die Wandgemälde des Landgrafensaales auf der Wartburg. Mit sieben Holzschnitten von AUGUST GABER nach den Fresken von MORITZ VON SCHWIND. Stuttgart : Verlag Friedrich Bruckmann, [1863].

106 HANS VON DER GABELENTZ: Die Wartburg. Ein Wegweiser durch ihre Geschichte und Bauten. München : Bruckmann 1941.

107 Zu JULIUS KLINKHARDT und seinem Institut vgl. Neue deutsche Biographie. Bd. 12. Berlin 1980, S. 100 f.; SEVERIN CORSTEN u. a. (Hrsg.): Lexikon des gesamten Buchwesens. Bd. 4. LGB². Stuttgart ²1995, S. 243; RUDOLF SCHMIDT: Deutsche Buchhändler. Deutsche Buchdrucker. Beiträge zu einer Firmengeschichte des deutschen Buchgewerbes. Bd. 3. Berlin 1905, Nachdruck Hildesheim/New York 1979, S. 548–552; UWE SANDFUCHS, JÖRG-W. LINK und ANDREAS KLINKHARD (Hrsg.): Verlag Julius Klinkhardt 1834–2009. Verlegerisches Handeln zwischen Pädagogik, Politik und Ökonomie. Bad Heilbronn 2009.

In den 1860er Jahren vergrößerte Klinkhardt seinen Verlag durch den Erwerb weiterer Leipziger Einrichtungen. Nach dem Tode des Firmengründers 1881 ging das Geschäft auf die beiden Söhne über. Bruno Klinkhardt, der am 24. August 1843 in Leipzig geboren war, leitete bis zu seinem Tode am 17. November 1897 sehr erfolgreich die Technische Abteilung des inzwischen auf über 600 Beschäftigte angewachsenen Gesamtunternehmens. Das Stammhaus in Leipzig fiel 1943 einem Bombenangriff zum Opfer. Nachfahren führten nach dem zweiten Weltkrieg im oberbayrischen Bad Heilbronn das Unternehmen fort.

Als weitere Teilhaber traten 1899 Wilhelm Julius Klinkhardt und 1901 Viktor Klinkhardt in das Unternehmen ein, das in Leipzig, Liebigstraße 6 seinen Sitz hatte. Zu den Unternehmenszweigen zählte eine Lithographische Anstalt, die im Wartburg-Werk unter zwei Varianten des Firmennamens erscheint. Zu zwei kartographischen Blättern nach Unterlagen der Königlich Preußischen Messbildanstalt ist abgedruckt: «Lith. Kunst-Anstalt Julius Klinkhardt, Leipzig»[108]. Zur kolorierten Wiedergabe von zwei Schwindschen Medaillon-Fresken aus der Elisabeth-Galerie steht hingegen: «Graph. Institut Julius Klinkhardt, Leipzig»[109].

4. DRUCKLEGUNG
DIE DRUCKEREI FISCHER & WITTIG IN LEIPZIG

Im Impressum seines Wartburg-Werkes weist Baumgärtel aus: «Gedruckt ... von Fischer & Wittig in den Jahren 1901 bis 1906». Im Verzeichnis der beteiligten Firmen heißt es «Fischer & Wittig, Buch und Kunstdruckerei in Leipzig». Die Druckereifirma war am 1. November 1862 in Leipzig von C. F. Fischer und F. Wittig gegründet worden, deren Namen auch später das Firmenlogo prägte[110]. Beide hatten vorher in der namhaften Buchdruckerei von Otto Wigand (1795–1870) gearbeitet, Fischer als Faktor und Wittig als Maschinenmeister. Wigand war 1832 aus Ungarn nach Leipzig übergesiedelt, wo er ein Verlagsgeschäft und 1842 die besagte Buchdruckerei gründete, die 1852 an die Söhne Walter und Otto Wigand überging[111].

---

108 BAUMGÄRTEL, Wartburg 1907 (wie Anm. 4) unter Karten zwischen S. 320 und 321 «Grundriß der Wartburg» und «Die Wartburg im Längen- und Quer-Durchschnitt», vgl. S. 710 Anmerkungen zu S. 320.

109 BAUMGÄRTEL, Wartburg 1907 (wie Anm. 4) Tafel vor S. 633.

110 www.leipziger-medienstiftung.de/villa-ida/die-villa-ida-in-der-menckestrasse-27/.

111 Zur Wigand-Familie siehe RUDOLF SCHMIDT: Deutsche Buchhändler. Deutsche Buchdrucker. Beiträge zu einer Firmengeschichte des deutschen Buchgewerbes. Bd. 6. Berlin 1906, Nachdruck Hildesheim/New York 1979, S. 1044 f.

Mitte 1900 hatte die Firma Fischer & Wittig eine Offerte für die Druckausführung eingereicht[112], die den Zuschlag erhielt. Seit 1890 besaß Baumgärtel
einen großen Anteil an der Buchdruckerei, den er allerdings 1904 wegen seiner
Ausgaben für das Wartburg-Werk wieder verkaufen musste[113]. Für die Qualität
der Fa. Fischer & Wittig spricht auch ihre Bevorzugung gegenüber den Berliner
Unternehmen. Die Druckfahnen verschickte Baumgärtel seit 1901[114] sukzessive an die jeweiligen Autoren und an den Burghauptmann Hans Lucas von
Cranach.

5. Papierbereitstellung

Die Schroedersche Papierfabrik in Golzern (Sachsen) sowie die Vertriebsfirma Sieler & Vogel in Leipzig

Die Schroedersche Papierfabrik in Golzern[115] nahm 1862 unter der Regie von
Gottlieb Adolf Schroeder ihren Betrieb als Ableger der Leipziger Papiergroßhandlung Sieler & Vogel auf, welche die beiden jungen Inhaber Ferdinand
Sieler und Johann Karl Vogel am 1. September 1825 eröffnet hatten. Karl
Vogel lebte vom 15. März 1798 bis zum 27.
März 1869. Sein Kompagnon Ferdinand Sieler
war am 9. Dezember 1795 geboren und verstarb bereits am 30. September 1842. Vogel
erhielt danach eine wertvolle Unterstützung
durch Gottlieb Adolf Schroeder (5. 3. 1818–
6. 11. 1876), den er am 1. Juli 1845 zu seinem
Teilhaber machte. Schroeder besaß eine gediegene kaufmännische Ausbildung
und verwirklichte das Projekt einer eigenen Papierfabrik, nachdem Karl Vogel
zum September 1855 krankheitsbedingt zurückgetreten war und er inzwischen
das Geschäft auf eigene Rechnung führte.

Abb. 4:
Verschlussmarke der
Buchdruckerei von
Fischer & Wittig
aus der Zeit von
ca. 1850 bis 1945

Die Vertriebsfirma Sieler & Vogel hatte in der aufblühenden Buchstadt
Leipzig keine Absatzprobleme und konnte sich bereits 1829 räumlich vergrößern, doch bezog sie ihren Papierbedarf aus umliegenden Papiermühlen,
die nur kleine Liefermengen anbieten konnten und ein umständliches Liefernetz erforderten. In Golzern bot Schroeders Schwager, der Mitbesitzer einer

---

112 WSTA, Akten-Nr. 341 (wie Anm. 7) Bl. 212 Eingang vom 16. 6. 1900.

113 Vgl. WSTA, Akten-Nr. 345 (wie Anm. 20) Bl. 190v.

114 WSTA, Akten-Nr. 342 (wie Anm. 15) Bl. 78 vom 10. 8. 1910 – Baumgärtel an von Cranach: «Nach Ihren Zeilen vom 6. d. M. lasse ich die Seite 1–16 nun drucken.»

115 Festschrift zum 50jährigen Bestehen der Schroederschen Papierfabrik (Sieler & Vogel) in Golzern. 1862–1912. Golzern 1912; Hans Pfeiffer, u. a. (Mitwirk.]: Festschrift des VEB Papierfabrik Golzern. 1862 – 1962. Golzern 1962.

Maschinenbauanstalt Otto Gottschald, bereits seit einigen Jahren den Bau einer firmeneigenen Papierfabrik an, die Schroeder erst 1860 mit dem Ankauf von Gelände und nahe liegender Wasserkraft in Angriff nahm und im Sommer 1862 mit der Betriebsaufnahme der ersten Papiermaschine eröffnete.

Anfangs nutzte die Golzerner Fabrik noch die Wasserkraft, wozu ein neues Wehr errichtet wurde und die Produktion mit 900 Pferdestärken begann. Die erste Papiermaschine wurde von der Firma Escher, Wyß & Co. aufgestellt, begann im Sommer 1862 zu arbeiten und lieferte Papier von 170 cm Arbeitsbreite. 1868 lief die zweite Papiermaschine an, die wie die folgenden drei von der Maschinenfabrik in Golzern erbaut wurde und eine 185 cm breite Papierbahn ausgab. Die dritte Papiermaschine erhielt 1883/84 ein neues Gebäude, wurde am 13. Oktober 1884 in Betrieb genommen und produzierte in einer Arbeitsbreite von 220 cm. Anfang Juli 1891 startete der Abbruch der ältesten Papiermaschine, die verkauft und durch die neue Golzerner Produktion ersetzt wurde, die am 1. September 1891 mit einer Arbeitsbreite von 190 cm anlief. Nach der Aufstellung erforderlicher Hilfsmaschinen begann am 1. Juli 1897 die Produktion von Kunstdruckpapier, wodurch die Schroedersche Papierfabrik in Golzern offenbar für den Verleger Max Baumgärtel attraktiv wurde. Zudem

besaß das Stammhaus Sieler & Vogel seit 1882 eine Filiale in Berlin, zunächst im Haus Oranienstraße 101, seit 1891 im Grundstück Lindenstraße 43.

Nach dem Tod des Firmengründers übernahm dessen ältester Sohn Max Schroeder (1853–1901) das Geschäft, der 1885 seinen Wohnsitz wegen Betriebsvergrößerung aus Leipzig in das nahe Grimma verlegte. Der jüngere Bruder Martin Schroeder trat am 1. Juli 1878 als Teilhaber ein und führte seit 1885 den Verkauf in Leipzig. Als Max am 23. Mai 1901 verstarb, setzte seine Witwe Paula Schroeder mit ihren sechs Kindern das Werk fort. Ihr ältester Sohn Fritz Schroeder trat am 1. April 1907 die Oberleitung der Fabrik an und nahm seinen Sitz in Grimma. Die Anzahl der Arbeiter in der Fabrik hatte bereits die 300 überschritten.

6. Buchbindung

Der Buchbinder J. R. Herzog in Leipzig

Der Buchbinder J. R. Herzog in Leipzig nahm die Einbindung vor, die bei einer Gesamtdicke von 8,5 cm hohe fachliche Fertigkeit erforderte. Er empfahl sich mit einigen Fabrikaten aus der zweiten Hälfte des 19. Jahrhunderts[116]. Die Arbeit am Wartburg-Werk begann er Mitte Dezember 1906 und brauchte dafür fünf Monate[117].

*

Unter den Mitwirkenden nennt Baumgärtel weitere Spezialisten, über die sonst keine oder nur spärliche Angaben zu ermitteln waren. Aus dem 19. und 20. Jahrhundert sind zahlreiche Lithographien von J. G. Fritzsche aus Leipzig überkommen. Baumgärtel führt ihn unter «Lithographie und Steindruck» auf, wobei er offenbar die Dienste der «Lithographischen Anstalt von J. G. Fritzsche» in Anspruch genommen hatte. Der Firmengründer wurde mit seinen Werken bereits in der ersten Hälfte des 19. Jahrhunderts erwähnt[118] und dürfte kaum noch der unmittelbare Partner gewesen sein.

Die beiden Leipziger R. Edler und R. Henkel erwähnt Baumgärtel für «Hylographie», also für die Ausfertigung von Holzschnitten.

---

116 J. R. Herzog (Bearb.): Brade's illustrirtes Buchbinderbuch. Unterweisung in allen Arbeiten und Kunstfertigkeiten des Buchbinders ... Leipzig ²1868; Konrad Beyer: Arja. Die schönsten Sagen aus Indien und Iran. Leipzig, C. F. Amelang's Verlag 1872. Gebunden von der Buchbinderei J. R. Herzog, Leipzig; Rudolf Gottschall (Hrsg.): Gedankenharmonie aus Goethe und Schiller: Lebens- und Weisheitsprüche aus deren Werken. Leipzig 6[1876]. Buchbinderei J. R. Herzog (Leipzig).

117 Schreiben von Max Baumgärtel an den Großherzog Wilhelm Ernst von Sachsen-Weimar-Eisenach, Berlin 27. 5. 1907, S. 65. In: WSTA, Akten-Nr. 346 (wie Anm. 55).

118 Vgl. Weber, Ernst Heinrich (1795-1878): Leipzig, J.G. Fritzsche, 1839. Lithographie (Brustbild) von Gustav Schlick. Bildgröße: 25 x 19 cm. Blattgröße: 42 x 31 cm.

Anhang:

Die Stammfolge[119] vom Renaissancemaler Lucas Cranach d. Ä. (†1553) bis zum Burghauptmann Hans Lucas von Cranach (†1929) und dessen Bruder Wilhelm Lucas von Cranach (†1918)

I.   Lucas Cranach d. Ä. * 4(?). 10.1472 Kronau (Franken), † 16. 10. 1553 Weimar, Hofmaler ⚭ 1512(?) Barbara Brengbier *1477 (od. um 1485) Gotha, † Dez. 1540 Wittenberg

II.   Lucas Cranach d. J. * 4. 10.1515 Wittenberg, † 25. 1. 1586 Wittenberg, Maler ⚭ II. zw.12.4. und 14. 5. 1551 Magdalena Schurff *19. 8. 1531, †3.1.1606

III.   Augustin Cranach * 1554, † 26. 7. 1595, Maler, Stadtrichter in Wittenberg ⚭ 26. 22.1577 Maria Samuele Selfisch * 27.2.1558, † 15. 1. 1626 Delitzsch

IV.   Johann/Hans Lucas (III.) Cranach * 6. 3. 1586, † 15. 9. 1645, Maler und Bürgermeister in Wittenberg ⚭ I. 1608 Martha Hildebrand * 24. 7. 1586 Wurzen, † 18. 4. 1624 Wachsdorf

V.   Johann Lucas Cranach * 15. 2. 1622, † 19. 11. 1676, Stuhlrichter in Dabrun ⚭ I. Dorothea Elisabeth Wilke

VI.   Christian Gottfried Cranach * 1642, †5. 1. 1704 Belzig, Stadtschreiber in Belzig ⚭ Maria Habedanck * 1654, † 30. 8. 1738 Wittenberg

VII.   Polycarp Cranach * 9. 8. 1689 Belzig, † 29. 5. 1764, Jurist an der Universität Wittenberg ⚭ I. Beate Elisabeth Kunz

VIII.   Lucas Polycarp Cranach * 19. 7. 1726 Wittenberg, † 8. 6. 1753 Bautzen, Oberamtsgerichtsadvokat in Wittenberg ⚭ 1751 Bautzen, Johanna Christiane Osswald * 7. 4. 1729 Bautzen, † 28. 8. 1764 Bautzen

---

119 Der «Gotha». [Abt.: 5]. Gothaisches genealogisches Taschenbuch der briefadeligen Häuser. 14. Gotha 1920, S. 159 f.; Walter von Hueck: Genealogisches Handbuch der adligen Häuser. Adlige Häuser B. Bd. 8 (Genealogisches Handbuch des Adels. Bd. 41). Limburg a. d. Lahn 1968, S. 15–17; Werner Schade: Die Malerfamilie Cranach. Dresden 1974, S. 454 f.; Lupold von Lehsten: Die Cranachiden. In: Genealogie. Deutsche Zeitschrift für Familienkunde. 43(1994), S. 67–83; Lupold von Lehsten: Lukas Cranach. Seine Familie, seine Nachkommen. In: Genealogie. Deutsche Zeitschrift für Familienkunde. 43(1994)5/6, S. 134–151.

IX. CHRISTIAN LUCAS (postumus) (von) CRANACH * 20. 10. 1753 Bautzen, † 13. 4. 1824 Craazen, Königlich preußischer Hauptmann, seit Ende 18. Jh. dem Adel zugerechnet ⚭ HENRIETTE CHARLOTTE ERNESTINE AUGUSTE (von) HAEUSLER * 31. 12. 1772 Ebersbach bei Zwickau, † 21. 5. 1816 Craazen

X. CHRISTIAN HEINRICH WILHELM LUCAS VON CRANACH * 24. 10. 1789 Craazen, † 6. 10. 1834 Klein-Windenbusch, Königlich preußischer Hauptmann ⚭ 1817 Soldin, KLARA VON SANDER * 8. 4. 1797, † 10. 11. 1883 Pinnow

XI. ADOLF LUCAS POLYCARP VON CRANACH * 16. 10. 1823 Craazen, † 19. 8. 1896 Berlin, Königlich preußischer Regierungspräsident ⚭ 5. 11. 1852

XII. (2) HANS CARL LUCAS VON CRANACH * 7. 1. 1855 Stargard, † 18. 10. 1929 Wartburg, Oberburghauptmann der Wartburg
(4) KARL WILHELM LUCAS VON CRANACH * 27. 9. 1861 Stargard, † 31. 3. 1918 Berlin, Maler

V.

Max Baumgärtel – eine biografische Skizze über den Herausgeber des Wartburg-Werks

Wanja Abramowski

Der spätere Herausgeber des Wartburg-Werks Max Baumgärtel wurde als Sohn des Buchhändlers Eduard Baumgärtel am 28. April 1852 in Halle/Saale geboren[1], wo er auch das Gymnasium besuchte[2]. Danach begann er zunächst mit einer Lehre zum Buchhandel, doch war es nach wenigen Monaten damit vorbei. Nun hörte er an der Universität Literatur- und Kunstgeschichte, trieb Sprachstudien und lernte das Bibliothekswesen kennen. Anschließend verwandte er sieben Monate darauf, das Schriftsetzen und die Buchdruckerkunst zu erlernen und machte sich in Leipzig mit deren graphischen Fächern vertraut[3].

Baumgärtel trat zunächst als Gehilfe 1872 in die G. Grote'sche Verlagsbuchhandlung zu Berlin ein[4]. Insbesondere der Wartburg und ihrer nationalen Geschichtsmächtigkeit bis hin zu ihrer vortrefflichen Einladung zum Nationalismus galten seit dem Ende des 19. Jahrhunderts seine kulturhistorischen Bestrebungen wie auch dem Reformator Martin Luther, den er offensichtlich sehr verehrte.

Als Kunsthistoriker und Verleger war es schon in frühen Jahren sein Ziel, mittels eines umfassenden Geschichtswerkes ein «nationales Bedürfnis» der Deutschen an ihrer eigenen und der Geschichte anderer Völker und Epochen auszuprägen. Rückblickend erklärte er 1893 gemeinsam mit dem nationallibe-

---

1 Zum Geburtsdatum und einigen anderen Fakten vgl. Rudolf Schmidt: Deutsche Buchhändler. Deutsche Buchdrucker. Beiträge zu einer Firmengeschichte des deutschen Buchgewerbes. Bd. 2. Ebbecke – Hartung. Berlin 1903, S. 341; Wartburg-Stiftung Eisenach, Archiv (WSTA), Akte: Die Wartburg. Ein Denkmal deutscher Geschichte u. Kunst, Bd. 5, 1904/1906, Akten-Nr. 344, Bl. 82: amtliche Bescheinigung der Adresse vom 21. 1. 1905 mit der Angabe «Buchhändler Max Baumgärtel am 28. April 1852. zu Halle ad S'.»

2 Vgl. Wartburg-Stiftung Eisenach, Archiv [WSTA], Akte: Die Wartburg. Ein Denkmal deutscher Geschichte u. Kunst, Bd. 6, 1906/1910, Akten-Nr. 345, Bl. 184–192 mit Eingang am 18. 3. 1908: biographische Angaben zu Max Baumgärtel, insbesondere zur Jugend wahrscheinlich von einem Mitarbeiter in Berlin, der ihn zur Zeit der Abfassung seit «etwa vierzehn Jahren kennt».

3 WSTA, Akten-Nr. 345 (wie Anm. 2) Bl. 185 f.

4 Verlagskatalog der G. Grote'schen Verlagsbuchhandlung in Berlin. 1849 bis 1924, Berlin 1924, S. XXVI; vgl. WSTA, Akten-Nr. 345 (wie Anm. 2) Bl. 186v.

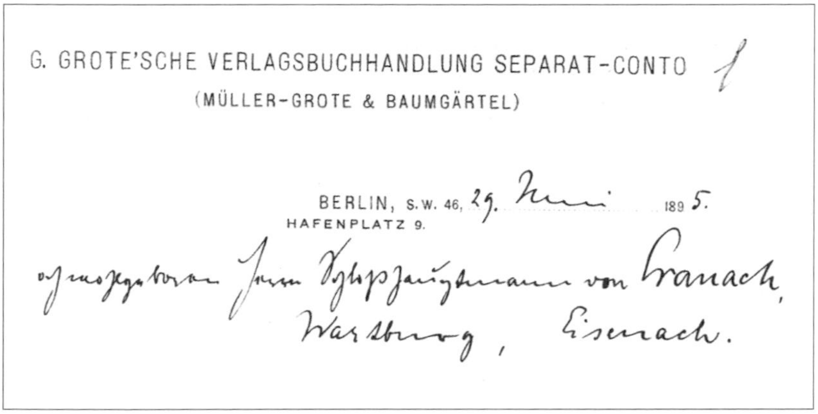
G. GROTE'SCHE VERLAGSBUCHHANDLUNG SEPARAT-CONTO

(MÜLLER-GROTE & BAUMGÄRTEL)

BERLIN, S.W. 46, 29. Juni 1895.
HAFENPLATZ 9.

Abb. 1: Kopfbogen der Grote'schen Verlagsbuchhandlung von 1895

ralen Historiker Wilhelm Oncken (1838–1905) und dem Verleger Carl Müller-Grote (1833–1904) stolz, aber auch in bescheidener Kürze: «Die Idee eines großen illustrirten universalhistorischen Werkes, die von Herrn Max Baumgärtel ausging und von ihm 1874 bearbeitet wurde, fand ihre erste Erörterung zwischen ihm und Herrn Professor Dr. Wilhelm Oncken im Juni 1875 in Gießen und damit zugleich die Anfänge ihrer Ausgestaltung zur ‹Allgemeinen Geschichte in Einzeldarstellungen›. Im unmittelbaren Anschluß daran wurden die Grundzüge des Arbeitsplanes entworfen und auf Grund derselben alsbald die ersten Verträge mit unseren Mitarbeitern geschlossen. Im Herbste 1878 begann das Werk zu erscheinen und jetzt nach fünfzehn Jahren und einigen Monaten hat es in 45 starken Bänden seinen programmgemäßen Abschluß gefunden.»[5]

Baumgärtel, Müller-Grote und Oncken verwiesen darauf, die «Allgemeine Geschichte in Einzeldarstellungen» sei «das erste weltgeschichtliche Sammelwerk, das unter strengem Ausschluß aller modernen Phantasiebilder eine nach wissenschaftlichen Grundsätzen ausgewählte und mit Kritik hergestellte historische Illustration durchgeführt hat.»[6] Die technischen Neuentwicklungen mit den Verfahren der Farblithographien und Faksimiledrucke ermöglichten diesen Durchbruch in der historischen Publizistik, die sich bewusst einer breiten bürgerlichen Bildungsschicht zuwandte und nicht als exotisches Gelehrtenwerk allein für Historiker gedacht war. Die G. Grote'sche Verlagsbuchhandlung war nicht zufällig das realisierende Unternehmen, baute sie doch in jenen Jahren mit der Herausgabe hervorragender deutscher und internationaler

5 Otto Henne am Rhyn (Bearb.): Namen- und Sachregister zur Allgemeinen Geschichte in Einzeldarstellungen. [I.–IV.]. I. Hauptabteilung. Berlin 1890, S. I–IV, Nachwort, Herausgeber und Verleger der Allgemeinen Geschichte in Einzeldarstellungen, Gießen und Berlin, Am Weihnachtstage 1893, hierzu S. I.

Klassiker wie Goethe, Schiller, Lessing, Hauff, Chamisso, Shakespeare und Walter Scott in gut illustrierten Ausgaben mit eleganter Ausstattung ihren ausgezeichneten Ruf immer mehr aus.

Der 22-jährige Baumgärtel hatte 1874 die Idee zu diesem Werk, mit dessen Realisierung er im folgenden Jahr begann[7]. Ein Jahr später hatte er mit dem 14 Jahre älteren, schon damals als Professor in Gießen wirkenden borussischen Historiker Wilhelm Oncken einen «Mann aus der Zunft» und ein Mitglied des Reichstages (1874–1877) bei der Hand, der die zahlreichen Autoren um sich sammelte und einband, und auch der Verlag war im Jahre 1878 gefunden, der das Riesenunternehmen realisierte. Im Grunde genommen waren es zwei Verlage: zum einen die renommierte G. Grote'sche Verlagsbuchhandlung in Berlin und der 1877 von Max Baumgärtel selbst gegründete «Historische Verlag Baumgärtel»[8].

Der äußerst zielstrebige und glückliche Start dieses umfassenden Geschichtsprojektes war das verlegerische Werk eines Mannes, der eine hohe kunsthistorische Bildung mit der Fähigkeit eines effizienten Publikationsmanagements und ausgezeichneten Beziehungen in der Fachwelt verband. Alle diese Umstände und die selbstbewusste Gründung eines eigenen Verlages mit 25 Lebensjahren in Berlin, einer für ihn bis dahin fremden Stadt, lassen seine Herkunft aus dem gutsituierten nationalliberalen Bildungsbürgertum im anhaltinisch-sächsischen Raum, Halle gehörte damals zur preußischen Provinz Sachsen, erahnen.

Schon wenige Jahre darauf erschien 1880–1881 in Bielefeld und Leipzig die «Deutsche Geschichte» in zwei Bänden von Ludwig Stacke, die erste illustrierte Darstellung der deutschen Nationalgeschichte. Die wissenschaftliche Methode der historischen Darstellung prädestinierte Baumgärtel etwa zwei Jahrzehnte später zu seinem Lebenswerk, dem «Wartburg-Werk», in dem er der exakten photografischen Aufnahme des Denkmals einen überragenden Stellenwert einräumte.

Seit dem Jahre 1878 erschien also in der Berliner G. Grote'schen Verlagsbuchhandlung, deren Besitzer Carl Müller-Grote[9] war, der erste Band von Onckens «Allgemeiner Geschichte in Einzeldarstellungen». Zunächst schien es so, dass der Initiator und Ideengeber dieses Werkes, Max Baumgärtel, an dessen

---

6 HENNE AM RHYN, Namen- und Sachregister 1890 (wie Anm. 5) S. II.

7 WSTA, Akten-Nr. 345 (wie Anm. 2) Bl. 186v: 1875 legt BAUMGÄRTEL den Grund zur «allgemeinen Geschichte in Einzeldarstellungen» und wurde «ihr Vater».

8 Hilfsbuch für den Berliner Buchhandel. 43. Berlin 1910, S. 40.

9 CARL MÜLLER(-GROTE) war seit dem 7. März 1859 Besitzer des im Jahre 1659 in Hamm in Westfalen begründeten Vorgängerverlages und der 1849 neugegründeten G. Grote'schen Verlagsbuchhandlung, die 1865 nach Berlin übersiedelte und um 1878 in Berlin in der Bernburger Straße 35 ihren Sitz hatte. Vgl. Berliner Adressbuch 1876. Teil I, S. 288.

Zustandekommen keine weitere Aktie haben sollte. Aber dieser Eindruck trügt. Ein Jahr später wurde Baumgärtel erstmals im Berliner Adressbuch[10] genannt. Er muss jedoch, bedenkt man den Redaktionsschluss des Adressbuches im Vorjahr, also spätestens im Jahr 1877 nach Berlin gezogen sein. Die Gründung seines Historischen Verlages Baumgärtel steht somit in unmittelbaren Zusammenhang mit seinem (ersten) «Lebenswerk», wie er die Onckensche «Allgemeine Geschichte in Einzeldarstellungen» 1907 zu Recht bezeichnete[11].

Dies wird durch zwei weitere Tatsachen unterstrichen. Erstens veröffentlichte Baumgärtel mindestens seit dem Jahre 1882 in seinem Historischen Verlag Baumgärtel ebenfalls die «Allgemeine Geschichte in Einzeldarstellungen»[12]. Damit ist eine enge und vertrauensvolle Kooperation sowohl mit Oncken als auch dem Verleger Carl Müller-Grote nachgewiesen.

Abb. 2:
Der Verleger
Max Baumgärtel
am Schreibtisch

Zweitens war die Mitwirkung Baumgärtels in der G. Grote'schen Verlagsbuchhandlung als einer der beiden Geschäftsführer bedeutsam, wobei Baumgärtels Aufwertung im Jahre 1877 maßgeblich auf die Verwirklichung des Onckenschen Werkes zielte. Die G. Grote'sche Verlagsbuchhandlung wurde bis zur Jahrhundertwende einer der führenden schöngeistigen Verlage Deutschlands.

Noch unter ihren Fittichen gründete Baumgärtel 1877 seinen Verlag historischer Werke[13]. Vom Mai 1892 bis Dezember 1896 firmierte dieser unter «G. Grotesche Verlagsbuchhandlung Separat-Konto (Müller-Grote & Baumgärtel)»[14]. Ab dem 1. Januar 1897 führte Baumgärtel ihn unter dem Namen

10 1878: G. Grote'sche Verlagsbuchhandlung, SW Bernburger Straße 35 I, Inhaber CARL MÜLLER, Stellvertreter: K. SCHMIDT u. M. BAUMGÄRTEL. In: Berliner Adressbuch 1878. Teil I, S. 280; 1879: BAUMGÄRTEL, M., Buchhändler W Bülowstraße 27 II (Wohnung Baumgärtels). In: Berliner Adressbuch 1879. Teil I, S. 40, in Schöneberg, 2005: Neubau nach Kriegszerstörung. Auch 1880 wohnte er an derselben Anschrift, vgl. Berliner Adressbuch 1880. Teil I, S. 41. Später zog er in die Dessauer Straße 25, in unmittelbare Nähe der G. Grote'schen Verlagsbuchhandlung, vgl. Berliner Adressbuch 1885. Teil I, S. 44.

11 Wartburg-Stiftung Eisenach, Archiv, Akte: Die Wartburg. Ein Denkmal deutscher Geschichte u. Kunst, Bd. 7, Akten-Nr. 346, darin: Schreiben von MAX BAUMGÄRTEL an den Großherzog WILHELM ERNST VON SACHSEN-WEIMAR-EISENACH, Berlin 27. 5. 1907, S. 3.

12 WILHELM ONCKEN: Das Zeitalter Friedrichs des Großen (Allgemeine Geschichte in Einzeldarstellungen. Hauptabt. 3. Theil 8). 868 S. : Ill., Kt. ; 8°, Berlin : BAUMGÄRTEL, 1882.

13 SCHMIDT, Buchhändler 2, 1903 (wie Anm. 1) S. 341.

14 Zu MÜLLER-GROTE & BAUMGÄRTEL vgl. Hilfsbuch 1910 (wie Anm. 8) S. 40; SCHMIDT, Buchhändler 2, 1903 (wie Anm. 1) S. 342; vgl. die Firmenadresse in den Akten, z. B. Wartburg-Stiftung Eisenach, Archiv [WSTA], Akte: Die Wartburg. Ein Denkmal deutscher Geschichte u. Kunst, Bd. 2, 1895/1900, Akten-Nr. 341, Bl. 1.

Abb. 3:
Das Wappen von
Max Baumgärtel
auf einem
Briefbogen

«Historischer Verlag Baumgärtel» weiter. Er war zu diesem Zeitpunkt ungefähr 45 Jahre alt und konnte bereits auf eine zwei Jahrzehnte währende, höchst erfolgreiche Tätigkeit als Verleger zurückblicken.

Diese wenigen Tatsachen und die von ihm später selbst verfassten Wartburg-Veröffentlichungen lassen Rückschlüsse auf seine bildungsmäßig-charakterlichen Ausprägungen zu. Demnach entstammte er einer bürgerlichen Familie, deren wirtschaftliche und soziokulturelle Verhältnisse ihm sowohl eine erstklassige humanistische Ausbildung ermöglicht hatten, als auch eine politische Orientierung auf einen modernen, elitären Staat Deutschland mit auf den Weg gaben.

Seine verlegerische Hauptleistung bestand bis dahin in der quellenkritischen Illustration dieses Super-Projektes «Allgemeine Geschichte in Einzeldarstellungen» mit 45 Prachtbänden im Quart-Lexikonformat. Noch vor 1895 folgte mit der fünfbändigen «Geschichte der deutschen Kunst» ein zweites Glanzstück des Historischen Verlages Baumgärtel[15]. Eine «Kulturgeschichte des deutschen Volkes» in zwei Bänden, die zuvor bereits bei Grote erschien, wurde 1897 erneut von Baumgärtel aufgelegt, der um 1900 als ein arrivierter Verleger eines angesehenen Berliner Kunst- und Architekturverlages galt[16]. Auch bei diesen beiden Verlagsunternehmungen Baumgärtels fällt wiederum die Kooperation seines Verlages mit der G. Grote'schen Verlagsbuchhandlung auf, da beide Titel jeweils in beiden Verlagen erschienen.

Aufgrund seiner Bekanntschaft mit Wilhelm Oncken wurde Max Baumgärtel im Jahre 1896 in ein von Großherzog Carl Alexander von Sachsen-Weimar-Eisenach (1853–1901) in Auftrag gegebenes wissenschaftliches Dokumentationsprojekt der Wartburg einbezogen. Mit einer Depesche vom 2. Januar 1896 von Wilhelm Oncken und vom Wartburg-Schlosshauptmann Hans Lucas von Cranach erhielt Baumgärtel die offizielle Einladung, dieses Unternehmen zu leiten[17]. Dieses «Wartburg-Werk» sollte für etwa ein Jahrzehnt die wissenschaftliche und verlegerische Tätigkeit Baumgärtels vollständig in Anspruch nehmen. So beschrieb ihn 1908 ein nahestehender Zeitgenosse: «In ihm hatte Großherzog Carl Alexander gerade den Mann gefunden, den das Wartburg-Werk brauchte; ideal veranlagt, mit warmem Herzen für Poesie und Kunst; mit scharfem wissenschaftlichem Sinn ausgerüstet; vorbereitet für meh-

---

15 Geschichte der deutschen Kunst. 5 Bde. Berlin 1885–1891.

16 Otto Henne am Rhyn: Kulturgeschichte des deutschen Volkes. 2 Bde., mit vielen Abb. im Text, Taf. u. Farbendruck, Berlin : Grote, 1886; Otto Henne am Rhyn: Kulturgeschichte des Deutschen Volkes. 1. Bd., mit 1822 authent. Abb. im Text und auf 135 Tafeln. Historischer Verlag Baumgärtel, Berlin ³1892; Otto Henne am Rhyn: Kulturgeschichte des deutschen Volkes, 2 Bde. 20.–24. Tsd., m. 1049 Abb. im Text u. 134 Tafeln u. Fardr. 4o. Ohldr. Bde, Berlin : Baumgärtel, 1897.

17 Baumgärtel, Schreiben vom 27. 5. 1907 (wie Anm. 11) S. 4 f.

rere sich ergänzende Gebiete, von weitem Blick, von geschultem Auge und schärfster Aufmerksamkeit für jedes Detail, ausdauernder Arbeitskraft und vielseitiger Erfahrung, ...»[18] und bemerkte doch zugleich: «Eine Ausbildung zum Geschäftsmann hat er niemals gehabt ...»[19]

Für seine Bemühungen um das Wartburg-Werk verlieh ihm der Großherzog Carl Alexander mit Genehmigung des Kaisers am 25. Juli 1900 den Titel eines Großherzoglich-Sächsischen Hofrats[20]. Zum «geheimen» Hofrat wurde er 1907 offenbar im Zusammenhang mit der Fertigstellung des Wartburg-Werks erhoben[21]. Im Jahre 1907 erschien dann das 20 kg schwere Werk «Die Wartburg. Ein Denkmal deutscher Geschichte und Kunst. Berlin 1907»[22], dessen alleiniger Herausgeber Max Baumgärtel war.

Er trug wahrscheinlich auch zur Einbringung des Glasmosaiks durch die Berliner Firma Puhl & Wagner in die Elisabeth-Kemenate des Wartburg-Palas bei, als er im März 1898 auf die elektrische Beleuchtung in der Berliner Gedächtniskirche aufmerksam machte[23]. Dort befand sich dann das 1907 vollendete große Glasmosaik derselben Firma.

Ein Otto Baumgärtel, dessen Verwandtschaft unklar[24] ist, gründete am 1. Mai 1902 den Verlag für Kunstgewerbe und Architektur in Berlin W 30 Nollendorfstraße 31/32[25]. Die Ähnlichkeit mit der Verlagsfirma Max Baumgärtel ist

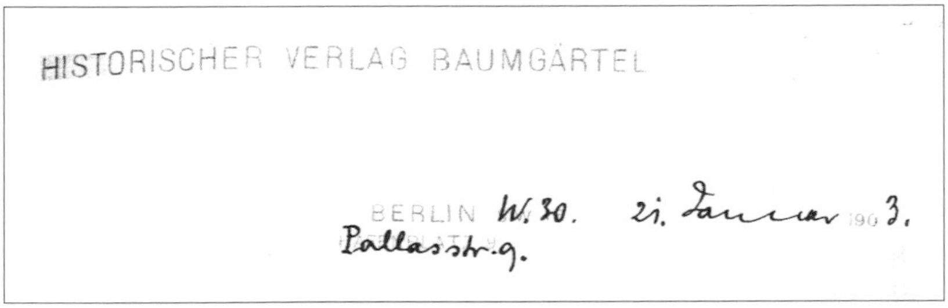
HISTORISCHER VERLAG BAUMGÄRTEL

BERLIN W. 30. 21. Januar 1903.
Pallasstr. 9.

Abb. 4: Kopfbogen des Verlags von Max Baumgärtel im Jahre 1903

18 WSTA, Akten-Nr. 345 (wie Anm. 2) Bl. 189 mit Eingang vom 18. 3. 1908.

19 WSTA, Akten-Nr. 345 (wie Anm. 2) Bl. 184v mit Eingang vom 18. 3. 1908.

20 Wartburg-Stiftung Eisenach, Archiv [WSTA], Akte: Die Wartburg. Ein Denkmal deutscher Geschichte u. Kunst, Bd. 3, 1900/1902, Akten-Nr. 342, Bl. 1 vom 30. 8. 1900; vgl. WSTA, Akten-Nr. 341 (wie Anm. 14) Bl. 187 vom 5. 5. 1900.

21 WSTA, Akten-Nr. 345 (wie Anm. 2) Bl. 144 vom 26. 9. 1907, Bl. 165 vom 29. 11. 1907.

22 Max Baumgärtel (Hrsg.): Die Wartburg. Ein Denkmal deutscher Geschichte und Kunst. Berlin 1907.

23 WSTA, Akten-Nr. 341 (wie Anm. 14) Bl. 49 vom 25.3.1898.

24 Einer der Söhne von Max Baumgärtel kann er nicht sein, da diese sich im Jahre 1902 noch in Schule und Ausbildung befanden, vgl. WSTA, Akten-Nr. 342 (wie Anm. 20) Bl. 147 vom 22. 3. 1902.

25 Hilfsbuch 1910 (wie Anm. 8) S. 6: Otto Baumgärtel, Verlag f. Kunstgewerbe u. Architektur, W 30 Nollendorfstr. 31/32, seit 1.5.1902.

ungewöhnlich. Dieser Verlag existierte noch im Jahre 1933[26]. Die Adresse sowohl des Historischen Verlags Baumgärtel wie auch der Privatperson Max Baumgärtel lautete zunächst Berlin, S.W., Hafenplatz 9 und wechselte im September 1902 bis ins Jahr 1924 hinein nach Berlin W. 30, Pallasstraße 8/9[27].

Bereits während der Drucklegung des Wartburg-Werks war der Verleger immer stärker in finanzielle Schwierigkeiten geraten, aus denen er sich selbst durch Verkäufe von Verlagsbeteiligungen und Hausbesitz[28] nicht befreien konnte. In den Jahren nach 1907 bemühte er sich meist erfolglos, Exemplare aus den liegen gebliebenen Beständen des Wartburg-Werks und den weiteren Büchlein aus seinem Verlag über Wartburgthemen abzusetzen[29]. Bis 1918 hatte der Vertrieb des Verlags weitgehend still gelegen. Trotz Zwangsversteigerung der Lagerbestände blieb eine Schuld von 40.000 Mark übrig[30].

Zu seinem späteren politisch tangierten Agieren gibt es einen interessanten Brief Baumgärtels vom 30. April 1919 an den Beigeordneten des Staatsekretärs im Auswärtigen Amt der neuen Reichsregierung, den zentristischen Sozialdemokraten Karl Kautsky (1854–1938, USPD, 1922 SPD), der zu jener Zeit mit der Zusammenstellung der «Deutschen Dokumente zum Kriegsausbruch» beauftragt war, die dann von Max von Montgelas (1860–1938) und Walther Schücking (1875–1935) 1919 herausgegeben wurden. Max Baumgärtel bewarb sich in seinem Schreiben an Kautsky, aus dem weniger politische, als vielmehr wirtschaftliche Interessen herauszulesen sind, um die «Uebertragung des Verlages Ihrer Ausgabe der auf die Entstehung des Weltkrieges bezüglichen Dokumente»[31].

Eine direkte politische Stellungnahme ist in ihm nicht enthalten. Baumgärtel empfahl sich mit seinem kunsthistorischen Werk als Verleger und sicherte an mehreren Stellen eine ausdrückliche Diskretion und Verlässlichkeit bei der Ausräumung aller, auch technischer Probleme eines solchen Druckes zu, woraus eine gewisse Nähe und Übereinstimmung mit einem Projekt zu sehen

---

26 Berliner Adressbuch 1926. I, S. 140; Berliner Adressbuch 1930. I, S. 138; Berliner Adressbuch 1933. I, S. 115.

27 Vgl. Wartburg-Stiftung Eisenach, Archiv [WSTA], Akte: Die Wartburg. Ein Denkmal deutscher Geschichte u. Kunst, Bd. 4, 1902/1904, Akten-Nr. 343, Bl. 30 vom 24. 9. 1902 mit Hinweis auf den Umzug, Bl. 38 Eingang vom 7.10.1902 mit Änderung der Adresse auf «Palasstr. 8».

28 BAUMGÄRTEL, Schreiben vom 27. 5. 1907 (wie Anm. 11) S. 77.

29 Wartburg-Stiftung Eisenach, Archiv [WSTA], Akte: Die Wartburg. Ein Denkmal deutscher Geschichte u. Kunst, Bd. 7, 1910/1960, Akten-Nr. 346, Bl. 1–49 zu 1910–1916, passim.

30 WSTA, Akten-Nr. 346 (wie Anm. 29) Bl. 49, Berlin 8. 3. 1918: der Thüringer Bevollmächtigte zum Bundesrat, Paulsen, an den Burghauptmann von Cranach: «Der Verlag hat mehrere Jahre nahezu vollständig stillgelegen, da B. sich in keiner Weise für den Vertrieb seiner Verlagswerke bemühte.»

31 Internationales Institut für Sozialgeschichte (IISG), Amsterdam, D II 539, Brief v. 30. April 1919, MAX BAUMGÄRTEL an KARL KAUTSKY.

Abb. 5:
Wohnbescheinigung
von Max Baumgärtel
im Jahre 1905

ist, das schließlich eine antimonarchistische Zielrichtung besaß. Schon am 4. Januar 1919 hatte er eine ähnliche Bewerbung an Kautsky geschickt und zwischenzeitlich auch dem Reichspräsidenten Friedrich Ebert (1871–1825, SPD) und dem Reichsministerpräsidenten Philipp Scheidemann (1865–1939, SPD) sein Anliegen in gleichlautenden Schreiben mitgeteilt.

Widersprachen Baumgärtels Briefe an Kautsky, Ebert und Scheidemann nicht seinem Schreiben an den Großherzog Wilhelm Ernst von Sachsen-Weimar-Eisenach vom 27. Mai 1907? Das ist nicht anzunehmen, denn in seinem Selbstverständnis wechselte zwar die Herrschaftsform, aber die deutsche Kultur, die deutsche Nation und seine persönliche wirtschaftliche Existenzbasis blieben der kontinuierliche Lebensmittelpunkt, und der ließ sich durch die November«revolution» offensichtlich genauso wenig verschieben wie seine kommerziellen Interessen. Im Denken, im Leben und in seinen Gewissheiten änderte sich 1918/1919 für Baumgärtel und für die soziale Schicht, der er entstammte, nichts oder wenig. In seiner letzten Lebenszeit wohnte Max Baumgärtel als Privatgelehrter in Berlin W 57, Kurfürstenstraße 23[32].

---

32 Berliner Adressbuch 1925. I, S. 136: BAUMGÄRTEL, MAX. Privatgelehrter, W 57, Kurfürstenstr. 23; vgl. WSTA, Akten-Nr. 346 (wie Anm. 29) zwischen Bl. 65 vom 18. 4. 1924 und Bl. 72 vom 1. 6. 1924 die Briefe von MAX BAUMGÄRTEL unter derselben Adresse.

Der Berliner Verleger hatte fünf Söhne[33], von denen sich der älteste der Landwirtschaft zuwandte[34]. Der zweite, Erhart, erlernte Pharmazie und arbeitete später als Apotheker in Werden/Ruhr, einem heutigen Stadtteil von Essen. Der dritte, Hubert, trat schließlich in die Fußstapfen des Vaters, indem er Kunstgeschichte studierte, in den Buchhandel – 1922 bis 1925 zum Berliner Euphorion Verlag[35] – ging und den väterlichen Verlag weiter führte.

Laut Benachrichtigung Erhart Baumgärtels an die Wartburg-Stiftung war der Vater am 23. Februar 1925 in Wittenau, einem heutigen Stadtteil im Nordwesten Berlins, gestorben und vorerst dort auch begraben worden[36]. Zuletzt war er finanziell ruiniert, von Schulden erdrückt und geistig wie körperlich gebrochen. Der Sohn teilte mit: «Mein Vater ist als ganz armer, kranker und geistig umnachteter Mann gestorben, so daß sein mir plötzlich gekommener Tod nun als eine Wohltat für ihn selbst gelten muß.» Den zur Selbstzerfleischung neigenden Arbeitsstil hatte bereits der Bekannte aus dem Jahre 1908 anhand der Arbeitsweise Baumgärtels anschaulich beschrieben: «Zumal auch ein gut Stück von ihres [der vorher erwähnten Söhne] Vaters Gesundheit mit verarbeitet und von Wartburg-Werks-Sorgen verzehrt worden ist.

Bei der Art seines Schaffens und Arbeitens braucht B. natürlich sehr viel Arbeitszeit. Eine übliche Stundenzahl genügt nicht. Die Nacht, in der er überhaupt am liebsten arbeitet muß zur Hälfte genommen werden. Vor elf verläßt er sein Arbeitszimmer, das an einem schönen ruhigen Park gelegen ist, nie, meist erst zwischen 12 und 2, oft noch später.»[37]

Nach dem Tode Max Baumgärtels übernahm der dritte, in Berlin lebende Sohn Hubert den Historischen Verlag Baumgärtel als Inhaber[38]. Er verfügte über den väterlichen Nachlass und bemühte sich um den Verkauf von Rest-

---

33 Zu den Söhnen von Max Baumgärtel siehe WSTA, Akten-Nr. 342 (wie Anm. 20) Bl. 147 vom 22. 3. 1902; WSTA, Akten-Nr. 345 (wie Anm. 2) Bl. 191v Eingang am 18. 3. 1908.

34 Vgl. WSTA, Akten-Nr. 342 (wie Anm. 20) Bl. 150 vom 30. 3. 1902.

35 Hubert Baumgärtel kam 1922 zum Euphorion Verlag, um sich dort um die expressionistische Graphik zu kümmern, und schied nach dem Ende der Inflation wieder aus, vgl. www. ketterer kunst.de/d/verlag/ernst-rathenau-verlag.shtml; Hubert Baumgärtel (1922–1925) im Euphorion Verlag vgl. www.kunsthandel-der-moderne.eu/content/view/21/36/.

36 WSTA, Akten-Nr. 346 (wie Anm. 29) Bl. 60 vom 17. 3. 1925: Mitteilung des Sohns Erhart Baumgärtel, dass der Vater Max Baumgärtel «am 23. Februar in Wittenau bei Berlin sanft entschlafen ist. Dort hat er auch seine Grabstätte gefunden».

37 WSTA, Akten-Nr. 345 (wie Anm. 2) Bl. 192 mit Eingang vom 18. 3. 1908.

38 Berliner Adressbuch 1925. I, S. 136: Verlagsbuchhändler Hubert Baumgärtel aus Zehlendorf, Königstraße 32; WSTA, Akten-Nr. 346 (wie Anm. 29) Bl. 112 vom 5. 10. 1925: Hubert Baumgärtel, Berlin-Zehlendorf, Königsstraße 32 schreibt an Oberburghauptmann von Cranach, gibt sich als Sohn von Max Baumgärtel zu erkennen, ordnet momentan den «sehr verworrenen Nachlass» des Verstorbenen und bittet um Informationen für die «Fortführung des Verlages».

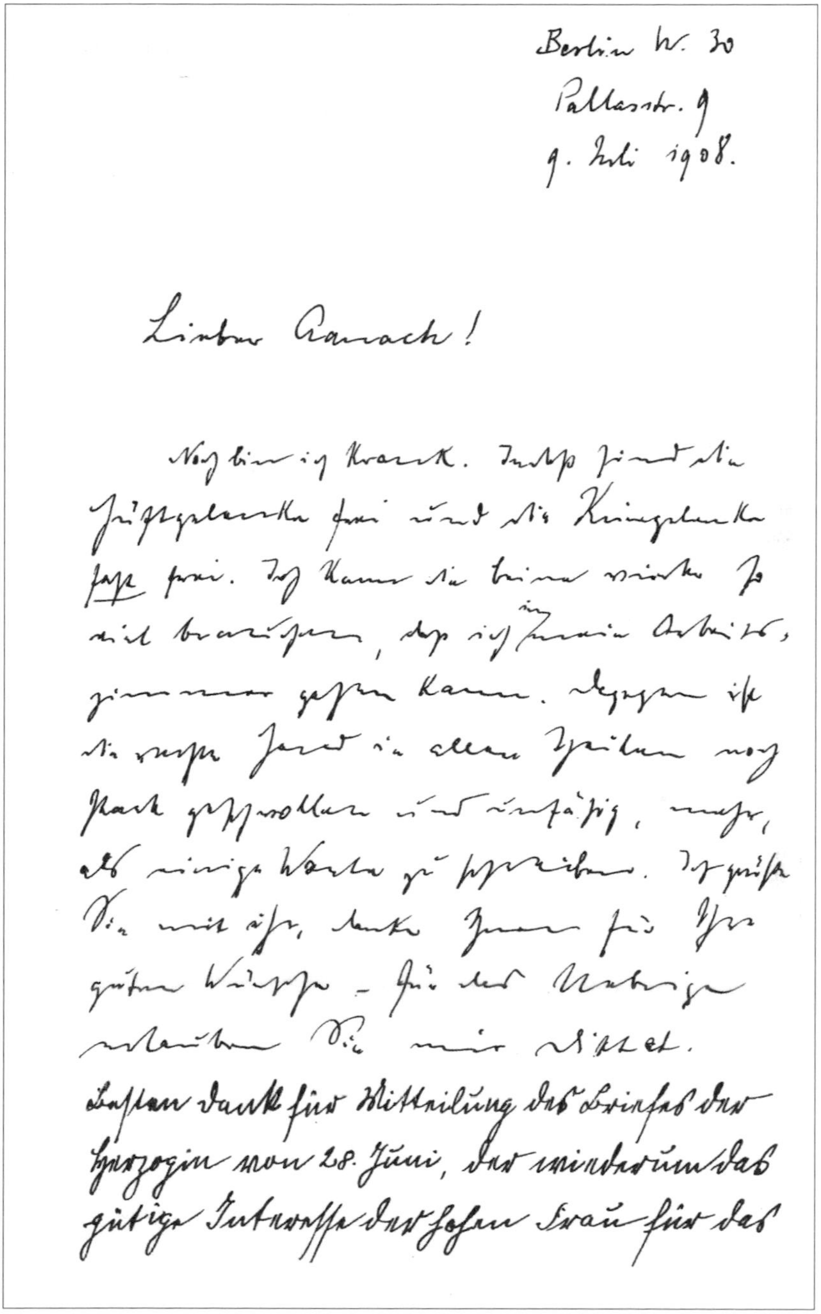
Berlin W. 30
Pallasstr. 9
9. Juli 1908.

Lieber [illegible]!

Noch bin ich krank. Jedoch sind die Hüftgelenke frei und die Kniegelenke fast frei. Ich kann die beiden Hände so weit brauchen, daß ich in meine Arbeit, [illegible] gehen kann. Dagegen ist die rechte Hand in allen Theilen noch stark geschwollen und unfähig, mehr als einige Worte zu schreiben. Ich grüße Sie mit ihr, danke Ihnen für Ihre guten Wünsche – Für das Übrige erlauben Sie mir Diktat.
Besten Dank für Mittheilung des Briefes der Herzogin vom 28. Juni, der wiederum das gütige Interesse der hohen Frau für das

Abb. 6: Schreibschwäche von Max Baumgärtel 1908 und Fortsetzung durch einen kalligraphischen Schreiber

bcständen. So bot er 1925 der Wartburg-Stiftung 90 ungebundene Exemplare der Hauptausgabe des Wartburg-Werks und 40 der Fürstenausgabe zum Kauf an [39] und sicherte mit der Vermeidung einer Zwangsversteigerung um den Jahreswechsel 1925/26 [40] herum die finanziellen Mittel für die Weiterführung des Verlags, was ihm für etwa zehn Jahre gelang. Hubert wird noch in späteren Jahren bis 1935 als Inhaber des Historischen Verlages Baumgärtel erwähnt [41]. Der Verkauf der Abbildungsvorlagen zum Wartburg-Werk gegen Ende 1935 [42] fiel offenbar in die Liquidierungsphase.

Im Jahre 1936 wird unter derselben Verlagsanschrift und unter weiterer Nennung des Namens Hubert Baumgärtel eine Martha Hobbing als Inhaberin des Historischen Verlages Baumgärtel genannt [43]. Hobbing war zugleich Eigentümerin des faschistisch-antisemitischen Verlages «Heimbücherei Peter Hobbing». Es ist anzunehmen, dass dieser Verlag den Historischen Verlag Baumgärtel übernahm. Ein Hubert Baumgärtel ist seit 1936 in Berlin nicht mehr nachweisbar.

---

39 WSTA, Akten-Nr. 346 (wie Anm. 29) Bl. 124 vom 9. 12. 1925.

40 WSTA, Akten-Nr. 346 (wie Anm. 29) Bl. 128 vom 22. 12. 1925, passim.

41 Berliner Adressbuch 1928. I, S. 144; Adressbuch des Berliner Buchhandels 1935, S. 71: Bcrlin-Wilmersdorf, Uhlandstraße 78.

42 Wartburg-Stiftung Eisenach, Archiv [WSTA], Akte: «Abb.-Vorlagen für Wartburg-Werk/ BAUMGÄRTEL», blaue Mappe.

43 Adressbuch für den Berliner Buchhandel 1936/37, S. 60: Historischer Verlag Baumgärtel, Berlin-Wilmersdorf, Uhlandstraße 78, gegr. 1877, HUBERT BAUMGÄRTEL, MARTHA HOBBING, Inh. Heimbücherei PETER HOBBING.

REZENSIONEN UND BIBLIOGRAPHIE

RALF GEBUHR: *Jarina und Liubusua. Kulturhistorische Studie zur Archäologie frühgeschichtlicher Burgen im Elbe-Elster-Raum* (Studien zur Archäologie Europas 6). Bonn 2007, 220 S., 136 Abb., XI Tafeln.

Die eher wissenschaftstheoretische Schrift des Berliner Archäologen Ralf Gebuhr lässt vom Titel her, der eine geographische Beschränkung auf den Elbe-Elster-Raum vorgibt, kaum erwarten, dass sie für die Wartburg relevant sein würde. Doch der Autor spannt seine Untersuchung in einen weiter ausgreifenden Rahmen. Zeitlich geht es keineswegs um die Frühgeschichte von Burgen, sondern vielmehr um die neuzeitliche Rezeption oder die Idee von der Burg in Zusammenhang einer auf Aufklärung und Romantik zurückgehenden neuen geschichtlichen Wertung des Mittelalters, deren Ergebnis gemeinhin mit dem Stichwort Burgenromantik umschrieben wird. Doch ganz so einfach macht es sich Ralf Gebuhr nicht. Er geht sein Thema beispielgebend interdisziplinär an. Seine Problemfelder sind neben der Archäologie, von der er methodisch selbstverständlich ausgeht, die Geschichtswissenschaft, zu der er auch die Kunstgeschichte rechnet, die Soziologie und die Geographie. Daraus ergibt sich als zentraler Aspekt für den Zweck seiner Arbeit die «Landschaft als werthaltige Totalität.» Ein nächster Schritt ist unter dieser Voraussetzung die Rolle der Burgenrekonstruktionen mit der Schaffung von «Bildern» in topographischen Gegebenheiten.

Ehe Gebuhr aber auf die für uns durchaus relevante Thematik zu sprechen kommt, schildert er die Geschichte der Burg als Wehrbau und ihre Wandlung zur Festung unter den Bedingungen der sich entwickelnden Militärtechnik. Daraus leitet er die Überschrift seines zweiten Kapitels «Vom Verschwinden der Burg aus der Landschaft» ab. Da es sich um eine Publikation handelt, die sich im Titel als archäologische Studie ausweist, schiebt Gebuhr als drittes Kapitel einen Grabungsbericht ein: «Die Burg auf dem Grünen Berg bei Gehren», einem Ort in der Lausitz zwischen Spreewald und Schwarzer Elster, und thematisiert dabei die Gemeinsamkeit von «öffentlichem» und wissenschaftlichem, hier archäologischem Interesse, die dazu führt, aus einem geschichtlichen Sachzeugen, in diesem Fall einen lokalisierten und ergrabenen Burgwall, zum «Denkmal» werden zu lassen.

Das vierte Kapitel ist betitelt «Burg und Landschaft» und dürfte als das zentrale Kapitel der Arbeit zu verstehen sein. Der Autor holt weit aus. Winckel-

mann und Goethe sind ihm die Kronzeugen für das Antiken- und Mittel-
alterinteresse der zweiten Hälfte des 18. Jahrhunderts, verbunden mit einer
Sehnsucht nach Natur als Lebens- und Geschichtsideal. Als Exponenten dieser Gedankenwelt, man könnte sie auch Ideologie nennen, sieht er die
Versatzstücke aus der klassischen und der mittelalterlichen Vergangenheit,
also griechische Tempel und gotische Burgen, in den frühen Landschafts-
gärten an, Wörlitz als Beispiel. Die Passagen muten trotz ihrer vielseitigen
und komplexen Ausführlichkeit doch mehr wie ein Literaturbericht an. Unter
der Überschrift «Typische Burgen – Marken archäologischer Rekonstruktion»
kommt Gebuhr außer auf Quedlinburg und Leipzig auch auf die Wartburg
(S. 123–127) und die Marienburg (Malbork) zu sprechen. Im Falle der beiden
zuerst genannten meint der Begriff «archäologische Rekonstruktion» zeichnerische Vorschläge für das zu vermutende ursprüngliche Aussehen, im Falle
der beiden anderen aber die substanzielle Erneuerung. Auch hier referiert der
Autor bekannte Quellen und Literatur, wobei die Zitate recht treffend
gewählt sind. Kritische Anmerkungen von seiner Seite beziehen sich auf die
Frage nach der Authentizität bei einer Rekonstruktion als mittelalterliche
Burganlage. Für die Wartburg nennt er die freie Erfindung des Ritterbades,
die nicht eindeutige Stellung des neuen Bergfriedes und als «das wichtigste
topographische Element des Neubaus ... den Querbau, der den ersten
Burghof von dem zweiten trennt.» Er sieht richtig, dass dieser bewusst im
Hinblick auf landschaftliche Wirkung «auf der höchsten Stelle des Berggrads»
(in den Entwürfen Ferdinand von Quasts) vorgesehen war, und das «dreischiffige [?] Tor» gilt ihm als «Raum mit sakraler Wirkung», durch den der Besucher zugeht «auf den Hauptaltar ... nach Süden ins Licht», ein «wahrhaft deutsches Landschaftsbild – Romanik, Fachwerk und Natur verbindend.» Hier
unterliegt Ralf Gebuhr offenbar selbst der von ihm konstatierten «außerge-
wöhnlichen Suggestivkraft», die «von dieser Burgenrekonstruktion» ausgeht.
Dass er Gedanken formuliert, die in den beiden letzten Jahrzehnten sowohl
in den Schriften der Wartburgstiftung als auch in den Veröffentlichungen der
Wartburg-Gesellschaft mehrfach, aber auch gewiss nicht zum ersten Mal zur
Sprache gekommen sind, ohne diese zu nennen, wird man dem Erscheinen
zehn Jahre nach der Fertigstellung der Arbeit (siehe Vorwort S. 7) zugute halten müssen. Dasselbe muss für seine kurzen Bemerkungen zur Marienburg
gesagt werden. Darunter leidet die ansonsten vor allem in methodischer
Hinsicht durchaus innovative Studie, die eigentlich der Suche nach einem
vom Merseburger Bischof Thietmar in seiner Chronik genannten slawischen
Ort Liubusua und dessen archäologischem Nachweis gegolten hat.

Ernst Badstübner

Rolf Legler: *Das Geheimnis von Castel del Monte. Kunst und Politik im Spiegel einer staufischen «Burg»* (10 Jahre Weltkulturerbe). München 2007, 290 S., 224 Abb., zum größten Teil in Farbe.

Ein Buch über das letzte Stauferschloss in Süditalien, über das geheimnisumwitterte, rätselhafte und legendäre, in seiner Lage auf weithin sichtbarer apulischer Höhe liegende Castel del Monte im Wartburg-Jahrbuch zu besprechen, möchte ich dahingehend rechtfertigen, als auch die Wartburg, auf jeden Fall ihr aus der Stauferzeit stammende Palas, Rätsel aufgibt, die seinen Zweck und seine (keineswegs eindeutig bekannte) Nutzung in schwer zugänglicher Höhenlage betreffen. Ich nehme dabei Bezug auf einen Satz Hans von der Gabelentz', der als Kunsthistoriker von 1930 bis zu seinem Tode 1946 Burghauptmann der Wartburg war: «Das Geheimnis des Wartburgpalas ist ungelöst»[1], und auf einen eigenen Aufsatz mit dem Titel «Der Palas der Wartburg als Festarchitektur», in dem ich die These von einer gleichzeitig profanen wie sakralen Bedeutung des hochmittelalterlichen Bauwerks vertreten habe.[2] Unter diesen Voraussetzungen möchte ich das Buch des Münchener Kunsthistorikers Rolf Legler unserem Leserkreis vorstellen. In seinem Vorwort schildert Dankwart Leistikow, einer der namhaftesten Forscher zu Castel del Monte, kurz die Entdeckungs- und Forschungsgeschichte der apulischen Burg und gibt einen Ausblick auf zu erwartende neue Ergebnisse, die technologischen und wissenschaftlich-methodischen Neuerungen verdankt werden können. Letzteres erfüllt Leistikow mit hohen Erwartungen an Leglers Arbeit, mit der «ein neues Kapitel des rätselhaften Buches aufgeschlagen» sei.

Rolf Legler gliedert seinen Text in drei Teile: zum ersten die bauliche Substanz, zum zweiten der skulpturale Schmuck und zum dritten der Versuch einer Vorstellung vom geplanten Zustand mit Hilfe digitaler Animation. Das stehende Gebäude ist ein Torso geblieben, unvollendet und nicht nachträglich reduziert, davon muss Legler wie schon die meisten Autoren vor ihm zunächst ausgehen. Es liegt in der Natur der Sache, dass im ersten Teil viel aus zahllosen älteren Beschreibungen zitiert wird. Sie werden aber auf ihre Fehler hin abgeklopft; kaum ein Autor hat vor dem kritischen und korrigierenden Auge Leglers Bestand. Er nutzt die überzeugende Gründlichkeit seiner Beobachtungen sogleich für seine Schlussfolgerungen am Ende des

---

1 Hans von der Gabelentz: Die Wartburg. Ein Wegweiser durch ihre Geschichte und Bauten. München 1931, S. 164 ff.
2 Ernst Badstübner: Der Palas der Wartburg als Festarchitektur. In: Burgen und frühe Schlösser in Thüringen und seinen Nachbarländern (Forschungen zu Burgen und Schlössern. Band 5). München 2000, S. 9–14.

Buches. Wichtig ist ihm die Feststellung eines Balkons oder eines Laufgangs, der in Höhe des ersten, mit «größerem Formenreichtum» ausgestatteten Obergeschosses (S. 18/19) den achteckigen Hof umlaufen haben soll; wichtig ist auch, dass der «erste nachstaufische Eigentümer» Karl I. von Anjou veranlasst hat (1269), eine Hauskapelle einzurichten, die es vorher offensichtlich nicht gab. Hinsichtlich der Zusammensicht und des Vergleichs mit anderen süditalienischen Burgen der Stauferzeit, hinsichtlich der Wirkung antiker Traditionen bis hin zu den Kastellburgen des Deutschen Ordens sowie hinsichtlich der festzustellenden Rezeption frühgotisch-zisterziensischer Klosterarchitektur zieht Regler alle Register. Und er bemüht Zahlen und Geometrie, um nichts auszulassen, was zu einer Entschlüsselung des Rätsels oder des Geheimnisses beitragen könnte. Die Bemühungen um die Datierung nennt er einen «Streit um des Kaisers Bart» und legt die Hauptbauphase zwischen 1240 und 1245, das Ende der Bauarbeiten aber (im Anschluss an Leistikow) erst in die Zeit der Anjou.

Der zweite Teil ist überschrieben «Das Bild des Kaisers oder: Die Skulptur von Castel del Monte»; als Untertitel ist hinzugefügt: «Die leidige Porträtfrage». Legler meint das wörtlich und nicht in dem allegorischen Sinne, nach dem die Burg als Bild des Fürsten und seiner Herrschaft verstanden werden kann. Im übertragenen Sinne aber postuliert er Friedrich II. als den «tatsächlichen Baumeister.» In diesem Kontext stellt er auch die Bildwerke vor, vom Hauptportal ausgehend («Kontaktzone») den nicht figürlichen Dekor wie die figürliche Skulptur (Kapitelle, Schlusssteine, Kopf-, Masken- und Ganzfigur-Konsolen). Die Behandlung «eines offenbar original antiken» Relieffragmentes leitet über zu dem Torso einer Reiterstatue, die, und die Abbildungen bestätigen das, engstens mit den «Sitzatlanten» in Turm 7 (Abb. 133-139 und 142) zusammengehört. Legler zieht einen weiteren Skulpturenbestand (Fragment in Bari u. a.) in seiner ausgreifenden Analyse hinzu, um schließlich auf das «Bild des Kaisers», auf das vermutete Porträt Friedrichs II., wo auch immer, eingehen zu können, auf die Büste in Barletta und auf das Brückentor in Capua (S.152: War «die Präsentation einer Kirchenfassade an einem Stadttor» oder umgekehrt mit dem Bild des Gottes Herrschaft vertretenden Kaisers wirklich neu?). Am Ende steht die Frage nach dem «Meister», den Legler, um es kurz zu machen, unter Berufung auf Rumohr (S. 166) in dem jungen Nicholas Pietri de Apulia sieht, aus dem nach der Mitte des 13. Jahrhunderts Nicola Pisano wurde. Am Ende des zweiten Teils listet er dessen Biographie als «Mosaiksteinchen» zur Gesamtgeschichte von Castel del Monte noch einmal auf. Zwei Aussagen in diesem Kapitel verdienen, besonders hervorgehoben zu werden: zum einen die Betonung des allgemein bekannten und anerkannten Antikenbezugs, der die Skulptur des 13. Jahrhunderts in die Nähe von Freiplastik führte, in Italien wie auch nördlich der

Alpen, was auch für Mitteldeutschland gilt und zu wenig in Rechnung gestellt wird, zum anderen die Einschränkung einer vielfach als dominant und primär behaupteten Einwirkung der zeitgleichen französischen Hochgotik. Man könnte sich an der bisweilen doch recht polemischen und vor allem in den Überschriften lässigen, mehr journalistischen Diktion des Autors stoßen («Zankapfel im Paradies der Kunsthistoriker» / «Telegramm zur Porträtfrage»), wenn man sich nicht Cord Meckseper anschließt, der darin das Essayhafte des Ganzen erkennt und eine Beeinträchtigung der Ernsthaftigkeit von Leglers Ausführungen nicht befürchtet.[3]

Auch der dritte Teil «Dem Geheimnis auf der Spur» beginnt so: «Ärgernisse, Krücken und Gehversuche». Gemeint sind die Interpretationsversuche, die es seit der «Entdeckung» des Bauwerks im 19. Jahrhundert gibt (siehe die Ausführungen dazu im ersten Teil) und die es weiterhin geben wird, ohne zu einer plausiblen und überzeugenden Erklärung zu kommen. Deshalb warnte Dankwart Leistikow vor dem spekulativen Umgang mit der ungewöhnlichen Erscheinung des Bauwerks,[4] und die Karlsruher Equipe unter Wulf Schirmer enthielt sich expressis verbis jeglicher Aussage zur Entschlüsselung der Rätsel, die Castel del Monte aufgibt.[5] Legler referiert die Funktions- und Zweckfrage, die zum Vergleich immer wieder herangezogenen Zentralbauten, noch einmal die Zahlen und die heilige Bedeutung der Acht (Himmlisches Jerusalem?) und ebenfalls noch einmal die Frage: sakral oder profan im Mittelalter. Er bezieht sich auf Wolfgang Braunfels, wenn er auch der mittelalterlichen Stadt, ihrem Bild, sakrale Bedeutung zumisst.[6]

Ehe Rolf Legler die sich schon andeutende Lösung vorträgt, stellt er noch einmal den historischen Hintergrund dar, die Gegnerschaft Gregors IX. und Friedrichs II. einschließlich des von ihm so genannten «Assisi-Projektes» (S. 215 ff.). Bekanntlich hatte Gregor die stärkende Rolle und die Bedeutung des neuartigen Ordens der Bettelmönche für die Kirche erkannt und 1228 die Heiligsprechung des Ordensgründers Franz von Assisi auf politischer Ebene gegen den gebannten Friedrich eingesetzt. Der Kaiser antwortete als «rex und sacerdos» mit den «Zeichen» von Architektur und Kunst, zentralgestaltige (achteckige) Turmburgen und Kastelle, Stadttore mit dem Monumentalbildnis des Kaisers an der Stelle, wo Christus als Richter an Kirchenfassaden erscheint. Schließlich unterstützt Friedrich die Kanonisation der thüringischen Landgräfin und ist bei ihrer Translation in den schon begonnenen Bau

---

3 Cord Meckseper: Rezension zu R. Legler: Das Geheimnis von Castel del Monte. In: Burgen und Schlösser. 49(2008)1, S. 58 f.

4 Dankwart Leistikow: Castel del Monte. Baudenkmal zwischen Spekulation und Forschung. In: Staufisches Apulien (Schriften zur staufischen Geschichte. 13). Göppingen 1993, S. 15–56.

5 Wulf Schirmer: Castel del Monte. Forschungsergebnisse der Jahre 1990 bis 1996. Mainz 2000.

6 Wolfgang Braunfels: Mittelalterliche Stadtbaukunst in der Toskana. Berlin 1953 (⁵1982), S. 177.

der Marburger Elisabethkirche zugegen. Hier begegnen sich Geschichts- und Kulturlandschaften.

Um auf die Gestalt von Castel del Monte und ihre Erklärung zurück zu kommen, sammelt («Collecta») Legler zum langen Schluss noch einmal alle seine Indizien und geht dabei zur Deutung über: die Lage, das Portal («Sonne der Gerechtigkeit»?), islamische und mozarabische Elemente, der Tempel Salomos spielen eine Rolle. Legler entdeckt eine «sakrale Achse» im Blickfeld des Kaisers, Versammlungsräume für einen hermetischen Personenkreis und das ganze unvermeidlich unter einer Kuppel. Der computergestützte Vorschlag für deren Aussehen findet sich als Schnitt auf S. 244, als Außenansicht auf der Rückseite des Umschlags, eine rippengegliederte Halbkugel über dem Achteck des Hofes, der als nunmehriger Innenraum zu einem Tambour mit Bogenreihungen, jeweils vier an der Zahl, unter Blendbögen als Lichtöffnungen aufgestockt ist, eindeutig dem spätromanischen Kirchenbau des Rheinlandes oder dem staufischen Palastbau entlehnt. Nun ist aus dem achteckigen Kastell (mit acht Ecktürmen um einen achteckigen Hof) ein sakraler Kuppelbau geworden, ein Salomonstempel, «templum iustitiae», ein «Initiationstempel» (?) als «mons sanctae Mariae» und «imperii mons sacrum». Auf jeden Fall ist Castel del Monte durch das (an sich nahe liegende) Postulat einer Kuppel über dem achteckigen Hof in seiner Bedeutung determiniert. Hätte der Bau aber nicht auch mit dem Blick in den Himmel (Abb. 13) seine Funktionen und Bedeutungen, sakral und profan, erfüllen können?

Das Buch von Rolf Legler, im Eigenverlag erschienen, stellt trotz seiner Eigenwilligkeit einen bemerkenswerten Beitrag zu Forschungen und Überlegungen nicht nur zum kaiserlichen Bauwerk, sondern auch zur geschichtlichen Situation der spätstaufischen Zeit dar. Architektur, Kunst und Politik der Epoche Friedrichs II. sind nicht gerade selten Gegenstand von Literatur unterschiedlichster Couleur gewesen und werden es auch in Zukunft bleiben. Entgegen den Forderungen anderer Autoren, Deutungsversuche zu unterlassen, da sie ohne Phantasie und Spekulation nicht möglich sind, hat Legler den Mut besessen, eine, seine Interpretation mit Hilfe von weit ausgreifenden Analysen zu begründen und hat dabei ein kunst- und kulturgeschichtliches Panorama geschaffen. Man liest sein Buch mit Interesse, um nicht zu sagen Neugierde, und, das sei betont, mit Spannung. Raum für eigene Überlegungen bleibt trotzdem genug.

Ernst Badstübner

Die Wartburg in neuerer Literatur mit Abschluss 2008

Hilmar Schwarz

Dieser Überblick soll Forschungsergebnisse, Sachverhalte oder Hypothesen zusammenführen und vorstellen, die in der neueren Literatur verstreut vorkommen und sich auf die Wartburg und ihre Geschichte beziehen.

Mit seiner Jenaer Dissertation von 2004 veröffentlichte Helge Wittmann eine Studie zu drei Adelsfamilien aus der Anhängerschaft der Ludowinger: den Herren von Heldrungen, den Grafen zu Bruch und den Grafen von Wartburg-Brandenburg[1]. Zu den Wartburg-Grafen oder auch der Wartburg-Wigger-Familie bilden die 122 Seiten Text plus weiterer Auswertungen die bislang eingehendste Studie. Zugleich erfüllen sie die Ansprüche an eine umfassende Erwiderung auf H. Assing (Potsdam) mit seiner These vom Jahrzehnte währenden Verlust der Wartburg nach 1113 und ihrer Inbesitznahme als Reichsgut durch die Wigger-Familie[2]. Dessen Anfang der 1990er Jahre erstmals veröffentlichte Auffassung fand bisher einerseits in Teilaspekten Widerspruch[3] oder andererseits ungeprüfte Übernahme[4].

---

1 Helge Wittmann: Im Schatten der Landgrafen. Studien zur adeligen Herrschaftsbildung im hochmittelalterlichen Thüringen (Veröffentlichungen der Historischen Kommission für Thüringen. Kleine Reihe. 17). Köln/Weimar/Wien 2008. [Zugl.: Jena, Univ., Diss., 2004], S. 343–464: Die Grafen von Wartburg-Brandenburg, S. 493: Stammtafel, vgl. dazu S. 422, Anm. 1514.

2 Helmut Assing: Der Aufstieg der Ludowinger in Thüringen (Sonderteil der Heimatblätter '92 zur Geschichte, Kultur und Natur des Eisenacher Landes). (Eisenach 1993), S. 7–52, hierzu S. 40–45; Helmut Assing: Der Aufstieg der Ludowinger in Thüringen. In: Helmut Assing: Brandenburg, Anhalt und Thüringen im Mittelalter. Askanier und Ludowinger beim Aufbau fürstlicher Territorialherrschaften/Hrsg.: Tilo Köhn, u. a. Köln/Weimar/Wien 1997, S. 241–294, hierzu S. 280–288; Helmut Assing: War Graf Wigger von Wartburg ein Vasall des Thüringer Landgrafengeschlechts der Ludowinger? In: Assing/Köhn, Territorialherrschaften 1997 (wie oben), S. 295–309, hierzu S. 296–298, 306–308 oder: In: Burgen und Schlösser in Thüringen 1998. Jahresschrift der Landesgruppe Thüringen der Deutschen Burgenvereinigung e. V. Jena 1998, S. 34–49, hierzu S. 34–37, 42–44; Helmut Assing: Graf Wigger von Wartburg. Ein bedeutender Vorfahre der Grafen von Brandenburg. In: Das Werraland. 51(1999)2, S. 46 f. (1), 51(1999)3, S. 63 f. (2), 51(1999)4, S. 88 f. (3), 52(2000)1, S. 9–11 (4), 52(2000)2, S. 31 f. (Ende), hierzu S. 47 (1).

3 Gerd Bergmann: Straßen und Burgen um Eisenach. Eisenach 1993, S. 66 f.; Gerd Bergmann: Ältere Geschichte Eisenachs von den Anfängen bis zum Beginn des 19. Jahrhunderts. Eisenach 1994, S. 19; Gerd Bergmann: War die Brandenburg Reichslehen? In: StadtZeit [8](1999)7, S. 38–40; vgl. Wartburg-Jahrbuch 1993. 2(1994), S. 244 f.; Wartburg-Jahrbuch 1998. 3(2000), S. 185–188; Stefan Tebruck: Die Eckartsburg im Hochmittelalter. In: Zeitschrift des Vereins für

Der Aufstieg der Wiggerfamilie und ihr Verhältnis zur Wartburg ergibt nach Wittmanns Analyse folgendes Bild: Der Edelfreie Wigger tritt 1138 erstmals aus der schriftlichen Überlieferung hervor, als er mit der Wartburg und mit 1121 bezeugtem Besitz aus der Heirat mit einer Goldbacherin um Oberellen die Voraussetzungen für einen örtlichen Herrschaftsmittelpunkt besaß. Mit der um 1144 erfolgten Einweihung einer Kapelle zum zukünftigen kirchlichen Zentrum der Familie in Lauchröden errichtete er ein weiteres Zentrum einer Adelsherrschaft, das in vierter Generation bei der um 1224 erbauten Branden-burg nach dem Verlust der Wartburg infolge des Todes des Wigger-Großenkels Ludwig II. zum alleinigen Mittelpunkt wurde. Durch die Verwandtschaft mit dem Mainzer Erzbischof Heinrich I. (1142–1153) erlangten Wigger und sein Bruder Gottfried Mainzische Lehen und den Grafenrang.

Wigger verband den Grafentitel und den Namen seiner ersten Stammburg zum «Grafen von Wartburg«, ohne dass eine Grafschaft Wartburg bestand. Dennoch hielten die unmittelbaren Nachfahren an dem Titel des Wartburg-Grafen fest. Da sein Aufstieg mit der Person des verwandten Erzbischofs ver-bunden war, erlosch nach dessen Absetzung der Einfluss Wiggers und seiner Familie in Hessen. Ähnliches geschah nach dem Aussterben der Ludowinger in Thüringen, wo sich die Stellung der Wiggerfamilie auf die Verwandtschaft mit dem ersten Landgrafengeschlecht stützte und nun der Abstieg mit dem Verlust des Grafentitels, der Brandenburg sowie des Familienbesitzes in und um Gold-bach bis zum schließlichen Erlöschen der Familie nicht mehr aufhalten ließ.

Die Urkunde des Klosters Fulda mit der Ersterwähnung Wiggers von Wart-burg datiert Wittmann «zwischen dem 13. und 25. März 1138» (S. 348). Edel-frei waren die Schwiegermutter Bertherada und die ungenannte Gattin, mit der Wigger «wahrscheinlich bereits im Jahre 1124 ... verheiratet war», wobei «beide Brauteltern edelfrei waren» (S. 349).

Thüringische Geschichte. 52(1998), S. 11–63, hierzu S. 35, Anm. 61; vgl. Wartburg-Jahrbuch 1998. 7(2000), S. 233; Hilmar Schwarz: Zur Wartburggeschichte im 12. Jahrhundert. Eine Antwort auf Helmut Assing. In: Wartburg-Jahrbuch 1998. 7(2000), S. 103–126; vgl. Wartburg-Jahrbuch 1992. 1(1993), S. 148 f.; Wartburg-Jahrbuch 1994. 3(1995), S. 60–65; Wartburg-Jahrbuch 1996. 5(1997), S. 209–211; Wartburg-Jahrbuch 2000. 9(2002), S. 302–304; Wartburg-Jahrbuch 2001. 10(2002), S. 162 f.; Gerd Strickhausen: Burgen der Ludowinger in Thüringen, Hessen und dem Rheinland. Studien zu Architektur und Landesherrschaft im Hochmittelalter (Quellen und Forschungen zur hessischen Geschichte. 109). Darmstadt/Marburg 1998, S. 186, Anm. 1128; Wartburg-Jahrbuch 1998. 7(2000), S. 253 f.

4 Peter Bühner: Neues zu den Ludowingern. In: Mühlhäuser Beiträge. 22. Mühlhausen 1999, S. 113–115; Wartburg-Jahrbuch 1999. 8(2000), S. 188 f.; Thomas Bienert: Mittelalterliche Burgen in Thüringen. 430 Burgen, Burgruinen und Burgstätten. Gudensberg-Gleichen 2000, S. 51; Martin Oschmann: Ludwig der Springer und seine Zeit. 1038–1123. Von der Gründung der Wartburg, der Klöster Reinhardsbrunn und Georgenthal. Bad Langensalza 2001, S. 61; vgl. Wartburg-Jahrbuch 2001. 10(2002), S. 166.

Das urkundlich bezeugte Verwandtschaftsverhältnis Wiggers und seines Bruders Gottfried zum Mainzer Erzbischof Heinrich I. kann auch von Wittmann genau «nicht erschlossen werden» (S. 353). Beziehungen zu den späteren Grafen von Bilstein sieht Wittmann im Anschluss an K. Kollmann gegeben, wobei Wigger «kein besonders naher Verwandter des Stammvaters der Bilsteiner» Rugger II. aus einer Urkunde von 1224 «gewesen sein kann» (S. 444). Hingegen kann Wittmann die Abstammung von einem «Edelfreien Wigger von Haselstein» nach K. A. Eckhardt[5] nicht bestätigen, nachdem er das zugrunde liegende ungedruckte Material von Reccius im Hessischen Landesamt für geschichtliche Landeskunde in Marburg eingesehen hatte (S. 438, Anm. 1498).

Wigger besaß offenbar als erster Angehöriger seiner Familie die Wartburg und war der Begründer der Grafen von Wartburg-Brandenburg (S. 438 f., 450 f.), besaß aber anfangs noch keinen Grafenstatus (S. 453, 45, 459). Obwohl er und sein Bruder Gottfried häufig gemeinsam als Zeugen in Urkunden erschienen, wird nur Wigger als einer von Wartburg betitelt, was «darauf schließen lässt, dass beide Brüder wohl nicht die Söhne eines Adeligen waren, der bereits auf der Wartburg residiert hat» (S. 438, vgl. S. 450 f.).

Beide Brüder trugen jeweils unterschiedliche Titel und damit unterschiedliche Lehen. Gottfried wurde als einer von Höchst und von Amöneburg betitelt, nicht so Wigger, der seinerseits neben einer von Wartburg als von Harburg und von Meimbressen bezeichnet wurde. Als Inhaber einer Grafschaft («comecia») im Bezirk Meimbressen nordwestlich von Kassel weist ihn eine Urkunde von 1152 aus, andererseits führte er im erzbischöflichen Umfeld seinen Geschlechternamen «von Wartburg», woraus Wittmann schlussfolgert, «dass Wigger einen comes-Titel mit dem Stammsitznamen verband.» (S. 335, siehe auch S. 456, 458)

Einen Abschnitt widmet Wittmann der ältesten Geschichte der Wartburg im 11. und 12. Jahrhundert (S. 416–431). Dabei setzt er sich mit Assings These von einer «längeren Verweildauer der Burg in Reichsbesitz» (S. 426) auseinander, wobei die nahezu drei Seiten Anmerkungen (S. 426–429, Anm. 1465 und 1466) größtenteils im Haupttext Platz gefunden hätten.

Die in die Reinhardsbrunner Chronik eingeflossene urkundliche Nachricht vom Klostereintritt des Grafen Erwin von Gleichen im Beisein Ludwigs des Springers und seiner Familienangehörigen aus dem Jahre 1116 veranlasst zu ausführlichen Betrachtungen, die aber durch einen Artikel im Wartburg-Jahrbuch 2005 zum Teil beantwortet sind[6], der aber offenbar nicht mehr einge-

---

5 Karl August Eckhardt: Das Fuldaer Vasallengeschlecht vom Stein (Beiträge zur Geschichte der Werralandschaft und ihrer Nachbargebiete. 10). Marburg/Witzenhausen ³1960, S. 60 Anm. 6 und S. 21.

6 Wer besaß die Wartburg im Jahre 1116? In: Wartburg-Jahrbuch 2005. 14(2007), S. 105–111.

arbeitet werden konnte. Indem er Assings These ablehnt, kommt Wittman jedenfalls zum Fazit: «Die Wartburg war spätestens seit dem Herbst 1116 wie vor 1113 eine ludowingische Burg.» (S. 429)

Der Autor wendet sich im Hinblick auf Assing auch dagegen, dass Wigger und seine Nachfahren direkt oder mit Afterlehen über Reichsgut verfügten. Weder bestanden enge Beziehungen zum Königtum (S. 432), noch seien die Wartburg, die Brandenburg (S. 444) oder Herleshausen (S. 409, 448) Reichsgut gewesen, noch das Adlerwappen ein sicherer Hinweis darauf (S. 448 f. Anm. 1538).

Die weiteren zahlreichen Aussagen und vielfältigen Aspekte aus Wittmanns Studie zur Wartburg und zur Wigger-Familie können hier nicht behandelt werden, doch wird bei zukünftigen Betrachtungen immer wieder etwas zur Sprache kommen.

*

Von der Marburger Tagung der Wartburg-Gesellschaft zum Verhältnis von Burg und Stadt aus dem Jahre 2006 erschien 2008 der Tagungsband, zu dem Christine Müller (Lindenkreuz) einen Betrag zu ludowingischen Kleinstädten beigesteuert hat[7]. Im Gegensatz zum 2006er Vortrag habe sie den Text zugunsten der «Fragestellungen der aktuellen stadtgeschichtlichen Forschung umgearbeitet.» (S. 102, Anm. 1). In ihrem Dissertations-Buch zu ludowingischen Städten von 2003 hatte sie die Stadtgemeinde nur am Rande berücksichtigt[8]. Nun nennt sie eingangs das «Konfliktpotential, das zwischen der die Stadtherrschaft repräsentierenden Burgmannschaft und dem nach Unabhängigkeit strebenden Stadtbürgertum naturgemäß bestand» (S. 91). In den von der älteren Forschung vorrangig berücksichtigten großen Städte habe das »städtische« Element dominiert, in den kleinen hingegen häufiger das »burgliche« Element, da die «Stadt also gewissermaßen zur erweiterten Burg wurde» (S. 91).

Die «acht bis zehn thüringischen Städte» der ludowingischen Landgrafen teilt die Verfasserin in «zwei Kategorien» ein (S. 92): 1. «Die größeren Städte Eisenach, Gotha, Sangerhausen, Weißensee und Schmalkalden»; 2. «die kleineren Städte Creuzburg an der Werra, Freyburg an der Unstrut und Thamsbrück (bei Langensalza) sowie Waltershausen und Eckartsberga».

---

7 CHRISTINE MÜLLER: Die Stadt als Burg. Ludowingische Kleinstädte als frühes Beispiel »spezialisierter« Stadtgründungen. In: Burg und Stadt. Forschungen zu Burgen und Schlössern. 11(2008), S. 91–104.

8 CHRISTINE MÜLLER: Landgräfliche Städte in Thüringen. Die Städtepolitik der Ludowinger im 12. und 13. Jahrhundert (Veröffentlichungen der Historischen Kommission für Thüringen. Kleine Reihe. Bd. 7). Köln/Weimar/Wien 2003, S. 242, 246; vgl. Wartburg-Stiftung Eisenach, Archiv, Ma 59; Die Wartburg in neuerer Literatur mit Schwerpunkt und Abschluss 2003, S. 11.

Von den kleineren Städten widmet sie sich im einzelnen Creuzburg (S. 94–96), Freyburg (S. 96–98) und Thamsbrück (S. 98–101). Dieser Typ bildete zu den größeren Städten «keineswegs eine jüngere Schicht der Stadtbildung» (S. 92), sondern entstand ebenfalls zwischen 1180 und 1220. Ihnen fehlte die «Funktion als zentraler Ort für ihr weiteres Umland» (S. 92). Bis auf Eckartsberga befanden sie sich in der Nähe größerer Städte; so lagen Creuzburg nahe Eisenach, Freyburg nahe Naumburg und Thamsbrück bei (Langen-) Salza. Trotzdem bildeten sie wie ihre großen Pendants «strategische Stützpunkte landgräflicher Herrschaft» (S. 93). Wie diese lagen sie an Verkehrsverbindungen (Handelsstraßen, Flüssen) und besaßen meist «Torfunktion»: Thamsbrück nach Norden (S. 100), Freyburg nach Osten (S. 96) und Creuzburg nach Westen (S. 95). Allerdings war bei Creuzburg die «unmittelbare Grenzlage» (S. 94) so nicht gegeben, denn zur Zeit der Ludowinger befand sich die Grenze der Landgrafschaft 20 bis 30 km weiter westwärts und wurde erst durch die Friedensregelung von 1263 an die Werra verlegt.

Bei kleineren Städten dominierte die Burg stärker gegenüber der Stadt, die eher bei der «Funktion einer Vorburg» (S. 100) verharrte. Deshalb war im 13. und 14. Jahrhundert der Anteil von Burgmannen bzw. Rittern an der Stadtbevölkerung vergleichsweise groß (vgl. S. 101). Mit den «Klein- und Minderstädten, die nur noch einzelne Stadtfunktionen abdeckten ... wurden gewissermaßen die Lücken im schon ziemlich dichten Straßennetz ausgefüllt» (S. 101). Ihr frühes Vorkommen in Thüringen «kann als Beleg für die Modernität und Differenziertheit der ludowingischen Städtepolitik gewertet werden» (S. 101).

*

In einer 2006 an der Freien Universität Berlin verteidigten Dissertation behandelt Vladimir Frömke (Berlin) Schwinds Sängerkriegsfresko[10]. Sein Ausgangspunkt, das Thema von verschiedenen Seiten – den «disziplinae artium» (S. XI) – zu beleuchten, ist eigentlich ganz reizvoll. Doch zeigt sich die Problematik seines Herangehens schon anhand der Übersicht der Unterthemen und ihrer Proportionen.

---

9 Vgl. die Karte bei MATHIAS KÄLBLE: Reichsfürstin und Landesherrin. Die heilige Elisabeth und die Landgrafschaft Thüringen. In: DIETER BLUME und MATTHIAS WERNER (Hrsg.): Elisabeth von Thüringen – eine europäische Heilige. Aufsätze. Petersberg 2007, S. 77–92, hierzu S. 84 f.; MICHAEL GOCKEL: Die Westausdehnung Thüringens im frühen Mittelalter im Lichte der Schriftquellen. In: MICHAEL GOCKEL (Hrsg.): Aspekte thüringisch-hessischer Geschichte. Marburg 1992, S. 49–66 und eine Karte, hierzu bes. S. 49, 58.

10 VLADIMIR FRÖMKE: Moritz von Schwinds Sängerkriegsfresko auf der Wartburg. Die historischen Quellen und deren Auslegung in der Kunst des 19. Jahrhunderts (Europäische Hochschulschriften. Reihe 28. Kunstgeschichte. Bd. 425). Frankfurt a. M. 2008. [Zugl.: Berlin. Freie Univ., Diss 2006].

In Titel und Untertitel kündigt der Verfasser drei Bestandteile seiner Studie an: erstens «Schwinds Sängerkriegsfresko auf der Wartburg», zweitens die «historischen Quellen» – gemeint sind wohl die Quellen der Sängerkriegsüberlieferung – und drittens die Auslegung dieser Quellen «in der Kunst des 19. Jahrhunderts». Dem erstgenannten Hauptteil einschließlich der Palasrestaurierung des 19. Jahrhunderts widmet er 44 Seiten zuzüglich der Anmerkungen. Der zweite Teil dominiert mit den Liederhandschriften, den Miniaturen der Manesse und den thüringischen Chroniken. Der dritte Teil beschränkt sich auf Schwinds weitere Sängerkriegswerke, die Verarbeitung durch Richard Wagner und verstreute Bemerkungen zu einzelnen Künstlern wie Carl Alexander Simon (S. 199), Novalis und Ludwig Tieck (S. 84). Nebengeordnete Aspekte nehmen mit der Entwicklung der Notenschrift und den biographischen Abschnitten zu Sängern und Ludowingern, bei insgesamt 96 Seiten, breiten Raum ein.

Im Folgenden werden die einzelnen Abschnitte der Reihe nach besprochen, wobei die beiden Exkurse zur Entwicklung der Notenschrift und zu Wagners Tannhäuser übergangen werden. Das erste Kapitel behandelt die Liederhandschriften des Sängerkriegs (S. 1–46), vor allem die Große Heidelberger oder Manessische Handschrift. Der Verfasser führt grob Inhalt und Reihenfolge der jeweils dem Sängerkrieg zugehörigen Strophen auf, vergleicht vorhandene Miniaturen und stellt das jeweilige Schicksal der Schriften vor. Eine solche Vorstellung ist bereits an anderer Stelle vorgenommen worden. Insbesondere die breit behandelte Geschichte der Manesse schildert der Verfasser auf der Grundlage der Ausführungen von Sillib[11], ohne dies ausreichend kenntlich zumachen. Vor allem ist für den gesamten Zusammenhang fraglich, ob bis zur Entstehung der Handschriften ausgeholt werden muss. Natürlich können die Liederhandschriften ein Thema sein, aber doch eher ein eigenes.

Hingegen fällt der Abschnitt zur Genese des Textes des Sängerkriegs recht kurz aus (S. 79–81) und fußt auf älterer Literatur[12]. Jüngere Werke, etwa von Lemmer (1981) und Bumke (1986), sind zwar in den Literaturlisten aufgeführt, aber im hiesigen Text nicht verarbeitet. Von den fehlenden Arbeiten über den Sängerkrieg seien die von Lesser (1999) und Wachinger (2004) erwähnt[13].

---

11 RUDOLF SILLIB: Die Geschichte der Handschrift. In: RUDOLF SILLIB, FRIEDRICH PANZER und ARTHUR HASELOFF (Einleitung): Die Manessische Lieder-Handschrift. Faksimile-Ausgabe. Leipzig 1929, S. 5–43.

12 In den zugehörigen Anmerkungen (S. 134) stammt die jüngste Literatur von 1953.

13 BERTRAM LESSER: Das «Fürstenlob» des «Wartburgkrieges» als Zeugnis literarischen Mäzenatentums der Landgrafen von Thüringen und der Grafen von Henneberg. In: DIETER ECKHARDT (Leitung): 1125 Jahre Schmalkalden. Festschrift. Schmalkalden 1999, S. 122–137; BURGHART WACHINGER: Der Sängerstreit auf der Wartburg. Von der Manesseschen Handschrift bis zu Moritz von Schwind (Wolfgang Stammler Gastprofessur für Germanische Philologie.Vorträge 12). Berlin/ New York 2004.

Der Abschnitt über die Viten der beteiligten Sänger besitzt weit eher Berechtigung für das Gesamtthema. Er leidet nicht derart unter Veralterung wie andere, da die letzte Ausgabe des Verfasserlexikons zur mittelalterlichen deutschen Literatur[14] benutzt wurde. Doch auch hier kann der Fleiß des Verfassers nicht die Vielzahl der Einzelthemen und die Verarbeitung wichtiger neuerer Arbeiten bewältigen, so z. B. die zu Klingsor von Blank[15] und die zu Heinrich von Ofterdingen von Volk[16]. Deshalb bietet er die veraltete Ansicht über Heinrich von Ofterdingen als Seitenspross der Ludowinger (S. 82 f.) an. Die neueste Publikation zu Walther von der Vogelweide kam wohl zu spät heraus[17]. Auf die Zuordnung Reinmars des Alten statt Reinmars von Zweter zum Kreis der Teilnehmer wird an anderer Stelle eingegangen. Insgesamt repräsentiert der biographische Abschnitt zu den Sängern keinen aktuellen Stand.

Die nachfolgenden Bildbeschreibungen zu Miniaturen der Manessischen Liederhandschrift sind weitgehend korrekt, obgleich sich das Fehlen manch neuerer Arbeit[18] und die geringe Beachtung der Heidelberger Katalogbeiträge von 1988[19] bemerkbar machen. Bei derartigem Aufwand wäre ein etwas ausführlicherer Vergleich der Manesse-Miniaturen mit den Gestalten der Sängerkriegsbilder Schwinds aus dem 19. Jahrhundert interessant gewesen. Jedoch bleiben beide Abschnitte nebeneinander stehen und wird die Chance zu einer weiterführenden Vertiefung des Gesamtthemas vertan.

Im nächsten Abschnitt bespricht der Verfasser die thüringischen Chroniken hinsichtlich des Baus des Wartburgpalas und des Sängerkriegs. Er meint irrtümlich, dass sich die Errichtung des Palas aus den mittelalterlichen Chroniken erschließen lasse (S. XI), in denen der Palasbau falsch oder gar nicht beschrie-

---

14 BURGHART WACHINGER, u. a. (Hrsg.): Die deutsche Literatur des Mittelalters. Verfasserlexikon. [bisher 11 Bde.]. 2., völlig neu bearb. Aufl. Berlin/New York [seit 1978].

15 WALTER BLANK: Der Zauberer Clinschor in Wolframs «Parzival». In: KURT GÄRTNER und JOACHIM HEINZLE (Hrsg.): Studien zu Wolfram von Eschenbach. Festschrift für Werner Schröder zum 75. Geburtstag. Tübingen 1989, S. 321–332.

16 PETER VOLK: Anton Ritter von Spauns Muthmassungen über Heinrich von Ofterdingen 1839. Neue Aspekte zur Historizität Heinrichs von Ofterdingen und des Kürenbergers. In: Jahrbuch des Oberösterreichischen Musealvereines. 140(1995), S. 83–138; PETER VOLK: «Von Osterrîch der herre mîn». Zum Stand der Forschung zur Historizität Heinrichs von Ofterdingen. In: Wartburg-Jahrbuch 2000. 9(2002), S. 48–133.

17 HELMUT BIRKHAN und ANN COTTEN (Hrsg.): Der achthundertjährige Pelzrock. Walther von der Vogelweide – Wolfger von Erla – Zeiselmauer. Vorträge gehalten am Walther-Symposion der Österreichischen Akademie der Wissenschaften vom 24. bis 27. September 2003 in Zeiselmauer (Niederösterreich) (Österreichische Akademie der Wissenschaften. Philosophisch-Historische Klasse. Sitzungsberichte. 721). Wien 2005, darin besonders: WALTER KLOMFAR: Walther von der Vogelweide und das Waldviertel – Herkunft und Heimat, S. 219–230.

18 Zur Miniatur Klingsor/Sängerkrieg vgl. VOLK, Muthmassungen 1995 (wie Anm. 16) S. 106–109.

19 ELMAR MITTLER und WILFRIED WERNER (Hrsg.): Codex Manesse. Katalog zur Ausstellung (Heidelberger Bibliotheksschriften. 30). Heidelberg 1988.

ben wird. Bei der Erläuterung der Reinhardsbrunner Annalen stützt er sich auf Wegele (1854)[20] und Wenck (1878)[21]. Auch wenn Frömke neuere Arbeiten in Anmerkungen und Literaturliste aufführt, hat er sie nicht oder ungenügend verarbeitet. Obwohl er die maßgebliche Edition der Reinhardsbrunner Chronik von Holder-Egger (1896) registriert hat, verwendet er überwiegend die veraltete Ausgabe von Wegele (vgl. beispielsweise S. 135, Anm. 31 mit unmöglicher Titelangabe). Die Ignorierung der Arbeiten von Tebruck zur Reinhardsbrunner Geschichtsschreibung (2001)[22] und von Weigelt zur Eisenacher Chronistik[23] entwertet die Ausführungen. Der Lapsus, die Eccardiana den Eisenacher Dominikanern (S. 150) statt den Franziskanern zuzuordnen, hätte durch aufmerksames Lesen älterer Werke vermieden werden können. Die deutschsprachige Ludwigsvita des Friedrich Köditz von Salfeld hält er für eine Übersetzung des Kaplans Berthold (S. 149), während tatsächlich eine um 1300 in Reinhardsbrunn geschriebene, verschollene lateinische Vita zugrunde lag. Von Johannes Rothe kennt er offenbar nur die von Liliencron 1859 edierte thüringische Weltchronik (S. 151 f.), nicht die Stadt- und die Landeschronik. Das gereimte Elisabethleben führt er mehrfach an, ohne von der seit Langem bekannten Autorschaft Rothes zu wissen (beispielsweise S. 189, Anm. 137)[24].

Die Erfurter Chronik des Konrad Stolle (S. 152, 181 Anm. 35) erfasst Frömke nicht als Abschrift aus Rothe, obwohl dies in der Edition durch Marginalien gerade auch für die Sängerkriegspassage[25] ausgewiesen ist. Vom kurz erwähnten Adam Ursinus (S. 152) ahnt er nicht, dass es sich um eine Abschrift von Rothes Landeschronik handelt[26].

Der Abschnitt über die Ludowinger von Ludwig dem Bärtigen bis Hermann I. ist weder gelungen noch notwendig. Natürlich ist die Vorstellung Hermanns

---

20 Franz X. Wegele (Hrsg.): Annales Reinhardsbrunnenses (Thüringische Geschichtsquellen. 1). Jena 1854.

21 Carl Wenck: Die Entstehung der Reinhardsbrunner Geschichtsbücher. Halle 1878.

22 Stefan Tebruck: Die Reinhardsbrunner Geschichtsschreibung im Hochmittelalter. Klösterliche Traditionsbildung zwischen Fürstenhof, Kirche und Reich (Jenaer Beiträge zur Geschichte. 4). Frankfurt/M. 2001.

23 Sylvia Weigelt: Studien zur «Thüringischen Landeschronik» des Johannes Rothe und ihrer Überlieferung. Mit Vorüberlegungen zur Edition der Landeschronik. Friedrich Schiller-Universität Jena. Philosophische Fakultät. Habilitationsschrift. 1999.

24 Sylvia Weigelt: Johannes Rothes Darstellung der Sage vom Sängerkrieg und ihre Quellen. In: Deutsche Sprache und Literatur in Mittelalter und früher Neuzeit (Wissenschaftliche Beiträge der Friedrich-Schiller-Universität Jena. 1989. Heinz Mettke zum 65. Geburtstag). Jena 1989, S. 159–168.

25 Richard Thiele (Bearb.): Memoriale. Thüringisch-erfurtische Chronik von Konrad Stolle (Geschichtsquellen der Provinz Sachsen und angrenzender Gebiete. 39). Halle 1900, S. 136 f., cap. 83.

26 Vgl. Weigelt, Studien 1999 (wie Anm. 23) S. 328.

I. berechtigt, aber warum müssen sämtliche Vorgänger biographisch vorgestellt werden? Die Lebensbeschreibungen bis zu Ludwig III. (†1190) erfolgen obendrein nach der Weltchronik des Johannes Rothe. Zu Landgraf Hermann I. stützt sich der Verfasser wenigstens nicht auf Johannes Rothe von 1420, sondern auf Peter Neumeister von 1995 [27]. Dadurch kann er Richtiges zur Reichspolitik des Landgrafen aussagen, ohne souverän zu sein. Er hält dessen Sohn Hermann für den Erstgeborenen statt richtig Ludwig IV.[28] (S. 167 und S. 189 Anm. 136) und den Bruder Ludwigs IV. namens Konrad für den Beichtvater der hl. Elisabeth (S. 165), glaubt an den widerlegten Jugendaufenthalt Hermanns I. in Paris (S. 167)[29] und den Diebstahl der Eneit-Handschrift Veldekes durch den Bruder Heinrich Raspe[30] (S. 167). Bei der Belagerung der Burg Weißensee 1212 habe sich Hermann I. unter den Eingeschlossen befunden, als er sich in Wahrheit auf die Wartburg zurückgezogen hatte. Ludwig IV. sei 1227 bei der «Rückkehr vom Kreuzzug» verstorben (S. 189, Anm. 138). Das Mäzenatentum Hermanns I. wird richtig als Vorbild für spätere Fürsten und vor allem den Wartburg-Erneuerer Carl Alexander betont, aber genau dieser Aspekt hätte breitere Würdigung und die Vorstellung eines modernen Kenntnisstandes verdient.

Der nächste Abschnitt beschäftigt sich mit der Errichtung des hochmittelalterlichen Palas. Im Gegensatz zum vorherigen Teil befindet sich der Verfasser auf der Höhe der Zeit und verarbeitet die dendrochronologische Datierung von Eißing (1993), die bauarchäologischen Erkenntnisse von Altwasser (2001) und den Bauvergleich für die Ludowinger von Strickhausen (1998). Warum noch auf Rothe und Ritgen zurückgegriffen werden muss (S. 172), ist nicht klar.

---

27 PETER NEUMEISTER: Hermann I. Landgraf von Thüringen (1190–1217). In: EBERHARD HOLTZ und WOLFGANG HUSCHNER (Hrsg.): Deutsche Fürsten des Mittelalters. Fünfundzwanzig Lebensbilder. Leipzig 1995, S. 276–291.

28 HERRAD SPILLING: Der Landgrafenspalter aus paläographischer Sicht. In: FELIX HEINZER (Hrsg.): Der Landgrafenpsalter. Kommentarband (Codices selecti. Phototypice impressi. 93). Graz/Bielefeld 1992, S. 31–52, hierzu S. 36–38.

29 W. BRANDT: Landgraf Hermann I. in Paris? Abbau einer germanistischen Legende. In: REINHOLD OLESCH und LUDWIG ERICH SCHMITT (Hrsg.): Festschrift für Friedrich von Zahn. Bd. 2. Zur Sprache und Literatur Mitteldeutschlands (Mitteldeutsche Forschungen. 50.2). Köln/Wien 1971, S. 200–222.

30 BERND BASTERT: DÔ SI DER LANTGRÂVE NAM. Zur «Klever Hochzeit» und der Genese des Eneas-Romans. In: Zeitschrift für deutsches Altertum und deutsche Literatur. 123(1994), S. 253–273; TINA SABINE WEICKER: DÔ WART DAZ BÛCH ZE CLEVE VERSTOLEN. Neue Überlegungen zur Entstehung von Veldekes «Eneas». In: Zeitschrift für deutsches Altertum und deutsche Literatur. 130(2001)1, S. 1–18; REINHARD HAHN: unz her quam ze Doringen in daz lant. Zum Epilog von Veldekes Eneasroman und die Anfänge der höfischen Dichtung am Thüringer Landgrafenhof. In: Archiv für das Studium der neueren Sprachen und Literaturen. 237(2000)2, S. 241–266; vgl. Wartburg-Jahrbuch 2004. 13(2005), S. 208–210.

Auch dieser Abschnitt bleibt nicht ohne Fehler, so wenn die Rotfärbung des obersten Geschosses auf Bauarbeiten unter Landgraf Friedrich den Freidigen nach dem Brand von 1317 zurückgeführt wird[31] (S. 171). In diese Zeit setzt er hier die Vermauerung der romanischen Arkaden (S. 171, Anm. 178), während er dies an anderer Stelle in die Mitte des 16. Jahrhundert verlegt (S. 198 f.). Die Bauzeit unter Landgraf Ludwig II. (†1172) und folglich die Existenz des Palas in der Zeit des vermeintlichen Sängerkriegs 1206/07 wird zutreffend herausgearbeitet (S. 177).

Der Abschnitt zur Restaurierung des Palas im 19. Jahrhundert führt unmittelbar zum eigentlichen Thema hin. Leider weist auch er etliche Schwächen und Auslassungen auf. In einem kurzen Rückgriff zur Mitte des 16. Jahrhunderts schreibt er von einem Wohnaufenthalt der Gattin des Kurfürsten Johann Friedrich des Großmütigen (S. 198), der in Wahrheit nur geplant, aber nicht verwirklicht worden war. Zum Maler und Architekten Carl Alexander Simon (S. 197–200) hätte der Verfasser zwar nicht mehr die Begleitschrift zur Ausstellung von 2005[32], aber doch vorher erschienene Beiträge berücksichtigen können[33]. Die Großherzöge Carl August und Karl Friedrich sollen keinerlei Interesse «am Wiederaufbau der verkommenen Burganlage» (S. 197) gehabt haben, was sich offenbar im Gegensatz zu dem vom Verfasser selbst erwähnten Bau des neuen, kurz nach 1790 fertig gestellten Hauses neben dem Palas (S. 240, Anm. 15) befindet.

Von ziemlicher Unkenntnis zeugt die Bezweiflung der Tatsache, dass die sog. Schwurschwerter keltische Eisenbarren sind[34]. Der Verfasser hält sie tatsächlich für Schwertklingen und spekuliert eine Nachschmiedung der zwei fehlenden Stücke unter Friedrich dem Freidigen um 1320 herbei (S. 203 f.).

Der folgende Lebenslauf von Moritz von Schwind ist ganz ordentlich wiedergegeben. Auch die Ausführungen zum Karlsruher Aquarell (1837) und zum

---

31 Zur Farbgestaltung bereits in der Erbauungszeit des Palas s. DIETER KLAUA: Gesteinskundliche Untersuchung zu den am Palas der Wartburg verwendeten Rotsandsteinen. In: Wartburg-Jahrbuch 1993. 2(1994), S. 63–69; vgl. ROLAND MÖLLER: Zur Restaurierung der Räume im Wartburg-Palas. In: Beiträge zur Erhaltung von Kunstwerken. Berlin 1984, S. 4–33, hierzu S. 28 Abb. 20, S. 30 und 33 Anm. 32.

32 JUTTA KRAUSS, u. a.: Carl Alexander Simon. «Eine Skizze bin ich und Skizzen habe ich geschaffen». Begleitschrift zur Sonderausstellung anläßlich des 200. Geburtstages eines Wartburg-Visionärs, 2. Juli bis 31. Oktober 2005 auf der Wartburg, 21. November 2005 bis 31. Januar 2006 in Frankfurt (Oder). Eisenach 2005.

33 JUTTA KRAUSS: «Leben, Tat oder Tod» – der Wartburgerneuerer Carl Alexander Simon. Wartburg-Jahrbuch 2003. 12(2004), S. 89–107; GRIT JACOBS: Nicht was gewesen ist, ist die Geschichte, sondern was groß gewesen ist. Carl Alexander Simon: Die Wartburg. eine archäologische Skizze. In: Wartburg-Jahrbuch 2003. 12(2004), S. 108–157.

34 Vgl. SIGRID DUŠEK (Hrsg.): Ur- und Frühgeschichte Thüringens. Ergebnisse archäologischer Forschung in Text und Bild. Weimar 1999, S. 115.

Frankfurter Ölbild (1844/46), beides Gemälde Schwinds zum Sängerkriegsthema, scheinen ganz zutreffend zu sein. Das Kernthema, nämlich das Sängerkriegsfresko im Wartburgpalas, scheint wohl der beste Teil der gesamten Arbeit zu sein. Der Verfasser stützt sich dabei offenbar auf seine Magisterarbeit von 1998[35]. Insbesondere die kurze Formanalyse mit einer geometrischen Skizze (S. 229 f.) könnte weiterführen. Des Weiteren sind die Ausführungen zu den abgebildeten Personen im Fresko recht interessant. Allerdings sind die Ausführungen von Schweizer zum Sängerkriegsfresko[36] nicht berücksichtigt.

Die Notwendigkeit einer Analyse begründet der Verfasser folgendermaßen: «Eine umfassende ikonographische Gesamtdarstellung aller Personen und des Raumes auf Schwinds Sängerkriegsfresko unter Einbeziehung der Viten und der Miniaturen der Minnesänger aus der Großen Heidelberger Liederhandschrift existiert nicht.» (S. 221) Und er zieht als Fazit: «Eine Übereinstimmung der im Fürstenlob auftretenden Sänger und deren zugehörigen Viten, Miniaturen und Dichtungen, wie sie an anderer Stelle in dieser Arbeit eingehend besprochen worden sind, kann nicht einmal annähernd gefunden werden.» (S. 237) Leider sind im Text die Vergleiche für eine derartige Einschätzung nicht oder nur sehr unvollkommen gezogen; vielmehr stehen die einzelnen Aspekte getrennt nebeneinander.

Die gesamten Darlegungen des Verfassers zum Sängerkrieg leiden unter der Unkenntnis, dass es sich um eine nach dem Ableben von Landgraf Hermann I. (†1217) entstandene Dichtung handelt. Er glaubt an ein tatsächlich geschehenes Treffen der Sänger um 1205 bzw. 1206/07 (S. 79, 148, 165, 167 Anm. 142, S. 177, 204, 229). Der Ende des 13. Jahrhunderts von Dietrich von Apolda eingeführten Verkündung von Elisabeths Geburt durch Klingsor billigt er einen realen Hintergrund zu (S. 79 f.). Zwar weiß er um die Entstehung von Rätselspiel und Fürstenlob, hält diese aber lediglich für die sagenhafte Ausschmückung eines wirklichen Geschehens. Vielmehr haben wir es lediglich mit einer Sage auf dem historischen Hintergrund des Mäzenatentums Hermanns I. zu tun.

Die Anmerkungen in Gestalt von Endnoten am Schluss jedes Kapitels sind ziemlich benutzerunfreundlich. In den Endnoten wurden oftmals die Titelaufnahmen unvollständig abgedruckt, wenn etwa der Autor im Text und der Titel

---

35 Vladimir Frömke: Moritz von Schwind. Das Sängerkriegsfresko auf der Wartburg. Berlin, Magisterarbeit, 1998.

36 Stefan Schweizer: «Der Saal wird zur mächtigen Halle von ehedem» oder: Wie der ‹Sängerkrieg auf der Wartburg› seinen Ort und seine ‹Bilder› fand. In: Wartburg-Jahrbuch 2003. 12(2004), S. 47–88; Stefan Schweizer: Der Großherzog im Historienbild. Die Vergegenwärtigung des Mittelalters auf der Wartburg als fürstliche Legitimationsstrategie. In: Otto Gerhard Oexle, u. a. (Hrsg.): Bilder gedeuteter Geschichte. Das Mittelalter in der Kunst und Architektur der Moderne (Göttinger Gespräche zur Geschichtswissenschaft. 23). 2 Teilbde. Göttingen 2004, Teilbd. 2, S. 383–446.

in den Anmerkungen stehen. Zusammenhänge und Bezüge sind mitunter nicht ausgewiesen und schwer nachvollziehbar. Die Wiedergabe des Fürstenlobs im Anhang 5.4. (S. 284–295) erfolgt aus Rompelman (1936)[37], was der Verfasser hier nicht anmerkt, sondern in einer entlegenen Anmerkung versteckt (S. 248, Anm. 124). Ins Inhaltliche geht die in den einzelnen Kapiteln unterschiedlich ausgeprägte Schwäche, über ganze Abschnitte hinweg auf einem veralteten Wissensstand zu fußen, der mitunter bis vor 1900 zurückgeht. Wenn dann auf neuere Literatur verwiesen wird, ist deren Inhalt nicht oder nur teilweise verarbeitet.

*

Im Wartburg-Jahrbuch 2006 hatte Heinrich Weigel in einem Beitrag über Ludwig Bechstein die Frage behandelt, ob der Abschied zwischen Elisabeth und dem Landgrafen Ludwig IV. 1227 in Schmalkalden oder in Meiningen stattgefunden hat[38]. Kai Lehmann und Petra Dittmar haben 2007 dieses Problem zum Thema eines Beitrags in einer Schmalkalder Schriftenreihe gemacht[39]. Ähnlich Weigel gelangen sie zu dem Fazit, der «offizielle, symbolhafte und eigentliche Abschied … fand im Juni 1227 nicht in Meiningen, sondern in Schmalkalden statt …» (S. 140).

Auch sonst kommen die beiden Autoren zu sehr ähnlichen Ergebnissen wie Weigel. Erstmals erscheint Meiningen als Ort des Abschieds zwischen dem Landgrafenpaar beim «Meininger Stadtchronisten» Güth 1676 (S. 129). Problematisch bleibt der Zusatz «in der älteren Tradition», Elisabeth habe ihren Gatten nach Schmalkalden noch zwei weitere Tage begleitet (S. 135). Doch die Beschaffenheit Meiningens 1225 als «hennebergisches Lehen aus Würzburger Hand» (S. 132) und das damalige Straßen- und Wegenetz (S. 135) machen den Akt der Regentschaftsübergabe an die Landgräfin dort sehr unwahrscheinlich. Zudem sei die Überlieferung von der Weiterreise Elisabeths hinter Schmalkalden angesichts ihrer Schwangerschaft im siebten Monat und der Unsicherheit außerhalb des eigenen Territoriums zweifelhaft (S. 135).

*

In einem 5. Band über Mittelalter-Mythen zu «Burgen, Länder, Orte» von 2008 erschien unter dem Stichwort «Wartburg» ein Beitrag von Karin Cieslik (Greifs-

---

37 Tom Albert Rompelman: Der Wartburgkrieg. Amsterdam 1939.

38 Heinrich Weigel: Ludwig Bechsteins Vorliebe für den Elisabeth-Stoff und seine Empfehlungen zur Sammlung und Ausstellung von Elisabeth-Plastiken auf der Wartburg. In: Wartburg-Jahrbuch 2006. 15(2008), S. 80–98, hierzu S. 83–85.

39 Kai Lehmann und Petra Dittmar: Schmalkalden oder Meiningen – wo verabschiedete sich Elisabeth von Thüringen von ihrem Gatten? In: Nova Historia Schmalcaldica. Bd. 4. Schmalkalden 2007, S. 126–140.

wald)[40]. Ihr Anliegen besteht darin, das «über mehr als achthundert Jahre hinweg entstandene ‹Mythenkonglomerat› zur Wartburg zu analysieren, dazu erstens «in chronologischer Abfolge einen Überblick über die wesentlichen Stationen» zu bieten und zweitens «verschiedene Schichten der Mythisierung» aufzuzeigen (S. 951). Als Sagenmotive erfasst die Autorin die Entstehung der Burg (S. 952), die Burg als mittelalterliches Literaturzentrum (S. 553 f.) und den Sängerkrieg (S. 955) – wobei sich beide Darstellungen überlappen –, Elisabeth von Thüringen (S. 956–958) und ganz kurz Martin Luther (S. 959). Dann folgen Formen der ideellen Reflektion: einmal die Wartburg in der «künstlerischen Verarbeitung», wobei die romantische Bildkunst des späten 18. und frühen 19. Jahrhunderts angetippt (S. 959) und die literarischen Dimensionen des 19. Jahrhunderts angesprochen werden (S. 959–961); zum Anderen die Restauration zum Nationaldenkmal unter Großherzog Carl Alexander (S. 961 f.).

Abschließend erwähnt die Verfasserin kurz die nationalistisch-konservative Ausnutzung nach 1871 und die fortwirkende Anziehungskraft mit der 1999 erfolgten Aufnahme auf die UNESCO-Liste des Weltkulturerbes (S. 963). Zum Fazit bemerkt sie, dass sich um die Burg «vielfältige Mythenstränge gebildet» haben, «die im Laufe der Jahrhunderte miteinander verknüpft wurden, die ihre Gestalt mehrfach wandelten, den geistigen und pragmatischen Interessen der jeweiligen Zeit angepasst und letztlich zu dem schillernden Mythenkomplex «Wartburg» synthetisiert wurden.» (S. 963)

Nachteilig macht sich bemerkbar, dass die Verfasserin sich weder topographisch noch baugeschichtlich noch quellen- und literaturseitig im Thema genügend auskennt. So verortet sie «am Fuße des Burgberges» das Hospital Elisabeths (S. 957), das auf halber Höhe unterhalb der Wartburg stand. Zum Bau des obersten Palasgeschosses gibt sie einen veralteten Stand wieder (S. 952). Die Verbindung zwischen Klingsor und dem Sängerkrieg von 1206/07 weist sie erstmals Johannes Rothe (S. 955) statt richtig Dietrich von Apolda zu. In Hermann vermutet sie immer noch den ältesten Landgrafensohn und ursprünglichen Verlobten der ungarischen Königstochter Elisabeth (S. 957). Zum angeblichen Diebstahl des Eneit-Manuskripts von Heinrich von Veldeke kennt sie die neuere Literatur nicht (S. 954). Überhaupt stützt sich die schmale Literaturbasis vor allem auf einige Veröffentlichungen aus den 1990er Jahren bis 2000 von Karlheinz Büttner, Günter Schuchardt und Ernst Badstübner, wobei die Fehldatierung einer Publikation des Letzteren von 1996 auf 1966 wohl mehr als ein bloßer Lapsus ist.

Hingegen bleiben die Erkentnisse Altwassers zur Baugeschichte, die Forschungsergebnisse in den Wartburg-Jahrbüchern oder in den beiden Bänden

---

40 KARIN CIESLIK: Die Wartburg. In: ULRICH MÜLLER und WERNER WUNDERLICH (Hrsg.): Burgen, Länder, Orte (Mittelalter-Mythen. 5). Konstanz 2008, S. 951–964.

zur Elisabethausstellung auf der Wartburg von 2007 unberücksichtigt. Ebenso verhält es sich mit Überblicken zur Wartburggeschichte von Wolfgang E. Stopfel, Kurt Langlotz oder Rudolf Ziessler von 1967, Bernd Eichmann von 1994, Etienne François von 2001 oder Stefan Winghart von 2005. Selbst bei Publikationen zum Kernthema, den Wartburgsagen und ihren Hintergründen, ist man bei den unbeachteten alten Beiträgen von Martin und Trinius[41], Witzschel[42] oder Helmbold[43] besser aufgehoben. Für die Behandlung der Wartburggeschichte ist der Beitrag von Cieslik sicherlich entbehrlich.

*

Der Berliner Kunsthistoriker Martin Steffens hat über seine Forschungen zu Luthergedenkstätten im Jahre 2008 eine umfangreiche Monographie (376 Seiten im A-4-Format) herausgebracht[44]. Für den Verfasser ist das Buch ein «kunsthistorischer Beitrag zur Erforschung der Lutherrezeption an seinen Lebensorten» (S. 9), wobei er sich auf vier Orte konzentriert: das Geburts- und das Sterbehaus Luthers in Eisleben, die Schlosskirche in Wittenberg und eben die Wartburg über Eisenach. Diese Auswahl aus der Vielzahl der möglichen Stätten erklärt er so: «Aus der eingangs aufgezeigten Fülle wurden vier Luthergedenkorte ausgewählt, um die Planungsvorgänge und ausgeführten Gestaltungen in angemessener Ausführlichkeit darstellen zu können.» (S. 9) Auswahlkriterien waren zunächst die jeweilige «historische Bedeutung» sowie Umfang und Qualität der Umgestaltung im 19. Jahrhundert. Die Beschränkung ermöglichte «intensive Quellen- und Literaturstudien» und darauf basierend jeweils eine «tiefergehende, gebäudeübergreifende Auswertung» (S. 10).

Hinsichtlich der Wartburg machen sich die Studien im Thüringischen Hauptstaatsarchiv zu Weimar, besonders der Hofmarschallakten (vgl. die Aktenaufstellung S. 374 f.) bemerkbar, anhand derer Steffens Sachverhalte vertiefen oder auch korrigieren kann. So vermag er die bisher in der Literatur anzutreffende Version, der Kachelofen in der Lutherstube sei aus Funden im Bauschutt der Wartburg zusammengesetzt worden, dahingehend zu berichten, dass jener 1845 erworben worden ist (S. 181 f.).

---

41 ERNST MARTIN: Der Minnesang in Thüringen und der Sängerkrieg auf Wartburg. In: MAX BAUMGÄRTEL (Hrsg.): Die Wartburg. Ein Denkmal deutscher Geschichte und Kunst. Berlin 1907, S. 167 bis 180; AUGUST TRINIUS: Die Wartburg in Sage und Dichtung. In: Ebenda, S. 637 bis 660.

42 AUGUST WITZSCHEL: Sagen aus Thüringen (Kleine Beiträge zur deutschen Mythologie, Sitten- und Heimatkunde in Sagen und Gebräuchen aus Thüringen. 1). Wien 1866, S. 36 f. Nr. 31 und 32, S. 49-52 Nr. 44, S. 55-73 Nr. 48-69.

43 HERMANN HELMBOLD: Wartburgsagen und ihre Entstehung. In: Festschrift für Johannes Biereye (Mitteilungen des Vereins für Geschichte und Altertumskunde von Erfurt. 46). Erfurt 1930, S. 59-82.

Die Geschichte der Lutherstube bis zum 19. Jahrhundert schildert der Verfasser in einem eigenen Kapitel (S. 164–169), um anschließend die Veränderungen in drei Phasen einzuteilen. In der ersten Phase bis 1838 kam es zu «lange überfälligen Instandsetzungsarbeiten» und zur «Umwidmung ... in einen nun ausschließlich der Memoria dienenden Raum» (S. 169). Die zweite Phase von 1838 bis 1860 geht mit dem «großen Wartburgumbau» einher (S. 173–186, Zitat S. 173). Folglich geht Steffens zunächst auf die involvierten Personen und die bis zu Ritgen entworfenen Konzeptionen ein. Der Umbau in der Vogtei geschah «bereits in den 1840er Jahren», in denen auch die neue Treppe «zur Diele vor der Lutherstube» aufgeführt wurde, so dass die Besucher seitdem direkt vom Hof vor die Lutherstube gelangen können (S. 179). Des Weiteren gelangten in den 1840er Jahren «zahlreiche Möbelstücke und kleinteilige Exponate» in den Raum (S. 184), wonach in den 1850er Jahren eine «Veränderung in der Präsentation» eintrat, indem sowohl «Möbelstücke» als auch kleinere Gegenstände, gleichsam «Lutherreliquien» so angeordnet wurden, «als habe Luther den Raum soeben erst verlassen.» (S. 186) In den «knapp zwanzig Jahren» von Anfang der 1840er Jahre bis 1860 war die Lutherstube «komplett möbliert» und die «Aufstellung der Inventarstücke ... weitgehend kanonisiert worden.» (S. 186)

In der dritten Phase von 1860 bis zum Ende des 19. Jahrhunderts blieb das «generelle Erscheinungsbild der Lutherstube konstant» und hatte im Grunde «bis 1953 Bestand» (S. 186). Sie entfaltete nun für die meisten Besucher eine «beachtliche Wirkung ... als authentischer, auch in seiner Ausstattung unverändert erhaltener Raum» (S. 188). Als Beleg zitiert der Verfasser die bisher kaum beachteten Tagebuch-Aufzeichnungen Theodor Fontanes von 1873 (S. 189). Trotz der Reformationszimmer und der sonstigen Ausgestaltungen blieb die Lutherstube der «Kern des Reformationsflügels», obwohl oder weil sie «von den Bestrebungen nach architektonischer Aufwertung und herrschaftlicher Repräsentation ausgenommen» war (S. 232).

Die Kapelle im Palas tippt Steffens kurz an (S. 162) und vernachlässigt sie dann, da sie beim Burgumbau nicht als Lutherstätte gestaltet, sondern – wie Bernhard von Arnswald 1855 anmerkte – als eine Art katholische Hofkapelle dargestellt wurde. Obwohl in der ersten Hälfte des 19. Jahrhunderts ihre Deutung als angeblicher, sogar meist besuchter Lutherort der Burg nicht zu unterschätzen ist[45], zielte ihre Ausstattung von 1855 durch den Katholiken Ritgen in der Tat nicht auf Luther, trotz der verbliebenen sog. Lutherkanzel. Ausgestaltung und Verortung im mittelalterlich-romanischen Palas einerseits

---

44 MARTIN STEFFENS: Luthergedenkstätten im 19. Jahrhundert. Memoria – Repräsentation – Denkmalpflege. Regensburg 2008.

45 Vgl. Wartburg-Jahrbuch 2004. 13(2005), S. 124–129.

und die in der zweiten Hälfte des 19. Jahrhunderts verwirklichte Betonung des vorderen Burghofs als Reformationskomplex führte offenbar zum Schwinden der Aufmerksamkeit auf eine angebliche Luther-Kapelle.

Noch größeren Umfang als die Lutherstube allein nimmt der übrige «so genannte Reformationsflügel im Obergeschoss der Vogtei» ein (S. 191–235, Zitat S. 191). Zur Neugestaltung des 19. Jahrhunderts stellt Steffens nochmals fest: «Die Vogtei sollte im Rahmen des Gesamtkonzepts das protestantische Pentant zum ‹katholischen› Palas bilden. Sie war der Lutherzeit gewidmet und sollte im Stil von Spätgotik und Renaissance ausgebaut und eingerichtet werden.» (S. 191) Bereits «um 1850 lagen konkrete Pläne» (S. 195) für die Gestaltung der Wartburg einschließlich des Reformations- bzw. Lutherbereichs vor. Einen zusätzlichen Impuls erhielt die Planung durch die «Ansiedlung der deutschen Evangelischen Kirchenkonferenz in Eisenach … aus Vertretern aller protestantischen Landeskirchen», die «von 1850 bis 1919 regelmäßig auf der Burg» tagte (S. 195).

Unter der Hand liefert Steffens die bisher beste Übersicht zu den Luther-bildern der Wartburg (S. 197–203, 209 f., 227 f.), wozu ein eigenständiger Beitrag immer noch fehlt. Anfängliche Absichten «für einen mit Fresken ausgemalten Luthersaal» aus den 1850er Jahren analog der Elisabeth-Fresken im Palas stießen auf Ablehnung, insbesondere des Burghauptmanns von Arnswald (S. 197). Moritz von Schwind lehnte einen entsprechenden Auftrag bereits 1854 ab. Die erste Wahl des Großherzogs für eine Freskomalerei der Luther-szenen fiel auf den protestantischen Münchener Maler Gustav König, der sich durch eine Graphikserie und Bildvorschläge empfahl (S. 197, Anm. 216 und 217). Doch zu den Vorlagen verhielt sich Carl Alexander zunächst ähnlich unschlüssig wie zu den Vorschlägen verschiedener Architekten zur Wartburg-Restaurierung in den 1840er Jahren[46] oder zum Vorhaben des Märchensammlers Ludwig Bechstein zu einer Schriftenreihe «Wartburgbibliothek» Mitte der 1850er Jahre[47]. Schließlich entschied er sich 1859 gegen König (S. 200 f.). Trotzdem integrierte Ritgen noch um 1870 Königs Vorlagen in die Wandentwürfe für die Reformationszimmer (S. 213 bes. Anm. 300, Abb. 106, 108, 114, 117).

Weitere ins Auge gefasste, aber dann doch nicht beauftragte Maler waren Wilhelm von Kaulbach, Karl Theodor von Piloty und ein ungenannter Schüler Schwinds (S. 201) sowie Arthur Georg Freiherr von Ramberg und Bernhard

---

46 Günter Schuchardt: Restaurierungs- und Entrestaurierungskampagnen auf der Wartburg. Das Baugeschehen im 19. und der Rückbau im 20. Jahrhundert. In: Jahrbuch der Stiftung Thüringer Schlösser und Gärten. Forschungen und Berichte zu Schlössern, Gärten, Burgen und Klöstern in Thüringen. Bd. 5 für das Jahr 2001. Lindenberg 2002, S. 140–148, hierzu S. 143.

47 Heinrich Weigel: Der «Wartburg-Poet» Ludwig Bechstein (1801–1860). In: Wartburg-Jahrbuch 2001. 10(2002), S. 119–142, hierzu S. 125 f.

Plockhorst (S. 202). Letztlich führten die Einzelgemälde für die Reformationszimmer, wie hinlänglich beschrieben, Ferdinand Pawels und Paul Thumann bis
1872 sowie Willem Linnig junior und Alexander Struys bis 1882 aus (S. 202 f.,
209, 227–230).

Das Pirckheimerstübchen aus Nürnberg wurde 1863 angekauft (S. 203) und
im «Mai 1867» südlich des in den 1840er Jahren erbauten Treppenhauses zur
Lutherstube eingebaut (S. 204). Unbeachtet ist hierzu die bisher kaum beachte-
te Forschungsmeinung, wonach es aus dem Haus des Bibelverlegers Anton
Koberger stammen soll[48]. Der «Vorraum des Pirckheimerstübchens», heute
«Obere Vogteistube» genannt, wurde durch die Beseitigung einer Treppe, die
am Ende des Margarethenganges zum Hof hinab geführt hatte, und eines entsprechenden Umbaus am südlichen Ende der Vogtei geschaffen (S. 206). Nach
Erwerb und Anbau des Nürnberger Chorerkers aus der Hauskapelle des
Harsdörferschen Hauses entstand der «kapellenartige Erkerraum» (S. 206).
Neben allerlei Inventar waren in «eigens angefertigten Schränken» Bücher
untergebracht, und der Raum diente als «Bibliothekszimmer» (S. 234: «als mittelalterliche Kapelle interpretiertes Bibliothekszimmer»), allerdings nur den
«vorrangig privaten Zwecken der Burgherrn» (S. 207). Zu weiteren, von anderen
Orten herbei geholten Stücken gehörten Schnitzwerk aus der Jenaer Stadtkirche (S. 212) und eine Laterne vom Schmalkaldener Rathaus (S. 207 f., 235)
vor der Lutherstube.

Die Gestaltung der drei Reformationszimmer (S. 208–233) begann erst ab
1870 hinsichtlich ihrer Planung konkreter zu werden (S. 209) und zog sich hinsichtlich der «Baumaßnahmen» bis 1884 hin (S. 231). Steffens bemüht sich
offenbar, «Ritgens Planung zu den Reformationszimmern» aufzuzeigen, über
die «bislang von der kunsthistorischen Forschung noch nicht intensiv gearbeitet worden» ist (S. 212). Die Grundriss- und Wandentwürfe Ritgens behandelt
er Zimmer für Zimmer bzw. Tafel für Tafel und erschließt das jeweilige Vorgehen.

Die chronologische Abfolge verlief vom nördlichen zum südlichen Refor-
mationszimmer (S. 210) sowohl nach den Lutherbildern als auch nach dem Stil
«von der Spätgotik zur Renaissance», wobei auf einen speziellen «Lutherstil»
(S. 210) verzichtet wurde. Auf Initiative Arnswalds wurden im «ersten, Luthers
Jugend gewidmeten Raum ... verstärkt spätgotische Formen berücksichtigt.»
(S. 232) Dagegen erhielt der «epochemachende Luther» zur Begleitung die
«Formen der Renaissance» (S. 232), so dass sich insgesamt ein «Bogen von der
Spätgotik über die italienische zur deutschen Renaissance spannte.» (S. 235)

---

48 Arnold Reimann: Die älteren Pirkheimer. Geschichte eines Nürnberger Patriziergeschlechtes
im Zeitalter des Frühhumanismus (bis 1501)/Aus dem Nachlaß hrsg. von Hans Rupprich.
Leipzig 1944, S. 206 f.

Immerhin klingen mehrfach Bezüge zum Nürnberger Albrecht Dürer an, wenn Steffens bei Ritgen einen «Dürerbezug seiner Dekorationsentwürfe» (S. 212) und den «Übergangsstil im allgemeinen auch von Dürer verwendet» (S. 226) konstatiert. Besonders bei der Oberen Vogteistube waren bereits durch den «Nürnberger Kontext» Einflüsse der im 19. Jahrhundert «als besonders ‹deutsch› empfundenen fränkischen Reichsstadt auf die Wartburg transloziert» (S. 207, vgl. S. 234) worden.

Die «Neorenaissance», von der Forschung sonst «als Ausdruck bürgerlicher Bestrebungen in der Nachfolge der französischen Revolution» (S. 232) gedeutet, stand auf der Wartburg «im Dienste fürstlich-dynastischer Repräsentation.» (S. 233) Anders als bei der Lutherstube war bei den Reformationszimmern nicht beabsichtigt, sie als «täuschend echte Wohnräume der Reformationszeit zu rekonstruieren» (S. 231), sondern sie wurden «als Privatgemächer des Großherzogs aufwändig dekoriert und ausgestattet.» (S. 234) Die private Bestimmung für die großherzogliche Familie und einen begrenzten Besucherkreis (S. 209, 231 f., 234) beschränkte die Außenwirksamkeit der Lutherbilder, die nie mit der Popularität der Elisabethfresken konkurrieren konnte (S. 230 f.). Die Abgeschiedenheit kontrastierte auch mit Ritgens Hoffnung von 1871, «die geplanten Reformationszimmer als den wahren Höhepunkt der Burgumgestaltung» (S. 209) wirken zu lassen. Das Ende des 19. Jahrhunderts hergestellte «Erscheinungsbild» der Reformationszimmer bestand im Wesentlichen bis 1953 (S. 231).

Wartburgliteratur – Neuerscheinungen und Nachträge

1. KARIN CIESLIK: Die Wartburg. In: ULRICH MÜLLER und WERNER WUNDER-LICH (Hrsg.): *Burgen, Länder, Orte* (Mittelalter-Mythen. 5). Konstanz 2008, S. 951–964

2. VLADIMIR FRÖMKE: *Moritz von Schwinds Sängerkriegsfresko auf der Wartburg. Die historischen Quellen und deren Auslegung in der Kunst des 19. Jahrhunderts* (Europäische Hochschulschriften. Reihe 28. Kunstgeschichte. Bd. 425). Frankfurt a. M. 2008

3. OLIVER HAHN, HARALD GARRECHT und GÜNTER SCHUCHARDT: Klimatisierung der Wartburg für die Thüringer Landesausstellung. In: *Klimawandel im Bestand. Neue Lösungen für gesundes Raumklima* (27. Mitteldeutsches Bau-Reko-Kolloquium). Weimar 2008, S. 55–67

4. UDO HOPF, INES SPAZIER und PETRA WEIGEL: Zelle der St. Elisabeth unterhalb der Wartburg. In: THOMAS T. MÜLLER, BERND SCHMIES und CHRISTIAN LOEFKE (Hrsg.): *Für Gott und die Welt – Franziskaner in Thüringen*. Text- und Katalogband zur Ausstellung in den Mühlhäuser Museen vom 29. März bis 31. Oktober 2008 (Mühlhäuser Museen. Forschungen und Studien. 1). Paderborn 2008, S. 226 f.

5. KAI LEHMANN und PETRA DITTMAR: Schmalkalden oder Meiningen – wo verabschiedete sich Elisabeth von Thüringen von ihrem Gatten? In: *Nova Historia Schmalcaldica*. Bd. 4. Schmalkalden 2007, S. 126–140

6. CHRISTINE MÜLLER: Die Stadt als Burg. Ludowingische Kleinstädte als frühes Beispiel »spezialisierter« Stadtgründungen. In: *Burg und Stadt. Forschungen zu Burgen und Schlössern*. 11(2008), S. 91–104

7. KLAUS RIES: *Wort und Tat. Das politische Professorentum der Universität Jena im frühen 19. Jahrhundert* (Pallas Athene. 20). Stuttgart 2007. [Zugl.: Jena, Univ., Habil.-Schrift, 2003/04], darin S. 232–373 zum Wartburgfest 1817

8. GÜNTER SCHUCHARDT: Elisabeth von Thüringen – eine europäische Heilige. In: *Mitteldeutsches Jahrbuch für Kultur und Geschichte*. 15(2008), S. 255–258

9. Ines Spazier: Ausgrabungsfundstücke Franziskanerkloster Elisabethplan unterhalb der Wartburg. In: Thomas T. Müller, Bernd Schmies und Christian Loefke (Hrsg.): *Für Gott und die Welt – Franziskaner in Thüringen*. Text- und Katalogband zur Ausstellung in den Mühlhäuser Museen vom 29. März bis 31. Oktober 2008 (Mühlhäuser Museen. Forschungen und Studien. 1). Paderborn 2008, S. 293–301

10. Martin Steffens: *Luthergedenkstätten im 19. Jahrhundert. Memoria – Repräsentation – Denkmalpflege*. Regensburg 2008

11. Sylvia Weigelt (Hrsg.): *Elisabeth von Thüringen in Quellen des 13. bis 16. Jahrhunderts* (Quellen zur Geschichte Thüringens. 30). Erfurt 2008

12. Helge Wittmann: *Im Schatten der Landgrafen. Studien zur adeligen Herrschaftsbildung im hochmittelalterlichen Thüringen* (Veröffentlichungen der Historischen Kommission für Thüringen. Kleine Reihe. 17). Köln/Weimar/Wien 2008. [Zugl.: Jena, Univ., Diss., 2004], darin S. 343–464: Die Grafen von Wartburg-Brandenburg

JAHRESÜBERBLICK 2008

Laudatio anlässlich der Verleihung des Wartburg-Preises 2008
am 25. Oktober 2008

Władysław Bartoszewski

Sehr geehrte Damen und Herren, aufgrund der Person des Preisträgers, der versammelten Gäste und nicht zuletzt vor dem Hintergrund dieses so bedeutenden historischen Ortes ist es eine große Ehre und vor allem eine große Verpflichtung, die Laudatio anlässlich der heutigen Verleihungszeremonie zu halten. Und obwohl mir die Wortwahl üblicherweise keine Schwierigkeiten bereitet, muss ich Ihnen gestehen, dass ich mit dieser Rede ein wenig ratlos bin. Denn wie würdigt man entsprechend einen Preisträger, der selbst und dessen Verdienste uns allen bekannt, von uns allen geschätzt und respektiert werden? Wenn Sie, sehr geehrte Damen und Herren, mit dem Namen von Professor Hans-Gert Pöttering nicht vertraut wären, würde ich Ihnen sagen: Vor uns steht einer dieser Politiker, deren Engagement zu verdanken ist, dass wir uns im vereinigten Deutschland treffen können. Das ist einer dieser Visionäre, die eine gemeinsame Vision von Europa hatten und die hartnäckig an dieser Vision festgehalten haben, bis sie in Erfüllung gegangen ist. Das ist schließlich einer dieser mutigen Menschen, welche der Überwindung von Vorurteilen, von historischen Ressentiments und von ideologischen Denkmauern ihr Lebenswerk mit Erfolg gewidmet haben. Für die Jüngeren unter Ihnen mag all dies als logische Folgen und Früchte einer konsequent verfolgten beruflichen Laufbahn erscheinen. Für mich, schon aufgrund meines Alters und des Erlebten, ist es nicht selbstverständlich. Das vereinte und weitgehend grenzfreie Europa von heute als friedlicher Rahmen für effiziente Zusammenarbeit zwischen Völkern und Kulturen ist die wertvollste Errungenschaft unserer Zeit. Und Hans-Gert Pöttering hat an der Entstehung eines solchen Europas mitgearbeitet.

Für uns alle sind die ersten Lebensjahre oft kursweisend und bestimmen die spätere Wahl des weiteren persönlichen Weges. Der heutige Preisträger wurde im September 1945 im niedersächsischen Bersenbrück geboren und kam somit auf eine Welt, die gerade mit allen Konsequenzen der traumatischen Kriegserfahrung zurechtkommen musste. Er hat die Nachkriegsmisere und den Wiederaufbau mit Kindesaugen gesehen. Er ist im Schatten des Eisernen Vorhangs aufgewachsen, in einem Deutschland also und in einem Europa, die mittlerweile aus der gegenwärtigen Perspektive völlig fremd anmuten. Doch gerade in der damaligen Zeit sehe ich die Wurzeln der späteren Lebensaufgabe und des späteren Lebensweges von Professor Pöttering. Es kommen mir dabei die Worte des polnischen Dichters Władysław Broniewski in den Sinn, der seine eigene Biographie so beschreibt, leider in meiner denkbar wenig poetischen Übersetzung: «Das Leben hat mich nicht am Kopfe gestreichelt. Ich trank keine Milch, keinen Wein. Und gut so, und zur Gesundheit. So wird man nämlich zum Mann.» Bedenken Sie bitte, dass ich hier nicht bloß von der beruflichen Karriere spreche. Denn Hans–Gert Pöttering ist kein bloßer Berufspolitiker, der sich europäischen Angelegenheiten widmet. Er ist Europäer aus Überzeugung, und Europas Geist hat seine Persönlichkeit von Anfang an mitgestaltet. Gewissermaßen ist er ein gleichaltriger Zeitgenosse des mühevoll erlangten modernen, demokratischen und vereinten Europas von heute.

Anlässlich der Verleihung der Ehrendoktorwürde der Universität im polnischen Opole im März 2007 bemerkte einer der Rezensenten, dass es sich bei Professor Pöttering um einen «untypischen» Kandidaten handelt: um den seltenen Fall eines Staatsmannes, der sein politisches Engagement auf gründlichem Wissen und auf Treue zu den ethischen Kriterien aufgebaut hat. Diese gründliche Vorbereitung auf spätere Tätigkeit verdankt er dem Studium der Rechtswissenschaft, Politik und Geschichte an den Universitäten in Bonn und Genf. Übrigens finde ich diese Fächerkombination richtungweisend für den späteren Politiker mit juristischen Kompetenzen und gleichzeitig mit so wichtigem Sinn für historischen Rückblick. Europäische Identität, Europas Größe, aber auch Europas gegenwärtige Konflikte sind in der Geschichte verankert. Und damit sind auch wir, wie Frau Professor Gesine Schwan unlängst feststellte, das Ergebnis historischer Erfahrungen. Professor Pöttering ist im Stande, diesen Zusammenhang stets ansprechend hervorzuheben, wie neulich während unserer gemeinsamen Beteiligung an der Veranstaltung zum Thema «Europas Doppelgedächtnis» in Berlin.

Aber zurück zu der zunächst wissenschaftlichen Laufbahn des heutigen Preisträgers. Nach dem ersten juristischen Staatsexamen wurde er 1974 an der Rheinischen Friedrich-Wilhelms Universität Bonn promoviert. Seine damals eingereichte Arbeit beschäftigte sich mit der verteidigungspolitischen Konzeption der Bundesregierung von 1955 bis 1963 unter besonderer Berücksichtigung der Militärstrategie der USA. Hilfreich bei der Recherche und bei der Knüpfung erster transatlantischer Kontakte war für ihn sicherlich ein früherer Studienaufenthalt an der Columbia University in New York (1971). Sein zweites juristisches Staatsexamen legte Hans-Gert Pöttering 1976 ab; danach war er bis 1979 wissenschaftlicher Angestellter, etwas später (ab 1989) auch Lehrbeauftragter der Universität Osnabrück. 1995 wurde er zum Honorarprofessor dieser Lehrstätte berufen.

Sein politisches Engagement beginnt im Alter von 19 Jahren in der Christlich Demokratischen Union Deutschlands. Er war von Beginn an Verfechter des breit verstandenen Dialogs: zwischen Glaubensgemeinschaften, gesellschaftlichen Schichten, Traditionen und Kulturen. Er setzte sich für Grundrechte ein; besonders nahe waren ihm Gedanken an die Vereinigung Deutschlands und die Verbesserung der Beziehungen mit den Nachbarn, vor allem mit Frankreich und Polen. Mit Überzeugung unterstützte er auch die

Władysław
Bartoszewski
während der Laudatio

Idee der europäischen Integration, einschließlich der damaligen Ostblockstaaten. Darin sah er den einzig möglichen Weg und die einzige Garantie für dauerhafte Versöhnung zwischen Europäern. Kurz: Hans-Gert Pöttering hatte genug europäische Leidenschaft, um über die Berliner Mauer und über den Eisernen Vorhang zu blicken und realistisch über ein anderes, ein scheinbar unerreichbares, aber dennoch mögliches Europa nachzudenken.

Dank solider intellektueller Grundlage und dank eigener Fachkompetenzen war seine berufliche Laufbahn erfolgreich. Erwähnenswerte Zwischenstationen der Karriere auf innenpolitischer Ebene sind die des europapolitischen Sprechers der Jungen Union Niedersachsen (von 1974 bis 1980) und anschließend des Landesvorsitzenden der Europa-Union Niedersachsens (von 1981 bis 1991). Von 1997 bis 1999 war Professor Pöttering außerdem Präsident der überparteilichen Europa-Union Deutschlands, dessen Ehrenpräsident er seitdem bleibt. Er engagierte sich nach 1990 als CDU-Kreisvorsitzender im Landkreis Osnabrück, Mitglied des CDU-Präsidiums und Vorstandsmitglied der Konrad Adenauer Stiftung.

1979 wurde Professor Hans-Gert Pöttering infolge der ersten Direktwahl zum Mitglied des Europäischen Parlaments für die Region Osnabrück, Groß-Bentheim, Emsland und Ostfriesland. Seitdem ist er stets zwischen Bad Iburg, Brüssel und Strassburg unterwegs, ein Europäer im Pendelverkehr, wie man ihn scherzhaft bezeichnet. Auch darin bleibt er seinen Überzeugungen treu: ein eingefleischter Verfechter der europäischen Integration, der gleichzeitig seiner engeren Heimat treu bleibt, lokale Angelegenheiten nicht aus den Augen verliert und diese tatkräftig auf Europaebene repräsentiert. Die fleißige Arbeit hat ihn für immer verantwortungsvollere Positionen prädestiniert: von 1984 bis 1994 war Professor Pöttering Vorsitzender des Unterausschusses «Sicherheit und Abrüstung» des Europäischen Parlaments, von 1994 bis 1999 stellvertretender Vorsitzender der christlich-demokratischen Fraktion der Europäischen Volkspartei und stellvertretender Vorsitzender der Europäischen Demokraten. Von 1996 bis 1999 übernahm er auch die Leitung der Arbeitsgruppe «Erweiterung der Europäischen Union» von EVP und EVP-Fraktion.

Am 16. Januar 2007 wählte das Europäische Parlament den Niedersachsen in Strassburg zum 23. Präsidenten. Bei seiner Amtsübernahme sprach er über das Einigungswerk, das zwar weit fortgeschritten, aber noch nicht vollendet sei, und stellte gleich zu Beginn fest: «Das Europäische Parlament ist sich dieser Verantwortung bewusst und darf sich daher von niemandem übertreffen lassen, wenn es darum geht, die Einheit unseres Kontinents zu vollenden!» Laut Prof. Pöttering sind wir die Erben des europäischen Nachlasses und seine Vollstrecker zugleich: «Wir stehen in der Kontinuität derjenigen, die uns voran gegangen sind und nachfolgen werden».

Sehr geehrte Damen und Herren, abschließend möchte ich mit meinen Worten einige Gedanken aus einer neulich erschienenen Publikation anlässlich der Verleihung der Ehrendoktorwürde der Universität von Ermland und Masuren in Olsztyn an unseren heutigen Preisträger wiedergeben. Es ist eine häufige Schwäche unserer menschlichen Natur, dass wir nach übernatürlichen Wundern Ausschau halten und dabei reale Wunder übersehen oder sogar verschmähen, die direkt vor unseren Augen stattfinden. Für Prof. Hans-Gert Pöttering aber ist und bleibt die Mitgliedschaft der Länder des früheren kommunistischen Lagers in der EU ein wahres, lang erträumtes und schließlich in Erfüllung gegangenes Wunder unserer Zeit. Die Überwindung der Teilung Europas bringt Anlass zur Freude. Zugleich trägt sie unter gegenwärtigen Umständen eine Verpflichtung und eine Aufgabe in sich: in der gemeinsamen Familie miteinander zu leben, einander zu respektieren und vielleicht sogar voneinander zu lernen. Für all dies setzt sich Prof. Pöttering ein, und immer mit seiner typischen Kompromisslosigkeit: «Die Erfahrung lehrt uns also, dass wir ... Erfolg haben, wenn wir selbst es wollen, wenn unser Wille stark und entschlossen bleibt, die Einheit unseres Kontinents bei Bewahrung seiner Vielfalt zu verwirklichen. Um diese Entschlossenheit möchte ich Sie alle bitten.» Dieses Europa von Prof. Pöttering bildet ein «Anliegen des Herzens» und sollte nicht bloß auf politischem Gerüst aufgebaut sein, sondern vor allem in den Bürgern selbst feste Verankerung finden: in ihrem Bewusstsein der geteilten Zugehörigkeit, in ihrem Gemeinschaftsgefühl, welches wie schon erwähnt keineswegs im Gegensatz zur Verbundenheit mit der eigenen unmittelbaren Heimat steht. Das Europa von Prof. Hans-Gert Pöttering ist ein Europa der über Jahrhunderte erkämpften Werte, die allesamt im Kern in der Achtung der Menschenwürde gründen. Daraus ergeben sich ganz konkrete Aufgaben im Bereich der sozialen Sicherheit der Europäer, der Wettbewerbsfähigkeit auf dem globalen Markt, des Klimawandels, der Energieversorgung und des Schutzes der Menschenrechte.

Prof. Hans-Gert Pöttering mit seiner rund dreißigjährigen Erfahrung in politischer und öffentlicher Tätigkeit verkörpert gewissermaßen den europäischen Geist schlechthin. Solchen Pionieren verdanken wir die Überwindung der durch Kleingeist, Dummheit und ideologische Machtkämpfe errichteten Grenzen und Barrieren, die so prägend waren für das «kaltkriegerische» vergangene Jahrhundert. Wir verdanken ihnen und ihrer konsequent durchgesetzten Vision das Vereinte Europa von heute, ihrer Ausdauer, ihrer Standfestigkeit und Entschlossenheit in Beseitigung der Vorurteile. Menschen wie Prof. Hans-Gert Pöttering sind die waren Träger jener Werte, die Europa ausmachen, über Generationen verbinden und zusammenhalten.

Der deutsche Amateurarchäologe Heinrich Schliemann träumte seinerzeit von dem antiken Troja und wollte nicht ruhen, bis sein Spaten die Ruinen der sagenhaften Stadt zum Vorschein brachte. Prof. Hans-Gert Pöttering mag zwar etwas ähnlich sein Leben dem «Traum von Europa» verschrieben haben, aber mit einem romantischen Träumer hat er wenig gemeinsam. Er ist ein Realist, der den Herausforderungen der modernen Welt entsprechend begegnet. Er plädiert für ein starkes Europa, das zum glaubwürdigen Partner auf der globalen Bühne wird. Und um glaubwürdig zu werden, muss Europa an sich selber glauben. Ich, als Vertreter der ältesten Generation, glaube persönlich daran, dass dank Menschen wie Prof. Hans-Gert Pöttering dieses Europa, das ich auch als meines betrachte, in guten und kompetenten Händen bleibt.

Dankesrede zur Verleihung des Wartburg-Preises 2008
am 25. Oktober 2008

Hans-Gert Pöttering

Herr Außenminister a. D., sehr geehrter Herr Prof. Władysław Bartoszewski, lieber Freund, Herr Vorsitzender des Stiftungsrates der Wartburg-Stiftung, sehr geehrter Herr Bernward Müller, Herr Burghauptmann der Wartburg, sehr geehrter Herr Günter Schuchardt, meine sehr verehrten Damen und Herren.

I.

Von Herzen danke ich Ihnen für die Auszeichnung, mit der Sie mich heute bedacht haben. Wie kaum ein anderer Ort ist die Wartburg ein Symbol des geistigen Deutschland in Einigkeit und Recht und Freiheit. Der Wartburg-Preis ist zu einem Symbol der politischen Einigung und kulturellen Gemeinsamkeit Europas geworden. Mit der Verleihung an mich verbinden Sie das Ziel der politischen Einigung Europas mit dem Respekt vor der kulturellen Vielfalt auf unserem Kontinent. Mit mir ehren Sie den Präsidenten einer der drei zentralen Institutionen der Europäischen Union. Das Europäische Parlament ist die Vertretung aller Unionsbürgerinnen und -bürger. Ich spreche zu Ihnen nicht nur als persönlich durch Ihren Preis Beschenkter, ich spreche auch als Vertreter des Parlaments aller Unionsbürgerinnen und -bürger.

So empfinde ich diesen Preis auch als eine stellvertretende Würdigung für viele andere, die sich für die Einigung Europas engagieren.

Die Wartburg–Stiftung bekundet mit der Preisverleihung an mich, dass Sie, Ihre verehrten Träger, sich im Herzen Europas befinden: Verwurzelung in der Heimat, Patriotismus gegenüber dem Vaterland und Einsatz für die freiheitliche und friedliche Einigung Europas – von diesem Dreiklang bin ich stets überzeugt gewesen. Ich empfinde die Wartburg–Stiftung an meiner Seite in diesem Verständnis von unserer Zukunft als Deutsche in Europa. Ich danke Ihnen für die ehrenvolle Auszeichnung.

Bewegt haben mich die überaus schmeichelnden Worte von Wladyslaw Bartoszewski. Wenn es einen Namen für den Einsatz um die polnisch-deutsche Versöhnung und Freundschaft gibt, dann ist es der Name von Władysław Bartoszewski. Mit der ganzen Kraft seiner Persönlichkeit, mit der Autorität seiner Lebenserfahrungen, gerade auch der sehr bitteren und schmerzhaften, und mit der ganzen Leidenschaft seines so liebenswürdigen Temperaments arbeitet Wladyslaw Bartoszewski seit Jahrzehnten für einen Ort freundschaftlicher Verbundenheit von Polen und Deutschen in Europa. Ich danke Ihnen, Hochverehrter Herr Bartoszewski, nicht nur für Ihre Worte, sondern für Ihr ganzes Wesen und Wirken. «Es lohnt sich, anständig zu sein», so sind Ihre Lebenserinnerungen überschrieben. So haben Sie gelebt und sind vielen Menschen ein Vorbild geworden, eine Quelle der Hoffnung, auch immer dann, wenn es in den deutsch-polnischen Beziehungen einmal nicht so gut vorangegangen ist. Denn Sie haben immer gewusst: Polens Freiheit und Deutschlands Einheit gehören zusammen, beide werden sich in einem freien und geeinten Europa finden. Ich teile diese Ihre Überzeugung und ich bekunde Ihnen meinen allergrößten Respekt.

Abb. 1:
Hans-Gerd Pöttering
während der
Danksagung

II.

Kein Land der Europäischen Union habe ich seit Beginn meiner Präsidentschaft im Januar 2007 so häufig besucht wie Polen, abgesehen natürlich von meinem Heimatland Deutschland. Polen und Deutsche sind durch eine wechselvolle Geschichte als Nachbarn verbunden. Wir haben schlimmste Zeiten und gute Erfahrungen miteinander erlebt. Wir haben in die Abgründe des Menschseins schauen müssen und wir haben erfahren, dass die Hand, die zur Versöhnung gereicht wird, auch den beschenkt, der sie reicht und nicht nur den, dem sie gegeben wird. Wir haben uns heute in der gemeinsamen Europäischen Union gefunden und in der Nordatlantischen Allianz, die uns mit unseren amerikanischen Freunden verbindet. Für mich ist und bleibt dies das Wunder unserer Zeit.

Als ich 1979 bei den ersten Direktwahlen zum Europäischen Parlament erstmals als Abgeordneter gewählt wurde, hätte ich es für einen schönen Traum gehalten, einmal auf der Wartburg in einem vereinten Europa mit deutschen Landsleuten aus Thüringen und mit einer so bedeutenden polnischen Persönlichkeit wie Professor Bartoszweski stehen zu dürfen. Zwei Jahre später, im Dezember 1981, klingelte die Polizei mitten in der Nacht an der Haustür des damaligen Journalisten Bartoszewski und internierte ihn, wie viele andere Polen, im Zeichen des Kriegsrechts. Viele hatten damals in Europa Angst vor einem neuen Kalten oder sogar heißen Krieg. «Habt keine Angst» hatte 1979 der große polnische Papst Johannes Paul II. seinen Landsleuten und uns allen zugerufen. Heute haben wir das verzagte und verängstigte Europa der Teilung und des Totalitarismus überwunden.

Wir haben dies großen Persönlichkeiten wie Johannes Paul II., Lech Walesa, Vaclav Havel und Władysław Bartoszewski zu danken. Wir haben es zu danken der Bürgerbewegung in der ehemaligen DDR, ihrem Mut zum friedlichen Protest und dem Mut unserer ungarischen Nachbarn, die Grenzen zu öffnen. Wir werden und wir dürfen dies alles niemals vergessen. Wir sollten auch jetzt und heute keine Angst vor der Zukunft haben. Deutsche und Polen haben sich einander zugewandt wie schon lange nicht mehr in der Geschichte.

Es ist nicht immer einfach, sich in dem komplizierten System der Europäischen Union zu einigen. Jeder verfolgt seine legitimen Interessen, und niemandem darf dieses abgesprochen werden. Aber wir sind in einer Europäischen Union vereint, in der uns das Prinzip wechselseitiger Solidarität verbindet. Polen hat ein Recht auf die Solidarität von allen anderen in der Europäischen Union, wenn es – um ein Beispiel zu nennen – um seine Energiesicherheit besorgt ist. Wir wollen gute Nachbarschaft mit Russland. Aber wir werden nicht zulassen, dass irgendein Mitgliedsland der Europäischen Union wegen seiner Energieabhängigkeit von Russland bedroht oder gar durch Kürzung der Energieversorgung bestraft wird. Die Solidarität in der Europäischen Union muss uns endlich zu einer gemeinsamen Energiepolitik in der Europäischen Union führen. Dies ist die zentrale wirtschaftspolitische Aufgabe der heute Verantwortlichen in der Europäischen Kommission, im Europäischen Rat und im Europäischen Parlament.

Wir, das Europäische Parlament, haben uns immer wieder mit Nachdruck für die rasche Verwirklichung einer gemeinsamen Energiepolitik der Europäischen Union eingesetzt. Wir werden auch bei diesem Thema weiterhin der Motor der europäischen Integration bleiben.

Am 29. April 1995, in seiner großen Rede vor dem Deutschen Bundestag und dem Bundesrat zum Gedenken an den 8. Mai 1945, hat Professor Bartoszewski sein Verständnis vom Wesen Europas in eindrucksvoller Weise geschildert. Der Begriff Europa ist für ihn mehr als ein geographischer Terminus, sagte er und fuhr fort: «In der Geschichte der Völker und Staaten dieses Kontinents hat dieser Begriff eine zivilisatorische Bedeutung angenommen. Er wurde zu einem kollektiven Symbol von fundamentalen Werten und Prinzipien. Europa, das bedeutet vor allem die Freiheit der Person, die Menschenrechte – politische und ökonomische.» Władysław Bartoszewski erinnerte an die Bedeutung der demokratischen Ordnung, des Rechtsstaats und der Marktwirtschaft für die Wertegemeinschaft Europa. Gleichzeitig, so fuhr er fort, sei Europa «die Reflexion über das Schicksal des Menschen und die moralische Ordnung, die den jüdisch-christlichen Traditionen und der unvergänglichen Schönheit der Kultur entspringt.» Keiner von uns könnte es präziser, besser, schöner formulieren.

Die Europäische Union als eine Wertegemeinschaft – das ist der Kern der politischen Einigung, um die wir uns weiter miteinander bemühen müssen. Die Europäische Union strebt nicht an, die kulturelle Vielfalt in Europa zu schwächen, sondern sie will sie stärken. Heute kann jeder Abgeordnete des Europäischen Parlaments in seiner Muttersprache zu allen Unionsbürgerinnen und Unionsbürgern sprechen. 23 Sprachen sind offiziell in der Europäischen Union anerkannt. Das ist gelebte kulturelle Vielfalt, das ist Europa. Manche Sprache eines kleinen Volkes wäre vielleicht schon in einer oder zwei Generationen ausgestorben, wenn es nicht die Revolution der Freiheit 1989/90 gegeben hätte. Entgegen aller Vorurteile schränkt Europa unsere Identität nicht ein, sondern ermöglicht, schützt und fördert sie. Dem dient die politische Einigung in Freiheit und Frieden auf der Basis eines gemeinsamen Rechts. Alles andere sind Legenden über die Europäische Union, denen ich entschieden widerspreche.

III.

In diesem Jahr begehen wir in der Europäischen Union das Jahr des interkulturellen Dialogs. Dies kann nur ein Anstoß sein, eine Anregung seitens der Institutionen der Europäischen Union. Der interkulturelle Dialog, vor allem mit der Welt des Islam, ist von zentraler Bedeutung für das friedliche Zusammenleben in der Welt unseres Jahrhunderts. Als Martin Luther in dieser Wartburg mit dem Teufel rang, ging es ihm um seinen persönlichen, ureigensten Gott. Heute muss es uns darum gehen, den Gott der anderen zu achten, damit sie unseren Gott ebenso achten und wir miteinander in Frieden leben können. Das ist der kategorische Imperativ im Zeitalter der Globalisierung. Der interkulturelle Dialog, der mir ein großes Anliegen über dieses eine besondere Jahr hinaus bleiben wird, ist unsere Form, diesen kategorischen Imperativ auszugestalten.

Der Einsatz für die Menschenwürde ist – davon bin ich zutiefst überzeugt – der erste und oberste Auftrag der Politik. Darum geht es in der Politik: Vom Menschen und seiner unverwechselbaren Würde her zu denken, wie wir die Ordnung des Zusammenlebens gestalten können und gestalten müssen. In diesem Ziel sind wir in der Europäischen Union als Wertegemeinschaft verbunden. Solidarität unter den Völkern, gegenseitige Achtung der Grund- und Freiheitsrechte, gemeinsames Eintreten für die Ziele, die unser Leben lebenswert machen – das ist der Kern unserer heutigen europäischen Kultur und Lebensweise. Wir können in dieser Lebensweise und Überzeugung nur bestehen, wenn wir sie im interkulturellen Dialog auch Menschen anderer Kulturkreise, Glaubensüberzeugungen und Denksysteme vermitteln. Es geht nicht darum, unsere Meinungen Andersdenkenden aufzuzwingen. Es geht um Dialog, um Austausch und Anregung. Auch in dieser Hinsicht haben wir in Europa aus den Leiden in unserer eigenen Geschichte gelernt. Heute sind wir eine Europäische Union des interkulturellen Dialogs.

Abb. 2:
Burghauptmann
Günter Schuchardt,
Kultus-Minister
Bernward Müller,
Laudator Władysław
Bartoszewski und
Wartburg-Preisträger
2008 Hans-Gerd
Pöttering (v. l. n. r.)
auf den Burghof der
der Wartburg

Auf Dauer wird das Werk der europäischen Einigung nicht an den technischen Regeln gemessen, die wir gefunden haben und praktizieren.

Agrarsubventionen, Förderzonen, Währungskriterien – all dieses ist wichtig und muss auf verantwortungsvolle Weise gestaltet werden. Aber am Wichtigsten ist die Kultur, die Kultur des Dialogs und der Toleranz. Sie ist die Wurzel, die Begründung und der Zweck der Einigung Europas. Wo immer es uns gelingt, in diesem Geiste zu leben und unseren Aufgaben nachzugehen, leisten wir Beiträge zur kulturellen Einheit Europas. Jeder kann dies tun und ich weiß, wie viele von Ihnen, die wir heute hier versammelt sind, dies tun – und viele andere an vielen Orten in Europa. Wo immer wir Impulse zur Einheit Europas aus dem Geist unserer kulturellen Vielfalt und Kraft geben, erweisen wir dem Streben unsere Reverenz, dem der Wartburg-Preis Ausdruck verleihen möchte.

Die Kernbotschaft dieser Preisverleihung lautet: Der Wartburg-Preis ermuntert und schmückt alle, die den Gedanken von «Einheit in Vielfalt» ernst nehmen und in diesem Sinne die Europäische Union weiter voranbringen. Meinen tief empfundenen Dank für Ihre Auszeichnung nehme ich persönlich mit als Auftrag, im Geiste des Wartburg-Preises weiter tätig zu sein. Ich danke Ihnen für Ihre Aufmerksamkeit!

Die Baumaßnahmen an den Gebäuden und Anlagen der Wartburg-Stiftung Eisenach im Jahr 2008

Annette Felsberg

Nach der erfolgreichen Präsentation der 3. Thüringer Landesausstellung auf der Wartburg wurden alle temporären Einbauten und technischen Installationen wieder entfernt. Während der Palas und die Burghöfe in den Vorzustand versetzt wurden, bedurften die Ausstellungsräume im Museum einer umfangreichen Renovierung, bevor unter Einsatz neuer Vitrinen und Technik die nächste Dauerausstellung sowie der Sonderausstellungsraum in der Dirnitz (Sammlungsraum S 6) eingerichtet werden konnten.

In Abstimmung mit dem Thüringischen Landesamt für Denkmalpflege und Archäologie, dem Thüringer Kultusministerium und dem Bund wurden auch im Jahr 2008 die umfangreichen konservatorischen sowie Bau- und Werterhaltungsarbeiten fortgeführt. Zur Realisierung der Bauvorhaben wurden insgesamt rund 1,1 Mio. € investiert, die anteilig durch Fördermittel vom Bund (248.000 €), vom Land Thüringen (255.000 €) und vom Thüringischen Landesamt für Archäologische Denkmalpflege (TLDA, 520.000 €) sowie aus Eigenmitteln der Wartburg-Stiftung finanziert wurden.

Schwerpunkte der Baumaßnahmen im Jahr 2008 waren somit:

– Der Abbau der 3. Thüringer Landesausstellung auf der Wartburg und die sich anschließende Renovierung der Museumsräume.

– Die Sanierung am Bergfried mit Steinkonservierung und Bauwerksicherung im 1. Bauabschnitt, der die Westfassade, südwestliche und nordwestliche Eckquaderung, Zinnenkranz und angrenzende Innenräume betraf.

– Die Sanierung von Steinweg/Auffahrt zur Wartburg: die statisch-konstruktive Sicherung der Zufahrtsstraße einschließlich Stützmauer und Straßenbelag erfasste im 2. Bauabschnitt das Teilstück bis zur Weggabelung.

– Die Instandsetzung der Wartburg-Wasserleitung auf einer Länge von ca. 650 Metern im Teilabschnitt Bermbachtal (Hubertushaus – Toter Mann).

Umfangreiche Instandsetzungsarbeiten sowie Kleinreparaturen wurden in allen Bereichen der Burg, an Gebäuden, Wegen, Mauern und Treppen und in den Burghöfen durch die Mitarbeiter der Bauhütte der Wartburg ausgeführt. Besonders hervorzuheben sind dabei die Sicherung der Westfassade am Gadem, der Umbau der ehemaligen Verkaufsstelle im Erdgeschoss der Vogtei und die Erneuerung der Stützmauer einschließlich des Fußwegs von der Burg zu Tugendpfad und Hotel.

1. Arbeiten innerhalb der Burgmauern

Das Freie Institut für Bauforschung und Dokumentation e. V. (IBD) Marburg ergänzte die aus den Vorjahren vorhandenen Bauaufnahmen zur Vorbereitung der Baumaßnahmen in der Dirnitz (Ausbau des Dachgeschosses), am Gadem (statisch-konstruktive Sicherung der Westfassade) sowie am Bergfried (Steinkonservierung und Bauwerkssicherung).

1.1. Vorderer Burghof

Im Kellergeschoss von Tor- und Ritterhaus wurden die seit 2006 währenden Rückbaumaßnahmen nach den historischen Befunden fortgeführt. Dabei mussten die dringend erforderlichen Instandsetzungsarbeiten mit den heutigen nutzungsbedingten, sicherheitstechnischen Anforderungen in Einklang gebracht werden. Nach dem Demontieren der veralteten Brandmeldeanlage wurden auch die sie umgebenden Gipskarton-Einbauten wieder vollständig entfernt, sodass der Hauptraum der Wache wieder in seiner ursprünglichen Größe genutzt werden kann. Die vorhandenen Türen wurden tischlermäßig aufgearbeitet und alle technischen Installationen von Elektrotechnik (Elt), Heizung, Sicherheitstechnik und Brandmeldeanlagen (BMA) erneuert.

Schwerpunkt der Arbeiten im vorderen Burghof war die beginnende Umsetzung des Nutzungskonzepts für die Gebäude Torhaus–Ritterhaus-Vogtei. Dabei sollen im Erdgeschoss leerstehende Räume wieder genutzt, Gangflächen reduziert, die Zuordnung der Bereiche Buchhaltung und Besucherservice verbessert sowie getrennte Eingänge für Besucher und Mitarbeiter erreicht werden. Der südliche Raum der Vogtei, der bis 2006 die Souvenir-Verkaufsstelle II am Ende des Besucherrundgangs beherbergte, wurde ab September für die geplante Nutzung als zentrale Besucherbetreuung umgestaltet. Nach Beräumen eines Teils des fest eingebauten Ladenmobilars zeigten sich erhebliche Schäden an den Außenwänden. Die stark salzbelasteten Putzbereiche wurden abgeschlagen, das Natursteinmauerwerk gereinigt und anschließend mit Sanierputz (Rajasil SP3) neu verputzt. Im Anschluss an das Freilegen der zugemauerten Fensternischen und das steinrestauratorische und -konservatorische Aufarbeiten der Sandsteingewände wurden die 4-teiligen Eichenholzfenster mit den beiden diagonal angeordneten Schiebeflügeln detailgetreu erneuert und dann vom Glasermeister Ulrich (Großenlupnitz) mit einer neuen Bleiverglasung versehen. Passend zu diesen Fenstern wurden die neu installierten, niedrigen Heizkörper mit Sitzbänken aus Eichenholz verkleidet. Weitere Einbauten wie auch notwendige Installationen werden erst mit der Nutzungsübernahme durch den Besucherservice 2009 ausgeführt.

*Abb. 1:
Freigelegte Fassade
und Sitzbank an
der Nordseite der
Kommandanten-
diele*

Der Platz vor der Kommandantendiele, die als Zugangsbereich für Mitarbeiter und Gäste dient, musste aufgrund von Frostschäden gründlich überholt werden. Das an der Gebäudeecke montierte, undichte Fallrohr sowie die sich anschließende, mehrfach gebrochene Grundleitung, die die angrenzenden Mauerbereiche kontinuierlich bewässerten, wurden repariert. Die aus Wartburg-Konglomerat gemauerte Steinbank und der zugehörige Steintisch wurden nach partiellem Rückbau neu aufgesetzt und ebenso der aufgenommene Sandsteinplattenbelag wieder verlegt.

Am östlichen Wehrgang (Elisabethengang) führte man in der frostfreien Winterzeit das im Vorjahr begonnene Verstreichen der Dachziegel fort, um das Eindringen von Niederschlägen zu verhindern. Im Frühsommer wurden ebenfalls die Ausbesserungen am Außenputz der Sockelbereiche in der Vorburg fortgesetzt, indem alle desolaten Putzflächen abgestemmt und ein salzspeichernder Sanierputz (Rajasil SP3+) aufgetragen wurden. Beim Freischachten des Mauerfußes zum Verlegen einer Drainageleitung nördlich der als Schießscharte gestalteten Maueröffnung traten jünger datierte Tonscherben und Tierknochen zutage. Nach Bergung und Dokumentation dieser Funde wurden die nur lose verfüllte, ca. 0,5x07m große Fehlstelle im aufgehenden Mauerwerk (ca. 1m unter Oberkante des anstehenden Geländes) neu ausgemauert, verputzt und dann mit Erdreich der angrenzenden Gartenfläche wieder gefüllt.

1.2. Mittelabschnitt der Burg

Zu Beginn des Jahres widmete sich die Wartburg-Bauhütte der Umgestaltung des nördlich an das Fürstenschlafzimmer im Obergeschoss der Neuen Kemenate anschließenden Abstellraumes zu einer Garderobe für die bei Veranstaltungen auftretenden Künstler. Dazu wurden der provisorische WC-Einbau der 60er Jahre einschließlich der Trennwände abgebrochen und im dahinterliegenden historischen Abortraum eine neue WC-Anlage installiert. Hierfür wurden die bauzeitliche Wandverkleidung abgebeizt, Fenster und Türen tischlermäßig instandgesetzt und Putzfehlstellen an Wänden und Decken ausgebessert.

Für die Dirnitz galt es, nach Auszug des Burgvogts aus der Wohnung im Dachgeschoss, für die seit dem Vorjahr leerstehenden Räume eine Nutzungskonzeption zu erarbeiten. Es ist vorgesehen, diese Räume für die Mitarbeiter der Verwaltung/Abteilung Finanzen auszubauen. Im Kellergeschoss der Dirnitz wurde ebenfalls mit der Umnutzung einzelner Lager- und Werkstatträume begonnen, um die Arbeitsabläufe effizienter zu strukturieren. Dem Abbruch der Raumeinbauten im 3. Tonnengewölbe folgten die Erneuerung der technischen Installationen und die Isolierung und Verkleidung der Heizungsrohre.

Wichtigste Baustelle im Jahr 2008 war der große Turm (Bergfried) der Wartburg mit der von 2008 bis 2011 vorgesehenen umfangreichen Steinkonservierung und Bauwerkssicherung. Der erste Bauabschnitt umfasst die Westfassade, die angrenzenden Eckbereiche und den Zinnenkranz. Am 25. März 2008 wurde mit dem Aufbau des Fassadengerüstes begonnen und drei Monate

 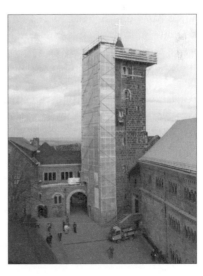

Abb. 2:
Der Bergfried mit eingerüsteter Westfassade

Abb. 3:
Bergfried mit eingehauster Westfassade und umlaufender Plattform-Einrüstung

später ein zusätzliches Hängegerüst für die Bearbeitung der Zinnen montiert. Beide Gerüste wurden vollständig mit Wärmedämmfolie eingehaust und mit Beheizungsmöglichkeiten ausgestattet, um den Fortgang der Baumaßnahmen ohne Winterpause zu gewährleisten, da die meisten Konservierungs- und Restaurierungsarbeiten aufgrund besonderer Technologien nicht unter +10° C ausführbar sind.

Nach detaillierter Bestandsaufnahme aller Werksteine einschließlich Schadbildkartierung erstellte der beauftragte Planer, Restaurator Scheidemann (Friedrichroda), die Ausführungsplanung und legte die restauratorischen und konservatorischen Maßnahmen fest. Dr. Zier von der Materialforschungs- und Prüfanstalt (MFPA) Weimar entnahm mehrere Mörtelproben aus dem aufgehenden Mauerwerk, um mit Hilfe der Materialanalysen Schlussfolgerungen für die anstehenden Sanierungsarbeiten abzuleiten; beispielsweise für die einzusetzenden Versatz- und Fugenmörtel, Antragsmassen, etc. Die Aufträge für die steinrestauratorischen und -konservatorischen Arbeiten als auch den Gerüstbau erhielt die Firma Bennert Restaurierungen GmbH (Hopfgarten).

Begonnen wurde mit dem vollständigen Ausstemmen der Werksteinfugen an der gesamten Fassadenfläche, um anschließend mit maschinellen Reinigungsverfahren (Wirbelstrahlreinigung) Gips- und Filmkrusten zu entfernen. Biogene Auflagerungen (Flechten, Moose, Algen) mussten mittels manueller und chemischer Verfahren abgetragen sowie Salzeinlagerungen und Salzkrusten auf den Werksteinoberflächen mit Entsalzungskompressen entfernt werden. Anschließend wurden an den schadhaften Werksteinoberflächen, insbesondere am Rhätsandstein der Architekturgliederung, restabilisierende Festigungen mit Kieselsäureester-OH bzw. verdünnten Kunstharzen ausgeführt sowie Risse und Schalenkanten mittels Kunstharz verklebt. Infolge von Absandungen, Abblätterungen, Abschalungen, Rissbildungen und Abbrüchen waren dann farblich abgestimmte Antragsmassen auf die Vielzahl der kleinen und größeren Schad- und Fehlstellen an Werksteinoberflächen zu applizieren. Nach der Verfugung der Fassadenflächen konnte der Restaurator Gert Weber (Gräfenhain) mit der Retusche beginnen. Die Arbeiten an der Westfassade einschließlich Zinnenkranz werden im nächsten Jahr fortgeführt und sind bis Juli 2009 abzuschließen.

Im Zusammenhang mit den steinkonservatorischen Arbeiten am Zinnenkranz wurde sichtbar, dass die oberste Geschossdecke, die 1919/1920 als Ortbetondecke mit Ziegelfüllkörpern und Druckbeton ausgeführt worden war[1], infolge der über das Flachdach und die Fassade immer wieder eindringenden Niederschläge sowie der extrem hohen Feuchtebelastung durch den offenen

---

1 Zum Ausbau des obersten Bergfried-Stockwerks mit der Betondecke vgl. Thüringisches Staatsarchiv Gotha, Hochbauamt Eisenach, Nr. 439, Wartburg bei Eisenach, 1919–1922, Bl. 12–38.

Abb. 4:
Umlaufende
Gerüstabstützung
unterhalb der
Plattform des
Bergfrieds

Wasserbehälter, umfangreiche Schäden aufwies. Die teilweise schon freiliegen-
de Bewehrung war so stark korrodiert, dass sie die Standsicherheit der Deckenkonstruktion gefährdete. Für den Abbruch der vorhandenen Decke sowie den
Einbau einer neuen Ortbetondecke auf Stahltrapezprofilblech erarbeitete der
Statiker Dr. Trabert (Geisa) ein Projekt, das zu Jahresbeginn 2009 umgesetzt
werden soll. Im Wasserbehälterraum (Ebene 7) mussten wegen der extremen

Salzausblühungen an den Außenwänden die erst 2002 aufgebrachten Wand-
fliesen einschließlich Zementputz wieder abgestemmt und Entsalzungskompressen aufgebracht werden.

1.3. Zweiter Burghof – Gebäude, Freiflächen und Umfassungsmauern

Im zweiten Burghof wurden 2008 keine vergleichbar umfangreichen Baumaßnahmen wie die Neugestaltung der Hofburg in den Jahren 2005/2006 ausgeführt. Hervorzuheben ist lediglich der Rückbau der Elisabeth-Ausstellung von
2007. Erwähnenswert sind im Palas die immer wieder fortgesetzten Sicherungsmaßnahmen an den Schwindfresken, insbesondere im Landgrafenzimmer. In
Vorbereitung einer systematischen Restaurierung wurden durch Restaurator
Jürgen Scholz (Winne) die Entsalzungszyklen mit Kompressen sowie durch
Dr. Zier (MFPA Weimar) die anschließenden Materialuntersuchungen fortgeführt, die Ergebnisse ausgewertet und dokumentiert.

Noch vor Beginn der Konzertsaison im Festsaal wurde zur Verbesserung des
Sitzkomforts die vorhandene Bestuhlung mit einer Polsterung versehen. Nach
Prüfung eines Musterstuhles waren insbesondere handwerkliche Detailausbil-

Abb. 5:
Alte und neue (links)
Bestuhlung im großen
Festsaal des Palas

dung, Stoffqualität, Montage der Polster sowie die Farbwirkung im Raum zu bewerten. Durch die Firma Iffland Möbel (Eisenach) wurden dann 320 Stühle sowie die an den Wänden stehenden bauzeitlichen Sitzbänke mit neuen Sitz- und Rückenpolstern aus Schaumstoff, überzogen mit rotem Samt, ausgestattet.

Am Neuen Treppenhaus mussten am Sandsteinmauerwerk der als Zugang zum Palas dienenden, breiten Außentreppe umfangreiche steinkonservatorische Maßnahmen ausgeführt werden, da sich aufgrund ständiger Durchfeuchtung extreme Salzausblühungen zeigten. Die Steinoberflächen wurden maschinell und manuell gereinigt sowie mit Entsalzungskompressen versehen, das gebrochene Grundleitungsrohr und der undichte Ablaufkasten unter dem Fußabtreter, die die Schäden verursacht hatten, erneuert und abschließend auch die Betondecke saniert.

Im Gadem wurden Anfang des Jahres erneut die Entsalzungszyklen im kleinen Kellergewölberaum fortgeführt, wobei einzelne Teilbereiche schon mit Sanierputz fertig gestellt werden konnten. Für den gesamten Keller erarbeitete die Leiterin der Bauhütte ein Konzept für weitere Nutzungsoptionen, die über die bisher sporadische Nutzung als Tagungs-, Künstlerumkleide- oder Raum für Kinderführungen weit hinausgehen; untersucht wurden beispielsweise eine Nutzung als Multifunktionsraum, Multimediaraum oder auch die Einordnung zusätzlicher WC-Anlagen. Vorgesehen waren dabei der Abbruch der Raumeinbauten im Zugangsbereich und die Einordnung einer behindertengerechten Toilette im ebenerdigen Hauptraum, wobei die Erreichbarkeit der unteren Hofebene noch zu lösen bliebe. Des Weiteren war je ein WC für Männer und Frauen im kleinen Gewölberaum in Aussicht genommen, die mittels einer zusätzlichen, von unten heraufführenden Treppe erschlossen werden könnten.

Aufgrund des immer häufigeren Eindringens von Niederschlägen bis in den Gastraum sowie der erheblichen Ausbauchungen der gesamten westlichen Fachwerkfassade in horizontaler als auch vertikaler Richtung mussten sofortige Sicherungsmaßnahmen ausgeführt werden. Zur Begutachtung des Schadbildes hinsichtlich Statik, Holzschutz sowie Dringlichkeit wurde im September die Westfassade eingerüstet. Als Notsicherung und konstruktive Stabilisierung des Gebäudes wurden nach Anweisung des Statikers Dr. Trabert (Geisa) durch die Fachwerkaußenwand ca. 1m lange Spax-Schraubanker, abwechselnd nach oben in die alte Decke bzw. nach unten in die neuen Deckenbalken geschraubt. Damit konnte die abdriftende Fassade zumindest vorübergehend wieder zugkräftig mit den tragenden Gebäudestrukturen verbunden werden, bevor im Jahr 2009 die Instandsetzung der Fachwerk- und Deckenkonstruktionen realisiert werden muss. Nach Ausbesserungen an den Gefachen und Wiederanbringen einer einfachen Holzverkleidung als Witterungsschutz für die schon erheblich geschädigten, auskragenden Deckenbalkenköpfe konnte das Gerüst im Oktober 2008 wieder abgebaut werden.

Am Südturm mussten im Herbst ebenfalls Ausbesserungen am Plattenbelag der Aussichtsplattform sowie am Fassadenputz vorgenommen werden, um ein weiteres Eindringen von Niederschlägen über die Vielzahl an offenen Fugen und Rissen ins Mauerwerk zu verhindern sowie eine Gefährdung der Besucher durch sich lösende, herabstürzende Putzbrocken auszuschließen. Desolate Putzflächen an den Zinnen wurden ausgebessert, Plattenbelag und Rinnensteine neu verfugt. Da alle Fassadenflächen aufgrund der exponierten Lage des Turmes von einer extremen Bewitterung gezeichnet sind, wurde im Oktober 2008 die Firma Bennert-Restaurierungen (Hopfgarten) mit der Erstellung eines Gutachtens zur Ermittlung des Sanierungsbedarfs an den Fassaden beauftragt. Nach Abseilen eines Mitarbeiters, der alle Fassadenflächen gründlich durch Abklopfen auf mögliche Hohlstellen geprüft als auch alle sonstigen Putzschäden dokumentiert hat, kann nun in den Folgejahren die Fassadeninstandsetzung des Südturmes detailliert geplant werden.

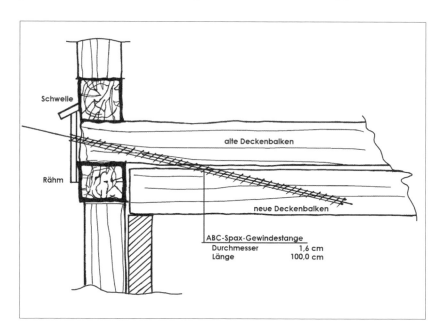

An der Mauer zum Kommandantengarten wurden im Sommer die Verfu-
gungsarbeiten fertig gestellt. Das Projekt zur Instandsetzung der Mauerkronen
der westlichen Wehrmauer nördlich und südlich der Lindenlaube mit Ab-
deckplatten aus Sandstein, analog des Erscheinungsbildes im 19. Jahrhundert
unter Hugo von Ritgen, kam nicht zur Ausführung.

1.4. Der Abbau der Landesausstellung von 2007 und der Aufbau der neuen Dauerausstellung in den Museumsräumen der Wartburg

Die 3. Thüringer Landesausstellung «Elisabeth von Thüringen – eine europäische Heilige» wurde bis zum 19. November 2007 in den Räumen der Wartburg
gezeigt[2]. Nach Ausstellungsende war sogleich mit dem Rückbau der Ausstel-
lungseinrichtung begonnen worden, der in den Aufbau der neuen Dauerausstellung überging.

Die Besucher-Schleuse vor dem Eingang zum Palas-Sockelgeschoss, 2007 als
temporäres Bauwerk für die Dauer der Landesausstellung errichtet, wurde am
18. Januar 2008 innerhalb nur eines Arbeitstages wieder demontiert und ab-
transportiert. Ohne Schäden am Palas oder am Plattenbelag des Burghofes zu
hinterlassen, zerlegte die Zimmererfirma Holzbau Bode GmbH (Mackenrode)
die gesamte Konstruktion.

In Rittersaal (Palas-Erdgeschoss), Kapelle und Landgrafenzimmer (Palas-
Obergeschoss) stellte die Restauratorin Gydha Metzner die im Vorjahr begon-
nenen Restaurierungsarbeiten fertig[3]. Im Palas war bereits unmittelbar nach der
Ausstellung mit dem Demontieren aller Klimatechnikeinbauten begonnen
worden. Für das Museum wurde unter Verwendung der vorhandenen Geräte,
Mess- und Regeltechnik vom Ingenieurbüro für Bauwerkserhaltung Weimar
(IBW) das Klimatisierungskonzept der Landesausstellung entsprechend den
neuen, jetzt deutlich reduzierten Anforderungen, überarbeitet.

Vor Aufbau und Einrichtung der neuen Dauerausstellung wurden alle
Museumsräume (S 1 und S 2 in der Neuen Kemenate, S 3 in der Dirnitzlaube
sowie S 4 und S 6 in der Dirnitz) bis März 2008 instandgesetzt. Dies beinhalte-
te das Erneuern der technischen Installationen (Elektro-, Beleuchtungs- und
Sicherheitstechnik), das Montieren der XFETTO- Klimageräte und neuer Heizkörper in den Fensternischen, das Freilegen der beiden zugesetzten Fenster in
S 4 und S 6, das Verputzen von Wandflächen, das Streichen der Decken,

---

2 Annette Felsberg und Jutta Krauss: Vorbereitung, Aufbau und Ablauf der 3. Thüringer Landesausstellung 2007 auf der Wartburg. In: Wartburg-Jahrbuch 2007. 16(2008), S. 305–329;
Annette Felsberg: Die Baumaßnahmen an den Gebäuden und Anlagen der Wartburg-Stiftung
Eisenach im Jahre 2007. In: Wartburg-Jahrbuch 2007. 16(2008), S. 290–304, hierzu S. 298 f.
3 Vgl. Felsberg, Baumaßnahmen (wie Anm. 2) S. 295.

Wände, Fenster und Türen, das Abschleifen aller Parkettfußböden sowie des Kalksteinfußbodens in S 3. Neben den Mitarbeitern der Wartburg-Bauhütte waren die Malerfirmen Meyfarth (Mihla) und Hillmer (Eisenach), der Steinmetz Morgenweck (Wünschensuhl) sowie die Parkett-Firma Kessel (Zella-Mehlis) beteiligt.

Zum Kaschieren der technischen Installationen in den Fensternischen wurde in S 1 und S 3 begonnen, Eichenholz-Verkleidungen in Anlehnung an die gestalterische Ausführung im Fürstenschlafzimmer einzubauen. Im Museumsraum S 2 wurde das Rundbogenfenster erneuert, das eine hochwertige Spezialverglasung mit integriertem UV- und IR-Schutz erhielt. Für den Sammlungsraum S 4 fertigte die Tischlerei Schüffler (Kaltennordheim) aus MDF-Platten [4] einen zentralen, raumteilenden Einbau.

Im Sonderausstellungsraum S 6 wurde die noch verbliebene Verkofferung des letzten Deckenfeldes abgebrochen, um die darunterliegende originale Deckenansicht wieder freizulegen. Die Umwehrung des Treppenpodestes wurde durch einen Einbau in Brüstungshöhe mit passendem Handlauf ersetzt und der nun großzügigere Treppenabgang mit raumhohen Platten verkleidet. Über eine flächenbündig integrierte Tür konnte außerdem unter dem Treppenlauf ein kleiner Abstellraum zugänglich gemacht werden. Des Weiteren wurden für

Abb. 8:
Freilegung der
Fenster und der
Dekorationsmalerei
im Erker von
Sammlungsraum 1

---

4 MDF - Mitteldichte Holzfaserplatte oder mitteldichte Faserplatte.

die Sonderausstellung zwei mobile Präsentationswände aufgestellt, die entsprechend den wechselnden Ausstellungskonzepten und Objekten positioniert werden können.

Im Fürstenschlafzimmer in der Neuen Kemenate, seit 2007 in den Ausstellungsrundgang eingebunden, wurde der bisher im Magazin eingelagerte, jedoch stark geschädigte, repräsentative originale Kronleuchter durch die Firma Schwarze (Rekonstruktion historischer Leuchten, Blankenhain) restauriert und montiert. Ein zweiter, bisher im Gadem-Café hängender, baugleicher Kronleuchter wurde in dieser Restaurierungswerkstatt anschließend ebenfalls konserviert, teilweise auch rekonstruiert, bleibt aber bis zur Festlegung einer passenden Einbausituation im Depot eingelagert.

2. Arbeiten ausserhalb der Burgmauern

2.1. Tugendpfad/Burgenbaulehrpfad

Auf dem Burgenbauplatz unterhalb des Ritterhauses wurden am 3. Juni 2008 (Welterbe-Tag) und am 14. September 2008 (Tag des offenen Denkmals) erneut die mittelalterlichen Baugewerke Steinmetz, Zimmerer, Schmied und Lehmbauer demonstriert. Die Besucher konnten die historische Werkzeugsammlung im Schaudepot besichtigen oder an themenbezogenen Führungen teilnehmen.

2.2. WARTBURG-HOTEL

In Vorbereitung einer umfassenden Sanierung des Hotels Auf der Wartburg wurde das Architekturbüro Metzner & Klingenstein (Marksuhl) mit einer Bestandserfassung beauftragt. Auf Grundlage der aktuellen Aufmaßpläne (CAD-Dateien) konnten Gutachten bezüglich Baukonstruktion und Statik, Dach und Fassade (Steinrestaurierung), Haustechnik (Heizung, Sanitär, Lüftung, Elektro, Blitzschutz) sowie Brandschutz erarbeitet werden, die in einer Sanierungskonzeption mit Prioritätenliste und Kostenplanung zusammengefasst wurden.

Am Hauptdach der Hofseite musste im März der einzügige, schon bedrohlich schiefstehende Schornstein aus Wartburgkonglomerat abgebrochen und die Dachfläche mit noch vorhandenen Dachziegeln wieder geschlossen werden. Für die Abluftführung aus dem Kaminzimmer dient nun der neu installierte Kanal auf der nicht einsehbaren Dachfläche der Außenseite.

Im Wappensaal wurden neue Konvektortruhen in den Fensternischen installiert und der vorhandene Sichtschutz zum in die Küche führenden Kellnergang um drei Segmente verlängert. Im Jägerzimmer waren die letzten bauzeitlichen Fenster von der Vielzahl abplatzender Deckfarbanstriche zu befreien, gründlich nachzuschleifen, gangbar zu machen und abschließend beigegrünlich zu lasieren, sodass diese sich jetzt in die Bildgestaltung des Raumes integrieren. Die aufgrund der intensiven Sonneneinstrahlung stark geschädigten Wandmalereien wurden vom Restaurator Gert Weber gekittet, gefestigt und abschließend retuschiert, sodass dieser Raum wieder als Repräsentationsraum genutzt werden kann.

2.3. AUSSENANLAGEN (WEGE UND TREPPEN, SCHANZE, PARKSCHLEIFE UND ELISABETHPLAN)

Da die einzige Zufahrtsstraße zu Burg und Hotel (Steinweg) in dem am Fußweg beginnenden Teilbereich abzurutschen drohte, musste dieser Straßenbereich statisch-konstruktiv gesichert werden. Aufgrund einer fehlenden Randbegrenzung driftete auch die Pflasterdecke immer weiter ab. Auf Grundlage des Baugrundgutachtens vom IB Gotschol (Mühlhausen) erstellte Dr. Reichwein (Weimar) die Planung für den Steinweg (2. Bauabschnitt), in Fortführung der Baumaßnahmen des 1. Bauabschnitts von 1999[5], zur Errichtung einer straßenbegrenzenden, hangseitigen Stützmauer einschließlich Erneuerung der tangierenden Straßenbereiche.

---

5 HANS-JÜRGEN LEHMANN: Der Steinweg – Zufahrtsweg zur Wartburg. Baugeschichte, bauliche Konstruktion und Neubau. Baumaßnahmen der Wartburg 1999. In: Wartburg-Jahrbuch 1999. 8(2000), S. 138–156, hierzu S. 148–153.

Seit April wurden durch die bauausführende Firma Groß, Hoch- und Tiefbau GmbH (Mechterstädt) umfangreiche Erd-, Gründungs- und Betonarbeiten für die Stützmauer realisiert. Anschließend erfolgten das Verlegen der Drainage- und Entwässerungsleitungen, das Herstellen des Straßenunterbaus, das nächtliche Pflastern der Straße sowie der Rinnen mit Kleinpflaster 8/11 aus Rotem Meißner Granit sowie das Anpflastern der Fußwegbereiche. Nach Verblenden der Betonmauer mit Quadern aus rotem Tambacher Sandstein, Versetzen der Geländerpfosten und Montieren der sägerauen Eichen-Kanthölzer sowie Einbauen von Auslaufbauwerken und Sicker-Gabionen konnte das Bauvorhaben im August abgeschlossen werden.

Der immer wieder reparaturbedürftige, pfützenübersäte Fußweg unter der Zugbrücke, der zum Burgenbaulehrpfad bzw. zum Hotel führt, wurde ab September durch die Wartburg-Bauhütte erneuert, dabei um etwa einen halben Meter verbreitert sowie im Vorbereich des Fotostandes erheblich aufgeweitet. Nach aufwändigem Abbrechen des anstehenden Erdreichs einschließlich der aufgetragenen Betonflicken bis zum Felshorizont sowie Stemmen von Auflagern konnte die Begrenzungs- bzw. Stützmauer aus Wartburg-Konglomerat mit den notwendigen Rückverankerungen in den Felsen neu gesetzt werden. Das Anbringen der Eichen-Naturholzgeländer sowie das Pflastern der Wegeflächen mit dem vorhandenen Kleinpflaster wurden noch vor Beginn des Weihnachtsmarktes fertig gestellt.

Die Wege auf dem Gelände der Wartburg-Stiftung mussten auch in diesem Jahr instandgesetzt werden; ausgespülte oder ausgetretene Bereiche der Treppen

und Wege wurden nachgekiest und die desolaten Geländer am Eselweg, Nesselgrund und Wolfsweg durch neue Rundhölzer ersetzt. Die Kanonen auf der Schanze und in der Vorburg erhielten an Holz- und Eisenteilen einen neuen Anstrich; verfaulte und durch Pilzbefall zerstörte Holzteile wurden erneuert.

Der im Vorjahr neu gestaltete Elisabethplan erlebte wieder mehrere Gottesdienste. Die nun vollständig und gleichmäßig angerosteten Stahltafeln konnten durch Auftragen eines Schutzwachses versiegelt werden, um so einen dauerhaften Oberflächenschutz zu erzielen. Abschließend wurden die grafisch überarbeiteten Informationstafeln wieder montiert.

Die Neugestaltung des
Wartburgmuseums von 2008

Jutta Krauß

Nach Ende und Abbau der Landesaustellung zur heiligen Elisabeth, in die alle musealen Räume einbezogen waren, bestanden mit deren Sanierung, der Adaption von Heiz- und Klimatechnik sowie des neu zu konzipierenden Museums im Wesentlichen drei Aufgaben, die zwischen Ende November 2007 und dem Saisonbeginn im März/April 2008 abzuschließen waren.

Im Jahrzehnt von 1997 bis 2007 hatte die Dauerausstellung den reformationsgeschichtlichen Abschnitt im größten Sammlungsraum (S 6) platziert, der in der Lutherdekade erneut für Wechselausstellungen nutzbar sein sollte und zum Auftakt 2008 eine Exposition zum 100-jährigen Bestehen der Wartburgmonografie von Max Baumgärtel aufnahm. Da sich mit diesem Entschluss die zuvor verfügbare Fläche zur Präsentation der Sammlung um ca. 80 Quadratmeter verringerte, musste vor allem der vormals viel umfangreichere Luther-Teil stark reduziert werden. Dies erschien angesichts der geplanten Ausstellungsvorhaben in der bis 2017 währenden Luther-Dekade aber vertretbar.

Abb. 1:
Der neu gestaltete
Sammlungsraum 1
(S1)

Von solcher Änderung abgesehen folgt die nunmehrige Einrichtung des Museums allerdings wieder den von der Geschichte gesetzten Schwerpunkten:
– Wiederherstellung der Wartburg zur großherzoglichen Nebenresidenz und zum nationalen Denkmal im 19. Jahrhundert (S 1);
– Hoch- und Spätmittelalter (S 2 und S 3);
– Renaissance/Reformationszeit (S 4).

Die Aussage des ersten Raums schließt somit nahtlos an das historistische Ensemble des benachbarten Palasfestsaals an. Gezeigt werden hier neben Möbeln und Gebrauchsgegenständen aus den großherzoglichen Wohnräumen vor allem zeitgenössische Bilder, darunter das Porträt des damaligen Eigentümers und Bauherrn Carl Alexander von Sachsen-Weimar-Eisenach sowie die als «Initialzündung» zur Wartburgrestauration anzusehende Sängerkriegsdarstellung Carl Alexander Simons von 1838. Dank des Einsatzes digitaler Präsentation – ein Novum, das die technische Innovation aus der Landesausstellung nachnutzt – kann der interessierte Besucher anhand von jeweils kurz erläuterten Entwürfen, Plänen, künstlerischen Ansichten und Archivfotos den Werdegang der Wiederherstellung von der ersten Idee bis zur Vollendung nachvollziehen.

Neu im Rundgang enthalten ist das sog. Fürstenschlafzimmer. In der Neuen Kemenate, deren Obergeschoss der privaten Nutzung des Großherzogs vorbehalten war, bewahrte der kleine Raum als einziger die ursprünglich überall vorhandenen Dekorationsmalereien aus den 1860er Jahren. Zusammen mit dem noch vorhandenen Mobiliar vermittelt das fürstliche Refugium einen höchst lebendigen Eindruck vom Gebrauch der Nebenresidenz durch den einstigen Landesherrn.

Im 19. Jahrhundert wurde der Grundstock zur Wartburgsammlung gelegt. Ihre Schwerpunkte bilden sowohl Reformation und Renaissance, als auch Zeugnisse des Mittelalters, die sich wiederum auf die Blütezeit der Wartburg unter den Thüringer Landgrafen beziehen. Wertvolle Zeugnisse aus dem 12. bis 15. Jahrhundert veranschaulichen europäischen Zeitgeist und höfischen Luxus, wie er für die Wartburg anzunehmen ist. Weitgehend der Sammlungs-chronologie folgend präsentieren die Exponate der beiden folgenden Räume (S 2 und S 3) epochale Stücke wie etwa das in die erste Hälfte des 12. Jahrhunderts datierte Löwenaquamanile, das gleichaltrige, feingegliederte byzantinische Beinkästchen oder Emaille-Arbeiten des frühen 13. Jahrhunderts aus Limoges. Objekte wie der um 1480 in Basel entstandene Bildteppich, der die Vita der heiligen Elisabeth zeigt, die sog. Wartburgharfe, Tiroler Ursprungs und dem letzten Minnesänger Oswald von Wolkenstein zugeschrieben, und die Laute des Nürnberger Instrumentenbauers Hans Ott, beides um 1450 gefertigt, wurden für die Sammlung erworben, weil sie Personen und Ereignisse der ludowingischen Ära widerzuspiegeln vermögen; thematisch verweisen sie auf die einstige Thüringer Landgräfin bzw. auf den berühmten Musensitz Hermanns I. Vor Augen geführt werden in den einzelnen Kostbarkeiten, von denen hier nur Beispiele genannt werden können, stets handwerkskünstlerische Meisterschaft und höchste Ansprüche der vornehmen Auftraggeber.

Gedrängter als früher bieten sich Renaissance und Reformationszeit dar (S 4); allerdings korrespondieren der aus Süddeutschland stammende «Dürerschrank» (1510/20), die Skulpturen Riemenschneiders (Anfang 16. Jh.) und die Madonnenbildnisse von Lucas Cranachs d. Ä. (um 1525 und 1535) nicht nur chronologisch in vorzüglicher Weise miteinander, sondern charakterisieren vor allem das humanistische Ideal der frühen Neuzeit. Einen durchaus reizvollen Gegensatz dazu bilden die Militaria in den Schauvitrinen des neuen, raumteilenden Kubus' – zugleich auch eine Reminiszenz an die seit 1946 verschollene Rüstsammlung der Wartburg. Im nördlichen Vitrinenfenster trifft profanes und sakrales Kunsthandwerk auf reformationsgeschichtliche Stücke wie Luthers Reiselöffel, eine Sammelbüchse der Eisenacher Kurrende, wie sie einst der Schüler Martin in den Händen gehabt haben könnte, oder eine sechschörige Knickhalslaute um 1530, die auf die musikalische Seite des Reformators hindeutet. Die westliche Raumhälfte widmet sich ganz der Lutherzeit und wartet mit hochkarätigen Porträts auf. Ein Triptychon aus der Cranach-Werkstatt zeigt die zu Lebzeiten des Mönches und Wittenberger Professors regierenden sächsischen Kurfürsten, im Bildnis des hessischen Landgrafen Philipp, gemalt

Abb. 3:
Der Sammlungsraum 4
(S 4) mit dem
Schauvitrinen-Kubus
(links) und den
Cranacheltern (hinten)

vermutlich von Hans Krell um 1560, ist ein weiterer Anhänger der Reformation zu sehen, während auf der gegenüberliegenden Seite mit Markgraf Johann von Brandenburg-Ansbach, Herzog Georg dem Bärtigen und Kaiser Karl V. einige, ebenfalls von Cranach porträtierte Gegner Luthers versammelt sind. Als die zentralen Highlights aber dürften nach wie vor die Cranach'schen Bilder von Hans und Margarethe Luther sowie die sog. Hochzeitsbilder Martins und Katharinas gelten. Wiederum die neue Möglichkeit digitaler Präsentation nutzend wird der Besucher mit den während seines Wartburgaufenthalts entstandenen Schriften Luthers bekannt gemacht. Insgesamt versteht sich der Ausstellungsteil zur Reformationsgeschichte als inhaltsreiches Entree zu den jeweiligen Sonderschauen, die in der Lutherdekade zu erwarten sind.

Von den jüngsten Veränderungen weitgehend unberührt geblieben sind das Schweizer Zimmer sowie die Kabinettausstellung der historischen Bestecke.

Im Sammlungsraum 6 (S 6) wurde – wie eingangs erwähnt – ein Sonderteil zu den Ende des 19. Jahrhunderts geschaffenen Abbildungen für das Wartburg-Werk des Herausgebers Max Baumgärtel von 1907[1] gestaltet, der sich zeitlich und thematisch gut als Abschluss des Museumsrundgangs eignete. Der Raum wurde aus seiner Parzellierung während der Elisabeth-Ausstellung des Vorjahres[2] zurückgebaut und wieder als einheitlicher, überschaubarer Museumssaal erlebbar gemacht. Der Ausstellungsteil wurde mit der gesamten Neu-

---

1 MAX BAUMGÄRTEL (Hrsg.): Die Wartburg. Ein Denkmal deutscher Geschichte und Kunst. Berlin 1907.

Abb. 4:
Der Sammlungs-
raum 6 (S 6) mit
der Exposition zum
Wartburg-Werk
von 1907

gestaltung am 21. März 2008 (Karfreitag) zwar ohne Auftaktveranstaltung und ohne Begleitpublikation eröffnet, doch blieb das Thema dem vorliegenden Wartburg-Jahrbuch vorbehalten.

Der «Baumgärtel» von 1907 steht am Ende der Wartburg-Restaurierung des 19. Jahrhunderts und dokumentiert nicht nur schlechthin den Zustand von um 1900, sondern auch das Ergebnis der einschneidendsten Restaurierung der Wartburg. Es war ein Anliegen des Großherzogs Carl Alexander (1818–1901), die neubauartige Wartburg-Restaurierung unter seiner Regentschaft durch eine adäquate Publikation zu ergänzen, die in ihrer Ausführlichkeit und Aussage bis heute nicht wieder erreicht worden ist. Der Herausgeber Max Baumgärtel (1852–1925) war seit Anfang 1896 involviert. Foto- und drucktechnisch bemühte er sich bei allen Werken um den Höchststand seiner Zeit. Der Prachtband erschien 1907 in drei Ausführungen: 1. die Haupt-Ausgabe; 2. die Fürsten-Ausgabe, inhaltsgleich und mit luxuriösem Einband; 3. die englischsprachige Ausgabe.

Das Impressum des Buches nennt als Maler und Illustratoren: Georg Rehlender und R. Schmalenberg (Innenansichten, Ornament, Grundrisse), Albert Kurz (Außenansichten), Gustav Westmeyer (Details und Kleinkunst), Paul

---

2   Vgl. Annette Felsberg und Jutta Krauss: Vorbereitung, Aufbau und Ablauf der 3. Thüringer Landesausstellung 2007 auf der Wartburg. In: Wartburg-Jahrbuch 2007. 16(2008), S. 305–329, hierzu S. 328.

Rosner und Rudolf Stumpf (Kopien nach Moritz von Schwind), Oskar Schulz (Kopien nach Mosaiken), Carl Sterry (Porträt und Verzierung). Die in der Ausstellung gezeigten Bilder wurden vor allem von den Berlinern Albert Kuntz (1858–1928) und Georg Rehlender (*1845) gestaltet. Nach den überlieferten Nachrichten kann man davon ausgehen, dass Kurz und Rehlender die überwiegende Mehrzahl ihrer Fotoretuschierungen vom Juli 1897 bis Februar 1898 vornahmen, als noch die Zielstellung einer Vollendung des Wartburg-Werks bis zu 80. Geburtstag Carl Alexanders, dem 24. Juni 1898, bestand.

Aus dem vorhandenen Bestand der Wartburg-Stiftung von insgesamt knapp 300 Abbildungsvorlagen wurden etwas über 50 ausgewählt und nach Sachgruppen geordnet. Solche Unterthemen waren ein Außendurchgang von der Schanze bis zum Südturm, einige markante Räume des Palas, Kapitelle, die geschnitzten Deckenbinderfiguren der Festsaal-Ostwand und einige Kunst- bzw. Ausstattungsexponate. Bei Letzteren wurde die Buchgestaltung dokumentiert, indem der originale Gegenstand, seine fotografische und retuschierte Aufnahme und der Buchabdruck nebeneinander gezeigt wurden. Die Exponate dem Tageslicht auszusetzen, barg große Gefahren, weshalb entsprechende Lichtfilter bzw. Kunstlicht eingesetzt werden mussten.

Die Ausstellung lebte in erster Linie von der künstlerischen Qualität der Abbildungen und stand zwischen Galerie und Fotoausstellung. Die Abbildungen wurden erstmals der Öffentlichkeit vorgestellt. Die Retuscheure schufen aus den fotografischen Vorlagen künstlerische Gouache-Malereien, deren Plastizität das Buch trotz der damals hervorragenden Drucktechnik nicht zu vermitteln vermag.

Chronik 2008 der Wartburg-Stiftung

JANUAR

18. Januar
Die Klima-Schleuse für die Landesausstellung von 2007 vor dem unteren Haupteingang zum Palas wird
von der Zimmererfirma Holzbau
Bode GmbH (Mackenrode) an einem
Tage entfernt.

MÄRZ

5. bis 9. März
Auf der Internationalen Tourismus-
Börse (ITB) in Berlin, der weltgrößten
Touristikmesse für Publikum und
Fachbesucher, ist die Wartburg-
Stiftung mit einem eigenen Stand
vertreten.

21. März
Am Karfreitag wird die neue Dauerausstellung eröffnet, die nach der
Landesausstellung des Vorjahres konzipiert und eingerichtet worden ist.
Die Museumsräume in der Neuen
Kemenate, über der Torhalle und in
der Dirnitz sind im I. Quartal instand
gesetzt worden.

23. März
Am Ostersonntag gibt das Landes-
theater Eisenach die erste der dies-
jährigen vier konzertanten Auffüh-
rungen (noch 13. 4., 23. 5. und 6. 6.)
von Richard Wagners Musikwerk

«Tannhäuser und der Sängerkrieg auf
Wartburg». Den Tannhäuser verkörpert erstmals der tschechische Tenor
Jan Vacik. Maida Hundeling singt
sowohl die Rolle der Frau Venus als
auch der Elisabeth. Nach fünf Jahren
wird das Werk in dieser Form vorerst
letztmals dargeboten.

25. März
Am großen Turm (Bergfried) beginnt
mit der Gerüstaufstellung der erste
Bauabschnitt der grundlegenden
Steinkonservierung und Bauwerk-
sicherung, der zunächst die West-
fassade einschließlich ihrer beiden
Eckbereiche betrifft.

März
Am Dach der Hofseite des Hotels
wird der einzügige, desolate Schornstein aus Wartburg-Konglomerat über
dem Haupteingang abgebrochen, die
dortige Dachfläche geschlossen und
ein neues Dachausstiegsfenster eingebaut.

März
Ein Gutachten des Internationalen
Rates für Denkmalpflege (ICOMOS)
spricht sich gegen den geplanten Bau
einer Standseilbahn zur Wartburg vor
allem wegen des zu erwartenden
Besucheranstiegs aus, der die
Bausubstanz unvertretbar gefährden
würde.

APRIL

19. April
Chorkonzert des Thüringer Sängerbundes zum Abschluss des Sänger-
festes in Eisenach: Im Wartburg-Palas
tritt der Projektchor «Thuringia
Cantat» (Weimar) unter Leitung
von Bundeschorleiter Prof. André
Schmidt auf.

19. bis 22. April
Zum 12. Mal findet über Ostern im
Keller des Gadems eine Ausstellung
mit Ostereiern statt, bei der man den
Künstlern aus verschiedenen Teilen
Deutschlands und aus den Nieder-
landen bei der Arbeit zusehen kann.

26. April
Auftakt des 5. Wartburg-Festivals, das
vom Trompeter Otto Sauter organi-
siert wird: Das Ensemble Stuttgart
Radio Brass, ein Blechbläserquintett
aus Mitgliedern des SWR-Radio-
Sinfonieorchesters, musiziert unter
dem Motto «Von Bach bis Blues».

29. April
Auf seiner Konzertreise tritt unter
Schirmherrschaft von Thüringens
Ministerpräsident Dieter Althaus der
litauische akademische Mädchenchor
«Liepaités» aus Vilnius auf der
Wartburg mit Werken von J. S. Bach,
L. van Beethoven, C. L. H. Berger, D.
Buxtehude, R. Schumann und litaui-
schen Komponisten auf. Der Chor
wurde 1964 gegründet, nach
Erlangung der staatlichen
Unabhängigkeit Litauens in eine

Musikschule für Chorgesang umgewandelt und besteht momentan aus
44 Sängerinnen der Klassen 8 bis 11.
Anlass der Konzertreise ist der 90.
Jahrestag der Gründung der balti-
schen Staaten.

30. April
44. Sitzung des Stiftungsrates der
Wartburg-Stiftung im Thüringer
Kultusministerium in Erfurt unter
dem Vorsitz von Minister Prof. Dr.
Jens Goebel:
• Burghauptmann Günter Schuchardt
erstattet den Jahresbericht 2007
anhand einer Tischvorlage und den
Abschlussbericht über die 3. Thüringer Landesausstellung, welche der
Stiftungsrat nach Diskussion zur
Kenntnis nimmt. Nach einem Bericht
zum Jahresabschluss der Wartburg-
Stiftung über die Gewinn- und
Verlustrechnung der Wirtschafts-
betriebe Wartburg GmbH 2007 entlastet der Stiftungsrat den Burghauptmann und beschließt, Überschreitun-
gen der Haushaltansätze ab 50.000 €
zukünftig nur nach Genehmigung
durch den Stiftungsrat zuzulassen.
• Dem Burghauptmann wird der
Auftrag erteilt, eine Marketingstudie
in Minimalvariante auszuschreiben.
Denkmalverträgliche Besucherzahlen
für die Wartburg könnten nach einer
Analyse von 1992 bis 1994 auf
500.000 Besucher, maximal 550.000,
gesteigert werden, um in gewohnter
Weise wirtschaftlich weiter existieren
zu können. Eine ICOMOS-Stel-
lungnahme, wonach die Wartburg
keinesfalls mehr als die gegenwärtig

etwa 400.000 Besucher ertragen kön-
ne, ist nicht überzeugend. Der Burg-
hauptmann soll in Absprache mit
dem Landeskonservator mit der
UNESCO in Verbindung treten.
• Der Stiftungsrat einigt sich, den
Wartburg-Preis 2008 dem Politiker
Hans-Gert Pöttering anzutragen.
Laudator solle der polnische Histo-
riker Władysław Bartoszewski sein.

April
An der Zufahrt zur Burg (Steinweg)
muss die bisher fehlende Randbegrenzung zwischen den Treppen und der
Abzweigung zum Hotel eingebracht
werden, da das Pflaster der Fahrstraße
immer mehr abdriftete. Die im April
beginnenden Arbeiten liegen in den
Händen der Groß Hoch- und Tiefbau
GmbH Mechterstädt.

MAI

3. Mai
Im Rahmen des 5. Wartburg-Festivals
gestaltet die in Meiningen geborene
Sopranistin Lia Hanus den
Liederabend «Unbewußt, höchste
Lust – musikalische Impressionen
über die Liebe». Am Flügel wird sie
von Heiko Denner (Meiningen)
begleitet.

4. Mai
Nach der Neukonzeption des
Museums ist wieder ein Sonderausstellungsraum entstanden. Seit dem
4. Mai ist im dortigen Sammlungsraum 6 eine Ausstellung anlässlich
des einhundertjährigen Erscheinens
der großen Wartburgmonografie, des
sog. «Wartburg-Werkes» des Historischen Verlages Max Baumgärtel, zu
sehen.

4. Mai
Am Tage von Luthers Wartburg-
Ankunft 1521 beginnt der Sommer-
zyklus der in der Regel 14-täglichen
evangelisch-lutherischen Gottesdienste in der Wartburg-Kapelle.
Weitere Termine: 24. Mai, 14. und
21. Juni, 5. Juni, 2., 16. und 23.
August, 6. und 27. September, 4. und
18. Oktober.

10. Mai
Im Rahmen des 5. Wartburg-Festivals
lädt der Piccolo-Trompeter und
künstlerische Leiter des Festivals Otto
Sauter zum «Bach'schen Klassen-
treffen» mit Werken von J. S. Bach
und von dessen Schülern sowie von
G. Ph. Telemann, C. F. Abel und
D. Buxtehude ein. An Cembalo und
Bechstein-Flügel der Wartburg begleitet ihn Leipzigs Gewandhausorganist
Michael Schönheit. Als Gast musiziert der Gambist Thomas Fritzsch.

15. Mai
Im Hof der Wartburg findet im
Rahmen des Burschentages der
Deutschen Burschenschaft (DB), der
zum 18. Mal nach der Herstellung
der deutschen Einheit vom 15. bis
18. Mai 2008 in Eisenach abgehalten
wird, ein Festakt statt. Die derzeit
vorsitzende Burschenschaft ist die
Hilaritas Stuttgart, die neben
Burschenschaftern aus den 120

Mitgliedsburschenschaften auch chilenische Gäste begrüßt.

16. Mai

Der Wartburg College Choir aus Waverly/Iowa (USA) gastiert während einer mehrwöchigen Konzertreise durch viele Länder auf der Wartburg. Der Opernsänger Dr. Simon Estes aus Iowa wirkt mit. Die junge Dirigentin Erin Orness vertritt den erkrankten Leiter von Paul Torkelson und leitet den Chor zu Werken von D. Childs, R. Manuel, P. Lukaszewski, A. Caldera, u. a.

17. Mai

337. Wartburgkonzert Deutschlandradio Kultur: Zum Auftakt der 51. Jahresreihe tritt hier zum ersten Mal das Rundfunk-Sinfonie-Orchester Berlin, das älteste deutsche Rundfunkorchester, unter Leitung von Thomas Dausgaard (Dänemark) auf und intoniert Werke von Ch. Ives, R. Strauß und W. A. Mozart.

25. Mai

Auf der Wartburg informiert eine Auftaktveranstaltung vor rund 100 Gästen über die angestrebte Verleihung des Titels «Naturwelterbe Deutsche Buchenwälder». Insbesondere gilt dies dem nördlich von Eisenach gelegenen Hainich, dem größten zusammenhängenden Laubwaldgebiet Deutschlands. Die Bedeutung des Titels für Thüringen erläutert in seinem Vortrag Prof. Hans D. Knapp, Leiter der internationalen Naturschutzakademie auf der Insel

Vilm. Der Leiter des Nationalparks Hainich, Manfred Großmann, verdeutlicht die guten Chancen wie auch einen frühest möglichen Abschluss nicht vor 2011. Der thüringische Landwirtschaftsminister Dr. Volker Sklenar übermittelt ein Grußwort.

30. Mai

Mit einem Festakt auf der Wartburg wird dem zehnjährigen Bestehen der Berufsakademie Eisenach und Gera gedacht. An beiden Orten gibt es inzwischen 1.500 Studierende. Direktor Prof. Burkhard Utecht verweist auf die Anerkennung durch die Wirtschaft und einen im August beginnenden Erweiterungsbau in Eisenach.

31. Mai

Mit einem Festakt auf dem zweiten Burghof erinnern rund 100 Wanderfreunde, darunter die thüringische Gesundheitsministerin Christine Lieberknecht, an das 25-jährige Jubiläum des «Internationalen Bergwanderweges der Freundschaft Eisenach-Budapest» (EB-Weg), der inzwischen die östliche Verlängerung des Europawanderweges E3 bildet.

31. Mai

Im Rahmen des 5. Wartburg-Festivals musizieren unter dem Motto «The Last Song» der Gitarrist Dominic Miller, Mitglied von Sting's Workingband, und Mike Lindup, Mitbegründer und Keyborder der Platin-Pop-Band «Level 42».

Bildnachweis

Bildarchiv Foto Marburg: S. 320

R. Salzmann, Eisenach: S. 397, 401, 404

Wartburg-Stiftung Eisenach, Archiv und Fotothek: Schutzumschlag (2x), S. 13, 20, 171, 174, 183, 184 (4x), 185, 186, 187, 188, 189, 190, 191 (2x), 192, 193, 194, 195, 197, 240, 244, 245, 246, 248, 249, 251, 252, 256, 258, 272 (2x), 273, 276, 281, 282 (2x), 286, 289, 290, 291, 293, 297, 301, 308, 337 (2x), 339, 353, 359, 361, 362, 363, 365, 367, 408, 409 (2x), 411, 412, 414 (2x), 416, 417, 419 (2x), 420 (2x), 421, 422, 423, 425, 426

Entnommen aus:

Festschrift zum 50jährigen Bestehen der Schroederschen Papierfabrik (Sieler & Vogel) in Golzern. 1862–1912. Golzern 1912, S. 27 und 55: S. 354 (2x)

OTTO HOCHREITER und TIMM STARL (Hrsg.): Geschichte der Fotografie in Österreich. Bd. 2. Bad Ischl 1983, S. 96: S. 346

THOMAS KLEIN (bibliograph. Arbeit): August Trinius. Der «Thüringer Wandersmann». Waltershausen 2002, Frontispiz: S. 305

Bild auf Schutzumschlag: Titelblatt und Frontispiz
des Wartburg-Werkes von 1907
Einband: Wappenprägung nach dem
Signet des Verlegers Max Baumgärtel

© 2010 Wartburg-Stiftung Eisenach
Alle Rechte vorbehalten
Wartburg-Jahrbuch 2008, 17. Jahrgang 2010
Herausgegeben von der Wartburg-Stiftung
Redaktion: G. Jacobs, J. Krauß, P. Schall, G. Schuchardt
Redaktionsschluss: Mai 2010
Gesamtgestaltung: Gerd Haubner, Erfurt
Herstellung: Druck Repro und Verlag OHG, Erfurt